lonely planet

Kroatien

Anja Mutić
Peter Dragicevich

GARY JOHN NORMAN / GETTY IMAGES ©

DUBROVNIK S. 269

VUK8691 / GETTY IMAGES ©

SUSAK S. 164

Inhalt

SPLIT S. 214

KROATIEN VERSTEHEN

PRAKTISCHE INFORMATIONEN

SONDERSEITEN

Willkommen in Kroatien

Für wen der Traum vom Mittelmeer aus milden Tagen am saphirblauen Wasser im Schatten uralter, von Stadtmauern umgebener Ortschaften besteht, der wird in Kroatien seine Erfüllung finden.

Kroatiens Küste

Die von Inseln gesäumte außergewöhnliche Küste Kroatiens ist zweifellos die größte Attraktion des Landes. Verlockend ist sie vor allem dank ihrer Vielfalt: Glanz und Glamour gibt's in Orten wie Hvar, wo schicke Jachten und noch schickere Klamotten angesagt sind. In anderen tummeln sich mit Eimern und Schaufeln bewaffnete kroatische Familien, in Flip-Flops umherschlurfende Backpacker und FKK-Fans. Wer Ruhe sucht, findet hier viele abgeschiedene Buchten und einsame Inselchen.

Am Rand der Imperien

Das Land zwischen dem Balkan und Mitteleuropa ging jahrhundertelang zwischen rivalisierenden Königreichen, Imperien und Republiken hin und her. Wenn es einen Vorteil dieser andauernden Umwälzungen gibt, dann ist es das reiche kulturelle Erbe, das sie hinterlassen haben. Venezianische Paläste schmiegen sich an napoleonische Festungen, römische Säulen ragen aus frühen slawischen Kirchen hervor, und Wiener Villen stehen Aug in Aug mit Skulpturen im Stil des sozialistischen Realismus. Die exzellenten Museen zeigen Schätze aus den meisten wichtigen Etappen der europäischen Geschichte, die ebenso faszinierend wie teilweise entsetzlich ist.

Das schöne Binnenland

Wer sich für einen Moment vom glitzernden Wasser losreißen kann, erblickt die mächtigen Berge im Hintergrund. Das Dinarische Gebirge, das sich von Italien bis Albanien erstreckt, säumt den Großteil der Küste. Die Kalksteinlandschaft ist ein Wunderland mit zerklüfteten Gipfeln, Höhlen, Schluchten, Wasserfällen und malerischen Seen. Weiter landeinwärts wird die Landschaft wieder flacher und geht über in hügeliges Ackerland. Unternehmungslustige Geister finden hier jede Menge Wander- und Radwege.

Kultureller Reichtum

Mit ein wenig Glück kann man die Schwelle des Touristendaseins überschreiten und wird von Einheimischen nach Hause eingeladen. Dann wird man wohl bald immer wieder mit *Jedi! Jedi! Jedi!* (Iss! Iss! Iss!) konfrontiert. Es ist kein Wunder, dass das gemeinsame Essen und Trinken eine so große Rolle spielt, denn das Land ist mit tollen Lebensmitteln aus dem Meer und vom Land gesegnet. Hausmannskost gibt's in den familienbetriebenen Tavernen, aber immer öfter bringt eine neue Generation von Köchen ein wenig Abwechslung auf den Tisch. Derweil haben sich kroatische Weine und Öle international einen Namen gemacht und erhalten Auszeichnungen.

Warum ich Kroatien liebe

Von Peter Dragicevich, Autor

Ich gestehe, ich bin voreingenommen, aber Kroatien ist nun einmal das Land, das ich am liebsten besuche. Für mich bietet es eine einzigartige Kombination von allem, was ich liebe: herrliche Natur, tolle Badestellen, Sommersonne, Geschichte, interessante Architektur, unglaubliche Weine, Meeresfrüchte ... – ich könnte noch ewig fortfahren. Sicher, die Kroaten zeigen sich Fremden gegenüber nicht immer von ihrer sonnigsten Seite, aber wenn man ihre Reserviertheit durchbrechen kann, erweisen sie sich als sehr gastfreundlich. Auch wenn meine Großeltern nicht von hier stammen würden – Kroatien würde ich dennoch lieben.

Weitere Infos über unsere Autoren gibt's auf S. 383

Oben: Dubrovnik (S. 269)

Kroatien

Zagorje
Bilderbuchschlösser auf den Bergen (S. 73)
Zagreb
Cafékultur in Reinform (S. 40)
Istrien
Pittoreskes Paradies für Feinschmecker (S. 102)
Rt Kamenjak
Raues Kap von überirdischer Schönheit (S. 109)
Insel Cres
Rau, mysteriös und voller toller Natur (S. 155)
Zadar
Hip, sehr alt und bodenständig (S. 191)
Nationalpark Krka
Rauschende Flüsse und glitzernde Wasserfälle (S. 208)
Biševo
Meereshöhle mit silberblauem Licht (S. 267)
Diokletianpalast
Römische Ruinen, verwandelt in ein hippes Viertel (S. 214)
ITALIEN
SLOWENIEN
LJUBLJANA
ZAGREB
Ptuj
Čakovec
Varaždin
Schloss Trakošćan
Burg Veliki Tabor
Krapina
Varaždinske Toplice
Kumrovec
Zabok
Marija Bistrica
Naturpark Medvednica
Save
Novo Mesto
Samobor
Monfalcone
Portogruaro
Trieste
Golfo di Trieste
Portorož
Buzet
V Planik (1272 m)
Obruč (1376 m)
Rijeka
Grožnjan
Motovun
Opatija
Pazin
Riječki-Bucht
Višević (1428 m)
Karlovac
Kupa
Sisak
Petrinja
Glina
Rovinj
Labin
Krk
Vrbnik
Punat
Baška
Vodnjan
Cres
Valun
Prvić
Brijuni-Inseln
Pula
Lopar
Rab
Rab (Stadt)
Osor
Unije
Otočac
Nationalpark Plitvicer Seen
Una
Bihać
Šatorina (1623 m)
Bosanski Petrovac
Novalja
Mali Lošinj
Veli Lošinj
Lošinj
Pag (Stadt)
Vaganski vrh (1757 m)
Olib
Pag
Nationalpark Paklenica
Gračac
Vir
Starigrad-Paklenica
Molat
Sestrunj
Ugljan
Zadar
Božava
Dugi Otok
Knin
Sali
Nationalpark Krka
Kornaten
Murter
Šibenik
Zlarin
Zirje
Trogir
Split
Drvenik Mali
Drvenik Veli
Šolta
Adria
45°N
44°N
43°N
13°O
14°O
15°O
Pesaro
Senigallia
Ancona
Macerata
Civitanova Marche
Foligno
Ascoli Piceno
Teramo
Pescara
Vis (Stadt)
Komiža
Vis
Biševo

0
100 km
Mur
Nagykanizsa
UNGARN
Koprivnica
Pécs
Subotica
Drau
Mohács
Bjelovar
Virovitica
Drau
Donau
Donau
Kopački Rit
Feuchtgebiet und tolles Ziel für Vogelbeobachter (S. 96)
Osijek
Theiß
Kapovac (790 m)
Našice
Kutina
Slavonska Požega
Vukovar
Bačka Palanka
Novi Sad
Save
Nova Gradiška
Vinkovci
Slavonski Brod
Ilok
Donau
Sremska Mitrovica
Bosut
Prijedor
Bosna
Brčko
Save
Šabac
BELGRAD
Save
Banja Luka
Nationalpark Plitvicer Seen
Üppiges Paradies durchsetzt mit Wasserfällen (S. 182)
Drina
Vrbas
BOSNIEN & HERZEGOWINA
Bol
Wundervoller Strand und Windsurfer-Mekka (S. 245)
Jajce
Travnik
Čačak
Livno
SARAJEVO
Insel Mljet
Himmliche Insel mit kobaltblauen Seen (S. 292)
Sinj
Goražde
Konjić
Neretva
Pljevlja
Brela
Makarska
Mostar
Dubrovnik
Glitzernde, wunderschöne ummauerte Altstadt (S. 269)
Bol
Jelsa
Hvar
Piva
Tara
Metković
HÖHENSTUFEN
1500 m
1000 m
700 m
500 m
300 m
200 m
100 m
0
Korčula
Vela Luka
Pelješac-Halbinsel
Neum
Lumbarda
MONTENEGRO
17°O
Ston
Arboretum von Trsteno
Nikšić
Mljet
Elaphiten
Lastovo
Trebinje
Hvar (Stadt)
Insel-Hotspot für Strandpartys (S. 253)
Dubrovnik
Cavtat
18°O
Herceg Novi

Kroatiens Top 17

1

Plitvice – ein Paradies

1 Ein türkisfarbenes Band kristallklaren Wassers und rauschende Kaskaden in den Wäldern – das ist der Nationalpark Plitvicer Seen (S. 182). Dieses überwältigende Naturphänomen umfasst Dutzende Gewässer – vom 4 km langen Kozjak bis zu winzigen, schilfgesäumten Teichen in allen Farbschattierungen. Moosbewachsene Travertinfelsen durchziehen die Wasserwelt, die dank Holzstegen aus nächster Nähe betrachtet werden kann. Wanderwege führen weg von den Massen an den Seeufern in Buchen-, Fichten-, Tannen- und Kiefernwälder.

Einzigartiges Dubrovnik

2 Die Hauptattraktion Kroatiens, Dubrovnik (S. 268) ist zu Recht UNESCO-Welterbestätte. Während des Krieges in den 1990er-Jahren wurde die Stadt unbarmherzig beschossen, heute erstrahlen ihre historischen Mauern, Klöster, mittelalterlichen Kirchen, eleganten Plätze und faszinierenden Wohnviertel wieder in altem Glanz. Einen umwerfenden Blick auf die „Perle der Adria" gewinnt man, wenn man mit der Seilbahn auf den Berg Srđ hinauffährt. Anschließend geht es bei einem Spaziergang entlang der Mauern auf Tuchfühlung mit der Stadtgeschichte.

CHRISTOPHER GROENHOUT / GETTY IMAGES ©

2

LARIGAN - PATRICIA HAMILTON / GETTY IMAGES ©

ANDREW BURKE / GETTY IMAGES ©

Partyzeit in Hvar

3 Im Hochsommer gibt es keinen besseren Ort zum Abtanzen als die Stadt Hvar (S. 252). Scharen gut aussehender, braun gebrannter Menschen gehen von Bord ihrer Jachten und feiern rund um die Uhr. Auf der glamourösen Insel steigen Après-Strand- und Vollmondpartys, man schlürft Designer-Cocktails am Meer, und DJs legen brandaktuelle House-Tunes auf – genau das Richtige für partywütige Genussmenschen! Daneben gibt es aber auch noch das prächtige Hvar, das vom Trubel des Touristenansturms weitgehend unberührt geblieben ist.

Mljet bewundern

4 Das fantastische Mljet (S. 292), das von dichten Kiefernwäldern eingehüllt wird, ist ein echtes Inselparadies. Der Legende nach strandete Odysseus hier und blieb sieben Jahre. Es verwundert kaum, dass er sich so viel Zeit ließ, bevor er die Insel wieder verließ! Der gesamte westliche Teil ist ein Nationalpark mit zwei traumhaften kobaltblauen Seen, einem Inselkloster und dem idyllischen, verschlafenen kleinen Hafen Pomena. Auch der Osten von Mljet ist mit seinen friedlichen kleinen Stränden und dem exzellenten Restaurant Stermasi sehenswert.

Koffeinkick in Zagreb

5 Eine Tasse Kaffee in einem der Straßencafés (S. 40) in Zagreb ist ein absolutes Muss. Zum Ritual gehören stundenlanges Leutegucken, der neueste Klatsch und tiefgründige Diskussionen. Wer die ultimative europäische Cafékultur erleben möchte, sollte sich einen Tisch an der kopfsteingepflasterten Tkalčićeva, der Trg Petra Preradovića oder der Bogovićeva suchen. Auf keinen Fall verpassen darf man die *špica* – Leute beobachten und Kaffee schlürfen – am Samstagmorgen im Zentrum. Sie ist der allwöchentliche gesellschaftliche Höhepunkt für die Einheimischen.

Gaumenschmaus in Istrien

6 *La dolce vita* wird in Istrien (S. 102), der kroatischen Topadresse für Gourmets, groß geschrieben. Man labt sich an Meeresfrüchten, Trüffeln, wildem Spargel und *boškarin*, erlesenem istrischem Rindfleisch. Von besonderer Güte sind auch die regionalen Weine und das preisgekrönte Olivenöl. Slow Food ist hier ein Renner. Zubereitet wird es in edlen Lokalen der Städte am Meer, in traditionellen Tavernen in mittelalterlichen Dörfern und in umgebauten Olivenmühlen in den Bergen des grünen Inlands der Halbinsel.

Windsurfen in Bol

7 Bol (S. 245) an der Südküste der Insel Brač lockt mit dem traumhaften Strand Zlatni Rat, der wie eine Zunge geformt und voller goldener Kiesel ist. Die Stadt ist sehr beliebt bei Windsurfern, denn zwischen den Inseln Brač und Hvar sorgt der Mistral von Mai bis Ende September für optimale Bedingungen. Der Wind nimmt vormittags stetig zu; morgens ist deshalb die beste Zeit für Anfänger. Am Nachmittag weht dann eine wirklich steife Brise, genau richtig für Adrenalin-Junkies.

Zlatni Rat (S. 250)

8

MEREDITH ANDREWS / LONELY PLANET ©

9

10

Plunder & Eiscreme

8 Kroatien ist ein Paradies für Naschkatzen. Überall im Land findet man *slastičarnas* (Konditoreien), in denen Sahnetorten nach österreichischem Vorbild, hausgemachte Strudel und lokaltypische *kremšnite* (mit Pudding gefüllte Plunder) von Samobor (S. 71) verkauft werden. Im Sommer trumpfen die Eisdielen üblicherweise mit zehn bis 20 selbst gemachten Eissorten auf. Kroatisches *sladoled* (Eis) nimmt es locker mit italienischem *gelato* auf.

Das blaue Wunder von Biševo

9 Unter den zahllosen Höhlen der entlegenen Kalksteininsel Biševo (S. 267) ist die Blaue Grotte (Modra Špilja) die spektakulärste. Dieses Naturwunder verzaubert mit einer umwerfenden Lichtershow: An klaren Morgen dringen Sonnenstrahlen durch ein Loch unter der Wasseroberfläche in die Höhle und tauchen Letztere in faszinierendes silberblaues Licht. Silberne und rosafarbene Steine schimmern in dem türkisfarbenen Wasser. Hier zu schwimmen, ist ein surreales, unvergessliches Erlebnis – Grund genug für eine Fahrt zu dieser entlegenen Insel.

Mit der Fähre durch die Adria

10 Ob es nun kurze Strecken zwischen benachbarten Inseln oder aber Übernachtfahrten entlang der malerischen kroatischen Küste sind, mit dem Boot (S. 363) kann man die Adria auf preiswerte, stimmungsvolle Art erkunden. Die traumhafte Szenerie umfasst insgesamt sage und schreibe 1244 Inseln, darunter beliebte Ziele wie Hvar (.S 252) und Brač (S. 243) oder Geheimtipps wie Vis (S. 261). Wer ein bisschen mehr Geld zur Verfügung hat, kann ein Segelboot chartern und sich von Wind und Strömung tragen lassen.

Die Krka erkunden

11 Hier gibt es römische Ruinen, historische Wassermühlen und zwei faszinierende Klöster (eines auf einer Insel, das andere über alten Katakomben erbaut), doch das Highlight dieses malerischen Nationalparks (S. 208) ist die Krka selbst, die durch Schluchten strömt, sich zu Seen ausweitet und über zahlreiche Wasserfälle sprudelt. Über Stege kann man dem Wasser folgen und die vielen Fische bewundern, die durch das smaragdgrüne Wasser schießen. Abschluss und Höhepunkt des Besuchs ist ein Sprung in den See am Fuß eines mächtigen Wasserfalls.

Am Rt Kamenjak Wildnis genießen

12 Die raue Schönheit und Atmosphäre eines Ortes am Ende der Welt haben dieser Halbinsel südlich von Pula bei den Strandbesuchern Kroatiens Kultstatus eingebracht. Rt Kamenjak (S. 109), ein kaum erschlossenes Naturschutzgebiet, wartet mit Heide, Büschen, Wildblumen und einem Gewirr kleiner Pfade auf. Es wird von Kies- und Felsstränden am blaugrünen Meer gesäumt. Im Sommer ist hier einiges los, doch irgendein leerer Strand findet sich immer – und gleichzeitig laden Bars dazu ein, mit anderen ins Gespräch zu kommen.

11

12

Die Seele von Split

13 Im Diokletianspalast (S. 214), einer der imposantesten römischen Ruinen der Welt, kann man erleben, wie sich das Leben vor Jahrtausenden abspielte. Die Straßen des belebten Viertels, das Splits Herz und Seele ist, sind voller Bars, Läden und Restaurants. Sich im Labyrinth der Gassen, Durchgänge und Höfe zu verirren, ist faszinierend – und doch ist es klein genug, um immer wieder schnell hinauszufinden. Außerhalb der Palastmauern lädt die von Palmen gesäumte Riva am Ufer zu einem Drink ein. Diokletianspalast

Märchenburgen von Zagorje

14 Die Bilderbuchburgen von Zagorje sollte man sich nicht entgehen lassen. Burg Trakošćan (S. 83) stammt aus dem Jahr 1334, wurde aber im neogotischen Stil restauriert. Im schönen Museum erfährt man mehr über die kroatische Aristokratie, und das fast 90 ha große Gelände, das als Park mit exotischen Bäumen und einem See gestaltet ist, lädt zu einem Spaziergang ein. Die Burg Veliki Tabor (S. 85) lohnt wegen des Museums, des fünfeckigen Turms und der idyllischen Landschaft ringsum einen Besuch. Veliki Tabor

13

14

INE ALEN GUROVIC / ALAMY ©

ALAN COPSON / GETTY IMAGES ©

Zadar entdecken

15 Zadar (S. 191) liegt auf einer Halbinsel, die wie der Daumen eines Trampers geformt ist, und ist überreich an Geschichte und Kultur. Auf den Straßen der Stadt ragen römische Ruinen empor, und hinter jeder zweiten Ecke versteckt sich ein Museum oder eine Kirche. In den Bars, in sehr noblen wie in wunderbar schäbigen, begegnen sich Künstler, Studenten und Stilbewusste. Feinschmecker besuchen die tollen Restaurants. Auf Backpacker warten schöne Hostels, Familien zieht es in die Strandresorts und Romantiker in die Boutiquehotels. Gruß an die Sonne (S. 194), Architekt Nikola Bašić

Kopački Rit – ein Naturparadies

16 Der atemberaubend schöne Naturpark Kopački Rit (S. 96), Teil eines UNESCO-Biosphärenreservats, zählt zu den besten Vogelbeobachtungsgebieten Europas. Auf einer Bootstour hält man nach See- und Kaiseradlern, Schwarzstörchen, Purpurreihern und Spechten Ausschau – und das sind nur einige der fast 300 hier heimischen Arten. Zu den hiesigen Säugetieren zählen Rothirsche und Wildschweine. Überschwemmte Wälder kann man per Kanu erforschen, man wandert auf Naturpfaden oder schwingt sich aufs Pferd.

Kein Stress in Cres

17 Die grüne, dünn besiedelte Insel Cres (S. 155), die nie von Touristen überrannt wird, ist unter den kroatischen Adriainseln einzigartig. Bei einem Spaziergang in der Region Tramuntana im Norden beginnt mancher, die alten Geschichten über Elfen, die in den uralten Wäldern lauern, zu glauben. Am anderen Ende der Insel erhebt sich der winzige ummauerte Ort Osor (S. 160), einer der hübschesten an der Küste. Dazwischen liegen herrliche Strände, Bergdörfer und der malerische pastellfarbene Hafen der Stadt Cres. Stadt Cres (S. 157)

Gut zu wissen

Weitere Infos gibt's im Abschnitt „Praktische Informationen" (S. 352)

(S. 352)

Währung
Kuna (Kn)

Sprache
Kroatisch

Visa
Für Aufenthalte von bis zu 90 Tagen ist generell kein Visum nötig.

Geld
Geldautomaten gibt es überall. Kreditkarten werden in den meisten Hotels und Restaurants akzeptiert. Kleinere Lokale, Läden und Privatunterkünfte nehmen oft nur Bares.

Handys
Wer ein Handy ohne SIM-Lock hat, kann sich eine hiesige SIM-Karte zulegen, die leicht erhältlich ist. Alle anderen nutzen Roaming.

Zeit
Es gilt die MEZ.

Reisezeit

Hauptsaison
(Juli & Aug.)

- In der Hauptsaison herrscht das beste Wetter. Die Insel Hvar bekommt die meiste Sonne ab, gefolgt von Split, Korčula und Dubrovnik.
- Die Preise sind am höchsten, und in den Küstenorten ist am meisten los.

Zwischensaison
(Mai–Juni & Sept.)

- An der Küste ist es herrlich: Die Adria ist warm genug zum Baden, es ist nicht so viel los und die Preise sind niedriger.
- Im Frühling und Frühsommer sorgt der stetige Mistral für gute Segelbedingungen.

Nebensaison
(Okt.–April)

- Die Winter in Kroatien sind kalt, die Preise dann niedrig.
- Um die Feiertage herum wird es voller, auch wenn Schnee liegt. Wer mag, kann auch Ski fahren.

Infos im Internet

Adriatica.net (www.adriatica.net) Bucht Hotels, Apartments und Leuchttürme an der Küste.

Kroatisches Fremdenverkehrsamt (www.croatia.hr) Der beste Startpunkt für die Planung.

Like Croatia (www.likecroatia.hr) Online-Guide mit vielen Informationen.

Lonely Planet (www.lonelyplanet.de/reiseziele/kroatien) Infos, Forum und mehr.

Taste of Croatia (www.tasteofcroatia.org) Tolle informative Website.

Wichtige Telefonnummern

Wer von außerhalb des Landes in Kroatien anrufen will, wählt die internationale Vorwahl, die Landesvorwahl, die regionale Vorwahl (ohne die erste 0) und die Telefonnummer.

Landesvorwahl	☎385
Vorwahl für internationale Gespräche	☎00
Internationale Auskunft	☎11802
Auskunft (lokal)	☎11888
Verkehrsauskunft	☎1987

Wechselkurse

Eurozone	1 €	7,64 Kn
	1 Kn	0,13 €
Schweiz	1 SFr	7,30 Kn
	1 Kn	0,14 SFr

Aktuelle Wechselkurse gibt's unter www.oanda.com.

Tagesbudget

Günstig – weniger als 450 Kn

- B im Schlafsaal: 150 Kn
- Stellplatz: 40 Kn
- Mahlzeit in einer Taverne: 60 Kn
- Bus-, Straßenbahn- und Zugticket: 10–150 Kn

Mittelteuer – 450–1000 Kn

- DZ im Hotel: 650 Kn
- Mahlzeit in einem ordentlichen Restaurant: 120 Kn
- Stadttour mit dem Fahrrad: 175 Kn
- Kurze Taxifahrt: 30 Kn

Teuer – mehr als 1000 Kn

- DZ im Vier-Sterne-Hotel: 850 Kn
- Mahlzeit in einem Top-Restaurant: 300 Kn
- Privater Segeltörn: 1000 Kn
- Mietwagen: 250 Kn/Tag

Öffnungszeiten

Die Öffnungszeiten sind nicht das ganze Jahr über gleich. Hier sind die Öffnungszeiten in der Hauptsaison angegeben; in der Zwischen- und Nebensaison ist meist kürzer oder seltener geöffnet.

Banken Mo–Fr 8/9–20, Sa 7–13 od. 8–14 Uhr

Cafés und Bars 8–24 Uhr

Geschäfte Mo–Fr 8–20, Sa bis 14/15 Uhr

Restaurants 12–23/24 Uhr

Ankunft am …

Flughafen Zagreb (S. 69) Ein Bus von Croatia Airlines (30 Kn) fährt zwischen 4.30 und 20 Uhr alle halbe Stunde oder Stunde vom Flughafen ab. Taxifahrten zum Stadtzentrum kosten 110 bis 200 Kn (20 Min.).

Flughafen Split (S. 231) Mit Lokalbus 37 Richtung Domovinskog Rata kommt man ins Stadtzentrum (21 Kn, 50 Min.). Busse über Pleso Prijevoz fahren vom Flughafen (30 Kn) mehrmals täglich zur Obala Lazareta. Taxis kosten zwischen 200 und 250 Kn (30 Min.).

Flughafen Dubrovnik (S. 289) Atlas betreibt den Busservice zum Flughafen (35 Kn, 30 Min.), die Fahrpläne sind auf die Flugzeiten abgestimmt. Busse nach Dubrovnik halten am Pile-Tor und am Busbahnhof. Eine Taxifahrt zur Altstadt kostet 250 Kn.

Unterwegs vor Ort

Die Verkehrsmittel in Kroatien sind erschwinglich, schnell und normalerweise effizient.

Auto Praktisch, um im eigenen Tempo herumzukommen oder Regionen mit schlechter öffentlicher Verkehrsanbindung zu besuchen. Autos lassen sich in jeder größeren Ortschaft mieten. Gefahren wird auf der rechten Seite.

Bus Erschwinglich und fast im ganzen Land unterwegs; verkehren regelmäßig.

Schiff/Fähre Die Küste und die Inseln sind durch viele Fähren und Katamarane gut erschlossen.

Zug Weniger regelmäßig und langsamer als Busse; begrenztes Schienennetz.

Mehr Infos zum Thema **Unterwegs vor Ort** s. S. 363

Was gibt's Neues?

Mundoaka Street Food, Zagreb
Beliebtes, abgefahrenes, neues Restaurant am Hauptplatz. Auf der Speisekarte stehen hauptsächlich amerikanische Klassiker und internationale Speisen sowie leckere Kuchen und Muffins. (S. 60)

Mali Plac na Tavanu, Zagreb
Samstag ist Markttag. Dann offerieren kleine Produzenten ihre Erzeugnisse im Dachgeschoss der Food-Bloggerin und Stylistin Jelena Nikolić oder an einem anderen ausgefallenen Ort der Stadt. (S. 67)

Leuchtende Giganten, Pula
Pulas neueste Attraktion ist eine spektakuläre Lichtershow in der Werft Uljanik, wo die Kräne jeden Abend viermal zu neuem Leben erweckt werden und in 16 000 Tönen leuchten. (S. 105)

Hostels an der Küste
In der letzten Zeit haben zahlreiche unabhängige Hostels eröffnet, wodurch die Qualität von Budgetunterkünften an der Küste erheblich verbessert wurde, auch in Rijeka, Novalja, Zadar, Šibenik und Dubrovnik gibt's jetzt ausgezeichnete Optionen.

Rettungsstation für Meeresschildkröten, Mali Lošinj
Dieses winzige Zentrum spielt eine wichtige Rolle bei der Pflege verletzter Meeresschildkröten, die nach ihrer Genesung wieder ausgesetzt werden. (S. 161)

Festivals am Strand Zrće, Pag
Der Festkalender für elektronische Tanzmusik am Zrće auf Pag wird jedes Jahr interessanter. Zu den beliebtesten Veranstaltungen gehören Hideout, Sonus und Fresh Island mit Hip-Hop-Touch. (S. 190)

Aquarium Split
In Kroatiens größtem Aquarium tummeln sich 130 Adria-Spezies in Wasserbecken mit Originalamphoren und antiken nautischen Gegenständen. Das Aquarium befindet sich im Erdgeschoss einer alten Villa auf der Halbinsel Vranjic 8 km von Split entfernt. (S. 216)

Paradigma, Split
Das kulinarisch topaktuelle dalmatische Lokal bietet neben einer Dachterrasse mit tollem Blick auf die Riva eine super Weinkarte und mediterrane Speisen. (S. 225)

Peninsula, Pelješac
Einige der besten Weine Kroatiens werden auf der Pelješac-Halbinsel und auf der benachbarten Insel Korčula angebaut und produziert. In dieser neuen Weinbar kann man 60 verschiedene Tropfen unter einem Dach probieren. (S. 294)

D'vino, Dubrovnik
In der kleinen, niedlichen Bar in einer der Kopfsteinpflastergassen von Dubrovnik kann man sich unter Anleitung des sachkundigen Personals durch die besten Weine Kroatiens testen. (S. 287)

Croatian Design Superstore
Die Mischung aus Design-Ausstellung und Pop-up-Laden wurde im Sommer 2014 ins Leben gerufen. Das Beste, was Kroatien in puncto zeitgenössischem Design zu bieten hat, kann man in ausgefallenen Locations im ganzen Land bewundern (www.croatiandesignsuperstore.com).

Weitere Empfehlungen und Bewertungen gibt's unter lonelyplanet.com/croatia

Wie wär's mit ...

Inseln

Die Küste Kroatiens ist übersät mit Inseln – von winzig, üppig-grün und unbewohnt bis hin zu gewaltig, trocken und betriebsam.

Hvar Die Leute strömen zum Partymachen auf die sonnigste Insel Kroatiens mit der glamourösen Stadt Hvar. (S. 252)

Vis Die einsame Insel war lange Sperrgebiet. Es gibt hier herrliche Strände, hübsche Ortschaften und tolles Essen. (S. 261)

Mljet Die schmale Insel punktet mit einem Salzwassersee, einem Kloster und einer herrlichen Landschaft. (S. 292)

Cres Die Insel mit mittelalterlichen Dörfern und einer hübschen Hafenstadt ist eine der am wenigsten touristischen in Kroatien. (S. 155)

Brač Hier liegt der berühmteste Strand Kroatiens, der verlockende Zlatni Rat in der hübschen Stadt Bol. (S. 243)

Rab Die Insel mit der vielfältigsten Landschaft in der Kvarner Bucht. Zudem gibt's hier hübsche Sandstrände und die uralte Stadt Rab. (S. 173)

Pag Auf der Insel erwarten einen sonnenverbrannte Mondlandschaften, tolles Essen und abgefahrene Strandpartys. (S. 189)

Korčula Die Insel ist reich an Weinbergen, Olivenhainen und idyllischen Weilern und der großartigen Stadt Korčula. (S. 297)

Kornaten Die Inselgruppe umfasst 147 meist unbewohnte Inseln, Inselchen und Riffs und bildet den größten Archipel in der kroatischen Adria. (S. 201)

Lošinj Hier gibt's schöne Buchten, eine üppig-grüne Fauna mit 1100 Pflanzenarten und ein paar hübsche Hafenstädte. (S. 155)

Outdoor-Aktivitäten

In Kroatien gibt's jede Menge Möglichkeiten sich auszutoben: Schwimmen in der Adria, Mountainbiken, Windsurfen, Kajakfahren, Klettern, Rafting usw.

Segeln Man ankert an beliebten Zielen wie Hvar und erkundet einsame Inseln. (S. 233)

Wandern Die vielen Nationalparks – darunter Plitvice (S. 182), Paklenica (S. 185) und Krka (S. 208) – sind für Wanderer einfach fantastisch.

Tauchen Ins Wasser springen und die Unterwasserwelt vor den Inseln Hvar (S. 256), Brač (S. 243), Krk (S. 167) und den Kornaten (S. 201) entdecken!

Radfahren Für eine Radtour eignen sich die Landschaft von Baranja (S. 96), der Radwanderweg an der Parenzana-Trasse in Istrien sowie die Inseln. (S. 129)

FKK Kroatien ist schon seit den 1930er-Jahren ein beliebtes Ziel von FKK-Anhängern. (S. 109)

Rafting Die Stromschnellen der Cetina erreicht man am besten von Makarska aus. (S. 240)

Windsurfen Das Wellenreiten im *maestral*, dem starken Westwind, macht in Bol am meisten Spaß. (S. 250)

Felsklettern Im Nationalpark Paklenica gibt's Kletterrouten in verschiedenen Schwierigkeitsstufen – für Anfänger bis hin zu Lebensmüden. (S. 185)

Reiten Hoch zu Ross kann man von der Linden Tree Retreat & Ranch aus den Velebit erkunden. (S. 184)

Nachtleben

Kroatien hat sich zu einem Hotspot des europäischen Nachtlebens gemausert und bietet Optionen von Strandpartys bis hin zu Megaclubs.

Hvar In Hvar kann man bei Après-Beach- und Vollmondpartys abtanzen bis zum Umfallen. (S. 256)

Pag Das kroatische Pendant zu Ibiza ist das Clubgänger-Mekka Zrće auf der Insel Pag. (S. 189)

Poreč Die Partyhauptstadt von Istrien lockt mit ihren vielen Nachtclubs die Nachtschwärmer an. (S. 122)

Tisno Das nette Küstenstädtchen veranstaltet eine Reihe bekannter Musikfestivals. (S. 202)

Split Hat ein tolles Nachtleben; in den Palastmauern tobt die Musik und die Action. (S. 227)

Zagreb Die Hauptstadt hat eine sich ständig weiterentwickelnde Kunst- und Musikszene. (S. 61)

Architektur

Römische, Barock-, Renaissance-, romanische, venezianische, gotische und moderne Bauten – hier gibt es alles!

Dubrovnik Die von einer Stadtmauer umgebene Stadt ist eine der reizvollsten Europas. (S. 268)

Trogir Das winzige Städtchen ist voller romanischer und Renaissance-Bauten und hat auch eine hübsche Kathedrale. (S. 234)

Zadar Hier findet man eine Palette von Architekturstilen – von römischen Ruinen bis zur modernen „Meeresorgel". (S. 191)

Römisches Amphitheater Die imposanteste Sehenswürdigkeit von Pula ist das Amphitheater aus dem 1. Jh., das den Hafen überblickt. (S. 105)

Diokletianspalast Eine der weltweit eindrucksvollsten römischen Ruinen bildet auch heute noch das Herz der Stadt. (S. 214)

Varaždin Kroatiens frühere Hauptstadt hat eine außergewöhnlich hübsche Altstadt – ein Meisterwerk sorgsam restaurierter Barockarchitektur. (S. 76)

Euphrasius-Basilika Die Kathedrale aus dem 6. Jh. in Poreč zählt zu den schönsten byzantinischen Bauten Europaa. (S. 123)

Kathedrale des hl. Jakob Die Kathedrale von Šibenik in einem Mischstil aus Gotik und Renaissance krönt die Baukunst an der Küste Dalmatiens. (S. 204)

Oben: Zubereitung eines Fischgerichts mit kroatischem Olivenöl (S. 333)
Unten: Lubenice (S. 160)

Zagreb Das Museum für zeitgenössische Kunst in einem Gebäude des kroatischen Stararchitekten Igor Franić gehört zu den Wahrzeichen der Stadt. (S. 50)

Hotel Lone Das Vorzeigehotel von Rovinj wurde von Kroatiens führendem Architekturbüro 3LHD renoviert und ist ein echter Hingucker. (S. 118)

Strände

An den Stränden entlang der kroatischen Küste und auf den Inseln kann man die Hüllen fallen lassen oder die neueste Designer-Bademode vorführen.

Pakleni-Inseln Strände mit Schatten spendenden Pinien für FKK-Fans und Badehosenträger (S. 258).

Bačvice Lustig und mit jeder Menge lokalem Flair (S. 217).

Zrće Der Streifen aus goldenen Kieseln ist gut besucht und bietet viel Spaß (S. 191).

Lubenice Klein, abgeschieden, sensationell und schwer erreichbar (S. 160).

Zlatni Rat Der Streifen aus goldenen Kieseln ist gut besucht und bietet viel Spaß (S. 250).

Lokrum Ein Paradies für Nackte ist der felsige, immer friedliche Strand mit klarem Wasser (S. 290).

Paradiesstrand Schöner Sandstrand unter Pinien (S. 179).

Stiniva Hohe Felsen umrahmen die spektakuläre, abgeschiedene Kieselsteinbucht (S. 264).

Brela Schöne palmengesäumte Buchten mit feinen Kieseln (S. 242).

Rt Kamenjak 30 unberührte Kilometer aus Landzungen, Buchten, Kieselstrand und Felsen (S. 109).

Nationalparks

Kroatiens Reiz liegt in der Natur – zum Glück steht viel davon unter Schutz: Acht Nationalparks erstrecken sich über 961 km².

Plitvicer Seen Diese Naturlandschaft bezaubert mit Wasserfällen, türkisfarbenen Seen und Wäldern (S. 182).

Krka Gewaltige Wasserfälle und ein einsames Kloster (S. 207).

Paklenica Natur in großem Maßstab: Hier gibt es Schluchten und gute Wander- und Klettermöglichkeiten (S. 185).

Risnjak Schattige Pfade durch dichte Wälder und Wiesen voller Wildblumen (S. 149).

Kornaten Wunderschöne Inseln ohne Resorts – der ultimative Zufluchtsort der Adria (S. 202).

Mljet Die freundliche, unberührte Insel ist ein mediterranes Paradies (S. 292).

Brijuni Dieser Archipel vor der Küste Istriens zählt zu den gepflegtesten Nationalparks Kroatiens (S. 113).

Essen & Trinken

Die Gastronomie-Kultur Kroatiens ist im Kommen. Es gibt erstklassige regionale Zutaten wie Olivenöl, Trüffel, Meeresfrüchte und Räucherschinken – und eine aufstrebende Weinbranche.

Slow Food Frische regionale und saisonale Produkte kann man hier in aller Ausgiebigkeit genießen. (S. 333)

Olivenöl Markierte Olivenölrouten in Istrien weisen den Weg zu örtlichen Produzenten, wo es auch Kostproben gibt. (S. 335)

Wein Es gibt jede Menge Weine von Istriens weißem *malvazija* bis zum *dingač* der Halbinsel Pelješac und dem *graševina* in Slawonien. (S. 337)

Trüffel Der kostbare Pilz wächst in den istrischen Wäldern, wo man im Herbst auch auf Trüffeljagd gehen kann. (S. 135)

Märkte Sehenswert sind die Lebensmittelmärkte, vor allem der abgefahrene Mali Plac na Tavanu in Zagreb. (S. 67)

Rakija Probieren sollte man den *rakija* (Schnaps) in den Geschmacksrichtungen Pflaume, Wein und Mistel. (S. 338)

Kaffee Das Kaffeetrinken ist in Kroatien ein gesellschaftliches Ritual. (S. 337)

Abgelegene Refugien

In Kroatien findet man selbst in der Hauptsaison immer noch einen Ort, um dem Trubel zu entkommen.

Stari Grad Die Stadt an der Nordküste der Insel Hvar ist eine ruhigere und entspanntere Alternative zur stylischen Stadt Hvar. (S. 260)

Cavtat Das hübsche Küstenstädtchen wirkt viel regionaler als das benachbarte Dubrovnik gleich nördlich. (S. 289)

Lumbarda Der entspannte Strandort auf der Insel Korčula ist viel ruhiger als die quirlige Stadt Korčula. (S. 304)

Beli Das antike Dorf an einem Hügel über einem Kieselstrand ist viel schöner als die Stadt Cres. (S. 156)

Bale Von Rovinj geht's schnurstracks ins mittelalterliche Bale. Das Städtchen gehört zu den Geheimtipps in Istrien. (S. 122)

Samobor Aus der kroatischen Hauptstadt kann man sich ins nahe Samobor mit Kleinstadtatmosphäre und leckerem Kuchen flüchten. (S. 71)

Monat für Monat

TOP-EVENTS

Karneval in Rijeka, Februar

Cest is D'Best, Juni

Motovun-Filmfestival, Juli

Ultra Europe, Juli

Unknown Festival, September

Januar

Nach den Festtagen kehrt man zum Alltag zurück. Auf dem Festland erschwert Schnee das Befahren der Straßen, während an der Küste und auf den Inseln starke Winde den Fährverkehr einschränken.

Skifahren auf dem Sljeme

Vor den Stadttoren Zagrebs geht es auf den Sljeme, den höchsten Punkt der Medvednica, mit seinen Pisten und Liften. Skifahren ist ein beliebter Zeitvertreib sportlicher Kroaten (S. 53).

Preiswerte Küstentouren

Dies ist der perfekte Zeitpunkt, um Kroatiens Küstenstädte kostengünstig zu erkunden. Viele Hotels bieten nun Rabatte von bis zu 50 % an.

Februar

Im Inland kann man malerische Schneewanderungen unternehmen, auf den Straßen ist weiterhin Vorsicht angesagt. An der Adria weht die *bura* (Bora), die Fähren fahren unregelmäßig und viele Hotels in den Küstenorten sind geschlossen.

Karneval

Bunte Kostüme, Tanzvorführungen und Feiern rund um die Uhr – das ist der Karneval von Rijeka, Höhepunkt des Festkalenders der Stadt. Auch in Zadar und Samobor finden farbenfrohe Umzüge statt (S. 147).

Fest des hl. Blasius, Dubrovnik

Jedes Jahr am 3. Februar wird auf den Straßen Dubrovniks der heilige Blasius, Schutzpatron der Stadt, mit Tanz, Konzerten, Essen, Umzügen und vielem mehr gefeiert (S. 277).

März

Die Tage werden länger, die Temperaturen steigen, besonders an der Küste. Die Zeit der Schneeschmelze eignet sich bestens, um die Wasserfälle der Plitvicer Seen und der Krka zu besuchen. Das Leben spielt sich meist noch drinnen ab.

Zagrebdox

Beim internationalen Filmfestival Zagrebdox (www.zagrebdox.net) werden Dokumentarfilme aus der ganzen Welt gezeigt. Es findet jährlich von Ende Februar bis Anfang März in Zagreb statt (S. 55).

April

Auf den südlichen Inseln und an der Küste kann man schon Sonne tanken und die Einsamkeit genießen. Im Landesinnern ist es noch kühl, doch die Bäume beginnen zu blühen und die anschwellenden Flüsse laden zum Rafting und Kajakfahren ein.

Music Biennale Zagreb

Seit den 1960er-Jahren findet in allen ungeraden Jahren im April Kroatiens bedeutendstes Festival für moderne Musik statt. Modern heißt jedoch nicht Pop – auf der renommierten Veranstaltung dreht sich alles um zeitgenössische klassische Musik (S. 54).

Spargelernte, Istrien

In der Vorfrühlingszeit gedeiht auf den Feldern und Wiesen Istriens wilder Spargel. Am besten macht man es den Einheimischen nach, erntet ein paar und brät sich eine einfache Spargel-*fritaja* (Omelett).

Karwoche, Korčula

Die Feierlichkeiten zur Karwoche werden in Korčula besonders aufwändig begangen. Die Woche vor Ostern ist Zeremonien und Prozessionen gewidmet, die von den örtlichen religiösen Bruderschaften in traditionellen Trachten organisiert werden.

Mai

An der Küste ist es sonnig und warm und das Meer lädt zu einem kurzen Bad ein. Die Hotels sind günstiger, der Touristenansturm steht noch aus und die Cafés in Zagreb und Split brummen.

Subversive Festival, Zagreb

Bei diesem zweiwöchigen Festival im Mai erobern Aktivisten und Revolutionäre aus ganz Europa die Stadt Zagreb. Die erste Woche ist Filmen gewidmet, in der zweiten Woche finden Lesungen und Workshops mit Praxisbezug statt (S. 54).

Ljeto na Strossu, Zagreb

Bei der äußerst unterhaltsamen Veranstaltung, die Ende Mai beginnt und den ganzen Sommer über andauert, stehen kostenlose Filme unter freiem Himmel, Konzerte lokaler Bands, verschiedene Kunst-Workshops, Hundewettbewerbe für Mischlinge und viele andere skurrile Events auf dem Programm, die alle in der schattigen Strossmayer Šetalište stattfinden (S. 54).

Tag der offenen Weinkeller, Istrien

Am letzten Sonntag im Mai öffnen renommierte Winzer in Istrien ihre Weinkeller für kostenlose, feuchtfröhliche Weinproben.

Juni

Eine tolle Zeit für noch geruhsame Badeausflüge an die Adria, großartige Festivals im ganzen Land und jede Menge Outdoor-Aktivitäten. Die Fähren folgen nun wieder dem Sommerfahrplan, aber die Hotelbelegungen und Preise haben noch kein Hochsaison-Niveau.

INmusic Festival, Zagreb

Dieses dreitägige musikalische Spektakel mit mehreren Bühnen und Plätzen zum Zelten findet am grünen Jarun-See statt und ist Zagrebs wichtigstes Musikfestival. In den vergangen Jahren gehörten die Black Keys und die Pixies zu den Headlinern. (S. 54)

Cest is D'Best, Zagreb

Anfang Juni verwandeln sich Zagrebs Straßen für mehrere Tage in eine Bühne für Musik, Tanz, Theater und Sport. Das Straßenfestival erfreut sich bei Einheimischen und Besuchern großer Beliebtheit. An verschiedenen Plätzen überall im Zentrum treten rund 200 Künstler aus der ganzen Welt auf (S. 54).

For Festival, Hvar

Das intime Musikevent, das an vier Tagen im Juni die Sommerssaison einläutet, verleiht der vielfältigen kroatischen Festivalszene eine Boutique-Note – nur 2500 Karten gehen in den Verkauf. Es präsentiert Konzerte in einem umgebauten Kloster und am Carpe-Diem-Strand.

Juli

Nun erreicht die Saison ihren Höhepunkt und die Küstenhotels und Strände sind voller Menschen. Die Fähren sind im Dauereinsatz, außerdem gibt es jede Menge Festivals. Dies ist ein sehr guter Zeitpunkt, um das ruhige Landesinnere zu erkunden.

Hideout, Zrće

Ende Juni/Anfang Juli übernimmt dieses Festival, das Zrće auf die Landkarte der elektronischen Tanzmusik gesetzt hat, die Strandbars und Clubs. Bekannte DJs treten auf und mehrere Nächte lang ist der Teufel los. (S. 190)

Dubrovniker Sommerspiele

Das von Mitte Juli bis Ende August dauernde Festival findet bereits seit den 1950er-Jahren mit großem Erfolg in Dubrovnik statt. Besucher können sich auf jede Menge klassische Musik, Tanzdarbietungen und Theater an Veranstaltungsorten in der ganzen Stadt freuen, darunter auch die Festung Lovrijenac Fort (S. 277).

☆ Dance & Nonverbal Theatre Festival, Svetvinčenat

Die ansonsten eher verschlafene istrische Stadt Svetvinčenat wird Mitte Juli schlagartig zum Leben erweckt: Mit zeitgenössischem Tanz, Straßentheater, Zirkus, Pantomime und anderen nonverbalen Ausdrucksformen wird das Publikum begeistert (S. 131).

☆ Motovun-Filmfestival, Istrien

Das unterhaltsamste und glamouröseste Filmfestival des Landes präsentiert Ende Juli eine Reihe Independent- und Avantgarde-Filme auf den mittelalterlichen Straßen des Bergstädtchens Motovun. Es gibt sowohl drinnen wie auch draußen Events sowie zahlreiche begleitende Konzerte und Partys (S. 137).

☆ Soundwave, Tisno

Bei diesem fünftägigen Dance-Spektakel, das Mitte Juli beginnt, sind aus dem Spektrum des Dance vor allem Alternative, Dub und Weltmusik vertreten. (S. 203)

☆ Ultra Europe, Split

Im Poljud-Stadion in Split spielt sich im Juli drei Tage lang eines der weltweitgrößten Festivals für elektronische Musik ab, am vierten Tag beschließt eine Strandparty außerhalb der Stadt das Festival. (S. 220)

Oben: Kroatisches Nationaltheater (S. 66), ein Hauptveranstaltungsort des World Theatre Festival, Zagreb
Unten: Hideout Festival (S. 190), Zrće

August

An der Adria ist nun die sommerliche Hochsaison in vollem Gange, die Bade- und Lufttemperaturen erreichen Höchstwerte, die Strände sind voll und die Preise in Hotels und Restaurants sind hoch. In Zagreb ist es heiß, aber leer, da die meisten Stadtbewohner an die Küste fliehen.

Vollmondfestival, Zadar

Bei diesem Festival in einer Vollmondnacht werden Zadars Uferpromenaden mit Fackeln und Kerzen beleuchtet, Stände verkaufen lokale Spezialitäten und die Boote am Kai verwandeln sich in einen schwimmenden Fischmarkt. (S. 195)

Sonus, Zrće

Am berühmten Strand Zrće auf der Insel Pag dreht sich fünf Tage und Nächte alles um elektronische Musik. In den vergangenen Jahren traten Größen wie John Digweed und Laurent Garnier auf dem Festival auf. (S. 190)

Špancirfest, Varaždin

Ende August füllt das abwechslungsreiche Fest die Parks und Plätze von Varaždin mit internationaler Musik (afrokubanisch, Gypsy, Tango und mehr), Akrobaten, Theater, traditionellem Kunsthandwerk und Zauberern (S. 78).

Vukovar-Filmfestival, Slawonien

Das Vukovar-Filmfestival Ende August zeigt Spiel-, Dokumentar- und Kurzfilme hauptsächlich aus den Donauländern. Mit einem Besuch unterstützt man die Stadt, die sich immer noch vom Krieg und den Zerstörungen erholt (S. 100).

September

Der Ansturm ist vorüber, es gibt noch reichlich Sonne, das Meer ist warm und die Touristen fahren nach Hause – es handelt sich also um eine tolle Zeit für einen Kroatienurlaub. Nach der Rückkehr seiner Bewohner kehrt in Zagreb wieder Leben ein.

World Theatre Festival, Zagreb

Jedes Jahr steht in Zagreb einige Wochen lang – meist bis in den Oktober hinein – erstklassiges modernes Theater auf dem Programm und entzückt Theaterliebhaber aus dem ganzen Land (S. 55).

Barockmusikabende Varaždin

In der Barockstadt Varaždin gibt im September für zwei bis drei Wochen barocke Musik den Ton an. In der Kathedrale, den Kirchen und Theatern der Stadt spielen dann lokale und internationale Orchester (S. 79).

Unknown Festival, Rovinj

Das Livemusikfest mit künstlerischem Anspruch, das in einem Wald gleich außerhalb von Rovinj stattfindet, beschließt im September mit fünf Tagen voller Konzerte, Boots- und Inselpartys und ausgefallener Kunstinstallationen die Sommersaison.

Oktober

Die Kinder sind wieder in der Schule, die Eltern haben wieder zu arbeiten begonnen, und alles läuft in gewohnten Bahnen. Die Fähren werden auf den Winterfahrplan umgestellt, das Wetter ist jedoch noch recht mild.

Filmfestival Zagreb

Zu diesem bedeutenden Kulturfestival Mitte Oktober gehören Filmvorführungen mit anschließenden Partys sowie die Verleihung des begehrten „Goldenen Kinderwagen“ an Regisseure aus der ganzen Welt (S. 55).

Trüffelsuche, Istrien

In den Wäldern um Motovun und Buzet im Landesinneren kann man nach den wertvollen weißen und schwarzen Trüffeln suchen. Diese Pilze veredeln Risotto, Pasta oder Omeletts (S. 135).

November

Im Landesinneren wird es ruhig, die Küste ist noch sonnig, aber kalt. Viele Hotels am Meer sowie Restaurants schließen jetzt ihre Pforten.

Martinsfest

Martinje, der Martinstag, wird am 11. November in allen Weinanbauregionen des Landes begangen. Zu den feuchtfröhlichen Feierlichkeiten gehören jede Menge Essen sowie Weinverkostungen.

DOUGLAS PEARSON / GETTY IMAGES ©

Reiseplanung

Reiserouten

2 WOCHEN Kroatien kompakt

Diese zweiwöchige Reise vom Hinterland zur Küste führt zu den Highlights Kroatiens, u.a. in die Hauptstadt, in einen Nationalpark und zu den Juwelen der dalmatischen Küste.

Los geht's in der Hauptstadt **Zagreb**. Hier sollte man ein verlängertes Wochenende verbringen und in die Kaffeehauskultur, die topaktuelle Kunstszene und das Nachtleben eintauchen. Auch Museen, z.B. das kuriose Museum der zerbrochenen Beziehungen, laden zu einem Besuch ein. Auf der Fahrt gen Süden sollte man einen Tag im **Nationalpark Plitvicer Seen** (eine Welterbestätte) einplanen und die vielen türkis leuchtenden Seen und Wasserfälle zu Fuß oder per Boot erkunden. Wer nicht viel Zeit hat, kann auch an einer Busrundfahrt teilnehmen.

Dann folgt **Zadar**, eine der am meisten unterschätzten Städte, in der man gut zwei Tage zubringen kann. Die historische, aber auch moderne, lebendige Stadt hat einige Attraktionen: u.a. das einzigartige Sound-&-Light-Spektakel der Meeresorgel und den *Gruß an die Sonne*. Von hier lohnt sich ein Ausflug mit Übernachtung zur Insel **Pag**, die für ihren kräftigen Käse bekannt ist. Im

Zadar (S. 191)

Hochsommer steigen auf der Insel Strandpartys. Weiter geht's nach Süden, wo man unter den Wasserfällen im **Nationalpark Krka** schwimmen oder eine Stunde wandern. Stege verbinden die Inseln im grünen Fluss. Der Ausflug endet am Skradinski Buk, dem größten Wasserfall des Parks.

Einplanen sollte man auch einen Nachmittagsspaziergang durch die netten Gassen des Bilderbuchorts **Trogir**, der schönsten Welterbestätte in Mitteldalmatien. Als nächstes steht eines der Highlights der Region auf dem Programm: der Diokletianpalast in **Split**. Er ist das Herz dieser quirligen Stadt am Meer mit einer Altstadt, in der es 220 historische Gebäude und etwa 3000 Einwohner gibt. Hier sollte man drei Tage bleiben und alles erkunden. Außerdem wird ein tolles Strand- und Nachtleben geboten. Schön ist auch ein Nachmittagsausflug in die nahe Stadt **Solin** mit ihren römischen Ruinen.

Anschließend geht es auf der kurvigen Küstenstraße nach **Dubrovnik**. Die Schönheit dieser von Mauern umgebenen Stadt ist umwerfend. Hier sollte man zwei Tage bleiben und die Altstadt, die Mauern und die leuchtend blaue Adria bewundern.

SLOWENIEN
KROATIEN
Opatija
Rijeka
Poreč
Rovinj
Pula
Rab
Zadar
BOSNIEN & HERZEGOWINA
Split
ADRIA
Pakleni-Inseln
Hvar
Vis
ITALIEN
Mljet
Dubrovnik

MATTHEW WILLIAMS-ELLIS / GETTY IMAGES ©

STUART BLACK / GETTY IMAGES ©

Oben: Stadt Hvar (S. 253)
Unten: Stadt Rab (S. 174)

2 WOCHEN

Sahnehäubchen an der Küste

Auf der zweiwöchigen Tour entdeckt man die Highlights der Küste – von Istriens beliebten Urlaubsorten über die Perlen der Kvarner Bucht bis zu Dalmatiens Sehenswürdigkeiten auf dem Festland und den Inseln.

Die Reise beginnt mit einem Nachmittag in **Poreč** mit der als Weltkulturerbe gelisteten Euphrasius-Basilika. Sie ist eines der schönsten vollständig erhaltenen Beispiele byzantinischer Kunst in Europa und birgt Fresken aus dem 6. Jh. Weiter südlich wartet **Rovinj** mit seiner venezianisch geprägten Architektur und den Kopfsteinpflastergassen – ein Highlight. Hier sollte man zwei Tage verweilen und das Ambiente des Fischerhafens genießen, die auf einem Hügel stehende Kirche der hl. Euphemia bewundern, durch Gassen und über schöne Plätze schlendern und in die Kunstszene eintauchen. Dann geht's weiter nach **Pula** mit den römischen Ruinen und dem Amphitheater aus dem 1. Jh., von dem aus man auf den Hafen blickt. Bevor man weiter gen Süden fährt, erkundet man einen Tag lang die Highlights von Istriens Hauptstadt.

Es lohnt sich, in **Opatija**, dem früheren Ferienort der Habsburger, einen Stopp einzulegen, über die Promenade zu bummeln und den Blick auf die Kvarner Bucht zu genießen. Vom nahen **Rijeka**, Kroatiens drittgrößter Stadt mit einem belebten Hafen und beachtlich vielen Cafés, gelangt man mit einem Katamaran zum hübschen **Rab** auf der gleichnamigen Insel. Hier kann man in der Altstadt die antiken Steingänge und die vier eleganten hohen Kirchtürme erkunden.

Den nächsten Tag verbringt man im historischen **Zadar** mit seinen Museen, Kirchen, Cafés und Bars. Dann geht es weiter nach Süden ins geschäftige **Split**, wo man zwei Tage bleiben und den Diokletianpalast besichtigen sollte.

Wer Lust auf Nachtleben hat, schippert zur Insel **Hvar**. FKK-Freaks fahren zum Sonnen auf die **Pakleni-Inseln**. Wem der Sinn nach Ruhe, tollem Essen und Tauchen steht, der steuert die abgelegenere Insel **Vis** an. Zurück in Split geht's gen Süden nach **Dubrovnik**, wo man in zwei Tagen die Marmorstraßen der Altstadt, das dynamische Getümmel und die tolle Architektur bewundern kann. Lohnend ist auch ein Abstecher zur schönen Insel **Mljet** mit ihrem Nationalpark, jeder Menge Natur, Salzseen und echter Ruhe.

1 WOCHE Highlights in Istrien

Die istrische Halbinsel hat Badeorte, schöne Strände, mittelalterliche Bergdörfer, Gourmetessen, ausgezeichnete Weine und hübsche Landhotels zu bieten.

Los geht's in **Pula**, der größten Stadt an der Küste, mit dem römischen Amphitheater hoch über der Stadt, das Ausblick auf den Hafen bietet. Der von Einheimischen als Arena bezeichnete Bau wurde früher für Gladiatorenkämpfe genutzt und bot Platz für 20000 Zuschauer. Heute kann man die Überreste erkunden und dem kleinen Museum einen Besuch abstatten. Für Pula sollte man zwei Tage einplanen, um Zeit für die Besichtigung der anderen römischen Ruinen zu haben. Außerdem sollte man mindestens einen Nachmittag für die Erkundung des nahen **Kap Kamenjak** vorsehen. Das unbewohnte Kap mit Hügeln, Wildblumen (30 Orchideenarten!), Heilkräutern und unberührten Stränden (ca. 30 km) bildet den südlichsten Zipfel Istriens.

Nun steht **Rovinj** auf dem Programm. Für diesen Küstenort sollte man sich zwei Tage Zeit nehmen. Auf dem Weg zur Kirche der hl. Euphemia, deren 60 m hoher Turm die Halbinsel überragt, passiert man steile alte Gassen und Plätze. Reizvoll sind die Strände und die 14 grünen Inseln des Rovinj-Archipels. Lohnend ist ein Abstecher nach **Bale** – der bezaubernde Ort ist ein Geheimtipp! Weiter geht's an der Küste nach **Poreč** mit der zum UNESCO-Welterbe zählenden Euphrasius-Basilika; der Anblick der Mosaiken aus dem Mittelalter weckt Ehrfurcht.

Schließlich sollte man noch zwei Nächte im waldreichen Inneren der Halbinsel verbringen – das Bergdorf **Buzet** ist Istriens Trüffelzentrum. Von hier kann man Ausflüge unternehmen. Mit Trüffeln, luftgetrocknetem Schinken, Oliven und tollen Weinen steht Istrien in puncto Gastronomie in Kroatien an erster Stelle. Im idyllischen **Zrenj** gibt's zwei Top-Restaurants, die köstliche istrische Bauernküche anbieten. Oder wie wär's mit einem Bummel durch **Hum**, die kleinste Stadt der Welt, durch den Bergort **Motovun**, der für sein Filmfestival bekannt ist, oder das Dorf **Grožnjan**, das sich mit seinen Musik-Events einen Namen gemacht hat? Weiter im Süden lockt **Pazin** mit einer Wanderung durch die Schlucht, die einst Jules Verne inspirierte. Auch das idyllische **Svetvinčenat** mit seinem Hauptplatz im Renaissancestil und seiner Burg ist herrlich.

HLINKAZSOLT / GETTY IMAGES ©

KEN WELSH / GETTY IMAGES ©

Oben: Rovinj (S. 114)
Unten: Römisches Amphitheater (S. 105), Pula

SLOWENIEN
KROATIEN
ADRIA
Žrenj
Buzet
Grožnjan
Hum
Motovun
Poreč
Pazin
Rovinj
Svetvinčenat
Bale
Pula
Rt Kamenjak

SLOWENIEN
Volosko
Opatija
Rijeka
KROATIEN
Cres
Nationalpark
Plitvicer Seen
BOSNIEN &
HERZEGOWINA
Rab
Lošinj
Nationalpark
Paklenica
ADRIA
Zadar

AMOS CHAPPLE / GETTY IMAGES ©

JEAN-PIERRE LESCOURRET / GETTY IMAGES ©

Oben: Nationalpark Plitvicer Seen (S. 182)
Unten: Kirche Sveti Nikola (S. 340), Nin, Zadar (S. 191)

10 TAGE

Kvarner Bucht & Norddalmatien

Die Tour beginnt an der Kvarner Bucht und führt über die nördlichen Küstenabschnitte Kroatiens und durch das wilde Hinterland gen Süden nach Norddalmatien mit seinen vielen reizvollen Sehenswürdigkeiten.

Ausgangspunkt ist **Rijeka**, die Hauptstadt der Kvarner Bucht. Die drittgrößte Stadt Kroatiens hat einen belebten Hafen mit viel Flair und eine lebendige Kaffeehaus-Szene. Einen Tag verbringt man mit der Erkundung der ruihgen Stadt, einen weiteren mit dem Besuch des Ferienorts **Opatija** an der Küste der Riviera, 13 km westlich von Rijeka. In dieser Stadt, die zu Zeiten Österreich-Ungarns zum beliebtesten Seebad der Wiener Elite gehörte, gibt es Belle-Époque-Villen und große Gartenanlagen. Man sollte auch über die Lungomare spazieren: Der Weg schlängelt sich entlang der Küste zwischen exotischen Sträuchern und Bambusdickicht nach **Volosko**. Dieses nette Fischerdorf ist Kroatiens Gourmetmekka. Unbedingt mittags oder abends in einem der von Kritikern bejubelten Restaurants einkehren!

Als nächstes sind zwei Tage auf einer der Kvarner-Inseln angesagt – die beiden verbundenen Inseln **Cres** und **Lošinj** sind am ursprünglichsten. Die wildere, grünere Insel Cres punktet mit Campingplätzen, unberührten Stränden, mittelalterlichen Dörfern und umwerfendem Flair. Die dichter besiedelte touristischere Insel Lošinj kann mit zwei hübschen Hafenorten, schönen Buchten und einer üppigen Vegetation mit 1100 Pflanzenarten und 230 Heilkräutern aufwarten – viele dieser Gewächse haben Kapitäne aus der Ferne mitgebracht. Danach kann man noch zwei Tage auf **Rab** chillen, an den Stränden der Halbinsel Lopar die Seele baumeln lassen und die Bilderbuchstadt Rab mit ihren alten Gassen und den vier Kirchtürmen erkunden.

Wieder auf dem Festland und noch abenteuerlustig? Dann bietet sich eine Wanderung durch den **Nationalpark Paklenica** mit seinen grandiosen Schluchten an. Danach geht es nach **Zadar**. Auf einem Gang durch die Küstenstadt kann man römische Ruinen, Habsburger Architektur und das Ufer bewundern. Will man alles sehen, sollte man zwei Tage einplanen. Auf der Fahrt ins Landesinnere legt man einen eintägigen Stopp im **Nationalpark Plitvicer Seen** mit seinen türkisfarbenen Seen ein, die durch Wasserfälle verbunden sind.

Reiseplanung

Mit Kindern reisen

Sichere Strände, Wander- und Radwege aller Schwierigkeitsgrade, interaktive Museen, viele alte Ortschaften und Festungen, die Möchtegern-Ritter und -Prinzessinnen erkunden können – Kroatien bietet unzählige Optionen für Traveller mit Kindern im Schlepptau.

Top-Regionen für Kids

Dubrovnik & Süddalmatien

Jede Menge Strandaction und einzigartige Erlebnisse; in der autofreien Altstadt von Dubrovnik kann man die Kleinen getrost von der Leine lassen.

Split & Mitteldalmatien

Hier kann man den Diokletianspalast erkunden und die Makarska-Riviera unsicher machen.

Norddalmatien

Zadar fasziniert Kinder mit dem *Gruß an die Sonne* und der Meeresorgel. In Šibenik findet ein exzellentes Kinderfest statt.

Istrien

Poreč und Rovinj sind Sprungbretter zu den Höhlen, Dinosaurierparks und Stränden der Gegend.

Zagreb

Hier kann man Seilbahn fahren, Museen besuchen, am Jarun-See und im Bundek-Park spielen und zum Gipfel des Sljeme wandern.

Zagorje

In Vuglec Breg und in Grešna Gorica kann man prima ins kroatische Landleben reinschnuppern, Krapina lädt zu einer Tour im interaktiven Museum ein, und es gibt einige Burgen aus dem Mittelalter zu entdecken.

Kroatien mit Kindern

Kroatien hat viele Flächen, Spielplätze und autofreie Fußgängerzonen zu bieten. Die meisten Küstenstädte haben eine *riva* (Promenade), die nicht unmittelbar am Wasser verläuft und auf der man prima bummeln und die Kleinen herumstromern lassen kann.

Auch Strände gibt es zuhauf. Bei einigen handelt es sich aber um Felsbuchten mit steilen Hängen. Viele der Sandstrände sind extrem seicht – perfekt für Kleinkinder, aber langweilig für Teenager. An den Kiesstränden kann man meist am besten baden.

Manche der kleineren Küstenorte Kroatiens könnten zu ruhig sein für Teenager, die auf Spaß aus sind. Diese (und damit auch ihre Eltern) wären sicher viel glücklicher in quirligeren Küstenstädten mit vielen Cafés und saisonal geöffneten Fahrgeschäften.

Ermäßigungen für Kinder sind fast überall erhältlich, in Museen wie bei Hotels. Die Altersgrenze liegt in der Regel bei neun Jahren; danach greift die Schülerermäßigung. Ganz Kleine haben oft freien Eintritt.

Essen gehen

Die Restaurantszene ist im Großen und Ganzen entspannt, sodass man Kinder fast überallhin mitnehmen kann. Selbst raffiniertere Restaurants haben für Kinder Pasta, Pizza oder Reisgerichte auf der Karte. Auf Wunsch bekommt man auch Kinderportionen. Hochstühle für Kleinkinder aber findet man selten, und die wenigsten Restaurants haben Wickeltische.

Die Einheimischen nehmen ihre Kinder gern mit zum Abendessen; oft sieht man die Kids herumtoben, während die Erwachsenen essen, trinken und reden. Die Kinder essen meist das Gleiche wie die Erwachsenen; zum Schluss bekommt jeder ein Eis.

Babys

Stillen in der Öffentlichkeit ist nicht üblich, es wird aber in der Regel akzeptiert, wenn es diskret geschieht. Auf Babys ausgerichtete Einrichtungen sind bislang noch dünn gesät, aber das ändert sich langsam.

Babynahrung, Wegwerfwindeln und Babypuder findet man problemlos in Supermärkten und Drogerien.

Gefahren & Ärgernisse

Wer im Frühjahr, Sommer oder zu Herbstbeginn viel Zeit in Wäldern verbringt, sollte die Kleinen immer nach Zecken absuchen. In den letzten Jahren ist die Zahl der Krankheiten durch Zeckenbisse angestiegen. Findet man eine Zecke, sollte man zum Arzt gehen. Achtung vor den vielen Seeigeln im flachen Wasser, vor allem an felsigen Stränden! Auf Nummer sicher geht man mit Plastikschuhen.

Highlights für Kinder

Strände

Baška, Insel Krk Der 2 km lange halbmondförmige Strand hat einen kleinen Wasserpark an einem Ende. (S. 172)

Inseln Cres & Lošinj Direkt am Strand gibt's viele familienfreundliche Campingplätze. (S. 155)

Crveni Otok, Rovinj Die zwei miteinander verbundenen Inselchen haben Kiesstrände. (S. 121)

Lopar, Insel Rab Die flachen Sandstrände sind perfekt für Kleinkinder. (S. 179)

Insel Mljet Der kleine Salzwassersee ist warm und perfekt für Babys. (S. 292)

Museen & Sehenswertes

➡ **Technisches Museum, Zagreb** Das abgefahrene Museum verfügt über ein Planetarium und eine nachgebaute Mine. (S. 61)

➡ **Neandertalermuseum Krapina, Krapina** Hier kann man unseren Vorfahren ganz nah kommen. (S. 84)

➡ **Batana-Museum, Rovinj** Die interaktive Multimedia-Ausstellung illustriert die vom Fischfang geprägte Geschichte von Rovinj. (S. 115)

➡ **Museum Staro Selo, Kumrovec** Hier kriegt man einen Einblick ins Dorfleben. (S. 86)

➡ **Gruß an die Sonne, Zadar** Die Anlage fängt das Sonnenlicht ein und produziert bei Sonnenuntergang ein fantastisches buntes Lichtspiel, an dem Kinder ihre helle Freude haben. (S. 194)

➡ **Istralandia, Istrien** (www.istralandia.hr) In dem großen neuen Wasserpark kann man die Wasserrutschen runtersauen und wellenreiten.

Reiseplanung

Es kann sich lohnen, eine Privatwohnung zu mieten – sie sind meist preiswerter als ein Hotelzimmer und ermöglichen mehr Flexibilität. Vorab sollte man sich aber genaue Angaben geben lassen – beispielsweise ob es eine Klimaanlage, eine voll ausgestattete Küche und eine Waschmaschine gibt und wie weit der Strand entfernt ist.

In Hotels gibt es vielleicht Kinderbetten, ihre Zahl ist jedoch begrenzt, und manchmal wird ein Aufpreis fällig. Kinder unter drei Jahren kommen oft kostenlos unter, für Kinder bis neun Jahren gibt's Rabatt. Die meisten Anlagen sind familienfreundlich, die wenigsten aber speziell auf Familien ausgerichtet. Die besten sind der Club Funimation Borik (S. 196) nahe Zadar und das Hotel Vespera (S. 164) in Mali Lošinj.

Bei Autofahrten braucht man für Kinder unter fünf Jahren einen Kindersitz. Wer einen Mietwagen bucht, sollte den Vermieter im Vorfeld ausdrücklich darauf hinweisen.

Es gibt keine Impfvorschriften.

Reisezeit

In Šibenik findet jedes Jahr Ende Juni bzw. Anfang Juli das Internationale Kinder-Festival mit Workshops, Musik, Tanz, Film und Theater für Kinder, Marionetten und Umzügen statt. Die Sommerferien fallen auf den Juli und den August, sodass es in dieser Zeit die meisten Angebote für Kinder gibt. Wer lieber weniger Menschen um sich und niedrigere Preise hat, kommt besser im Juni oder September her, wenn das Meer warm ist und die Sonne scheint.

Kroatien im Überblick

Zagreb

Cafékultur
Museen & Galerien
Essen

Samstägliches Ritual: Špica

Zagreb ist eine Bastion der berühmten Cafékultur. Die beste Zeit, um diesen Höhepunkt des gesellschaftlichen Lebens zu erleben, ist die rituelle *špica* an warmen Samstagvormittagen, wenn alle mit Kind und Kegel herauskommen, um ihre neueste Garderobe vorzuführen.

Gebrochene Herzen & moderne Kunst

Zagrebs kulturelles Aushängeschild, das Museum für zeitgenössische Kunst, hat der Stadt einen künstlerischen Touch verliehen. Das skurrile Museum der zerbrochenen Beziehungen ist seit seiner Eröffnung vor ein paar Jahren eines der beliebtesten der Stadt.

Kroatiens kulinarische Szene

In Sachen Essen gibt es in der kroatischen Hauptstadt, in der sich in den vergangenen Jahren eine bunte Restaurantlandschaft entwickelt hat, viel zu entdecken. Einige Restaurants servieren auf kroatische Art zubereitete Speisen mit hochwertigen Zutaten aus dem ganzen Land.

S. 40

Zagorje

Burgen
Architektur
Landschaft

Sehenswürdigkeiten wie aus dem Bilderbuch

Märchenburgen wie aus dem Bilderbuch krönen die bewaldeten Höhen dieser Region. Das neogotische Schloss Trakošćan bietet Einblicke in das einstige Leben des kroatischen Adels, und die eindrucksvolle Burg Veliki Tabor mit Türmen und Erkern thront auf einem grünen Hügel.

Bezaubernder Barock

Varaždin beeindruckt mit seiner Barockarchitektur des 18. Jhs.: Die restaurierten Gebäude strahlen in alter Pracht, denn ihre Fassaden wurden in den ursprünglichen Pastelltönen gestrichen.

Bauernleben

Die idyllischen Panoramen der weinbedeckten Hügel, Getreidefelder, dichten Wälder und Lebkuchenhäuschen scheinen aus einem Märchenbuch zu stammen. In Zagorje genießen Besucher das traditionelle kroatische Landleben fernab des touristischen Spektakels im Süden.

S. 73

Slawonien

Natur
Kultur
Geschichte

Vogelbeobachtung

Der Naturpark Kopački Rit, eines der wichtigsten Sumpfgebiete Europas, liegt in den Auen am Zusammenfluss von Donau und Drau. Am besten besucht man den für seine Vogelwelt berühmten Park im Frühling oder Herbst zur Zugvogelzeit.

Eine unentdeckte Hauptstadt

Slawoniens Hauptstadt Osijek hat eine malerische Flusspromenade und ist eine der grünsten Städte Kroatiens. Auch kulturell ragt sie hervor. Im habsburgischen Viertel wimmelt es von authentischen Restaurants, in denen man die regionale Küche mit viel Paprika probieren kann, z. B. *fiš paprikaš*.

Kriegsdenkmäler

Ostslawonien hat während des Kroatienkriegs stark gelitten, als die Region mit schwerer Artillerie beschossen wurden. In Vukovar kann man bewegende Mahnmale sehen, darunter eine Ausstellung über die Belagerung im unlängst wiedereröffneten Museum auf Schloss Eltz.

S. 88

Istrien

Essen
Architektur
Strände

Trüffel & Wein

Istriens *dolce vita* besteht u. a. in erlesenen Mahlzeiten. Die kulinarischen Genüsse reichen von weißen Trüffeln und Wildspargel bis zu preisgekrönten Olivenölen und Weinen. Sie sind ein Highlight jedes Besuchs in Istrien, der feinschmeckerfreundlichsten Region Kroatiens.

Amphitheater & mittelalterliche Städte auf den Hügeln

Istrien zeigt einen bunten Architekturmix: römische Amphitheater, byzantinische Basiliken, venezianische Stadthäuser und mittelalterliche Bergstädte, alles dicht an dicht auf einer kleinen Halbinsel.

Ein Strand für jedermann

Von kieferngesäumten Kiesstränden bei Pula, Rovinj oder Poreč, die zu vielen Aktivitäten einladen, bis zur wilden Szenerie des Rt Kamenjak mit seinen einsamen Buchten: Istrien hat Strände für jeden Geschmack (außer für eingefleischte Sandstrandfans).

S. 102

Kvarner Bucht

Essen
Tiere & Pflanzen
Architekture

Gourmetdöfer

Das winzige Küstendorf Volosko bei Rijeka ist mit seinen stimmungsvollen *konobas* (Tavernen) und Restaurants ein kulinarischer Hort authentischer kroatischer Küche.

Delfine & Meeresschildkröten

Auf den beiden miteinander verbundenen Inseln Lošinj und Cres gibt es hervorragende Tierschutzprojekte: Das winzige Veli Lošinj beherbergt ein faszinierendes Forschungszentrum für Adriadelfine, auf Mali Lošinj widmet sich ein neues Zentrum dem Schutz der Meeresschildkröten.

Mittelalterliche Inselstädte

Die Stadt Krk hat einen wunderbar erhaltenen mittelalterlichen Kern. Im kleinen, aber perfekt geformten Städtchen Rab gibt es seine Reihe historischer Kirchen und Glockentürme. In den Städten Cres, Veli Lošinj und Mali Lošinj weisen viele Häuser einen starken venezianischen Einfluss auf.

S. 142

Norddalmatien

Natur

Städte
Segeln

Wanderungen im Inland & Baden

Die meisten Besucher kommen wegen der Küste hierher, doch das Inland ist ebenso reizvoll. Krka und Plitvice warten mit schönen Seen und großartigen Wasserfällen auf. In Paklenica locken hohe Berge und tolle Wanderungen.

Alte Städte

Die beiden Städte Norddalmatiens bieten Kultur und Geschichte, ohne touristisch zu sein. In Šibenik findet man Kroatiens wohl eleganteste Kathedrale und eine bemerkenswerte Altstadt, Zadar bietet faszinierende Sehenswürdigkeiten sowie hippe Bars und Restaurants.

Segel im Sonnenschein

Auf einer Segeltörn zwischen den Inseln des Nationalparks Kornaten, des größten und mit 147 überwiegend unbewohnten Eilanden dichtesten Archipels der Adria, erlebt man das Mittelmeer so, wie es in der Antike aussah.

S. 180

Split & Mitteldalmatien

Strände
Architektur
Aktivitäten

Sand & Kieselsteine

Die Strände Mitteldalmatiens gehören zu den schönsten in Kroatien – sei es der turbulente Bačvice, Splits beliebter Stadtstrand, der kieferngesäumte Strand von Brela voller runder Kiesel oder der sichelförmige Zlatni Rat.

Mittelalterliche Unterkünfte

Nur eine kurze Fahrt voneinander entfernt liegen zwei UNESCO-Welterbestätten: der Diokletianpalast in Split und das lebhafte Viertel mit römischen Wurzeln rundum sowie das architektonische Medley der engen Altstadt von Trogir.

Outdoor-Aktivitäten

Ob Segeln, Mountainbike-Touren, Kajakfahrten, Tauchen, Rafting auf Flüssen oder Windsurfen – in den abwechslungsreichen Landschaften Mitteldalmatiens können sich aktive Reisende austoben.

S. 211

Dubrovnik & Süddalmatien

Geschichte
Natur
Wein

Ummauerte Städte

Dubrovnik, eine der am schönsten gelegenen und geschichtsträchtigsten Städte der Welt, ist traumhaft anzuschauen, herrlich zu erkunden und nur schwer zu verlassen. Ähnlich geht es Besuchern in der viel kleineren, aber prächtigen Stadt Korčula.

Sonnige Inseln

Die dünn besiedelten, von Kiefern bestandenen Inseln Mljet und Korčula sind zu Recht berühmt für ihre Schönheit und die versteckten Stände. Doch auch die kleine Insel Lokrum und die hübschen Elaphiten sollte man nicht verpassen.

Dalmatinischer Wein

Die unberührte Halbinsel Pelješac ist eine der aufstrebenden Weinregionen des Landes. Bei einer Tour über die Weingüter kann man kraftvolle Rotweine wie *postup* und *dingač* probieren. Das benachbarte Korčula ist bekannt für seine Weißweine aus der *grk*-Traube.

S. 268

Reiseziele in Kroatien

Zagreb

☎ 01 / 792 875 EW.

Inhalt ➡

Gut essen

- Vinodol (S. 60)
- Mundoaka Streetfood (S. 60)
- Lari & Penati (S. 60)
- Karijola (S. 61)

Schön übernachten

- Studio Kairos (S. 58)
- Esplanade Zagreb Hotel (S. 58)
- Hobo Bear Hostel (S. 56)
- Hotel Dubrovnik (S. 58)

Auf nach Zagreb!

Zagreb bietet Kultur, Kunst, Musik, Architektur, Gastronomie und alles, was zu einer attraktiven Hauptstadt gehört – so überrascht es nicht, dass die Besucherzahl in den letzten Jahren rasant gestiegen ist. Wie die kroatischen Küstenattraktionen wurde nun auch Zagreb als beliebtes Städteziel entdeckt.

Zagreb stellt sich dar als eine Mischung aus puritanischer österreichisch-ungarischer und kantiger kommunistischer Architektur mit einer manchmal unbehaglichen Kombination dieser beiden Bestandteile. Die Stadt ist wie geschaffen zum Bummeln, für einen Schluck in den stets vollen Cafés, für Streifzüge durch Museen und Galerien sowie für Theater-, Konzert- und Kinobesuche. Außerdem lockt sie mit Outdooraktivitäten: Im Frühjahr und Sommer strömen die Zagreber zum Jarun-See im Südwesten, wo sie schwimmen, Boot fahren oder die Nacht in einer Disco am See durchtanzen. Im Herbst und Winter lädt die Medvednica, die nur eine kurze Tramfahrt entfernt ist, zum Skifahren ein und das nahe gelegene Samobor zum Wandern.

Reisezeit

Zagreb

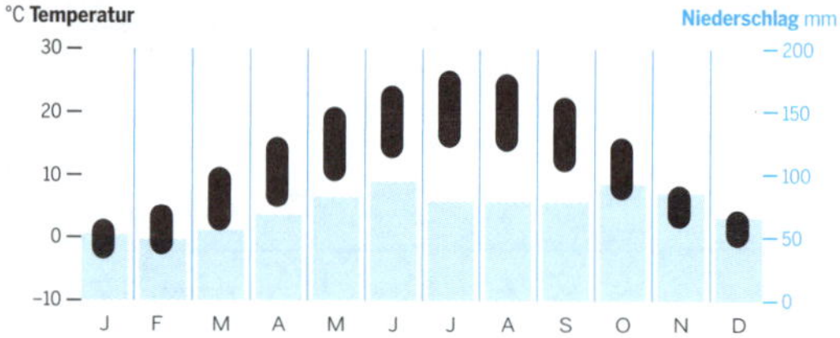

April & Mai Die Stadt legt den Wintermantel ab, in den Straßencafés pulsiert das Leben.

Juni Bei den besten Festivals von Zagreb ist dank zahlreicher Kulturereignisse viel los.

Sept. & Okt. Die Leute kommen aus dem Urlaub zurück, im Spätsommer geht es lebhaft zu.

Geschichte

Zagrebs Geschichte ist mit zwei Hügeln eng verbunden: dem Kaptol, auf dem heute die Kathedrale steht, und dem Gradec. Als die beiden Siedlungen auf diesen Hügeln 1850 zusammengefasst wurden, schlug ganz offiziell die Geburtsstunde von Zagreb.

Auf dem heute Trg Bana Jelačića genannten Platz wurden einträgliche Handelsmessen abgehalten, rundherum entstanden neue Gebäude. Weiteren Aufschwung erlebte die Wirtschaft im 19. Jh., als sich ein florierender Textilhandel entwickelte und eine neue Eisenbahnlinie Zagreb mit Wien bzw. Budapest verband. Dank des Wohlstands konnte sich auch das kulturelle Leben der Stadt voll entfalten.

Zagreb wurde auch zum Zentrum der Illyrischen Bewegung. Graf Janko Drašković, Herr auf Burg Trakošćan, veröffentlichte 1832 ein illyrisches Manifest. Sein Aufruf zur nationalen Rückbesinnung hallte durch das ganze Land. Wahr wurde Draškovićs Traum, als sich Kroatien nach dem Ersten Weltkrieg dem Königreich der Serben, Kroaten und Slowenen anschloss.

Zwischen den beiden Weltkriegen entstanden Arbeitersiedlungen zwischen der Eisenbahnlinie und der Save. Neue Wohnviertel wuchsen an den südlichen Ausläufern der Medvednica. Im April 1941 marschierten die Deutschen in Jugoslawien ein und besetzten Zagreb, ohne auf Gegenwehr zu stoßen. Ante Pavelić und die Ustaša beeilten sich, den unabhängigen Staat Kroatien (NDH; Nezavisna Država Hrvatska) mit Zagreb als Hauptstadt auszurufen. Obwohl Pavelić seinen faschistischen Staat bis 1944 von hier aus führte, fand er nur wenig Rückhalt in der Stadt, die weiterhin Titos Partisanen unterstützte.

Nach dem Zweiten Weltkrieg war Zagreb nach Belgrad nur die zweitgrößte Stadt Jugoslawiens, ließ sich aber im Wachstum nicht bremsen. Als sich Kroatien 1991 für unabhängig erklärte, wurde Zagreb die Hauptstadt des neu gegründeten Staates.

Sehenswertes

Im ältesten Stadtteil Zagrebs, der Oberstadt (Gornji Grad) mit den Vierteln Gradec und Kaptol, befinden sich bedeutende Gebäude und Kirchen aus der frühen Stadtgeschichte. Die Unterstadt (Donji Grad) zwischen der Oberstadt und dem Bahnhof beherbergt die interessantesten Kunstmuseen sowie schöne Architektur aus dem 19. und 20. Jh.

Oberstadt

Museum der zerbrochenen Beziehungen MUSEUM

(www.brokenships.com; Ćirilometodska 2; Erw./erm. 25/20 Kn; 9–22.30 Uhr) Im kuriosesten Museum Zagrebs können die Besucher die Relikte in Augenschein nehmen, die übrig bleiben, wenn eine Beziehung zu Ende geht. Die innovative Ausstellung ging um die ganze Welt, bevor sie hier schließlich eine Heimat fand. Die Spenden aus aller Welt kann man in einer Reihe von komplett weißen Räumen mit Gewölbedecken und Expoxidharzböden bewundern.

Die Exponate lösen vielerlei Emotionen aus – von einer Vinylschallplatte, die vor 40 Jahren gespielt wurde, als eine Jugendliebe auseinanderging, bis hin zu einer Elektroschockpistole, die nie benutzt wurde. Der reizende Laden nebenan lohnt ebenfalls den Besuch – der „Radiergummi für schlechte Erinnerungen" ist ein Verkaufsschlager. Und auch das gemütliche Café mit Tischen auf dem Gehsteig ist empfehlenswert. Im Sommer und im Herbst werden donnerstagabends Jazzkonzerte veranstaltet.

Dolac-Markt MARKT

(Mo–Fr 6.30–15, Sa bis 14, So bis 13 Uhr) Der bunte Obst- und Gemüsemarkt befindet sich gleich nördlich vom Trg Bana Jelačića. Händler aus ganz Kroatien verkaufen im Gedränge ihre Waren. Der Markt existiert schon seit den 1930er-Jahren, als die Stadtverwaltung ihn auf der Grenze zwischen der Ober- und der Unterstadt ins Leben rief. Das Hauptareal erstreckt sich über einen etwas erhöht gelegenen Platz. Auf Straßenniveau stehen die Stände, an denen Fleisch und Milchprodukte angeboten werden; ein Stück näher am Platz sind Blumen erhältlich. In den Ständen am Nordrand des Marktes türmen sich Gläser mit Honig, handgemachte Dekorationsartikel und billige Esswaren.

Kathedrale Mariä Himmelfahrt KATHEDRALE

(Katedrala Marijina Uznešenja; Kaptol 31; Mo–Sa 10–17, So 13–17 Uhr) Der Kaptol-Platz wird von dieser Kathedrale beherrscht, die früher unter dem Namen St. Stefanskirche bekannt war. Die Doppeltürme – an denen es anscheinend ständig etwas zu reparieren gibt – ragen über der Stadt auf. Das originale gotische Bauwerk wurde im Lauf der Jahre zigmal umgestaltet; in der Sakristei hat sich dennoch ein **Freskenzyklus** aus dem 13. Jh. erhalten. Die Kathedrale wurde durch ein Erd-

Highlights

1 In der **Tkalčićeva** einen Kaffee oder Cocktail unter freiem Himmel genießen (S. 61)

2 Im **Museum der zerbrochenen Beziehungen** (S. 41) über fehlgeschlagene Romanzen nachdenken

3 Durch die verwinkelten Gassen der alten **Oberstadt** (S. 41) bummeln

4 In Zagrebs **Museum für zeitgenössische Kunst** (S. 50) die topaktuelle Kunstszene Kroatiens kennenlernen

5 Im weitläufigen **Maksimir Park** (S. 52) picknicken und herumschlendern

6 Zwischen den Bäumen und Grabmalen des **Mirogoj** (S. 50) über die Vergänglichkeit des Lebens grübeln

7 Nach einer Tageswanderung in **Samobor** (S. 71) eine köstliche *kremšnite* (Vanillecremeschnitte) verputzen

8 Auf den Wegen des **Naturparks Medvednica** (S. 72) wandern und unterwegs in einige Berghütten einkehren

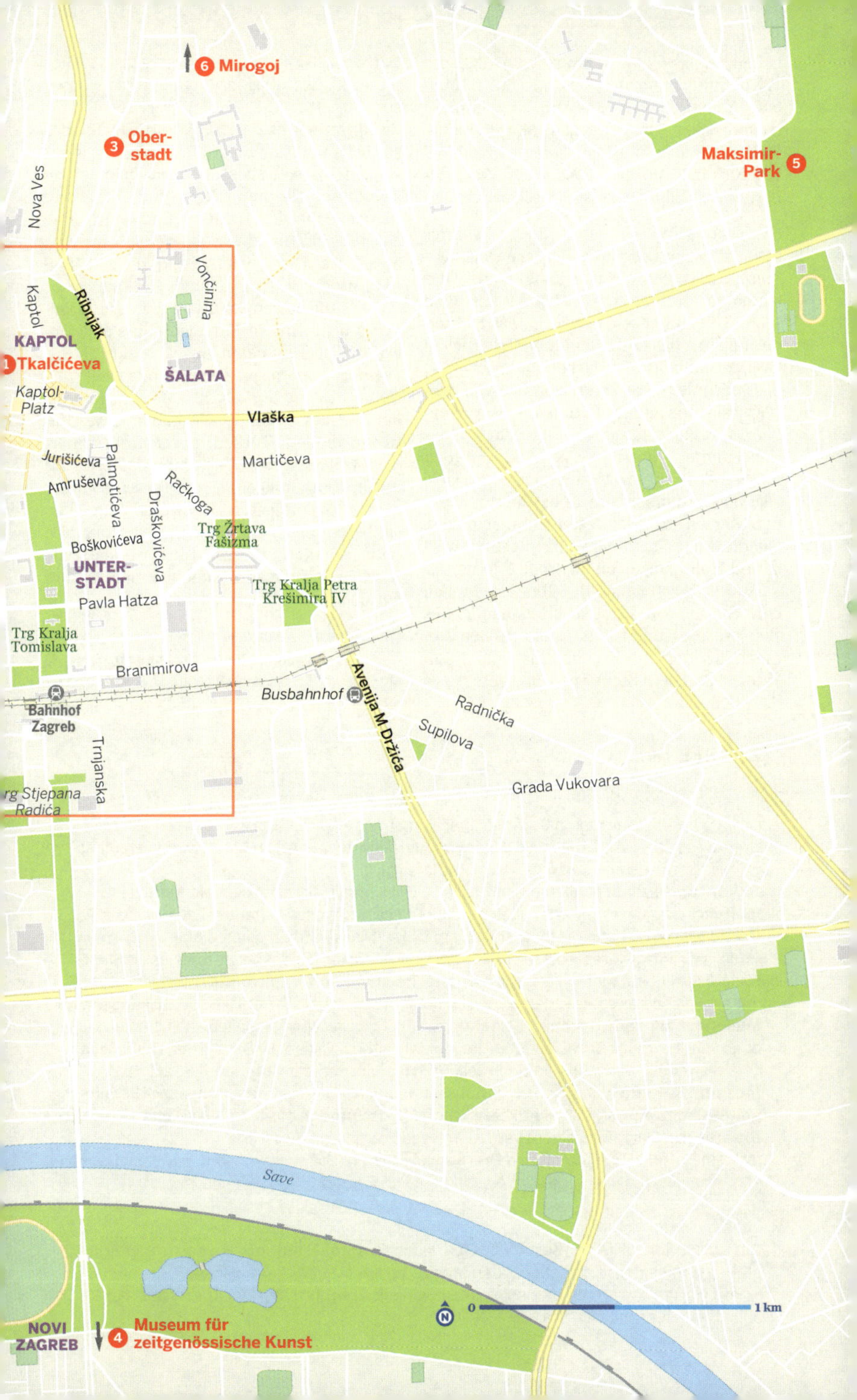

6 Mirogoj
3 Ober-
stadt
Maksimir-
Park 5
Nova Ves
Vončinina
Kaptol
Ribnjak
KAPTOL
1 Tkalčićeva
ŠALATA
Kaptol-
Platz
Vlaška
Jurišićeva
Palmotićeva
Martičeva
Amruševa
Račkoga
Draškovićeva
Trg Žrtava
Fašizma
Boškovićeva
UNTER-
STADT
Trg Kralja Petra
Krešimira IV
Pavla Hatza
Trg Kralja
Tomislava
Branimirova
Bahnhof
Zagreb
Busbahnhof
Avenija M Držića
Radnička
Supilova
Trnjanska
Grada Vukovara
rg Stjepana
Radića
Save
0
1 km
NOVI
ZAGREB
4 Museum für
zeitgenössische Kunst

beben im Jahr 1880 schwer beschädigt; der Wiederaufbau im neugotischen Stil begann erst Anfang des 20. Jhs. Im Kirchenraum beeindrucken die barocken Marmoraltäre, Statuen und die Kanzel sowie das Grabmal von Kardinal Alojzije Stepinac, ein Werk des berühmten Bildhauers Ivan Meštrović.

Steinernes Tor STADTTOR

(Kamenita Vrata) Die mittelalterliche Oberstadt konzentriert sich um den Kaptol-Platz. Hier stammen die meisten Gebäude aus dem 17. Jh. Unbedingt sehenswert ist das Steinerne Tor, einst das Osttor zum mittelalterlichen Gradec und heute eine Gebetsstätte. Es heißt, dass nach dem Großbrand von 1731 von dem hölzernen Tor nur ein Bildnis von Maria und dem Jesuskind übrigblieb, das Werk eines unbekannten Künstlers. Dem Bild werden magische Kräfte zugeschrieben, und viele Gläubige kommen zum Gebet hierher, zünden Kerzen an oder legen Blumen nieder. Quadratische Steintafeln tragen Dankesworte und Huldigungen an die Heilige Jungfrau.

An der Westfassade des Tors erhebt sich eine Statue von Dora. Hierbei handelt es sich um die Heldin eines historischen Romans aus dem 18. Jh., die einst mit ihrem Vater neben dem Steinernen Tor lebte.

Lotrščak-Turm HISTORISCHES GEBÄUDE

(Kula Lotrščak; Strossmayerovo Šetalište 9; Erw./erm. 20/10 Kn; ⏲9–21 Uhr) Der Turm wurde Mitte des 13. Jhs. als Wehrturm für das südliche Stadttor gebaut. Der Aufstieg lohnt sich, denn von hier oben hat man einen grandiosen Rundumblick über die Stadt. In der Nähe des Turms befindet sich eine **Standseilbahn** (www.zet.hr/english/funicular.aspx; Ticket 4 Kn; ⏲6.30–22 Uhr), die seit 1888 die Unter- mit der Oberstadt verbindet.

Seit 100 Jahren wird von dem Turm täglich um 12 Uhr ein Kanonenschuss abgefeuert, mit dem an einen Tag Mitte des 15. Jhs. erinnert werden soll. Der Legende nach wurde an diesem Tag um 12 Uhr eine Kanone auf die am gegenüberliegenden Save-Ufer campierenden Türken abgefeuert. Unterwegs traf die Kugel einen Hahn und zerfetzte ihn in 1000 Stücke. Für die Türken soll dies derart demoralisierend gewesen sein, dass sie beschlossen, die Stadt nicht anzugreifen (eine nüchternere Erklärung ist, dass die Kirchen mithilfe des Kanonenschusses ihre Uhren synchronisieren können).

St.-Markus-Kirche KIRCHE

(Crkva Svetog Marka; Trg Svetog Marka 5; ⏲Messe Mo–Fri 7.30 & 18, Sa 7.30, So 10, 11 & 18 Uhr) Die

ZAGREB IN ...

... zwei Tagen

Der Tag beginnt mit einem Bummel über den Strossmayerov Trg, Zagrebs grüner Oase. Unterwegs lohnt ein Blick in die **Strossmayer-Galerie der Alten Meister,** dann geht es weiter zum **Trg Bana Jelačića**, dem Stadtzentrum.

Am **Kaptol-Platz** angekommen, steht die Besichtigung der **Kathedrale Mariä Himmelfahrt** auf dem Programm – der Mittelpunkt des religiösen Lebens in Zagreb. In der Oberstadt besteht nun die Möglichkeit, am **Dolac-Markt** Obst zu kaufen oder auch im Amfora zu Mittag zu essen. Dann will das Werk des besten Bildhauers Kroatiens im **Meštrović-Atelier** bestaunt werden; das **Kroatische Museum für naive Kunst** beeindruckt mit Arbeiten eines völlig anderen Genres; dann bietet sich noch der Besuch des kuriosen **Museums der zerbrochenen Beziehungen** an. Das Stadtbild erschließt sich gut hoch oben vom **Lotrščak-Turm** aus, zur Abendunterhaltung warten die Bars in der **Tkalčićeva**.

Am zweiten Tag macht ein Bummel durch die Museen der Unterstadt Spaß; für das **Museum Mimara** sollte man eine Stunde einplanen, ebenso für das **Museum für zeitgenössische Kunst**. Das Mittagessen mundet im **Vinodol**, anschließend bietet sich der **Botanische Garten** zu einem Verdauungsspaziergang an. Am frühen Abend gestaltet sich ein Bummel über den **Petra Preradovićev Trg** besonders amüsant, dann geht es ab zum Abendessen und später ins Nachtleben von Zagreb.

... vier Tagen

Am dritten Tag sollte der Besuch des reizvollen **Mirogoj-Friedhofs** auf dem Programm stehen – mit einem Abstecher in den **Medvedgrad-** oder **Maksimir-Park**.

Am vierten Tag empfiehlt sich ein Ausflug nach **Samobor**, dort lockt eine beschauliche Kleinstadt mit viel Charme.

im 13. Jh. erbaute Kirche ist eines der symbolträchtigsten Bauwerke der Stadt. Ihr Schieferdach, geschaffen 1888, trägt auf der linken Hälfte das Wappen Kroatiens, Dalmatiens und Slawoniens, rechts das Stadtwappen von Zagreb. Das gotische Portal aus dem 14. Jh. wird von 15 Statuen in flachen Wandnischen geschmückt. Im Inneren stehen Skulpturen von Ivan Meštrović. Während der Öffnungszeiten kann man lediglich den Vorraum betreten. Die Kirche selbst wird immer nur zur Messe geöffnet.

Von Ende April bis Oktober findet samstags und sonntags um 12 Uhr vor der Kirche immer die Wachablösung statt, eine sehenswerte Zeremonie.

Kroatisches Museum für naive Kunst — MUSEUM

(Hrvatski Muzej Naivne Umjetnosti; ☎ 01-4851911; www.hmnu.org; Ćirilometodska 3; Erw./erm. 20/10 Kn; ⌚ Di–Fr 10–18, Sa & So 10–13 Uhr) Wer Kroatiens naive Kunst mag, kommt in diesem kleinen Museum auf seine Kosten. Diese Kunstform war hierzulande und weltweit vor allem in den 1960er- und 1970er-Jahren sehr in Mode. Gezeigt werden rund 1900 Gemälde, Zeichnungen und Skulpturen bedeutender Künstler wie Generalić, Mraz, Rabuzin und Smajić.

Meštrović-Atelier — GALERIE

(☎ 01-48 51 123; Mletačka 8; Erw./erm. 30/15 Kn; ⌚ Di–Fr 10–18, Sa & So 10–14 Uhr) Kroatiens anerkanntester Künstler ist Ivan Meštrović. In diesem Haus aus dem 17. Jh. lebte und arbeitete er von 1922 bis 1942. Die ausgezeichnete Sammlung umfasst etwa 100 Skulpturen, Zeichnungen, Lithographien und Möbelstücke aus den ersten 40 Jahren seines künstlerischen Schaffens. Meštrović arbeitete auch als Architekt und hat viele Teile des Hauses selbst entworfen.

Stadtmuseum — MUSEUM

(Muzej Grada Zagreba; ☎ 01-48 51 926; www.mgz.hr; Opatička 20; Erw./erm./Fam. 30/20/50 Kn; ⌚ Di–Fr 10–18, Sa 11–19, So 10–14 Uhr; 👪) Das historische Museum ist seit 1907 in dem Klarissen-Konvent aus dem 17. Jh. untergebracht. Es erzählt die Geschichte Zagrebs anhand von Dokumenten, Gemälden und Kunsthandwerksgegenständen. Die interaktiven Ausstellungsstücke gefallen vor allem kleinen Besuchern. Es lohnt sich, nach dem maßstabsgetreuen Modell des alten Gradec Ausschau zu halten. Es gibt auch eine kurze englische Zusammenfassung der einzelnen Exponate.

Galerija Klovićevi Dvori — GALERIE

(☎ 01-48 51 926; www.galerijaklovic.hr; Jezuitski trg 4; Eintritt je nach Ausstellung, max. 40 Kn; ⌚ Di–So 11–19 Uhr) Die in einem ehemaligen Jesuitenkloster untergebrachte Galerie gehört zu den renommiertesten der Stadt und zeigt moderne Kunst aus dem In- und Ausland. Bei den letzten Ausstellungen konnte man u. a. Picasso und Chagall sowie Sammlungen berühmter kroatischer Künstler bewundern. Im Museumsladen gibt's künstlerisch angehauchte Andenken, ein nettes Café fehlt auch nicht. Die Galerie ist in den Sommermonaten geschlossen, und zwar in der Regel im August und teilweise auch im September.

Jesuitenkirche der hl. Katharina — KIRCHE

(Crkva Svete Katarine; Katarinin Trg; ⌚ Messe, Mo–Fr 18, So 11 Uhr) Die barocke Kirche wurde zwischen 1620 und 1632 erbaut. Feuer und Erdbeben haben dem Gebäude stark zugesetzt, doch die Fassade erstrahlt noch in alter Pracht. Der schöne Altar stammt aus dem Jahr 1762, die Stuckarbeiten von 1720. Die Medaillons aus dem 18. Jh. an der Decke des Hauptschiffs zeigen Szenen aus dem Leben der hl. Katharina.

Kroatisches naturhistorisches Museum — MUSEUM

(Hrvatski Prirodoslovni Muzej; ☎ 01-48 51 700; www.hpm.hr; Demetrova 1; Erw./erm. 20/15 Kn; ⌚ Di–Mi & Fr 10–17, Do bis 20, Sa bis 19, So 13 Uhr) Das Naturkundemuseum zeigt eine Sammlung prähistorischer Werkzeuge und Fossilien aus der Krapina-Höhle und Exponate, die die Evolutionsgeschichte der Flora und Fauna Kroatiens erklären. Wechselausstellungen widmen sich einzelnen Regionen.

Sabor — HISTORISCHES GEBÄUDE

(Trg Svetog Marka 6) Die östliche Seite des Markov Trg nimmt der kroatische *sabor* (Parlament) ein. Er wurde 1910 an der Stelle barocker Stadthäuser aus dem 17. und 18. Jh. errichtet. Zwar harmoniert das neoklassizistische Gebäude nicht mit dem Platz, doch das mindert nicht seine historische und gegenwärtige Bedeutung. Im Revolutionsjahr 1918 wurde von seinem Balkon die Loslösung Kroatiens aus dem österreichisch-ungarischen Königreich ausgerufen.

Unterstadt

Trg Bana Jelačića — PLATZ

Zagrebs Herz ist der Trg Bana Jelačića. Der Platz ist ein beliebter Treffpunkt der Bevölkerung. Wer gern Leute beobachtet, kann

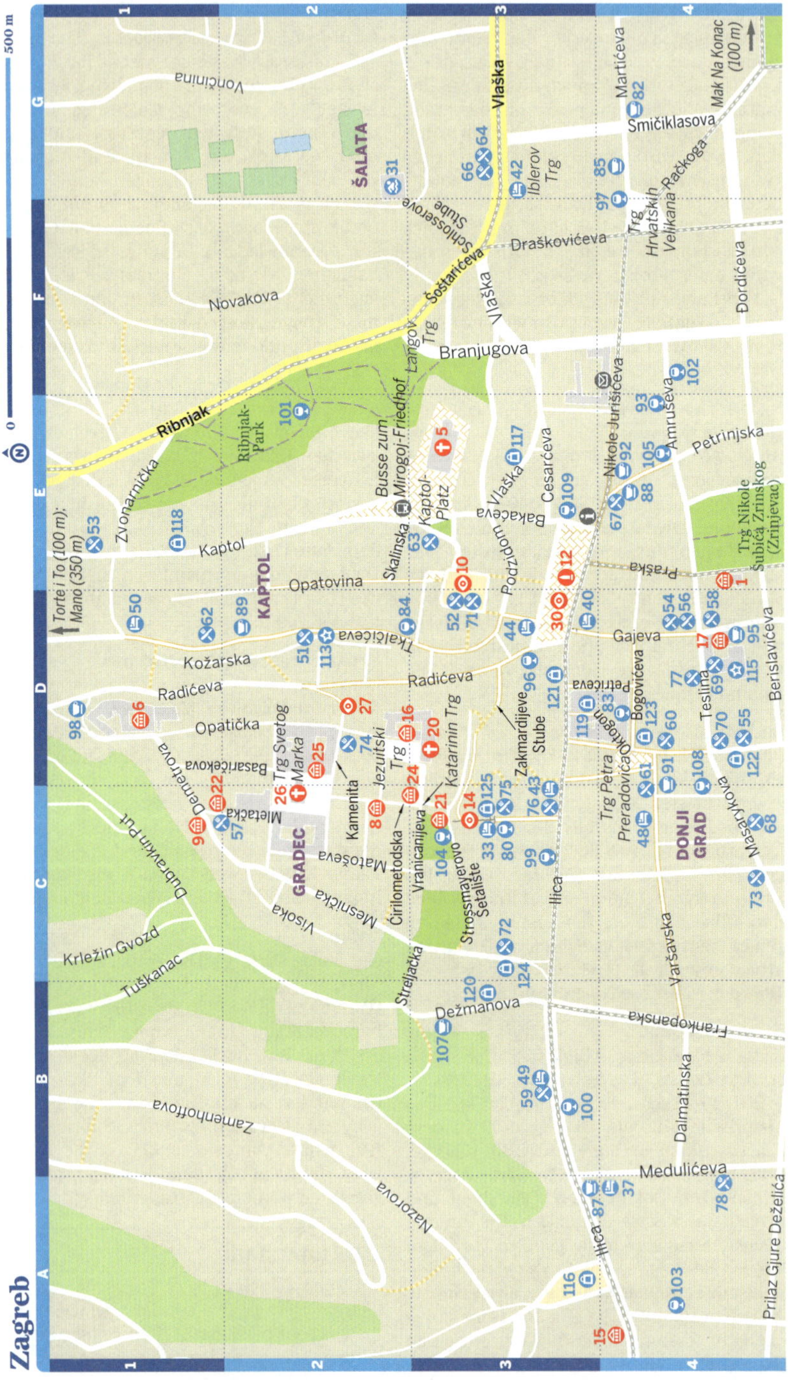
Zagreb
500 m
Torte i To (100 m); Mano (350 m)
Mak Na Konac (100 m)
KAPTOL
GRADEC
ŠALATA
DONJI GRAD
Vončinina
Novakova
Ribnjak
Ribnjak-Park
Zvonarnička
Kaptol
Opatovina
Kožarska
Radićeva
Tkalčićeva
Opatička
Demetrova
Basaričekova
Mletačka
Trg Svetog Marka
Kamenita
Jezuitski Trg
Ćirilometodska
Matoševa
Mesnička
Visoka
Dubravkin Put
Krležin Gvozd
Tuškanac
Strossmayerovo Šetalište
Vranicanijeva
Katarinin Trg
Zakmardijeve Stube
Strejačka
Dežmanova
Zamenhoffova
Nazorova
Ilica
Busse zum Mirogoj-Friedhof
Skalinska
Kaptol-Platz
Langov Trg
Šoštarićeva
Schlosserove Stube
Vlaška
Branjugova
Bakačeva
Podzidom
Cesarčeva
Draškovićeva
Iblerov Trg
Smičiklasova
Martićeva
Trg Hrvatskih Velikana
Račkoga
Nikole Jurišićeva
Amruševa
Petrinjska
Đorđićeva
Praška
Trg Nikole Subića Zrinskog (Zrinjevac)
Gajeva
Petrićeva
Bogovićeva
Oktogon
Trg Petra Preradovića
Teslina
Berislavićeva
Masarykova
Varšavska
Frankopanska
Dalmatinska
Medulićeva
Prilaz Gjure Deželića

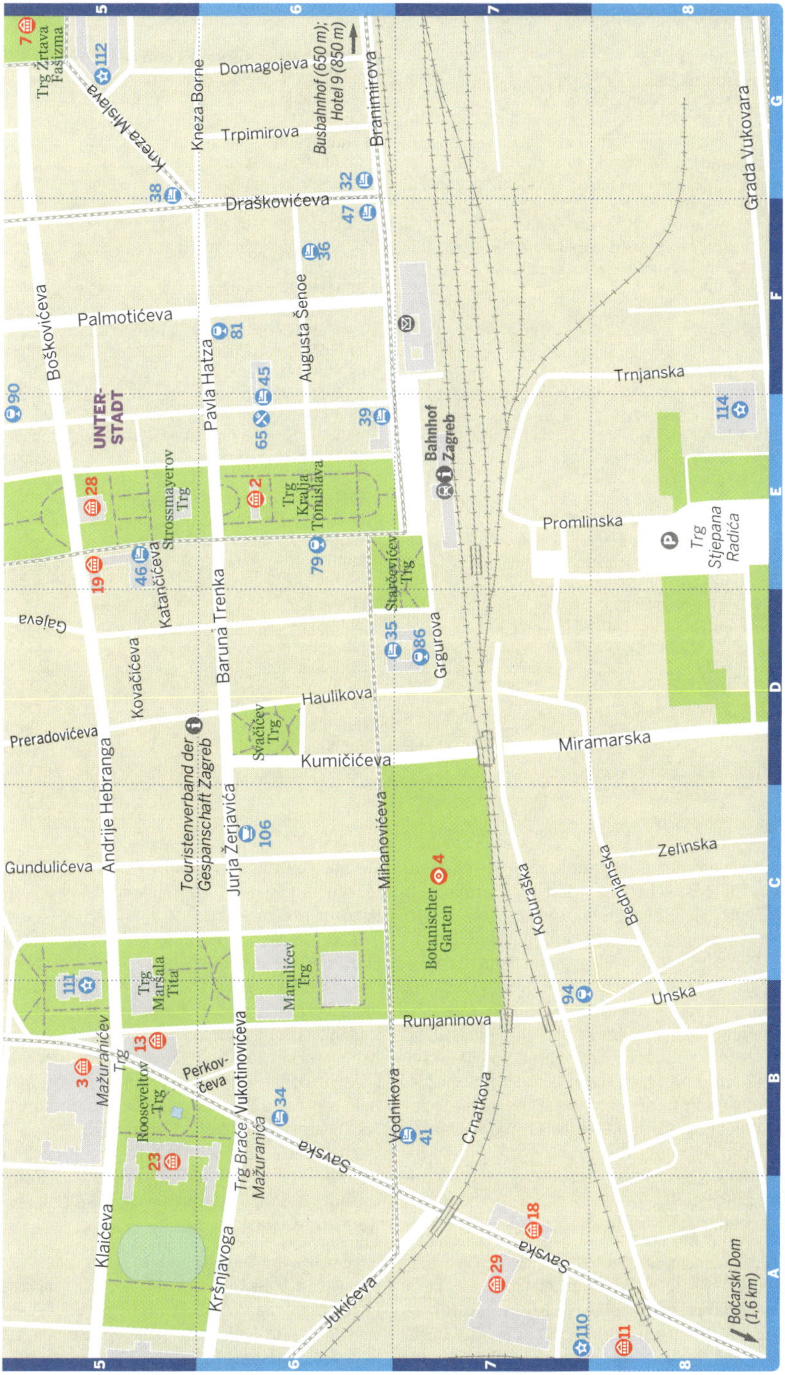
UNTERSTADT
Bahnhof Zagreb
Botanischer Garten
Trg Žrtava Fašizma
Trg Kralja Tomislava
Strossmayerov Trg
Starčevićev Trg
Svačićev Trg
Trg Maršala Tita
Marulićev Trg
Rooseveltov Trg
Mažuranićev Trg
Trg Braće Mažuranića
Trg Stjepana Radića
Touristenverband der Gespanschaft Zagreb
Busbahnhof (650 m); Hotel 9 (850 m)
Bočarski Dom (1,6 km)
Domagojeva
Trpimirova
Draškovićeva
Palmotićeva
Kneza Mislava
Kneza Borne
Branimirova
Augusta Šenoe
Boškovićeva
Pavla Hatza
Katančićeva
Gajeva
Kovačićeva
Baruna Trenka
Preradovićeva
Haulikova
Kumičićeva
Grgurova
Andrije Hebranga
Jurja Žerjavića
Gundulićeva
Mihanovićeva
Runjaninova
Perkovčeva
Vukotinovićeva
Savska
Vodnikova
Crnatkova
Jukićeva
Klaićeva
Kršnjavoga
Koturaška
Bednjanska
Zelinska
Unska
Miramarska
Promlinska
Trnjanska
Grada Vukovara

Zagreb

Sehenswertes

1 Archäologisches Museum ... E4
2 Kunstpavilion ... E6
3 Museum für Kunst & Handwerk ... B5
4 Botanischer Garten ... C7
5 Kathedrale Mariä Himmelfahrt ... E3
6 Stadtmuseum ... D1
7 Kroatischer Künstlerverein ... G5
8 Kroatisches Museum für naive Kunst .. C2
9 Kroatisches naturhistorisches Museum ... C1
10 Dolac-Markt ... E3
11 Dražen-Petrović-Gedenkmuseum ... A8
12 Reiterstatue ... E3
13 Ethnografisches Museum ... B5
14 Standseilbahn ... C3
15 Galerija Greta ... A4
16 Galerija Klovićevi Dvori ... D2
17 Galerija Nova ... D4
18 Galerija Studentski Centar ... A7
19 Galerie der Modernen Kunst ... E5
20 Jesuitenkirche der hl. Katharina ... D3
21 Lotrščak-Turm ... C3
22 Meštrović-Atelier ... C1
23 Museum Mimara ... B5
24 Museum der zerbrochenen Beziehungen ... C3
25 Sabor ... D2
26 St.-Markus-Kirche ... C2
27 Steinernes Tor ... D2
28 Strossmayer-Galerie der Alten Meister ... E5
29 Technisches Museum ... A7
30 Trg Bana Jelačića ... D3

Aktivitäten, Kurse & Touren

31 Sport- & Erholungszentrum Šalata ... G2

Schlafen

32 Arcotel Allegra ... G6
33 Chillout Hostel Zagreb Downtown ... C3
34 Croatian YHA ... B6
35 Esplanade Zagreb Hotel ... D6
36 Evistas ... F6
37 Hobo Bear Hostel ... A4
38 Hostel Day and Night ... G5
39 Hotel Central ... E6
40 Hotel Dubrovnik ... D3
41 Hotel Garden ... B7
42 Hotel Jadran ... G3
43 Hotel Jägerhorn ... C3
44 Main Square Apartment ... D3
45 Omladinski Hostel ... E6
46 Palace Hotel ... E5
47 Palmers Lodge Hostel Zagreb ... F6
48 Shappy Hostel ... C4
49 Swanky Mint Hostel ... B3
50 Taban Hostel ... D1

Essen

51 Agava ... D2
52 Amfora ... D3
53 Baltazar ... E1
54 Boban ... D4
55 Burgeraj ... D4
56 Čušpajz ... D4
57 Didov San ... C1
58 Dinara ... D4
59 Dinara ... B3
60 Dinara ... D4

von einem der Cafés genüsslich zuschauen, wie die Menschen aus den Straßenbahnen steigen, sich begrüßen und zwischen den Zeitungs- und Blumenständen plaudern.

Benannt ist der Platz nach dem Ban Jelačić. Im 19. Jh. führte dieser *ban* (Vizekönig oder Präsident) die kroatischen Truppen in einen erfolglosen Kampf gegen Ungarn. Die **Reiterstatue** von Jelačić stand von 1866 bis 1947 auf dem Platz, dann ließ Tito es entfernen, weil er es als ein zu starkes Symbol des kroatischen Nationalismus empfand. Unter Franjo Tuđmans Regierung wurde das Monument 1990 wieder an seinem alten Standort aufgestellt.

Museum Mimara — MUSEUM

(Muzej Mimara; ☎ 01-48 28 100; www.mimara.hr; Rooseveltov trg 5; Erw./erm. 40/30 Kn; ⊙ Di–Fr 10–19, Sa bis 17, So bis 14 Uhr) Die abwechslungsreiche Privatsammlung gilt als die beste Zagrebs. Ante Topić Mimara stiftete seiner Heimatstadt über 3750 unbezahlbare Objekte, obwohl er den Großteil seines Lebens in Salzburg verbrachte.

Das Museum befindet sich in einem ehemaligen Schulgebäude aus der Neorenaissance (1883). Die Sammlung umfasst viele Perioden und Regionen: eine Archäologieabteilung mit 200 Exponaten, antike Kunstwerke aus dem Fernen Osten sowie Glas, Textilien und eine Sammlung von Möbeln aus mehreren Jahrhunderten und auch 1000 Kunstobjekte aus Europa.

In der Gemäldesammlung beeindrucken Werke von Raphael, Caravaggio, Rembrandt, Bosch, Velázquez, Goya, Manet, Renoir und Degas.

Strossmayer Galerie der Alten Meister — GALERIE

(Strossmayerova Galerija Starih Majstora; ☎ 01-48 95 117; http://info.hazu.hr/the_strossmayer_gallery_of_old_masters; Trg Nikole Šubića Zrinskog 11;

61 Green Point ... C4
62 Ivica i Marica ... D1
63 Kaptolska Klet ... E3
64 Karijola ... G3
65 Lari & Penati ... E6
Le Bistro ... (siehe 35)
66 Mali Bar ... G3
67 Mundoaka Streetfood ... E4
68 Nishta ... C4
69 Pingvin ... D4
70 Ribice i Tri Točkice ... D4
71 Rubelj ... D3
72 Stari Fijaker 900 ... C3
73 Tip Top ... C4
74 Trilogija ... D2
75 Vallis Aurea ... C3
76 Vincek ... C3
77 Vinodol ... D4
Zinfandel's ... (siehe 35)
78 Zrno ... A4

Ausgehen & Nachtleben

79 Bacchus ... E6
80 Basement Wine Bar ... C3
81 Beertija ... F6
82 Booksa ... G4
83 Bulldog ... D4
84 Cica ... D2
85 Divas ... G4
86 Dramatic ... D7
87 Eliscaffe ... A3
88 Express ... E4
89 Funk ... D2
90 Hotpot ... E5
91 Kino Europa ... C4
92 Klub Kino Grič ... E4
93 Kolaž ... E4
94 KSET ... B7
95 Lemon ... D4
96 MK Krolo ... D3
97 Mojo ... F4
98 Palainovka ... D1
99 Pepermint ... C3
100 Pivnica Medvedgrad ... B3
101 Rock Klub Ribnjak ... E2
102 Rush Club ... F4
103 Sedmica ... A4
104 Stross ... C3
105 Time ... E4
106 U Dvorištu ... C6
107 Velvet ... B3
108 Vimpi ... C4
109 VIP Club ... E3

Unterhaltung

110 Cibona-Turm ... A7
111 Kroatisches Nationaltheater ... B5
112 Koncertna Direkcija Zagreb ... G5
113 Melin ... D2
114 Konzerthaus Vatroslav Lisinski ... E8
115 Zagrebačko Kazalište Mladih ... D4

Shoppen

116 Antiquitätenmarkt ... A3
117 Aromatica ... E3
118 Bornstein ... E1
119 Croata ... D3
120 I-GLE ... B3
121 Nama ... D3
122 Natura Croatica ... D4
123 Profil Megastore ... D4
124 Prostor ... C3
125 Take Me Home ... C3

Erw./erm. 30/10 Kn; ⌚Di 10–19, Mi–Fr 10–16, Sa & So 10–13 Uhr) Das Museum ist in der Kroatischen Akademie der Wissenschaften und Künste untergebracht. Das schöne Gebäude aus dem 19. Jh. im Stil der italienischen Renaissance beherbergt eine beeindruckende Kunstsammlung, die Bischof Strossmayer 1884 der Stadt gestiftet hatte. Zur Sammlung gehören italienische Meister aus der Zeit vom 14. bis 19. Jh. (darunter Tintoretto, Veronese und Tiepolo), holländische und flämische Maler (Breughel der Jüngere), sowie die klassischen kroatischen Künstler Medulić und Benković.

Zu den bedeutendsten Exponaten gehört die im Innenhof ausgestellte **Tafel von Baška** (Baščanska Ploča). Diese Steintafel von der Insel Krk stammt aus dem Jahr 1102 und trägt eine der ältesten Inschriften in glagolitischer Schrift. Die **Statue von Bischof Strossmayer** schuf Ivan Meštrović.

Archäologisches Museum MUSEUM

(Arheološki Muzej; ☎01-48 73 101; www.amz.hr; Trg Nikole Šubića Zrinskog 19; Erw./erm./Fam. 20/10/30 Kn; ⌚Di-Mi 10–18, Fr & Sa bis 20, Do Uhr) Das Archäologische Museum zeigt Fundstücke aus prähistorischer Zeit. Zu den interessantesten zählt die **Taube von Vučedol** (Vučedolska golubica), eine 4000 Jahre alte Keramik, die bei Vukovar gefunden wurde. Der „Vogel“ gilt seither als Symbol der Stadt Vukovar und des Friedens. Der Innenhof mit seiner Sammlung von römischen Denkmälern aus dem 5. und 4. Jh. v. Chr. verwandelt sich im Sommer in ein großes Freiluftcafé.

Im Inneren befinden sich faszinierende ägyptische Mumien, die in einem Ambiente aus Lichtspielen und meditativen Klängen präsentiert werden. Die Münzsammlung gehört wohl zu den bedeutendsten Europas und besteht aus rund 260 000 Münzen, Medaillen und Medaillons.

Ethnografisches Museum MUSEUM

(Etnografski Muzej; ☎01-48 26 220; www.emz.hr; Mažuranićev trg 14; Erw./erm. 15/10 Kn; ⌚Di–Do 10–18, Fr–So 10–13 Uhr) In einem 1903 erbauten Kuppelbau wird das ethnografische Erbe Kroatiens dokumentiert. Zum Bestand gehören rund 70 000 Objekte. Rund 2750 davon sind in der Dauerausstellung zu sehen – z. B. Keramiken, Schmuck, Musikinstrumente, Werkzeuge und Waffen sowie kroatische Trachten, goldbestickte Kopftücher aus Slawonien und Spitzenarbeiten von der Insel Pag. Dank Schenkungen der kroatischen Forscher Mirko und Stevo Seljan gibt es auch interessante Artefakte aus Südamerika, Äthiopien, China, Japan und Australien zu sehen.

Museum für Kunst & Handwerk MUSEUM

(Muzej za Umjetnost i Obrt; ☎01-48 82 123; www.muo.hr; Trg Maršala Tita 10; Erw./erm./Fam. 30/20/50 Kn; ⌚Di–Sa 10–19, So 11–14 Uhr) Das zwischen 1882 und 1892 erbaute Museum besticht durch eine Sammlung von Möbeln, Textilien, Metall- und Keramikgegenständen sowie Glaskunst vom Mittelalter bis zur Neuzeit. Hier lassen sich gotische und barocke Skulpturen aus Nordkroatien, Gemälde und Drucke, Glocken, Öfen, Uhren, gebundene Bücher, Spielzeuge, Fotografien und Industriedesign bewundern. Im Museum werden außerdem häufig Wanderausstellungen präsentiert, mehr Infos findet man auf der Website.

Kunstpavillon KUNSTGALERIE

(Umjetnički Paviljon; ☎01-48 41 070; www.umjetnicki-paviljon.hr; Trg Kralja Tomislava 22; Erw./erm. 30/15 Kn; ⌚Di–Sa 11–19, So 10–13 Uhr) Der gelbe Kunstpavillon präsentiert zeitgenössische Kunst im Rahmen von Wechselausstellungen. Der beeindruckende, 1897 erbaute Jugendstilpavillon ist der einzige Ausstellungsraum in Zagreb, der eigens für große Ausstellungen konzipiert wurde. In manchen Jahren schließt die Galerie ihre Pforten Mitte Juli bis Ende August.

Galerie der modernen Kunst GALERIE

(Moderna Galerija; ☎01-60 41 040; www.moderna-galerija.hr; Andrije Hebranga 1; Erw./erm. 40/20 Kn; ⌚Di–Fr 11–19, Sa & So bis 13 Uhr) Zu bewundern sind in dieser herrlichen Ausstellung die Werke kroatischer Künstler der letzten 200 Jahre, nämlich Meister des 19. und 20. Jhs. wie Bukovac, Mihanović und Račić. Die Galerie vermittelt einen spannenden Überblick über die pulsierende Kunstszene des Landes.

Botanischer Garten GARTEN

(Botanički Vrt; ☎01-48 98 060; Marulićev trg 9A; ⌚April–Okt Mo & Di 9–14.30, Mi–So bis 19 Uhr) GRATIS Wer nach den vielen Museen und Galerien einmal eine Abwechslung braucht, sollte in dieser herrlichen grünen Oase eine Pause einlegen. Der 1890 angelegte Garten beherbergt 10 000 verschiedene Pflanzenarten und kann mit vielen beschaulichen Ecken und Wegen aufwarten.

Novi Zagreb

Museum für zeitgenössische Kunst MUSEUM

(Muzej Suvremene Umjetnosti; ☎01-60 52 700; www.msu.hr; Avenija Dubrovnik 17; Erw./erm. 30/15 Kn; ⌚Di–Fr & So 11–18, Sa 11–20 Uhr) Das schicke Museum ist in einem sagenhaften, von dem hiesigen Stararchitekten Igor Franić entworfenen, Gebäude untergebracht. Auf 17 000 m² werden Einzelausstellungen und thematische Sammelausstellungen von kroatischen und internationalen Künstlern gezeigt. Die Dauerausstellung mit dem Namen *Sammlung in Bewegung* zeigt 620 topaktuelle Werke von 240 Künstlern, von denen grob die Hälfte aus Kroatien stammt. Ganzjährig finden hier Filmvorführungen, Theateraufführungen, Konzerte und Kunstaktionen statt.

Nicht verpassen sollte man die interaktive *Doppelrutsche* des belgischen Künstlers Carsten Höller sowie die bewegende Installation *Ženska Kuća* von der bedeutendsten kroatischen Künstlerin Sanja Iveković mit dem Thema Gewalt gegen Frauen.

Am ersten Mittwoch im Monat ist der Eintritt frei.

Nördlich von Zentrum

Mirogoj FRIEDHOF

(Aleja Hermanna Bollea 27; ⌚April–Sept. 6–20 Uhr, Okt.–März 7–18 Uhr) Nach einer 10-minütigen Fahrt vom Zentrum aus (oder nach einem 30-minütigen Spaziergang durch schattige Straßen) erreicht man am Fuß der Medvednica einen der schönsten Friedhöfe Europas. Er wurde 1876 von dem in Österreich geborenen Architekten Herman Bollé entworfen, der auch viele andere Gebäude in Zagreb geschaffen hat. Der majestätische, von Kuppeln gekrönte Bogengang mutet von außen wie eine Festung an, bietet in seinem Inneren aber eine ruhige und friedliche Atmosphäre.

In der üppig grünen Friedhofsanlage mit den vielen Wegen kann man schöne Skulp-

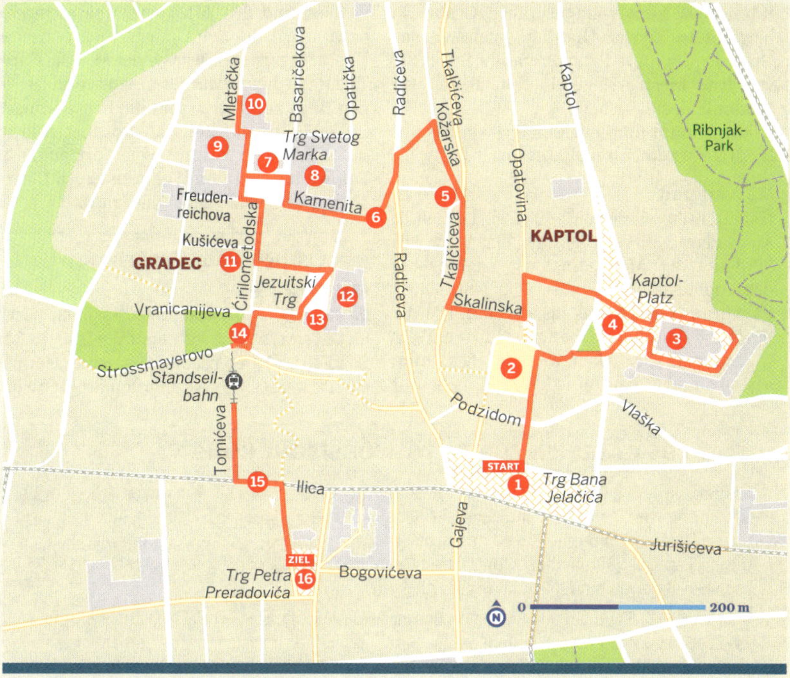

Stadtspaziergang
Architektur, Kunst & Straßenleben

START TRG BANA JELAČIĆA
ZIEL TRG PETRA PRERADOVIĆA
LÄNGE/DAUER 1 KM; 1½ STD.

Die kostenlose Broschüre *Step by Step* ist in allen Touristeninformationen erhältlich. Darin sind zwei Stadtspaziergänge durchs Zentrum mitsamt Ober- und Unterstadt beschrieben.

Der praktischste Ausgangspunkt eines Bummels durch Zagreb ist der 1 **Trg Bana Jelačića**. Nach ein paar Schritten bergauf erreicht man den 2 **Dolac-Markt**, wo man sich Obst oder einen Snack kaufen kann, bevor man die neugotische 3 **Kathedrale Mariä Himmelfahrt** besichtigt. Nun überquert man den 4 **Kaptol-Platz** und schlendert die Skalinska hinunter zur Tkalčićeva. Auf dieser Straße geht's wieder nach oben. Über die Treppen neben der 5 **Melin-Bar** mit Terrasse erreicht man dann das 6 **Steinerne Tor** Nun geht man durch die Kamenita zum Trg Svetog Marka mit der 7 **St. Markus-Kirche**, einem der bedeutendsten Gebäude Zagrebs, dem 8 **Sabor**, dem Parlamentsgebäude, und dem 9 **Banski Dvori**, dem Präsidentenpalast.

Wenn man durch die Gassen der Oberstadt schlendert, bekommt man im 10 **Meštrović-Atelier** einen guten Einblick in die kroatische Welt der Kunst. Nun führt der Weg zurück über den Trg Svetog Marka und die Ćirilometodska hinunter ins 11 **Kroatische Museum für naive Kunst**. Über den Jezuitski trg erreicht man die 12 **Galerija Klovićevi Dvori**, wo kroatische und internationale zeitgenössische Kunstausstellungen warten. Nach so viel Kunst macht es Spaß, die prächtige 13 **Jesuitenkirche der hl. Katharina** zu besichtigen. Danach erreicht man den 14 **Lotrščak-Turm**, von dem man einen schönen Blick über die Stadt hat. Mit der Standseilbahn oder zu Fuß gelangt man über die mit viel Grün geschmückte Treppe nach unten. In beiden Fällen kommt man zur 15 **Ilica**, Zagrebs Haupteinkaufsstraße.

Nun überquert man die Ilica und läuft weiter zum 16 **Trg Petra Preradovića**, wo man sich in einem der vielen Straßencafés vom Spaziergang erholen kann.

turen und kunstvoll gestaltete Grabmale bewundern. Zu den Highlights gehören das Grab des Dichters Petar Preradović und die von Ivan Meštrović geschaffene Büste von Vladimir Becić.

Hin kommt man mit Bus 106 von der Kathedrale Mariä Himmelfahrt aus.

Medvedgrad BURG

(Eintritt 15 Kn; ⌚Di–So 11–19 Uhr) Die Burg Medvedgrad direkt oberhalb der Stadt am Südhang der Medvednica ist Zagrebs bedeutendstes Gebäude aus dem Mittelalter. Es wurde von 1249 bis 1254 erbaut, um die Stadt vor Tatarenangriffen zu schützen. Heute kann man die dicken, wieder aufgebauten Mauern und Türme, eine kleine Kapelle mit Fresken und den **Altar des Heimatlandes** bewundern, der den Opfern des kroatischen Unabhängigkeitskriegs gedenkt. An klaren Tagen hat man von hier einen wunderschönen Blick auf Zagreb und die Umgebung.

Man fährt mit Bus 102 vom Britanski trg bis zur Kirche Šestine, von dort geht's zu Fuß weiter über den Wanderweg Nr. 12 (von Lagvić bis zur Burg Medvedgrad).

Östlich vom Zentrum

Maksimir-Park PARK

(☎01-23 20 460; www.park-maksimir.hr; Maksimirski perivoj bb; ⌚Infozentrum Mo–Fr 10–15, Sa & So 10–18 Uhr) Der friedliche, riesige baumreiche Park lässt sich gut mit den Straßenbahn-

ZAGREBS GALERIEN FÜR ZEITGENÖSSISCHE KUNST

Zagrebs kreative Energie ist überall spürbar. Angetrieben wird sie von unzähligen jungen, ambitionierten Künstlern und Kuratoren, die nicht nach Schema F denken. Nachstehend einige Galerien, in denen Kunst aus Kroatien zu bewundern ist, die sich überwiegend mit der im Wandel befindlichen kroatischen Gesellschaft auseinandersetzt. Achtung: Die meisten Galerien sind im August geschlossen.

Lauba (☎01-63 02 115; www.lauba.hr; Baruna Filipovića 23a; Erw./erm. 25/10 Kn; ⌚Mo–Fr 14–22, Sa 11–22 Uhr) Die private Kunstsammlung in einer ehemaligen Weberei in einem Industriegebiet westlich von Zagreb vermittelt einen Einblick in die zeitgenössische Kunst Kroatiens von den 1950er-Jahren bis heute. Die ausgestellten Werke wechseln häufig, es wird ein spannendes Veranstaltungsprogramm geboten und es gibt ein cooles **Bistro** (⌚Mo–Fr 9–23, Sa 11–23 Uhr).

Galerija Greta (www.greta.hr; Ilica 92; ⌚Mo–Sa 16–20 Uhr) GRATIS Diese Ladengalerie in einem alten Textilgeschäft veranstaltet montagabends nette Vernissagen ganz unterschiedlicher Kunstformen: Malerei, Video, Soundinstallationen, Skulpturen, Projektionen und Performances.

Galerija Nova (☎01-48 72 582; www.whw.hr; Teslina 7; ⌚Di–Fr 12–20, Sa 11–14 Uhr) GRATIS Der unabhängige Kunstraum untersteht dem Kuratorenkollektiv WHW (Što, Kako i za Koga?), das für seine politisch und gesellschaftlich sensiblen Themen bekannt ist. In der kleinen Galerie wird ein abwechslungsreiches Programm an Ausstellungen, Performances, Happenings und Diskussionen geboten.

Galerija Studentski Centar (☎01-45 93 602; www.galerija.sczg.hr; Savska 25; ⌚Mo–Fr 12–20, Sa 10–13 Uhr) GRATIS In der Galerie südwestlich des Zentrums kann man Werke von einigen der jüngsten Künstler Kroatiens bewundern. Der Schwerpunkt liegt dabei auf konzeptioneller Kunst. Präsentiert werden Installationen und Werke, die eigens für diese Location geschaffen wurden, außerdem gibt es Performances und interaktive Projekte sowie Theateraufführungen, Konzerte und Festivals.

Galerija Galženica (☎01-62 21 122; www.galerijagalzenica.info; Trg Stjepana Radića 5, Velika Gorica; ⌚Mo–Fr 10–16, Sa & So 10–13 Uhr) GRATIS Die innovative Galerie im nahen Velika Gorica lohnt die Anfahrt. Das Hauptgewicht liegt auf Kunst, die aufgrund der gesellschaftlichen, politischen und kulturellen Veränderungen in den letzten 15 Jahren in Kroatien entstanden ist. Bevor man losfährt, sollte man anfragen, ob gerade eine Ausstellung läuft.

Galerija Miroslav Kraljević (www.g-mk.hr; Šubićeva 29; ⌚Di–Fr 12–19, Sa 11–13 Uhr) GRATIS Die 1986 gegründete Galerie für zeitgenössische Kunst östlich des Zentrums widmet sich der visuellen Kunst. Geboten wird ein dynamisches Programm mit Ausstellungen, Lesungen, Präsentationen sowie Workshops mit Wohnmöglichkeiten für Künstler.

linien 11 und 12 vom Trg Bana Jelačića erreichen. Der 1794 eröffnete Park war die erste öffentliche Grünanlage Südosteuropas. Er ist im Stil eines englischen Gartens gestaltet mit Wegen, Rasenflächen und künstlichen Seen.

Das beliebteste Fotomotiv im Park ist der herrliche Bellevue Pavillon aus dem Jahr 1843. Außerdem befinden sich hier noch der Echo-Pavillon und ein Haus, das einer rustikalen Schweizer Hütte nachempfunden ist. Der **Zoo** (www.zoo.hr; Erw./Kind 30/20 Kn, Kind unter 7 Jahren frei; ⌚9–20 Uhr, Ticketverkauf bis 18.30 Uhr) bietet eine eher bescheidene Auswahl an Tieren aus aller Welt. Zoobesucher können täglich die Fütterung der Seehunde, Seelöwen, Ottern und Piranhas miterleben.

Kroatischer Künstlerverein GALERIE

(Hrvatsko Društvo Likovnih Umjetnika; ☎01-46 11 818; www.hdlu.hr; Trg Žrtava Fašizma 16; Erw./erm. 20/10 Kn; ⌚Di–Fr 11–19, Sa & So 10–14 Uhr) Die Galerie östlich des Zentrums befindet sich in einem der wenigen von dem Architekten Ivan Meštrović entworfenen Gebäude und bietet ganz unterschiedliche Kunst-Shows und diverse Events – ein Highlight der Zagreber Kunstszene.

Das Gebäude hat mehrere Wandlungen durchlebt, die die Geschichte der Region im Zeitraffer widerspiegeln: Ursprünglich 1938 von Meštrović als Ausstellungspavillon entworfen, wurde das Haus zu Ehren von Peter I (Petar Karađorđević), dem König der Serben, Kroaten und Slowenen errichtet, was den kroatischen Nationalisten ein Dorn im Auge war. Nachdem die Faschisten an die Macht gekommen waren, wurde das Gebäude im Mai 1941 in Künstlerzentrum Zagreb umbenannt. Einige Monate später gab Ante Pavelić, der faschistische Führer Kroatiens, den Befehl, alle Kunstwerke zu entfernen und das Gebäude in eine Moschee zu verwandeln (in der sich die muslimische Bevölkerung Zagrebs zu Hause fühlen kann). Obwohl die Künstler damit nicht einverstanden waren, wurde das Haus umgebaut und schließlich sogar von drei Minaretten umgeben.

Nach der Gründung des sozialistischen Jugoslawiens wurde die Moschee jedoch sofort geschlossen und das Gebäude wieder seinem ursprünglichen Zweck zugeführt, wenn auch unter dem neuen Namen „Museum der Volksbefreiung“. Es wurde eine Dauerausstellung eingerichtet, und 1949 ließ die Regierung die Minarette abreißen. 1951 rekonstruierte ein Architekt namens V. Richter den ursprünglichen Bau nach dem Entwurf von Meštrović.

Seitdem ist das Gebäude wieder ein Ausstellungsraum und wird von einem gemeinnützigen Verein kroatischer Künstler genutzt. Obwohl es 1991 von der neuen Regierung des Landes in „Kroatischer Künstlerverein“ umbenannt wurde, nennen es die Zagreber noch immer „die alte Moschee“.

Aktivitäten

Sportpark Mladost SCHWIMMEN, TENNIS

(☎01-36 58 553; Jarunska 5, Jarun; Tageskarte Wochenende Erw./Kind/Fam. 30/25/100 Kn, Wochentag 25/20/60 Kn; ⌚Mo–Fr 12–19, Sa & So 10–19 Uhr) Der Park an der Save bietet ein Freibad und ein Hallenbad mit Olympiamaßen sowie kleinere Kinderbecken, einen Fitnessraum und Tennisplätze. Die Straßenbahnlinien 5 und 17 fahren nach Jarun.

Sport- & Erholungszentrum Šalata SCHWIMMEN, SKATEN

(☎01-46 17 255; Schlosserove Stube 2; Tageskarte Wochenende Erw./Kind/Fam. 30/20/60 Kn, Wochentag 20/15/40 Kn; ⌚Mo–Fr 13.30–18, Sa & So 11–19 Uhr) In diesem Zentrum gibt es Tennisplätze im Freien und in der Halle, einen Fitnessraum, eine Eisbahn (im Winter) und zwei Freibäder (geöffnet von Juni–Sept.). Außerdem gibt es eine Halleneisbahn mit Schlittschuhverleih.

Sljeme SKIFAHREN, WANDERN

(www.sljeme.hr) Auch wenn man Zagreb nicht unbedingt mit Wintersport in Verbindung bringt, ist es bei guter Schneelage möglich, vor den Toren der Stadt Ski zu fahren. Der Sljeme ist der höchste Punkt der Medvednica; auf die Skifahrer warten hier vier Abfahrten, drei Skilifte und ein Sessellift. Die Schneebedingungen können telefonisch im **Skizentrum** (☎01-45 53 382) erfragt oder aber im Internet unter www.sljeme.hr nachgesehen werden.

Jarun-See SCHWIMMEN, WASSERSPORT

Der Jarun-See im Süden der Stadt ist ganzjährig ein beliebtes Ausflugsziel. Vor allem im Sommer lädt das klare Wasser zum Baden ein; ein Teil des Sees ist für Surfer und Kanuten abgeteilt. Nach der Ankunft geht es rechts zum Veliko Jezero mit einem Kiesstrand und Möglichkeiten zum Windsurfen.

Zum Jarun fahren die Straßenbahnen 5 oder 17, von der Haltestelle aus folgt man den Hinweisschildern zum *jezero* (See). Am See angekommen, kann man links am Malo Jezero **schwimmen** und **Kanus** oder **Paddelboote** ausleihen.

Geführte Touren

In Zagreb steht eine Fülle unterschiedlicher Touren zur Auswahl. Neben den hier genannten, finden sich weitere interessante Optionen auf der Homepage der Touristeninformation Zagreb unter dem Stichwort Zagreb City Tours (www.zagreb-touristinfo.hr).

Zagreb Bites GEFÜHRTE TOUR
(☎ 091 52 88 723; www.zagrebites.com) Wer die In-Restaurants und heißesten Weinbars Zagrebs kennenlernen will, sollte dieses neue Angebot eines kroatischen Food-Blogger-Paares annehmen, denn allein sind diese Locations nur schwer zu finden. Es werden auch Ausflüge in die Weingebiete rund um Zagreb organisiert.

ZET BUSTOUR
(☎ 060 100 001; www.zet.hr; Erw./Kind 70/35 Kn; ⏲ Mai–Sept.) Unter der Regie des öffentlichen Nahverkehrssystems rollen in den warmen Monaten offene Hop-on-Hop-off-Busse durch Zagreb. Vom Kaptol-Platz fahren die Busse durch die Altstadt (diese Strecke ist auf Karten rot gekennzeichnet), zu den außerhalb gelegenen Parks und nach Novi Zagreb (grün gekennzeichnet). Für Kinder unter sieben Jahren sind die Fahrten kostenlos.

Funky Zagreb GEFÜHRTE TOUR
(www.funky-zagreb.com) Hier werden verschiedene individuelle Touren angeboten – von Weinverkostungen (340 Kn/2½–3 Std.) bis zu Wanderungen in der Umgebung von Zagreb (Tagesausflug ab 720 Kn/Pers.).

Blue Bike Tours FAHRRADTOUR
(☎ 098 18 83 344; www.zagrebbybike.com) Wer Zagreb mit dem Fahrrad erkunden will, kann bei diesem Veranstalter eine Tour durch die Oberstadt, die Unterstadt oder durch Novi Zagreb buchen. Los geht's täglich um 10 und um 14 Uhr (Startpunkt: Trg Bana Jelačića 15). Die Touren dauern ca. zwei Stunden und kosten 175 Kn.

Zagreb Talks STADTSPAZIERGANG
(☎ 091 25 12 336; www.zagrebtalks.com) Im Angebot sind unterschiedliche Touren. Auf dem Stadtspaziergang „Sprechen Sie Kroatisch?" werden den Teilnehmern Grundkenntnisse der kroatischen Sprache vermittelt. Dieser Spaziergang findet nur nach Vereinbarung statt. Der Preis richtet sich nach der Zahl der Teilnehmer.

Segway City Tour GEFÜHRTE TOUR
(www.segwaycitytourzagreb.com) Wie wär's mit einer Segway-Tour durch Zagreb? Die 50-minütigen Fahrten werden täglich angeboten, müssen aber vorab gebucht werden und kosten ab 250 Kn.

Feste & Events

Eine komplette Zusammenstellung aller Veranstaltungen in Zagreb findet sich unter www.zagreb-touristinfo.hr. Die größten internationalen Messen sind Zagreb Sping im Frühling (Mitte April) sowie mehrere Handelsmessen im Herbst (Mitte Sept.).

Musik-Biennale Zagreb MUSIK
(www.mbz.hr) Der bedeutendste Event zeitgenössischer Musik Kroatiens findet jeweils in ungeraden Jahren im April statt.

Urban Festival KUNST
(www.urbanfestival.blok.hr/13) Das Festival für zeitgenössische Kunst steht jedes Jahr unter einem anderen Motto. Es wird an öffentlichen Plätzen abgehalten, und zwar im Frühling oder Herbst.

Subversive Festival KULTUR
(www.subversivefestival.com) Europas Aktivisten und Philosophen strömen in Scharen nach Zagreb, um zwei Wochen lang im Mai an Filmvorführungen und Vorträgen teilzunehmen.

Ljeto na Strossu KULTUR
(www.ljetonastrosu.com) In den Sommermonaten von Ende Mai bis Ende September werden bei diesem kuriosen Event alljährlich kostenlose Filme unter freiem Himmel gezeigt, es gibt Konzerte, Kunst-Workshops und sogar einen Wettbewerb der Mischlingshunde – alles in der begrünten Strossmayer Šetalište.

INmusic Festival MUSIK
(www.inmusicfestival.com) Jedes Jahr im Juni findet drei Tage lang Zagrebs hochkarätigstes Musikfestival statt – ein wirklich extravagantes Spektakel. In den letzten Jahren traten auf der Hauptbühne am Jarun-See internationale Stars wie Massive Attack, Iggy Pop und Morrissey auf.

Weltfestival des Zeichentrickfilms FILM
(www.animafest.hr) Das renommierte Festival findet seit 1972 jeden Juni in Zagreb statt. In ungeraden Jahren werden Spielfilme gezeigt, in geraden Jahren Kurzfilme.

Cest is D'Best KULTUR
(www.cestisdbest.com) Das Straßenfest erfreut die Zagreber jedes Jahr aufs Neue. Anfang Juli treten ein paar Tage lang auf fünf Bühnen

INSIDERWISSEN

IVANA VUKŠIĆ: GRÜNDERIN & DIREKTORIN DES ZAGREBER MUSEUMS FÜR STRASSENKUNST

Das im Frühjahr 2010 in Zagreb gegründete **Museum für Straßenkunst** (www.muu.com.hr) hat weder eine feste Bleibe noch feste Öffnungszeiten. Auch Kuratoren und pompöse Vernissagen fehlen hier. So zumindest beschreibt die Museumdirektorin Ivana Vukšić die Initiative, die als eine Abfolge von Projekten konzipiert ist. Das erste Projekt war erfolgreich: Über 80 Künstler haben eine 450 m lange Mauer zur Verfügung gestellt bekommen, die die Branimirova-Straße von den Bahngleisen trennt. Das letzte Projekt verschönerte die ansonsten tristen Viertel Dugave und Siget in Novi Zagreb mit farbenfroher Straßenkunst. Nachstehend Ivanas Tipps zum aktuellen Geschehen in der Kunst- und Kulturszene Zagrebs.

Die besten Kunstgalerien

Die interessantesten Galerien, um die aktuellen Trends in der kroatischen Kunst kennenzulernen, sind die Galerija Studentski Centar (S. 52), Galerija Nova (S. 52), Lauba (S. 52) und der Kroatische Künstlerverein (S. 53). Die Programme dieser Galerien überraschen immer wieder mit ihren neuen Konzepten und hochqualitativen Werken, die in schlichtem Ambiente präsentiert werden.

Die interessantesten Kulturevents

Für Filmfreaks gibt es drei wichtige Events: das Zagreber Filmfestival (S. 55), **Zagrebdox** (www.zagrebdox.net) und 25 FPS, das Internationale Festival für experimentellen Film und Video (S. 55).

Das amüsante Festival der Straßenkünstler namens Cest is D'Best (S. 54) verwandelt Zagreb jeden Sommer in einen endlosen Zirkus. Stadtspezifisches und Konzeptionskunst werden auf dem Städtischen Festival (S. 54) präsentiert.

Interessante Events bietet **Pogon Jedinstvo** (www.upogoni.org). Lohnenswert ist auch die Website von **Kontejner** (www.kontejner.org), einem weiteren Kollektiv, das gute Kunstproduktionen im Angebot hat.

im Zentrum rund 200 Künstlern aus dem In- und Ausland auf. Auf dem Programm stehen Musik, Tanz, Theater und Sport.

Internationales Folklorefestival KULTUR
(www.msf.hr) Das Festival findet seit 1966 statt. Zu bewundern sind Volkstänze und Sänger aus ganz Kroatien in traditionellen Trachten, aber auch aus anderen Ländern. Kostenlose Workshops sollen das Interesse an kroatischer Volkskunst wecken.

Zagreber Sommerabende MUSIK
Jedes Jahr im Juli wird bei diesem Festival in der Oberstadt ein Konzertzyklus gegeben. Das Atrium der Galerija Klovićevi Dvori (S. 45) am Jezuitski Trg und die Bühne im Viertel Gradec werden für die Musikveranstaltungen genutzt – zu hören und zu sehen gibt es alles von Klassik, über Jazz und Blues bis hin zu Weltmusik.

Internationales Festival des Marionettentheaters MARIONETTEN
(http://public.carnet.hr/pif-festival) Das renommierte Festival findet seit 1968 meist in der letzten August- oder in der ersten Septemberwoche statt. Geboten werden Auftritte von Starensembles, Workshops zum Thema Marionettenherstellung sowie Marionettenausstellungen.

World Theatre Festival THEATER
(www.zagrebtheatrefestival.hr) Jedes Jahr kommen ein paar Wochen im September, oft sogar bis in den Oktober hinein, hochkarätige zeitgenössische Theaterensembles in die kroatische Hauptstadt.

25 FPS – Internationales Festival für experimentellen Film und Video FILM
(www.25fps.hr) Das unkonventionelle Festival präsentiert eine Woche lang alternative Filme und Videos.

Zagreb Film Festival FILM
(www.zagrebfilmfestival.com) Wer sich Mitte Oktober in Zagreb aufhält, sollte diesen bedeutenden Kulturevent mit Filmpräsentationen und anschließenden Partys nicht verpassen. Die Regisseure wetteifern um den „Goldenen Kinderwagen“.

Fuliranje WEIHNACHTSMARKT
Der Markt unter freiem Himmel wird jedes Jahr von Ende November bis Ende Dezember jeweils an verschiedenen Orten im Stadtzentrum abgehalten. Schwerpunkt sind Essensbuden, Glühwein und viel Heiterkeit trotz der oft eisigen Temperaturen. Auf Facebook erfährt man den Standort in den einzelnen Jahren.

Schlafen

Seit Zagreb von einigen europäischen Billigfliegern angesteuert wird, macht sich in der Hotelszene ein erheblicher Wandel bemerkbar. Die Zahl der Budgetunterkünfte ist stark gestiegen und Hostels sind in den letzten Jahren wie Pilze aus dem Boden geschossen – zum Zeitpunkt der Recherche gab es in Zagreb mehr als 30, von preiswerten Backpackerbleiben bis hin zu schicken Quartieren. Mehrere dieser Unterkünfte organisieren an drei Abenden in der Woche Kneipentouren mit freiem Eintritt in die Clubs und Drinks zum Anheizen (Infos gibt's im Hostel).

Seit sich Zagreb zu einem internationalen Kongresszentrum gemausert hat, boomen auch Business-und Nobelhotels.

Im Allgemeinen sind die Preise unabhängig von der Saison das ganze Jahr über gleich. Wer aber zu einem Festival oder einer bedeutenden Veranstaltung (insbesondere zur Herbstmesse) in die Stadt kommt, muss mit einem Preisaufschlag von 20 % rechnen.

Oberstadt

Taban Hostel HOSTEL €
(01-55 33 527; www.tabanzagreb.com; Tkalčićeva 82; B 140 Kn, EZ/DZ/Apt. 220/400/600 Kn; P @) Tolle Lage in der Tkalčićeva, ideal um sich ins Nachtleben zu stürzen. Einige Zimmer haben TV, Kühlschrank und ein eigenes Bad. Es gibt auch ein Ein-Zimmer-Apartment und unten eine abgefahrene Bar, in der gelegentlich Livemusik geboten wird.

Unterstadt

Chillout Hostel Zagreb Downtown HOSTEL €
(01-48 49 605; www.chillout-hostel-zagreb.com; Tomićeva 5a; B 105–125 Kn, EZ/DZ 300/350 Kn; P @) Die fröhliche Unterkunft in der kleinen Fußgängerstraße mit der Standseilbahn ganz in der Nähe des Trg Bana Jelačića hat sage und schreibe 170 Betten. Viele Annehmlichkeiten und freundliche Atmosphäre. Wer will, kann hier auch frühstücken.

Hobo Bear Hostel HOSTEL €
(01-48 46 636; www.hobobearhostel.com; Medulićeva 4; B ab 153 Kn, DZ ab 436 Kn; @) Das blitzblanke Hostel mit fünf Schlafsälen in einem Apartment auf zwei Etagen bietet unverputzte Wände, Parkettböden, kostenlose Schließfächer, eine Küche mit kostenlosem Tee und Kaffee, einen Aufenthaltsraum und einen Büchertausch. Die drei Doppelzimmer befinden sich auf der gegenüberliegenden Straßenseite. Hin kommt man vom Trg Bana Jelačića mit der Straßenbahn (1, 6 und 11).

Shappy Hostel HOSTEL €
(01-48 30 483; www.hostel-shappy.com; Varšavska 8; B 137–190 Kn, DZ ab 530 Kn; P @) Das Hostel mit 14 Zimmern versteckt sich in einem Hof und ist eine Oase der Ruhe. Die Zimmer sind unterschiedlich groß und haben verschiedene Themen – vom Romantik-für-Zwei-Zimmer über den Happy Room für sechs Personen bis hin zu einem Schlafsaal mit zehn Betten. Ein Zwei-Zimmer-Apartment steht ebenfalls zur Verfügung. Im Haus befindet sich eine Bar mit Terrasse.

Palmers Lodge Hostel Zagreb HOSTEL €
(+385 1 889 28 68; www.palmerslodge.com.hr; Kneza Branimira 25; B 120–150 Kn, DZ ab 450 Kn; P @) Dieses Hostel, das zur britischen Hostelkette gleichen Namens gehört, ist genau das Richtige, wenn man spät abends in Zagreb ankommt, denn es ist nur ein paar Schritte vom Bahnhof entfernt. Die Schlafsäle sind nichts Besonderes, haben aber alle ein eigenes Bad. Außerdem gibt's einen Aufenthaltsraum, eine Gemeinschaftsküche und es werden Ausflüge veranstaltet.

Omladinski Hostel HOSTEL €
(01-48 41 261; www.hfhs.hr; Petrinjska 77; B 125–140 Kn, EZ/DZ 290/385 Kn;) Das Hostel wurde zwar aufgepeppt, hat aber noch immer etwas von dem alten, düsteren Charme aus vergangenen sozialistischen Zeiten. Die Zimmer sind karg und sauber, in den Schlafsälen stehen drei oder sechs Betten. Das Hotel liegt zentral und hat viele Zimmer – so findet man hier fast immer eine Bleibe, auch wenn alle anderen Übernachtungsmöglichkeiten ausgebucht sind.

Hotel Garden HOTEL €€
(01-48 43 720; www.gardenhotel.hr; Vodnikova 13; EZ/DZ 471/547 Kn;) Das moderne Drei-Sterne-Hotel ist der Neuling in Zagrebs

Hotelszene und bietet saubere Zimmer mit allen nur erdenklichen Annehmlichkeiten. Der Name ist auf die Lage direkt beim Botanischen Garten zurückzuführen. Ein weiteres Plus dieses tollen Mittelklassehotels ist die Nähe des Bahnhofs und des Hauptplatzes.

Swanky Mint Hostel HOSTEL €€
(☎01-40 04 248; www.swanky-hostel.com/mint/; Ilica 50; B 125–160 Kn, EZ/DZ 320/520 Kn, Apt. 620–760 Kn; @📶) Das neue Hostel in einer umgebauten Textilfärbefabrik aus dem 19. Jh. befindet sich im Herzen der Stadt und vereint in den Zimmern, Schlafsälen und Apartments Industrieschick mit Komfort. WLAN, Schließfächer, Handtücher und ein *rakija* (Grappa) als Willkommensdrink sind im Preis enthalten. In der Gartenbar werden Frühstück und Drinks serviert.

Hotel Jägerhorn HOTEL €€
(☎01-48 33 877; www.hotel-jagerhorn.hr; Ilica 14; EZ/DZ/Apt. 835/911/1217 Kn; P❄@📶) Das reizende, kürzlich renovierte kleine Hotel direkt unterhalb vom Lotrščak-Turm (S. 44) bietet freundlichen Service und 18 geräumige, klassische Zimmer mit toller Aussicht (von den Mansardenzimmern im obersten Stockwerk bickt man über das grüne Gradec). Das Café auf der Terrasse im Erdgeschoss ist zauberhaft.

Hotel Jadran HOTEL €€
(☎01-45 53 777; www.hotel-jadran.com.hr; Vlaška 50; EZ/DZ 560/650 Kn; P❄@📶) Das sechsstöckige, grandios gelegene Hotel ist nur ein paar Minuten vom Jelačić-Platz entfernt. Die 49 Zimmer sind wirklich farbenfroh eingerichtet, und der Service ist freundlich. Die Preise sind je nach Verfügbarkeit verhandelbar.

Hotel Central HOTEL €€
(☎01-48 41 122; www.hotel-central.hr; Branimirova 3; EZ/DZ 550/660 Kn; ❄@📶) Das Central ist das beste Mitteklassehotel, wenn jemand schnell seinen Zug erwischen muss – ein Betonklotz mit 76 komfortablen, aber etwas faden Zimmern. Die größeren in der obersten Etage blicken auf den begrünten Hof hinaus.

EIN ZUHAUSE IN ZAGREB

Ferienwohnungen werden in Zagreb immer beliebter. Sie sind eine gute Alternative, wenn man wie ein Einheimischer in der Stadt leben möchte. Diese Unterkünfte kann man über eine Agentur oder direkt bei den Vermietern buchen. Da die Auswahl recht verwirrend ist, sind nachstehend die besten Agenturen und eine sagenhafte Privatwohnung direkt am Hauptplatz aufgeführt. Wer wissen will, wie es sich auf dem Land lebt, kann sich in einer niedlichen Hütte vor der Stadt einnisten. Achtung: Bei nur einer Übernachtung wird manchmal ein Aufschlag erhoben.

ZIGZAG Integrated Hotel (☎01-88 95 433; www.zigzag.hr; Petrinjska 9; Zi./Apt. ab 450/720 Kn; P❄📶) Die Top-Agentur in Zagreb vermittelt elf Vier-Sterne-Apartments und fünf Zimmer im ganzen Stadtzentrum. Hervorragender Service.

Evistas (☎01-48 39 554; www.evistas.hr; Augusta Šenoe 28; EZ/DZ/Apt. ab 220/290/320 Kn; ❄📶) Diese Agentur kann Privatunterkünfte besorgen. Sie wird von der Touristeninformation empfohlen und befindet sich in Bahnhofsnähe.

InZagreb (☎01-65 23 201; www.inzagreb.com; Apt. 490–670 Kn; ❄📶) Die Mindestaufenthaltsdauer in den zentral gelegenen Apartments beträgt zwei Nächte. Im Preis enthalten sind WLAN, Abholservice vom Bahnhof oder Busbahnhof und meist auch Fahrräder.

Main Square Apartment (☎098 494 212; www.apartment-mainsquare.com; Trg Bana Jelačića 3; 2 Pers. 608 Kn, 3–4 Pers. 684 Kn; ❄📶) Das schicke Apartment am Hauptplatz und nur ein paar Schritte vom Dolac-Markt entfernt hat alles, was das Herz begehrt. Die freundlichen Gastgeber haben so viele Insider-Tipps, dass man sich sofort wie zu Hause fühlt. Demnächst sollen noch zwei weitere Apartments im Gebäude eingerichtet werden.

Kućica (☎091 54 98 118; www.kuchica.com; Wochentag/Wochenende 450/750 Kn; P) Eine tolle Alternative, wenn man einen fahrbaren Untersatz hat und das kroatische Landleben kennenlernen will. Diese Unterkunft im Hänsel-und-Gretel-Stil (30 Autominuten von Zagreb entfernt) befindet sich in einer traditionellen Berghütte aus 120 Jahre altem Eichenholz. Draußen gibt's Obstgärten, Weinberge, einen Biogarten und eine Hängematte, drinnen restaurierte alte Möbel, einen Holzofen und eine farbenfrohe, rustikale Ausstattung.

★ **Esplanade Zagreb Hotel** HOTEL €€€
(☎ 01-45 66 666; www.esplanade.hr; Mihanovićeva 1; EZ/DZ 1385/1500 Kn; P ❄ @ ☜) Das sechsstöckige Hotel trieft nur so vor Geschichte. Es wurde 1925 direkt neben dem Bahnhof gebaut, um die Fahrgäste des *Orient Express* in großem Stil willkommen zu heißen. Hier logierten schon Könige, Künstler, Journalisten und Politiker. Das Art-déco-Meisterwerk beeindruckt mit Marmorwänden, monumentalen Treppen und Aufzügen mit Holzvertäfelung.

Während des Aufenthalts hier sollte man einen Blick in den prächtigen smaragdgrünen Ballsaal werfen und in dem erstklassigen Restaurant Zinfandel's speisen (S. 61).

Palace Hotel HOTEL €€€
(☎ 01-48 99 600; www.palace.hr; Strossmayerov trg 10; EZ/DZ ab 779/890 Kn; P ❄ @ ☜) Das stilvolle Hotel ist das älteste in Zagreb und verströmt massenweise europäischen Charme. Das prachtvolle Herrenhaus im Stil der Secession (Baujahr 1891) verfügt über elegante Zimmer und Suiten mit modernstem Komfort. Die Zimmer nach vorn hinaus bieten eine fantastische Aussicht auf den Park. Unbedingt einen Blick auf die Fresken hinten im Café im Erdgeschoss werfen, sie sind von einzigartiger österreichisch-ungarischer Finesse.

Hotel Dubrovnik HOTEL €€€
(☎ 01-48 63 555; www.hotel-dubrovnik.hr; Gajeva 1; EZ/DZ ab 740/885 Kn; P ❄ ☜) Das an ein New Yorker Glasgebäude erinnernde Hotel am Hauptplatz ist schon fast ein Wahrzeichen Zagrebs. Die 245 eleganten, klassischen Wohneinheiten sind gut ausgestattet. Hier wimmelt es nur so vor Geschäftsreisenden, die gern im Zentrum des Geschehens sein wollen. Wer ein Zimmer mit Blick auf den Trg Bana Jelačića hat, kann sich das rege Treiben in Zagreb vom Fenster aus ansehen. Es lohnt sich, nach Pauschalangeboten und anderen Specials zu fragen.

Östlich vom Zentrum

Funk Lounge Hostel HOSTEL €
(☎ 01-55 52 707; www.funkhostel.hr; Rendićeva 28b; B 135–180 Kn, EZ/DZ 450/450 Kn; ❄ @ ☜) Der neue Außenposten des Funk Hostel (südwestlich des Zentrums), der nur ein paar Schritte vom Maksimir-Park entfernt liegt, hat freundliches Personal und saubere Zimmer. Außerdem gibt's einiges gratis, z. B. Frühstück, ein Gläschen *rakija*, Toilettenartikel und Schließfächer. Zum Hostel gehören ein Restaurant und eine Bar sowie eine komplett ausgestattete Küche.

Hostel Day and Night HOSTEL €
(☎ 01-45 54 303; www.hosteldayandnight.com; Kneza Mislava 1; B 90–120 Kn, DZ 350 Kn; ❄ @ ☜) Das moderne Hostel ist fünf Gehminuten vom Bahnhof und zehn vom Hauptplatz entfernt. In den Schlafsälen finden vier, sechs oder acht Personen Platz. Auch ein Doppelzimmer steht zur Verfügung. Viele Annehmlichkeiten und Tourangebote.

Ravnice Hostel HOSTEL €
(☎ 01-23 32 325; www.ravnice-youth-hostel.hr; Prve Ravnice 38d; B/EZ/DZ 119/157/274 Kn; P @ ☜) Das Hostel lässt sich von der Innenstadt aus in 20 Minuten mit der Straßenbahn (11 oder 12) erreichen. Das erste Hostel Zagrebs hat sauber Zimmer, einen weitläufigen Garten und kostenlose Annehmlichkeiten wie Schließfächer, Kaffee, Tee und Frühstück. Musiker und darstellende Künstler können einmal gratis übernachten, wenn sie als Gegenleistung die Gäste eine Stunde lang unterhalten.

★ **Studio Kairos** B&B €€
(☎ 01-46 40 680; www.studio-kairos.com; Vlaška 92; EZ 340–420 Kn, DZ 520–620 Kn; ❄ ☜) Das bezaubernde B&B bietet in einer Erdgeschosswohnung vier gut ausgestattete Zimmer, die alle unter einem bestimmten Motto stehen: Schriftsteller, Kunsthandwerk, Musik und Großmama. Außerdem gibt es einen gemütlichen Gemeinschaftsraum, in dem auch das köstliche Frühstück serviert wird. Das Interieur ist fantastisch, die freundlichen Besitzer geben gern Infos und Tipps und verleihen auch Fahrräder.

Arcotel Allegra HOTEL €€€
(☎ 01-46 96 000; www.arcotelhotels.com; Branimirova 29; EZ/DZ ab 730/840 Kn; P ❄ @ ☜) Zagrebs erstes Designerhotel hat 151 luftige Zimmer und eine Rezeption mit viel Marmor und exotischen Fischen. Die Bettüberwürfe sind mit den Gesichtern von Kafka, Kahlo, Freud und anderen Berühmtheiten bedruckt. Vom Wellness- und Fitnessbereich im obersten Stock hat man einen tollen Blick über die Stadt.

Hotel 9 HOTEL €€€
(☎ 01-56 25 040; www.hotel9.hr; Avenija Marina Držića 9; EZ/DZ 680/900 Kn; ❄ ☜) Der Hotelneuling ist nur ein paar Schritte vom Busbahnhof entfernt und das schickste Bou-

tiquehotel der Stadt. In den 20 eleganten Zimmern, die sich über drei Etagen verteilen, werden sich Design-Freaks sicher wohlfühlen. Das Frühstück mit allem Drum und Dran wird auf der Dachterrasse serviert.

Essen

Man muss die kroatische bzw. die italienische Küche mögen, um an den Restaurants in Zagreb Gefallen zu finden. In letzter Zeit haben aber auch neue Lokale eröffnet, die u.a. japanische und internationale Speisen anbieten. Auch vegetarische Restaurants sind mittlerweile zu finden (s. S. 62). Die Hauptstraßen der Innenstadt, darunter die Ilica, Teslina, Gajeva und die Preradovićeva, sind von Fast-Food-Läden, Bäckereien und preiswerten Snackbars gesäumt.

Achtung: Viele Restaurants machen im August Sommerferien und sind zwischen zwei und vier Wochen geschlossen.

Oberstadt

Amfora SEAFOOD €

(Dolac 2; Hauptgerichte ab 40 Kn; ⏲6–17 Uhr) Das Lieblingsrestaurant der Einheimischen, die hier gern zu Mittag essen, serviert frische Meeresfrüchte mit Gemüse vom Markt nebenan. Das winzige Lokal hat ein paar Tische im Freien und oben eine Galerie mit schönem Blick auf den Markt.

Kaptolska Klet TRADITIONELL KROATISCH €

(Kaptol 5; Hauptgerichte ab 50 Kn; ⏲11–24 Uhr) Draußen gibt es eine riesige Terrasse, drinnen lockt hell erleuchtetes Bierhallen-Flair. Das freundliche Restaurant ist besonders bekannt für seine Zagreber Spezialitäten wie Grillfleisch, unter einer *peka* (gewölbte Haube) gegartes Lamm- und Kalbfleisch sowie hausgemachte Würste. Aber auch Vegetarier werden hier satt.

Rubelj FAST FOOD €

(Dolac 2; Hauptgerichte ab 25 Kn; ⏲9–23 Uhr) Dieser Ableger in der Dolac ist einer von vielen Rubeljs in der Stadt. Es ist genau der richtige Ort für eine schnelle Portion *ćevapčići* (kleine pikante Würstchen aus Rinder-, Lamm- oder Schweinehack). Sie schmecken fast so wie in Bosnien-Herzegowina, der eigentlichen *ćevapčići*-Heimat.

Didov San DALMATISCH €€

(☎01-48 51 154; www.konoba-didovsan.com; Mletačka 11; Hauptgerichte ab 60 Kn; ⏲10–24 Uhr) Die Taverne in der Oberstadt hat eine rustikale Gaststube mit viel Holz und sichtbaren Deckenbalken und eine Straßenterrasse mit einigen Tischen. Das Essen basiert auf der traditionellen Küche am Neretva-Delta im Hinterland Dalmatiens, z.B. in Schinken gewickelter Frosch vom Grill. Reservierung erforderlich.

Trilogija MEDITERRAN €€

(Kamenita 5; Hauptgerichte ab 70 Kn; ⏲Mo–Sa 11–23 Uhr) Die Restaurants am Steinernen Tor eröffnen und schließen in rascher Folge, doch das Trilogija konnte sich halten. Das Erfolgsgeheimnis? Das frische kroatisch-mediterrane Essen, das freundliche Personal und Preise, die dem Geldbeutel gut tun.

Mano INTERNATIONAL €€

(www.mano.hr; Medvedgradska 2; Hauptgerichte ab 100 Kn; ⏲Mo–Sa 12–1 Uhr) Das schicke Steakhaus in einem schönen Ziegelgebäude, nur wenige Schritte vom Kaptol Centar entfernt, lässt in seiner luftigen Gaststube das unverputzte Mauerwerk, Eisensäulen und eine verglaste Küche sehen. Die Beleuchtung wirkt stimmungsvoll, und die Hauptgerichte geben sich innovativ – beispielsweise Wildschwein-Polenta mit Gorgonzola.

Ivica i Marica TRADITIONELL KROATISCH €€

(www.ivicaimarica.com; Tkalčićeva 70; Hauptgerichte ab 70 Kn; ⏲12–23 Uhr) Das kleine Restaurant mit Konditorei erinnert an das Knusperhäuschen aus Grimms Märchen *Hänsel und Gretel*, und die Kellner tragen traditionelle Kostüme. Im Angebot sind Gemüse-, Fisch- und Fleischgerichte sowie köstliche Eiscremes, Kuchen und *štrukli* (Quarkstrudel).

Baltazar KROATISCH €€

(www.restoran-baltazar.hr; Nova Ves 4; Hauptgerichte ab 90 Kn; ⏲Mo–Sa 12–24, So 12–17 Uhr) Alle Sorten Fleisch – Ente, Lamm, Schwein, Rind und Truthahn – werden in diesem alteingesessenen, gehobenen Restaurant gegrillt und nach Rezepten aus der Zagorje oder aus Slawonien zubereitet. Gute Auswahl an mediterranen Gerichten und Weinen aus der Region. Im Sommer kann man ganz wunderbar auf der Terrasse unterm Sternenhimmel speisen.

Agava INTERNATIONAL €€

(www.restaurant-agava.hr; Tkalčićeva 39; Hauptgerichte ab 80 Kn; ⏲9–23 Uhr) Das Beste an diesem schicken Restaurant direkt in der Hauptstraße ist die Terrasse. Die Essensauswahl reicht von Schwertfisch-Carpaccio bis zu Steak und Trüffeln. Auf der Weinkarte stehen zahlreiche gute Tropfen aus Istrien und Slawonien.

Unterstadt

Tip Top DALMATISCH €
(Gundulićeva 18; Hauptgerichte ab 40 Kn; Mo–Sa 7–23 Uhr) Das Tip Top mit seinen Mitarbeitern, die noch immer alte sozialistische Uniformen tragen und eine mürrische Mine zur Schau stellen, die allerdings manchmal in ein Lächeln übergeht, ist schon etwas Besonderes. Das Beste aber ist das hervorragende dalmatische Essen. Jeden Tag steht ein anderes Menü auf der Speisekarte.

Burgeraj BURGER €
(Preradovićeva 13; Burger ab 35 Kn; Mo–Do 11–23, Fr & Sa 11–2 Uhr) Die Burger-Bar im US-Stil hat schmackhafte, wenn auch etwas überteuerte, Double und Triple Burger sowie Biere aus der Brooklyn Brewery im Angebot. Man kann es sich am Tresen oder an einem der wenigen Tische bequem machen.

Ribice i Tri Točkice SEAFOOD €
(Preradovićeva 7/1; Hauptgerichte ab 50 Kn; 9–23 Uhr) Das abgefahrene, witzige Seafood-Lokal serviert einfache, aber gute dalmatische Hauptgerichte und täglich sehr frische Specials. Es gibt Tische drinnen im farbenfrohen Obergeschoss und draußen in der Teslina.

Stari Fijaker 900 TRADITIONELL KROATISCH €
(Mesnička 6; Hauptgerichte ab 50 Kn; 11–23 Uhr) Früher war diese Kombination aus Restaurant und Bierhalle Zagrebs Top-Adresse für ein Abendessen, und das Interieur mit Bänken und weißen Tischdecken verströmt noch immer biedere Nüchternheit. In der Küche steht Tradition an erster Stelle. Empfehlenswert sind hausgemachte Würstchen und *štrukli* sowie die günstigeren Tagesgerichte.

Vallis Aurea TRADITIONELL KROATISCH €
(Tomićeva 4; Hauptgerichte ab 37 Kn; Mo–Sa 9–23 Uhr) Das authentische Lokal serviert die beste Hausmannskost der Stadt. So ist es nicht verwunderlich, dass mittags die Gäste hier nach *gableci* (traditionelles Mittagessen) Schlange stehen. Das Restaurant befindet sich direkt am unteren Ende der Standseilbahn.

Pingvin SANDWICHES €
(Teslina 7; Sandwiches ab 15 Kn; Mo–Sa 10–4, So 18–2 Uhr) Der Schnellimbiss ist schon seit etwa 1987 eine Institution. Hier gibt es leckere „Designer-Sandwiches" und Salate, die sich die Einheimischen auf den Barhockern schmecken lassen.

Vincek BÄCKEREI €
(Ilica 18; Gebäckstücke ab 6 Kn; Mo–Sa 8.30–23 Uhr) Diese *slastičarna* (Bäckerei), die die cremigsten Kuchen überhaupt anbietet, ist eine Institution in Zagreb. Allerdings gibt es auch ernsthafte Konkurrenten: das **Torte i To** (Nova Ves 11, 2. OG, Kaptol Centar; Gebäckstücke ab 3 Kn; Mo–Sa 8–23, So 9–23 Uhr) im 2. Stock des Kaptol Centar und das vor Kurzem eröffnete **Mak Na Konac** (Dukljaninova 1; Gebäckstücke ab 8 Kn; Mo–Sa 9–21 Uhr).

Dinara BÄCKEREI €
(Gajeva 8; Gebäckstücke ab 3,50 Kn; 5.30–22.30 Uhr) Die beste Bäckerei der Stadt kann mit einer beeindruckenden Vielfalt von köstlichen Backwaren aufwarten. Empfehlenswert ist *bučnica* (mit Kürbis gefüllte Blätterteigtaschen). Weitere Filialen befinden sich in der Ilica 71 und der Preradovićeva 1.

★ **Mundoaka Streetfood** INTERNATIONAL €€
(01-78 88 777; Petrinjska 2; Hauptgerichte ab 45 Kn; Mo–Do 8–24, Fr 8–1, Sa 9–1 Uhr) Das reizende neue Lokal mit viel hellem Holz und Tischen im Freien serviert amerikanische Klassiker wie Chicken Wings und Schweinerippchen sowie Speisen aus aller Welt, von spanischen Tortillas bis hin zu *shakshuka*-Eiern. Außerdem bekommt man hier gute Frühstücksgerichte, Muffins und Kuchen. Reservierung empfehlenswert.

★ **Vinodol** KROATISCH €€
(www.vinodol-zg.hr; Teslina 10; Hauptgerichte ab 56 Kn; 12–23 Uhr) Die gut zubereiteten mitteleuropäischen Speisen sind sowohl bei Einheimischen als auch bei Touristen sehr beliebt. An warmen Tagen speist man im überdachten Innenhof (zu erreichen über einen efeubewachsenen Gang von der Teslina aus), an kühlen Tagen im Speisesaal mit Gewölbedecke. Highlights sind das saftige Lamm- oder Kalbfleisch mit unter einer *peka* gegarten Kartoffeln und *bukovače* (einheimische Pilze).

Lari & Penati MODERN-KROATISCH €€
(Petrinjska 42a; Hauptgerichte ab 60 Kn; Mo–Fr 12–23, Sa 12–17 Uhr) Das kleine schicke Bistro serviert je nach Marktangebot täglich wechselnde, kreative Mittags- und Abendspecials. Es gibt köstliches Essen und coole Musik. Bei gutem Wetter kann man auch draußen sitzen. Im August hat das Restaurant zwei Wochen geschlossen.

ZAGREB MIT KINDERN

Zagreb hat einige tolle Attraktionen für Kids. Sich aber mit Kleinkindern in der Stadt fortzubewegen, kann schnell zu einer Herausforderung werden. Wegen der Tramgleise, der hohen Bordsteinkanten und der vielen Autos ist es wirklich nicht einfach, einen Kinderwagen zu schieben. Busse und Trams sind meist derart überfüllt, dass ein Kinderwagen nicht mehr hineinpasst, obwohl in Bussen ein Platz dafür vorgesehen ist. Kinder unter sieben fahren in den öffentlichen Verkehrsmitteln umsonst. Wer ein Taxi nimmt, sollte sich vergewissern, dass die Sicherheitsgurte auch bei Kindern funktionieren.

Kids werden von der Insektensammlung im Kroatischen naturhistorischen Museum (S. 45) begeistert sein. Das **Technische Museum** (Tehnički Muzej; www.tehnicki-muzej.hr; Savska 18; allg. Eintritt 15 Kn; ⌚Di–Fr 9–17, Sa & So 9–13 Uhr) mit seinem Planetarium präsentiert ebenfalls für Kinder spannende Sammlungen, u.a. Dampfloks, maßstabsgetreue Modelle von Satelliten und Raumschiffen sowie den Nachbau eines Bergwerks. Achtung: Sehr kleine Kinder dürfte das Planetarium noch nicht interessieren. Die Knirpse lassen sich eher von der Rutsche im Museum für zeitgenössische Kunst (S. 50) und den interaktiven Exponaten im Stadtmuseum (S. 45) begeistern.

Freizeitvergnügen im Freien zum Austoben bietet der **Boćarski Dom** (Prisavlje 2). Dieser Park hat den am besten ausgestatteten Spielplatz, Spielwiesen und eine Rampe für Skater. Für die Eltern gibt's einen beschaulichen Weg an der Save. Hin kommt man mit der Tram 17. Der Park erstreckt sich westlich der Haltestelle Prisavlje.

Ebenfalls ein schönes Ziel ist der **Bundek-See** in Novi Zagreb. Hier können die Kleinen im Sommer schwimmen und sich auf zwei Spielplätzen austoben. Einer der Spielplätze ist für Kids unter und einer für Kids über sieben. Hin kommt man vom Trg Bana Jelačića mit der Tram 14.

Zwei weitere Spielplätze und einen Zoo gibt's im Maksimir-Park (S. 52) – hier wird es den Kids bestimmt gefallen. Kleine Wasserratten können in den Schwimmbecken im Sportpark Mladost (S. 53) und dem Šalata (S. 53) planschen. Am Jarun-See (S. 53) bieten sich Freizeitbeschäftigungen wie Radeln und Skaten an. Auch hier sind Kinderparks vorhanden.

Boban ITALIENISCH €€

(www.boban.hr; Gajeva 9; Hauptgerichte ab 70 Kn; ⌚11–23 Uhr) In diesem Kellerrestaurant des kroatischen Fußballstars Zvonimir Boban dreht sich alles um italienische Küche. Auf der Speisekarte steht eine dazu passende Auswahl an Pasta, Risotto, Gnocchi und Fleischgerichten. Nebenan befindet sich das Café **Čušpajz** (Hauptgerichte ab 38 Kn; ⌚Mo–Sa 11–18 Uhr), in dem man mittags auf die Schnelle einen herrlichen Eintopf bekommt.

Zinfandel's INTERNATIONAL €€€

(☎01-45 66 644; www.esplanade.hr/cuisine/; Mihanovićeva 1; Hauptgerichte ab 170 Kn; ⌚Mo–Sa 6–23, So 6.30–23 Uhr) Die schmackhaftesten, kreativsten Gerichte der Stadt werden mit viel Flair im Speisesaal des Esplanade Zagreb Hotels (S. 58) serviert. Wer ein einfacheres Ambiente vorzieht, aber dennoch lecker essen möchte, geht in das französisch angehauchte **Le Bistro** (www.esplanade.hr/french-chic/; Mihanovićeva 1; Hauptgerichte ab 95 Kn; ⌚9–23 Uhr), das sich ebenfalls in diesem Hotel befindet. Unbedingt den berühmten *štrukli* probieren.

Östlich vom Zentrum

Karijola PIZZA €

(Vlaška 63; Pizzas ab 42 Kn; ⌚Mo–Sa 11–24, So 11–23 Uhr) Die Einheimischen schwören auf die dünne, knusprige Pizza aus dem Tonofen der besten Pizzeria Zagrebs in neuen Räumen. Es werden nur beste Zutaten verwendet, z.B. Räucherschinken, Olivenöl, Mozzarella, Cherry-Tomaten, Rucola und Shiitake-Pilze.

Mali Bar TAPAS €€

(☎01-55 31 014; Vlaška 63; Gerichte 35–120 Kn; ⌚Mo–Sa 12.30–23 Uhr) Das Restaurant der Starköchin Ana Ugarković teilt sich die Terrasse mit dem Karijola in einer versteckt liegenden *veža* (Gasse). In den gemütlichen, in farbenfrohen Erdtönen gehaltenen Räumen werden internationale, an Tapas erinnernde Speisen serviert. Reservierung erforderlich.

Ausgehen & Nachtleben

Auf der schicken Tkalčićeva in der Oberstadt drängen sich die Bars. In der Unterstadt lockt die Bogovićeva direkt südlich vom Trg Bana

VEGETARISCHES IN ZAGREB

Zagreb ist eine Stadt, in der gern Fleisch gegessen wird. In den letzten Jahren musste man aber dennoch den wachsenden Bedürfnissen der Vegetarier und Veganer Rechnung tragen. Und so gibt es jetzt auch für all jene ein paar Optionen, die kein Fleisch essen.

Zrno (www.zrnobiobistro.hr; Medulićeva 20; Hauptgerichte ab 47 Kn; ⌚ Mo–Sa 12–21.30 Uhr; 🖉) Das moderne „Bio-Bistro" (wie sich das Lokal selbst bezeichnet) versteckt sich in einem Hof und ist in zehn Gehminuten vom Hauptplatz aus zu erreichen. Aus der Küche kommen schmackhafte Speisen wie Naturreis mit fünf verschiedenen Zutaten, Pasta mit Erbsen, ein „makroplata"-Tagesspecial und Desserts wie *crostata* (Tarte) mit Früchten der Saison.

Nishta (www.nishtarestaurant.com; Masarykova 11/1; Hauptgerichte ab 50 Kn; ⌚ Mo–Sa 11–23 Uhr; 🖉) Der Newcomer in der Veggie-Szene ist ein Ableger des gleichnamigen Lokals in Dubrovnik. Serviert werden kreative, internationale Gerichte in schickem, künstlerisch angehauchtem Ambiente. Auf der Karte stehen Speisen von *ćevapovrčići* (die vegetarische Variante der pikanten *ćevapčići*) bis hin zu mexikanischen Burritos und natürlich auch viel Veganes und Glutenfreies.

Green Point (www.green-point.hr; Varšavska 10; Gerichte ab 20 Kn; ⌚ Mo–Sa 9–22 Uhr; 🖉) Wer zwischendurch Hunger verspürt, kann sich in diesem kleinen vegetarischen Lokal mitten in der Stadt einen gesunden Burger (aus Seitan, Quinoa oder Tofu), ein Wok-Gericht oder einen Salat bestellen.

Jelačića, Zagrebs Treffpunkt Nummer eins an Frühlings- und Sommertagen und in lauen Nächten. Der Trg Petra Preradovića (lokal als Cvjetni Trg bekannt) ist der beliebteste Szenetreff in der Unterstadt für Straßenkünstler und Musiker. In manchen Sommernächten verwandelt sich die Bar- und Cafélandschaft zwischen dem Trg Preradovića und der Bogovićeva in eine riesige Partyzone. Nach Mitternacht wird es in der Regel etwas ruhiger, und auch von Mitte Juli bis Ende August ist nicht mehr so viel los, weil dann halb Zagreb an der Küste Urlaub macht.

In puncto Nachtleben erreicht Zagreb in der Tat nicht die höchste Punktzahl auf der Skala. Aber dennoch steht die Kunst- und Musikszene nicht still, und es kommen auch immer mehr feierwütige Traveller in die Stadt. Der Eintritt in einen Nachtclub beträgt je nach Tag und Event 20 bis 100 Kn. Clubs öffnen gegen 22 Uhr, aber die meisten Gäste kommen erst gegen Mitternacht. Viele Clubs öffnen ihre Tore nur von Donnerstag bis Samstag.

Oberstadt

★Cica — BAR

(Tkalčićeva 18; ⌚ 10–2Uhr) Die kleine Bar gibt sich so alternativ, wie dies in der Tkalčićeva überhaupt möglich ist. In der flippigen Kneipe geben sich topaktuelle Werke einheimischer Künstler und Trophäen vom Flohmarkt ein Stelldichein. Wagemutige probieren eine der 25 Sorten *rakija*, für die das Cica berühmt ist. Ob mit Kräuter-, Nuss- oder Fruchtgeschmack – hier gibt es nichts, was es nicht gibt.

Stross — BAR

(Strossmayerovo Šetalište; ⌚ Juli–Sept. ab 9.30 Uhr) In den meisten Sommernächten wird auf der Strossmayer-Promenade in der Oberstadt eine Open-Air-Bar eingerichtet, wo es preiswerte Getränke und abends oft Livemusik gibt. Das gemischte Publikum, die großartige Aussicht und das grüne Ambiente machen die Bar zu einem herrlichen Ort, um die Abende zu verbringen.

Funk — CAFÉ-BAR

(Tkalčićeva 52, ⌚ 11–2 Uhr) In dieser kultigen Bar kann man tagsüber Kaffee trinken und Leute beobachten. Abends geht es die spiralförmige Treppe hinunter, hinein ins Vergnügen – dann versteht man, warum der Funk Club bei den Einheimischen so beliebt ist: In dem kleinen Keller mit gewölbten Steindecken spielen DJs House, Jazz, Funk und andere coole Beats für ein tanz- und feierwütiges Publikum.

Palainovka — CAFÉ

(Ilirski trg 1; ⌚ Mo–Do 8–24, Fr & Sa bis 2, So 9–23 Uhr) Das Café im Wiener Stil soll das älteste in Zagreb sein – es öffnete bereits im Jahr 1846 seine Türen. Serviert werden köstlicher Kaffee, Tee und Kuchen unter hübschen Deckenfresken.

Unterstadt

Booksa CAFÉ
(www.booksa.hr; Martićeva 14d; ⌚Di–So 11–20 Uhr; 📶) Bücherwürmer und Dichter, Schriftsteller und Schauspieler, Exzentriker und Künstler… so ziemlich jeder, der sich in Zagreb für kreativ hält, kommt in dieses nette Café, um eine Runde zu plauschen, einen Kaffee zu trinken, in Büchern herumzustöbern, kostenlos über WLAN im Internet zu surfen und Lesungen beizuwohnen. Es finden auch englischsprachige Lesungen statt (Details s. Website). Das Booksa hat ab Ende Juli drei Wochen geschlossen.

Basement Wine Bar WEINBAR
(Tomićeva 5; ⌚Mo–Sa 9–2, So 16–24 Uhr) Die In-Location in der Innenstadt ist perfekt, um kroatische Weine glasweise zu kosten. Die Bar im Souterrain (mit ein paar Tischen auf dem Gehweg) befindet sich direkt an der Standseilbahn. Wer will, kann sich zum Wein auch eine leckere Wurst- oder Käseplatte bestellen.

Bacchus BAR
(Trg Kralja Tomislava 16; ⌚Mo–Fr 11–24, Sa 12–14 Uhr) Wer im flippigsten Innenhof Zagrebs einen Tisch ergattert, kann sich wirklich glücklich schätzen – er liegt etwas versteckt in einer Passage und ist schön grün. Nach 22 Uhr spielt sich das Geschehen in den künstlerisch angehauchten Räumen im Souterrain ab; es stehen Dichterlesungen und Musikabende mit Klassik auf dem Programm. In den Sommermonaten dagegen geht es hier ruhiger zu.

Kino Europa CAFÉ-BAR
(www.kinoeuropa.hr; Varšavska 3; ⌚Mo–Do 8.30–24, Fr & Sa bis 4, So 11–23 Uhr; 📶) Zagrebs ältestes Kino aus den 1920er-Jahren beherbergt heute ein tolles Café mit Weinbar und Grapperia. In dem verglasten Lokal mit Außenterrasse kann man großartigen Kaffee trinken, über 30 verschiedene Sorten Grappa bestellen und kostenlos im Internet surfen (WLAN). Im Kino finden täglich Filmvorführungen und gelegentlich auch Tanzpartys statt.

Time BAR
(Petrinjska 7; ⌚Mo–Fr 7–2, Sa 9–2, So 10–22 Uhr) Der Newcomer befindet sich in einer riesigen ehemaligen Eisenwarenhandlung. Tagsüber ist das Time ein schickes Café, abends mutiert es zu einer lebendigen American Bar mit Musik vom Plattenteller. Im **Restaurant** (⌚Mo–Sa 11–23 Uhr) nebenan werden kreativ zubereitete Speisen serviert.

MK Krolo BAR
(Radićeva 7; ⌚Mo–Do 8–1, Fr & Sa 8–2, So 8–23 Uhr) Die beliebteste Kneipe Zagrebs ist Treffpunkt für Künstler, Schickimickis, Medientypen und einheimische Schluckspechte. Sozialistischer Schick vom Feinsten.

Pivnica Medvedgrad BRAUEREI
(www.pivnica-medvedgrad.hr; Ilica 49; ⌚Mo–Sa 10–24, So 12–24 Uhr) In dieser Bierkneipe gibt's fünf verschiedene vor Ort gebraute Biere und gleichbleibend gutes, preiswertes Essen in quirliger Atmosphäre. Der Eingang befindet sich in einer Einkaufspassage an der Ilica. Im Hof steht eine große, Schatten spendende Kastanie.

U Dvorištu CAFÉ-BAR
(Jurja Žerjavića 7/2; ⌚Mo–Sa 9–23 Uhr) Die süße kleine Café-Bar liegt etwas versteckt in einem Hof. Serviert werden hervorragender Bio-Kaffee und -Tee aus fairem Handel. Gelegentlich finden Konzerte statt und auch Kunstausstellungen.

Limb BAR
(Plitvička 16; ⌚Mo–Sa 8–2 Uhr) Eine ruhige kleine Bar gleich beim KSET (S. 64), die nur die Einheimischen kennen – möglicherweise ist dies sogar die unauffälligste Bar in Zagreb. In zwei bunten Räumen und auf der verglasten Terrasse (mit einem Baum in der Mitte) treffen sich etwas ältere, aber sehr unkonventionelle Leute.

Klub Kino Grič CAFÉ-BAR
(Jurišićeva 6; ⌚7–24 Uhr) Das altmodische Kino hat man vor kurzem in eine bunte, zweistöckige Bar und einen kleinen Kellerclub umgewandelt (nur am Wochenende). Seitdem wurde es bei den Einheimischen sehr beliebt – in dem gemütlichen Kinosaal finden regelmäßig Kunstausstellungen und Filmvorführungen statt.

Beertija BAR
(Hatzova 16; ⌚Mo–Mi 8–24, Do 8–1, Fr & Sa 8–4, So 10–24 Uhr) Zagrebs beliebte Bierkneipe hat eine riesige Terrasse und die größte Auswahl an Bieren aus aller Welt – und nicht zu vergessen: Kneipenessen und manchmal auch Events.

Sedmica BAR
(Kačićeva 7a; ⌚Mo–Sa 8–24, So 17–24 Uhr) Diese bescheidene Bar liegt etwas versteckt in der Gasse Kačićeva; sie weist nur ein gro-

LOCATIONS FÜR SCHWULE & LESBEN

Die Schwulen- und Lesbenszene in Zagreb wird langsam offener, ist jedoch keineswegs freizügig. Weitere Infos stehen auf den Websites www.zagrebgayguide.com und www.queer.hr/vodic.

Interessant sind auch die Auftritte von **Le Zbor** (www.lezbor.com), einem Chor von Lesben und engagierten Feministinnen.

Kolaž (Amruševa 11; ⌚ Mo–Fr 14–2, Sa & So 18–2 Uhr) Die Kellerbar im Stil einer Flüsterkneipe hinter einer neutralen Tür ohne Namensschild wird vor allem von schwulen Gästen besucht.

Dramatic (www.dramatic.hr; Grgura Ninskog 2; ⌚ Fr & Sa 23–6 Uhr) Zagrebs neuer Club auf drei Ebenen wurde schnell zur Lieblingslocation der Einheimischen.

Rush Club (Amruševa 10; ⌚ Mi 22–5, Fr & Sa 23–5 Uhr) In dem witzigen Club im Stadtzentrum trifft sich ein jüngeres schwul-lesbisches Publikum. Es gibt auch Themenabende (z. B. Karaoke).

Hotpot (Petrinjska 31; ⌚ Fr & Sa 23–5 Uhr) Kleine, beliebte Schwulenbar mit preiswerten alkoholischen Getränken.

Vimpi (Miškecov Prolaz 3; ⌚ 8–1 Uhr) Hier treffen sich lesbische Gäste.

ßes Guinness-Schild auf den Eingang hin. Hier trifft sich das künstlerisch-intellektuelle Volk der Stadt. Das winzige Sedmica hat eine Art Zwischengalerie. An warmen Sommerabenden geht auf der Terrasse sprichwörtlich die Post ab.

Velvet CAFÉ-BAR
(Dežmanova 9; ⌚ Mo–Fr 8–22, Sa bis 15, So bis 14 Uhr) In diesem stilvollen Café gibt es einen anständigen Koffeeinkick, der allerdings nicht gerade billig kommt, und dazu auch einen Happen zu essen. Das minimalistisch-schicke Ambiente gestaltete die Besitzerin Saša Šekoranja höchstpersönlich – eine der flippigsten Floristinnen der Stadt. Die Velvet Gallery nebenan ist auch unter dem Namen „Black Velvet" bekannt und hat bis 23 Uhr geöffnet (außer So).

Lemon CAFÉ, BAR
(www.lemon.hr; Gajeva 10; ⌚ Mo–Do 9–24, Fr & Sa 9–5 Uhr) Ein wirklich tolles Plätzchen, um in den Sommermonaten auf der Terrasse des Archäologischen Museums (S. 49) umgeben von uralten Steinplatten einen Cocktail zu schlürfen. Im Herbst und im Winter kann man unten im Club das Tanzbein schwingen.

Eliscaffe CAFÉ
(Ilica 63; ⌚ Mo–Fr 8–19, Sa 8–16, So 8–14 Uhr) Der prämierte Kaffee aus 100 % Arabica-Bohnen ist ein Traum. Oder wie wär's mit einen milden *triestino* (ähnlich einem Macchiato) und ein paar leckeren *macarons* (aus der Bäckerei Mak Na Konac, S. 60). Im Sommer ist das Café täglich bis 14 Uhr geöffnet.

Express CAFÉ
(Petrinjska 4; ⌚ Mo–Fr 7–23, Sa 8–22, So 9–14 Uhr) Das winzig kleine Café mit Tischen im Freien serviert mit den besten Kaffee und Tee in Zagreb.

Bulldog KNEIPE
(Bogovićeva 6; ⌚ 9–1 Uhr) Von den Tischen auf dem Gehweg in dieser belebten Fußgängerstraße kann man wunderbar Leute beobachten. Abends kann man sich hier gut mit Gleichgesinnten auf einen Drink treffen.

VIP Club CLUB
(www.vip-club.hr; Trg Bana Jelačića 9; ⌚ Di–Sa 20–5 Uhr, im Sommer geschl.) Der Newcomer in der Nachtclubszene avancierte schnell zum Liebling der Einheimischen. Der mondäne Kellerclub am Hauptplatz bietet ein recht unterschiedliches Programm – von Jazz bis Balkan. In den Sommermonaten geschlossen.

Pepermint CLUB
(www.pepermint-zagreb.com; Ilica 24; ⌚ Di–Sa 22–5 Uhr, im Aug. geschl.) Der kleine, schicke, mit viel weißem Holz ausgestattete Club im Zentrum nimmt gleich zwei Etagen ein. Hier amüsiert sich ein etwas älteres Publikum mit entsprechendem Kleingeld. Das Programm wechselt wöchentlich und reicht von nostalgischem Rockabilly und Swing bis zu Soul und House.

KSET CLUB
(www.kset.org; Unska 3; ⌚ Mo–Do 9–16 & 20–24, Fr 9–16 & 20–1, Sa 22–3 Uhr) In Zagrebs Topmusikclub, in dem jeder von Rang und Namen auftritt, ist von Ethno bis Hip-Hop so ziemlich alles zu hören. Samstagabends legen DJs auf und das Jungvolk tanzt bis zum frühen Morgen. Hier werden Gigs und Events für fast jeden Geschmack geboten.

Medika CLUB
(www.pierottijeva11.org; Pierottijeva 11) Der künstlerisch angehauchte Veranstaltungsort in

einer alten Pharmafabrik bezeichnet sich selbst als „autonomes Kulturzentrum" und ist das erste Haus der Stadt, dessen Besetzung legalisiert wurde. Hier finden Konzerte, Kunstausstellungen und Partys statt, auf denen Billigbier und *rakija* in Strömen fließen.

Rock Klub Ribnjak CLUB
(www.purgeraj.hr; Park Ribnjak 1; ⌚ Fr & Sa 22–5, So–Do 21–1 Uhr) Rock, Blues und Avantgarde-Jazz stehen auf dem Livemusik-Programm dieses abgefahrenen Clubs. Ansonsten wird noch eine Mischung aus Disco, House, Breakbeat, Pop und Musik aus den 1980er-Jahren geboten.

Sirup CLUB
(www.sirupclub.com; Paromlin; ⌚ Okt.–Juni Fr & Sa 1–8 Uhr) Der neue große Club in dem unter Denkmalschutz stehenden Paromlin-Gebäude hinter dem Bahnhof lockt ein partywütiges Publikum an. Erstklassige DJs aus dem In- und Ausland legen Techno auf.

Nördlich vom Zentrum

Jabuka CLUB
(Jabukovac 28; ⌚ Fr & Sa 22–3 Uhr) Das „Apfel" ist seit ewigen Zeiten ein Renner. Hier werden Hits aus den 1980er-Jahren für Leute über 30 gespielt, die in Erinnerungen an die guten alten Zeiten schwelgen, als sie noch jung und alternativ waren. Der Club liegt in einem noblen Gebiet, hin kommt man mit dem Taxi oder zu Fuß durch den Wald.

Östlich vom Zentrum

Divas CAFÉ
(Martićeva 17; ⌚ Mo–Fr 7–23, Sa 8–23, So 9–17 Uhr) Tolles Café mit kitschig-schickem Interieur. Das kleine Schickimicki-Lokal hat auch Plätze im Freien in der immer populärer werdenden Martićeva-Straße.

Mojo BAR
(Martićeva 5; ⌚ Mo–Fr 7–2, Sa 8–2, So 8–24 Uhr) Eine verqualmte Kellerbar, in der allabendlich Livemusik oder Musik vom Plattenteller geboten wird. An lauen Abenden kann man seinen Drink auch an den Tischen draußen auf dem Gehweg genießen. Es gibt 70 verschiedene Sorten *rakija* und Likör.

Masters CLUB
(Ravnice bb) Zagrebs kleinster Club – hier fühlt man sich fast wie auf einer Privatfete – bietet das stärkste Soundsystem. In- und ausländische DJs legen Deep House, Tech House, Dub und Reggae auf.

Katran CLUB
(Radnička 27; ⌚ Fr & Sa 23–3 Uhr) In der ehemaligen Fabrik außerhalb der Stadt unweit des neuen Geschäftszentrums von Zagreb ist jetzt ein Club untergebracht. Hier finden unterschiedliche Wochenendevents statt, manchmal gleich zwei Partys auf einer Etage. Das Ergebnis ist ein Mix an Leuten und Musik. Die einzelnen Veranstaltungen sind der Facebook-Seite zu entnehmen.

Südlich & westlich vom Zentrum

Sherry's Coffee & Wine Lab WEINBAR
(Andrije Žaje 63; ⌚ Mo–Sa 7–24 Uhr) Dieser Neuling unter den Weinbars in Zagreb lohnt den Weg in das Trešnjevka-Viertel südwestlich des Zentrums. Hier bekommt man über 150 (vorwiegend kroatische) Weine entweder im Glas oder als ganze Flasche. Außerdem herrscht eine freundliche Stimmung und es gibt leckere Kleinigkeiten.

Aquarius CLUB
(www.aquarius.hr; Aleja Matije Ljubeka bb, Jarun Lake) Der Club am See hat seine besten Tage schon hinter sich, ist aber dennoch amüsant. Er besteht aus mehreren Räumen, die auf eine riesige Terrasse hinausgehen. Normalerweise werden House und Techno aufgelegt, aber es finden auch Hip-Hop und R&B-Abende statt. Im Sommer gibt es eine Aquarius-Zweigstelle am Zrće auf der Insel Pag (S. 190).

KAFFEEPAUSE

Die jüngsten Gerüchte, dass in Zagreb der erste Starbucks in Kroatien eröffnen soll, hielten sich nicht lange. Der Grund? Starbucks könnte nie mit der *špica* konkurrieren, der Zagreber Tradition, samstags von 11 Uhr bis 14 Uhr in der Innenstadt am Dolac-Markt (S. 41) nach dem Einkaufen einen Kaffee zu trinken. Dabei werden die neueste Mode und das Handy ausgeführt, und natürlich wird auch viel geplaudert. Dementsprechend groß ist der Ansturm auf die besten Tische in der Bogovićeva, Preradovićeva und Tkalčićeva. Hier kann man die kroatische Kapitale in ihrer ganzen Lebensfreude kennenlernen.

Močvara CLUB
(www.mochvara.hr; Trnjanski Nasip bb) Das einen gewissen schmuddeligen Charme versprühende „Sumpf" in einer ehemaligen Fabrik am Ufer der Save gehört zu Zagrebs besten Veranstaltungsorten, wenn es um erstklassige alternative Musik geht. Die Livekonzerte reichen von Dub und Dancehall bis zu Weltmusik und Heavy Metal.

☆ Unterhaltung

Zagrebs Theater und Konzerthallen bieten das ganze Jahr hindurch ein vielfältiges Programm. Vieles wird in der Monatsbroschüre *Zagreb Events & Performances* genannt, die in der Touristeninformation erhältlich ist. Die Tageszeitungen *Jutarnji List* und *Večernji List* drucken auf der letzten Seite eine Übersicht mit kulturellen Veranstaltungen und Ausstellungen ab.

Viele Open-Air-Events in Zagreb sind kostenlos, für die Konzerte in den verschiedenen Locations wird in der Regel eine Eintrittsgebühr erhoben. Die Preise hängen vom jeweiligen Konzert ab; Tickets für die meisten Musikveranstaltungen sind bei **Koncertna Direkcija Zagreb** (☎01-45 01 200; www.kdz.hr; Kneza Mislava 18; ⌚Mo–Fr 9–18 Uhr) sowie in verschiedenen Musikläden in der Stadt erhältlich.

☆ Livemusik

Melin JAZZBAR
(Kožarska 19; ⌚9.30–2 Uhr) Beliebte Jazzbar in der Tkalčićeva mit fast an jedem Abend Livemusik, ganz unterschiedlichen Gästen und einer farbenfrohen Terrasse.

Tvornica LIVEMUSIK
(www.tvornicakulture.com; Šubićeva 2; ⌚Café 7–23 Uhr, Club 23–4 Uhr) Eine tolle Multimedia-Location. Hier gibt's vielseitige Musikdarbietungen - vom bosnischen *sevdah* bis zum alternativen Punkrock. Was gerade auf dem Programm steht, verrät die Homepage.

☆ Theater

Theaterkarten sind in der Regel auch noch in letzter Minute erhältlich, selbst bei sehr gefragten Vorstellungen.

Zagrebačko Kazalište Mladih THEATER
(☎01-48 72 554; www.zekaem.hr; Teslina 7; ⌚Theaterkasse Mo–Fr 10–20, Sa & So 10–14 Uhr & 1 Std. vor Vorstellungsbeginn) Das Zagreber Jugendtheater, kurz ZKM, gilt als Wiege des zeitgenössischen Theaters in Kroatien. Hier finden diverse Festivals statt, und es treten Ensembles aus der ganzen Welt auf.

Kroatisches Nationaltheater THEATER
(☎01-48 88 418; www.hnk.hr; Trg Maršala Tita 15; ⌚Theaterkasse Mo–Fr 10–19, Sa 10–13 Uhr & 1 Std. vor Vorstellungsbeginn) Das 1895 gegründete, neubarocke Theater bietet Opern- und Ballettaufführungen. Unbedingt einen Blick auf die Skulptur *Der Brunnen des Lebens* (1905) von Ivan Meštrović vor dem Haus werfen.

Konzerthaus Vatroslav Lisinski KONZERTHAUS
(☎01-61 21 166; www.lisinski.hr; Trg Stjepana Radića 4; ⌚Theaterkasse Mo–Fr 10–20, Sa & So 10–14 & 18–20 Uhr) Im renommiertesten Konzertsaal der Stadt werden Symphonie-, Jazz- und Weltmusikkonzerte sowie Theateraufführungen geboten.

☆ Sport

Im Sommer finden auf dem **Jarun-See** (S. 53) Ruder-, Kajak- und Kanuwettbewerbe statt.

Cibona-Turm BASKETBALL
(☎01-48 43 333; www.cibona.com; Savska 30; Tickets 30–100 Kn) Basketball ist in Zagreb sehr beliebt; hier ist auch die Heimat der Basketballmannschaft Cibona. Eintrittskarten bekommt man am Eingang oder im Internet. Mehr über den berühmtesten Spieler dieser Mannschaft erfährt man im nahe gelegenen **Dražen-Petrović-Gedenkmuseum** (☎01-48 43 146; www.drazenpetrovic.net; Trg Dražena Petrovića 3; Erw./Kind 20/10 Kn; ⌚Mo–Fr 10–17 Uhr; Mitte Juli–Mitte Aug. geschl.) neben dem Technischen Museum.

Maksimir-Stadion FUSSBALL
(☎01-23 86 125; www.gnkdinamo.hr; Maksimirska 128; Tickets 250–550 Kn) Dinamo ist Zagrebs beliebteste Fußballmannschaft. Heimspiele werden im Maksimir-Stadion am östlichen Stadtrand von Zagreb ausgetragen. Hin kommt man mit den Straßenbahnlinien 4, 7, 11 oder 12 nach Maksimirska.

Shoppen

Die Haupteinkaufsstraße von Zagreb heißt Ilica. Hier werden in den stattlichen Gebäuden schicke internationale Labels angeboten. Die meisten Geschäfte sind sonntags geschlossen.

Prostor MODE
(www.multiracionalnakompanija.com; Mesnička 5; ⌚Mo–Fr 12–20, Sa 10–15 Uhr) Eine fantastische kleine Kunstgalerie und zugleich Modeboutique, in der die besten unabhängigen Künstler und jungen Designer Zagrebs ver-

MARKTTAGE

Zagreb hat nur wenige Märkte, doch die sind wirklich vom Feinsten. Der am Wochenende stattfindende **Antiquitätenmarkt** (Britanski trg; ⌚Sa 7–14, So 7.30–14.30 Uhr) auf dem Britanski Trg gehört zu den größten Vergnügungen im Zentrum.

Wer einen Flohmarkt kennenlernen möchte, der in Kroatien seinesgleichen sucht, sollte den **Hrelić** (⌚Mi & So 7–15 Uhr) besuchen. In einem gigantischen Areal wird wirklich alles verkauft – von Autoersatzteilen und alten Möbeln bis hin zu Schallplatten und Küchenartikeln; es ist einfach unglaublich. Alle Sachen sind natürlich aus zweiter Hand, und gefeilscht wird, was das Zeug hält. Vom Einkaufen abgesehen ist dieser Flohmarkt an sich schon ein Erlebnis und zeigt eine Seite von Zagreb, die man sonst nirgendwo zu sehen bekommt – hier gibt's jede Menge Roma, Musik und Trubel; über der kulinarischen Ecke mit vielen Imbissbuden hängt der Geruch von gegrilltem Fleisch. Wer im Sommer den Flohmarkt besucht, sollte sich eine Kopfbedeckung aufsetzen und sich mit Sonnenmilch eincremen, denn Schatten gibt es hier keinen. Wie man hinkommt? Die Busse 295 (15 Kn, 20 Min., nur So) fahren hinter dem Bahnhof nach Sajam Jakuševac. Mit der Straßenbahn lässt sich der Markt auch erreichen: Man nimmt die Linie 6 Richtung Sopot, steigt in der Nähe der Brücke aus und spaziert dann noch 15 Minuten an der Save entlang zum Hrelić. Eine Alternative ist die Linie 14; in diesem Fall steigt man an der Endhaltestelle in Zapruđe aus und legt die Viertelstunde zum Markt von dort zurück.

Wer samstags in der Stadt ist und Lust auf etwas Leckeres hat, sollte unbedingt den **Mali Plac na Tavanu** (Kleiner Markt im Dachgeschoss; ☎095 91 52 711; www.tavan.info; Sinkovićeva 8; ⌚Sept.–Mitte Juni Sa 11–18 Uhr, Mitte Juni–Juli Sa 18–24 Uhr, Aug. geschl.) besuchen. Hier treffen sich jede Woche kleine Hersteller, die ihre Produkte in dem abgefahrenen Dachgeschoss der Food-Bloggerin und Stylistin Jelena Nikolić anbieten. Im Angebot ist so ziemlich alles, von Bio-Zitrusfrüchten und Salbeihonig bis hin zu Hanföl, Hummus und handgefertigter Naturkosmetik. Zum Zeitpunkt der Recherche war der Umzug des Markts geplant. Details stehen auf der Website.

treten sind. Auf der Website von Prostor stehen Details über Ausstellungseröffnungen.

Natura Croatica ESSEN

(www.naturacroatica.com; Preradovićeva 8; ⌚Mo–Fr 9–21, Sa 10–16 Uhr) In diesem Geschäft sind über 300 kroatische Produkte und Souvenirs erhältlich – von *rakija,* Weinen und Schokolade bis hin zu Marmeladen, Gewürzen und Brotaufstrich mit Trüffeln. Die perfekte Anlaufstelle für Mitbringsel.

Take Me Home SOUVENIRS

(Tomićeva 4; ⌚Mo–Fr 10–20, Sa 10–15 Uhr) Große Auswahl an coolen Souvenirs von kroatischen Designern.

Profil Megastore BÜCHER

(Bogovićeva 7) Die stimmungsvollste Buchhandlung Zagrebs in einer Einfahrt bietet eine super Auswahl an Büchern – auch auf Englisch – sowie ein nettes Café.

Aromatica KOSMETIK

(www.aromatica.hr; Vlaška 7; ⌚Mo–Fr 8–20, Sa bis 15 Uhr) Der Flagschiff-Store dieser kleinen Kosmetikkette bietet ausschließlich natürliche Produkte zur Hautpflege – von handgefertigten Seifen bis hin zu Duftölen, wobei der Hauptakzent auf einheimischen Kräutern liegt. Hier sind auch hübsche Geschenkkörbe erhältlich.

Bornstein WEIN

(www.bornstein.hr; Kaptol 19; ⌚Mo–Fr 9–20, Sa bis 16.30 Uhr) Wenn einem die kroatischen Weine und Schnäpse nicht mehr aus dem Sinn gehen, sollte sich hier eindecken. Erhältlich ist eine erstaunliche Auswahl an Brandys, Weinen und auch Gourmetprodukten.

I-GLE KLEIDUNG

(www.i-gle.com; Dežmanova 4; ⌚Mo–Fri 10–14 & 16–20, Sa 10–14 Uhr) Hier kann man die beinahe schon plastische, aber dennoch tragbare Kreationen von Nataša Mihaljčišin und Martina Vrdoljak-Ranilović erstehen – zwei Designerinnen, die schon seit den 1990er-Jahren wesentlich die kroatische Modeindustrie prägen.

Croata SCHNEIDEREI

(www.croata.hr; Oktogon Passage, Ilica 5; ⌚Mo–Fr 8–20, Sa bis 15 Uhr) Ein authentischeres Mitbringsel als eine Krawatte gibt es sicher nicht, denn schließlich wurden die edlen Stücke in Kroatien erfunden – und in diesem Geschäft sind sie zu haben. Die in

ZAGREB CARD

Wer für einen oder drei Tage in Zagreb bleibt, kann mit der **Zagreb Card** (www.zagrebcard.fivestars.hr) gut sparen. Sie gilt 24 bzw. 72 Stunden (60 Kn bzw. 90 Kn) für freie Fahrten in allen öffentlichen Verkehrsmitteln. Dazu kommt eine Ermäßigung von 50 % in allen Museen und Galerien, darüber hinaus geben auch Bars, Restaurants und Mietwagenfirmen Rabatte. In einer Informationsbroschüre stehen alle Partner. Details gibt es auf der Homepage www.zagrebcard.fivestars.hr. Die Karte ist an der zentralen Touristeninformation und in vielen Pensionen, Jugendherbergen, Hotels, Bars und Geschäften erhältlich.

Zagreb hergestellten Seidenkrawatten kosten 249 Kn bis 2000 Kn.

Nama KAUFHAUS
(Ilica 4; Mo–Fr 8–20.30, Sa 8–15.00 Uhr) Zagrebs unsterbliches Kaufhaus aus alten Zeiten. Großes Sortiment und kleine Preise.

Praktische Informationen

GELD

Geldautomaten gibt es am Busbahnhof und am Bahnhof, am Flughafen und überall in der Stadt. Einige Banken in den Bahnhöfen akzeptieren Travellerschecks.

Wechselstuben findet man im Importanne Centar auf dem Starčevićev Trg und in der Stadt.

INTERNETZUGANG

In der Preradovićeva gibt es gleich mehrere kleinere Internetcafés.

Sublink (01-48 19 993; www.sublink.hr; Teslina 12; 19 Kn/Std.; Mo–Mi 9–23, So 15–23 Uhr) Das erste Cybercafé der Stadt, das noch immer Furore macht.

MEDIZINISCHE VERSORGUNG

Zahnärztlicher Notdienst (01-48 97 688; Runjaninova 4; 22–6 Uhr)

KBC Rebro (01-23 88 888; Kišpatićeva 12; 24 Std.) Östlich der Stadt; hilft bei Notfällen.

Apotheke (01-48 16 198; Trg Bena Jelačića 3; 24 Std.)

NOTFALL

Polizei (01-45 63 311; Petrinjska 30)

POST

Post (01-66 26 453; Jurišićeva 13; Mo–Fr 7–20, Sa bis 13 Uhr) Mit Telefonzentrum.

Hauptpost (01-72 30 3304; Branimirova 4; 7–24 Uhr) Hier kann man sich postlagernd seine Briefe herschicken lassen; direkt am Bahnhof.

REISEBÜROS

Atlas Travel Agency (01-48 07 300; www.atlas-croatia.com; Zrinjevac 17) Veranstaltet Touren in ganz Kroatien.

Croatia Express (01-49 22 224; www.croatia-express.com; Trg Kralja Tomislava 17) Umfassender Service: Zugreservierung, Mietautos, Flug- und Schiffstickets, Hotels im ganzen Land und Tagesausflüge an den Strand von Juni bis September (90 Kn nach Crikvenica und zurück).

CYHA Travel Section (01-48 29 294; www.hfhs.hr; Savska 5; Mo–Fr 8.30–16.30 Uhr) Die Reiseabteilung der Croatian YHA verfügt über vielfältige Informationen zu HI-Hostels in ganz Kroatien und nimmt auch noch Buchungen vor.

Zdenac Života (01-48 16 200; www.zdenac-zivota.hr; 2. Stock, Vlaška 40; Mo–Fr 10–16 Uhr) Neben thematischen Sightseeing-Touren durch Zagreb hat dieses kleine lokale Reisebüro auch Tagesausflüge sowie mehrtägige Abenteuertrips in ganz Kroatien im Angebot.

TOURISTENINFORMATION

Haupttouristeninformation (Info 0800 53 53, Büro 01-48 14 051; www.zagreb-touristinfo.hr; Trg Bana Jelačića 11; Juni–Sept. Mo–Fr 8.30–21, Sa & So 9–18 Uhr, Okt–Mai Mo–Fr 8.30–20, Sa 9–18, So 10–16 Uhr) Hier bekommt man kostenlose Stadtpläne und Broschüren sowie die Zagreb Card.

Weitere Niederlassung befinden sich am Lotrščak-Turm (Juni–Sept. Mo–Sa 9–21, So 10–21 Uhr, Okt.–Mai Mo–Fr 9–17, Sa & So 10–15 Uhr), am Flughafen (01-62 65 091; Mo–Fr 9–21, Sa & So 10–17 Uhr), am Bahnhof (Mo–Fr 9–21, Sa & So 10–17 Uhr) und am Busbahnhof (Mo–Fr 9–21, Sa & So 10–17 Uhr).

Touristenverband der Gespanschaft Zagreb (01-48 73 665; www.tzzz.hr; Preradovićeva 42; Mo–Fr 8–16 Uhr) Hier gibt's Infos und Material über die Sehenswürdigkeiten rund um Zagreb, u. a. auch über Weinrouten und Fahrradwege.

An- & Weiterreise

BUS

Der **Busbahnhof** (060 313 333; www.akz.hr; Avenija M Držića 4) von Zagreb liegt 1 km östlich vom Bahnhof und verfügt über eine Gepäckaufbewahrung, die **Garderoba** (5 Kn pro Std.; 24 Std.). Die Straßenbahnen 2 und 6 fahren vom Busbahnhof zum Bahnhof. Die Straßenbahn 6 verkehrt zum Trg Bana Jelačića.

Vor dem Kauf eines Bustickets sollte man sich nach der Ankunftszeit erkundigen – mache

Busse sind auf Nebenstraßen unterwegs und halten in jedem Kaff.

Hinweis: Außerhalb der Hochsaison sind die angegebenen Fahrpläne etwas reduziert.

FLUGZEUG

Croatia Airlines (☎01-66 76 555; www.croatiaairlines.hr; Zrinjevac 17) Die nationale Fluglinie führt Inlandsflüge und internationale Flüge von und nach Zagreb durch.

Zagreb Airport (☎01-45 62 222; www.zagreb-airport.hr) Dieser Flughafen, 17 km südöstlich von Zagreb, ist der wichtigste Airport Kroatiens mit einer Fülle von Verbindungen im Inland wie auch ins Ausland.

ZUG

Der **Bahnhof** (☎060 333 444; www.hznet.hr; Trg Kralja Tomislava 12) liegt im südlichen Stadtzentrum. Beim Herauskommen sieht man direkt vor sich mehrere Parks mit Pavillons, die ins Zentrum führen. Es empfiehlt sich, Fahrkarten für den Zug im Voraus zu buchen, da das Platzangebot begrenzt ist. Im Bahnhof befindet sich auch eine **Garderoba** (Schließfächer 24 Std. 15 Kn; ⌚24 Std.), falls jemand sein Gepäck nicht mitschleppen möchte.

Unterwegs vor Ort

VOM/ZUM FLUGHAFEN

Bus

Der Bus von Croatia Airlines fährt zwischen ca. 4.30 und 20 Uhr alle 30 bzw. 60 Minuten vom Busbahnhof zum Flughafen (30 Kn), entsprechend geht es auch zurück in die Stadt.

Taxi

Die Fahrt ins Stadtzentrum kostet zwischen 110 und 200 Kn.

AUTO

Zagreb ist eine ziemlich autogerechte Stadt (breite Hauptstraßen; Parkplätze im Zentrum sind aber Mangelware, sie kosten 6 Kn/Std.). Aufpassen sollte man auf die Straßenbahnen.

BUSSE AB ZAGREB

ZIELE IM INLAND	PREIS (KN)	DAUER (STD.)	VERBINDUNGEN/TAG
Dubrovnik	205–250	9½–11	9–12
Korčula	264	11	1
Krk	113–219	3–4½	8–10
Makarska	175–230	6½	12–15
Mali Lošinj	287–312	5–6	3
Osijek	131–144	4	10
Plitvice	92–106	2–3	11–15
Poreč	156–232	4–4½	11
Pula	105–196	3½–5½	17–20
Rab	207–219	4–5	5
Rijeka	91–155	2½–4	20–25
Rovinj	150–195	4–6	9–11
Šibenik	151–165	4½–7	20–22
Split	115–205	5–8½	32–34
Varaždin	65–87	1–2	19–23
Zadar	105–139	3½–5	31
ZIELE IM AUSLAND	**PREIS (KN)**	**DAUER (STD.)**	**VERBINDUNGEN/TAG**
Belgrad	220	6	5
Florenz	481	10½	1
Ljubljana	87–125	2½–3½	4–6
München	375	9½	6
Paris	798	24	1-mal wöchentl.
Sarajevo	160–210	7–8	4–5
Wien	225–247	5–6	3

ZÜGE AB ZAGREB

ZIELE IM INLAND	PREIS (KN)	DAUER (STD.)	VERBINDUNGEN/TAG
Osijek	132–150	5–6	5
Rijeka	111–118	4–6	6
Šibenik	183	8	4
Split	197–208	5–7	4
Varaždin	64–71	2–3	11

ZIELE IM AUSLAND	PREIS (KN)	DAUER (STD.)	VERBINDUNGEN/TAG
Banja Luka	111	4½–5	1
Belgrad	188	6½	1
Budapest	224	6–7	1
Ljubljana	127	2½	4
Mostar	300	11½	1
München	785	7–8½	2
Sarajevo	238	8–9½	1
Wien	520	6–7	2

In Zagreb sind mehrere internationale Mietwagenfirmen vertreten. Die einheimischen Unternehmen sind aber im Allgemeinen günstiger.

H&M (☎01-37 04 535; www.hm-rentacar.hr; Grahorova 11) Einheimischer Autovermieter; auch am Flughafen zu finden.

Hertz (☎01-48 46 777; www.hertz.hr; Grada Vukovara 274)

Oryx (☎01-62 60 800; www.oryx-rent.hr; Grada Vukovara 74) Einheimischer Autovermieter; auch am Flughafen zu finden.

Hrvatski Autoklub (HAK, Kroatischer Autoclub; ☎01-46 40 800; www.hak.hr; Avenija Dubrovnik 44) Autofahrer bekommen Pannenhilfe unter ☎1987.

STRASSENBAHN

Der öffentliche Nahverkehr (www.zet.hr) basiert auf einem effizienten Straßenbahnnetz. Die Innenstadt ist allerdings so kompakt, dass die Wege auch zu Fuß gut zu bewerkstelligen sind. Da an den meisten Haltestellen die Linienführung aushängt, lässt sich das System problemlos nutzen.

Fahrkarten sind an den Kiosken oder beim Fahrer zu 10 Kn erhältlich. Das Ticket ist 90 Minuten lang gültig, man darf auch umsteigen, jedoch nur in eine Richtung fahren.

Ein Tagesticket (*dnevna karta*) ist bis 4 Uhr früh des nächsten Tages in allen öffentlichen Verkehrsmitteln gültig; es kostet 30 Kn und ist an den meisten Zeitungsständen zu haben.

Achtung: Die Fahrkarte muss beim Einsteigen in die Straßenbahn auch entwertet werden (gelber Kasten).

TAXI

Radio Taxi (☎060 800 800, 1777) verlangt 10 Kn Grundgebühr und 5 Kn pro Kilometer; die Wartezeit kostet pro Stunde 40 Kn. **Ekotaxi** (☎060 77 77, 1414) nimmt ähnliche Tarife.

Ein freies Taxi aufzutreiben bereitet kein Problem – in der Regel bei den blauen Taxischildern. Diese Taxistände gehören zu Radio Taxi.

Für kurze Fahrten durch die Stadt empfiehlt sich **Taxi Cammeo** (☎060 71 00, 1212), das meist am billigsten ist. In den 15 Kn Grundgebühr sind die ersten zwei Kilometer enthalten (jeder weitere Kilometer kostet dann 6 Kn).

RUND UM ZAGREB

Das Umland Zagrebs bietet viele schöne Ausflugsoptionen – von malerischen Orten mit guten Restaurants bis zu beschaulichen Wanderwegen und Naturschutzgebieten.

Naturpark Lonjsko Polje

Der **Lonjsko Polje** (☎044-672 080; www.pp-lonjsko-polje.hr; Čigoć; Erw./erm. 40/30 Kn; ⊙8–16 Uhr) bietet einen faszinierenden Mix aus ganz unterschiedlichen Vergnügungsmöglichkeiten. Es gibt Holzarchitektur aus dem 19. Jh. zu bewundern. Vogelliebhaber (nun ja, Storchliebhaber) und Pferdefreunde werden hier einen großartigen Tag verbringen. Der Naturpark wurde im Januar 2008 zum UNESCO-Weltnaturerbe erklärt. Lonjsko Polje ist ein 506 km^2 großes Feuchtgebiet (*polje* heißt wörtlich „Feld") in der Region Posavina zwischen der Save und dem Berg Moslavačka Gora. Seinen Namen verdankt der Naturpark der Lonja, einem Nebenfluss der Save. Das riesige Rückhaltebecken ist für seine vielfältige Flora und Fauna bekannt.

In dieser Gegend gibt es mehrere Dörfer. **Čigoć** ist ein berühmter „Treffpunkt für Störche", die auf den Dächern der hübschen Holzhäuser im Ort nisten. Die Vögel treffen Ende März/Anfang April hier ein. Das Sumpfgebiet mit den vielen Insekten bietet reichlich Nahrung. Ende August treten sie dann ihre zwei- bis dreimonatige Reise zurück ins südliche Afrika an. Wer im Herbst oder Winter hier ist, sieht vielleicht trotzdem ein paar dieser Zeitgenossen, denn einigen gefällt es so gut hier, dass sie das ganze Jahr über bleiben und sich von den Dorfbewohnern füttern lassen. In Čigoć befinden sich auch die Info-Stelle des Parks, das Ticketbüro und eine kleine ethnografische Sammlung der Familie Sučić.

ABSTECHER

SAMOBOR: GAUMENFREUDEN & WANDERUNGEN

Gestresste Städter fahren nach Samobor, 25 km westlich von Zagreb, um sich zu erholen und das herzhafte Essen und die Sahnetorten sowie die malerische Landschaft zu genießen. Ein seichter Bach schlängelt sich durch das Städtchen mit seinen gepflegten pastellfarbenen Häusern und alten Kirchen. Hervorragend essen kann man im **Gabreku 1929** (Starogradska 46; Hauptgerichte ab 55 Kn), einem klassischen Restaurant, das nur ein paar Schritte vom Zentrum entfernt ist und seit den 1920er-Jahren von ein und derselben Familie geführt wird. Es ist bekannt für seine 35 Sorten süße und herzhafte *palačinke* (Crêpes). Unbedingt probieren sollte man auch die für diesen Ort berühmte *kremšnite* (Vanillecremeschnitte), die es bei **U Prolazu** (Trg Kralja Tomislava 5) gibt.

Samobor ist ein guter Ausgangspunkt für **Wanderungen** in der Bergregion Samoborsko Gorje; sie gehört zum Žumberak-Gebirge, das die hohen Alpengipfel mit den Karsthöhlen und Schluchten des Dinarischen Gebirges verbindet. Der mit Wiesen und Wäldern bedeckte Bergzug ist das beliebteste Wanderziel der Region. Hier befindet sich seit 1875 die Wiege des organisierten Bergsports in Kroatien. Die meisten Strecken sind einfach, mehrere Berghütten laden zu einer netten Rast ein. Allerdings sind viele nur an den Wochenenden geöffnet (außer in der Hochsaison). Weitere Infos sind beim **Kroatischen Bergsteigerverband** (Hrvatski planinarski savez; ☎01-48 23 624; www.hps.hr) erhältlich. 1999 wurde das gesamte Gebiet von 333 km^2 wegen seiner Artenvielfalt, Wälder, Karsthöhlen, steilen Flusstäler und vier Wasserfälle zum Naturpark erklärt.

Das Gebirge teilt sich in drei Bereiche auf: die Oštrc-Gruppe in der Mitte, die Japetić-Gruppe im Westen und die Plešivica-Gruppe im Osten. Die beiden Gruppen Oštrc und Japetić erreicht man von der bewirtschafteten Berghütte Šoićeva Kuća, 10 km westlich von Samobor. Hin kommt man mit Bus 144. Von dort geht es recht steil eine halbe Stunde lang zur mittelalterlichen Festung Lipovac hinauf und dann noch eine Stunde bis zum Gipfel des Oštrc (752 m), wo eine weitere Berghütte auf Gäste wartet.

Eine andere beliebte Wanderung ist der 1½-stündige Aufstieg von der Šoićeva Kuća auf den Japetić (879 m), dem höchsten Gipfel der Samobor-Berge, der sich bei **Gleitschirmfliegern** größter Beliebtheit erfreut (weitere Infos unter www.parafreek.hr). Wer will, kann auch vom Oštrc zum Japetić wandern (2 Std.). Die Plešivica-Gruppe hat die Ruinen einer mittelalterlichen Festung und ein unter Naturschutz stehendes Waldgebiet zu bieten. Es ist außerdem ein beliebtes **Gebiet zum Klettern** und lässt sich vom Dorf Rude (Bus 143 nach Rude und Braslovje) aus erreichen. Von Rude geht's dann nach Osten zur Jagdhütte Srndać auf dem Bergsattel Poljanice (12 km), von wo es dann noch 40 Minuten steil bergauf zum Gipfel der Plešivica (779 m) geht.

Samobor ist problemlos mit öffentlichen Verkehrsmitteln zu erreichen. Einfach am Hauptbusbahnhof in Zagreb in einen Samoborček-Bus einsteigen (28 Kn, 30 Min., alle 30 Min.). In der **Touristeninformation** (☎01-33 60 044; www.tz-samobor.hr; Trg Kralja Tomislava 5; ⌚Mo–Fr 8–17, Sa 9–17, So 10–17 Uhr) im Stadtzentrum sind zahlreiche Broschüren und Stadtpläne von Samobor sowie Landkarten und Wanderinfos über die Bergregionen Samoborsko Gorje und Žumberačko Gorje erhältlich.

Das denkmalgeschützte Dorf **Krapje** ist für seine gut erhaltenen traditionellen Holzhäuser und die tollen Angel- und Jagdgebiete bekannt. Sehenswert sind die überdachten Außentreppen, Veranden und Säulen sowie die verschiedenartigen Bauernhöfe mit ihren Scheunen, Schuppen, Schweine- und Hühnerställen. Von April bis Oktober befindet sich in einem der Holzhäuser ein Informationszentrum, dessen Angestellte den Besuchern gern alles über das kulturelle Erbe der Region erzählen. In Lonjsko Poljes Eichenwäldern sind *posavski*-Pferde, eine lokale Rasse, beheimatet. Wer reiten will, sollte sich an das Informationsbüro in Čigoć wenden.

Einen Besuch lohnt auch das Dorf **Mužilovčica**, das für seine Schwalben bekannt ist. Und wenn man schon mal im Ort ist, sollte man unbedingt auf dem Bauernhof der Familie Ravlić eine leckere Mahlzeit zu sich nehmen.

Lonjsko Polje liegt 50 km südöstlich von Zagreb. Am besten erreicht man den Park mit dem eigenen Auto oder im Rahmen einer geführten Tour; es fahren kaum öffentliche Verkehrsmittel dorthin und die Erkundung des Parks könnte ohne eigenen fahrbaren Untersatz zum Problem werden. Privatunterkünfte gibt's in mehreren Holzhäusern im Park. Weitere Infos stehen auf der Website.

Naturpark Medvednica

Der **Naturpark Medvednica** (www.pp-medvednica.hr) im Norden von Zagreb bietet ausgezeichnete Möglichkeiten zum **Wandern**. Es gibt mehrere beliebte, gut markierte Wege. Hin kommt man mit der Straßenbahn 14 bis zur Endhaltestelle, wo man in die Straßenbahn 15 steigt und wiederum bis zur Endhaltestelle fährt. Von dort geht man durch den Tunnel und schon steht man vor dem Eingang des Dolje-Parks. Dort beginnt der beliebte, einfache Lojstekova-Weg, der am Sljeme, dem Gipfel des Bergs Medvednica, endet. Unterwegs kann man in einer der ältesten Hütten des Sljeme, der **Runolist** (www.runolist-sljeme.com; Hauptgerichte ab 40 Kn), einen Zwischenstopp einlegen. Von hier aus hat man bei traditionellem Essen und Getränken einen herrlichen Blick auf die Stadt.

Alternativ kann man auch zu den Berghütten **Puntijarka** (www.puntijarka.com; Hauptgerichte ab 50 Kn) und **Hunjka** wandern. Beide sind wegen ihrer traditionellen kroatischen Hausmannskost in rustikalem Ambiente ein beliebtes Wochenendziel. Dieser zweite Bikčevićeva-Weg beginnt am Bliznec-Eingang zum Naturpark Medvednica. Man folgt dem Weg durch den Tunnel und wechselt dann an der ehemaligen Seilbahnstation auf die linke Straßenseite. Dieser Wanderweg ist kürzer, dafür aber steiler und anstrengender.

Eine andere Möglichkeit ist es, mit Bus 102 vom Britanski trg, westlich des Zentrums in der Ilica, zur Kirche Šestine zu fahren und von hier aus die leichtere Strecke in Angriff zu nehmen. Unterwegs kommt man an zwei Hütten vorbei: **Risnjak** und **Grafičar**. Details über die Hütten stehen auf der Website des Parks.

Für die obigen Wanderungen sind etwa drei Stunden (hin & zurück) einzuplanen. Man darf auch nicht vergessen, dass der Berg stark bewaldet ist, sodass man sich leicht verlaufen kann. Unbedingt warme Kleidung und Wasser mitnehmen und die Zeit so einteilen, dass man vor Sonnenuntergang zurück ist. Im Frühjahr gibt's hier außerdem Zecken, man sollte also lange Hosen und ein Hemd mit langen Ärmeln tragen. Nach jeder Wanderung sollte man seinen Körper nach Zecken absuchen. Weitere Infos erteilt die Touristeninformation in Zagreb (S. 68).

Im Winter können Skifahrer im **Skiresort Sljeme** (www.sljeme.hr) auf unterschiedlich schweren Pisten wedeln. Die Website verrät den aktuellen Zustand der einzelnen Pisten.

Zagorje

Inhalt ➡

Gut essen

- Vuglec Breg (S. 82)
- Grešna Gorica (S. 86)
- Majsecov Mlin (S. 82)
- Mala Hiža (S. 81)

Schön übernachten

- Vuglec Breg (S. 82)
- Villa Magdalena (S. 85)
- Spa & Sport Resort Sveti Martin (S. 81)
- Hiže na Bregu (S. 82)

Auf nach Zagorje!

Trotz der Nähe zu Zagreb verschlägt es selbst im Hochsommer nur wenige Touristen in die ländliche Region Zagorje – was angesichts der herrlichen Dörfer, mittelalterlichen Burgen, endlosen Weinberge und verstreut in den Hügeln gelegenen Thermalquellen erstaunlich ist. Dabei ist dieser grüne Landstrich mit seinem österreichisch beeinflussten Essen, der k. u. k Architektur und ganzjährig stabilen Preisen eine gute Alternative zum turbulenten Süden und ein gutes und herrlich einsames Refugium vor der Sommerhitze, in dem allenfalls an den Wochenenden etwas mehr Betrieb herrscht.

Die Region Zagorje beginnt im Norden der Medvednica (1035 m) in der Nähe von Zagreb und erstreckt sich bis zur slowenischen Grenze im Westen bzw. bis nach Varaždin im Norden, das ein Musterbeispiel der Barockarchitektur ist. Ob man nun die herzhafte Küche in rustikalen Restaurants genießen, in die Thermalquellen springen, ins Dorfleben eintauchen oder uralte Burgen erkunden will – Zagorje ist auf jeden Fall ein außergewöhnliches Erlebnis.

Reisezeit

Varaždin

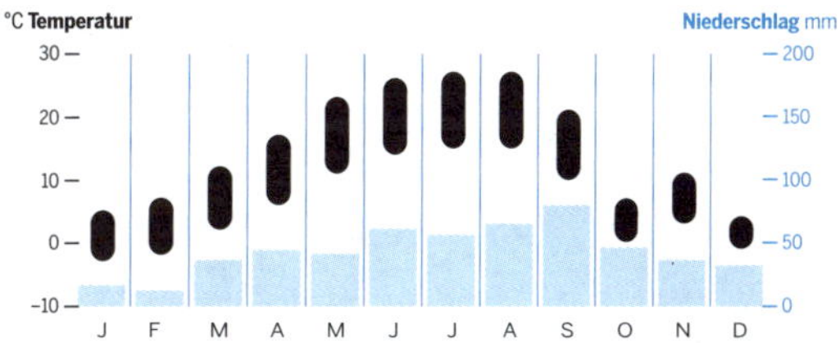

Juni Das beginnende Sommerwetter ist perfekt, um Berge, Burgen und Thermalbäder zu erkunden.

Aug. Auf dem Špancir-Fest in Varaždin gibt's Weltmusik, Theater und andere Performances.

Sept. Brauchtum und regionale Spezialitäten prägen das Festival der kajkavischen Lieder in Krapina.

Highlights

1. In **Varaždin** (S. 76) die hervorragend erhaltene Barockarchitektur bewundern
2. Auf **Burg Trakošćan** (S. 83) dem Leben des kroatischen Adels auf den Grund gehen
3. Im **Museum Staro Selo** (S. 86) in Kumrovec ins traditionelle Dorfleben reinschnuppern
4. In **Vuglec Breg** (S. 82) nahe Krapinske Toplice kroatische kulinarische Spezialitäten ausprobieren
5. Im **Neandertalermuseum** (S. 84) von Krapina alles über unsere nahen Verwandten erfahren
6. Beim **Špancirfest** (S. 78) durch die Straßen von Varaždin ziehen
7. Die Weinstraßen der **Region Međimurje** (S. 81) nordöstlich von Varaždin erkunden

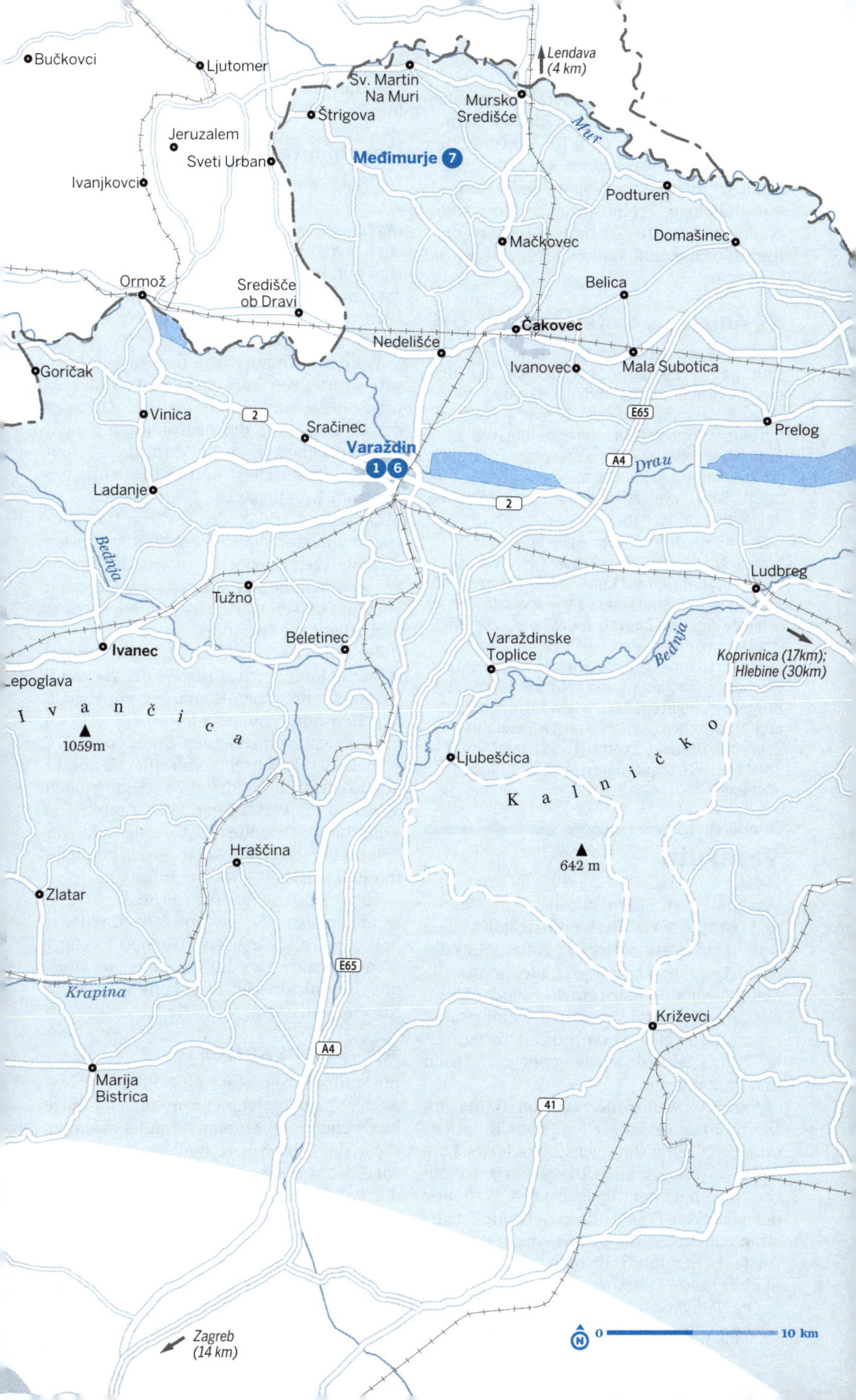

Bučkovci
Ljutomer
Sv. Martin Na Muri
Lendava (4 km)
Štrigova
Mursko Središće
Mur
Jeruzalem
Sveti Urban
Međimurje 7
Ivanjkovci
Podturen
Mačkovec
Domašinec
Ormož
Središče ob Dravi
Belica
Čakovec
Nedelišće
Ivanovec
Mala Subotica
Goričak
Vinica
2
Sračinec
E65
Prelog
Varaždin
1 6
A4
Drau
Ladanje
2
Bednja
Ludbreg
Tužno
Ivanec
Beletinec
Varaždinske Toplice
Bednja
Koprivnica (17km); Hlebine (30km)
Lepoglava
I v a n č i c a
1059m
K a l n i č k o
Ljubešćica
642 m
Hraščina
Zlatar
E65
Krapina
Križevci
A4
Marija Bistrica
41
Zagreb (14 km)
0
10 km

Sprache

Viele der Bewohner in der Region sprechen den südslawischen Dialekt Kajkavisch, benannt nach dem im Slowenischen gebräuchlichen Fragewort *kaj* (für „was"). Nach Kroatisch oder Kajkavisch ist Deutsch die üblichste Fremdsprache. Nur wenige Menschen im Zagorje sprechen Englisch – und wenn, sind es in der Regel die jüngeren.

Anreise & Unterwegs vor Ort

Die Städte und Sehenswürdigkeiten im Zagorje sind zwar von Zagreb aus per Bus oder Zug zu erreichen, aber die Verbindungen sind eher sporadisch, sodass man die Gegend am besten mit einem eigenen Fahrzeug erkundet. Wer ein Auto für ein oder zwei Tage mietet und sich auf die kurvenreichen Landstraßen von Zagorje begibt, wird unweigerlich den rustikalen Charme der Region entdecken.

Eine Alternative sind von Reisebüros angebotene Ausflüge: **Viatica Travel** (www.viatica-travel.hr) hat sich auf Kultur, Wellness und Abenteuertourismus im Zagorje spezialisiert; seine Zweigstelle **Zagreb Tours** (www.zagreb-tours.com) organisiert Ausflüge von Zagreb ins Zagorje. Im Angebot stehen romantische Wochenendausflüge sowie geführte Touren zu Burgen, Weingütern, ländlichen Tavernen und archäologischen Stätten. Andere Reisebüros in Zagreb, z. B. Funky Zagreb (S. 54) und Zdenac Života (S. 68), organisieren ebenfalls Tagesausflüge.

Varaždin

☎ 042 / 47 055 EW.

Varaždin liegt 81 km nördlich von Zagreb und ist für viele Reisende lediglich eine Durchgangsstation auf der Fahrt von oder nach Ungarn. Das ist schade, lohnt die Stadt doch durchaus einen Besuch: Denn das Zentrum von Varaždin ist eine wahre Schatzkiste voller hervorragend restaurierter Barockgebäude sowie gepflegter Gärten und Parkanlagen.

Varaždin war in der zweiten Hälfte des 18. Jh. 20 Jahre lang Hauptstadt Kroatiens und gleichzeitig die reichste Stadt des Landes. Das erklärt auch die außergewöhnliche Qualität der Bausubstanz. Krönung der barocken Pracht ihrer Gebäude ist die strahlend weiße Burg Stari Grad (wörtlich: Altstadt) mit ihren Türmen, die heute ein Stadtmuseum beherbergt.

Die Fußgängerzone begeistert mit zahlreichen hübschen Gebäuden aus dem 18. Jh. Mittelpunkt ist der Hauptplatz Trg Kralja Tomislava, von dem die alten Straßen sternförmig wegführen.

Geschichte

Die Stadt Garestin (heute Varaždin) spielte eine wichtige Rolle in Kroatiens Geschichte. Bereits unter König Bela III. stieg sie 1181 zunächst zum regionalen Verwaltungszentrum auf. Im Jahr 1209 erhielt sie von König Andreas II. den Status einer freien königlichen Stadt, zusammen mit einem eigenen Siegel und Wappen.

Während Kroatien von den Türken belagert wurde, war Varaždin die stärkste Festungsanlage und das bevorzugte Quartier der Generäle. Als die Bedrohung aus dem Osten nachließ, florierte Varaždin als kulturelles, politisches und wirtschaftliches Zentrum Kroatiens. Die Nähe der Stadt zu Mitteleuropa erklärt die Vorliebe für barocke Architektur, die zu dieser Zeit in Europa ihre Blütezeit erlebte. Die besten Handwerker und Baumeister Europas kamen nach Varaždin und entwarfen hier Villen, Kirchen und öffentliche Gebäude.

Im Jahr 1756 wurde die Stadt zur Hauptstadt des Königreichs Kroatien und Slawonien, eines autonomen Königreichs innerhalb der Habsburgermonarchie, ernannt. Doch nach einem verheerenden Stadtfeuer 1776 verließ der kroatische *Ban* (Repräsentant des Königs) die Stadt und verlegte seinen Sitz (und die Verwaltung) nach Zagreb. Die weiterhin florierende Stadt wurde in kurzer Zeit im barocken Stil – dem sie bis heute ihren Reiz verdankt – wieder aufgebaut.

Heute ist die sympathische Stadt ein Zentrum der Textil-, Schuh- und Möbelindustrie und der Landwirtschaft. Immer häufiger kommen auch Tagesausflügler nach Varaždin. Der historische Stadtkern wurde vor Kurzem umfassend restauriert.

Sehenswertes

Im Stadtzentrum steht eine Reihe sehenswerter Barockgebäude, von denen einige inzwischen als Museen genutzt werden. Viele der Adelsvillen und eleganten Kirchen werden derzeit restauriert, da sich die Stadt um die Aufnahme in die Liste des UNESCO-Weltkulturerbes bemüht. Sehr angenehm für ausländische Besucher sind die an den meisten Gebäuden angebrachten Tafeln, die über Architektur und Geschichte des jeweiligen Bauwerks informieren – und zwar auf Englisch, Deutsch und Kroatisch.

Varaždin

Varaždin

Sehenswertes
- 1 Kathedrale Mariä Himmelfahrt B2
- 2 Kroatisches Nationaltheater B2
- 3 Franziskanerkirche & Kloster des hl. Johannes des Täufers B1
- 4 Galerie Alter und Neuer Meister B1
- 5 Palais Patačić-Puttar............................ B2
- 6 Rathaus B1
- 7 Stadtmuseum A1
- 8 Markt des traditionellen Handwerks.. A1
- 9 Insektensammlung............................... B2

Schlafen
- 10 Garestin.. B3
- 11 Hotel Istra B1
- 12 Hotel Turist... B3
- 13 Hotel Varaždin...................................... D2
- 14 Maltar... B3
- 15 Studentski Centar Varaždin................. D1

Essen
- 16 Angelus B2
- 17 Markt.. B1
- 18 Palatin A2
- 19 Park B2
- 20 Verglec B1

Ausgehen & Nachtleben
- 21 Lounge Bar Ritz B2
- 22 Mea Culpa... B1
- 23 My Way A1
- 24 The Office Bar B1

Praktisches
- Konzertkasse Varaždin .... (siehe 2)

Stadtmuseum MUSEUM

(Gradski Muzej; www.gmv.hr; Strossmayerovo Šetalište 7; Erw./erm. 25/15 Kn; ⏲ Di–Fr 9–17, Sa & So 9–13 Uhr) Das weiß getünchte Stadtmuseum, Teil der Stari Grad, ist ein Juwel mittelalterlicher Befestigungsarchitektur, eingefasst von einem gepflegten Park. Mit dem Bau der Festung wurde im 14. Jh. begonnen. Im 16. Jh. entstand schließlich die heutige Form im Stil der Gotik und Renaissance, damals diente sie als Befestigungsanlage der Region gegen die vorrückenden Osmanen. Bis zum Jahr 1925 war der Bau in Privatbesitz. Inzwischen ist er ein Museum, das in zehn Ausstellungsräumen Möbel, Gemälde, dekorative Gegenstände, Insignien und Waffen zeigt, die sich über die Jahrhunderte hinweg angesammelt haben. Viel interessanter als die historischen Sammlungen ist jedoch die Architektur der weitläufigen Burganlage. Über eine Zugbrücke geht es hinein in eine mittelalterliche Welt aus Bogengängen, Innenhöfen, Kapellen und Türmen.

Varaždiner Friedhof FRIEDHOF

(Hallerova Aleja; ⏲ Mai–Sept. 7–21 Uhr, März & April 7–20 Uhr, Jan,–Feb., Nov. & Dez. 7–17 Uhr) Der Friedhof liegt zehn Gehminuten westlich der Stari Grad und ist ein Meisterwerk der Gartenbaukunst, das 1905 vom Wiener Architekten Hermann Helmer entworfen wurde. Wer sich das ruhige Gelände mit seinen Grabdenkmälern, Alleen, Spazierwegen und über 7000 Bäumen einmal näher angesehen hat, möchte vermutlich selbst gern hier begraben liegen.

Galerie Alter und Neuer Meister KUNSTGALERIE

(Galerija Starih i Novih Majstora; Trg Miljenka Stančića 3; Erw./erm. 25/15 Kn; ⏲ Di–Fr 9–17, Sa & So 9–13 Uhr) Das Palais Sermage, in dem die Galerie untergebracht ist, wurde 1759 im Rokokostil erbaut, seine Fassade schmücken sehenswerte Medaillons. Innen werden Porträts und Landschaftsgemälde von kroatischen, italienischen, niederländischen, deutschen und flämischen Malern gezeigt.

Insektensammlung MUSEUM

(Entomološka Zbirka; Franjevački trg 6; Erw./erm. 25/15 Kn; ⏲ Di–Fr 9–17, Sa & So 9–13 Uhr) Diese entomologische Sammlung, untergebracht im klassizistischen Palais Herzer, umfasst über 4500 Exponate aus der Welt der Gliederfüßer, darunter 1000 verschiedene Insektenarten. Die gezeigten Beispiele von Insektennestern, Lebensräumen und Fortpflanzungsarten werden informativ und anschaulich präsentiert. Es gibt interaktive Exponate und kostenlose Audioguide.

Franziskanerkirche & Kloster des hl. Johannes des Täufers KIRCHE

(Crkva Svetog Ivana Krstitelja; Franjevački trg 8; ⏲ 6.30–12 & 17.30–19.30 Uhr) Die Kirche, 1650 im Barockstil auf den Ruinen eines älteren Gebäudes erbaut, besitzt den höchsten Turm der Stadt (54,5 m). Zur Klosteranlage gehört eine antike Apotheke mit Deckenfresken aus dem 18. Jh. Gleich nebenan steht eine Kopie der **Bronzestatue des Bischofs Gregor von Nin**, die Ivan Meštrović für Split entwarf. Es heißt, wenn man den großen Zeh der Statue berührt, hat man ein glückliches Leben.

Kathedrale Mariä Himmelfahrt KATHEDRALE

(Katedrala Uznesenja Marijina; Pavlinska 5; ⏲ 7–12.30 & 15.30–19.30 Uhr) Die einstige Jesuitenkirche gleich südöstlich des Trg Kralja Tomislava wurde im Jahr 1646 erbaut. Ihre Fassade zeichnet sich durch ein altes Barockportal aus, das das Wappen der Adelsfamilie Drašković trägt. Das Hauptschiff der Kathedrale wird vom Altar dominiert, der mit kunstvollen Schnitzereien und einem vergoldeten Gemälde mit der Himmelfahrt der Gottesmutter geschmückt ist. Die Kathedrale ist für ihre großartige Akustik bekannt; während der Barockmusikabende finden hier Konzerte statt.

Rathaus HISTORISCHES GEBÄUDE

(Gradska Vijećnica; Trg Kralja Tomislava 1) Dieses eindrucksvolle Gebäude im romanisch-gotischen Stil, wird seit dem 16. Jh. als Rathaus genutzt. Sehenswert sind das Stadtwappen am Fuße des Turms und das mit Säulen und Kapitellen verzierte Portal, das im Jahr 1792 entstanden ist. Von Mai bis September findet jeden Samstag um 11 Uhr eine zeremonielle Wachablösung statt.

Markt des Traditionellen Handwerks PLATZ

(Trg Tradicijskih Obrta; ⏲ April–Okt. Mo–Sa 10–18 Uhr) Töpfer, Weber, Imker und Hutmacher führen hier ihre Handwerkskünste vor und lassen so die „gute alte Zeit" wieder lebendig werden.

Palais Patačić-Puttar PALAST

(Palača Patačić-Puttar; Zagrebačka 2) Mit seiner Mischung aus barocken und frühklassizistischen Stilelementen ist dieser Bau ein echter Blickfang. Über dem kunstvoll gestalteten Steinportal ist das Wappen der Familie Patačić zu sehen.

Kroatisches Nationaltheater BAUDENKMAL

(Hrvatsko Narodno Kazalište; Augusta Cesarca 1) Das eindrucksvolle Schauspielhaus wurde 1873 im Stil der Neorenaissance errichtet. Entworfen hat es der deutsche Architekt Hermann Helmer (1849–1919), der hauptsächlich in Österreich-Ungarn tätig war. Von ihm stammt auch der Varaždiner Friedhof.

Drau-Ufer UFERPROMENADE

Nordöstlich des Stadtzentrums und von dort zu Fuß in lediglich 15 Minuten bequem zu erreichen, bietet das Flussufer ein ruhiges Ambiente im Grünen mit Spazierwegen und mehreren Cafés, die ihre Tische bei schönem Wetter natürlich auch im Freien aufgestellt haben.

Feste & Events

Špancirfest KUNSTFESTIVAL

(www.spancirfest.com) Ende August belebt das bunte Špancirfest die Parks, Straßen und

Plätze der Stadt mit Weltmusik, Straßendarbietungen, Theater, kreativen Workshops, traditionellem Kunsthandwerk und moderner Kunst.

Barockmusikabende von Varaždin MUSIK
(www.vbv.hr) Varaždin ist berühmt für sein zweiwöchiges Festival der Barockmusik im September. In- und ausländische Orchester geben in der Kathedrale, in Kirchen und Theaterhäusern überall in der Stadt Konzerte. Ein Ticket kostet je nach Veranstaltung 75–250 Kn und ist eine Stunde vor Konzertbeginn in Reisebüros oder bei der **Konzertkasse Varaždin** (☎042-212 907; Augusta Cesarca 1, Kroatisches Nationaltheater) erhältlich.

Trash Film Festival FILMFESTIVAL
(www.trash.hr) Bei dem jährlichen Spektakel des Low-Budget-Films Mitte September laufen zwei bis vier Tage lang an verschiedenen Orten überall in der Stadt Actionstreifen.

Schlafen

Die meisten Hotels in Varaždin sind sauber, gepflegt und bieten eine ordentliche Qualität fürs Geld. Prinzipiell sind sie auch nicht so teuer wie in Zagreb. Das Publikum besteht überwiegend aus Geschäftsleuten aus Zagreb und den Nachbarländern, sodass sie normalerweise werktags stärker belegt sind als am Wochenende.

Wer eine Privatunterkunft vorzieht, sollte sich an die Touristeninformation (S. 80) wenden. Dort gibt es eine Liste mit Einzel- und Doppelzimmern ab etwa 180 bzw. 410 Kn. Wer nur eine Nacht bleibt, zahlt in der Regel keinen Aufpreis.

Studentski Centar Varaždin HOSTEL €
(☎042-332 910; www.hostel.hr; Julija Merlića bb; EZ/DZ 199/298 Kn; @) Die Jugendherberge hat kürzlich renovierte Zimmer, die jeweils mit Fernseher, LAN-Internet und Kühlschrank ausgestattet sind. Es gibt auch einen Wäschedienst und Frühstück (25 Kn).

Garestin PENSION €
(☎042-214 314; Zagrebačka 34; EZ/DZ 257/416 Kn; P ❄) Vom Stadtzentrum nur ein paar Gehminuten entfernt, ist das Restaurant dieser Unterkunft ein Lieblingstreffpunkt der Einheimischen. Für Übernachtungsgäste gibt es im Obergeschoss 13 gemütliche Räume, die über eine Minibar verfügen.

Maltar PENSION €€
(☎042-311 100; www.maltar.hr; Prešernova 1; EZ/DZ 248/488 Kn, Suite 465–595 Kn; P ❄ @) Zentrumsnah gelegen, bietet der freundliche kleine Familienbetrieb guten Komfort fürs Geld. Die Zimmer sind gepflegt und mit Fernsehern ausgestattet, die vier Suiten (für jeweils zwei oder drei Gäste) zusätzlich mit Kochnischen.

Hotel Varaždin HOTEL €€
(☎042-290 720; www.hotelvarazdin.com; Kolodvorska 19; EZ/DZ 388/576 Kn; P ❄ @ ᯤ) Das wohl sympathischste Hotel der Stadt befindet sich unmittelbar gegenüber dem Bahnhof. Die überaus modernen Zimmer und Räumlichkeiten überraschen mit Minibar und zahlreichen anderen Annehmlichkeiten. Ein Restaurant mit Bar und Terrasse befindet sich ebenfalls im Haus.

Hotel Turist HOTEL €€
(☎042-395 395; www.hotel-turist.hr; Kralja Zvonimira 1; EZ/DZ ab 337/474 Kn; P ❄ @) Das Hotel macht seinen fehlenden Charme mit guten Einrichtungen und einer Erfahrung von fast 40 Jahren wieder wett. Die teureren Zimmer der „Business-Class" sind mit Minibar und Klimaanlage bestückt.

Hotel Istra HOTEL €€€
(☎042-659 659; www.istra-hotel.hr; Ivana Kukuljevića 6; EZ/DZ ab 490/780 Kn; P ❄ @ ᯤ) Exzellente Einrichtungen, eine unschlagbare Lage und jede Menge Extras in den elf Zimmern prägen das einzige Vier-Sterne-Hotel von Varaždin (auch wenn es einen nicht vom Hocker haut).

Essen

Varaždins Gastronomie ist in Feinschmeckerkreisen zwar weder berühmt noch ein Geheimtipp, doch wer die Küche des kroatischen Binnenlands kennenlernen möchte, findet hier eine Vielfalt von Gelegenheiten, und zwar in jeder Preisklasse. Eine Spezialität der Stadt ist das herzhafte fingerförmige Brot *klipić*, das in den meisten Bäckereien zum Sortiment gehört. Der örtliche **Markt** (Augusta Šenoe 12) ist täglich bis 13 Uhr geöffnet.

Verglec TRADITIONELL KROATISCH €
(☎042-211 131; Kranjčevića 12; Hauptgerichte ab 40 Kn; ⏲Mo–Fr 9–23, Sa bis 24, So 10–23 Uhr) Das Lokal im Ortszentrum ist bekannt für seine große Auswahl traditioneller Gerichte und Mittagsangebote für Familien ab 50 Kn. Beliebt sind die schlichten, aber hervorragenden und preiswerten *gableci* (billige, sättigende Mittagsgerichte, die werktags serviert werden).

Palatin KROATISCH

(☎042-398 300; Braće Radića 1; Hauptgerichte ab 35 Kn; ⏲7.30–23 Uhr) Varaždins neuestes Restaurant lockt mit einer eindrucksvollen Speisekarte, dem gut bestückten Weinkeller (zur Auswahl stehen über 50 Weine) und einem täglich wechselnden köstlichen Mittagstisch. Die Gäste sitzen teils im urigen Kellergewölbe, teils auf der überdachten Außenterrasse.

Angelus ITALIENISCH €

(☎042-303 868; Alojzija Stepinca 3; Pizzas/Hauptgerichte ab 30/45 Kn; ⏲Mo–Sa 10–23, So 12–22 Uhr) In ihrem gemütlichen Kellergewölbe servieren die Kellner dieser Pizzeria und Trattoria ein exzellentes Sortiment wohlbekannter italienischer Standardgerichte: Pizzas, *primi piatti* (von Gnocchi über Tagliatelle bis Risotto) sowie verschiedene Fleischgerichte.

Park KROATISCH €

(☎042-211 499; Jurja Habdelića 6; Hauptgerichte ab 48 Kn; ⏲Mo–Sa 8–22, So 10–22 Uhr) Die Grillteller und Salatbüfetts sind nichts Außergewöhnliches. Dafür jedoch zeichnet sich das Lokal durch eine Terrasse mit Blick ins Grüne, ein traditionelles Ambiente und preiswerte Mittagessen aus.

Ausgehen

Mea Culpa LOUNGE

(Ivana Padovca 1; ⏲Mo–Do 6.30–23.30, Fr & Sa bis 4, So 7.30–23.30 Uhr) In der schicken Lounge-Bar bekommt man seine tägliche Dosis an Koffein oder Cocktails. Drinnen gibt es zwei Etagen; und an sonnigen Tagen stehen auch Tische draußen am Trg Miljenka Stančića.

My Way CAFÉ, BAR

(Trg Miljenka Stančića 1; ⏲Mo–Do 6.30–23.30, Fr & Sa bis 4, So 7.30–23.30 Uhr) Die Café-Bar hat Tische draußen auf dem Platz und in einem intimen, abgedunkelten Innenraum.

Lounge Bar Ritz BAR

(Franjevački trg 1; ⏲So–Do 8–22, Fr & Sa 9–24 Uhr) Tolle Bar, um tagsüber beim Bummel durch die Stadt mit Erfrischungen wieder Energie zu tanken oder um abends auf einen entspannten Drink reinzuschauen. Manchmal finden abends auch Themenpartys statt.

The Office Bar CAFÉ, BAR

(Trg Kralja Tomislava 2; ⏲Mo–Do 7.30–23, Fr bis 1, Sa 8–1, So bis 23 Uhr) Der beste Laden im Ort für eine gute Tasse Kaffee. Es gibt auch eine hervorragende Auswahl an Bieren. Direkt am Hauptplatz.

Praktische Informationen

INTERNETZUGANG

In der ganzen Innenstadt gibt's kostenloses WLAN.

Caffe Bar Aquamarin (Gajeva 1; ⏲Mo–Do & So 7–24, Fr & Sa bis 2 Uhr) Wer etwas bestellt, darf kostenlos den Computer benutzen.

REISEBÜROS

Horizont Travel (☎042-395 111; www.horizont-travel.hr; Kralja Zvonimira 1) Das Reisebüro im Hotel Turist organisiert Touren durch die Stadt und ins Zagorje sowie ins nördliche Kroatien.

TOURISTENINFORMATION

Touristeninformation (☎042-210 987; www.tourism-varazdin.hr; Ivana Padovca 3; ⏲Mai–Okt. Mo–Fr 8–18, Sa 10–17 Uhr, Nov.–April Mo–Fr 8–16, Sa 10–13 Uhr) Hier gibt's jede Menge Infos und bunte Broschüren.

An- & Weiterreise

Der **Busbahnhof** (Zrinskih i Frankopana bb) befindet sich gleich südwestlich vom Ortszentrum. Der **Bahnhof** (Kolodvorska 17) liegt im Osten am anderen Ende der Stadt. Sie sind etwa 1 km voneinander entfernt und werden von einem Minibus (5–15 Kn) bedient, der durch den Ort und zu den Dörfern in der Nähe fährt (außer So). In beiden gibt es eine Gepäckaufbewahrung:

BUSSE AB VARAŽDIN

ZIEL	PREIS (KN)	DAUER	HÄUFIGKEIT
Berlin	851	15 Std.	2-mal wöchentl.
München	380	8 Std.	1-mal tgl.
Schloss Trakošćan	36	1¾ Std.	9-mal tgl.
Varaždinske Toplice	21	30 Min.	stündl.
Wien	219	5 Std.	1-mal tgl.
Zagreb	81	1¾ Std.	stündl.

In der **garderoba** (⏲ 4.30–20.30 Uhr) am Busbahnhof zahlt man 7 Kn pro Gepäckstück, in der **garderoba** (⏲ 5–20.20 Uhr) am Bahnhof 15 Kn pro Tag.

Bus Varaždin ist ein wichtiger Verkehrsknotenpunkt in Nordkroatien. Von hier aus fahren Busse und Züge in alle Richtungen. Die Busse Richtung Norden kommen aus Zagreb und halten in Varaždin; der Preis für eine Busfahrkarte ist jedoch ab Zagreb und Varaždin stets gleich. Die meisten Busse zur Küste fahren durch Zagreb. Achtung: Der Busverkehr zum Schloss Trakošćan und nach Varaždinske Toplice ist am Wochenende stark eingeschränkt.

Zug Es fahren täglich zwölf Züge nach Zagreb (65 Kn, 2½ Std.). Wer mit dem Zug weiter zur Küste fahren will, hat Anschluss in Zagreb. Es gibt täglich zwei Zugverbindungen nach Budapest (222 Kn, 6½ Std.) mit Umsteigen in Koprivnica.

Varaždinske Toplice

☎ 042 / 6973 EW.

Die schwefligen 58 °C heißen Thermalquellen von Varaždinske Toplice sind eine Pilgerstätte für erholungsbedürftige Besucher, seit die Römer hier im 1. Jh. n. Chr. das Thermalwasser nutzten. Umgeben von bewaldeten Hügeln, hat der schmucke Kurort zudem mehrere Kirchen und historische Gebäude vorzuweisen, so z. B. das Barockschloss **Stari Grad**. Hinter einer neugotisch umgestalteten Fassade ist die **Touristeninformation** (☎ 042-633 133; www.

ABSTECHER

ABSTECHER AUF DEM WEG NACH UNGARN: MEĐIMURJE

Die hügelige Landschaft der Gespanschaft Međimurje erstreckt sich nordöstlich von Varaždin bis zur Grenzen nach Ungarn bzw. Slowenien. In die fruchtbare, malerische Landschaft voller Weinberge, Obstplantagen, Weizenfelder und Gärten verirren sich bislang nur wenige Touristen, wenngleich die aufkommenden Weingüter und das Wellness-Dorf Sveti Martin die Gegend immer attraktiver machen.

Feinschmecker aus Zagreb zieht es zur **Mala Hiža** (www.mala-hiza.hr; Balogovec 1, Mačkovec; Hauptgerichte ab 70 Kn; ⏲ 9.30–23 Uhr) im Dorf Mačkovec (4 km nördlich von Čakovec, der Hauptstadt der Gespanschaft), die mit ihrer preisgekrönten saisonalen Küche reichlich Flair bietet. In einer alten, für Međimurje typischen Holzhütte bietet die **Hiža** kreative regionale Spezialitäten und mehr als 150 Weinean, von denen mindestens 30 aus dem Međimurje stammen. Probieren sollte man das auch für diese Region typische Dessert *međimurska gibanica*.

Wer in einem authentischen Familienambiente die besten Weine der Region kennenlernen will, sollte zum **Weingut Lovrec** (☎ 040-830 171; www.vino-lovrec.hr; Sveti Urban 133, Štrigova; Führung & Verkostung 85 Kn; ⏲ nach Vereinbarung) im Dorf Sveti Urban, 20 km nordwestlich von Čakovec, fahren. Bei der Führung durch das Landgut erhält man einen Einblick in die Herstellung der Weine und in eine faszinierende Geschichte, die sechs Winzer-Generationen umfasst. Man wirft einen Blick in den 300 Jahre alten Weinkeller mit seinen uralten Weinpressen und Fässern, relaxt im Schatten zweier hoch aufragender Platanen, genießt die Aussicht auf die insgesamt 6 ha großen Weinberge und probiert rund zehn verschiedene Weine von Chardonnay bis zum örtlichen *graševina*.

Ein paar Kilometer weiter entlang der grünen Hügelstraßen findet man in dem hübschen Dorf Sveti Martin Na Muri das Vier-Sterne-Hotel **Spa & Sport Resort Sveti Martin** (☎ 040-371 111; www.spa-sport.hr; Grkaveščak bb; EZ/DZ 615/930 Kn; 🏊) mit mehreren Innen-, Außen- und Thermalbädern, einem Wasserpark, Tennisplätzen, Waldwegen, Geschäften, Restaurants und einem Golfplatz. Neben dem Resort befinden sich schicke Apartments jeweils mit Wohnzimmer, Küche und Balkon (ab 420 Kn). Nichtgäste zahlen für eine Tageskarte für die Bäder ab 40 Kn (am Wochenende 60 Kn); nach 13 Uhr sinkt der Preis um 10 Kn. Ansonsten gibt's hier noch einen Fitnessraum (40 Kn/Tag), einen Sauna-Komplex (125 Kn/2 Std.) und diverse Anwendungen wie Schlammwickel (320 Kn/Std.) und Schokoladen-Massagen (300 Kn/45 Min.).

Auf dem **Bauernhof Goričanec** (☎ 040-868 288; Dunajska 26), rund 4 km von Sveti Martin entfernt, kann man sich im Reiten, Angeln oder Jagen probieren. Das **Potrti Kotač** (☎ 040-868 318; Jurovčak 79; Hauptgerichte ab 50 Kn), vom Spa 1 km bergauf, serviert gutes regionales Essen und vermietet ein Apartment (250 Kn).

DIE BESTEN LÄNDLICHEN REFUGIEN

In der ganzen Zagorje sind in den letzten Jahren ländliche Refugien, die Essen und Unterkunft bieten, wie Pilze aus dem Boden geschossen. Am Wochenende sind sie meistens fest in der Hand von Tagesausflüglern aus Zagreb; wer sich jedoch unter der Woche einquartiert, hat die Hütte praktisch für sich allein. Die folgenden Gasthäuser erreicht man am besten mit eigenem Fahrzeug.

Vuglec Breg (☎049-345 015; www.vuglec-breg.hr; Škarićevo 151, Škarićevo; EZ/DZ 390/550 Kn, Hauptgerichte ab 75 Kn; P @) Das herrliche Landgasthaus liegt sehr malerisch im Dorf Škarićevo, 4 km von Krapinske Toplice entfernt. Es bietet vier traditionelle Hütten (mit 7 Zimmern und 3 Suiten) inmitten der Hügel, Weinberge und Wälder. Das Restaurant serviert fantastische Spezialitäten aus dem Zagorje, die frisch und dampfend direkt aus dem Ofen auf dem Tisch landen; empfehlenswert sind Gerichte wie *purica s mlincima* (langsam gegarter Truthahn mit gebackenen Nudeln) und *štrukli* (gebackene Käseklöße), die man auf der Terrasse mit Panoramablick genießen kann.

Auf dem Gelände gibt's auch Tennisplätze, Wanderwege, einen Weinkeller, einen Mountainbike-Verleih (70 Kn/Tag), einen Spielplatz, einen Federballplatz und Ponys, auf denen die Kleinen reiten können.

Bolfan Vinski Vrh (☎099 70 31 797; www.bolfanvinskivrh.hr; Gornjaki 56, Hraščina; Hauptgerichte ab 75 Kn; ⌚Mi–Sa 12–20, So bis 18 Uhr) Wer preisgekrönte Weine probieren will, ist im Bolfan Vinski Vrh im Dorf Hraščina, unweit der Ortschaft Zlatar, bestens aufgehoben. In dem schönen *klet* (für das Zagorje typische Berghütte) inmitten der Reben dürfen sich Besucher auf einen der besten Ausblicke des Zagorje freuen; außerdem findet man ein großartiges Restaurant (Mi–So) und ein paar rustikale Zimmer (EZ/DZ 350/600 Kn) vor.

Bestimmte Spezialitäten wie unter einer *peka* (gewölbter Deckel zum Backen) gegartes Kalbfleisch muss man einen Tag im Voraus bestellen. Käse, Aufschnitt und Wein bekommt man aber immer. Auf der Website findet man Infos zu den unterhaltsamen Blues-Abenden.

Klet Kozjak (☎049-228 800; www.klet-kozjak.hr; Kozjak 18a, Sveti Križ Začretje; Hauptgerichte ab 45 Kn; ⌚8–22 Uhr) Das Klet Kozjak im Ort Sveti Križ Začretje, südöstlich von Krapina, ist eine bezaubernde kleine Hütte, die traditionelles regionales Essen wie hausgemachte Brennnesselpasta mit Käse und Gemüsesauce serviert, die man auf der Terrasse mit atemberaubendem Blick auf die Hügel und Täler genießen kann.

Die Hütte wird von einer ortsansässigen Familie betrieben, die seit Generationen Ziegen hütet und züchtet und bekannt ist für ihren exzellenten Ziegenkäse und den im Ofen gegarten Braten vom Zicklein. Für Gäste, die hier übernachten wollen, gibt's auch ein paar Zimmer (EZ/DZ 315/475 Kn).

Majsecov Mlin (☎049-288 092; www.majsecov-mlin.com; Obrtnička 47, Donja Stubica; Hauptgerichte ab 65 Kn; ⌚9–23 Uhr) Das Majsecov Mlin mit zwei traditionellen Hütten befindet sich in der Nähe des Dorfes Donja Stubica und serviert lokale Spezialitäten, die saisonal abgewandelt und von einem der besten Köche des Zagorje zubereitet werden. Zu empfehlen ist das köstliche Steak mit Brennnessel-Brätlingen und Pesto nach Zagorje-Art.

Auf dem Gelände befindet sich eine alte Mühle, in der bis zum heutigen Tag Mais gemahlen wird. Im Sommer verkaufen Kleinerzeuger ihre Lebensmittel auf einem kleinen Markt vor Ort. Man kann auch in einem der fünf Zimmer übernachten (EZ/DZ 200/360 Kn).

Hiže na Bregu (☎098 92 90 881; www.hizenabregu.com; Hižakovec; EZ/DZ 150/250 Kn) Das neue Hiže na Bregu im Dorf Hižakovec (nahe Donja Stubica) ist ein hinreißendes Refugium an den nördlichen Ausläufern der Medvednica. Die gänzlich mit Holz verkleidete traditionelle Zagorje-Hütte hält drei hübsche Zimmer bereit – zwei Doppelzimmer (eines mit eigenem Bad) und ein Einzelzimmer. Sie liegt in einer hübsche Umgebung mitsamt Obstplantage und Garten, den auch die Gäste nutzen können.

toplice-vz.hr; Trg Slobode 16; ⌚Mo–Fr 8–16 Uhr) untergebracht, die eine Menge Broschüren und wertvolle Tipps über das Angebot an entspannenden Therapien bereithält und Besucher zudem bei der Suche nach Privatunterkünften unterstützen kann.

Unmittelbar nebenan liegt das **Stadtmuseum** (www.zmvt.com.hr; Trg Slobode 16; Erw./ermäßigt 20/15 Kn; ⌚Mo, Mi & Fr 9–14.30, Di & Do bis 17, Sa bis 13 Uhr), dessen Schmuckstück eine Skulptur der Göttin Minerva aus dem 3. Jh. n. Chr. ist. Zurück ins Altertum führt auch ein Abstecher zu den Überresten des römischen Bades von **Aqua Iasae** aus dem 1. bis 4. Jh. n. Chr., die ein paar Schritte oberhalb des Schlosses Stari Grad liegen.

Varaždinske Toplice liegt 69 km nordöstlich von Zagreb und 12 km südöstlich von Varaždin. Von dort aus ist es mehrmals täglich mit dem Bus zu erreichen.

Schlafen & Essen

Ozis PENSION €

(☎042-250 130; www.ozis.hr; Zagrebačka 7; EZ/DZ 180/300 Kn; P @) Die charmante familienbetriebene Pension am Ortseingang hat zehn makellose Zimmer, drei Suiten und einen hübschen Innenhof.

Hotel Minerva HOTEL €€

(☎042-630 831; www.minerva.hr; Trg Slobode 1; EZDZ 400/520 Kn; P ≋) Das Hotelgebäude wurde rund um die Thermalquellen errichtet. Dem Thermalwasser wird heilende Wirkung insbesondere bei verschiedenen rheumatischen Erkrankungen zugeschrieben. Zu dem optisch wenig ansprechenden Betonkomplex gehören Zimmer mit Balkon, ein Innen- und Außenpool, ein Aquapark sowie ein Fitnessraum. Gäste können die Schwimmbäder kostenlos nutzen; Tagesbesucher zahlen 35 Kn (unter der Woche) bzw. 40 Kn (am Wochenende).

Zlatne Gorice MITTELEUROPÄISCH €

(☎042-666 054; www.zlatne-gorice.eu; Breg Banjščina 104, Gornji Kneginec; Hauptgerichte ab 60 Kn; ⌚Mo–Sa 11–22, So bis 20 Uhr) Wer mit dem Auto unterwegs ist, sollte fürs Mittagessen in diese strahlend restaurierte Villa einkehren, die sich 3 km von Toplice entfernt an der alten Straße nach Varaždin befindet. Sie ist umgeben von Weinbergen und serviert mitteleuropäische Kost (z. B. Schnitzel, Eintöpfe und Kalbsmedaillons), die man in einem der vier Speisesäle oder auf der Terrasse mit hübschem Blick aufs Land genießen kann.

Zur Anlage gehören auch einen Wein-Trail, ein Gartenlabyrinth und drei gemütliche Doppelzimmer (300 Kn). Fürs Wochenende vorab reservieren.

Burg Trakošćan

Die **Burg Trakošćan** (☎042-796 281; www.trakoscan.hr; Erw./erm. 30/15 Kn; ⌚April–Okt. 9–18 Uhr, Nov.–März 9–16 Uhr) liegt 80 km nordwestlich von Zagreb und ist eine der beeindruckendsten Burgen des kroatischen Festlands. Sowohl das ansprechende Museum als auch der attraktive Park lohnen einen Besuch. Das genaue Entstehungsdatum ist unbekannt; erstmals erwähnt wurde die Burg 1334. Nur wenige der ursprünglich romanischen Elemente blieben erhalten, als die Festung Mitte des 19. Jhs. im neogotischen Stil restauriert wurde. Zeitgleich wurde das über 8 ha große Burggelände in einen romantischen Park im englischen Stil umgestaltet, wobei man exotische Bäume pflanzte und einen künstlichen See anlegte. Bis 1944 wurde Trakošćan von der Adelsfamilie Drašković bewohnt. Auf drei Stockwerken sind Ausstellungsstücke zu sehen, darunter persönliche Möbel der Familie und zahlreiche Porträts. Außerdem gibt es eine Waffensammlung mit Schwertern und Feuerwaffen und eine original eingerichtete Küche im Keller. Stilistisch reichen die Zimmer von Neorenaissance bis Gotik und Barock.

Wer genug von der Historie hat, kann die grünen Wege zum Holzsteg am See hinunterwandern. Hier werden bei schönem Wetter Paddelboote für zwei Personen vermietet (30 Kn pro 30 Min.).

Zwischen Zagreb und Trakošćan besteht keine Busverbindung; an Werktagen fahren jedoch Busse ab Varaždin dorthin, sodass ein Tagesausflug möglich ist.

Krapina

☎049 / 12 950 EW.

Krapina ist eine lebhafte Provinzstadt in schöner ländlicher Umgebung. Hauptgrund für einen Besuch ist eine der größten europäischen Neandertaler-Ausgrabungsstätten, die inzwischen als Hightech-Museum zugänglich ist.

Im Jahr 1899 entdeckte man bei archäologischen Ausgrabungen auf dem Hügel Hušnjakovo neben Tierknochen auch Überreste von Neandertalern, die in der langen Zeitspanne von ca. 100 000 bis 35 000 v. Chr.

eine Höhle bewohnt hatten. Die Forscher fanden steinerne Werkzeuge und Waffen aus der Altsteinzeit sowie Knochen und Siedlungsspuren von insgesamt 876 Menschen; insgesamt 196 Zähne ließen sich mehreren Dutzend Individuen zuordnen.

Mit dem Besuch dieser beachtenswerten Ausgrabungsstätte und einem kurzen Bummel durch das Städtchen erschöpfen sich allerdings schon die wenigen Sehenswürdigkeiten des Ortes.

Die Hauptstraße, die durch die Stadt verläuft, heißt zunächst Zagrebačka ulica, ab der Stadtmitte wird sie zur Ljudevita Gaja und an ihrem Nordende trägt sie schließlich den Namen Magistratska. Das Zentrum der Stadt bildet der Trg Stjepana Radića zwischen der Zagrebačka und der Ljudevita Gaja.

Sehenswertes

Neandertalermuseum Krapina MUSEUM
(www.mkn.mhz.hr; Šetalište Vilibalda Sluge bb; Erw./erm. 50/25 Kn; ⏲ April–Juni & Sept. Di–So 9–19 Uhr, Juli & Aug. Di–Fr 9–19, Sa & So bis 16 Uhr, März & Okt. Di–So 9–18 Uhr, Nov.–Feb. Di–So 9–17 Uhr) Das Highlight von Krapina ist dieses Museum gleich westlich vom Zentrum. Das zweistöckige Museum mit einer Glasfassade wurde in einen vertikalen Felsen hineingebaut und wirkt wie eine Höhle. Die supermoderne, dreisprachig ausgeschilderte Ausstellung widmet sich der Geschichte und Geologie der Region.

Nach dem Einführungsvideo in der Haupthalle steht der Rundgang durch das Museum an, der im Stil einer Zeitreise zu den Ursprüngen der Neandertaler angelegt ist. Dabei entdeckt man unterirdische Kammern, sehr realistisch wirkende Dioramen und jede Menge interaktive Spiele. Bemerkenswert ist der Eingang zur zweiten Etage in einem dunklen Korridor mit witzigen Lichtern.

Das auf einem Hügel gelegene Ausgrabungsgelände bildet heute die Außenanlagen des Museums. Dort sind lebensgroße Modelle von Neandertalern ausgestellt, die z. B. Keulen schwingen oder Steine werfen.

Letzter Einlass ist eine Stunde vor Schließung.

Franziskanerkloster KLOSTER
Dieses im Barockstil erbaute Kloster gleich westlich vom Ortszentrum ist unbedingt einen Besuch wert. Einst befand sich hier ein philosophisches und theologisches Seminar. In der angrenzenden Kirche finden sich in der Sakristei atmosphärische Fresken des aus Tirol stammenden Paulinermönchs Ivan Ranger.

City Art Gallery KUNSTGALERIE
(Magistratska 25; Erw./erm. 10/5 Kn; ⏲ Mo–Fr 10–13, Sa & So bis 14 Uhr) Zeigt Wechselausstellungen kroatischer Künstler.

Feste & Events

Das **Kajkavische Liederfestival** (Festival Kajkavske Popevke) präsentiert jedes Jahr Anfang September folkloristische Darbietungen aller Art und Dichterlesungen. Traditionelle Speisen und Spezialitäten des Zagorje dürfen dabei natürlich nicht fehlen.

Schlafen

Hostel Barrock HOSTEL €
(☎ 098 18 23 863; www.hostel-barrock.com; Magistratska 36; B Erw./Kind 122/75 Kn; ❄@📶) Das neue Hostel ist nur zwei Minuten vom Hauptplatz entfernt. Das nette kleine Haus hat drei Schlafsäle – zwei Vierbettzimmer und ein Zimmer für bis zu sieben Personen – sowie eine kleine Küche mit Gemeinschaftsbereich, einen Hinterhof mit Grill und eine coole Cafébar im Haus.

Pod Starim Krovovima PENSION €
(Trg Ljudevita Gaja 15; EZ/DZ 205/326 Kn) In der gastlichen *pansion* (Pension) mitten in der Ortschaft stehen den Gästen acht schlichte, dafür aber saubere und gepflegte Räumlichkeiten mit Badezimmer zur Verfügung. Das Restaurant im Erdgeschoss serviert werktags einen günstigen und leckeren *gablec* (Mittagsimbiss) für 25 Kn.

Essen & Ausgehen

Neandertal Pub BARBECUE €
(Šetalište Vilibalda Sluge bb; Hauptgerichte ab 50 Kn; ⏲ Mai–Sept. Di–So 8-22 Uhr, Okt.–April Di–So bis 20 Uhr) Das Café und Restaurant am Eingang zum Neandertalermuseum steht ganz im Zeichen der prähistorischen Einwohner. Das Grillfleisch wird angeblich nach einem 130 000 Jahre alten „steinzeitlichen" Rezept zubereitet.

Ilir CAFÉ, BAR
(Trg Ljudevita Gaja 3; ⏲ Mo–Do & So 8–23, Fr & Sa bis 24 Uhr) In lässiger Atmosphäre – und oft bei herrlichem Sonnenschein – können die Gäste hier eine Kaffeepause an einem Tisch im Freien verbringen oder aber drinnen ganz den altmodischen Charme des Hauses genießen.

Praktische Informationen

Touristeninformation (☎ 049-371 330; www.tzg-krapina.hr; Magistratska 28; ⏱ Mo–Fr 8–15, Sa bis 12 Uhr) Mehr als ein paar Broschüren und spärliche Auskünfte gibt es hier leider nicht – das ist zwar besser als nichts, aber doch eher dürftig.

An- & Weiterreise

Montags bis samstags, nicht aber sonntags, startet in Zagreb frühmorgens ein Bus nach Krapina (45 Kn, 1 Std.). Ab Zagreb (40 Kn, 1½ Std.) gibt es werktags auch bis zu elf Zugverbindungen, davon aber nur zwei Direktzüge hierher; bei den anderen muss man in Zabok umsteigen. Am Wochenende verkehren die Züge seltener.

Der Bahnhof befindet sich 300 m südwärts an der Frana Galovića. Der Busbahnhof liegt noch mal 600 m weiter an derselben Straße (Hausnummer 15).

Burg Veliki Tabor

Zur Burg Veliki Tabor, die ca. 57 km nordwestlich von Zagreb auf einer Kuppe thront, fährt man durch eine einladende Landschaft aus Hügeln, Getreidefeldern, Weinbergen und Wäldern. Schon allein wegen der Fahrt lohnt sich der Besuch – ein weiterer Anreiz sind die guten traditionellen Lokale.

Der kroatische Adel begann Ende des 16. Jhs. mit dem Bau befestigter Burgen, um die wiederholt ins Land drängenden Osmanen abzuwehren. Die goldgelbe, in den letzten Jahren restaurierte **Burg Veliki Tabor** (www.velikitabor.com; Košnički Hum 1, Desinić; Erw./ermäßigt 20/10 Kn; ⏱ April–Sept. Di–Fr 9–17, Sa & So 9–19 Uhr, Okt.–März Di–So 9–17 Uhr) entstand bereits im frühen 16. Jh. als fünfeckig angelegte Konstruktion auf den Grundmauern eines mittelalterlichen Bauwerks. Die vier halbrunden Türme kamen erst später hinzu. Strategisch gut positioniert auf einem Hügel mit weitem Ausblick, besitzt die Anlage alles, was sich ein Burgherr seit dem Mittelalter wünschen konnte: Wehrtürme, Mauertürmchen und Gusslöcher, um Teer und heißes Öl auf anstürmende Feinde zu schütten. Heute ist die Burg ein Museum, dessen skurrilstes Ausstellungsstück ein Totenschädel ist – der Kopf von Veronika Desinić, einer armen jungen Dorfbewohnerin, die der Sage nach zur Strafe für eine Liebschaft mit dem Sohn des Burgherren lebendig eingemauert wurde.

Alljährlich im Juni oder Juli findet auf der Burg und an verschiedenen Stätten im nahen Kumrovec das **Tabor Film Festival** (www.taborfilmfestival.com) statt, eine bunte Schau internationaler Kurzfilme. Die Burg lässt sich bequem aus der Ferne bewun-

ABSTECHER

HÜBSCHE WELLNESSOASEN IN DEN BERGEN

In Zagorje gibt es viele Spas, die für ihr Publikum diverse Verjüngungskuren bereithalten. Ein Besuch lohnt sich durchaus, wenn man den Reisestress rausschwitzen und/oder diese Überbleibsel der sozialistischen Ära erleben will. In den meisten dieser Kurorte führte die Entdeckung von Thermalquellen mit vermeintlichen Heilkräften zu einem ungebremsten Bauboom. Trotzdem haben sie sich einen gewissen Charme erhalten. Und wer sich gerne einweichen und verwöhnen lässt, ist hier gut aufgehoben.

Krapinske Toplice (www.krapinsketoplice.com), rund 17 km südwestlich von Krapina, ist ein Kurort in der grünen Hügellandschaft des Zagorje. Das Highlight sind die vier Thermalquellen, die reich an Magnesium und Kalzium und immer mindestens 39 °C warm sind. Übernachten kann man in der Pension **Villa Magdalena** (☎ 049-233 333; www.villa-magdalena.net; Mirna Ulica 1; EZ/DZ 690/960 Kn; P ❄ @ 📶), einem rosa Luxushaus mit á-la-carte-Restaurant, einem Pool im Freien und piekfeinen, geräumigen Suiten samt Whirlpool und Balkon.

Tuheljske Toplice (www.tuheljsketoplice.com), eine kurze Autofahrt von Zagreb entfernt, liegt im hübschen Dorf Tuhelj an der Straße nach Kumrovec und ist ein alteingesessenes Lieblingsziel der Städter. Der Ort erlebte kürzlich eine Aufwertung mit der Eröffnung des Vier-Sterne-Hauses **Hotel Well** (☎ 049-203 751; www.terme-tuhelj.hr; Ljudevita Gaja 4, Tuheljske Toplice; EZ/DZ 109/188 €; 🏊), das seinen Gästen diverse Schwimmbäder, ein elegantes Wellnesscenter und einen Abenteuerpark bietet.

Ein lohnendes Spa ist auch das mit einem neuen Swimmingpool-Komplex ausgestattete **Hotel Terme Jezerčica** (☎ 049-200 600; www.terme-jezercica.hr; Toplička 80, Donja Stubica; 🏊) im Dorf Donja Stubica.

dern: und zwar von einem der Außentische des **Grešna Gorica** (☎049-343 001; www.gresna-gorica.com; Taborgradska Klet 3, Desinić; Hauptgerichte ab 40 Kn; ⏲tgl. 9–21 Uhr). Das rustikale Lokal wird am Wochenende gerne von Zagreber Familien bei ihrem Tagesausflug angesteuert. Es ist zwar etwas kitschig eingerichtet, aber ein Paradies für Kinder: Hier laufen Tiere wie auf einem Bauernhof frei herum; zudem gibt es einen Spielplatz und viel Platz zum Toben. Erwachsene genießen die Aussicht und köstliche klassische Zagorje-Gerichte, beispielsweise *štrukli* (mit Hüttenkäse gefüllte Teigtaschen) und *srneći gulaš* (Wildgulasch). Das Restaurant liegt rund 2 km östlich von Veliki Tabor; von der Rückseite der Burg aus führt ein ausgeschilderter Pfad hin, die Wegzeit beträgt ungefähr 40 Minuten.

Montags bis samstags fahren mehrere Busse von Zagreb nach Desinić (62–70 Kn, 1½–2 Std.), sonntags immerhin noch vier. Dann bleibt aber immer noch ein etwa 3 km langer Fußmarsch nach Veliki Tabor, das im Nordwesten liegt.

Kumrovec

☎049 / 1854 EW.

Im Zagorje wurden einige berühmte Kroaten geboren, zu den bekanntesten zählt jedoch zweifelsohne Tito, der als Josip Broz in Kumrovec zur Welt kam. Das hübsche Dorf, das sich unweit der slowenischen Grenze an den Fluss Sutla schmiegt, ist behutsam in ein Freilichtmuseum verwandelt worden. Das **Museum Staro Selo** (http://mdc.hr/kumrovec/eng/index.html; Kumrovec bb; Erw./erm. 20/10 Kn; ⏲April–Sept. 9–19 Uhr, Okt.–März 9–16 Uhr), der Nachbau eines Dorfes aus dem 19. Jh., besteht aus 40 restaurierten Häusern und Scheunen aus gestampftem Lehm und Holz. Diese *hiže* (traditionelle Zagorje-Hütten) sind mit Möbeln, Figuren, Spielzeug, Weinpressen und Bäckerwerkzeug (alles englisch beschriftet) ausgestattet. Besucher bekommen so einen guten Eindruck vom traditionellen Kunsthandwerk und Handwerk sowie vom Brauchtum der Region.

Das Museum vermittelt einen lebendigen Eindruck von den bäuerlichen Traditionen und dem Alltags in dem idyllischen Dorf, durch das wie eh und je ein Bach plätschert. Eine lebensgroße Bronzestatue von Marschall Tito steht vor seinem bescheidenen Geburtshaus, in dem sich Original-Mobiliar, Briefe von ausländischen Staatsoberhäuptern und verschiedene Erinnerungsstücke befinden. An einigen Wochenenden zwischen April und September wird im Museum gezeigt, wie Pferde beschlagen, Kerzen gezogen, Keramik getöpfert und Flachs gewebt werden. Zu Titos Geburtstag am 25. Mai strömen viele Anhänger aus ganz Ex-Jugoslawien in die Stadt.

An Werktagen verkehren täglich nur zwei Busse zwischen Zagreb und Kumrovec (52 Kn, 1¼ Std.), am Wochenende leider gar keiner.

Klanjec

☎049 / 3234 EW.

Ein weiterer bemerkenswerter Kroate aus dem Zagorje war der Bildhauer Antun Augustinčić (1900–79), von dem u. a. das *Friedensdenkmal* vor dem UN-Gebäude in New York stammt. Die **Galerie Antun Augustinčić** (http://www.mdc.hr/augustincic/eng/home.html; Trg Antuna Mihanovića 10; Erw./erm. 20/10 Kn; ⏲April–Sept. 9–17 Uhr, Okt.–März Di–So bis 15 Uhr) in seiner hübschen Heimatstadt Klanjec widmet sich seinem Werk und zeigt überdies viele kopflose Bronze-Torsos sowie eine große Replik der New Yorker Friedensstatue. Draußen kann ein kleiner Skulpturengarten und in der Nähe das von Augustinčić stammende Denkmal der gefallenen Partisanen besichtigt werden.

Auch wer nach dem Galeriebesuch keine Lust mehr auf Sightseeing hat, sollte noch einen Bummel durch den charmanten Ort machen, um die **Barockkirche** aus dem 17. Jh. und das **Franziskanerkloster** (Eintritt 8 Kn) gegenüber der Galerie anzuschauen und den Blick auf die umliegenden Hügel zu genießen. Wer frühzeitig mit der **Touristeninformation** (☎550 235; Trg A. Mihanovića 3; ⏲Mo–Fr 8–16, Sa bis 13 Uhr) einen Termin vereinbart, kann auch einen Blick auf die zwei kürzlich restaurierten Sarkophage der Adelsfamilie Erdődy werfen, die zu den kunstvollen barocken Fundstücken aus der Krypta des Klosters gehören.

Unter der Woche (nicht Sa & So) fahren täglich zwei Busse von Zagreb nach Kumrovec mit Zwischenstopp in Klanjec (51 Kn, 1–1½ Std.).

Marija Bistrica

☎049 / 6612 EW.

Das größte Wallfahrtszentrum Kroatiens, das Dorf Marija Bistrica, liegt 37 km nördlich von Zagreb an den Hängen der Medvednica.

Im Mittelpunkt steht die **Wallfahrtskirche Marija Bistrica** (Hodočasnička Crkva Marije Bistričke), in der eine gotische Schwarze Madonna aus dem 15. Jh. steht. Seit sie die Angriffe der Osmanen im 16. Jh. überstand, wird ihr Wunderkraft zugesprochen. Bestärkt wurde dies, als 1880 ein alles vernichtendes Feuer die Statue verschonte.

Hinter der Kirche beginnt der **Kreuzweg**, der den Kalvarienberg hinaufführt. Die 14 mit Werken kroatischer Bildhauer gestalteten Stationen bieten Möglichkeit zur Kontemplation und wunderbare Aussichten. Ernsthafte religiöse Hingabe erlebt man am 15. August bei der beliebten Pilgerfahrt an **Mariä Himmelfahrt** (Velika Gospa).

Werktags fahren bis zu 22 Busse von Zagreb nach Marija Bistrica (36–58Kn, 40 Min.–1 Std.), am Wochenende sind es weniger.

Slawonien

Inhalt ➡

Gut essen

- Kod Ruže (S. 93)
- Baranjska Kuća (S. 97)
- Piroš Čizma (S. 98)
- Zelena Žaba (S. 97)

Schön übernachten

- Maksimilian (S. 91)
- Zdjelarević (S. 98)
- Ivica i Marica (S. 97)
- Stari Podrum (S. 101)

Auf nach Slawonien!

Flache, von Flüssen durchzogene Landschaften, einzigartige Naturwunder und eine köstliche Küche – Slawonien hat viel zu bieten und ist doch vom Tourismus so gut wie unberührt. Die Sumpfgebiete von Kopački Rit zählen zu den bedeutendsten Vogelschutzgebieten Europas und sind das perfekte Terrain für Boots-, Rad- und Wandertouren. Osijek, Slawoniens größte Stadt, liegt malerisch am Fluss, die Region Baranja hingegen ist bekannt für ihre Weingüter.

Slawoniens Südosten litt schwer unter dem Krieg, doch Vukovar schickt sich an, seine Rolle als Zentrum der Region wiederzuerlangen. Ilok an der Grenze zu Serbien zieht mit seinen Weinkellern und der Altstadt wieder Besucher an.

Diese Region wird von den drei großen Flüssen Save, Drau und Donau begrenzt. Über viele Jahrhunderte gab es enge Verbindungen zu Ungarn, Serbien und Deutschland – und in dieser kulturellen Vielfalt liegt einer der wichtigsten Reize Slawoniens, denn die Beziehungen zu Mitteleuropa sind hier viel enger als in den Adria-Provinzen Kroatiens.

Reisezeit

Osijek

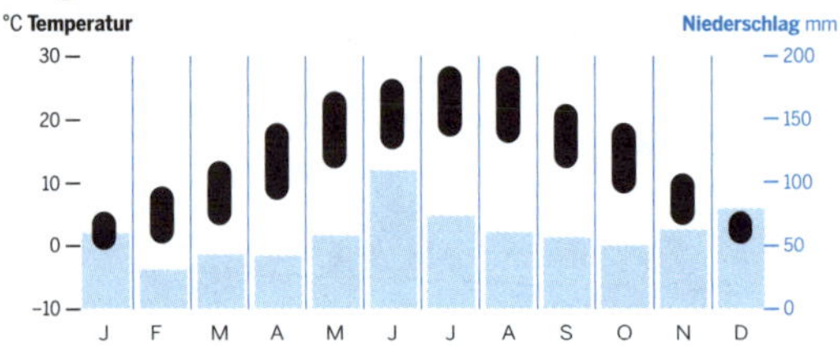

April–Mai Das Frühjahr ist in Slawonien angenehm, es ist mild und es gibt keine Stechmücken.

Juni–Sept. Der Sommer ist Festivalzeit. Im Angebot steht alles von Musik bis zu Skulpturen.

Okt.–März Die kurzen Tage sind ideal, um slawonische Eintöpfe und Wildgerichte zu genießen.

Geschichte

Bevor der Bürgerkrieg im Jahr 1991 Zehntausende aus Slawonien vertrieb, zählte die Bevölkerung zu jenen mit der größten ethnischen Vielfalt in Europa. Seit dem 7. Jh. siedelten slawische Stämme in der Region, im 16. Jh. wurde sie von den Türken erobert. Als die katholische Bevölkerung floh, zogen orthodoxe Serben in das Gebiet, denen die Türken erheblich aufgeschlossener gegenüberstanden.

Im Jahr 1690 verließen die serbischen Anhänger des Habsburgerreiches den Kosovo, um sich in der Region Srijem rund um Vukovar niederzulassen. Nach dem Frieden von Karlowitz im Jahr 1699 mussten die Türken das Land den Habsburgern abtreten; diese verwandelten den Süden der Region in eine Militärgrenze (Vojna Krajina) zum Osmanischen Reich.

Immer mehr Serben kamen nach Slawonien, aber auch deutsche Kaufleute, Ungarn, Slowaken, ukrainische Bauern, katholische Albaner und Juden. Große Ländereien wurde an deutsche und ungarische Adlige verkauft, die in Osijek, Vukovar und Ilok prächtige barocke und klassizistische Häuser errichteten.

Die große serbische Gemeinde in Slawonien forderte von Präsident Slobodan Milošević, die Region seinem „Großserbien" anzugliedern. Der Übergriff begann 1991 mit der Zerstörung Vukovars und der Bombardierung Osijeks. Im Jahr 1992 wurde ein Waffenstillstand vereinbart, doch erst im Januar 1998 wurde die Region infolge des Daytoner Friedensabkommens an Kroatien zurückgegeben.

Die Kriegswunden sind jedoch tief. In Städten wie Vukovar leben Serben und Kroaten gewissermaßen in Parallelwelten. Versuche, die beiden Volksgruppen einander anzunähern, sind bisher von wenig Erfolg gekrönt.

Gefahren & Ärgernisse

Osijek und seine Umgebung wurden während des Krieges in den 1990er-Jahren vermint. Mittlerweile sind die Stadt sowie die Vororte entlang der Hauptstraße aber wieder geräumt. Gefährlich bleiben die Sümpfe nördlich der Drau, die in den Naturpark Kopački Rit übergehen. Die meisten Minengebiete sind gekennzeichnet, deshalb sollte man auf Schilder achten.

Im Sommer wird der Kopački Rit von Mücken heimgesucht. Lange Hosen und Ärmel oder jede Menge Insektenschutzmittel sorgen für Abhilfe.

Osijek

031 / 107 784 EW.

Die grüne historische Universitätsstadt Osijek mit ihrer eindrucksvollen Promenade entlang der Drau und der imposanten Festung aus dem 18. Jh. ist auf jeden Fall einen Besuch wert.

In den 1990er-Jahren stand die Stadt unter starkem serbischem Beschuss, Spuren sind heute noch zu sehen. Die meisten bedeutenden Gebäude, darunter einige im Stil der Wiener Secession, wurden jedoch inzwischen restauriert.

Allmählich findet die elegante Hauptstadt der Region zu alter Größe zurück, dafür sorgen Rückkehrer, wachsende Studentenzahlen, neue Hotels und Restaurants sowie ein zunehmend regerer Besucherandrang. Das faszinierende, kosmopolitische Osijek hat sich zum perfekten Ausgangspunkt für Ausflüge ins ländliche Slawonien und den schönen Naturpark Kopački Rit entwickelt.

Sehenswertes

Tvrđa

Die Zitadelle wurde unter den Habsburgern im 18. Jh. zur Abwehr türkischer Angriffe erbaut und blieb im Bürgerkrieg 1991 weitgehend verschont. Die barocke Anlage mit kopfsteingepflasterten Straßen, weitläufigen Plätzen und stattlichen Bürgerhäusern weist eine bemerkenswerte architektonische Geschlossenheit auf. Sie mutet beinahe schon wie ein Freiluftmuseum an.

Den Hauptplatz Trg Svetog Trojstva dominiert das kunstvolle **Dreifaltigkeitsmonument**, eine Barocksäule, die im Jahr 1729 errichtet wurde. Mit ihr soll der zahlreichen Menschen gedacht werden, die im 18. Jh. der verherrenden Pestepidemie zum Opfer gefallen sind.

Gloria-Maris-Museum MUSEUM

(www.gloria-maris.hr; Svodovi bb; Erw./erm. 20/10 Kn; Di, Mi & Fr 10–16, Sa & So bis 13 Uhr) Das Museum, das sich im Gewölbe der alten Zitadelle befindet, widmet sich Seemuscheln und dem Leben im Meer und im Süßwasser. Es ist das Werk von Vladimir Filipović, der in 48 Jahren etwa 1 Mio. Muscheln aus allen Ecken der Welt gesammelt ist. Ins Museum kommt man rechts von der Kirche von der Straße aus.

Hier kann man das giftigste Lebewesen der Meere (die Überreste eines Tintenfi-

Highlights

1 Den **Naturpark Kopački Rit** (S. 96) erkunden, eines der größten Feuchtgebiete Europas

2 Im Festungsviertel **Tvrđa** (S. 89) in Osijek slawonische Spezialitäten genießen

3 Die Kriegsdenkmäler in **Vukovar** (S. 99) besuchen

4 Die Weinstraße von **Baranja** (S. 96) bereisen

5 Einen Tag lang die kulturellen Sehenswürdigkeiten von **Osijek** (S. 89) entdecken

6 In **Ilok** (S. 100) ein außergewöhnliches Museum erleben und die regionalen Gerichte probieren

7 Im Ethnodorf **Karanac** (S. 97) das Landleben kennenlernen

8 Vom imposanten Kriegsdenkmal **Batina** (S. 99) den Blick über die Donau schweifen lassen

sches von den Philippinen), 650 Mio. Jahre alte Fossilien, den Zahn eines Megalodons und eine riesige Sammlung exotischer Muscheln bewundern.

Slawonisches Museum MUSEUM
(Muzej Slavonije Osijek; www.mso.hr; Trg Svetog Trojstva 6; Erw./erm. 15/10 Kn; ⌚Di–Fr 9–19, Sa & So 10–14 Uhr) Das Regionalmuseum beherbergt eine große Sammlung von Exponaten zur slawonischen Geschichte, darunter Fundstücke aus der Bronzezeit und aus der Römersiedlung Mursa. Sehenswert sind auch die wunderbaren Textilien und gewebten Produkte sowie der Schmuck und die schönen Möbelstücke. Die Ausstellung wechselt alle paar Monate. Von Juni bis September ist das Museum donnerstags auch abends bis 22 Uhr geöffnet.

Ein Kombiticket für das Slawonische Museum, das Archäologische Museum und die Kunstgalerie kostet 25 Kn.

Archäologisches Museum MUSEUM
(Arheološki Muzej Osijek; Trg Svetog Trojstva 2; Erw./erm. 15/5 Kn; ⌚Di–Fr 9–19, Sa & So 10–14 Uhr) Schon das Gebäude allein – ein renoviertes Haus der Stadtwache – ist wirklich großartig. Die Böden sind aus herrlichem Eichenholz, und der Arkadenhof wurde mit einer Glaskuppel gekrönt. Zu sehen sind hier u. a. römische Steine und keltische Helme. Erklärungen gibt es auch auf Englisch. Von Juni bis September ist das Museum jeweils donnerstags auch abends bis 22 Uhr geöffnet.

Oberstadt

Peter- & Paulkirche KIRCHE
(Pavla Pejačevića 1; ⌚Mo 12–19, Di–So 7–19 Uhr) GRATIS Der 90 m hohe Turm dieser Kirche, die den Platz Trg Ante Starčevića überragt, wird nur noch von der Kathedrale in Zagreb längenmäßig übertroffen. Der in den 1890er-Jahren errichtete neogotische rote Backsteinbau ist mit 40 kunstvollen Buntglasfenstern im Wiener Stil und farbenfrohen Fresken des kroatischen Malers Mirko Rački ausgestattet.

Kunstgalerie KUNSTGALERIE
(Galerija Likovnih Umjetnosti; www.gluo.hr; Europska Avenija 9; Erw./erm. 15/5 Kn; ⌚Di–Mi, Fr 10–18, Do 10–20, So 10–13 Uhr) In einer eleganten neoklassizistischen Villa präsentiert die Kunstgalerie beachtenswerte Gemälde und Skulpturen von slawonischen Künstlern vom 18. Jh. bis zur Gegenwart.

Außerhalb des Stadtzentrums

Zoo Osijek ZOO
(www.zoo-osijek.hr; Sjevernodravska Obala 1; Erw./erm. 20/10 Kn; ⌚9–19 Uhr) Als Abwechslung zu den Museen und Kirchen lohnt die kostenlose Fahrt vom Ufer der Gornji Grad mit der hölzernen Fußgängerfähre *kompa*, die von der Wasserströmung angetrieben wird. Am anderen Ufer der Drau liegt der mit 11 ha Fläche größte Zoo Kroatiens. Zu sehen sind 80 Tierarten und ein Reptilienbecken.

Die *kompa* verkehrt von April bis Oktober von 9 bis 19 Uhr.

Feste & Events

Urban Fest Osijek MUSIK
(www.ufo.com.hr) Bei dem Musikfestival im Juni treten Hip-Hop-, Rock- und Electronic-Künstler auf.

Pannonian Challenge SPORT
(www.pannonian.org) Extremsport (und Musikfestival) im August.

Schlafen

In der Touristeninformation (S. 95) und bei OK Tours (S. 95) kann man sich nach Privatzimmern erkundigen.

★ **Maksimilian** PENSION €
(☎031-497 567; www.maksimilian.hr; Franjevačka 12; EZ 230–320 Kn, DZ 330–420 Kn; ❄@📶) Die fantastische Pension im Herzen der Altstadt wird von einem gastfreundlichen, englischsprachigen Team geführt. Die 14 Zimmer in einem historischen Gebäude aus dem Jahr 1860 verfügen alle über Satelliten-TV, hohe Decken und moderne Einrichtungen (die meisten auch über eine Klimaanlage). Es gibt eine Küche, kostenlosen Tee und Kaffee, ein großzügiges Frühstück (im Preis enthalten), Leihfahrräder und eine Terrasse im Erdgeschoss, wo bald ein Café und ein Infopunkt für Radfahrer eröffnen sollen.

Hostel Tufna HOSTEL €
(☎031-215 020; www.tufna.com.hr; Franje Kuhača 10; B 100 Kn/Pers.; @📶) Das schrullige Hostel mit Fünfbettzimmern, einem Doppelzimmer, einem Aufenthaltsraum und einer Küche im ganz unpassenden 1970er-Jahre-Stil ist die einzige Backpacker-Absteige der Stadt. Es liegt direkt über einem Nachtclub, am Wochenende bringt man daher besser Ohrstöpsel mit. Wenn auf den Buzzer niemand reagiert, muss man die Nummer an der Tür anrufen.

Osijek

0
200 m
Drau
Naturpark Kopački Rit (12 km)
Trg Svetog Trojstva
Trg J Križanića
Franje Kuhača
Kamila Firingera
Franjevačka
Kneza Trpimira
Perivoj Kralja Tomislava
Park Kralja Držislava
Park Kralja Petra Krešimira IV
Europska Avenija
Kralja Zvonimira
Istarska
D Cesarića
Vukovarska
Zagrebačka
Reljkovitma
Trg Baruna Trenka
Trg A Šenoe
Bartula Kašića
Kardinala Franje Šepera
D Neumana
Reisnerova
Trg LJ Gaja
Stjepana Radića
Trg L Ružičke
Osijek
Zimska Luka
Adamovića
Školska
Lorenza Jägera
Sunčana
A Kačića M
Lučki Prilaz
Šamačka
Kapucinska
Jägerov prolaz
Hrvatske Republike
Ivana Gundulića
Zrinjevac
J Andrića
Ribarska
Trg Ante Starčevića
Trg L Mirskog
Kompa (100 m)
Strossmayera
Pejačevića
Županijska
Vinkovačka
Ružina
1 2 3 4 5 6 7 8 9 10 11 12 13 14 15 16 17 18 19 20
A B C D E F G

Osijek

Sehenswertes

Schlafen

Essen

Ausgehen & Nachtleben

Unterhaltung

Hi Smještaj Osijek PENSION €€
(☎091 30 07 070; www.smjestaj-osijek.com; Adolfa Waldingera 12; EZ/DZ 450/700 Kn; ❄📶) Die stilvollste Unterkunft der Stadt hat nur drei Zimmer und keinen Service (die Rezeption ist meist unbesetzt), ist aber toll eingerichtet und mit allen Schikanen ausgestattet. Auf Wunsch wird Frühstück serviert. Man sollte unbedingt nach einem Rabatt fragen, denn dieser kann beträchtlich sein.

Hotel Drava HOTEL €€
(☎031-250 500; www.hotel-drava.com; Ivana Gundulića 25a; EZ/DZ 413/606 Kn; P❄📶) Einladendes Hotel in der Nähe des Bahnhofs und Busbahnhofs mit elf bunten, gut ausgestatteten, wenn auch leicht kitschigen Zimmern. Barzahler erhalten einen Rabatt.

Waldinger HOTEL €€€
(☎031-250 450; www.waldinger.hr; Županijska 8; Pension EZ/DZ 340/440 Kn, Hotel EZ/DZ 650/950 Kn; P❄@📶) Dieses tolle kleine Hotel besteht aus zwei Hälften. Die Zimmer im Hauptgebäude versprühen mit ihren eleganten Möbeln und dicken Teppichen jede Menge altmodischen Charme. Die Pension dahinter ist eine bescheidenere Bleibe mit zweckmäßigen Zimmern. Das Hotel bietet für Aufenthalte im Hochsommer Rabatte an, und am Wochenende fallen die Preise um 25 %.

Im stattlichen Speisesaal wird ein schönes Frühstück serviert, außerdem gibt's ein gehobenes Restaurant, ein atmosphärisches Café und in der obersten Etage einen Fitnessbereich mit Sauna.

Hotel Osijek HOTEL €€€
(☎031-230 333; www.hotelosijek.hr; Šamačka 4; EZ/DZ 840/935 Kn; P❄@📶) Direkt am Fluss ist der Betonkasten das luxuriöseste Hotel der Stadt, das vor allem Geschäftsleute anzieht. Die 147 schicken Zimmer und Suiten sind eher modernistisch eingerichtet. Die meisten gewähren einen spektakulären Ausblick. Das Wellnesscenter im 14. Stock bietet ein türkisches Bad sowie Whirlpool und Sauna.

Essen

Osijek ist *der* Ort, um die herzhafte und gut gewürzte slawonische Küche zu kosten. Die regionalen Gerichte sind stark vom benachbarten Ungarn beeinflusst, sodass z.B. fast jedes Gericht mit Paprika gewürzt wird. Auf dem Speisezettel finden sich vor allem Fleisch und Süßwasserfische. Die bekannteste Regionalspezialität heißt *fiš paprikaš*. Dabei handelt es sich um einen in einer Paprikasoße geschmorten Fisch, der mit Nudeln serviert wird.

★ **Kod Ruže** SLAWONISCH €
(Kuhačeva 25a; Hauptgerichte ab 50 Kn; ⏲Mo–Sa 10–23, So bis 16 Uhr) Das rustikale Ambiente wird hier sehr gepflegt, vor allem an Wochenenden, wenn es Live-Zigeunermusik gibt. In dem stimmungsvollen Lokal werden slawonische Spezialitäten serviert. Lecker sind der Fleischeintopf *čobanac* sowie die herzhaften Salate, darunter der Fischsalat *alas salata*.

Slavonska Kuća SLAWONISCH €
(Kamila Firingera 26; Hauptgerichte ab 45 Kn; ⏲Mo–Sa 10–22 Uhr) Die Auswahl an authentischen slawonischen Gerichten ist groß. Es gibt z.B. viel *pečena riba* (Backfisch). Sehr lecker ist der Wels. Die Preise sind moderat und die Portionen umfangreich. Als Wein

ABSTECHER

ĐAKOVO

Die friedliche Provinzstadt Đakovo liegt nur 35 km südlich von Osijek und bietet sich für einen unkomplizierten Tagesausflug an. Es gibt drei Hauptgründe für einen Besuch: die eindrucksvolle Kathedrale, die Lipizzaner-Pferde und ein wundervolles Folklorefestival zum Sommeranfang.

Der ganze Stolz der Stadt ist die **Kathedrale** (Strossmayerov Trg 6; ⏲6.30–12 & 15–19.30 Uhr) aus rotem Backstein, die mit ihren beiden 84 m hohen Glockentürmen das Stadtzentrum beherrscht. Der neoromanische Bau wurde 1862 von Bischof Strossmayer in Auftrag gegeben und hat drei Kirchenschiffe, die mit farbenfrohen biblischen Szenen bemalt sind.

Đakovo ist für seine Lipizzaner-Pferde berühmt, edle, reinrassige Pferde, die seit dem 16. Jh. gezüchtet werden. Sie werden auf einem Hof außerhalb der Stadt gezüchtet und in der **Ergela** (www.ergela-djakovo.hr; Augusta Šenoe 45; Erw./erm. 20/10 Kn; ⏲März–Juli & Sept.–Okt. Mo–Fr 7–17, Sa 9–13 Uhr, Aug. Mo–Fr 7–15, Sa 9–13 Uhr), einen kurzen Fußweg von der Kathedrale entfernt, trainiert. Täglich werden etwa 30 Pferde für ihre spätere Arbeit als hochkarätige Kutschpferde und Reitpferde ausgebildet.

Das Festival **Đakovački Vezovi** (Đakovo-Stickerei) findet jedes Jahr am ersten Juliwochenende statt und bietet Vorführungen der Lipizzaner-Pferde und eine Folklore-Show mit Volkstänzen und traditionellen Liedern.

zu den Speisen empfiehlt sich der fruchtige weiße *graševina*.

Rustika PIZZA €
(Pejačevića 32; Hauptgerichte ab 35 Kn; ⏲9–23 Uhr) In dem beliebten Restaurant nur rein paar Schritte von der Kathedrale entfernt sind Pizza und Grillfleisch angesagt. Serviert werden sie im rustikalem Gastraum mit modernem Touch und auf der Terrasse hinter dem Haus.

Kompa SLAWONISCH €
(Splavarska 1; Hauptgerichte ab 35 Kn; ⏲Mo–Sa 10–22 Uhr) Gegenüber vom Zoo liegt das Lieblingsuferlokal der Einheimischen. Innen ist es winzig und schlicht, draußen stehen die Tische direkt am Fluss. Eine gute Option für deftige Mahlzeiten zu niedrigen Preisen – allerdings gibt es weder eine englischsprachige Karte noch wird hier Englisch gesprochen.

Galija INTERNATIONAL €
(Gornjodravska Obala bb; Hauptgerichte ab 40 Kn; ⏲11–23 Uhr) Dies ist das beste Schiffsrestaurant der Stadt. Es befindet sich ein Stück westlich vom Trubel rund um das Hotel Osijek. Bei Flussblick, der bei Sonnenuntergang besonders schön ist, werden diverse internationale und regionale Gerichte serviert.

Kavana Waldinger CAFÉ €
(Županijska 8; Kuchen ab 12 Kn; ⏲7–23 Uhr) Einheimische lieben dieses würdevolle Café wegen seines professionellen Services und der Auswahl der Kuchen, die jede einzelne Kalorie wert sind.

Ausgehen & Nachtleben

Die Außenterrassen der Café-Bars am Ufer rund um das Hotel Osijek sind bei schönem Wetter sehr beliebt. Andernfalls empfiehlt sich abends das Tvrđa-Viertel, wo man die ganze Palette von pseudobritischen Pubs bis zu lebhaften Kneipen lokaler Prägung findet.

Old Bridge Pub KNEIPE
(www.oldbridgepub.com; Franje Kuhača 4; ⏲Mo–Do & So 10–1, Fri & Sa bis 4 Uhr) Das stilechte Old Bridge verfügt über drei Ebenen und eine kleine Terrasse. Die oberste Ebene ist sehr schick mit eleganten Chesterfield-Sofas ausgestattet. An Wochenenden gibt es Live-Bands.

St. Patrick's Pub KNEIPE
(Franje Kuhača 15; ⏲Mo–Mi & So 7–24, Do & Fr bis 1, Sa 8–2 Uhr) Die freundliche Kneipe ist die beste Adresse, um den Abend zu beginnen. Drinnen dominiert eine Mischung aus dunklem Holz und Neonlicht, während es draußen auf dem Hauptplatz eine riesige Terrasse gibt.

Tufna CLUB
(www.tufna.com.hr; Franje Kuhača 10; ⏲Do–Sa 22–5 Uhr) Ein kleiner Club mit Underground-Stimmung. Die DJs sorgen für eklektische Electronik-Sounds – angesagt ist alles von House-Hymnen bis zu Drum'n'Bass.

Exit CLUB
(Franje Kuhača 5; ⌚Di–Sa 22–5 Uhr) In dem beliebten Club, der sich auf zwei Etagen erstreckt, kann man zu House, Jazz, Hip-Hop und Rock abtanzen.

☆ Unterhaltung

Kroatisches Nationaltheater THEATER
(Hrvatsko Narodno Kazalište; ☎031-220 700; www.hnk-osijek.hr; Županijska 9) Auf dem regulären Programm des prächtigen Theaters stehen Theater-, Ballett- und Opernaufführungen.

ℹ Praktische Informationen

Rund um Gornji Grad und Tvrđa gibt es kostenloses WLAN.

Krankenhaus (☎031-511 511; Josipa Huttlera 4)

OK Tours (☎031-212 815; www.ok-tours.hr; Trg Slobode 7) Geführte Touren, Informationen und einige Privatunterkünfte.

Panturist (☎031-638 580; www.panturist.hr; Kapucinska 19) Slawoniens größtes Reisebüro betreibt Busverbindungen zur Küste und zu Zielen im Ausland.

Post (Kardinala Alojzija Stepinca 17; ⌚Mo–Sa 7–20 Uhr) Telefonate und Bargeldvorschüsse auf die MasterCard.

Press Cafe (Lorenza Jägera 24; Internetzugang 15 Kn/Std.; ⌚7–23 Uhr) In der Bar gibt's Internetzugang.

Privredna Banka (Stjepana Radića 19) Hat einen Geldautomaten.

Touristeninformationszentrum (☎031-210 120; www.tzosijek.hr; Trg Svetog Trojstva 5; ⌚Mo–Fr 10–16, Sa 9–13 Uhr) Freundlicher Infopunkt im selben Gebäude wie das Slawonische Museum.

Touristeninformation (☎031-203 755; www.tzosijek.hr; Županijska 2; ⌚Mitte Juni–Mitte Sept. Mo–Fr 8–20, Sa bis 12 Uhr, Mitte Sept.–Mitte Juni Mo–Fr 8–16, Sa bis 12 Uhr) Sachkundiges Personal und viele Broschüren, Infomaterialien und Karten.

Zlatna Greda (☎091 42 11 424; www.zlatna-greda.org) Das hervorragende Umweltbüro organisiert Kanutouren auf der Donau und in den Naturpark Kopački Rit sowie Wanderungen, Vogelbeobachtungsexkursionen, Stadtbesichtigungen per Boot, Fotosafaris, Reitausflüge und Radtouren.

ℹ An- & Weiterreise

Osijek ist ein wichtiger Verkehrsknotenpunkt, von hier verkehren Busse und Züge in alle Richtungen.

BUS

Eine Liste aller internationaler Busverbindungen findet man am Busbahnhof in der Bartula Kašića.

FLUGZEUG

Der **Flughafen Klisa** (☎060 339 339; www.osijek-airport.hr) liegt 20 km von Osijek an der Straße nach Vukovar. Klisa ist ein kleiner Flughafen, von dem nur einige Inlandsflüge von Croatia Airlines nach Dubrovnik und Zagreb starten.

ZUG

Osijeks Bahnhof befindet sich am Trg Lavoslava Ružičke, direkt südlich vom Stadtzentrum. Züge fahren nach Rijeka (220 Kn, 9–10 Std., 1-mal tgl.) und Zagreb (130 Kn, 4½ Std., 5-mal tgl.).

BUSSE AB OSIJEK

ZIELE IM INLAND	PREIS (KN)	DAUER	HÄUFIGKEIT (TGL.)
Đakovo	35	45 Min.	26
Dubrovnik	340	14 Std.	1
Ilok	62	2 Std.	4
Rijeka	270	7 Std.	1
Split	290	11 Std.	1
Toplice	48	1 Std.	6
Vukovar	34	45 Min.	12
Zagreb	131	4 Std.	8

ZIELE IM AUSLAND	PREIS (KN)	DAUER	HÄUFIGKEIT (TGL.)
Belgrad	122	3½ Std.	4
Wien	295	9 Std.	1
Zürich	882	19½ Std.	1-mal wöchent.

Unterwegs vor Ort

Auf landende Ryan-Air-Flüge wartet ein Shuttlebus vor dem Flughafen, der ins Zentrum fährt. Zum Flughafen fährt er am Montag und Freitag vor den planmäßigen Flügen ab dem Busbahnhof.

Es git ein hervorragendes, aber preiswertes Taxiunternehmen in der Stadt. **Cammeo** (☎1212) hat moderne Fahrzeuge mit Taxameter; die meisten Fahrten in der Stadt kosten nur 20 Kn.

In Osijek gibt es zwei Straßenbahnlinien. Linie 2 fährt vom Bahnhof und Busbahnhof zum Trg Ante Starčevića im Zentrum, Linie 1 in die Tvrđa. Karten kosten 10 Kn, man kauft sie beim Fahrer.

Busse verkehren zwischen Osijek und dem nahe gelegenen Bilje; vom Busbahnhof fährt man mit dem Panturist-Bus nach Beli Manastir und steigt in Bilje (15 Min., 16 Kn) aus.

Baranja

☎031

Das kleine Dreieck im äußersten Nordosten Kroatiens, wo Drau und Donau zusammenfließen, heißt Baranja. Es erstreckt sich östlich von Osijek in Richtung Serbien, nach Norden zur Stadt Beli Manastir und im Südwesten in Richtung Đakovo. In diesem landwirtschaftlich geprägten Gebiet ist der ungarische Einfluss stark spürbar. So tragen alle Orte Namen in beiden Sprachen.

In den letzten Jahren avancierte diese Gegend – sehr malerisch mit ihren Wein- und Obstgärten, Sümpfen und Weizenfeldern – zu einem der attraktivsten Touristenziele in Kroatien. Nicht nur das Vogelschutzgebiet Kopački Rit zieht Feriengäste an, das tun auch die hübschen Bauernhöfe, wo sich so richtig ländlich Urlaub machen lässt. Nicht zuletzt locken nette Restaurants und aufstrebende Weingüter.

Naturpark Kopački Rit

Etwa 12 km nordöstlich von Osijek ist der **Naturpark Kopački Rit** (Park Prirode Kopački Rit; www.kopacki-rit.com; Erw. 10 Kn, Kinder unter 2 Jahren Eintritt frei; ⏲Mitte März–Okt. 9–17 Uhr, Nov–Mitte März 8–16 Uhr) am Zusammenfluss von Donau und Drau eines der größten Feuchtgebiete Europas. 293 Vogelarten wurden in den häufig überschwemmten Auwäldern gezählt. Es gibt sogar zwei Seen: Sakadaško und Kopačevo. Der Naturpark ist für seine beachtliche Vegetationsvielfalt bekannt, die durch feuchte Zonen und Grasland bestimmt wird. Verbreitet finden sich zudem Weiden, Pappeln und Eichenwälder. Je nach Saison findet man Wasserlilien, Riedgras, Farne, Wasserlinsen, Schilf und Weidelgras. Die Drau und die Donau wurden zusammen mit der Mur im Juli 2012 von der UNESCO zum Biosphärenreservat ernannt.

In den Gewässern leben 44 Fischarten, darunter Karpfen, Brachsen, Hechte, Welse und Flussbarsche. An Land gibt es 21 Mückenarten (am besten literweise Insektenschutzmittel mitnehmen!) sowie Hirsche, Wildschweine, Biber, Marder und Füchse. Aber am bemerkenswertesten sind die Vögel. Hier entdeckt man seltene Schwarzstörche, Seeadler, Haubentaucher, Purpurreiher, Löffler und Wildgänse. Der günstigste Zeitpunkt für einen Besuch ist die Zugvogelzeit im Frühling und Herbst.

Der Naturpark war nach dem Krieg viele Jahre wegen unzähliger hier gelegter Landminen geschlossen. Die meisten Minen konnten mittlerweile entschärft werden, alle sicheren Wege sind markiert. Im Park gibt es ein **Besucherzentrum** (☎031-752 320; www.kopacki-rit.com; ⏲8–19 Uhr) am Haupteingang an der Straße Bilje–Kopačevo. Nicht weit von hier laden zwei Lehrpfade zu interessanten Streifzügen ein, zudem werden verschiedene **geführte Touren** angeboten. Eine Bootstour durch den Naturpark samt Besuch einer Schlossanlage und Farm kostet 70 Kn für Erwachsene und 50 Kn für Kinder und Studenten. Bei der Tour zur Wildtierbeobachtung in einem kleinen Boot ist man mit 100 Kn pro Stunde dabei (max. 4 Pers.). Treffpunkt ist jeweils der Anleger, etwa 1 km vom Besucherzentrum entfernt. Man sollte im Voraus buchen, besonders im Frühling und Herbst.

Am nördlichen Ende des Naturparks, rund 12 km vom Besucherzentrum entfernt, liegt das austro-ungarische Schloss **Dvorac Tikveš** (☎031-752 320; www.kopacki-rit.com; 160 Kn/Pers.). Es gibt hier sowohl eine biologische Forschungsstation sowie sieben sehr angenehme Zimmer zum Übernachten. Tito nutzte das Schloss als Jagdsitz, bevor die Serben es im Krieg in den 1990er-Jahren besetzten. Die Wälder rund um das Schloss sind noch immer vermint, daher fallen eigene Erkundungen aus. Das beste Mittagessen serviert **Kormoran** (☎031-753 099; Podunavlje bb, Podunavlje; Hauptgerichte ab 50 Kn; ⏲11–22 Uhr) am Rand des Schlossparks. Hier kommt die ganze Palette der heimischen Küche auf den Tisch.

Es gibt keine öffentlichen Verkehrsmittel zum Naturpark, doch kann man von Osijek einen Bus nach Bilje nehmen und von dort die restlichen 3 km laufen. Alternativ kann man sich in Osijek bei **Šport za Sve** (☎ 031-208 135; Istarska bb; 40 Kn/Tag; ⏲ Mo–Fr 9–13 Uhr) ein Fahrrad leihen.

Zlatna Greda (☎ 091 42 11 424; www.zlatna-greda.org; Touren 10–30 €) bietet vom eigenen Ökozentrum in der gleichnamigen verlassenen Siedlung hervorragende Führungen durch den Naturpark Kopački Rit an. Zlatna Greda ist heute ein geschütztes Kulturdenkmal und liegt 28 km nördlich von Osijek am Rand des Naturparks. Von dort kann man wandern, Vögel beobachten, ausreiten und Kanutrips unternehmen. Noch sind die Arbeiten nicht abgeschlossen, aber Zlatna Gredna plant die Eröffnung eines Hostels, eines Restaurants sowie eines Funparks für den zusätzlichen Adrenalinkick.

Rund um den Kopački Rit

Bilje, 5 km nördlich von Osijek, ist ein Schlaf-Vorort der Stadt und hat viele preiswerte Unterkünfte. Es ist eine gute alternative Basis, um den Naturpark Kopački Rit zu erkunden. **Bilje Plus** (☎ 091 55 15 711; www.biljeplus.hr; 155 Kn/Pers.) ist ein Zusammenschluss von drei B&Bs, die Zimmer und Fahrräder (70 Kn/Tag) vermieten. Das familiengeführte **Mazur** (☎ 031-750 294; www.mazur.hr; Kneza Branimira 2, Bilje; EZ/DZ 176/312 Kn; P ❄ 📶) ist ebenfalls eine gute Wahl, es bietet vier ordentliche Zimmer mit eigenem Bad und ein reichhaltiges Frühstück.

Radfahren wird in der Region immer beliebter. Ein Fahrradweg führt von Bilje nach Osijek. Die Pannonian Peace Route ist 80 km lang und führt von Osijek entlang der Donau und durch den Kopački Rit bis in die serbische Stadt Sombor. Weitere Infos und eine Karte findet man unter www.zeleni-osijek.hr, der Seite eines örtlichen Umweltschutzverbandes. Auch der 138 km lange Donau-Radweg, der an der ungarischen und serbischen Grenze durch die östlichste Region Kroatiens verläuft, ist sehr bliebt.

Im ruhigen Dorf **Kopačevo** am Rand des Kopački Rit befindet sich ein herausragendes regionales Restaurant, **Zelena Žaba** (Grüner Frosch; ☎ 031-752 212; Ribarska 3, Kopačevo; Hauptgerichte ab 40 Kn; ⏲ 10–22 Uhr), das nach den Tausenden Fröschen, die im Sumpf hinter dem Haus quaken, benannt ist. Unbedingt die Spezialität des Hauses probieren: *fiš perkelt,* ein Fischeintopf mit hausgemachten Nudeln, Weichkäse und Speck!

Karanac & Umgebung

Ganz im Norden von Baranja, 8 km östlich von Beli Manastir, vermittelt das landwirtschaftlich geprägte Ethnodorf Karanac einen authentischen Eindruck vom dörflichen Leben Slawoniens und ist gut auf Besucher eingestellt. In dem von Kirschbäumen und liebevoll gepflegten Gärten gesäumten Dorf befinden sich drei Kirchen (eine evangelische, eine katholische und eine orthodoxe) sowie einige gut erhaltene pannonische Bauten.

In Karanac gibt es mehrere Unterkünfte, darunter das atmosphärische **Sklepić** (☎ 031-720 271; www.sklepic.hr; Kolodvorska 58, Karanac; EZ/DZ 225/370 Kn; P 📶) mit zauberhaften kleinen, rustikalen Zimmern, die alle ein eigenes Bad haben. Auch das gehobene **Ivica i Marica** (☎ 091 13 73 793; www.ivica-marica.com; Ivo Lola Ribara 8a, Karanac; EZ/DZ 350/450 Kn; P 📶) ist eine ausgezeichnete Wahl: Der bewirtschaftete Hof am Dorfrand wird von einem jungen Paar geführt und bietet wundervolle, mit Kiefernholz gestaltete Zimmer und Suiten sowie Mietfahrräder (100 Kn/Tag), schöne Einrichtungen für Kinder und Pferdewagenfahrten (350 Kn/Std.).

In diesem Teil Branjas gibt es viele ausgezeichnete Restaurants und Weinkeller. Eines davon ist **Baranjska Kuća** (☎ 031-720 180; www.baranjska-kuca.com; Kolodvorska 99, Karanac; Hauptgerichte ab 50 Kn; ⏲ Mo–Do 10–23, Fr & Sa bis 1, So bis 17 Uhr), das viele traditionelle Gerichte wie Fischeintopf serviert. Es hat einen von Kastanien beschatteten Hof mit einer „von der Zeit vergessenen Straße", an der eine Scheune, eine Schmiede und andere traditionelle Handwerkerhütten stehen. Eine andere tolle Option für Hungrige ist der traditionelle slawonische Bauernhof (*salaš* genannt) **Tri Mudraca** (☎ 091 21 01 212; www.trimudraca.com; Ive Lole Ribara 27, Karanac; Hauptgerichte ab 40 Kn; ⏲ Do–So 10–23 Uhr). Hier werden (auf Wunsch) aufwendige Gerichte zubereitet, etwa mit Honig glasierte Ente oder Schweinenacken in einer Sauce aus einer Merlot-Reduktion und Wurzelgemüse. Wer ohne Anmeldung kommt, kann essen, was der Koch an diesem Tag gerade gekocht hat (mit regionalen Zutaten). Wer im Garten sitzt, hat einen schönen Blick auf hügelige Felder und Weingärten. Die Familie, die den Hof führt, organisiert auf Wunsch auch Abenteuertouren (ab 100 Kn), darunter Quad-Touren, Geocaching, Jeep-Ausflüge, Expeditionen zu verlassenen Basaltminen und Bogenschießen.

WEINPROBEN IN SLAWONIEN

Seit Jahrtausenden wird in Slawonien Wein angebaut – man glaubt, dass der Name Baranja vom ungarischen Wort für Weinmutter abstammt. Nach einer Periode der Stagnation erlebt die Region nun eine ernsthafte Renaissance. Die regionalen Weißweine wie der *graševina* sind zu Recht berühmt, und auch erdige Rotweine werden produziert, vor allem *frankovka* (Blaufränkischer), Merlot und Cabernet Sauvignon. Vor einem Besuch in den folgenden Weinkellern sollte man anrufen, um sicherzugehen, dass auch jemand da ist, der einen herumführt.

Im Weingut **Kutjevo** (☎0800 600 006; www.kutjevo.com; Kralja Tomislava 1, Kutjevo; Führung 30 Kn; ⏲nach Voranmeldung) in der gleichnamigen Stadt Kutjevo gibt es einen mittelalterlichen Weinkeller aus dem Jahr 1232, der früher zu einer Zisterzienserabtei gehörte. Man kann an einer Führung teilnehmen und drei Weine probieren.

In der Nähe befinden sich zwei der besten Weingüter Slawoniens: **Krauthaker** (☎099 22 23 013; www.krauthaker.hr; Ivana Jambrovića 6, Kutjevo; Weinprobe 28 Kn), dessen *graševina* und süße Weißweine regelmäßig Preise gewinnen, und **Enjingi** (☎034-267 200; www.enjingi.hr; Hrnjevac 87, Vetovo; Weinprobe & Führung 50 Kn), einer der führenden kroatischen Ökowinzer, dessen Tradition bis 1890 zurückreicht – man sollte unbedingt mal den preisgekrönten weißen Venje-Verschnitt probieren. Das Weingut bietet auch Übernachtungsmöglichkeiten mit Blick auf die Weinberge. Die komplette Palette an Kutjevo-Weine findet man im **Kolijevka Graševine** (☎098 363 312; Republike Hrvatske 56, Kutjevo), einem Weingeschäft mit Probierstube im Stadtzentrum.

In Baranja wurde der Weinanbau in den sanften Hügeln rund um Kneževi Vinogradi wiederbelebt. Aufstrebende Winzer arbeiten an gut ausgeschilderten Weinstraßen, vor allem in den Dörfern Zmajevac und Suza. **Gerštmajer** (☎091 35 15 586; Šandora 31, Zmajevac), ein Traditionalist in Sachen Weinproduktion, bietet Führungen mit Verkostung in seinem 11 ha großen Weingut und im Weinkeller an. Unten am Hügel liegt das Anbaugebiet des größten Weinproduzenten der Gegend, **Josić** (☎098 252 657; www.josic.hr; Planina 194, Zmajevac), zu dem auch ein gutes Restaurant gehört. **Kolar** (☎031-733 006; Maršala Tita 141, Suza; ⏲9–17 Uhr) hat an der Hauptstraße im nahe gelegenen Suza ein Restaurant, ein Geschäft und einen Weinkeller, in dem Weinproben stattfinden.

Slawonien wartet zudem mit historischen Weinkellern in Ilok auf. Außerdem befindet sich hier das erste Weinhotel Kroatiens, das **Zdjelarević** (☎035-427 775; www.zdjelarevic.hr; Vinogradska 65, Brodski Stupnik; EZ/DZ 345/534 Kn), das in Brodski Stupnik (in der Nähe von Slavonski Brod) inmitten von schönen, sanften Hügeln und Fischteichen liegt. Zum Hotel gehören markierte Radwege und Lehrpfade durch die Weinberge. Ein Terrassenrestaurant mit Blick auf die Weinberge serviert Haute Cuisine und die dazu passenden regionalen Weine. Die netten Zimmer sind gut ausgestattet. Außerdem werden Führungen im Weinkeller angeboten. Wer es bodenständiger mag, kann das **Sobe Tonkić** (☎035-273 408; www.sobe-tonkic.hr; Zagrebačka 348, Slavonski Brod; Zi. 200 Kn) ansteuern, eine rustikale, familiengeführte Pension mit einem Restaurant, in dem es hausgemachte Spezialitäten und Weine aus Eigenproduktion gibt.

Eine gehobene Alternative im nahe gelegenen Dorf Zmajevac ist das **Josić** (☎099 73 65 945; Planina 194, Zmajevac; Hauptgerichte ab 50 Kn; ⏲Mi–Do & So 12–22, Fr & Sa bis 24 Uhr), in dem die Gäste in einem Kellergewölbe essen; seine Stärke sind Fleischgerichte. Empfehlenswert ist der Enten-*perkelt*-Eintopf, außerdem sollte man unbedingt den Weinkeller besuchen, um den lokalen *graševina* zu probieren. Im September und Oktober sollte man vorher reservieren. Ganz in der Nähe im kleinen Dorf Suza liegt auch das **Kovač Čarda** (Maršala Tita 215, Suza; Hauptgerichte ab 40 Kn; ⏲10–23 Uhr), ein schnörkelloses Restaurant am Straßenrand am hinteren Ende des Dorfes, das unter ungarischer Leitung steht. Es ist für den besten *fiš paprikaš* in Baranja bekannt (der Koch bereitet ihn sehr scharf zu, daher nach Paprika als Beilage fragen!). Das kulinarisch bemerkenswerteste Restaurant der Gegend ist das exzellente **Piroš Čizma** (☎031-733 806; www.piroscizma.hr; Maršala Tita 101, Suza; Hauptgerichte ab 50 Kn; ⏲12–22 Uhr) mit einem italienisches Küchenchef, das am Ortseingang von Suza am Straßenrand liegt. Es serviert

Gourmetversionen slawonischer Gerichte, die mit saisonalen Zutaten und einer besonderen Note zubereitet werden – so gibt es etwa marinierten Seewolf in einer Endiviensauce mit Zitronen-, Honig- und Senfemulsion oder Rindersteak in einer Traubensauce mit einer Reduktion aus *frankovka*-Wein. Gleichzeitig ist es ein Hotel mit 25 netten, gut ausgestatteten Zimmern (EZ/DZ 250/360 Kn) in zwei Gebäuden. Zum Frühstück gibt es regionalen Käse, Schinken und Aufschnitt, etwa *kulen* von einem Erzeuger aus der Gegend.

Direkt an der Grenze im Dreiländereck, wo sich Kroatien, Serbien und Ungarn treffen, liegt **Batina**. Dort erinnert ein beeindruckendes Denkmal aus der kommunistischen Ära an den entscheidenden Sieg der sowjetischen Truppen über die Nazis im Zweiten Weltkrieg. Hoch über dem Boden erhebt sich die kolossale Statue einer Frau. Die Aussicht über die Donau ist spektakulär.

Vukovar

☎032 / 27 683 EW.

Wer heute Vukovar besucht, wird Schwierigkeiten haben, sich die Stadt vor dem Krieg vorzustellen. Die Wurzeln dieses einst hübschen Ortes an der Donau reichen bis ins 10. Jh. zurück; die Straßen waren von eleganten Barockgebäuden gesäumt, und es herrschte reger Betrieb in den Kunstgalerien und Museen. Das alles veränderte sich durch die Belagerung von 1991, die Wirtschaft, Kultur, Infrastruktur, den Frieden unter den Bürgern und die Seele der Stadt zerstörte.

Seit 1998 gehört Vukovar wieder zu Kroatien und die Aufbauarbeiten sind in vollem Gang. In der Innenstadt entstanden neue Gebäude, doch noch immer erinnern viele beschädigte Fassaden an die Vergangenheit. Der ehemalige Wasserturm an der Straße nach Ilok wurde bewusst als Zeugnis der Zerstörung stehen gelassen.

Wenige Fortschritte macht die Aussöhnung der Bewohner Vukovars. Serben und Kroaten sind nach wie vor verfeindet, leben in Parallelwelten und pflegen Kontakte nur unter ihresgleichen. Die Kinder besuchen getrennte Schulen und ihre Eltern treffen sich entweder in serbischen oder in kroatischen Cafés. Internationale Organisationen bemühen sich um Versöhnung und Integration, doch wer seine Familie und Lebensgrundlage verloren hat, dem fällt es schwer zu verzeihen.

Viele Sehenswürdigkeiten Vukovars sind verständlicherweise mit dem Krieg verknüpft; ihr Besuch ist meist eine sehr bewegende Angelegenheit.

Sehenswertes

Schloss Eltz MUSEUM

(Županijska 2; Erw./erm. 25/15 Kn, Mi ab 14 Uhr Eintritt frei; ⌚Di–Fr 10–18, Sa & So bis 13 Uhr) 2014 hat Schloss Eltz, das nach dem Krieg jahrelang geschlossen war, seine Türen wieder geöffnet. Er zeigt auf vier Etagen Ausstellungen, viele davon mit interaktiven Multimedia-Elementen und alle mit englischer Beschriftung. Nicht verpassen sollten man die bewegende Ausstellung über die Belagerung von Vukovar im 3. Stock.

Gedenkstätte Vukovarer Krankenhaus MUSEUM

(☎091-45 21 222; Županijska 37; Erw./erm. 15/7 Kn; ⌚Mo–Fr 8–15 Uhr od. nach Voranmeldung) Dieses Multimedia-Museum erinnert an die tragischen Ereignisse, die sich während der Belagerung 1991 in dem Krankenhaus abspielten. Die bewegende Führung durch die Flure, die mit Sandsäcken verbarrikadiert sind, zeigt auch Videoprojektionen mit Kriegsbildern und Bombenkratern sowie den klaustrophobischen Atombunker, wo die Neugeborenen und Kinder untergebracht waren. Es gibt Stationen, wo man sich Interviews und Reden der Opfer und Überlebenden anhören kann.

Gedenkstätte Ovčara GEDENKSTÄTTE

(⌚10–17 Uhr) GRATIS Rund 6 km außerhalb der Stadt an der Straße nach Ilok führt eine Abzweigung zur Gedenkstätte Ovčara, die nochmals 4 km entfernt liegt. In dem Schuppen wurden 194 Personen aus dem Krankenhaus geschlagen und gefoltert. In der Dunkelkammer gibt es Projektionen mit Fotos der Opfer, während in der Mitte eine einzelne Kerze brennt. Die Opfer wurden schließlich 1,5 km weiter in einem Kornfeld ermordet. Die Stelle ist heute durch einen schwarzen Marmorgrabstein markiert, der mit Kerzen und Blumen geschmückt ist.

Ada STRÄNDE

Diese sandige Donauinsel besuchen im Sommer viele Einheimische, um zu baden, an den Stränden zu relaxen und in den Cafés abzuhängen. Boote fahren am Restaurant **Vrške** (Parobrodarska 3) ab, eine Saisonkarte (unbegrenzte Fahrten) kostet 35 Kn.

DIE BELAGERUNG VON VUKOVAR

Vor dem Krieg hatte Vukovar eine multikulturelle Bevölkerung (etwa 44 000 Einwohner), davon 44 % Kroaten und 37 % Serben. Als Kroatien sich Anfang 1991 vom ehemaligen Jugoslawien abspaltete, kam es zu vermehrten Spannungen zwischen beiden Volksgruppen. Im August 1991 versuchten die jugoslawischen Streitkräfte mit einem groß angelegten Artillerie- und Infanterieangriff, die Stadt einzunehmen.

Ende August waren die Einwohner Vukovars bis auf 15 000 geflohen. Wer blieb, suchte in Luftschutzkellern Schutz; die Menschen lebten von Konserven, Wasser war rationiert, in den Straßen häuften sich die Toten. Monatelang hielt die Stadt der Belagerung stand, obwohl ihre Verteidiger zahlenmäßig hoffnungslos unterlegen waren.

Nach wochenlangen Kämpfen Mann gegen Mann ergab sich Vukovar schließlich am 18. November. Am 20. November stürmten serbisch-jugoslawische Soldaten das Krankenhaus von Vukovar und verschleppten 400 Patienten, Angestellte und Angehörige. 194 von ihnen wurden in der Nähe des Dorfes Ovčara ermordet, ihre Leichen in einem Massengrab unweit von dort verscharrt. Zwei jugoslawische Armeeoffiziere, Mile Mrkšić und Veselin Šljivančanin, wurden für ihre Mitwirkung an diesem Massaker vom Kriegstribunal in Den Haag 2007 zu 20 bzw. 5 Jahren Gefängnis verurteilt. Mrkšićs Urteil wurde nach einem Berufungsverfahren 2009 bestätigt, Šljivančanins Strafe auf 17 Jahre erhöht wegen Beihilfe und Anstiftung zum Mord.

Schätzungen zufolge sollen rund 2000 Menschen – darunter 1100 Zivilisten – bei der Verteidigung von Vukovar ums Leben gekommen sein. Ungefähr 4000 Menschen wurden verwundet, mehrere Tausend verschwanden vermutlich in Massengräbern, rund 22 000 wurden ins Exil vertrieben.

Feste & Events

Vukovar-Filmfestival FILMFESTIVAL
(www.vukovarfilmfestival.com) Dieses Festival findet jedes Jahr Ende August statt und zeigt Spielfilme, Dokumentarfilme und Kurzfilme, vor allem aus den Donauländern.

Schlafen & Essen

Vila Rosa PENSION €
(☎091 52 04 036; vilarosavukovar@gmail.com; Josipa Rukavine 2b; EZ/DZ 200/350 Kn; P ❄ 📶) Zwei überkandidelte, aber freundliche Besitzer führen diese Pension. Die fünf Zimmer sind mit eigenem Bad, Hartholzböden und moderner Ausstattung versehen, außerdem gibt's eine Gemeinschaftsküche, in der das Frühstück serviert wird (25 Kn). Die Donau ist gleich auf der anderen Seite der Straße.

Hotel Lav HOTEL €€€
(☎032-445 100; www.hotel-lav.hr; JJ Strossmayera 18; EZ/DZ 640/1000 Kn; P ❄ 📶) Modernes, gut geführtes Vier-Sterne-Hotel. Die Zimmer und Suiten sind geräumig und gut ausgestattet; viele bieten einen schönen Blick auf die Donau. Zum Hotel gehören eine gute Bar, ein Aufenthaltsraum mit Café, ein Restaurant, ein Fitnessraum und eine Terrasse.

Dunavska Golubica SLAWONISCH €€
(Dunavska Šetnica 1; Hauptgerichte ab 50 Kn; ⌚ tgl. 7–23 Uhr) Das angenehme Restaurant am Fluss genießt einen ausgezeichneten Ruf für seine slawonischen Spezialitäten (es bereitet tollen *fiš paprikaš* ohne Gräten zu) und für die Livemusik an den Sommerwochenenden.

Praktische Informationen

In der Hauptstraße, der Strossmayera, befinden sich an verschiedenen Stellen Banken mit Geldautomaten.

Danubium Tours (☎032-445 455; www.danubiumtours.hr; Olajnica 6/21) Bietet Fahrradtouren, Kajakfahren auf der Donau und verschiedene andere Aktivitäten in und um Vukovar an.

Touristeninformation (☎032-442 889; www.turizamvukovar.hr; JJ Strossmayera 15; ⌚ Mo–Fr 7–15, Sa 8–13 Uhr) Die Mitarbeiter bemühen sich sehr, Besuchern zu helfen.

An- & Weiterreise

Die Stadt hat gute Busverbindungen nach Osijek (35 Kn, 1 Std., 10-mal tgl.), Ilok (35 Kn, 1 Std., 12-mal tgl.) und Zagreb (166 Kn, 5 Std., 5-mal tgl.). Regelmäßig fahren auch Busse ins serbische Belgrad (99 Kn, 2½ Std., 4-mal tgl.).

Ilok

☎032 / 6000 EW.

Etwa 37 km von Vukovar entfernt thront die östlichste Stadt Kroatiens auf einem Hügel mit Blick über die Donau und die serbische Region Vojvodina auf der anderen Seite des Flusses. Die gut erhaltene mittelalterliche Stadt liegt inmitten der Weinberge der Fruška Gora. Hier wird schon seit römischen Zeiten Wein angebaut. Wahrzeichen der Stadt ist das Schloss, das heute eines der besten Museen Slawoniens beherbergt.

Ilok wurde von den Serben Anfang der 1990er-Jahre erobert, 1998 wieder an Kroatien zurückgegeben. Seitdem boomt die Weinproduktion. In der Region finden sich mittlerweile 17 Weingüter, die alle zu besichtigen sind. Die Innenstadt von Ilok mit ihrer Wehranlage wird infolge archäologischer Ausgrabungen derzeit restauriert.

Sehenswertes & Aktivitäten

Die **mittelalterliche Altstadt** ist von den Resten der hohen Stadtmauern umgeben. In Ilok finden sich zwei seltene Zeugnisse der osmanischen Zeit: ein **Hamam** – ein türkisches Bad – aus dem 16. Jh. sowie eine **Türbe**, das Grab eines türkischen Adligen.

Stadtmuseum MUSEUM
(Muzej Grada Iloka; Šetalište Oca Mladena Barbarića 5; Erw./erm. 20/10 Kn; Di–Do 9–15, Fr 9–18, Sa 11–18 Uhr) Iloks Hauptattraktion ist das erstklassige Stadtmuseum, das im Schloss Odescalchi hoch über der Donau untergebracht ist. Von hier genießt man einen wunderbaren Blick über die Donau. Das Schloss wurde auf den Grundmauern einer früheren Anlage aus dem 15. Jh. errichtet und von der italienischen Familie Odescalchi später im heutigen barock-klassizistischen Stil umgebaut.

Die Museumsschätze werden sehr gut präsentiert; es finden sich auch Erklärungstafeln auf Englisch. Säbel und Musketen dokumentieren die türkische Periode der Stadt. Es gibt zudem schöne Möbel und Kunstwerke aus dem 19. Jh. sowie einen Grabstein und einen Wandteppich aus einer mittelalterlichen Synagoge.

Iločki Podrumi WEINPROBEN
(032-590 088; www.ilocki-podrumi.hr; Šetalište OM Barbarića 4; Führungen 30 Kn; 7–23 Uhr) Der alte, stimmungsvolle Weinkeller neben dem Schloss ist einen Besuch wert. Sehr lecker ist der *traminac,* ein trockener Weißwein, der zur Krönung von Königin Elisabeth II. serviert wurde. Auf einer 30-minütigen Führung lernt man den Weinkeller mit seinen Eichenfässern kennen. Der Weinladen ist sehr gut sortiert. Führungen auf Englisch müssen im Voraus gebucht werden.

Schlafen & Essen

Old Town Hostel HOSTEL €
(098 92 22 512; www.cinema.com.hr; Julija Benešića 42; B/EZ/DZ 100/250/400 Kn; P ❄ @ Wi-Fi) In einem restaurierten ehemaligen Kino liegt das neue Hostel direkt unterhalb der Altstadt. Im Obergeschoss gibt es vier bunte Schlafsäle sowie eine Bar, deren Wände mit Schallplatten verziert sind. Zum Hostel gehören auch eine Pizzeria (Mo geschl.), und an Wochenenden ist Disko angesagt.

Stari Podrum HOTEL €€
(032-590 088; www.ilocki-podrumi.hr; EZ/DZ 350/500 Kn; P ❄ @ Wi-Fi) Die motelähnlichen Unterkünfte auf der Rückseite verfügen über insgesamt 18 große, moderne Zimmer mit Donaublick. Im alten Weinkeller des Schlosses liegen die Bankettzimmer, die mit Holz verkleidet sind und in denen riesige Eichenfässer stehen. Das ungewöhnliche Ambiente eignet sich bestens für eine rustikale Mahlzeit mit Iloker Schweinewürstchen und Hirteneintopf mit Knödeln (Hauptgerichte ab 50 Kn). Die Weinauswahl ist natürlich erstklassig.

Hotel Dunav HOTEL €€
(032-596 500; www.hoteldunavilok.com; Julija Benešića 62; EZ/DZ 300/500 Kn; P @ Wi-Fi) Direkt an der Donau verfügt dieses adrette Hotel über 16 attraktive Zimmer mit perfektem Ausblick. Einige Zimmer haben Balkone mit Donaublick. Am Ufer gibt es eine schöne Café-Terrasse.

Praktische Informationen

Touristeninformation (032-590 020; www.turizamilok.hr; Trg Nikole Iločkog 2; Mo–Fr 9–17 Uhr) Hier gibt es Tipps zu Landhotels und Wanderwegen rund um Ilok sowie viele weitere Infos zur Stadt. Besser vorher anrufen, weil die Öffnungszeiten variieren können!

An- & Weiterreise

Die Busse halten in der Innenstadt nur wenige Schritte von der mittelalterlichen Altstadt entfernt. Von Ilok wird Osijek viermal täglich angefahren (60 Kn, 1¾ Std.), wobei alle Busse in Vukovar Halt machen.

Istrien

☎ 052

Inhalt ➡

Gut essen

- Konoba Batelina (S. 111)
- Monte (S. 120)
- Kantinon (S. 119)
- Marina (S. 129)

Schön übernachten

- Villa Meneghetti (S. 122)
- Monte Mulini (S. 118)
- Hotel Kaštel (S. 139)
- Vela Vrata (S. 135)

Auf nach Istrien!

Istrien (kroat. Istria), die herzförmige, 3600 km² große Halbinsel, ragt südlich von Triest in die Adria. Das malerische Hinterland mit Hügeln und fruchtbaren Ebenen lockt zunehmend kunstinteressierte Besucher in die Bergdörfer, Landhotels und Restaurants, während die zerklüftete grüne Küste mit ihren riesigen Hotelkomplexen unzählige Sonnenanbeter anzieht. Die felsigen Strände sind nicht die besten Kroatiens, aber es gibt zahlreiche Unterkünfte, das Meer ist sauber, und noch findet man zahlreiche einsame Flecken.

Die Küste oder das „Blaue Istrien", wie es das Fremdenverkehrsamt nennt, wird im Sommer von Touristen überflutet. Im „Grünen Istrien", dem Inselinneren, ist man jedoch selbst im August noch ungestört. Dazu kommen historischer Charme und eine vielgepriesene Gastronomie (mit frischen Meeresfrüchten, edlen weißen Trüffeln, wildem Spargel, exzellenten Olivenölen und preisgekrönten Weißweinen) – man ist im Paradies gelandet.

Reisezeit

Pula

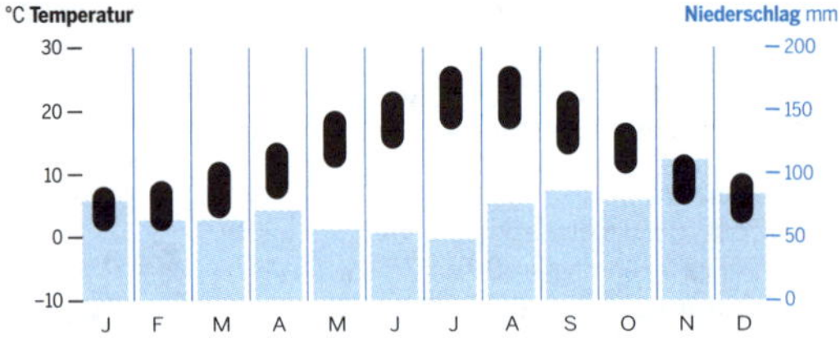

April Den Frühling begrüßen; dann den auf den Wiesen wachsenden wilden Spargel sammeln.

Juli–Aug. Eines der vielen Festivals besuchen, die überall in Istrien die Menschen begeistern.

Sept. Zum Subotina-Fest in Buzet kommen, dem Auftakt der Saison für weiße Trüffeln.

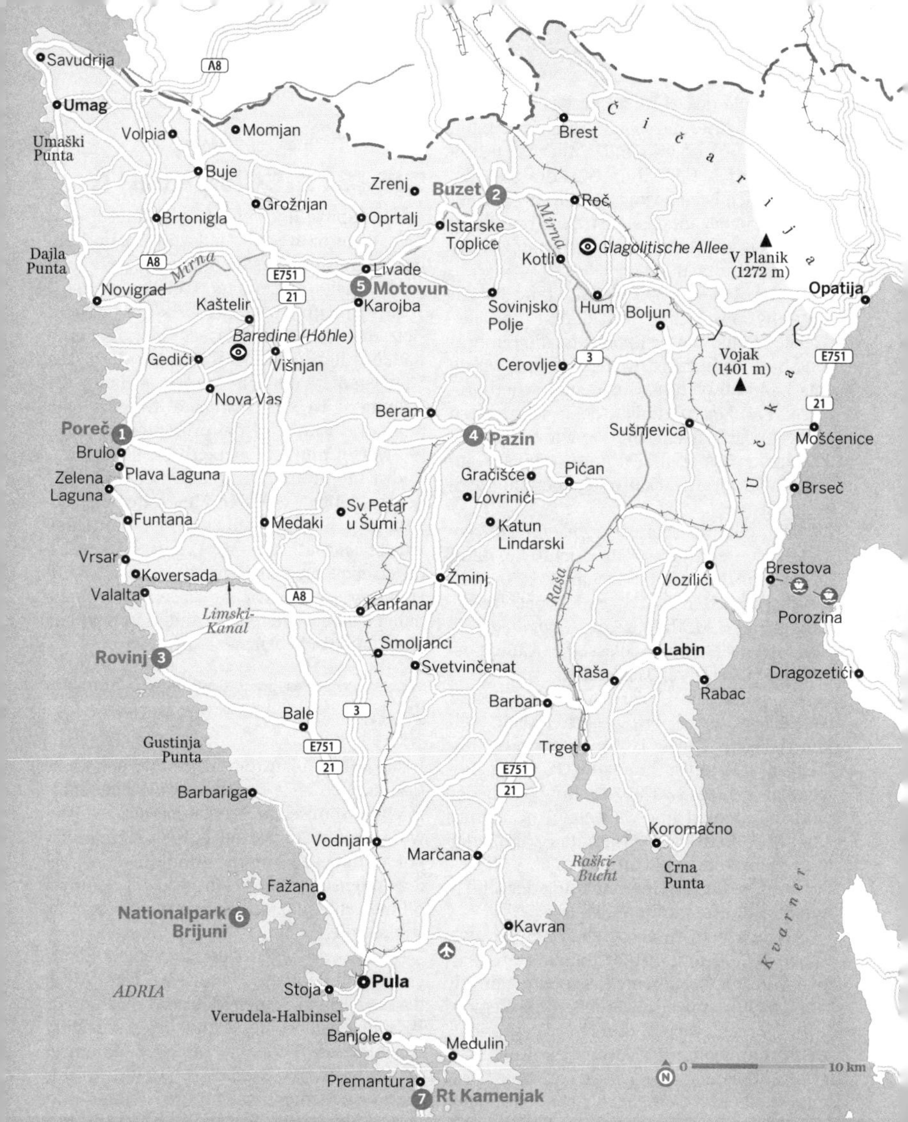

Highlights

1 Die Mosaiken in der **Euphrasius-Basilika** (S. 123) in Poreč bewundern

2 In den Wäldern rund um Buzet auf **Trüffelsuche** (S. 135) gehen

3 Im **Batana-Museum** (S. 115) in die Geschichte der Fischer von Rovinj eintauchen

4 Durch die legendäre **Pazin-Schlucht** (S. 132) wandern

5 Im Sommer auf dem Filmfestival in **Motovun** (S. 137) Kino unterm Sternenhimmel genießen

6 Den kommunistischen Schick auf den **Brijuni-Inseln** (S. 113), Titos Lieblingsort, in sich aufsaugen

7 Die wilde Landschaft am **Rt Kamenjak** (S. 109) in der Nähe von Pula erkunden

Geschichte

Gegen Ende des 2. Jts. v. Chr. besiedelten illyrische Histrier die Region und errichteten an der Küste und im Landesinnern befestigte Bergdörfer. Im 3. Jh. v. Chr. drangen die Römer nach Istrien vor. Nach der Eroberung der Region begannen sie, Straßen und Bergfestungen zu bauen, die von strategischer Bedeutung waren.

In der Zeit von 539 bis 751 stand Istrien unter byzantinischer Herrschaft. Eindrucksvollstes Relikt dieser Epoche ist die Euphrasius-Basilika in Poreč. In der Folgezeit wurde das Land abwechselnd von slawischen Völkern, Franken und deutschen Herrschern regiert. Die Seemacht Venedig gewann zusehends an Einfluss und erlangte im frühen 13. Jh. die Kontrolle über die istrische Küste.

Nach dem Fall Venedigs im Jahr 1797 geriet Istrien erst unter österreichische, dann unter französische Herrschaft (1809–1813), bevor es wieder an Österreich fiel. Im 19. und frühen 20. Jh. war der überwiegende Teil Istriens ein vernachlässigter Außenposten der Habsburger Monarchie.

Als Österreich-Ungarn nach den Ersten Weltkriegs zerfiel, beeilte sich Italien, sich die Herrschaft über Istrien zu sichern. Italienische Truppen besetzten Pula im November 1918. 1922 trat das Königreich der Serben, Kroaten und Slowenen im Vertrag von Rapallo Istrien zusammen mit Zadar und mehreren Inseln an Italien ab – als Anerkennung für die Unterstützung der alliierten Streitkräfte im Ersten Weltkrieg.

Als aus dem faschistischen Italien zwischen 30 000 und 40 000 Italiener angesiedelt wurden, bekamen es viele Kroaten mit der Angst zu tun und verließen die Region. Ihre Sorgen waren durchaus begründet, denn man wollte mit Zwang die Einheimischen italianisieren. Die kroatische Sprache wurde im öffentlichen Leben verboten, ebenso kroatische Zeitungen. Auch in der Schule durfte nicht mehr auf Kroatisch unterrichtet werden.

Italien kontrollierte die Region bis zur Niederlage im Zweiten Weltkrieg. Dann wurde Istrien Teil Jugoslawiens, was eine weitere Massenflucht auslöste. Jetzt flohen Italiener und republikfreundliche Kroaten vor Titos Kommunisten. Triest und die Nordwestspitze der Halbinsel blieben noch lange Streitpunkt zwischen Italien und Jugoslawien, bis die Region 1954 endgültig Italien zugesprochen wurde. Aufgrund der Neuordnung Jugoslawiens durch Tito fiel der Nordteil der Halbinsel an Slowenien.

DIE ISTRISCHE KÜSTE

An der Spitze der istrischen Halbinsel liegt Pula, die größte Stadt an der Küste. Im Rahmen eines Tagesausflugs sind die vorgelagerten Brijuni-Inseln zu erreichen, wo sich Tito gern aufhielt. An der Ostküste befindet sich etwa auf halber Strecke der moderne Badeort Rabac direkt unterhalb der alten Hügelstadt Labin. Besonders beliebt bei Urlaubern ist die Westküste. Die schönste Stadt dort ist Rovinj, das preisgünstigere Poreč wartet mit zahlreichen Übernachtungs- und Unterhaltungsmöglichkeiten auf. Auf der gegenüberliegenden Meerseite liegt Italien; aber aufgrund seines großen Einflusses auf Istrien hat man den Eindruck, es wäre gleich nebenan. Italienisch ist die zweite Hauptsprache Istriens, viele Einwohner haben italienische Pässe, und jeder Ort hat eine italienische Partnerstadt.

Pula

57 765 EW.

Pula (früher Polensium) ragt unter den kroatischen Städten vor allem wegen seiner zahlreichen römischen Bauwerke heraus. Die wohl größte Attraktion ist das erstaunlich gut erhaltene römische Amphitheater, das die Innenstadt beherrscht und im Sommer oft als Schauplatz für Konzerte und Aufführungen dient.

Trotz ihres regen Geschäftslebens konnte sich die lebhafte Handelsstadt am Meer die Atmosphäre einer Kleinstadt bewahren. Pula hat zwar keine Strände, aber mit dem Bus sind die Ferienorte auf der Halbinsel Verudela weiter südlich schnell erreicht. Wenn auch dicht bebaut mit Wohn- und Feriensiedlungen, ist die Küste doch mit duftenden Pinienhainen bewachsen und von Strandcafés und guten Restaurants gesäumt. Wer der tief eingeschnittenen Küste Richtung Süden folgt, erreicht die Halbinsel Premantura. Hier befindet sich ein spektakulärer Naturpark, das geschützte Rt Kamenjak (Kap Kamenjak).

Geschichte

Die österreichisch-ungarische Doppelmonarchie erwählte Pula 1853 zum Hauptkriegshafen. Der Bau des Hafens und die

Eröffnung der großen Schiffswerft 1886 setzten eine demografische und ökonomische Entwicklung in Gang, die aus Pula eine militärische und industrielle Hochburg machte.

Unter dem faschistischen Regime Italiens verfiel die Stadt von 1918 bis 1943 erneut, dann wurde sie von den Deutschen eingenommen. Am Ende des Zweiten Weltkriegs verwalteten englische und amerikanische Streitkräfte die Stadt, bis diese 1947 nach dem Friedensvertrag von London an Jugoslawien fiel. Pulas Industrieanlagen haben den Krieg in der Vergangenheit einigermaßen gut überstanden – bis heute ist die Stadt ein wichtiges Zentrum des Schiffsbaus sowie der Textil-, Metall- und Glasindustrie.

Sehenswertes

Der älteste Teil der Stadt entspricht dem antiken römischen Grundriss, sodass sich die Straßen auch heute noch rund um die den Mittelpunkt bildende Zitadelle winden. Die neueren Stadtteile sind hingegen schachbrettartig angelegt. Die meisten Läden, Agenturen und Geschäfte befinden sich in oder am Rand der Altstadt sowie in den Straßen Giardini, Carrarina, Istarska und Riva am brandneuen Hafen. Bis auf einige Ausnahmen in der Altstadt sind die meisten Hotels, Restaurants und Strände 4 km südlich auf der Halbinsel Verudela. Diese kann man gut zu Fuß erreichen, indem man gen Süden die Arsenalska, die später Tomasinijeva heißt, und dann die Veruda langläuft.

Wer sich alle Attraktionen der Stadt anschauen will, kauft sich am besten die Pula-Karte für 120 Kn (Kind über 7 Jahre 70 Kn), mit der man dann gratis in alle im Folgenden aufgeführten Sehenswürdigkeiten kommt.

★Römisches Amphitheater — HISTORISCHES GEBÄUDE

(Arena; Flavijevska bb; Erw./erm. 40/20 Kn; ⌚Juli & Aug. 8–24 Uhr, Mai–Juni & Sept. 8–21 Uhr, Okt.–April 8–19 Uhr) Pulas berühmteste und imposanteste Sehenswürdigkeit ist das Amphitheater aus dem 1. Jh., das sich nordöstlich der Altstadt oberhalb des Hafens befindet. Das von Einheimischen als Arena bezeichnete Gebäude wurde vollständig aus hiesigem Kalkstein erbaut; es wurde für Gladiatorenkämpfe benutzt und bot Platz für 20000 Zuschauer.

Oben auf den Mauern erkennt man eine Rinne, in der Regenwasser gesammelt wurde. Auch die Platten für die Befestigung des Stoffdachs, das die Besucher vor der Sonne schützen sollte, sind noch zu sehen. In den unten liegenden Kammern ist ein kleines Museum untergebracht, in dem man antike Gerätschaften zur Olivenölherstellung bewundern kann. Im Sommer finden hier das Filmfestival von Pula sowie Pop- und Klassikkonzerte statt.

Auf dem im Sommer einmal pro Woche abends stattfindenden Spectacvla Antiqva werden Gladiatorenkämpfe nachgestellt. In den Werkstätten kann man alte römische Kleidungsstücke und Frisuren bewundern sowie römische Speisen und Getränke probieren. Das Ganze kostet für Erwachsene 70 und für Kinder 30 Kn.

Augustustempel — HISTORISCHES GEBÄUDE

(Forum; Erw./erm. 10/5 Kn; ⌚Mo–Fr 9–22, Sa & So bis 15 Uhr) Als einziges Überbleibsel aus römischer Zeit steht heute nur noch der zwischen 2 v.Chr. und 14 n.Chr. errichtete Augustustempel auf dem Forum, das von der Antike bis ins Mittelalter als zentraler Versammlungsort Pulas diente. Hier standen mehrere Tempel und öffentliche Gebäude, heute ist der Augustustempel die Hauptattraktion. In nachrömischer Zeit wurde er in eine Kirche umgewandelt, später diente er als Kornspeicher. Nach einem Bombentreffer 1944 wurde das Bauwerk rekonstruiert und beherbergt heute ein kleines historisches Museum mit englischsprachigen Beschilderungen.

Zerostrasse — HISTORISCHE STÄTTE

(Erw./erm. 15/5 Kn; ⌚Juni–Mitte Sept. 10–22 Uhr) Das unterirdische Tunnelsystem wurde vor und während des Ersten Weltkriegs zum Schutz der Bevölkerung und als Waffenlager gebaut. Heute ist ein Teil der Tunnel zugänglich, die in der Mitte zusammentreffen, wo eine Fotoausstellung über die Anfänge der Luftfahrt in Pula zu sehen ist. Es gibt drei Eingänge, einen am Forum (in einer kleinen, unbeschilderten Gasse, die von der Kandlerova abgeht), einen weiteren am Archäologischen Museum und einen dritten am Taxistand an der Giardini.

Leuchtende Giganten — ÖFFENTLICHE KUNST

(Hafen von Pula) Auf keinen Fall verpassen sollte man Pulas neueste Attraktion: Die spektakuläre Lichtershow in der weltweit ältesten noch betriebenen Werft, der Uljanik-Werft aus 1856. Der berühmte Designer Dean Skira lässt die symbolträchtigen Kräne der Werft jeden Abend ab 21 Uhr viermal 15 Minuten lang in 16000 unterschiedlichen Farbtönen erstrahlen.

Pula

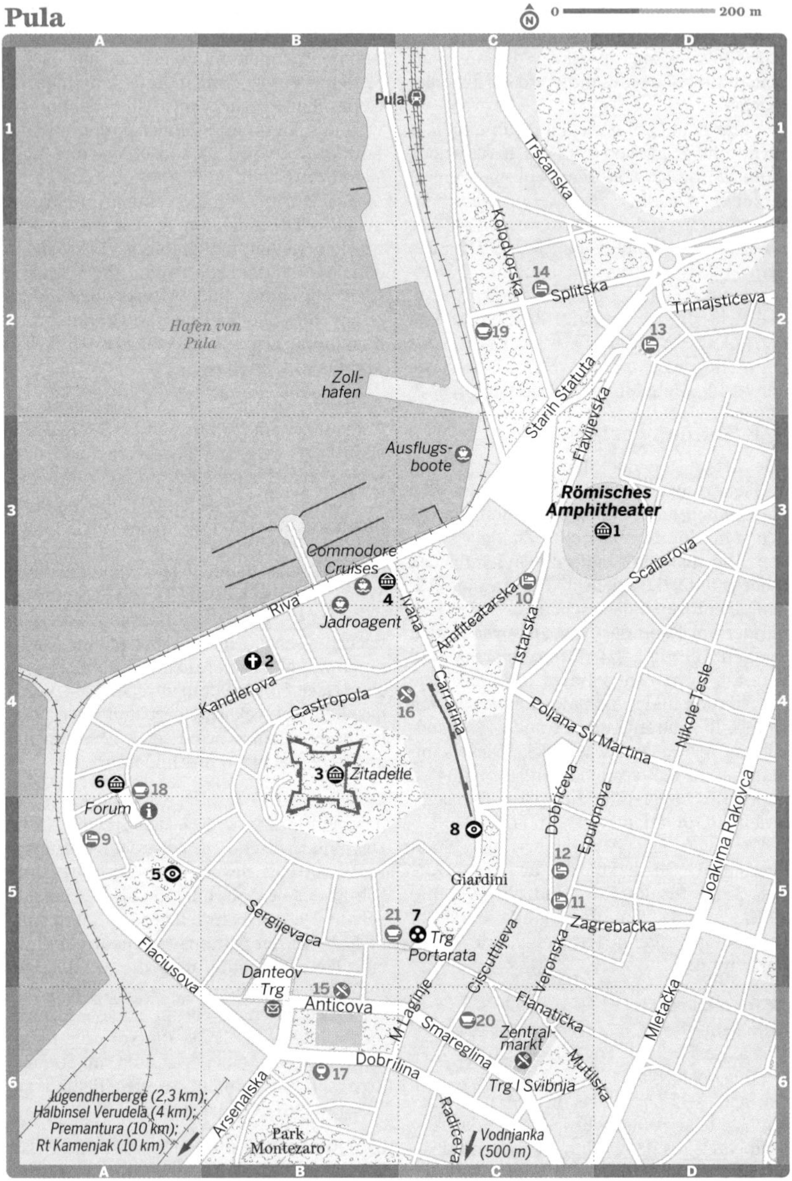

Sergierbogen

RUINE

Entlang der Carrarina verlaufen die römischen Stadtmauern, die Pulas östliche Stadtgrenze markieren. Wer den Mauern gen Süden folgt und weiter über die Giardini geht, kommt zum Sergierbogen. Der majestätische Triumphbogen wurde 27 v. Chr. errichtet – in Gedenken an drei Angehörige der Familie Sergius, die in Pula hohe Ämter bekleideten.

Museum für moderne Kunst Istriens

MUSEUM

(Ivana 1; Eintritt 10 Kn; ⌚Di–So 11–14, 17–21 Uhr) Einfach mal reinschauen in das neue Kunst-

Pula

Highlights
1 Römisches Amphitheater ... D3

Sehenswertes
2 Kathedrale ... B4
3 Historisches & Maritimes Museum Istriens ... B4
4 Museum für moderne Kunst Istriens ... B3
5 Römisches Bodenmosaik ... A5
6 Augustustempel ... A4
7 Sergierbogen ... C5
8 Zerostrasse ... C5

Schlafen
9 Hostel Pipištrelo ... A5
10 Hotel Amfiteatar ... C3
11 Hotel Galija ... C5
12 Hotel Omir ... C5
13 Hotel Scaletta ... D2
14 Riviera Guest House ... C2

Essen
15 Fresh ... B6
16 Jupiter ... C4

Ausgehen & Nachtleben
17 Club Uljanik ... B6
18 Cvajner ... A4
19 Pietas Julia ... C2
20 Scandal Express ... C6
21 Uliks ... B5

museum in der Alten Druckerei am Hafen! Es wird moderne Kunst aus der zweiten Hälfte des 20. Jhs. bis heute gezeigt. Die Ausstellung wird häufig verändert.

Kathedrale KATHEDRALE
(Katedrala; Trg Svetog Tome 2; 10–18 Uhr) Der Hauptaltar der im 5. Jh. errichteten Kathedrale ist ein römischer Sarkophag aus dem 3. Jh., in dem sich Heiligenreliquien befinden. Auf dem Boden sind Fragmente von Mosaiken aus dem 5. und 6. Jh. zu sehen. Für den Bau des Glockenturms im 17. Jh. wurden Steine aus dem Amphitheater verwendet.

Historisches & Maritimes Museum von Istrien MUSEUM
(Gradinski Uspon 6; Erw./erm. 20/10 Kn; 8–21 Uhr) Das Museum ist in einer venezianischen Festung aus dem 17. Jh. auf einem Hügel im Zentrum der Altstadt untergebracht. Die eher bescheidene Ausstellung ist hauptsächlich der maritimen Geschichte Pulas gewidmet, aber der Blick von den Festungsmauern lohnt sich unbedingt.

Römisches Bodenmosaik HISTORISCHE STÄTTE
Von der Sergijevaca aus lässt sich ein römisches Bodenmosaik aus dem 3. Jh. besichtigen. Zwischen gut erhaltenen geometrischen Motiven zeigt die mittlere Platte die Bestrafung der gewalttätigen Dirke, der Gattin von König Lykos. Diese Figur hatte in der griechischen Mythologie versucht, ihre Nichte zu ermorden.

Aktivitäten

Ein einfacher, 41 km langer Radweg von Pula nach Medulin folgt den Spuren römischer Gladiatoren. In der Touristeninformation (S. 112) gibt es Informationen und eine Karte dazu.

IstriaBike RADFAHREN
(www.istria-bike.com) Die Touristeninformation hat eine Website eingerichtet mit Tipps zu Radwegen, Pauschalangeboten und organisierten Radtouren.

Orca Diving Center TAUCHEN
(098 409 850; www.orcadiving.hr; Hotel Histria) Über das Tauchzentrum auf der Halbinsel Verudela kann man u.a. Tauchgänge per Boot und mit Schiffswracks als Ziel buchen.

Windsurf Bar WASSERSPORT, RADFAHREN
(091 5123 646; www.windsurfing.hr; Ausrüstung/Kurse pro Std. 70/200 Kn) Das Surfzentrum in Premantura bietet Surfkurse, Radtouren (250 Kn) und Kajakausflüge (300 Kn) an. Man kann auch Fahrräder ausleihen (pro Std./Tag 30/100 Kn).

Geführte Touren

In der Hauptsaison werden jeden Montag geführte Stadtspaziergänge (in mehreren Sprachen) angeboten. Los geht's um 20.30 Uhr an der Arena. Die 90-minütigen Führungen kosten für Erwachsene 76 Kn und für Kinder 54 Kn. Mittwochs kann man um 20.30 Uhr an einer zweistündigen geführten Gourmettour teilnehmen und traditionelle Speisen und Weine probieren (Erw./Kind 145/100 Kn). Im Preis der beiden Touren ist der Eintritt in die Arena enthalten. Tickets sind vor Ort oder in den Reisebüros in der Stadt erhältlich.

Die meisten Reisebüros bieten Ausflüge zu den Brijuni-Inseln, zum Limski-Kanal, nach Rovinj und ins istrische Hinterland an. Oft ist es jedoch preiswerter, direkt am Hafen ein Boot anzuheuern. Die Boote verkehren regelmäßig und veranstalten Angeltouren mit Picknick (220 Kn), zweistündige „Panorama"-Fahrten zu den Brijuni-Inseln (150 Kn) sowie Spritztouren nach Rovinj, zum Limski-Kanal und nach Crveni Otok (300 Kn).

Es fahren nur zwei Schiffe – die *Martinabela* und die *Arena* – zu den Brijuni-Inseln.

Martinabela BOOTSFAHRT
(www.martinabela.hr; geführte Touren 280 Kn) Fährt im Sommer zweimal täglich zu den Brijuni-Inseln.

Feste & Events

Filmfestival von Pula FILM
(www.pulafilmfestival.hr; ⌚ Juli) Das Filmfestival findet nunmehr seit 62 Jahren jeweils im Juli statt und ist das bedeutendste Event in Pula. Im Römischen Amphitheater und an anderen Orten in der ganzen Stadt werden hauptsächlich kroatische, aber auch einige internationale Filme gezeigt.

Seasplash-Festival MUSIK
(www.seasplash.net; ⌚ Juli) Alljährlich im Juli haucht dieses Festival der Punta-Christo-Festung in Štinjan nordwestlich von Pula neues Leben ein. Die Palette von Live-Auftritten reicht von Reggae und Ska bis zu Dancehall und Hip-Hop.

Outlook-Festival MUSIK
(www.outlookfestival.com; ⌚ Sept.) Europas größtes Festival der Bass-Musik- und Soundsystemkultur wird Anfang September in der Punta-Christo-Festung in Štinjan bei Pula veranstaltet.

Jazzbina MUSIK
Im ganzen Jahr werden Jazzkonzerte angeboten, bei denen viele weltbekannte Musiker auftreten. Im Sommer finden die Konzerte auf dem Portarata-Platz statt, das restliche Jahr über in Theatern und Clubs.

Schlafen

Pulas Hauptsaison beginnt in der zweiten Juliwoche und dauert bis Ende August. Für diese Zeit sollte man im Voraus buchen.

Die Spitze der Halbinsel Verudela, 4 km südwestlich vom Stadtzentrum, hat sich inzwischen zu einer Touristenhochburg entwickelt und wartet mit unzähligen Hotels und Apartmentanlagen auf. Wenn man vom schattigen Pinienwald absieht, gibt es dort nicht viel reizvolle Landschaft, dafür sind dort viele Strände, Restaurants, Tennisplätze und Wassersportoptionen vorhanden. Wer Informationen benötigt oder ein Hotel buchen möchte, wendet sich an die Reisebüros. Auskünfte erteilt auch Arenaturist (S. 112).

Die Reisebüros in Pula vermitteln Privatunterkünfte, in der Innenstadt liegen allerdings nur wenige. Die Preise schwanken zwischen 250 und 490 Kn für ein Doppelzimmer und zwischen 300 und 535 Kn für ein Zwei-Personen-Apartment. Auch unter www.pulainfo.hr findet man eine Liste mit Privatunterkünften.

Hostel Pipištrelo HOSTEL €
(☎ 052-393 568; www.pipistrelo.com; Flaciusova 6; B/Zi. 138/367 Kn; ❄@📶) Der Newcomer in Pulas Hostelszene mit seiner farbenfrohen Fassade befindet sich direkt gegenüber vom Hafen. Die Zimmer sind nach Entwürfen junger Designer aus Pula eigenwillig und individuell eingerichtet. Hier kann man nur bar bezahlen, sonntags ist das Haus geschlossen. Deshalb am besten vorher anrufen. Wegen der Schiffswerft gegenüber ist es etwas laut hier.

Jugendherberge HOSTEL €
(☎ 052-391 133; www.hfhs.hr; Valsaline 4; B 135 Kn, Wohnwagen 155 Kn, Stellplatz Pers./Zelt 80/15 Kn; @) Das Hostel liegt direkt am Strand in der Valsaline-Bucht, 3 km südlich vom Stadtzentrum. Es gibt Schlafsäle, Wohnwagen, die in zwei winzige Einheiten mit je vier Betten unterteilt sind, sowie Zeltstellplätze. Hin kommt man mit Bus 2A oder 3A bis zur Haltestelle Veruda 2. Von dort geht man zurück in Richtung Stadt, biegt in die erste Straße nach links ein und sieht dann bald das Jugendherbergsschild.

Camping Stoja CAMPING €
(☎ 052-387 144; www.arenacamps.com; Stoja 37; Stellplatz Pers./Zelt 62/39 Kn; ⌚ April–Okt.) Der Campingplatz liegt nur 3 km südwestlich von Pulas Stadtzentrum. Auf der schattigen Landzunge ist reichlich Platz. Zur Anlage gehören ein Restaurant, ein Tauchzentrum und Bademöglichkeiten an einem felsigen Strand. Hin kommt man mit Bus 1.

Hotel Amfiteatar HOTEL €€
(☎ 052-375 600; www.hotelamfiteatar.com; Amfiteatarska 6; EZ/DZ 529/636 Kn; P❄@📶) Das schickste Hotel der Stadt befindet sich direkt beim Amphitheater. Es hat moderne Zimmer mit gehobenen Extras wie Minibar und Flachbildfernseher. Die Räume sind in puncto Größe und Ausblick recht un-

STRÄNDE

Bei Pula liegt ein Halbkreis felsiger Strände, von denen jeder eine eigene Fangemeinde hat. Wie bei Bars oder Nachtclubs sind Strände mal mehr, mal weniger angesagt. An den Stränden in der Nähe der Hotelanlagen auf der **Halbinsel Verudela** tummeln sich zweifellos viele Traveller, aber auch Einheimische lassen sich gelegentlich am türkisfarbenen Meer am kleinen, zum Hotel Park gehörenden **Hawaii Beach** blicken.

Wer Ruhe sucht, macht sich am besten auf den Weg in die Naturlandschaft des **Rt (Kap) Kamenjak** (www.kamenjak.hr; Fußgänger & Radfahrer frei, Auto/Motorroller 35/20 Kn; ⌚7–22 Uhr) auf der **Halbinsel Premantura**, 10 km südlich von Pula. Dieser südlichste Punkt Istriens ist eine herrliche, völlig unbewohnte hügelige Landschaft mit 30 km langen Naturstränden und kleinen Buchten. Hier wachsen Wildblumen (u. a. 30 Orchideenarten), niedrige mediterrane Sträucher, Obstbäume und Heilkräuter. Es gibt ein verzweigtes Netz von Schotterwegen und Pfaden, sodass man hier gut und bequem herumspazieren kann. Der Blick zur Insel Cres und in Richtung Velebit-Gebirge ist fantastisch. Nicht vergessen, Abfälle wieder mitzunehmen; dafür gibt es am Eingang einen Plastikbeutel und einen Ökoascher! Wer hinausschwimmen will, sollte am Kap vorsichtig sein wegen der starken Strömungen.

Im Zentrum des Ortes Premantura ist in einem alten Schulgebäude ein Besucherzentrum mit einer zweisprachigen Ausstellung über das Ökosystem des Naturparks untergebracht. In der nahe gelegenen Windsurf Bar kann man Räder und Surfausrüstungen ausleihen. Dort werden auch Schnupper-Surfkurse angeboten.

Der **Kolombarica-Strand** am Südende der Halbinsel ist sehr beliebt bei mutigen jungen Männern, die von den hohen Felsen springen und durch die flachen Höhlen am Ufer tauchen. Direkt oberhalb des Strandes, etwa 3,5 km vom Eingang des Naturparks entfernt und fast verdeckt von Büschen, befindet sich die nette **Strandbar** Safari. Sie ist dekoriert mit Treibholzobjekten und allen möglichen Fundstücken und bietet leckere Snacks an. Sie ist ein schattiges Plätzchen mit grünen Nischen, wo man wunderbar einen Nachmittag verbummeln kann. Ein besonders ursprüngliches Gelände auf dem Kap ist **Gornji Kamenjak** zwischen den Dörfern Volme und Premantura.

Am einfachsten ist Kap Kamenjak mit dem Auto zu erreichen, aber man sollte langsam fahren, um möglichst wenig umweltschädigende Staubpartikel zu erzeugen. Umweltfreundlicher wäre es, die Buslinie 28 von Pula nach Premantura (20 Kn) zu nehmen und dann ein Rad zu mieten. Im Sommer wird in Vollmondnächten eine 10 km lange Radtour ab Premantura angeboten, die für alle Altersgruppen geeignet ist.

terschiedlich. Das Restaurant ist eines der besten in ganz Pula. Gäste, die weniger als zwei Nächte bleiben, müssen einen Aufpreis zahlen.

Hotel Scaletta HOTEL €€

(☎052-541 025; www.hotel-scaletta.com; Flavijevska 26; EZ/DZ 505/732 Kn; P ❄ 📶) Es herrscht eine nette, familiäre Atmosphäre in dem gemütlichen Hotel. Die Zimmer sind geschmackvoll eingerichtet, und es gibt diverse Extras, darunter eine Minibar. Außerdem sind es nur ein Katzensprung in die Stadt und wenige Gehminuten bis zum Amphitheater und zur Promenade.

Hotel Galija HOTEL €€

(☎052-383 802; www.hotelgalija.hr; Epulonova 3; EZ/DZ 523/747 Kn; P ❄ 📶) Das aus zwei Häusern bestehende Hotel ist nur einen Steinwurf vom Marktplatz im Zentrum entfernt. Die Standardzimmer befinden sich über dem Restaurant, während die neueren, modernen Zimmer (75 Kn Aufpreis) in dem Gebäude mit der Rezeption untergebracht sind.

Hotel Omir HOTEL €€

(☎052-213 944; www.hotel-omir.com; Dobrićeva 6; EZ/DZ 450/600 Kn; ❄ 📶) Das beste preisgünstige Hotel im Zentrum. Die Zimmer sind einfach, aber sauber und ruhig (mit TV). Die Zimmer im 2. und 3. Stock sind etwas größer, allerdings ist kein Lift vorhanden.

Riviera Guest House HOTEL €€

(☎052-211 266; www.arenaturist.hr; Splitska 1; EZ/DZ 450/600 Kn; 📶) Dieses einst elegante Gebäude im neobarocken Stil aus dem 19. Jh. sollte unbedingt gründlich renoviert werden. Aber die Lage im Zentrum ist gut, die Zimmer bieten Meerblick.

UNBESCHWERTES BADEVERGNÜGEN

In Kroatien hat das Nacktbaden eine lange und ehrwürdige Tradition, die zu Beginn des 20. Jhs. auf der Insel Rab begann. Unter dem Einfluss der in Deutschland wachsenden Zahl von Anhängern der Freikörperkultur wurde das Nacktbaden bei Österreichern eine Modeerscheinung. So eröffnete der Österreicher Richard Ehrmann am Paradiesstrand von Lopar (auf Rab) das erste Nudistencamp. Die eigentlichen Begründer des FKK an der Adria aber waren Eduard VIII. und Wallis Simpson, die 1936 an der Küste der Insel Rab nackt ins Wasser sprangen.

Heute gehören die FKK-Ferienanlagen in Istrien zu den größten und am besten ausgestatteten in Kroatien. FKK-Campingplätze sind entsprechend gekennzeichnet.

Los geht es im Norden mit **Camp Kanegra** (www.istracamping.com), einem relativ kleinen Platz an einem langen Kieselstrand nördlich von Umag. Etwas weiter südlich an der Küste liegt das **FKK-Zentrum Ulika** (www.plavalaguna.hr) in Červar, unmittelbar vor Poreč. Die Anlage bietet 559 Stellplätze sowie Wohnwagen und Wohnmobile zur Vermietung. Für diejenigen, die lieber in einem Apartment wohnen möchten, ist das **FKK-Resort Solaris** (www.valamar.hr) sehr gut geeignet. Zum Komplex auf der bewaldeten Halbinsel Lanterna, nur 12 km nördlich von Poreć, gehört auch ein FKK-Campingplatz. Südlich von Poreč bei dem Fischerdorf Funtana befindet sich der große **FKK-Campingplatz Istra** (www.valamar.hr), wo bis zu 3000 Touristen übernachten können. Noch weiter im Süden hinter Vrsar liegt **Koversada** (www.campingrovinjvrsar.com), sozusagen die „Mutter" der Nudistencamps. 1961 wurde die kleine Insel komplett zum FKK-Gebiet, das sich auf der nahen Küste des Festlands ausbreitete. Auf dem riesigen Areal können bis zu 6000 Menschen Quartier beziehen. Wem das alles zu groß ist, der kann weiter südlich die **FKK-Anlage Valalta** (www.valalta.hr). auf der anderen Seite des Limski-Kanals nördlich von Rovinj ansteuern. Hier ist die Zahl der Apartments, Bungalows, Wohnwagen, Wohnmobile und Stellplätze überschaubar. Und wer es nicht weit bis Pula haben möchte, fährt an der Küste entlang bis Medulin und zum **Camp Kažela** (www.arenacamps.com). Hier kann man Wohnmobile mieten, und es gibt Zeltplätze direkt am Meer.

Park Plaza Histria Pula HOTEL €€€
(☎ 052-590 000; www.arenaturist.hr; Verudella 17; EZ 750–950 Kn, DZ 1200–1400 Kn; P ❄ @ ⓦ ≋) Der riesige, seelenlose Vier-Sterne-Betonklotz auf der Verudela-Halbinsel verfügt über neu renovierte Zimmer mit Balkon und Strandzugang. Es gibt einen Innen- und einen Außenpool sowie ein Spa. Wer online bucht, bekommt günstigere Preise.

Essen

Im Zentrum von Pula gibt es jede Menge Touristenfallen. Wer also gut und zu vernünftigen Preisen essen möchte, sollte ein Restaurant außerhalb der Innenstadt wählen. Preiswerte Snacks bekommt man rund um den Marktplatz. Gut essen kann man auf jeden Fall im Straßenlokal des Hotels Amfiteatar.

Stadtzentrum

Vodnjanka ISTRISCH €
(Vitezića 4; Hauptgerichte ab 40 Kn; ⏲ Juni–Sept. Mo–Sa 12–16 & 19.30–22 Uhr, Okt.–Mai Mo–Sa 11–16 Uhr) Die Einheimischen schwören auf die gute, preiswerte Hausmannskost, die in diesem schlichten Lokal serviert wird. Die kleine Speisekarte konzentriert sich auf einfache istrische Gerichte, die man nur in bar bezahlen kann. Hin kommt man über die Radićeva in Richtung Süden bis zur Vitezića.

Fresh SANDWICHES €
(Anticova 5; Salate & Sandwiches ab 12 Kn, Gebäck ab 9 Kn; ⏲ 6–16.30 Uhr) Wer auf die Schnelle Appetit auf etwas Bekömmliches hat, ist in dieser Sandwich-Salat-Bar genau richtig. Hier werden Schinken-Käse-Toasts und vegetarische/vegane Gerichte (z. B. Spinat-Chiroree-Quiche) sowie traditionelle kroatische Pasteten wie *zlevanka* serviert.

Jupiter PIZZERIA €
(Castropola 42; Pizzas 30–96 Kn; ⏲ 10–24 Uhr) Auf der Terrasse im Obergeschoss werden dünne, knusprig-leckere Pizzas und einfache Pastagerichte serviert.

Südlich & östlich der Stadt

Fish-Food More SEAFOOD €
(Rizzijeva 47; Hauptgerichte ab 50 Kn; ⏲ Juni, Juli & Sept. Mo–Sa 8–23 Uhr, Aug. auch So) Das ein-

fache Fischlokal in einer Wohngegend ist in ca. 15 Minuten vom Hauptmarkt aus zu erreichen (teilweise bergauf). Mittags sind hier viele Einheimische, die wegen der frischen Fischgerichte hierher kommen. Die marinierten Sardinen sind himmlisch. Auf der Radićeva in Richtung Süden bis zur Rizzijeva laufen!

★ Konoba Batelina FISCH €€
(052-573 767; Čimulje 25; Banjole; Hauptgericht ab 85 Kn; Mo–Sa 5–23 Uhr) Für das ausgezeichnete Essen in dem Familienbetrieb lohnt sich der Weg nach Banjole, etwa 3 km südöstlich von Pula. Der Besitzer, Fischer und Koch David Skoko, serviert kreative, liebevoll zubereitete Fischgerichte, die zum Besten gehören, was man in Istrien bekommt. Vorher reservieren!

Gina ISTRISCH €€
(Stoja 23; Hauptgericht ab 60 Kn; 12–23 Uhr) Das unauffällige Lokal in der Nähe des Campingplatzes von Stoja zieht mit den guten regionalen Standardgerichten viele Einheimische an; außerdem gibt's hier eine gemütliche Einrichtung und einen schönen Blick aufs Meer. Tipps: die cremige Fischsuppe mit *malvazija* (eine Weinsorte) und das Lavendel-Halbgefrorene mit heißer Sauce aus Feigen und Pinienkernen.

Farabuto MEDITERRAN €€
(Sisplac 15; Hauptgericht ab 70 Kn; Juni–Sept. tgl. 11–24 Uhr, Okt.–Mai So geschl.) Der Ausflug in das unattraktive Wohngebiet etwa 1,5 km südwestlich des Zentrums lohnt sich wegen der schicken Einrichtung, aber vor allem wegen der hervorragenden mediterranen Gerichte mit kreativem Touch. Es gibt besondere Tagesgerichte und eine gute Weinkarte. Tipp: der Hauswein von Piquentum.

Milan MEDITERRAN €€
(milanpula.com; Stoja 4; Hauptgericht ab 85 Kn; 12–23 Uhr) Eine exklusive Atmosphäre, saisonale Spezialitäten, vier Sommeliers und ein Experte für Olivenöl machen den Besuch hier zu einem ganz besonderen Erlebnis. Das Fünf-Gänge-Fischmenü ist seinen Preis wert. Zum Milan gehört auch ein Hotel (EZ/DZ 590/850 Kn) gehobener Kategorie mit zwölf Zimmern im hinteren Gebäudeteil.

Ausgehen & Nachtleben

Der Großteil des Nachtlebens findet zwar außerhalb der Stadt statt, bei milden Temperaturen sind jedoch auch die Cafés beim Forum und in den Fußgängerzonen Kandlerova, Flanatička und Sergijevaca beliebte Plätze, um das Treiben zu beobachten. Wer sich unter die jungen Einheimischen mischen möchte, sollte sich ein paar Bierflaschen schnappen und die Strandpromenade des Lungomare aufsuchen, wo vom Parkplatz aus den Autos laute Musik dröhnt.

Ungezwungene Strandbar-Atmosphäre findet man in Verudela oder Medulin.

★ Cabahia BAR
(Širolina 4; Mo–Sa 8–24, So 10–24 Uhr) Dieser Künstlertreff auf Veruda, 2 km südlich des Zentrums, hat eine gemütliche Inneneinrichtung mit viel Holz, allerlei alte Dekoelemente, gedämpfte Beleuchtung, südamerikanisches Flair und eine wunderschöne Gartenterrasse hinter dem Haus. Manchmal finden hier auch Konzerte statt. Wem es am Wochenende zu voll ist, der sollte mal das etwas ruhigere **Bass** (Širolina 3) auf der anderen Straßenseite ausprobieren.

Cvajner CAFÉ
(Forum 2; 8–22 Uhr) Tolles Café unter freiem Himmel direkt am belebten Forum. Im abgefahrenen Innenraum zeigen einheimische Nachwuchskünstler in Wechselausstellungen, was sie so alles drauf haben.

Pietas Julia CAFÉ, BAR
(Riva 20; Mo–Do & So 8–24, Sa 8–4 Uhr;) In der trendigen Bar am Hafen geht es an den Wochenenden erst spät los; es ist ja schließlich bis 4 Uhr morgens geöffnet. Tagsüber gibt es hier Frühstück und Snacks. Idealer Ort für einen Sundowner!

Scandal Express CAFÉ, BAR
(Ciscuttijeva 15; Mo–Fr 7–24, Sa & So 7–14 & 18–24 Uhr) In dieser beliebten Location mit der coolen Atmosphäre eines Eisenbahnwagens und vielen Postern trifft sich eine bunte Mischung Einheimischer. Empfehlenswert ist *pašareta,* ein typisch istrisches Getränk ohne Alkohol. Hier darf geraucht werden.

Uliks CAFÉ
(Trg Portarata 1; Mo–Fr 6–2, Sa 7–2, So 9–2 Uhr) In dem Mehrfamilienhaus unterrichtete einst James Joyce. Heute kann man hier in dem Café im Erdgeschoss mit einem Getränk in der Hand über sein Buch *Ulysses* sinnieren oder einfach von Pulas Kiesstrände träumen.

Zeppelin STRANDBAR
(Saccorgiana-Bucht; Mo–Do & So 10–2, Fr & Sa 10–4 Uhr) In dieser Bar an der Saccorgia-

na-Bucht in Verudela ist After-Beach-Spaß angesagt. Die abendlichen Partys reichen von Wodka bis Reggae und Karaoke bis Martini.

Club Uljanik CLUB
(www.clubuljanik.hr; Dobrilina 2; ⏲Do–Sa 8–5 Uhr) Der legendäre Club in Pula ist seit den 1960er-Jahren der Renner. Heute tummelt sich hier ein junges Publikum, das am Wochenende vor allem wegen der Motto-Partys kommt.

☆ Unterhaltung

Auf keinen Fall sollte man sich ein Konzert in dem spektakulären Amphitheater entgehen lassen. In der Touristeninformation sind Spielpläne erhältlich, außerdem hängen in ganz Pula Plakate mit Veranstaltungshinweisen.

Rojc KULTURZENTRUM
(www.rojcnet.pula.org; Gajeva 3) Künstlerisch angehauchte Underground-Kultur gibt's im Rojc, einer umgebauten Kaserne, in der sich heute ein Multimedia-Kunstzentrum und Studios befinden, in welchen gelegentlich Konzerte, Ausstellungen und andere Events stattfinden. Um hin zu kommen, vom Park Montezaro direkt unterhalb des Stadtzentrums von Pula auf der Gajeva bis zum Rojc in Richtung Süden laufen!

ℹ Praktische Informationen

INTERNETZUGANG

An vielen Orten in der Stadt gibt es kostenloses WLAN: Forum, Portarata, Giardini, Flanatička, Kaštel und Narodni trg.

MEDIZINISCHE VERSORGUNG

Krankenhaus (☎052-376 500; Zagrebačka 30)

Touristennotdienst (☎052-210 085; Flanatička 27; ⏲Mo–Fr 8–21.30 Uhr)

POST

Hauptpost (Danteov trg 4; ⏲Mo–Fr 7–20, Sa 7–14 Uhr) Von hier kann man auch seine Liebsten zu Hause anrufen. Unbedingt einen Blick auf die coole Treppe im Gebäudeinneren werfen!

REISEBÜROS

Active Travel Istra (☎052-211 889; www.activa-istra.com; Scalierova 1) Ausflüge in ganz Istrien, Abenteuertouren und Konzertkarten.

Arenaturist (☎052-529 400; www.arenaturist.hr; Riviera Guest House, Splitska 1a) Reserviert Zimmer in den Hotels, die unter der Leitung von Arenaturist stehen, vermittelt Guides und Ausflüge.

IstrAction (☎095 700 7822; www.istraction.com; Kolodvorska 5) Organisiert halbtägige Touren zum Rt Kamenjak und rund um die Befestigungsanlagen von Pula sowie Tagesausflüge zu mittelalterlichen Sehenswürdigkeiten in ganz Istrien.

Maremonti (☎052-384 000; www.maremonti-istra.hr; Flavijevska 8) Buchung von Unterkünften, Auto- und Motorrollerverleih (150–300 Kn/Tag), Fahrradverleih (75 Kn/Tag); geführte Radtouren durch Pula (300 Kn).

TOURISTENINFORMATION

Touristeninformation (☎052-219 197; www.pulainfo.hr; Forum 3; ⏲9–21 Uhr) Sachkundige, freundliche Mitarbeiter versorgen Traveller mit Karten, Broschüren und dem Veranstaltungskalender für Pula und Istrien. Besonders nützlich sind die beiden Heftchen *Domus Bonus* mit den besten Privatvermietern in Istrien und *Istra Gourmet*, in dem alle Restaurants aufgelistet sind.

ℹ An- & Weiterreise

BUS

Der **Busbahnhof** (☎060 304 091; Šijanska 4) von Pula liegt 500 m nordöstlich des Zentrums. Wer Gepäck verstauen will, kann die **garderoba** (2,50 Kn/Std; ⏲24 Std.) nutzen. Die Busse fahren fast stündlich von hier nach Rijeka (97 Kn, 1½ Std.). Im Sommer sollte man besser einen Tag vorher einen Platz reservieren und aufpassen, dass man auf der rechten Seite sitzt – wegen des tollen Blicks auf die Kvarner Bucht.

FLUGZEUG

Pulas Flughafen (☎052-530 105; www.airport-pula.hr) befindet sich 6 km nordöstlich der Stadt. Es gibt einen Flug pro Tag nach Zagreb (40 Min.). Im Sommer werden Billig- und Charterflüge von den wichtigsten europäischen Städten angeboten, u. a. Ryanair und Germanwings. **Croatia Airlines** (☎062 500 505; www.croatiaairlines.hr; Valtursko polje 210) hat ein Büro am Flughafen.

SCHIFF/FÄHRE

Pulas Hafen liegt direkt westlich des Amphitheaters und nur 500 m südwestlich vom Busbahnhof. Bei **Jadroagent** (☎052-210 431; www.jadroagent.hr; Riva 14; ⏲Mo–Fr 7–15 Uhr) gibt's Fahrpläne und Tickets für Jadrolinija-Schiffe, die zwischen Istrien und den Inseln verkehren und nach Südkroatien schippern.

Commodore Cruises (☎052-211 631; www.commodore-travel.hr; Riva 14) Hier bekommt man Tickets für das von Juni bis September jeden Mittwoch nach Venedig fahrende Schiff (540 Kn, 3½ Std.).

BUSSE AB PULA

ZIEL IM INLAND	PREIS (KN)	DAUER	HÄUFIGKEIT (TGL.)
Dubrovnik	600	15 Std.	1-mal
Labin	42	45 Min.	10-mal
Poreč	72	1 Std.	7-mal
Rijeka	97	2½ Std.	9-mal
Rovinj	38	45 Min.	17-mal
Split	392	10 Std.	3-mal
Zadar	255	7 Std.	3-mal
Zagreb	190	4 Std.	11-mal

ZIEL IM AUSLAND	PREIS (KN)	DAUER	HÄUFIGKEIT
Ljubljana	165	5 Std.	1-mal tgl.(nur im Sommer)
Mailand	424	9½ Std.	1-mal wöchentl.
Padua	235	6 Std.	1-mal tgl. (außer So)
Triest	107	3 Std.	2-mal tgl.
Venedig	171	5 Std.	1-mal tgl. (außer So)

ZUG

Der Bahnhof liegt knapp 1 km nördlich der Stadt unweit des Meeres an der Kolodvorska. Es gibt täglich eine Direktverbindung nach Ljubljana (180 Kn, 4½ Std.) und drei Züge nach Zagreb (160 Kn, 9 Std.), aber einen Teil der Reise (von Lupoglav nach Rijeka) muss man im Bus zurücklegen. Jeden Tag verkehren drei Züge nach Buzet (56 Kn, 2 Std.).

Unterwegs vor Ort

Vom Busbahnhof fährt mehrmals wöchentlich ein Bus zum Flughafen (30 Kn), zeitlich passend zu den Ryanair-Flügen. Am Busbahnhof nachfragen! Die Taxifahrt kostet etwa 120 Kn.

Wichtige Buslinien für Traveller sind die Nr. 1 zum Campingplatz in Stoja und die Nr. 2A und 3A nach Verudela. Die Busse fahren alle 15 bis 30 Minuten (5–22.30 Uhr). Fahrkarten gibt es in den *tisak* (Zeitungskiosks) für 6 Kn oder beim Fahrer für 11 Kn.

Brijuni-Inseln

Der Brijuni-Archipel (ital. Brioni) umfasst zwei mit Pinien bestandene Hauptinseln und zwölf kleinere Inseln. Die Eilande befinden sich unweit der istrischen Küste nordwestlich von Pula auf der anderen Seite des 3 km breiten Fažana-Kanals. Nur die größte Insel Veli Brijun kann besucht werden. Die Inseln sind mit Wiesen, Parks, Eichen- und Lorbeerwäldern überzogen. Auch einige seltene Pflanzen wie Gurkenartige und Kaktusfeigen gedeihen hier. 1983 wurden die Brijuni-Inseln zu einem Nationalpark erklärt.

Archäologische Funde lassen auf eine Besiedlung schon vor über 2000 Jahren schließen. Bekanntheit erlangten die Inseln allerdings erst durch den früheren jugoslawischen Staatspräsidenten Tito, der sie zu seiner Privatresidenz erkor.

In der Zeit von 1947 bis kurz vor seinem Tod 1980 verbrachte Tito jedes Jahr sechs Monate auf den Brijuni-Inseln. Er ließ subtropische Pflanzen hierher bringen und anpflanzen. Außerdem wurde ein Safaripark für die exotischen Tiere angelegt, die er von den Staatsoberhäuptern aus aller Welt als Geschenk erhielt. Die hier grasenden Somaliaschafe stammen aus Äthiopien, einer der sambischen Präsidenten schenkte ihm Wasserböcke.

In seiner Sommerresidenz gab Tito opulente Empfänge für 90 Staatsoberhäupter und eine Schar von Filmstars. Bijela Vila auf der Insel Veli Brijun war Titos „Weißes Haus"; dort wurden Erlasse ausgestellt und Erklärungen abgegeben; außerdem fand hier das gesellschaftliche Leben statt. Die Inseln werden immer noch für offizielle Staatsbesuche genutzt, wandeln sich aber allmählich zum Ziel reicher Jachtbesitzer aus aller Welt. Gekrönte Häupter obskurer Königreiche verbringen hier ihre Ferien ebenso wie Millionäre, die den verblichenen Glanz der Inseln wieder aufleben lassen.

Jedes Jahr in den Sommermonaten pilgern Theaterliebhaber zur Festung Minor auf der Insel Mali Brijun, um den Aufführungen des **Ulysses-Theaters** (www.ulysses.hr) beizuwohnen.

Sehenswertes

Nach einer 15-minütigen Überfahrt von Fažana legt das Schiff in Veli Brijun vor dem Hotel Neptun-Istra an. Hier stiegen einst Titos illustre Gäste ab. Begleitet von einem Reiseführer kutschiert eine Bimmelbahn die Besucher drei Stunden über die Insel. Die Tour beginnt mit einem Besuch des 9 ha großen **Safariparks**. Weitere Zwischenstopps sind die Ruinen einer **römischen Villa** aus dem 1. Jh. n. Chr., das **Archäologische Museum** in einer Festung aus dem 16. Jh. und die Kirche **Sveti Germana**. Das Gotteshaus dient heute als Kunstgalerie, die Nachbildungen mittelalterlicher Fresken aus istrischen Kirchen zeigt.

Interessant ist die Ausstellung **Tito auf Brijuni** in einem Gebäude hinter dem Hotel Karmen. Im Erdgeschoss befindet sich eine Sammlung ausgestopfter Tiere. Oben hängen Fotos von Tito in Begleitung diverser Filmstars wie Josephine Baker, Sophia Loren, Elizabeth Taylor und Richard Burton und Staatsoberhäupter wie Indira Gandhi und Fidel Castro. Draußen steht der 1953er-Cadillac, mit dem Tito seine berühmten Gäste über die Insel fuhr. Besucher können sich in der Limousine ablichten lassen; ein Foto kostet 55 Kn. Wer möchte, kann den Wagen auch eine halbe Stunde für „nur" 2750 Kn mieten. Preiswerter ist es jedoch, sich ein Fahrrad (Std./Tag 35/110 Kn) oder ein Elektroauto (300 Kn/Std.) auszuleihen, um damit die Insel zu erkunden.

Schlafen & Essen

Auf Veli Brijun gibt es keine Privatunterkünfte. Das Büro des Nationalparks vermittelt jedoch drei luxuriöse Villen (7660 Kn/Tag). Der Fährpreis vom und zum Festland ist in den nachstehenden Hotelpreisen bereits enthalten. Die Hotelrestaurants sind außerdem die einzige Verpflegungsoption. Auf Mali Brijun besteht keine Übernachtungsmöglichkeit.

Hotel Neptun-Istra HOTEL €€€
(052-525 807; www.brijuni.hr; EZ/DZ 840/1430 Kn; @) Das Nonplusultra der sozialistischen Vorstellung von Eleganz. Zwar wurde das Hotel auf Vordermann gebracht und ist komfortabel, aber die Zimmer haben ihr schlichtes, zweckmäßiges Ambiente behalten; alle verfügen über Balkons, einige über solche mit Blick ins Grüne. Man kann sich Titos berühmte Gästeschar hier gut vorstellen.

Hotel Karmen HOTEL €€€
(052-525 807; www.brijuni.hr; EZ/DZ 600/1000 Kn; @) Designer und Architekten aus Zagreb kommen wegen des authentischen sozialistischen Stils scharenweise zu dem Hotel am Hafen. Es wirkt „übrig geblieben" und waschecht, als ob es fest in den 1950er-Jahren verankert wäre.

An- & Weiterreise

Im Hafen von Pula legt eine Reihe von Ausflugsbooten zu den Inseln ab. Wer keinen Ausflug bei den Reisebüros in Pula, Rovinj oder Poreč buchen möchte, kann den Bus 21 von Pula nach Fažana nehmen (15 Kn, 8 km) und sich dann beim **Büro des Nationalparks** (052-525 888; www.brijuni.hr; geführte Touren 125–210 Kn) unweit des Kais zu einer Tour anmelden. Im Juli und August kostet eine solche Fahrt 210 Kn pro Person (Kind 105 Kn). Besonders in der Hauptsaison empfiehlt es sich, im Voraus zu buchen.

Ausflugsfahrten zu den Brijuni-Inseln werden im Hafen von Pula angeboten. Viele der zweistündigen Panoramafahrten von Pula nach Brijuni (150 Kn) halten allerdings nicht an den Inseln; die Ausnahmen bilden Martinabela und Arena.

Rovinj

14 365 EW.

Rovinj (ital. Rovigno) ist Istriens bekanntestes Touristenziel. Besonders im Sommer ist die Stadt von Besuchern überlaufen; die Einheimischen wissen genau, wie sich daraus Kapital schlagen lässt – indem sie nämlich die Unterkünfte in Vier-Sterne-Hotels und die Lokale in Edelrestaurants verwandeln. Trotz allem begeistert die Stadt immer noch, wohl auch, weil sie einen der letzten echten Fischereihäfen im Mittelmeerraum besitzt. Am frühen Morgen landen die Fischer ihren Fang an, gefolgt von einem Schwarm kreischender Möwen. Vor dem Mittagessen kann man den Männern beim Flicken ihrer Netze zuschauen. In der wuchtigen Euphemia-Kirche, deren 60 m hoher Turm die Halbinsel überragt, beten die Fischer für einen guten Fang. Bewaldete Hügel und flache Hotels umgeben die von steilen, kopfsteingepflasterten Gassen und

Plätzen durchzogene Altstadt. Die 14 vorgelagerten grünen Inseln des Rovinj-Archipels sind einen netten Nachmittagsausflug wert; zu den beliebtesten Inseln gehören Sveta Katarina und Crveni Otok (Rote Insel) auch bekannt als Sveti Andrija.

Die Altstadt nimmt die eiförmige Halbinsel ein. 1,5 km südlich der Altstadt beginnen der Waldpark Punta Corrente und das bewaldete Kap Zlatni Rat (Goldenes Kap) mit uralten Eichen und Kiefern und mehreren großen Hotels. Die Stadt besitzt zwei Häfen – den offenen im Norden und den kleinen, geschützten im Süden.

Geschichte

Rovinj war ursprünglich eine Insel. Slawen siedelten hier im 7. Jh. und lebten vom Fischfang. Im Lauf der Zeit entwickelte sich der Ort zu einer bedeutende Hafenstadt. Im Jahr 1199 unterzeichnete Rovinj einen wichtigen Vertrag mit Dubrovnik, um seinen Seehandel zu schützen; im 13. Jh. zwang die Bedrohung durch Piraten die Stadt aber dazu, sich hilfesuchend an Venedig zu wenden.

Vom 16. bis zum 18. Jh. wuchs die Bevölkerung durch den Zustrom von Immigranten, die auf der Flucht vor den Türken waren. Die Osmanen waren in Bosnien und auf dem kroatischen Festland eingedrungen. Die Stadt begann sich über die venezianischen Stadtmauern hinaus auszudehnen, im Jahr 1763 wurde die Insel schließlich mit dem Festland verbunden.

Noch im 17. Jh. blühte Rovinjs Seehandel, doch dies änderte sich 1719, als Österreich Triest und Rijeka zu Freihäfen erklärte. Dies versetzte der Stadt einen herben Rückschlag. Das Aufkommen von Dampfschiffen, die den Segelschiffen große Konkurrenz machten, schadete zudem der Werftindustrie; bereits Mitte des 19. Jhs. war Pulas Schiffswerft bedeutender als die von Rovinj. Wie auch der Rest von Istrien befand sich auch Rovinj abwechselnd unter österreichischer und italienischer Herrschaft, bevor es Teil des neu gegründeten Jugoslawien wurde. Noch heute lebt aber eine bedeutende italienische Gemeinde in der Stadt, die einen ganz eigenen Dialekt spricht.

Sehenswertes

★Kirche der hl. Euphemia — KIRCHE

(Sveta Eufemija; Petra Stankovića; ⏲Juni–Sept. 10–18 Uhr, Mai bis 6 Uhr, April bis 14 Uhr) Die imposante Kirche, die die Altstadt aufgrund ihrer Lage auf einer Anhöhe in der Mitte der Halbinsel dominiert, ist das Vorzeigeobjekt der Stadt. Sie wurde 1736 als größtes Barockgebäude Istriens errichtet und erinnert an das 18. Jh., als Rovinj die größte Stadt der Region war.

Sehenswert ist das marmorne **Grab der hl. Euphemia** hinter dem rechten Altar. Rovinjs Schutzpatronin wurde wegen ihres christlichen Glaubens von Kaiser Diokletian gefoltert und im Jahr 304 den Löwen zum Fraß vorgeworfen. Der Legende zufolge verschwand ihr Sarkophag samt Leichnam in einer stürmischen Nacht und tauchte in einem Schiff vor der Küste von Rovinj wieder auf. Die Bewohner der Stadt versuchten vergeblich, den schweren Sarkophag an Land zu ziehen, bis ein kleiner Junge mit zwei Kälbern auftauchte und ihn auf den Gipfel des Hügels schleppte, wo er sich noch immer in der heutigen Kirche befindet. Am Jahrestag ihres Märtyrertodes (16. Sept.) versammeln sich dort die Gläubigen. Die Spitze des 60 m hohen Glockenturms wird von einer Kupferstatue der hl. Euphemia gekrönt, die sich im Wind dreht. Die Besichtigung des Turms (Aufgang links vom Altar) kostet 15 Kn.

Batana-Museum — MUSEUM

(Pina Budicina 2 Erw./Lizenz 10/5 Kn, inkl. Führung 15 Kn; ⏲10–14 & 19–23 Uhr) Das Museum am Hafen ist der *batana* gewidmet, dem flachen Fischerboot, das als Symbol für Rovinj als Stadt der Seefahrer und Fischer gilt. Die Multimedia-Ausstellung in dem Stadthaus aus dem 17. Jh. bietet interaktive Objekte, sehr gute Texte zur Erklärung und Hörproben der *bitinada*, der typischen Lieder der Fischer. Sehenswert ist auch der *spacio*, der Keller, wo einst der Wein gelagert, probiert und verkauft wurde; hier trafen sich früher die Einheimischen (geöffnet Di & Do).

Grisia — STRASSE

Das kleine, kopfsteingepflasterte Gässchen Grisia führt den Hügel zur Kirche der hl. Euphemia hinauf. Es wird von zahlreichen Galerien gesäumt, in denen einheimische Künstler ihre Werke zum Verkauf anbieten. Die engen, gewundenen Seitenstraßen um die Grisia herum sind unbedingt einen Abstecher wert. Fenster, Balkone, Tore und Plätze zeigen eine hübsche Mischung aus verschiedenen Baustilen – Einflüsse der Gotik, der Renaissance, des Barock und des Neoklassizismus sind unübersehbar. Interessant sind auch die einzigartigen *fumaioli* (Außenkamine). Sie sind Resultat der explosionsartig angestiegenen Bevölkerungszah-

Rovinj

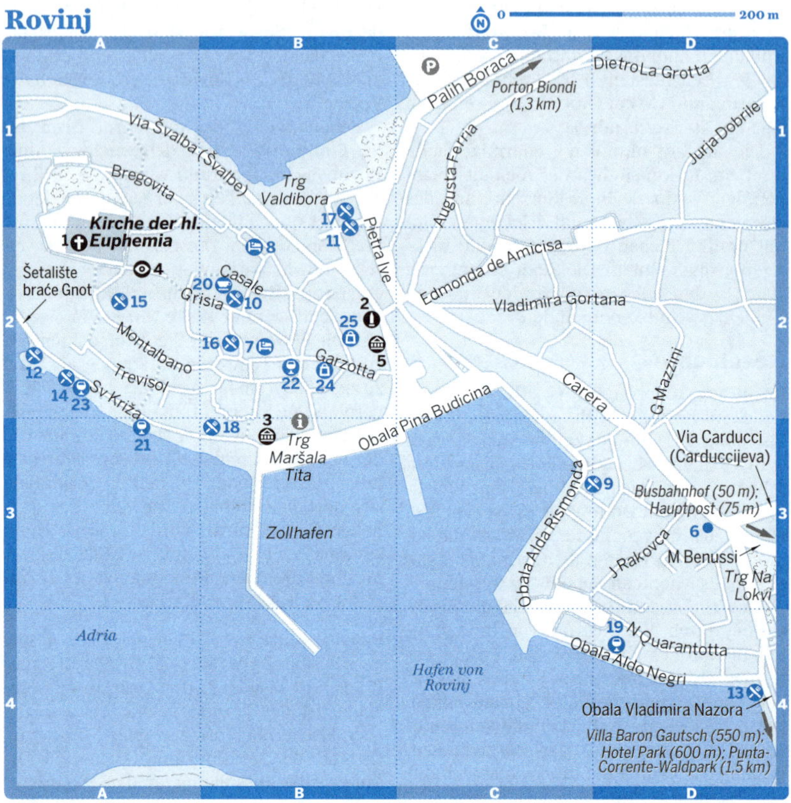

len, als ganze Familien in einem einzigen Zimmer mit Feuerstelle leben mussten.

Punta-Corrente-Waldpark PARK
Zu Fuß oder per Rad geht es am Hotelpark vorbei Richtung Süden am Ufer entlang, bis man nach ca. 1,5 km den Waldpark erreicht, den die Einheimischen Zlatni Rt nennen. Hier gibt es Eichen, Pinien und – angeblich – zehn verschiedene Zypressenarten. Angelegt wurde der Park 1890 von Baron Hütterott, einem österreichischen Admiral, der auf Crveni Otok eine Villa besaß. Man kann abseits der Felsen baden oder einfach nur dasitzen und den Blick auf die vorgelagerten Inseln genießen.

Heimatmuseum MUSEUM
(www.muzej-rovinj.com; Trg Maršala Tita 11; Erw./erm. 15/10 Kn; ⌚ Juni–Sept. Di–So 10–14, 18–22 Uhr, Okt.–Mai So geschl.) Das Museum in einem barocken Gebäude umfasst eine Sammlung zeitgenössischer Kunst und alter kroatischer Meister, archäologische Funde und eine Abteilung zur Seefahrt. Manchmal gibt es Sonderausstellungen.

Balbi-Bogen BAUDENKMAL
Der kunstvoll gestaltete Balbi-Bogen wurde im Jahr 1679 an der Stelle des ehemaligen Stadttors errichtet. Oben ist der Bogen mit Köpfen geschmückt; nach außen mit einem türkischen und nach innen mit einem venezianischen Kopf.

Aktivitäten

Die meisten Leute steigen in ein Boot, wenn sie **schwimmen**, **schnorcheln** und **sonnenbaden** wollen. Bootsausflüge nach Crveni Otok oder Sveta Katarina kann man problemlos bei den Anbietern an der Promenade organisieren.

Nadi Scuba Diving Centar (✆052-813 290; www.scuba.hr) und **Petra** (✆052-812 880; www.divingpetra.hr) bieten täglich Tauchausflüge an. Die Hauptattraktion ist das **Wrack**

Rovinj

Highlights
1 Kirche der hl. Euphemia ... A2

Sehenswertes
2 Balbi-Bogen ... B2
3 Batana-Museum ... B3
4 Grisia ... A2
5 Heimatmuseum ... B2

Aktivitäten, Kurse & Touren
6 Adistra ... D3

Schlafen
7 Casa Garzotto ... B2
8 Villa Valdibora ... B2

Essen
9 Kantinon ... D3
10 Da Sergio ... B2
11 Grota ... B2
12 Puntulina ... A2
13 Maestral ... D4
14 Male Madlene ... A2
15 Monte ... A2
16 Ulika ... B2
17 Gemüsemarkt ... B1
18 Veli Jože ... B3

Ausgehen & Nachtleben
19 Havana ... D4
20 Limbo ... B2
21 Monte Carlo ... A3
22 Piassa Granda ... B2
23 Valentino ... A2

Shoppen
24 Galerija Brek ... B2
25 Zdenac 13 ... B2

der **Baron Gautsch**, ein österreichisches Passagierschiff, das 1914 durch eine Seemine sank und nun hier in 40 m Tiefe liegt.

Es gibt 80 **Kletterrouten** in einem alten venezianischen Steinbruch im Punta-Corrente-Waldpark (Zlatni Rt); viele der Routen sind auch für Anfänger geeignet.

Eine **Radtour** rund um Rovinj und durch den Punta-Corrente-Waldpark ist eine tolle Nachmittagsbeschäftigung.

Vogelliebhaber können mit dem Fahrrad zum **Vogelschutzgebiet** im Marschgebiet von Palud, 8 km südwestlich von Rovinj, radeln.

Geführte Touren

Die meisten Reisebüros bieten Tagesausflüge nach Venedig (390–520 Kn), zu den Plitvicer Seen (550–600 Kn) und den Brijuni-Inseln (380–470 Kn) an. Es gibt auch Ausflüge mit Fischpicknick (250 Kn), Panorama-Bootsfahrten (100 Kn) und Ausflüge zum Limski-Kanal (150 Kn). Die Touren können etwas billiger sein, wenn man bei einem der privaten Anbieter an der Promenade bucht.

Delfin GEFÜHRTE TOUREN
(052-848 265) Zuverlässiger freier Veranstalter an der Promenade.

Adistra KAJAKFAHREN
(095 838 3797; www.adistra.hr; Carera 69) Adistra organisiert Kajaktouren, u. a. einen 9 km langen Trip durch das Rovinj-Archipel und einen 14 km langen Ausflug zum Limski-Kanal. Beide Touren kosten 280 Kn, im Preis enthalten sind ein Mittagspicknick und Schnorchelausrüstung. Im Angebot sind auch Paddeltouren bei Sonnenuntergang (190 Kn) – komplett mit Wein, Käse und Oliven.

White Dust Sailing BOOTSFAHRT
(www.whitedust-sailing.com) Eine einzigartige Erfahrung ist ein Segeltörn mit White Dust Sailing. Im Angebot sind traumhafte Tagesausflüge und Wochentörns mit besonderen Schwerpunkten (Abenteuer, Familie, Gastronomie). Durch kaum befahrene Gewässer wird zu abgelegenen Stränden gesegelt. In der Hauptsaison kostet ein Törn ab 500 €.

Feste & Events

Zu den jährlichen Veranstaltungen gehören mehrere Regatten zwischen Ende April bis August. Immer dienstags und donnerstags von Juni bis Mitte September gibt es die **Prozession der Batanas**, die im Laternenschein stattfindet. Sie beginnt um 20.30 Uhr und kostet 60 Kn oder für die Bootsfahrt inklusive Abendessen in einem traditionellen Lokal 220 Kn. Es ist sinnvoll, das Ganze ein paar Tage vorher im Haus der Batana zu buchen. Sonntags und mittwochs findet im Sommer vor dem Museum auch ein traditionelles Fest der Fischer mit *bitinada*-Musik und preiswerten Fisch-Snacks statt.

Avantgarde Jazzfestival JAZZ
(www.avantgardejazzfestival.com; Mai–Juli) Bei diesem Festival treten große Stars des Jazz in der alten Tabakfabrik an der Promenade und auf dem Hauptplatz auf. Das Festival findet von Mai bis Juli statt.

Rovinj Summer Festival MUSIK
(⏲ Juli & Aug.) Zu dem Fest in Rovinj gehören auch zahlreiche Klassikkonzerte in der Kirche der hl. Euphemia und im Franziskanerkloster.

Grisia Art Show KULTUR
(⏲ Aug.) Am zweiten Sonntag im August findet die bekannteste Veranstaltung Rovinjs statt. Dann wird die enge Grisia zu einer Kunstmeile unter freiem Himmel. Jeder, Kinder ebenso wie professionelle Künstler, zeigt seine Arbeiten in Kirchen, Galerien und auf der Straße.

Schlafen

Scharen von Sommerurlaubern haben Rovinj zu ihrem Lieblingsziel erkoren. Daher empfiehlt es sich, im Voraus zu buchen. Die Preise sind stetig gestiegen und werden dies wohl weiter tun.

In der Altstadt gibt es nur wenige und teure Privatunterkünfte, außerdem keinerlei Parkmöglichkeiten. Doppelzimmer kosten in der Hauptsaison ab 220 Kn, bei Einzelbelegung wird ein kleiner Aufpreis erhoben. Apartments für zwei Personen sind ab 330 Kn zu haben. Außerhalb der Hauptsaison sinken die Preise normalerweise beträchtlich.

Wer weniger als drei Nächte bleibt, zahlt 50 % mehr; Gäste, die nur eine Nacht bleiben, werden mit einem Aufpreis von 100 % „bestraft". Wer nicht in den Sommermonaten anreist, hat ganz gute Chancen, um den Aufpreis herumzukommen (das sollte man aber unbedingt aushandeln!). Die Unterkünfte können direkt bei den Reisebüros gebucht werden.

Die meisten Hotels und Campingplätze in der Region werden von **Maistra** (www.maistra.com) gemanagt, einige sind privat geführte Betriebe.

Porton Biondi CAMPING €
(☎ 052-813 557; www.portonbiondi.hr; Aleja Porton Biondi 1; Stellplatz Pers./Zelt 53/40 Kn; ⏲ Mitte März–Okt.) Der Campingplatz am Strand bietet Platz für 1200 reisemüde Traveller und befindet sich etwa 700 m nördlich der Altstadt.

Polari Camping CAMPING €
(☎ 052-801 501; www.campingrovinjvrsar.com; Polari bb; Stellplatz Pers./Zelt 81/92 Kn; ⏲ April–Sept.; @ 📶 🏊) Der Platz am Strand liegt ca. 3 km südöstlich der Stadt und bietet Pools, Restaurants und Spielplätze.

Villa Baron Gautsch PENSION €€
(☎ 052-840 538; www.baron-gautsch.com; IM Ronjgova 7; EZ/DZ inkl. Frühstück 293/586 Kn; ❄ 📶) Die von Deutschen betriebene *pansion* an der von Bäumen gesäumten Straße zum Hotel Park hat 17 blitzblanke Zimmer. Einige besitzen eine Terrasse mit schönem Blick aufs Meer und die Altstadt. Das Frühstück wird auf einer kleinen Terrasse hinter dem Haus serviert. Nur Barzahlung (Kuna).

Monte Mulini HOTEL €€€
(☎ 052-636 000; www.montemulinihotel.com; A Smareglia bb; EZ/DZ 2600/3300 Kn; P ❄ @ 📶 🏊) Das elegante Hotel liegt oberhalb der ruhigen Lone-Bucht. Bis zur Altstadt sind es zehn Gehminuten an der Promenade „Lungomare" entlang. Die Zimmer haben Balkons mit Meerblick und eine hochwertige Ausstattung. Der Spa-Bereich ist hervorragend, ebenso wie das angesehene Lokal Wine Vault. Die Gestaltung der Anlage mit drei Außenpools ist großzügig und hell.

Hotel Lone DESIGNHOTEL €€€
(☎ 052-632 000; www.lonehotel.com; Luje Adamovića 31; EZ/DZ 1800/2300 Kn; P ❄ @ 📶) Das erste Designhotel Kroatiens, ein aufwendiger, komplett durchgestylter Bau mit 248 Zimmern, ist der Entwurf der kroatischen Stararchitekten 3LHD. Es steht oberhalb der Lone-Bucht wie ein Schiff, das im Wald gestrandet ist. Die lichtdurchfluteten Zimmer bieten eigene Terrassen und Fünf-Sterne-Komfort. Zur Anlage gehören ein paar Restaurants, ein großer Wellnessbereich und ein funkelnagelneuer Beach Club.

Villa Valdibora HOTEL €€€
(☎ 052-845 040; www.valdibora.com; Silvano Chiurco 8; EZ/DZ 1176/1568 Kn; ❄ 📶) Die elf Zimmer, Suiten und Apartments in dem Gebäude in der Altstadt haben kühle Steinfußböden und exklusive Annehmlichkeiten wie Hydromassage-Duschen. Außerdem gibt es einen Fitnessraum, Massagen (150–450 Kn) und Fahrräder für die Gäste.

Casa Garzotto PENSION €€€
(☎ 052-811 884; www.casa-garzotto.com; Via Garzotto 8; EZ/DZ inkl. Frühstück 1000/1221 Kn; P ❄ @ 📶) Die Zimmer und Apartments in diesem historischen Stadthaus weisen einen antiken Touch und viele Originaldetails wie Kamine und Holzbalken auf, bieten aber gleichzeitig auch hochmoderne Annehmlichkeiten. Die Nutzung der Fahrräder ist im Übernachtungspreis enthalten. Zur Anlage gehören noch drei weitere Häuser in der

Nähe; eines davon verfügt über einfachere Zimmer (830 Kn).

Hotel Istra HOTEL €€€

(052-802 500; www.maistra.com; Crveni Otok; EZ/DZ 1100/1400 Kn; P ❄ @ ≋) Zu den größten Vorzügen dieses Vier-Sterne-Hotels zählen ein angesehenes Wellness-Zentrum mit Spa und gute Einrichtungen für Kinder. Mit dem Schiff ist man in zehn Minuten dort. Ein Restaurant in einer alten Burg gehört ebenfalls zum Hotelkomplex.

Hotel Park HOTEL €€€

(052-808 000; www.maistra.com; IM Ronjgova bb; EZ/DZ 1100/1400 Kn; P ❄ @ ≋) Das Hotel liegt günstig und ist nicht weit vom Fähranleger nach Crveni Otok entfernt. Die Gäste schätzen die gebotenen Annehmlichkeiten: zwei Pools unter freiem Himmel, ein Fitnessraum mit Kursangeboten und eine Sauna. Die meisten Zimmer haben einen Balkon.

Essen

Wer gerne picknickt, kann sich im Supermarkt neben dem Busbahnhof oder in einem Konzum-Laden in der Stadt mit allen nötigen Vorräten eindecken. Für einen schnellen Imbiss gibt es an den Verkaufsständen beim **Gemüsemarkt** (7–18 Uhr) ein *burek* (Blätterteig mit Fleisch- oder Käsefüllung) zum Mitnehmen.

Die Restaurants am Hafen bieten die üblichen Fisch- und Fleischgerichte, die Preise sind jeweils ähnlich. Wer etwas anspruchsvollere Küche vorzieht, wird in der Hafengegend nicht fündig. Viele Restaurants haben nachmittags geschlossen.

Male Madlene TAPAS €

(052-815 905; Svetog Križa 28; Snacks ab 30 Kn; Mai–Sept. 11–14 & 19–23 Uhr) Ein wunderbares Plätzchen im winzigen, quasi über dem Meer hängenden Wohnzimmer der Besitzerin: Es gibt Fingerfood aus frischen Zutaten, die fantasievoll nach alten italienischen Rezepten zubereitet werden, z. B. mit Thunfisch gefüllte Zucchini, mit Ziegenkäse gefüllte Paprika und herzhafte Pasteten und Küchlein in Häppchenform. Eine Platte mit zwölf Snacks für zwei Personen kostet 100 Kn. Es werden auch gute offene Weine aus der Region ausgeschenkt. Abends sollte man reservieren.

Da Sergio PIZZERIA €

(Grisia 11; Pizzas 28–71 Kn; 11–15 & 18–23 Uhr) Das Warten auf einen Tisch in dieser altmodischen Pizzeria auf zwei Etagen lohnt sich. Die Einheimischen schwören auf die knusprige Pizza. Es soll die beste in ganz Rovinj sein. Sehr gut ist die Pizza „Gogo“ mit frischen Tomaten, Rucola und Schinken.

Konoba Bruna ISTRISCH €

(098 9567 836; Monsena 7a; Hauptgerichte ab 50 Kn; Mai–Sept. 17–23 Uhr) Wer eine ganz neue kulinarische Erfahrung machen möchte, stattet dem in Familienhand befindlichen *agroturizam* einen Besuch ab. Hier richtet man sich beim Zubereiten der Speisen nach der Saison. Es werden nur die eigenen Produkte – Gemüse, Fisch und Fleisch – verwendet und unter einer *peka* (gewölbte Haube, ab 110 Kn) gegart. Man sitzt an Tischen in einem Olivenhain, trinkt ab und zu einen selbst gebrannten *rakija* (Grappa; den mit Grenadine probieren!) und genießt die lässige Atmosphäre. Reservierung erforderlich. Mit einem Taxi ist man in nur fünf Minuten dort.

Grota SNACKS €

(Valdibora bb; Snacks ab 35 Kn; 7–19 Uhr) Das winzige, mit Fässern geschmückte Lokal direkt am Markt serviert tagsüber Snacks wie Käse- und Schinkenhäppchen mit sorgfältig ausgesuchten, dazu passenden Weinen aus der Region (der Inhaber ist Winzer). Nachmittags treffen sich hier Schleckermäuler zum After-Beach-Snack.

Maestral MEDITERRAN €

(Vladimira Nazora bb; Hauptgericht ab 45 Kn; 11–24 Uhr) Man sitzt draußen in der einfachen Taverne am Meer und genießt den schönen Blick auf die Altstadt und das gute, einfache Essen, bei dem auch der Preis stimmt. Ribarska pogača (ähnlich wie Pizza, belegt mit gesalzenem Fisch und Gemüse) ist z. B. sehr lecker. Das Lokal ist in einem alten Haus etwas abseits vom Touristenrummel.

Veli Jože SEAFOOD €

(Svetog Križa 3; Hauptgerichte ab 50 Kn; 11–23 Uhr) Gute istrische Standardgerichte, die entweder im witzig mit viel Schnickschnack eingerichteten Lokal oder an den wenigen Tischen im Freien mit Blick aufs Wasser serviert werden.

★ **Kantinon** SEAFOOD €€

(Alda Rismonda bb; Hauptgerichte ab 70 Kn; 12–23 Uhr) Das völlig umgemodelte Restaurant wird jetzt von einem herausragenden Team – einem der besten Köche Kroatiens und einem ebenso grandiosen Sommerlier –

geführt. Hier wird 100 % kroatisch gekocht. Alle Zutaten kommen aus der Region und sind absolut frisch. Die vielen Fischgerichte werden nach alten Fischerrezepten zubereitet. Unbedingt probieren sollte man die Sardinen *na savor*.

Ulika MEDITERRAN €€
(Porečka 6; Hauptgericht ab 100 Kn; ⏲12.30–15 & 18.30–24 Uhr) Versteckt in einer Gasse liegt die hübsche, kleine Taverne mit Sitzplätzen vor dem Haus. Hier hat man auf die allzu bekannte Standardkost (Pizza, Calamari, Ćevapčići) verzichtet, es gibt stattdessen etwas teurere, aber gute mediterrane Gerichte.

Monte MEDITERRAN €€€
(☎052-830 203; Montalbano 75; Hauptgericht ab 190 Kn; ⏲12–14.30 & 18.30–23 Uhr) Das Essen im besten Restaurant von Rovinj direkt unterhalb der Kirche der hl. Euphemia ist seinen Preis wert. Es macht Spaß, die auch optisch ansprechenden Gerichte auf der eleganten, verglasten Terrasse zu genießen. Wer hier nicht so viel ausgeben will, kann auch Pasta oder Risotto bestellen (ab 124 Kn).Wie wäre es mit Fencheleis als Dessert? In der Hauptsaison unbedingt vorher reservieren.

Puntulina MEDITERRAN €€€
(☎052-813 186; Svetog Križa 38; Hauptgericht ab 100 Kn; ⏲12–23 Uhr) Auf den drei Terrassen des Restaurants stehen fantasievoll zubereitete mediterrane Gerichte zur Auswahl. Die Nudelgerichte sind etwas günstiger (ab 70 Kn). Abends nimmt man sich ein Kissen und genießt entspannt einen Cocktail auf den Felsen unter dem renovierten Stadthaus. Reservierung ist empfehlenswert.

Ausgehen & Nachtleben

Limbo CAFÉ-BAR
(Casale 22b; ⏲10–1 Uhr) Gemütliche Café-Bar, in der man bei Kerzenlicht an kleinen Tischen und auf Kissen sitzt, die auf der Treppe zur Altstadt hinauf ausgelegt sind. Es gibt leckere Snacks und guten Prosecco.

Piassa Granda WEINBAR
(Veli trg 1; ⏲10–1 Uhr) In der schicken kleinen Weinbar mit roten Wänden und Holzbalkendecken stehen 150 Weine zur Auswahl, auch viele regionale, außerdem 20 Sorten *rakija* (kroatischer Grappa) und leckere Snacks.

Valentino COCKTAILBAR
(Svetog Križa 28; ⏲18–24 Uhr) Eine noble Bar mit entsprechenden Preisen für die Cocktails. Am felsigen Ufer liegen Kissen aus; dort sitzend kann man den fantastischen Sonnenuntergang genießen.

Havana COCKTAILBAR
(Aldo Negri bb; ⏲10–1 Uhr) In der beliebten Bar sitzt man unter Strohschirmen umgeben von hohen Pinien. In entspannter Atmosphäre schlürft man tropische Cocktails und raucht kubanische Zigarren.

Monte Carlo COCKTAILBAR
(Križa 21; ⏲10–1 Uhr) Die unauffällige Bar mit tollem Ausblick auf das Meer und die Insel Katarina gegenüber ist ruhiger und bodenständiger als das Valentino nebenan.

Shoppen

In Rovinj existieren zahllose Läden, die oft überteuerte Souvenirs anbieten. Ein paar heben sich positiv davon ab, u. a. die **Galerija Brek** (Fontica 2), die Arbeiten regionaler Künstler präsentiert, und **Zdenac 13** (Zdenac 13), wo es im Erdgeschoss eines schönen alten Hauses geschmackvolle Keramikgegenstände zu kaufen gibt.

Praktische Informationen

GELD

Es gibt im Ort eine Reihe von Banken mit Geldautomat. Die meisten Reisebüros und Hotels tauschen auch Geld um.

INTERNETZUGANG

A-mar (☎052-841 211; Carera 26; 10 Min. 6 Kn; ⏲9–22 Uhr) Günstige Lage. Kostenloses WLAN gibt es auch im Zentrum.

MEDIZINISCHE VERSORGUNG

Ambulanz (☎052-813 004; Istarska bb)

POST

Hauptpost (Matteo Benussi 4; ⏲Mo–Sa 8–21 Uhr)

REISEBÜROS

Globtour (☎052-814 130; www.globtour-turizam.hr; Alda Rismonda 2) Buchen von Ausflügen und privaten Unterkünften.

Kompas (☎052-813 211; www.kompas-travel.com; Trg Maršala Tita 5) Tagesausflüge.

Planet (☎052-840 494; www.planetrovinj.com; Svetog Križa 1) Vermittelt günstig Privatunterkünfte und betreibt ein Internetcafé (10 Min. 6 Kn); einen Drucker gibt's auch.

TOURISTENINFORMATION

Touristeninformation (☎052-811 566; www.tzgrovinj.hr; Pina Budicina 12; ⏲Juni–Sept. 8–22 Uhr, April–Mai & Okt.–Nov. bis 20 Uhr)

BUSSE AB ROVINJ

ZIEL	PREIS (KN)	DAUER	HÄUFIGKEIT (TGL.)
Dubrovnik	628	15–16 Std.	1-mal
Labin	80	1½–2 Std.	3-mal
Poreč	35–45	35–50 Min.	4-mal
Pula	35–45	50 Min.	11-mal
Rijeka	95–127	2½–3 Std.	4-mal
Split	444	11 Std.	1-mal
Triest (Italien)	100	2 Std.	2-mal
Zagreb	145–180	4–6 Std.	6-mal

Bietet eine große Auswahl von Infobroschüren und Karten. In unmittelbarer Nähe vom Platz Maršala Tita.

An- & Weiterreise

Der Busbahnhof liegt südöstlich der Altstadt. Dort gibt es eine **garderoba** für die Gepäckaufbewahrung (10 Kn/Tag; ⌚ 6.30–20 Uhr).

Unterwegs vor Ort

Diverse Fahrradvermieter bieten ihren Service im Ort an. Ein Rad kostet ca. 20 Kn pro Stunde oder 70 Kn pro Tag. Die Miete für einen Motorroller kostet etwa 240 Kn am Tag.

Rund um Rovinj

Crveni Otok & Sveta Katarina

Ein beliebter Tagesausflug von Rovinj aus ist die Bootsfahrt zur Insel Crveni Otok (Rote Insel). Das wundervolle Eiland ist nur 1900 m lang und besteht eigentlich aus zwei kleinen Inselchen, Sveti Andrija und Maškin, die durch einen Damm miteinander verbunden sind. Im 19. Jh. war die Insel Privateigentum des Barons Hütterott, der sie in einen üppigen baumreichen Park verwandelte. Heutzutage wird **Sveti Andrija** vom Istra-Hotelkomplex dominiert. Wegen der hübschen Kiesstrände und dank einem Spielplatz ist die Insel bei Familien sehr beliebt. **Maškin** ist etwas beschaulicher und waldreicher und besitzt viele einsame Buchten. Unbedingt an die Schnorchelausrüstung denken!

Genau gegenüber liegt die kleine Insel **Sveta Katarina**, die 1905 von einem polnischen Grafen mit Bäumen bepflanzt wurde und heute das **Hotel Katarina** (☎ 052-804 100; www.maistra.com; Otok Sveta Katarina; EZ/DZ 700/1000 Kn; P 📶 ❄) beherbergt.

In den Sommermonaten fahren stündlich von 5.30 Uhr bis Mitternacht Boote nach Sveta Katarina (hin & zurück 30 Kn, 10 Min.) und weiter nach Crveni Otok (hin & zurück 40 Kn, 15 Min.). Sie starten gegenüber vom Hotel Adriatic; aber auch am Bootsanlegeplatz Delfin in der Nähe des Hotels Park legen Boote ab.

Limski-Kanal

Der Kanal ist ca. 10 km lang und 600 m breit; die steilen Wände sind bis zu 100 m hoch. Die Bucht entstand während der letzten Eiszeit durch Flusserosion, als die Meeresoberfläche niedriger war. Am Ende der Eiszeit wurde der Meeresarm geflutet. Auf der Südseite des tiefgrünen Fjords befindet sich auf einem Hügel eine Höhle. Dort lebte im 11. Jh. der Einsiedler Romualdo, der hier Gottesdienste abhielt. Im Kanal darf geangelt werden, außerdem werden Austern und Muscheln gezüchtet. Ausflüge mit dem Boot sind möglich.

Hier findet man Souvenirstände und zwei Restaurants, die fangfrische Muscheln anbieten. Das **Viking** (Limski Kanal 1; Hauptgerichte ab 55 Kn; ⌚ 11–23 Uhr) hat eine Terrasse mit Blick auf den Fjord und ist das bessere von beiden Restaurants. Auf der Speisekarte stehen Austern (11 Kn/Stück), ausgezeichnete Jakobsmuscheln (22 Kn/Stück) sowie andere Muschelarten und Fischgerichte (Preis pro Kilo). Hinter dem zweiten Restaurant (namens Fjord) befinden sich ein Picknickplatz, ein Café mit Holztischen und -stühlen sowie eine Badebucht.

Kleine Ausflugsboote bieten einstündige Kanalfahrten an (75 Kn/Pers., verhandelbar). Im Juli und August verkehren sie häufig, im Juni und September dafür seltener. Bootsfahrten hierher können ab Rovinj, Pula oder Poreč gebucht werden. Wer auf eigene Faust unterwegs ist, folgt der Beschil-

ABSTECHER

MITTELALTERLICHES BALE

Im Südwesten Istriens zwischen Rovinj und Vodnjan liegt der mittelalterliche Ort Bale, ein echter Geheimtipp in Istrien. Er ist nur 7 km vom Meer entfernt und besteht aus einem Gewirr von Kopfsteinpflastergassen mit alten Stadthäusern rund um das erst kürzlich restaurierte Schloss. Das Gebäude ist ein Mix aus Gotik und Renaissance und befindet sich im Besitz der Familie Bembo. Dominiert wird der Ort von dem 36 m hohen Glockenturm der barocken Kirche St. Julian. Außerdem gibt es noch andere alte Kirchen und ein Rathaus mit einer Loggia aus dem 14. Jh. Der 9 km lange Küstenabschnitt mit seinen herrlichen, sanft abfallenden Stränden ist der naturbelassenste in ganz Istrien.

Bale ist Anziehungspunkt für Künstler und ähnlich Gesinnte, die die kraftvolle Energie, die der Ort auszustrahlen scheint, zu schätzen wissen. Das steht natürlich nicht in Touristenbroschüren, aber hier kann man Seelenverwandte treffen und viele Stunden mit Diskussionen, Träumen und Schreiben verbringen.

Das Boutiquehotel **La Grisa** (☎ 052-824 501; www.la-grisa.com; La Grisa 23; EZ/DZ 520/715 Kn; P ❄ 📶) hat 22 geschmackvoll eingerichtete Zimmer und Suiten in acht miteinander verbundenen Häusern am Rand der Altstadt. Dazu gehören ein ambitioniertes Restaurant (empfehlenswert sind die Gerichte mit *boškarin*, istrisches Rind) und ein kleines Spa mit Sauna, Jacuzzi und Massageangeboten (ab 150 Kn).

Wer über eine gut gefüllte Reisekasse verfügt, übernachtet in einem der vier Zimmer der exklusiven **Villa Meneghetti** (www.meneghetti.info; Zi. ab 1368 Kn; P ❄ 📶 ≋) in der Nähe von Bale. Das dazugehörige Restaurant ist bekannt für seine erstklassigen Gerichte, Weine und Olivenöle.

Lohnend ist ein Besuch im **Kamene Priče** (Steingeschichten; www.kameneprice.com; Castel 57; Gerichte ab 100 Kn), einer künstlerisch angehauchten Oase in alten Gemäuern. Eine echte Speisekarte gibt es in diesem Mix aus Restaurant-Bar-Veranstaltungsraum nicht. Was gekocht wird, hängt von der Jahreszeit und der Stimmung des Kochs ab. Die eigenwillige Dekoration, eine Fülle ungewöhnlicher Gegenstände und zwei Terrassen machen es zum perfekten Ort, um einen Tag zu verbummeln.

Das kleine, aber feine **Last Minute Open Jazz Festival** findet Anfang August statt. Zu anderen Zeiten gibt es Dichterlesungen, Theateraufführungen, Stand-up-Comedy … Im Kamene Priče ist eigentlich immer etwas los. Tomo, der Besitzer, weiß jede Menge über „das andere Gesicht von Bale". Wer bleiben will, kann in einem der vier Apartments im Obergeschoss übernachten (570 Kn/Nacht).

derung zum Limski-Kanal hinter dem kleinen Dorf Sveti Lovreč.

Poreč

16 700 EW.

Poreč (ital. Parenzo; zu römischer Zeit Parentium) und sein Umland haben sich ganz dem Tourismus verschrieben. Die alte römische Stadt bildet den Mittelpunkt eines dichten Netzes von Ferienorten, die sich entlang der Westküste Istriens nach Norden und Süden erstrecken. Die größte Ferienanlage ist Zelena Laguna, die alles bietet, was sich Urlauber wünschen.

Die Feriendörfer und Campingplätze ziehen vor allem Pauschalurlauber an. Nicht jedem gefallen die vielen Betonklötze und Ausflugsbusse. Doch sind in den Hotels, Restaurants, Touristeninformationen und Reisebüros fast durchweg freundliche, mehrsprachige Mitarbeiter beschäftigt, die sich sehr um die Gäste bemühen.

Dies ist zwar kein beschaulicher Rückzugsort (es sei denn, man kommt außerhalb der Saison), dafür gibt es aber eine Basilika, die zum UNESCO-Weltkulturerbe zählt, ein Potpourri aus gotischen, romanischen und barocken Gebäuden und eine gut ausgebaute touristische Infrastruktur. Außerdem ist das unberührte Landesinneren Istriens von hier aus gut zu erreichen. Die Stadt hat sich in den letzten Jahren zur gut besuchten Partyhochburg gemausert und zieht zahlreiche junge Leute – nicht nur aus Europa – an, die hier alle ausgelassen feiern wollen.

Geschichte

Porečs Küste ist – die Inseln mit eingerechnet – 37 km lang, die Altstadt liegt auf einer etwa 400 m langen und 200 m breiten Landzunge. Im 2. Jh. n. Chr. eroberten die

Römer die Region und machten Poreč zu einem wichtigen Verwaltungszentrum, von dem aus sie den gesamten Landstrich vom Limski-Kanal bis zum Fluss Mirna überwachen konnten. Die Römer waren auch für Porečs Stadtplanung verantwortlich, sie unterteilten die Stadt in rechteckige Parzellen mit dem Decumanus als Längs- und dem Cardo als Querachse.

Nach dem Zusammenbruch des Weströmischen Reiches fiel Poreč an das Oströmische Reich und gehörte vom 6. bis 8. Jh. zu Byzanz. Während dieser Zeit wurde die Euphrasius-Basilika mit ihren prächtigen Fresken gebaut. Im Jahr 1267 wurde Poreč von den Venezianern unterworfen.

Nach dem Fall Venedigs ging Poreč an die Habsburger, anschließend an Frankreich und danach wieder an Österreich. Von 1918 bis 1943 war die Stadt italienisch. Nach der Kapitulation Italiens wurde Poreč von den Deutschen eingenommen und 1944 von den Alliierten bombardiert. Nach dem Zweiten Weltkrieg gehörte Poreč zu Jugoslawien, heute liegt es in Kroatien.

Sehenswertes

Die kompakte Altstadt mit unzähligen Läden und Reisebüros befindet sich auf der Halbinsel. Bis heute durchzieht die alte römische Straße Decumanus mit ihren polierten Steinen als Hauptstraße die Halbinsel. Entlang der Uferstraße Maršala Tita findet man Hotels, Reisebüros und Ausflugsboote. Sie nimmt ihren Ausgang bei der Anlegestelle für kleine Boote und endet an der Spitze der Halbinsel.

★ Euphrasius-Basilika — BASILIKA

(Eufrazijeva bb; Erw./erm. 40/20 Kn; April–Sept. Mo–Sa 9–18, So 14–18 Uhr) Die bedeutendste Sehenswürdigkeit in Poreč ist die Euphrasius-Basilika (6. Jh.). Sie gehört zum UNESCO-Weltkulturerbe und ist eine der schönsten, vollständig erhaltenen Beispiele byzantinischer Kunst in Europa. Zum Kirchenkomplex, der an der Stelle eines Oratoriums (Kapelle) aus dem 4. Jh. errichtet wurde, gehören die Basilika, ein Atrium und ein Baptisterium. Was die Touristen in Scharen anzieht, sind vor allem die prächtigen **Mosaiken** in der Apsis, ein Meisterwerk aus dem 6. Jh. Es sind Darstellungen biblischer Szenen, von Erzengeln und istrischen Märtyrern. Besonders bemerkenswert ist links die Darstellung von Bischof Euphrasius, der den Bau der Basilika in Auftrag gab und deren Modell er in der Hand hält. Vom **Glockenturm** aus, der über das achteckige Baptisterium zugänglich ist, hat man einen schönen Rundblick über die Altstadt. Nicht versäumen sollte man einen Rundgang durch den **Bischofspalast** nebenan. Hier sind antike Skulpturen ausgestellt, religiöse Gemälde und Mosaiken des 4. Jhs. aus dem Vorgängerbau der Basilika.

Trg Marafor — PLATZ

Auf dem Trg Marafor befand sich in römischer Zeit das Forum, wo u.a. öffentliche Versammlungen stattfanden; an der nördlichen Häuserreihe des Platzes ist noch die antike Steinpflasterung erhalten geblieben. Westlich des rechtwinkligen Platzes schließt sich ein kleiner Park an; hier sind Teile eines **Neptuntempels** aus dem 2. Jh. zu sehen.

Venezianische Türme — RUINE

Von der Stadtmauer sind inzwischen nur noch drei Türme erhalten geblieben, die im 15. Jh. unter venezianischer Herrschaft errichtet wurden: Der gotische **Fünfeckige Turm** befindet sich am Anfang des Decumanus; der **Rundturm** erhebt sich auf dem Narodni trg, und der **Nordturm** ist in der Peškera-Bucht zu sehen.

Sveti Nikola — INSEL

Auf dieser kleinen Insel auf der anderen Seite des Hafens von Poreč gibt es zahlreiche Kies- und Betonstrände, die von felsigen Wellenbrechern geschützt werden, sowie schattige, ausgedehnte Pinienwälder und viele großartige Ausblicke auf die Stadt. Von Mai bis Oktober verkehren regelmäßig **Passagierboote** (Erw./erm. 20/10 Kn) nach Sveti Nikola. Sie legen etwa alle 30 Minuten (6.45–1 Uhr) vom Fähranleger an der Maršala Tita ab.

Aktivitäten

Außerhalb der Stadt kann man fast jeder Art von Freizeitaktivität nachgehen – entweder in der Plava Laguna oder in der Zelena Laguna. Die meisten Sport- und Freizeitzentren – es gibt etwa 20 – sind den Hotels angegliedert und verfügen über Tennisplätze, Basketball- und Volleyballfelder. Wer will, kann Windsurfen, Rudern, einen Bungee-Sprung machen, Paintball oder Golf spielen, Wasserski fahren, fallschirmspringen, Gokart fahren oder sich ein Boot oder Kanu ausleihen. Bei schlechtem Wetter kann man ins Fitnessstudio gehen oder sich in einem Wellnesscenter eine Massage gönnen. Bei der Touristeninformation gibt es

Poreč

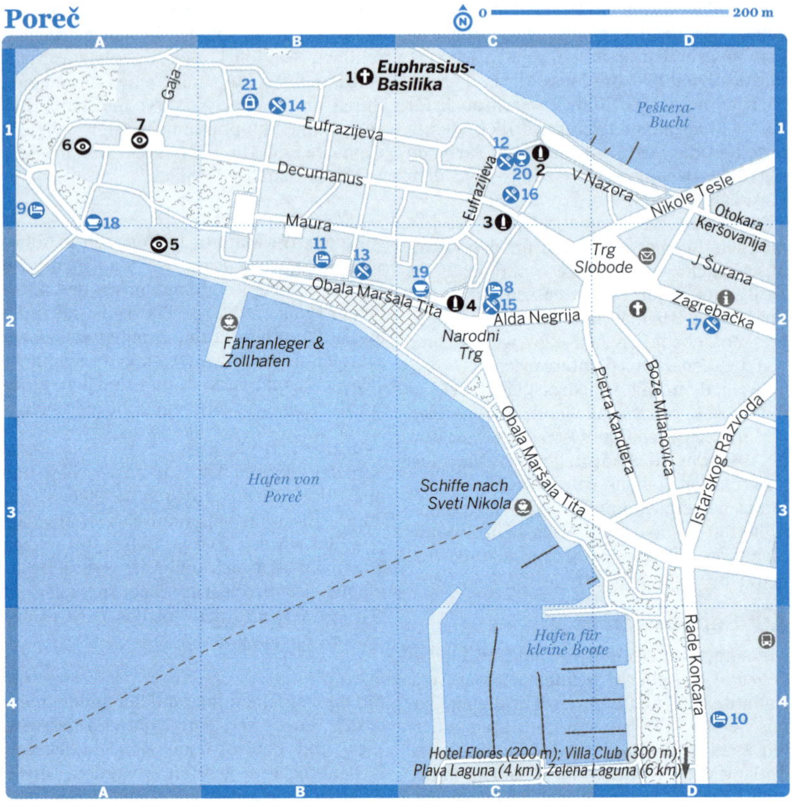

die jährlich erscheinende Broschüre *Poreč Info & Events*, in der sämtliche Freizeitangebote in der Stadt aufgelistet sind.

Die gut ausgeschilderten Wege bieten viele Möglichkeiten, die Hügellandschaft im Landesinneren im Rahmen einer **Rad- oder Wandertour** zu erkunden. Bei der Touristeninformation ist zudem eine kostenlose Karte erhältlich, die alle Straßen und Fahrradwege verzeichnet und Routenvorschläge ab Poreč anbietet. Zahlreiche Agenturen vermieten Fahrräder.

Die Untiefen und Sandbänke vor der Stadt sind ideal zum **Tauchen**. Ein ganz besonderes Taucherlebnis stellt das Wrack eines Kriegsschiffs der British Royal Navy dar, die *Coriolanus*. Im **Tauchzentrum Poreč** (☎052-433 606; www.divingcenter-porec.com) muss man für einen Tauchgang vom Boot ab 135 Kn hinlegen (teurer ist dagegen das Höhlen- oder Wracktauchen); eine komplette Tauchausrüstung kann man sich für 355 Kn ausleihen.

Feste & Events

Poreč Annale KULTUR
(Juli & Aug.) Eine der ältesten Ausstellungen zeitgenössischer Kunst in Kroatien. Sie ist stets einem bestimmten Thema gewidmet.

Straßenkunst-Festival THEATER
(Aug.) Das einwöchige Straßenkunst-Festival zieht im August internationale Künstler an, die die Straßen der Altstadt in eine Bühne verwandeln. Geboten wird von Akrobatik über Theater bis zu Musik so ziemlich alles.

Klassische Konzerte MUSIK
(www.concertsinbazilika.com; Juli & Aug.) Im Sommer werden in der Euphrasius-Basilika mehrmals pro Woche Klassikkonzerte veranstaltet. Karten sind eine Stunde von Konzertbeginn an der Basilika erhältlich.

Jazzkonzerte MUSIK
(www.jazzinlap.com; Juni–Aug.) Von Ende Juni bis Ende August finden im Innenhof

Poreč

Highlights
1 Euphrasius-Basilika ... B1

Sehenswertes
2 Nordturm ... C1
3 Fünfeckiger Turm ... C1
4 Rundturm ... C2
5 Sveti Nikola ... A2
6 Neptuntempel ... A1
7 Trg Marafor ... A1

Schlafen
8 Hostel Papalinna ... C2
9 Hotel Palazzo ... A1
10 Hotel Poreč ... D4
11 Valamar Riviera Hotel ... B2

Essen
12 Buffet Horizont ... C1
13 Dva Ferala ... B2
14 Gourmet ... B1
15 Konoba Ćakula ... C2
16 Konoba Ulixes ... C1
17 Nono ... D2
Peterokutna Kula ... (siehe 3)

Ausgehen & Nachtleben
18 Epoca ... A1
19 Saint & Sinner ... C2
Torre Rotonda ... (siehe 4)
20 Vinoteka Bacchus ... C1

Shoppen
21 Koza ... B1

des Heimatmuseums neben dem Lapidarium einmal pro Woche Jazzkonzerte statt.

Poreč-Musiksommer MUSIK
(Juli & Aug.) Im Rahmen des Poreč-Musiksommers gibt es auf dem Trg Slobode kostenlose Konzerte.

Schlafen

Die Auswahl an Unterkünften in Poreč ist groß, oft sind Letztere aber schon ausgebucht. Wer im Juli oder August kommt, sollte unbedingt vorher buchen.

Bis auf eine Reihe von Hotels in der Altstadt liegen die meisten Campingplätze, Hotels, Apartment- und Ferienanlagen an der Küste nördlich und südlich von Poreč. Die größten Touristenkomplexe sind in Brulo, 2 km südlich der Stadt, Plava Laguna, 4 km südlich der Altstadt und Zelena Laguna, weitere 2 km südlich. Nördlich von Poreč befinden sich die Touristendörfer Borik und Špadići mit etwa 20 Hotels und einem Dutzend Apartmentanlagen in bewaldetem Gelände. Die meisten Hotels werden von **Valamar Hotels & Resorts** (052 465 000; www.valamar.com) oder von **Laguna Poreč** (052 410 101; www.lagunaporec.com) gemanagt. Alle Hotels sind von April bis Oktober geöffnet, manche auch das ganze Jahr über. Bei einem Aufenthalt von weniger als drei Nächten berechnen einige Hotels einen Aufschlag von 20 %.

Viele Reisebüros helfen bei der Buchung einer Privatunterkunft. Man zahlt in der Hauptsaison etwa 200 bis 300 Kn für ein Doppelzimmer mit Bad, plus 30 % Aufschlag bei Kurzaufenthalten während der Hauptsaison. In der Altstadt, in der es leider an Parkmöglichkeiten mangelt, ist das Angebot ziemlich begrenzt. Das Qualitätssiegel Domus Bonus ist ein hilfreiches Kriterium für die Auswahl einer Privatunterkunft.

Hostel Papalinna HOSTEL €
(052-400 900; www.hostelpapalinna.com; Vladimira Nazora 9; B ab 190 Kn;) Das neue Hostel in einem restaurierten Gebäude von 1885 ist nur ein paar Schritte vom Meer entfernt und bietet 22 gemütliche, schicke Schlafsäle (4 od. 8 Pers.) mit Bad. Es gibt kostenlose Schließfächer und Handtücher, die Rezeption ist rund um die Uhr besetzt, der Blick auf die Altstadt ist wunderschön, und in der Bar auf der Terrasse kann man wunderbar mit Gleichgesinnten plauschen. Gute Bleibe für Feierfreudige!

Camping Zelena Laguna CAMPING €
(052-410 147; www.lagunaporec.com; Zelena Laguna; Stellplatz Pers./Zelt 65/150 Kn; Mitte April–Sept.; @) Der Campingplatz ist 5 km von der Altstadt entfernt und bietet Platz für 2700 Gäste. Es gibt gute Möglichkeiten für sportliche Aktivitäten und Zugang zu vielen Stränden, u. a. einem FKK-Strand.

Hotel Flores HOTEL €€
(052-408 800; www.hostin.hr; Rade Končara 4; EZ/DZ 690/1005 Kn; P@) Die einfache Unterkunft in einer üppig grünen Parklandschaft in der Nähe des Busbahnhofs hat 39 nett eingerichtete Zimmer mit Balkon. Es gibt einen überdachten Pool, einen Fitnessraum, ein türkisches Bad und eine Sauna. Der Kiesstrand ist auch nur 70 m weg.

Hotel Poreč HOTEL €€
(052-451 811; www.hotelporec.com; Rade Končara 1; EZ/DZ 496/760 Kn; P) Der Blick aus

diesem Betonkasten auf den Busbahnhof und das Einkaufszentrum gegenüber ist zwar wenig reizvoll, aber die Zimmer mit Balkon sind akzeptabel. Außerdem sind es nur wenige Schritte in die Altstadt.

Valamar Riviera Hotel HOTEL €€€
(☎052-465 000; www.valamar.com; Maršala Tita 15; EZ/DZ 975/1295 Kn; P ❄ ☺) Recht schicke Vier-Sterne-Unterkunft direkt am Hafen. Die Zimmer mit Balkon zum Meer sind schön, aber auch deutlich teurer. Auf der Sveti Nikola gibt es einen hoteleigenen Strand, zu dem alle 30 Minuten ein (kostenloses) Boot schippert. In der vor Kurzem renovierten **Villa Parentino** (☎052-465 000; Maršala Tita 18; Suite 1940 Kn; P ❄ ☺) an der Uferpromenade warten acht Luxussuiten auf Gäste. Im Internet gibt es Specials und Pauschalangebote.

Hotel Palazzo HOTEL €€€
(☎052-858 800; www.hotel-palazzo.hr; Maršala Tita 24; EZ/DZ 1120/1275 Kn; P ❄ @ ☺ ≋) Diese relativ neue Ergänzung der Hotelszene in der Stadt befindet sich an der Promenade in einem Gebäude von 1910. Hier sind 70 Zimmer untergebracht, vier Suiten, ein Wellness-Bereich, Restaurants und Bars. Das Hotel ist elegant eingerichtet, wobei modernes Design und gediegene Klassik verknüpft wurden. Die Zimmer 120 bis 126 mit Blick aufs offene Meer und den Leuchtturm sind teurer.

Essen

★ **Konoba Daniela** ISTRISCH €
(☎052-460 519; Veleniki 15a; Hauptgerichte ab 65 Kn; ⌚12–23.30 Uhr) Die Taverne in Familienhand befindet sich in dem niedlichen kleinen Ort Veleniki 4,5 km nordöstlich der Stadt in einem Haus aus den 1880er-Jahren mit rustikaler Einrichtung und einer großen Terrasse. Das Lokal ist für sein Tatar und seine saisonalen Gerichte aus der Region bekannt. Taxis berechnen 80 bis 100 Kn pro Strecke.

Buffet Horizont FAST FOOD €
(Eufrazijeva 8; Hauptgerichte ab 30 Kn; ⌚11–24 Uhr) Wer Appetit auf preiswerte, leckere Fischsnacks wie Sardinen, Shrimps und Calamares hat, ist in diesem gelben Haus mit Holzbänken davor genau richtig.

Nono PIZZERIA €
(Zagrebačka 4; Pizzas ab 30 Kn; ⌚12–24 Uhr) Im Nono gibt's die beste Pizza der Stadt. Sie ist knusprig und manchmal sogar mit Trüffeln garniert. Aber auch die anderen Gerichte sind schmackhaft.

Dva Ferala ISTRISCH €
(Maršala Tita 13; Hauptgerichte ab 60 Kn; ⌚12–24 Uhr) Auf der Terrasse der netten *konoba* (Taverne) werden gut zubereitete istrische Spezialitäten serviert, z. B. *istarski tris* (eine große Portion mit drei hausgemachten Nudelsorten) für zwei Personen.

Konoba Ćakula ISTRISCH €€
(Vladimira Nazora 7; Hauptgerichte ab 70 Kn; ⌚10–23 Uhr) In der Taverne mit dem etwas hipperen Ambiente gibt's interessante kalte Vorspeisen und deftige Hauptgerichte. Tolle Location für Tapas und ein Gläschen Wein.

Gourmet ITALIENISCH €€
(Eufrazijeva 26; Hauptgerichte ab 70 Kn; ⌚11–1 Uhr) Italienisches Soulfood in allen Varianten und Formen – Penne, Tagliatelle, Fusilli, Gnocchi etc. Außerdem gibt es Steinofenpizza sowie Fleisch- und Fischgerichte. Wer will, kann auch an einem der Tische draußen auf dem Platz essen.

Peterokutna Kula INTERNATIONAL €€
(Decumanus 1; Hauptgerichte ab 70 Kn; ⌚12–24 Uhr) Das gehobene Restaurant in dem fünfeckigen Turm aus dem Mittelalter verfügt über zwei Freiflächen in einem Steingewölbe und eine Dachterrasse mit tollem Blick. Es gibt ein breitgefächertes Angebot von Fisch- und Fleischgerichten, aber der Service ist lahm und das Essen oft Glückssache.

Konoba Ulixes MEDITERRAN €€
(Decumanus 2; Hauptgerichte ab 75 Kn; ⌚12–16 & 18–24 Uhr) In dieser Taverne werden ausgezeichnete Fischgerichte und Schalentiere serviert. Empfehlenswert ist der im Ofen gebackene Fisch in Salzkruste, der am Tisch filetiert wird. Es gibt auch eine gute Auswahl an istrischen Weinen.

Ausgehen & Nachtleben

In den letzten Jahren ist Poreč zur Partyhauptstadt Istriens geworden. Die Nachtschwärmer kommen aus ganz Europa, um dort in den Diskos Party zu machen.

Byblos CLUB
(www.byblos.hr; Zelena Laguna 1; ⌚ 23–6 Uhr) An den Wochenenden legen bekannte Gast-DJs, z. B. David Morales, Electro House in der riesigen Open-Air-Disko auf. Dies ist für Partygänger einer der heißesten Tipps in Kroatien.

Villa Club STRANDCLUB

(www.villa-club.net; Rade Končara 4a; ⌚9–18 Uhr) In dem beliebten Strandclub tanzen Feierwütige jeden Abend nach Musik vom Plattenteller.

Vinoteka Bacchus WEINBAR

(Eufrazijeva 10) Sympathischer, kleiner Weinladen mit ein paar Tischen im Innenraum. Offene regionale Weine gibt es ab 9 Kn pro Glas. Probieren sollte man den *malvazija* und den *refošk*.

Saint & Sinner CAFÉ-BAR

(Maršala Tita 12; ⌚20–4 Uhr) Schwarzweißer Kunststoff zieht sich als Motto durch die Bar an der Promenade, wo die Jüngeren tagsüber an Chococcinos nippen und spät abends an Caipiroskas mit Erdbeeren.

Epoca CAFÉ-BAR

(Maršala Tita 24; ⌚8–2 Uhr) In der relaxten Bar kann man sich entspannt zurücklehnen, aufs Meer hinausblicken und den Sonnenuntergang betrachten. Toll mit einem Espresso dazu oder einem Cocktail als Schlummertrunk!

Torre Rotonda CAFÉ-BAR

(Narodni trg 3a; ⌚8–2 Uhr) Eine steile Treppe führt hoch zum historischen Rundturm, wo man draußen im Café sitzen und von oben dem Treiben an der Promenade zuschauen kann.

Shoppen

Koza ACCESSOIRES

(Eufrazijeva 28; ⌚10–22 Uhr) In diesem winzigen, von einem Geschwisterpaar betriebenen Laden bekommt man tolle, von Hand hergestellte Lederartikel, u.a. coole Handtaschen, Flip-Flops, Aktentaschen und Brieftaschen.

Praktische Informationen

GELD

Möglichkeiten zum Geldwechsel gibt's in vielen Reisebüros und Banken. Außerdem stehen überall in der Stadt Geldautomaten.

INTERNETZUGANG

In der ganzen Stadt steht kostenloses WLAN zur Verfügung.

MEDIZINISCHE VERSORGUNG

Medizinisches Zentrum Poreč (☎052-451 611; Maura Gioseffija 2)

POST

Hauptpost (Trg Slobode 14; ⌚Mo–Fr 7–20, Sa 7–14 Uhr) Mit Telefonzentrum.

REISEBÜROS

Fiore Tours (☎052-431 397; www.fiore.hr; Mate Vlašića 6) Vermittelt Privatunterkünfte und Abenteuertrips.

Sunny Way (☎052-452 021; www.sunnyway.hr; Alda Negrija 1) Ist auf den Verkauf von Boottickets, auf Ausflüge nach Italien und Rundreisen in Kroatien spezialisiert.

TOURISTENINFORMATION

Touristeninformation (☎052-451 293; www.to-porec.com; Zagrebačka 9; ⌚Mo & Do–So 8–21, Di & Mi 8–18 Uhr) Hier bekommt man viele Broschüren und nützliche Infos.

An- & Weiterreise

Venezia Lines (www.venezialines.com) fährt in der Hauptsaison täglich mit einem schnellen Katamaran nach Venedig (einfache Strecke 450 Kn, hin & zurück 900 Kn; 2 Std.), **Commodore Cruises** (www.commodore-cruises.hr) zweimal wöchentlich (einfache Strecke 450 Kn, hin & zurück 750 Kn).

Der **Busbahnhof** (☎060 333 111; K Huguesa 2) befindet sich direkt vor den Toren der Altstadt, hinter Rade Končara. Fürs Gepäck gibt es eine **garderoba** (Gepäckaufbewahrung; 10 Kn/Std.; ⌚6–21 Uhr).

Der Bus von Poreč nach Rovinj und zurück fährt am Limski-Kanal entlang. Wer einen schönen Blick haben will, muss in Richtung Süden auf der rechten und in Richtung Norden auf der linken Seite sitzen.

Unterwegs vor Ort

Ein Leihfahrrad kostet ca. 90 Kn pro Tag. Von April bis Oktober fährt regelmäßig eine Touristenbahn von Šetalište Antona Štifanića am

BUSSE AB POREČ

ZIEL	PREIS (KN)	DAUER	HÄUFIGKEIT (TGL.)
Pula	58–63	1–1½ Std.	7-mal
Rijeka	82–89	1½ Std.	7-mal
Rovinj	35–43	45 Min.	6-mal
Zagreb	150–215	4–4½ Std.	5-mal

Jachthafen nach Brulo (10 Kn), Plava Laguna (20 Kn) und Zelena Laguna (20 Kn). Passagierschiffe (10–25 Kn) fahren die gleiche Strecke, los geht's am Fähranleger. Die häufig verkehrenden Busse nach Vrsar halten auch in Plava Laguna, Zelena Laguna und an anderen Resorts südlich der Stadt.

DAS ISTRISCHE HINTERLAND

Auf dem Weg von der istrischen Küste ins Landesinnere nimmt die Zahl der Urlauber und Hotelkomplexe beständig ab und macht Platz für eine unberührte Landschaft mit mittelalterlichen, über die Hügel verstreuten Städtchen, Pinienwäldern, fruchtbaren Tälern und Weinbergen. Hier geht es wesentlich geruhsamer zu. Nicht die Bedürfnisse der Urlauber bestimmen den Tagesablauf, sondern die Traubenlese, die Trüffelsuche, das Stechen des wilden Spargels und die Bewirtschaftung der Olivenhaine. Bauernhäuser öffnen Urlaubern ihre Türen, die auf der Suche nach einem authentischen Ferienerlebnis sind, abgeschiedene Tavernen servieren rustikale Speisen, und Winzer bieten in ihren Weinkellern Verkostungen an. Entlegene Bergdörfer, die bereits dem Verfall geweiht schienen, locken nicht nur Scharen von Künstlern und Kunsthandwerkern an, sondern sind auch Ziel vieler gut betuchter Reisender. Diese Region wird zwar oft und zu Recht mit der hügeligen Toskana verglichen – der italienische Einfluss ist tatsächlich nicht zu verleugnen – doch ist dies eine vollkommen eigene, ganz andere Welt, einzigartig, unwiderstehlich, unversehrt.

Um die Gegend zu erkunden, braucht man ein Auto, denn die Busse und Züge verkehren nur sehr sporadisch. Ein Vorteil in diesem Landstrich: Das Meer ist nie richtig weit entfernt.

Labin

11 700 EW.

Labin ist das unbestrittene Highlight sowie das historische und administrative Zentrum der istrischen Ostküste. Die Altstadt thront oben auf dem Berg und begeistert Besucher immer wieder mit ihrem Gewirr aus steilen Straßen, kopfsteingepflasterten Gassen und pastellfarbenen Häusern, die mit Steinverzierungen geschmückt sind.

Unten liegt die Neustadt, hässliches Resultat der Bergbauindustrie. Bis in die 1970er-Jahre war Labin die wichtigste Bergbaustadt Istriens. Der Berg wurde durch den Steinkohleabbau so stark ausgehöhlt, dass die Stadt langsam abzurutschen begann. Im Jahr 1999 wurde der Bergbau eingestellt, und die notwendigen Sanierungsarbeiten wurden eingeleitet. Heute erstrahlt Labin in neuem Glanz und hat sich zu einem beliebten Urlaubsziel entwickelt.

Und das zu Recht, hat es doch einiges an Sehenswertem zu bieten: Im Labyrinth der Altstadt liegt ein interessantes Museum versteckt, es gibt eine Vielzahl venezianisch geprägter Kirchen und Paläste, hier und da präsentieren Kunsthandwerksläden ihre Schätze. Der Ferienort Rabac, der etwa 5 km südwestlich von Labin an der Küste liegt, wurde leider stark verbaut. Dicht gedrängt stehen dort Ferienhäuser, Hotels und Apartmentblocks. Schön sind jedoch die Strände, wo sich angenehme und entspannte Nachmittage verbringen lassen.

Sehenswertes

Ein Spaziergang durch die mittelalterlichen Straßen von Labin ist das Highlight eines jeden Besuches. Labin gliedert sich in zwei Teile: Die Altstadt auf dem Berg, wo auch die meisten Sehenswürdigkeiten anzutreffen sind, und Podlabin, die Neustadt am Fuß des Berges. Hier befinden sich die meisten Geschäfte und Läden sowie städtischen Einrichtungen.

Stadtmuseum MUSEUM

(Gradski Muzej; 1 Maja 6; Erw./erm. 15/10 Kn; ⌚Mo–Sa 10–13 & 17–22 Uhr) Das Erdgeschoss dieses Museums im barocken Battiala-Lazzarini-Palais aus dem 18. Jh. widmet sich archäologischen Funden. Der 1. Stock präsentiert eine Musikinstrumentensammlung mit einigen interaktiven Exponaten und der oberste Stock zeigt zeitgenössische Kunst. Das Museum liegt über einer Kohlengrube, die heute als Schaubergwerk einen guten Eindruck von der Arbeit in einer Mine gibt.

Festung FESTUNG

(Forica) An Labins höchstem Punkt am Westrand der Stadt erhebt sich diese Festung. Sie ist über die Ulica 1 Maja zu erreichen; der längere Weg führt über den Šetalište San Marco an der Stadtmauer entlang. Von der Festung hat man einen wunderschönen Blick auf die Küste, die Učka-Bergkette und die Insel Cres.

ISTRIENS VERBORGENE SCHÄTZE

Istrien hat für Neugierige noch viele weitere Highlights zu bieten. Hier eine Übersicht.

Novigrad ist eine ansprechende alte Stadt, die nur 20 Minuten (18 km) nördlich von Poreč auf einer Halbinsel liegt. Hier steht eines der besten Restaurants in Istrien, **Damir & Ornella** (052-758 134; www.damirornella.com; Zidine 5; Hauptgerichte ab 70 Kn; 12.30–15.30 & 19.30–23.30 Uhr), eine Taverne, die für ihre Spezialitäten aus rohem Fisch berühmt ist und 28 Gästen Platz bietet. Das Sashimi auf mediterrane Art ist unwiderstehlich. Reservierung erforderlich. Ebenfalls toll ist das **Marina** (Antona 38; Hauptgerichte ab 80 Kn; 12–15 & 18–23 Uhr) unter der Leitung einer der besten Köchinnen Kroatiens, Marina Gaši. In dem modernen Lokal direkt am Jachthafen serviert sie verspielte Versionen kroatischer Gerichte. Das sechsgängige Verkostungsmenü (370 Kn) ist seinen Preis wert.

Das Fischerdorf **Savudrija** liegt am westlichsten Zipfel Kroatiens und beherbergt den ältesten **Leuchtturm** (www.lighthouses-croatia.com) Istriens. Den 1818 erbauten Leuchtturm kann man wochenweise mieten (2 Pers. 5312 Kn/Woche).

Das Fischerdorf **Vrsar** mit seinen mittelalterlichen Gebäuden liegt zwischen Rovinj und Poreč auf einem Hügel. Hier ist es ruhiger als in den Nachbarorten. In einem Skulpturenpark kann man die Werke des kroatischen Bildhauers Dušan Džamonja bewundern. Es heißt, dass Casanova einst Vrsar besucht habe. Das feiert die Stadt jährlich im Juni mit dem **Casanovafest** (www.casanovafest.com; Juni), einem Fest der Liebe und Erotik.

Auch die Höhle **Baredine** (www.baredine.com; Erw./erm./Kind 6–12 Jahre 60/45/35 Kn; Juli & Aug. 9.30–18 Uhr, Mai, Juni & Sept 10–17 Uhr, Okt. & April 10–16 Uhr) ist von Poreč aus leicht zu erreichen. In den unterirdischen Kammern haben sich unzählige Stalagmiten und Stalaktiten gebildet. Mehrere Agenturen organisieren Ausflüge in die Höhlen.

Kunstliebhaber sollten ins Landesinnere nach **Beram** in der Nähe von Pazin fahren und sich die erstaunlichen Fresken aus dem 15. Jh. in der Kirche St. Maria von Škriljine anschauen. Infos sind bei der Touristeninformation in Pazin erhältlich. In der Dorf-*konoba* (Taverne) **Vela Vrata** (Hauptgerichte ab 40 Kn; 13–23 Uhr) bekommt man leckere hausgemachte Pasta, gute Fleischgerichte und durchschnittliche Crêpes mit *skuta* (Ricotta) und Honig – und das alles mitten im Grünen.

Unweit von Labin befindet sich Istriens neueste Stadt, **Raša**, ein Musterbeispiel moderner funktionalistischer Architektur aus der Zeit Mussolinis (1930er-Jahre). Ganz in der Nähe an einer kleinen Bucht liegt das Fischerdorf Trget mit einem der besten Fischrestaurants Istriens, dem **Martin Pescador** (Trget 11a; Hauptgerichte ab 45 Kn; 12–23 Uhr). Diese istrische *konoba* direkt am Wasser hat eine bootsförmige Bar im Gastraum und eine hübsche Terrasse am Meer. Aus der Küche kommen eine durchschnittliche Fischsuppe und ausgezeichnete Meeresfrüchte.

Auf einem Hügel nördlich von Motovun liegt **Oprtalj**. Dieser Ort mit seinen vielen Zypressen ist weniger verbaut als das Nachbardorf und bietet einen grandiosen Blick auf die Umgebung. 4 km südöstlich befindet sich inmitten malerischer Hügel das wunderschöne **Landgut Ipša** (052-664 010; www.ipsa-maslinovaulja.hr), das man allein schon besuchen sollte, um die preisgekrönten Olivenöle zu probieren. Vorher anrufen!

Gourmets sollten unbedingt einen Abstecher in das malerische Dorf **Zrenj** nordöstlich von Oprtalj machen, wo es mehrere tolle Restaurants gibt, die nur Zutaten von istrischen Bauernhöfen verwenden. Wem der Sinn nach leichten Antipasti steht, z. B. nach selbst gebackenem Brot, in Olivenöl schwimmendem Käse, Trüffel und Butter, istrischem Schinken und Trüffel-*fritaja* (Omelett), ist im **Agroturizam Nežić** (052-644 285; Zrenj 11; Hauptgerichte ab 50 Kn; nur So) am Ziel seiner Träume. Die Betreiber Paolo und Nadia servieren sonntags hübsch angerichtete Snacks in ihrer Steintaverne. Unbedingt vorher anrufen! Wer Appetit auf unter einer *peka* (gewölbte Haube) gegartes Lammfleisch mit Kartoffeln hat, fährt zum bekannten **Agroturizam Tončić** (052-644 146; www.agroturizam-toncic.com; Čabarnica 42, Zrenj; Hauptgerichte ab 50 Kn; nur Wochenende) am Ortsende, wo Leckereien in einem rustikalen Speisesaal oder auf der Terrasse mit dem tollen Blick auf die Čićarija-Berge serviert wird. Empfehlenswert ist der Kreuzkümmel-*rakija* (Grappa). Die Tiere auf dem Bauernhof kann man auf Wunsch streicheln. Im Voraus buchen, denn der Gasthof ist beliebt und wird manchmal von größeren Gruppen besucht!

Loggia HISTORISCHES GEBÄUDE

(Titov Trg) Die 1550 erbaute Loggia diente Labin im 16. Jh. als Gemeindezentrum. Hier wurden Neuigkeiten und Gerichtsurteile verkündet, Feste veranstaltet und Verbrecher an den Pranger gestellt.

Feste & Events

Labin Art Republic KUNST

(Kunstrepublik von Labin; ⏲ Juni–Sept.) Von Mitte Juni bis Anfang September übernimmt in dieser kunstbeflissenen Stadt – hier leben und arbeiten mehr als 30 Künstler – die Labin Art Republic das Zepter. Während dieser Zeit ist in der Stadt richtig viel los: Es gibt z. B. Straßentheater, Konzerte, Theateraufführungen, Clown-Performances und Workshops. Jeden Dienstag um 21.30 Uhr kann man sich die Highlights im Rahmen von kostenlosen geführten Touren (in mehreren Sprachen) anschauen, los geht's an der Touristeninformation.

Schlafen

In Labin selbst gibt es keine Hotels, dafür aber in Rabac umso mehr. Es dominieren die großen Hotelresorts, doch es gibt auch ein paar kleinere Unterkünfte. **Valamar** (www.valamar.com) betreibt neun Häuser, u. a. zwei erstklassige Vier-Sterne-Hotels (das neu renovierte Hotel & Casa Valamar Sanfior und das Valamar Bellevue Hotel & Residence), drei Drei-Sterne-Häuser (Hotels und Apartments) und vier Zwei-Sterne-Unterkünfte, darunter Apartments und ein Touristendorf. In der Hauptsaison, d. h. im August, ist die Preisspanne sehr groß: 1565 bis 1945 Kn für ein Doppelzimmer in einem Vier-Sterne-Hotel (inkl. HP) oder 760 Kn in einem Zwei-Sterne-Hotel. Bei einem Aufenthalt von weniger als drei Tagen wird ein Aufschlag fällig.

Zwei unabhängige Hotels mit mehr Charme sind das **Hotel Amfora** (☎ 052-872 202; www.hotel-amfora.com; Rabac bb; EZ/DZ 375/1100 Kn; P ❄ @ ≈) im Ort und die elegante **Villa Annette** (☎ 052-884 222; www.villaannette.hr; Raška 24; EZ/DZ 1117/1397 Kn; P ❄ @ ᯤ ≈) oben auf einem Hügel. Letztere besitzt einen Outdoor-Pool mit Blick über die Bucht.

Das Reisebüro **Sidro** (☎ 052-881 010; www.sidro-istra.hr; Aldo Negri 20) vermittelt Doppelzimmer (225 Kn) und Apartments (320 Kn) in Labin (aber nicht in der Altstadt). Achtung: Bei weniger als drei Übernachtungen wird in den oben genannten Unterkünften ein Aufpreis von 30 % verlangt. Gostiona Kvarner vermietet mehrere einfache Zimmer, das Einzelzimmer kostet 400, das Doppelzimmer 535 Kn.

Essen

Labin ist bekannt für seine *krafi,* süße oder herzhafte raviolıähnliche Pasta. In Rabac gibt es viele Fischrestaurants mit Standard-Fischgerichten für wenig anspruchsvolle Touristen.

Gostiona Kvarner ISTRISCH €€

(Šetalište San Marco bb; Hauptgerichte ab 70 Kn; ⏲ Juni–Sept. 10–24 Uhr) Das Restaurant ganz in der Nähe vom Titov trg hat eine Terrasse mit Blick aufs Meer und gutes Essen. Hier treffen sich viele einheimische Stammgäste.

Praktische Informationen

Touristeninformation (☎ 052-852 399; www.rabac-labin.com; Titov trg 2/1; ⏲ Mo–Fr 8–21, Sa & So 10–14 & 18–21 Uhr) Am Rand der Altstadt.

An- & Weiterreise

Zwischen Labin und Pula besteht eine gute Busverbindung (47 Kn, 1 Std., 8-mal tgl.). Im Sommer fahren täglich zwölf Busse mit Zwischenstopp in der Altstadt nach Rabac (12 Kn).

Unterwegs vor Ort

Busse halten am Trg 2 Marta in Podlabin, wo man in einen Bus in die Altstadt umsteigen kann. In der Hauptsaison fährt dieser Bus weiter nach Rabac.

Vodnjan

3615 EW.

Wer eine Vorliebe für Makabres hat, sollte sich das 10 km nördlich von Pula gelegene Vodnjan (ital. Dignano) nicht entgehen lassen. In der schlichten Kirche dieses verschlafenen Städtchens ruhen einige Mumien – sie sind Vodnjans Haupttouristenattraktion. Die ausgetrockneten Körper sind die Überreste von jahrhundertealten Heiligen, deren Leichname auf wundersame Weise der Zersetzung standhielten – sie sollen über magische Kräfte verfügen.

Ansonsten ist in der Stadt mit dem höchsten Bevölkerungsanteil an Roma in ganz Istrien nicht viel los. Das Zentrum bildet der Narodni trg, an dem mehrere teils renovierte, teils verfallene neogotische Paläste stehen.

Sehenswertes

St.-Blasius-Kirche KIRCHE

(Crkva Svetog Blaža; Župni trg 1; Sammlung religiöser Kunst, Eintritt inkl. Mumien 75 Kn, nur Mumien 55 Kn, nur Sammlung religiöser Kunst 55 Kn, nur Kirche 15 Kn; Mo–Sa 9–21, So 12–17 Uhr) Wenige Schritte vom Narodni trg liegt diese hübsche neubarocke Kirche, die um 1900 entstand, als Venedig an der istrischen Küste den Stil bestimmte. Der 63 m hohe **Campanile** der größten Pfarrkirche in Istrien ist so hoch wie der des Markusdoms in Venedig; die Altäre lohnen eine Besichtigung. Die **Mumien** befinden sich in einem separaten Trakt hinter dem **Hauptaltar**. In dem schummrigen Licht sehen die vollständig erhaltenen Leichname der Heiligen Nikolosa Bursa, Giovanni Olini und Leon Bembo aus wie Holzpuppen in einer Vitrine. Körperteile von drei weiteren Heiligen vervollständigen die Ausstellung. Während der Besucher Haut, Haare und Fingernägel der lange Verstorbenen betrachtet, erzählt ein Tonband auf Englisch ihre Lebensgeschichte. Der Leichnam der hl. Nikolosa, angeblich die am besten erhaltene Mumie Europas, soll bioenergetische Strömungen ausstrahlen, die noch in 32 m Entfernung spürbar sind, und damit 50 Menschen auf wundersame Weise geheilt haben.

Wer nach den Mumien Lust auf weitere Reliquien hat, besucht die **Sammlung religiöser Kunst** (Zbirka Sakralne Umjetnosti) in der Sakristei. Hier gibt es Hunderte Reliquien von 150 Heiligen, u.a. ein Kästchen mit der Zunge der hl. Maria von Ägypten. Unbedingt auf angemessene Kleidung achten, der Priester ist bekannt dafür, dass er zu leicht bekleidete Besucher nicht einlässt!

Essen

Vodnjanka ISTRISCH €

(Istarska bb; Hauptgerichte ab 60 Kn; Juli & Aug. tgl. 17–23 Uhr, Sept.–Juni So geschl.) Das ausgezeichnete, stilvolle Restaurant mit regionaler Küche verfügt über mehrere rustikale Speiseräume und bietet einen sehr persönlichen Service. Zu den Spezialitäten zählen *fuži* (hausgemachte Eiernudeln in einmaliger Form) mit Trüffeln und verschiedene Varianten *fritaja* (Omelett). Von der Terrasse hat man einen schönen Blick auf die Dächer der Altstadt und den Kirchturm.

Ausgehen & Nachtleben

Lighthouse Music Club CLUB

(www.lighthouseclub.com; Krnjaloža 1; Fr & Sa 24–6, So bis 2 Uhr) Der neue Club an der Straße zwischen Bale und Vodnjan hat sich rasch zu einer der besten Party-Locations Istriens entwickelt. Aufgeboten werden bekannte DJs und Jazzkonzerte.

Praktische Informationen

Touristeninformation (052-511 700; www.istra.hr/vodnjan; Narodni trg 3; Mo–Sa 8–15 & 19–21, So 9–13 Uhr) Am Hauptplatz.

An- & Weiterreise

Zwischen Vodnjan und Pula besteht werktags eine gute Busverbindung (15 Kn, 30 Min., 10-mal tgl.); samstags fahren nur vier Busse, sonntags verkehrt nur einer.

Svetvinčenat

180 EW.

Auf halber Strecke zwischen Pazin und Pula liegt die hübsche kleine südistrische Stadt Svetvinčenat (auch als Savičenta bekannt), die ursprünglich von Benediktinern besiedelt wurde. Der Marktplatz stammt aus der Renaissance. Mit ihren hohen Zypressen, den harmonisch in die Landschaft eingefügten Häusern und der entspannten Atmosphäre ist die Stadt perfekt für einen gemütlichen Spaziergang.

Sehenswertes

Burg Morosini-Grimani BURG

An der Nordseite des Hauptplatzes steht dieser wunderschön erhaltene Palast aus dem 13. Jh. Im 16. Jh. wurde er nach venezianischer Art umgestaltet und erhielt Türme, die als Wohnraum und Gefängnis dienten. In der Burg fanden Festgelage, Paraden, Volksfeste und Hexenverbrennungen statt.

In der Saison gibt es in der Burg einen **Mittelalterpark** (Erw./Kind unter 15 Jahren 20 Kn/frei; Juli & Aug. Mo–Fr 11–14 & 18–21 Uhr); an den Wochenenden können Besucher die Burg allein erkunden.

Kirche Mariä Verkündigung KIRCHE

Die Gemeindekirche an der Ostseite des Hauptplatzes besitzt eine Renaissance-Fassade mit Dreipassornamenten aus einheimischem Stein und fünf kunstvolle venezianische Marmoraltäre im Inneren.

Feste & Events

Festival des Tanzes & Nonverbalen Theaters TANZ

(www.svetvincenatfestival.com; Juli) Die ideale Zeit für einen Aufenthalt in Svetvinčenat ist

Mitte Juli, denn dann findet hier dieses Festival statt. Mit dabei sind zeitgenössischer Tanz, Straßentheater, Zirkusnummern und Pantomimen sowie andere nonverbale Ausdrucksformen. An der internationalen Veranstaltung nehmen Künstler aus Kroatien und ganz Europa teil. Es wird jede Menge geboten – von finnischem Hip-Hop bis zu brasilianischem Capoeira.

Schlafen & Essen

Stancija 1904 LANDGASTHOF €€€
(☎ 052-560 022; www.stancija.com; Smoljanci 2-3; DZ ab 925 Kn; P) Eine schweizerisch-kroatische Familie hat das traditionelle istrische Steinhaus im Dorf Smoljanci, nur 3 km von Svetvinčenat entfernt an der Straße nach Bale gelegen, mit viel Geschmack umgebaut. Es ist von duftenden Kräutergärten und großen, alten Bäumen umgeben. Hier wird großartiges Frühstück serviert (bei der Reservierung bestellen!). Wer nur eine Nacht bleibt, zahlt einen Aufpreis von 30%.

Kod Kaštela ISTRISCH €
(Savičenta 53; Hauptgerichte ab 50 Kn; ⏲10–23 Uhr) Das Restaurant mitten im Ort mit tollem Blick auf die Burg und den Platz serviert regionale Gerichte wie hausgemachte Pasta und köstlichen *pršut* (Schinken).

Praktische Informationen

Touristeninformation (☎ 052-560 349; www.tz-svetvincenat.hr; Svetvinčenat 20; ⏲ Mo–Fr 8–19, Sa & So 11–18 Uhr) Die Touristeninformation befindet sich gegenüber vom Hauptplatz. Hier bekommt man Infos über Privatunterkünfte im Ort und in der Umgebung (ab 150 Kn/Pers.). Es sind außerdem Broschüren und eine Karte des 35 km langen Randrundwegs mit Start in Svetvinčenat erhältlich. Am Radweg stehen Infotafeln, die die Heimatgeschichte sowie Flora und Fauna auf Englisch erläutern.

Pazin

5000 EW.

Die Provinzstadt Pazin im Landesinneren ist berühmt-berüchtigt für ihre Schlucht, die den französischen Schriftsteller Jules Verne inspirierte, und natürlich für die mittelalterliche Burg. Beide Sehenswürdigkeiten sind unbedingt einen Zwischenstopp wert. Aber auch das kleinstädtische Flair und die verhältnismäßig geringe Anzahl von Touristen machen die Stadt reizvoll. Der Großteil der Innenstadt wurde zur Fußgängerzone erklärt. Den weniger ansehnlichen Vororten verleiht die sanfte Hügellandschaft eine hübsche Kulisse.

Pazin ist nicht nur geografischer Mittelpunkt Istriens, sondern auch Verwaltungssitz. Von hier ist buchstäblich jedes Ziel in Istrien mit dem Auto oder per Bahn gut zu erreichen. Es gibt nicht viele Hotels und Restaurants, daher ist es besser, die Stadt auf einem Tagesausflug zu erkunden, zumal sie nur eine Stunde von anderen istrischen Städten entfernt liegt. Die Umgebung bietet zahlreiche Freizeitmöglichkeiten und lädt zum Wandern, Klettern, Radfahren und Ziplining (per Seilrolle saust man auf Seilstrecken in hohem Tempo den Berg hinab) ein. Ein Besuch bei den örtlichen Imkern lohnt sich auch.

Abgrund von Pazin HÖHLE
(www.pazinska-jama.com; Erw./erm. 30/15 Kn; ⏲ Juni–Aug. 10–19 Uhr) Pazins bekannteste Sehenswürdigkeit ist ohne Zweifel dieser etwa 100 m tiefe Abgrund, durch den der Fluss Pazinčica in den Untergrund verschwindet, wo er drei Seen bildet. Die dunkle Tiefe inspirierte nicht nur Jules Verne, sondern auch eine Reihe kroatischer Schriftsteller. Besucher können auf eine 1,3 km langen **markierten Weg** durch den Canyon gehen. Das dauert etwa 45 Minuten und schließt eine gewundene sanfte Steigung ein.

Es gibt zwei Eingänge: einen beim Hotel Lovac und einen bei dem Steg, der sich in 100 m Entfernung von der Burg über den Abgrund spannt. Nach Vereinbarung (bei der Touristeninformation) ist es möglich, die Höhle mit einem Guide zu erkunden (150 Kn) und den Abgrund mit einer Seilrutsche zu überqueren. Wer nicht so abenteuerlustig ist, mag vielleicht den Aussichtspunkt außerhalb der Burg.

Burg BURG
(Trg Istarskog Razvoda 1) Das Kaštel von Pazin, das über dem Abgrund aufragt, ist der größte und besterhaltene mittelalterliche Bau in ganz Istrien. Die Burg wurde 983 erstmals erwähnt, bietet eine Mischung aus romanischer, gotischer und Renaissance-Architektur und beherbergt zwei **Museen** (Erw./erm. 25/18 Kn; ⏲ Juli & Aug. tlg. 10–18 Uhr, Mitte April–Juni & Sept.–Mitte Okt. Di–So 10–18 Uhr, Mitte Okt.–Mitte April Di–Do 10–15, Fr 11–16, Sa & So 10–16 Uhr); die Eintrittskarte gilt für beide Museen. Im **Stadtmuseum** sind eine Sammlung mittelalterlicher Kirchenglocken aus Istrien und eine Ausstellung über Sklavenaufstände und Folterinstrumente im Verlies unter-

MATHIAS SANDORF UND DER ABGRUND VON PAZIN

Der Schriftsteller, den man vor allem kennt, weil er in 80 Tagen um die Welt reiste, sich zum Mittelpunkt der Erde und 20 000 Meilen unter das Meer begab, fand auch im Herzen Istriens Inspiration. Der französische Autor fantastischer Zukunftsromane Jules Verne (1828–1905) ließ *Mathias Sandorf* (1885), einen von 27 Romanen der Reihe Voyages Extraordinaires, in der Burg und dem Abgrund von Pazin spielen.

In dem Roman, der später auch verfilmt wurde, werden Graf Mathias Sandorf und zwei seiner Gefährten von der österreichischen Polizei verhaftet und auf der Burg von Pazin gefangen gehalten. Sandorf klettert einen Blitzableiter hinunter, um zu fliehen, wird dabei vom Blitz getroffen und stürzt in den tosenden Fluss Pazinčica. Er wird mitgerissen in die düsteren Tiefen des Abgrunds, klammert sich aber an einen Baumstamm. Sechs Stunden später spült der Fluss ihn an den sanften Eingang des Limski-Kanals. Er läuft nach Rovinj und wird zuletzt gesehen, als er im Kugelhagel von einer Klippe ins Meer springt.

Verne besuchte zwar Pazin nie – er schuf Sandorfs Abenteuer anhand von Fotos und Reiseberichten –, doch das hält Pazin nicht davon ab, ihn bei jeder Gelegenheit zu feiern. Nach Jules Verne ist eine Straße benannt, und es gibt spezielle Jules-Verne-Tage.

gebracht. Im **Ethnografischen Museum** kann man ca. 4200 Exponate bewundern, u.a. Kleidung, Werkzeuge und Töpferwaren des traditionellen Lebens in Istrien.

Aktivitäten

Bei der Touristeninformation von Pazin erhält man eine Karte der Wanderwege und Bienenstöcke (man kann die Imker besuchen und leckeren Akazienhonig kosten) und eine Broschüre über die Weinkeller rund um Pazin. Es können auch Ziplining über den Abgrund von Pazin (120 Kn) und Ausritte in die Umgebung organisiert werden.

Feste & Events

Am ersten Dienstag im Montag ist **Markttag in Pazin** mit Produkten aus ganz Istrien.

Jules-Verne-Tage KULTUR
(www.julesvernedays.com; Juni) Mit diesem Fest in der letzten Juniwoche ehrt Pazin den Schriftsteller, durch den die Stadt einen Platz auf der kulturellen Landkarte bekam. Es finden Rennen statt, es werden Szenen aus dem Roman nachgestellt und Ausflüge auf den Spuren von Vernes Held Mathias Sandorf unternommen.

Schlafen

Die Touristeninformation kann bei der Suche nach Privatunterkünften behilflich sein. Diese sind in der Regel relativ preiswert. Man muss mit ab 100 Kn pro Person und Nacht rechnen.

Hotel Lovac HOTEL €€
(052-624 324; Šime Kurelića 4; EZ/DZ 268/550 Kn; P ❄ ᯤ) Die Architektur des einzigen Hotels in Pazin vom Ende der 1960er-Jahre könnte der Renner sein, wenn die Zimmer besser in Schuss wären. Man sollte versuchen, eines der aufgemöbelten Zimmer mit Blick auf die Schlucht zu bekommen. Das Hotel befindet sich am Westrand der Stadt.

Orientierung

Die Stadt ist relativ kompakt, sie erstreckt sich kaum mehr als 1 km vom Bahnhof am Ostrand bis zum Kaštel am Westrand. Teil der Altstadt sind auch die 200 m zum Kaštel hinauf.

Praktische Informationen

Touristeninformation (052-622 460; www.central-istria.com; Franine i Jurine 14; Mo–Fr 10–19, Sa 10–13 Uhr). Eine bessere Quelle für Infos über Pazin und Zentral-Istrien gibt es nicht.

An- & Weiterreise

Der **Busbahnhof** (060 306 040; Miroslava Bulešića 2) befindet sich 200 m westlich des **Bahnhofs** (052-624 310; Stareh Kostanji 1). An den Wochenenden fahren weniger Busse und Züge.

Gračišće

Gračišće ist ein verschlafener, von sanften Hügeln umgebener mittelalterlicher Ort 7 km südöstlich von Pazin und eines der bestgehüteten Geheimnisse Istriens. Zu seinen alten Gebäuden zählen der **Salamon-Palast** aus dem 15. Jh. im Stil der venezianischen Gotik, die romanische **Kirche der hl. Euphemia** und die **Marienkirche** aus dem Jahr 1425.

Die meisten dieser Gebäude sind nicht restauriert (obwohl einiges getan wird). In nur 30 Minuten hat man den winzigen Ort mit der einzigartigen Atmosphäre erkundet. Hier ist auch der Ausgangspunkt eines 11,5 km langen, gut ausgeschilderten **Rundwanderwegs**.

Istrische Spezialitäten bekommt man in der gemütlichen Taverne **Konoba Marino** (Gračišće 75; Hauptgerichte ab 35 Kn; ⏱ Juni–Sept. Do–Di 11–23 Uhr). Aus der Küche kommen große Portionen *fuži* (hausgemachte, einzigartig geformte Eiernudeln) mit Wild und *ombolo* (Schweinelende) mit Kohl. Die Besitzer vermieten auch vier rustikale Zimmer (150 Kn/Pers. inkl. Frühstück) in einem restaurierten Stadthaus in der Nähe.

Buzet

6115 EW.

Das beschauliche Buzet gehört vielleicht nicht zu den spannendsten Orten der Region, vermittelt jedoch einen Eindruck vom zeitlosen Zauber des alten Istriens. Der Ort liegt 39 km nordöstlich von Poreč oberhalb des Flusses Mirna. Zunächst von den Römern besiedelt, erlangte Buzet erst unter venezianischer Herrschaft eine gewisse Bedeutung. Die Venezianer errichteten eine Stadtmauer, Tore und mehrere Kirchen. Mit ihren grauen Steingebäuden, die mittlerweile baufällig sind und nach und nach renoviert werden, und den nahezu menschenleeren kopfsteingepflasterten Gassen (die meisten Bewohner Buzets sind in den neuen, nicht besonders schönen Ortsteil am Fuß des Hügels umgesiedelt) ist die Altstadt ein ruhiger, stimmungsvoller Ort.

Herrlich ist ein Spaziergang durch das Gewirr enger Straßen und Plätze. Darüber hinaus sollten Besucher unbedingt die köstlichen Trüffeln probieren. Buzet hat sich selbst zur Trüffelstadt ernannt und nimmt diesen Titel sehr ernst: Als Zentrum des Trüffelgebiets feiert es den berühmten Pilz auf unterschiedlichste Art und Weise, von Trüffelverkostungen in den Restaurants der Altstadt bis hin zu verschiedenen Trüffelaktivitäten inklusive dem **Subotina-Festival**.

Sehenswertes

Die meisten Geschäfte befinden sich im neuen Stadtteil Fontana unterhalb der Altstadt. Wer mit dem Auto unterwegs ist, muss beim Friedhof parken und dann fünf Minuten hinauf zur Altstadt laufen.

Regionalmuseum MUSEUM
(Zavičajni Muzej Buzet; Ulica Rašporskih Kapetana 5; Erw./erm. 15/10 Kn; ⏱ Mo–Fr 9–15 Uhr) Buzets Hauptsehenswürdigkeit ist in einem Palast aus dem 17. Jh. untergebracht. Das Museum zeigt eine Sammlung prähistorischer und römischer Artefakte sowie für Ethnologen interessante Gegenstände wie Werkzeuge und Trachten.

Barocker Brunnen HISTORISCHES BAUWERK
Auf einem Platz ein paar Meter nördlich des Regionalmuseums steht dieser wunderschöne Brunnen, der 1789 restauriert wurde und ein Relief mit einem venezianischen Löwen aufweist.

Aktivitäten

In der Touristeninformation (S. 135) gibt's Karten und Broschüren über Wein-, Olivenöl- und Trüffelstraßen in der Region sowie über verschiedene Aktivitäten wie Wandern (es gibt sieben Wanderwege in der Gegend), Radfahren (es gibt 14 Radwege in der Umgebung), Klettern, Ballonfahren und Gleitschirmfliegen.

Istriana Travel ABENTEUERTOUR
(☎ 091 5412099; www.istrianatravel.hr; Vrh 28) Dieser Veranstalter organisiert Trüffelsuchausflüge, einen Workshop über Freskenmalerei, Wein- und Olivenölexkursionen, Fahrradtouren, Wanderungen, Caving, Gleitschirmfliegen und noch einige Aktivitäten mehr.

Trüffelsuche KULINARISCH
(☎ 052-667 304; www.karlictartufi.hr; Paladini 14; geführte Tour 260–965 Kn/Pers.) Wer einmal die Suche nach Trüffeln miterleben möchte, kann sich an die freundliche Familie Karlić im Dorf Paladini wenden, das 12 km von Buzet entfernt ist. Englischsprachige Touren sollten vorab gebucht werden. Die Touren umfassen eine Käse- und Trüffelverkostung, interessante Geschichten über Trüffel und eine bis zu zwei Stunden dauernde Trüffelsuche im Wald.

Feste & Events

Subotina-Festival ESSEN
(⏱ Sept.) Mit diesem tollen Trüffel-Event am zweiten Samstag im September wird in Buzet die Trüffelsaison eingeläutet (sie dauert bis Dezember). Der Höhepunkt ist die Zubereitung eines gigantischen Trüffelomeletts aus über 2000 Eiern und 10 kg Trüffeln in einer 1000 kg schweren Pfanne

Schlafen & Essen

Mehrere Bauernhöfe in der Gegend um Buzet vermieten Zimmer und Apartments (100–150 Kn/Pers.). Details sind in der Touristeninformation zu erfragen.

Vela Vrata BOUTIQUEHOTEL €€
(052-494 750; www.velavrata.net; Šetalište Vladimira Gortana 7; EZ/DZ 593/810 Kn;) Das schöne Boutiquehotel am Rand der Altstadt bietet einen Rundumblick auf die umliegenden Hügel und hat Buzet neues Leben eingehaucht. Die 20 geschmackvoll und gut ausgestatteten Zimmer befinden sich in fünf miteinander verbundenen Gebäuden. Zimmer Nr. 11 hat einen Balkon mit grandioser Aussicht. Zum Hotel gehören ein Restaurant, ein Café und ein kleines Spa.

Stara Oštarija ISTRISCH €€
(052-694 003; Petra Flega 5; Hauptgerichte ab 75 Kn; 12–21 Uhr) Wer in der Altstadt Trüffel probieren möchte, sollte es in diesem Restaurant tun. Hier gibt es sogar Panna cotta mit Trüffelhonig! Wer über eine gut gefüllte Reisekasse verfügt, bestellt sich das sechsgängige Slow-Food-Trüffelmenü (2 Pers. 790 Kn) und genießt beim Essen den Blick ins Tal. Reservierung erforderlich.

Shoppen

Zigante Tartufi ESSEN
(www.zigantetartufi.com; Trg Fontana; 9–20 Uhr) Hier gibt's Trüffel in allen Formen und Varianten – ganz, in Scheiben, als Püree, mit Oliven oder Pilzen. Zigante-Läden gibt es in Istrien überall.

Praktische Informationen

Die **Touristeninformation** (052 662 343; www.tz-buzet.hr; Šetalište Vladimira Gortana 9; Mo–Fr 8–15, Sa 9–14 Uhr) befindet sich in einem schicken neuen Bau neben dem Vela Vrata. Hier sind Infos über Unterkünfte und viele Karten und Broschüren über Aktivitäten in der Gegend erhältlich.

An- & Weiterreise

Von Buzet fahren Busse nach Poreč (55 Kn, 1 Std., 3-mal tgl.), Rijeka (55–70 Kn, 1 Std., 5-mal tgl.) und Pula (60 Kn, 1½ Std., 1-mal tgl.). Der

DAS TRÜFFELGESCHÄFT IN ISTRIEN

Der Handel mit Trüffeln ist weniger ein Geschäft als ein sehr profitabler Kult. Alles dreht sich um einen teuren, übelriechenden, unterirdisch wachsenden Pilz, der offenbar mit beinahe magischen Kräften ausgestattet ist. Er wird in dunklen Wäldern gefunden und dann für ein kleines Vermögen ins Ausland verkauft. Gourmets behaupten, dass für denjenigen, der einmal diese kleine, nussförmige Delikatesse gekostet hat, alles andere fade schmeckt.

Weltweit gibt es 70 Trüffelsorten, 34 kommen in Europa vor. Die traditionellen Trüffelländer sind Italien, Frankreich und Spanien, doch in istrischen Wäldern wachsen drei Sorten Schwarze Trüffeln sowie die großen Weißen Trüffeln, die zu den teuersten der Welt zählen: 34 000 Kn pro Kilogramm. Kroatiens größter Trüffelexporteur ist Zigante Tartufi, dessen Anteil am gesamten kroatischen Export 90 % beträgt. 1999 fand der Besitzer der Firma, Giancarlo Zigante, zusammen mit seiner Hündin Diana in Istrien den größten Trüffel der Welt – 1,31 kg! Er ist im *Guinness-Buch der Rekorde* verzeichnet.

Istriens Trüffelhandel ist relative jung. 1932, als Istrien von Italien besetzt war, fielen einem italienischen Soldaten aus der Trüffelhauptstadt Alba die Ähnlichkeiten zwischen der Vegetation seiner Heimat und der Istriens auf. Er kam nach seinem Militärdienst mit Trüffelhunden zurück, die nach langem Schnüffeln und Graben die Kostbarkeit zum Vorschein brachten.

Da alle Teile einer Trüffel unterirdisch liegen, finden Menschen sie nicht. Deshalb sind Hunde (oder traditionell Schweine) unabdingbar für die Trüffelsuche. Istrische *breks* (Trüffelhunde) können Promenadenmischungen sein, aber sie sind gut ausgebildet. Welpen beginnen das Training mit zwei Monaten, doch nur 20 % von ihnen machen Karriere als Trüffelhunde.

Die Trüffelsaison beginnt Anfang Oktober und dauert drei Monate. In dieser Zeit ziehen wenigstens 3000 Menschen und 9000 bis 12 000 Hunde durch die feuchten Wälder von Motovun. Epizentrum der Trüffelregion ist Buzet.

Manche Menschen halten Trüffeln für ein Aphrodisiakum, obwohl das wissenschaftlich nicht bewiesen werden konnte. Da hilft nur eigenes Experimentieren!

Busbahnhof (☎ 663 285; Riječka bb) befindet sich in dem neuen Teil der Stadt.

Rund um Buzet

Die malerische Umgebung von Buzet mit ihren sanften Hügeln, Wäldern, Weiden und Weinbergen lässt sich am besten mit dem Auto erkunden.

Roč

Das kleine, verschlafene Roč, 8 km südöstlich von Buzet, ist von Stadtmauern aus dem 15. Jh. umgeben. Bei einem Spaziergang entdeckt man die romanische **Kirche des hl. Anton des Abtes**, auf dem Platz neben der Kirche ein im 15. Jh. erbautes **Renaissancehaus** und ein **römisches Lapidarium** im Stadttor. Die **Touristeninformation** (⌚ 9–17 Uhr) hat die Schlüssel für alle Kirchen im Ort; wer die Gotteshäuser besichtigen möchte, sollte sich dort melden. Außerdem sind dort Infos über den im Ort angebotenen Freskenmalerei-Workshop erhältlich.

Roč wird nur einmal im Jahr aus seinem Dornröschenschlaf gerissen. Am zweiten Sonntag im Mai findet das **Akkordeon-Festival** statt, das Akkordeonspieler aus Kroatien, Italien und Slowenien anlockt.

In der Stadt gibt es Privatzimmer für ca. 100 Kn pro Nacht. In der Touristeninformation sind Einzelheiten erhältlich.

In einem der Steinhäuser befindet sich das Restaurant **Ročka Konoba** (Hauptgerichte ab 30 Kn; ⌚ Di–So 12–22 Uhr) mit regionaler Küche, Tischen im Freien und drinnen einem Kamin. Hier gibt es istrische Spezialitäten wie *fuži* (handgemachte Pasta), hausgemachte Würste und *maneštra* (Gemüse-Bohnen-Suppe). Im **Biskoteka-Laden** (Roč 14) kann man ca. 30 *rakija*-Varianten, darunter sieben verschiedene *biska*-Sorten (Mistel-Grappa) probieren.

Hum

Außerhalb von Roč befindet sich die **Glagolitische Allee**, eine Folge von elf Skulpturen, die an die Bedeutung der Stadt bei der Entwicklung der altslawischen Schrift erinnern. In der Nähe befindet sich ein Reitclub, der Ausritte anbietet; die Touristeninformation in Buzet weiß mehr darüber.

Lohnend ist auch ein Besuch des verlassenen antiken Orts **Kotli**, 2,5 km abseits der Hauptstraße zwischen Roč und Hum. In dem unter Denkmalschutz stehenden ländlichen Komplex an der Mirna kann man gut erhaltene Höfe, Außentreppen, Bogengänge und malerische Kamine bewundern.

Die Straße endet weiter südwestlich in Hum, einem wunderschön erhaltenen Ort, der nur 24 Einwohner zählt und sich selbst als kleinste Stadt der Welt bezeichnet. Der Legende nach hatten die Riesen, die Istrien errichteten, nur noch ein paar Steine übrig, mit denen sie dann Hum erbauten.

Im Sommer kommt ein steter Touristenstrom in die engen Gassen dieser bezaubernden kleinen Stadt. Viele Leute besuchen das **Aura** (⌚ 10–19 Uhr) GRATIS, wo einige alte Geräte ausgestellt sind, aber vor allem Souvenirs verkauft werden. Der Ort lässt sich gut bei einem 30-minütigen Bummel erkunden; alle Kirchen und Gebäude sind mit informativen mehrsprachigen Tafeln versehen. Unbedingt sehenswert sind die Fresken in der romanischen **Hieronymus-Kapelle** (Crkvica Svetog Jerolima), die das Leben Jesu in ungewöhnlich lebhaften Farben schildern. Die Kapelle beim Friedhof außerhalb der Stadttore ist verschlossen; der Schlüssel ist im Gasthaus erhältlich.

Schon dieser Gasthof lohnt einen Besuch in Hum. Im **Humska Konoba** (www.hum.hr; Hum 2; Hauptgerichte ab 30 Kn; ⌚ 11–22 Uhr) werden nicht nur erstklassige istrische Spezialitäten serviert, hier gibt es auch eine herrliche Terrasse mit Panoramablick. Nach einem Gläschen süßer *biska* (weißer Mistelgrappa, angeblich nach altem keltischem Rezept) folgt *maneštra s kukuruzom* (Suppe aus Bohnen und frischem Mais), weiter geht es mit *fuži* mit Trüffeln und als krönender Abschluss werden *kroštuli* (knuspriges Fettgebäck mit Zucker) serviert. Wer *biska* mag, kann im **Imela-Laden** seine Vorräte auffüllen. Dieser Laden für Olivenöl, Trüffeln, Marmeladen, Weinen, Honig und Souvenirs wird von den Restaurantbesitzern geführt. Das Geschäft liegt am Ortsende.

Am letzten Sonntag im Oktober kommen über 4000 Besucher zum **Dan Rakije** (Tag des Grappa) nach Hum. Während dieses feuchtfröhlichen Festes bekommt jeder ein Probierglas und kann die unterschiedlich aromatisierten Grappas probieren – bis nichts mehr da ist.

Sovinjsko Polje

Das verschlafene Dörfchen Sovinjsko Polje liegt in den Hügeln abseits der Straße von Buzet nach Istarske Toplice (4 km auf einer ausgeschilderten engen, kurvigen Straße).

Hierher zu kommen, lohnt sich wegen des **Toklarija** (⌚ 091 9266769; Sovinjsko Polje 11; 6-gängiges Menü inkl. Wein 400–500 Kn; ⌚ Mi–Mo 1–22 Uhr), eines der besten Restaurants von Istrien. In dieser wunderschönen umgebauten 600 Jahre alten Ölmühle, die sein Großvater in den 1950er-Jahren kaufte, serviert der exzentrische Besitzer Nevio Sirotić leckeres hausgemachtes istrisches Slow Food. Eine Mahlzeit kann bis zu vier Stunden dauern. Die Speisekarte wechselt täglich; im Mittelpunkt stehen Leckereien wie luftgetrockneter istrischer Schinken, Steinpilze, Spargelsalat, Trüffeln und saftiges Fleisch. 90 % der hier verwendeten Lebensmittel stammen aus der Region, sämtliches Obst und Gemüse kommt aus dem Garten der Familie, und selbst Brot und Nudeln sind hausgemacht. Dazu werden lokale Weine wie *teran* und *malvazija* kredenzt. Unbedingt reservieren!

Motovun

480 EW.

Das bezaubernde Städtchen Motovun thront auf einer 277 m hohen Bergkuppe oberhalb des Mirnatals. Von Poreč aus fährt man etwa 25 km in Richtung Nordosten. Im 14. Jh. beschlossen die Venezianer, die Stadt zu befestigen, und errichteten zwei mächtige Mauerreihen.

Vor dem Eingang zur Altstadt und innerhalb der Stadttore reihen sich Galerien und Geschäfte aneinander, darunter eine Weinhandlung, die Weinproben veranstaltet, und ein Zigante-Lebensmittelgeschäft. Die stimmungsvollen romanischen und gotischen Häuser beherbergen eine Reihe von Künstlerateliers. Am Hang wurden neue Häuser gebaut, die sich jedoch gut in die Umgebung einfügen. Jeden Sommer findet hier ein beliebtes Filmfestival statt; wegen dieses Festivals zählt Motovun seit einigen Jahren zu den wohl meistbesuchten unter den Bergstädten von Istrien.

Beim Betreten blickt Besuchern vom Außentor ein venezianischer Löwe finster entgegen, dahinter rücken eine Terrasse mit Barockloggia und die Außentische eines Cafés ins Blickfeld - das perfekte Plätzchen, um den Sonnenuntergang zu beobachten. Ein anscheinend besser gelaunter Löwe schmückt das innere Tor, das ein alteingesessenes Restaurant beherbergt. Auf ihrem weiteren Weg stoßen die Besucher auf einen schönen, schattigen Platz mit dem Hotel der Stadt, einem alten Brunnen und der Stefanskirche.

Sehenswertes & Aktivitäten

St.-Stephans-Kirche KIRCHE
(Svetog Stjepana; Trg Andrea Antico) Hauptsehenswürdigkeit der Stadt ist die Renaissancekirche St. Stephan. Das Innere der von Andrea Palladio entworfenen Kirche wird derzeit renoviert und ist nur zeitweilig geöffnet. An der Stadtmauer, die die Altstadt umgibt, erhebt sich der **Glockenturm** aus dem 16. Jh.

Befestigungsmauern STADTMAUERN
Bei einem Spaziergang über die Außenmauern der Befestigungsanlage bieten sich unvergessliche Blicke über Weinberge, Felder und Eichenwälder. Eine kleine Stärkung bekommt man in dem versteckt gelegenen Café an den Stadtmauern unweit des Postamts.

Gleitschirmfliegen GLEITSCHIRMFLIEGEN
(☎ 098 922 8081; www.istraparagliding.com; 550 Kn/Pers.) Bei einem Tandemflug vom Gipfel des Hügels von Motovun (zusammen mit einem Lehrer) öffnet sich ein atemberaubender Blick über die Hügel von Istrien. Vorab buchen!

Parenzana-Zug TOURISTENZUG
(www.parenzana.hr; Erw./Kind 2–12 Jahre 130/65 Kn) Die vor Kurzem zu neuem Leben erweckte Strecke führt entlang der alten Parenzana-Zugstrecke von Motovun in den malerischen Bergort Vižinada oberhalb des Mirna-Flusstals. In dem Dorf Ratokule wird ein Zwischenstopp eingelegt, damit die Fahrgäste hausgemachte istrische Leckereien von einem Bauernhof probieren können. Der Zug fährt fünfmal täglich, die Fahrt dauert eine Stunde und 40 Minuten. Die Rückfahrt ist dann gratis. Wer mag, kann die Strecke auch in umgekehrter Richtung in Angriff nehmen, also von Vižinada nach Motovun.

Feste & Events

Motovun-Filmfestival FILM
(www.motovunfilmfestival.com; ⌚ Juli) Beim Motovun-Filmfestival wird Ende Juli eine Reihe von Indie- und Avantgardefilmen präsentiert. Seit seiner Gründung im Jahr 1999 ist das kleine Festival immer beliebter geworden und zieht heute mit Nonstop-Filmvorführungen im Freien und im Kinosaal sowie mit Konzerten und Partys ziemlich viele Leute an.

ISTRIENS TOP-LANDGASTHÖFE

Agrotourismus spielt im Landesinneren von Istrien eine immer größere Rolle. Einige dieser Unterkünfte befinden sich auf bewirtschafteten Bauernhöfen, die Wein, Gemüse und Geflügel produzieren, andere sind Landhäuser mit Ferienwohnungen und wieder andere luxuriöse, moderne Villen mit Pool. Egal wofür man sich entscheidet, es gibt immer gute Wander- und Radelmöglichkeiten in der Nähe und meistens auch gesundes Essen.

In der istrischen Touristeninformation ist eine Broschüre mit Fotos und Infos über Ferien auf dem Land in ganz Istrien erhältlich. Die meisten dieser Unterkünfte sind nur mit dem eigenen Auto zu erreichen, denn sie liegen buchstäblich mitten im Nirgendwo. Bei einem Aufenthalt von weniger als drei Nächten wird oft ein Aufpreis verlangt.

Agroturizam Ograde (☎052-693 035; www.agroturizam-ograde.hr; Katun Lindarski 60; 250 Kn/Pers. inkl. Frühstück; P ᯤ ≋) Bei Agroturizam Ograde im Dorf Katun Lindarski, 10 km südlich von Pazin, ist man in Gesellschaft von Pferden, Schafen, Hühnern, Schweinen und Gänsen. Das Essen, das in einer dunklen, kühlen *konoba* (Taverne) serviert wird, ist ausgezeichnet: Gemüse aus dem Garten, selbst gepökeltes Fleisch und Wein aus dem Weinkeller. Die Unterkünfte befinden sich in zwei Einzelhäusern, eines davon hat einen Pool.

Pruga (☎091 78 17 263; www.apartments-pruga.com; Lovrinići 14; Apt. im Juli & Aug. 750 Kn, im Juni & Sept. 610 Kn) Die liebliche, ruhige Unterkunft befindet sich im 9,5 km von Pazin entfernt liegenden Dorf Lovrinići. Gästen stehen zwei wunderschön renovierte Apartments in einem echt istrischen Kalksteinhaus mit rustikalem Schick, Originaldetails und vollständig eingerichteter Küche zur Verfügung. Zum Frühstück werden draußen unter Obstbäumen Käse aus der Region, hausgemachte Marmeladen und Gebäck serviert.

Gut zu Abend essen kann man in der **Konoba Puli Pineta** (Karlov Vrt 1, Žminj; Hauptgerichte ab 60 Kn; ⊙17–22 Uhr), die in ganz Istrien wegen der erstklassigen Pasta- und Grillfleischgerichte bekannt ist. Die Taverne liegt in der Nähe des Orts Žminj.

Agroturizam San Mauro (☎052-779 033; www.sinkovic.hr; San Mauro 157; 176 Kn/Pers. inkl. Frühstück) In der Nähe der Bergdorfs Momjan hat sich Agroturizam San Mauro auf die Verkostung von prämierten Weinen (40 Kn), auf Trüffelgerichte und hausgemachte Marmeladen, Honigsorten und Säfte spezialisiert, die hier auch zum Frühstück auf den Tisch kommen. Alle Apartments haben eine kleine Küche, einige sogar eine Terrasse mit Meerblick. Wer nur eine Nacht bleibt, muss einen kleinen Aufpreis zahlen. Nur Barzahlung.

La Parenzana (☎052-777 460; www.parenzana.com.hr; Volpia 3; EZ/DZ 295/590 Kn; P @ ᯤ) La Parenzana ist ein bemerkenswerter Landgasthof im Dorf Volpia 3 km von Buje entfernt. Es gibt 16 Zimmer mit rustikaler Holz- und Steinausstattung und eine *konoba* (Taverne), die wegen ihrer istrischen Spezialitäten beliebt ist, etwa *čripnja* (Fleisch oder Fisch zusammen mit Kartoffeln in einem Gusseisentopf über offenem Feuer gegart). Es gibt einen Fahrradverleih (75 Kn/Tag), auf Wunsch werden auch Ausflüge organisiert.

San Rocco (☎052-725 000; www.san-rocco.hr; Srednja Ulica 2, Brtonigla; EZ/DZ ab 897/1380 Kn; P ❄ @ ᯤ ≋) Der Boutique-Gasthof in Familienhand befindet sich in der Nähe von Buje im Dorf Brtonigla und verfügt über 14 elegante Zimmer – keines gleicht dem anderen, aber alle sind modern und originell eingerichtet. Es gibt einen Pool, ein hervorragendes Restaurant und einen kleinen Spa-Bereich.

Schlafen

Motovun Camping CAMPING €
(☎052-681 557; www.motovun-camping.com; Stellplatz 2 Pers. 180 Kn f. die 1. Nacht, jede weitere Nacht 108 Kn) Der kleine, vom Management des Hotels Kaštel betriebene Campingplatz hat zwölf Stellplätze direkt unterhalb der Stadt. Camper können den Hotelpool kostenlos benutzen und erhalten im Hotelrestaurant 10 % Rabatt.

Villa Borgo B&B €€
(☎052-681 708; www.villaborgo.com; Borgo 4; EZ/DZ inkl. Frühstück ab 384/480 Kn; ᯤ) Die grandiose Unterkunft oben in der Altstadt bietet

zehn unterschiedlich gestaltete Zimmer – einige mit Gemeinschaftsbad, einige mit Rundumblick (Aufpreis 70 Kn), andere wiederum mit Blick auf die Straße. Das Dekor ist klar und minimalistisch. Von der hübschen Gemeinschaftsterrasse hat man einen umwerfenden Blick aufs Tal. Außerdem gibt's unten ein Geschäft und ein Apartment, in dem vier Personen Platz haben.

Hotel Kaštel HOTEL €€
(☎052-681 607; www.hotel-kastel-motovun.hr; Trg Andrea Antico 7; EZ/DZ 460/780 Kn; P@🛜≋) Das einzige Hotel in der Stadt ist eine ausgesprochen nette kleine Unterkunft mit 33 einfach ausgestatteten Zimmern in einem restaurierten Palast aus dem 17. Jh. Drei Zimmer haben Klimaanlagen und Balkone mit Blick auf den begrünten Platz; die Nacht hier kostet 1170 Kn. In dem guten Restaurant des Hotels werden Trüffeln und istrische Weine serviert. Außerdem gibt es einen Fahrradverleih (110 Kn/Tag) und ein Wellness-Center.

Essen & Ausgehen

Konoba Dolina ISTRISCH €
(Gradinje 59/1; Hauptgerichte ab 38 Kn; ⏱Mi–Mo 12–22 Uhr) Wer ein Auto hat, sollte die Fahrt zu diesem preiswerten Lieblingslokal der Einheimischen nicht scheuen. Hier werden in nettem Ambiente gute, einfache istrische Gerichte serviert, viele davon mit Trüffeln. Dazu passt ein Favorit-Bier.

Von Motovun fährt man rechts Richtung Buzet, bis links die Straße nach Gradinje abzweigt. Von da sind es noch 2,5 km. Ab Ende Juni ist das Restaurant alljährlich für drei Wochen geschlossen.

Pod Napun ISTRISCH €
(Gradizol 33; Hauptgerichte ab 60 Kn; ⏱12–22 Uhr) Das gemütliche Restaurant am Rand der Altstadt bietet eine große Auswahl und eine Terrasse mit Traumblick über das Tal. Aus der Küche kommen gut zubereitete traditionelle Gerichte aus der Region.

Pod Voltom ISTRISCH €
(Trg Josefa Ressela 6; Hauptgerichte ab 60 Kn; ⏱tgl. 12–22 Uhr) In einem Gewölbe mit Holzbalken innerhalb der Stadttore werden einfache istrische Hausmannskost und teurere Trüffelgerichte serviert. Von Juni bis September locken die Plätze auf der Loggia mit grandiosem Blick aufs Tal.

Mondo ISTRISCH €€
(Barbacan 1; Hauptgerichte ab 75 Kn; ⏱12–15.30 & 18–22 Uhr) Direkt vor dem äußeren Stadttor befindet sich die kleine Taverne mit kleiner Terrasse. Hier werden gut zubereitete istrische Klassiker serviert – viele davon mit Trüffeln. Dazu schmeckt ein Wein vom Weingut Tomaz.

Restaurant Zigante FEINSCHMECKER €€€
(☎052-664 302; www.zigantetartufi.com; Livade 7, Livade; Hauptgerichte ab 185 Kn; ⏱12–23 Uhr) Gourmets kommen von weither in dieses Restaurant im Dorf Livade, ein paar Kilometer unterhalb von Motovun. Auf die Gäste warten exquisite Fünf-Sterne-Menüs. Hier dreht sich alles um Trüffeln – es gibt Gänseleber mit Kartoffeln und schwarzen Trüffeln und sogar Eiscreme mit schwarzen Trüffeln.

Praktische Informationen

Ein Geldautomat steht direkt hinter der Ortseinfahrt auf der rechten Seite.

Montona Tours (☎052-681 970; www.montonatours.com; Kanal 10) Ist eine gute Info-Quelle und hilft bei der Suche nach einer Unterkunft in Zentralistrien, z. B. Ferienwohnungen oder Zimmer auf einem Bauernhof. Leihräder kosten 105 Kn pro Tag.

Touristeninformation (☎052-681 726; www.tz-motovun.hr; Trg Andrea Antico 1; ⏱10–18 Uhr) Am Hauptplatz, direkt unterhalb des Hotels Kaštel.

An- & Weiterreise

Ohne eigenes Auto gestaltet sich ein Besuch in Motovun schwierig. Es gibt Busverbindungen ab Pazin (35 Kn, 40 Min., 3-mal tgl.) und Poreč (35 Kn, 45 Min., 1-mal tgl.), aber nur an Werktagen während der Schulzeit.

Unterwegs vor Ort

Die Stadt verfügt über drei Parkplätze. Der erste liegt am Fuß des Ortes; von dort führt ein steiler Anstieg zu den Stadttoren hinauf (2 km). Der zweite liegt 300 m unterhalb der Altstadt. Der letzte ist nur für Einwohner und Hotelgäste. Wenn Sie nicht in einem Hotel übernachten, kostet Parken auf den beiden erstgenannten Parkplätzen von April bis Oktober 20 Kn pro Tag.

Istarske Toplice

Istarske Toplice (www.istarske-toplice.hr) stammt aus der Zeit der Römer und zählt zu Kroatiens ältesten und schönsten Thermalbädern. Am Fuß eines 85 m hohen Felsens inmitten von viel Grün befinden sich ein Hotelbetonklotz und ein Wellnesscenter. Sie haben, wie ähnliche Objekte in den meisten

Kurorten Kroatiens, ein leicht betagtes Flair. Der Geruch nach faulen Eiern kommt von dem großen Pool, der einen hohen Schwefelgehalt aufweist und Temperaturen von bis zu 34 °C erreicht.

Hier eine Nacht zu verbringen, lohnt sich nur für Liebhaber von Kurorten, aber gegen ein paar Stunden Wellness ist nichts einzuwenden. Das Angebot von Anwendungen ist breit gefächert, vom heißen Stein (1¼ Std. 350 Kn) bis zu Körperbehandlungen mit Wein, Honig und Lavendel (jeweils 330 Kn). Man kann aber auch einfach nur im Thermalbecken planschen (40 Kn für 3 Std.) oder in der Sauna schwitzen (170 Kn für 3 Std.). Das Thermalwasser soll gut sein bei Rheumatismus, Hautkrankheiten und Atembeschwerden.

Es gibt keine öffentlichen Verkehrsmittel. Der Kurort liegt 10 km nördlich von Motovun und 11 km südlich von Buzet an der Hauptstraße, die diese beiden Ortschaften miteinander verbindet. Er ist also gut zu erreichen.

Grožnjan

160 EW.

Bis Mitte der 1960er-Jahre war das 27 km nordöstlich von Poreč gelegene Grožnjan auf dem besten Weg, in Vergessenheit zu geraten. Im Jahr 1102 wurde das Bergdorf zum ersten Mal erwähnt. Im 14. Jh. war es eine strategisch wichtige Festung für die Venezianer. Sie schufen ein Befestigungssystem bestehend aus Stadtmauern und -toren und errichteten eine Loggia, eine Kornkammer und mehrere hübsche Kirchen. Nach dem Zusammenbruch der venezianischen Republik im 18. Jh. nahm Grožnjans Bedeutung rapide ab.

1965 entdeckten der Bildhauer Aleksandar Rukavina und eine kleine Gruppe anderer Künstler den Charme des verfallenen mittelalterlichen Dörfleins und richteten in den verlassenen Häusern ihre Ateliers ein. Grožnjan erwachte zu neuem Leben, u.a. wurde es ein Standort von Jeunesses Musicales International, einem Ausbildungsprogramm für junge Musiker. Im Jahr 1969 wurde in Grožnjan die Sommermusikschule ins Leben gerufen, die seitdem regen Zulauf hat. Jedes Jahr im Sommer werden hier Kurse in den Bereichen Musik, Orchester, Ballett und Gesang abgehalten. Beim Bummel durch die vielen Kunsthandwerksläden und Galerien, die die schmalen Gassen und grünen Plätze säumen, kann man den spielfreudigen Musikern häufig beim Üben zuhören.

Sehenswertes & Aktivitäten

Alle Sehenswürdigkeiten der Stadt sind mit englischsprachigen Infotafeln versehen. Die im Renaissancestil erbaute **Loggia** erhebt sich gleich rechts neben dem Stadttor bei der Touristeninformation. Auf dem weiteren Weg folgt rechterhand das barocke **Palais Spinotti Morteani** mit einer Terrasse. Die Tische darauf gehören zum Laden **Zigante Tartufi** (www.zigantetartufi.com; Umberta Gorjana 5; ⌚9–22 Uhr). Im **Kaštel** (Burg) auf der rechten Seite finden Konzerte statt.

Das Dorf wird vom gelben Glockenturm der **Pfarrkirche der heiligen Märtyrer Vitus, Modest & Crescentia** überragt, die im 14. Jh. aus Sandstein erbaut und im Jahr 1770 barock umgestaltet wurde.

Über das Dorf verteilen sich mehr als 30 Galerien und Ateliers, die meisten haben von Mai bis September täglich geöffnet. Die **Fonticus-Galerie** (Gradska Galerija Fonticus; Trg Lođe 3; ⌚Di–So 10–13 & 17–20 Uhr) zeigt neuere Werke vorwiegend kroatischer Künstler sowie eine kleine Ausstellung zur Heraldik mit Helmen, Insignien und Wappen.

Feste & Events

Das **Internationale Kulturzentrum der Jeunesses Musicales Croatia** (www.hgm.hr) organisiert in den Sommermonaten Konzerte. Sie sind kostenlos und können ohne Reservierung besucht werden. Normalerweise finden sie in der Kirche, auf dem Hauptplatz, in der Loggia oder im Kaštel statt.

Schlafen & Essen

Es gibt keine Hotels in Grožnjan, aber die **Touristeninformation** (☎052-776 131; Umberta Gorjana 3; ⌚Di–So 10–13 & 17–20 Uhr) kann Kontakte zu privaten Vermietern vermitteln. Eine Übernachtung kostet mindestens 155 Kn pro Nase.

Konoba Pintur ISTRISCH €

(Mate Gorjana 9; Hauptgerichte ab 40 Kn; ⌚8–23 Uhr) Das Lokal am Hauptplatz bietet Tische im Freien und annehmbares, preiswertes Essen. Im Obergeschoss werden auch Zimmer vermietet (EZ/DZ 160/360 Kn).

Bastia ISTRISCH €€

(1 Svibnja 1; Hauptgerichte ab 60 Kn; ⌚8–24 Uhr) Das älteste Restaurant der Stadt liegt am üppig grünen Hauptplatz. Die Einrichtung ist hell und freundlich, die Speisekarte ist

sehr trüffellastig. Dazu passt ein Favorit-Bier prima.

Ausgehen & Nachtleben

Kaya Energy Bar & Design CAFÉ, BAR
(Vincenta iz Kastva 2; 9–23 Uhr) Das Lokal am Ortseingang hat viele Gesichter: Café, Bar, Laden, Showroom und Galerie. Der Familienbetrieb besitzt einen eleganten Innenraum, Tische auf dem Platz und eine schöne, kleine Terrasse mit fantastischem Blick übers Tal. Serviert werden frisch gepresste Säfte, Smoothies, Frühstück, Snacks und ein guter einheimischer *malvazija*-Wein.

Cafe Vero CAFÉ, BAR
(Trg Cornera 3; 8–22 Uhr) Die Café-Bar am Ortsende bietet mit ihren Tischen auf der schönen Holzterrasse einen Wahnsinnsblick übers Tal.

An- & Weiterreise

Eine Anreise nach Grožnjan ist nur mit einem Privatauto möglich, Busse verkehren hier nicht. Wer mit dem Auto von Motovun kommt, sollte nicht die erste gekennzeichnete Abzweigung nehmen, eine unbefestigte Straße, auf der die Fahrt länger dauert. Etwa 1 km weiter gibt es noch einen Wegweiser nach Grožnjan – das ist die wesentlich bessere Zufahrt.

Momjan

283 EW.

Der von Besuchern oft vernachlässigte Ort Momjan in Istriens Nordwesten, direkt südlich der slowenischen Grenze, liegt auf einem Hügel und bietet einen unglaublichen Blick auf das Landesinnere und das Meer. Zu den historischen Highlights gehören die Kirche des hl. Martin aus dem 15. Jh. und eine auf einer Felsspitze thronende Burg aus dem 13. Jh.

Radfahrer können sich auf den in der Nähe gelegenen **Parenzana-Radweg** (www.parenzana.net) freuen, der einer stillgelegten Schmalspurbahnstrecke folgt. Von 1902 bis 1935 verkehrten hier Züge zwischen Triest und Poreč. Heute führt die Strecke durch drei Länder: Italien, Slowenien und Kroatien (der kroatische Abschnitt erstreckt sich über 78 km). Immer mehr Radler nehmen die an zahlreichen istrischen Highlights vorbeiführende Strecke vor allem im Frühjahr und Herbst in Angriff.

Eine tolle Bleibe für Radfahrer in Nordistrien ist das **B&B Momjan** (098 689 127; bnbmomjan@gmail.com; Gorenja Vas 3; B 137 Kn, EZ/DZ 190/265 Kn, Hütte 380 Kn). Das Betreiberpaar – beide begeisterte Radler – kann ausgezeichnete Infos über die besten Strecken auf der ganzen Halbinsel geben. Zur Auswahl stehen zwei Zimmer im Hauptgebäude (man teilt sich Bad und Küche mit den hier wohnenden Gastgebern), ein Gartenhaus (für max. 6 Pers.) mit hübscher Terrasse und eine Erdgeschosswohnung mit Etagenbetten (und Platz für neun Gäste – genau das Richtige für eine Gruppe von Freunden oder große Familien). Das Frühstück – französische Backwaren und von den Betreibern selbst gerösteter Kaffee – ist im Preis enthalten. Eine alternative Übernachtungsmöglichkeit ist Agroturizam San Mauro (S. 138).

In Momjan kommen nicht nur Radler sondern auch Schleckermäuler auf ihre Kosten. Unbedingt probieren sollte man den berühmten *muscato di momiano*, einen trocken-süßlichen Weißwein der hiesigen Winzer. Das beliebteste Lokal mitten im Ort ist die **Konoba Rino** (052-779 170; Dolinja Vas 23; Hauptgerichte ab 55 Kn; Mi–Mo 12–22 Uhr), eine rustikale Taverne mit Holzbalken. Aus der Küche kommen istrische Spezialitäten wie Pasta mit *boškarin* (Fleisch von istrischen Rindern) sowie Gnocchi mit Trüffeln. Wer es etwas gediegener mag, verlässt den Ort und erreicht nach fünfminütiger Fahrt das **Stari Podrum** (052-779 152; Most 52, Momjan; Hauptgerichte ab 70 Kn; Do–Di 12–22 Uhr), wo istrische Spezialitäten mit kreativem Touch und zu höheren Preisen serviert werden – daher auch die schicken Karossen vor der Tür. Empfehlenswert ist das Filetsteak.

9 km südöstlich von Momjan an der Straße von Brtonigla nach Buje bietet die **Konoba Morgan** (www.konoba-morgan.eu; Bracanija 1; Hauptgerichte ab 70 Kn; Mi–Mo 12–22 Uhr) eine erlesene gastronomische Erfahrung. Von der hübschen Terrasse oben auf einem Hügel genießt man einen Traumblick über die Landschaft. Auf der täglich wechselnden Speisekarte stehen hauptsächlich Wildgerichte mit saisonalen Zutaten wie Trüffeln und Spargel.

Nach Momjan kommt man nur mit dem eigenen fahrbaren Untersatz, denn es gibt so gut wie keine Busverbindungen.

Kvarner Bucht

Inhalt ➡

Gut essen

- Bistro Bukarica (S. 169)
- Kukuriku (S. 152)
- Konoba Valle Losca (S. 154)
- Bora Bar (S. 166)
- Mlinar (S. 148)

Schön übernachten

- Mare Mare Suites (S. 163)
- Hotel Miramar (S. 152)
- Carnevale (S. 147)
- Hostel Dharma (S. 147)
- Hotel Manora (S. 163)

Auf zur Kvarner Bucht!

Die von hoch aufragenden Bergen geschützte Kvarner Bucht ist seit Langem beliebt bei Leuten, die das milde Klima und das kobaltblaue Wasser schätzen und mehr als nur reizvolle Strände wollen. Während der k. u. k. Ära bauten sich die Oberen Zehntausend hier ihre Ferienhäuser und hinterließen Orten wie Rijeka und Opatija ein stattliches bauliches Erbe. Von diesen beiden benachbarten Städten hat man eine gute Anbindung zu den Wanderwegen in den geschützten Wäldern des Naturparks Učka und des Nationalparks Risnjak.

Auf den Inseln Cres, Lošinj, Krk und Rab gibt es sehr stimmungsvolle alte Hafenstädte und unberührte Küstenstreifen mit wunderbaren abgeschiedenen Badebuchten. Und auch die Fauna trägt zum Reiz der Gegend hinzu: Auf Cres lebt eine bedeutsame Gänsegeier-Population und auf Lošinj wurde ein Meeresschutzzentrum für Delfine und Schildkröten eingerichtet.

Reisezeit

Rijeka

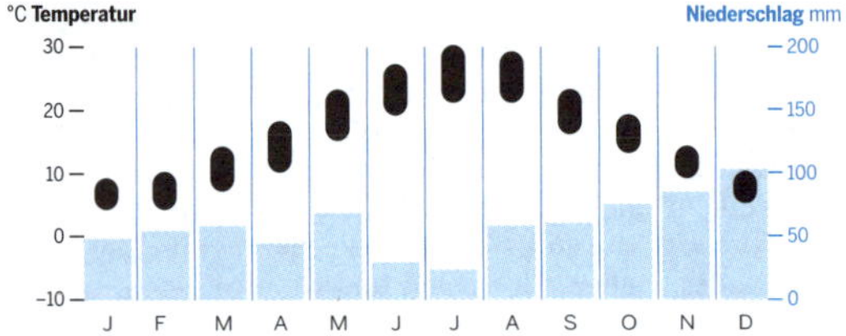

Jan.–März Während des Karnevals wird Rijeka zwei Wochen lang zum europäischen Rio.

Mai–Juni Vor der Küste von Lošinj lassen sich regelmäßig Delfine blicken.

Juli–Aug. Es gibt jede Menge Veranstaltungen unter freiem Himmel und Mittelalter-Jahrmärkte.

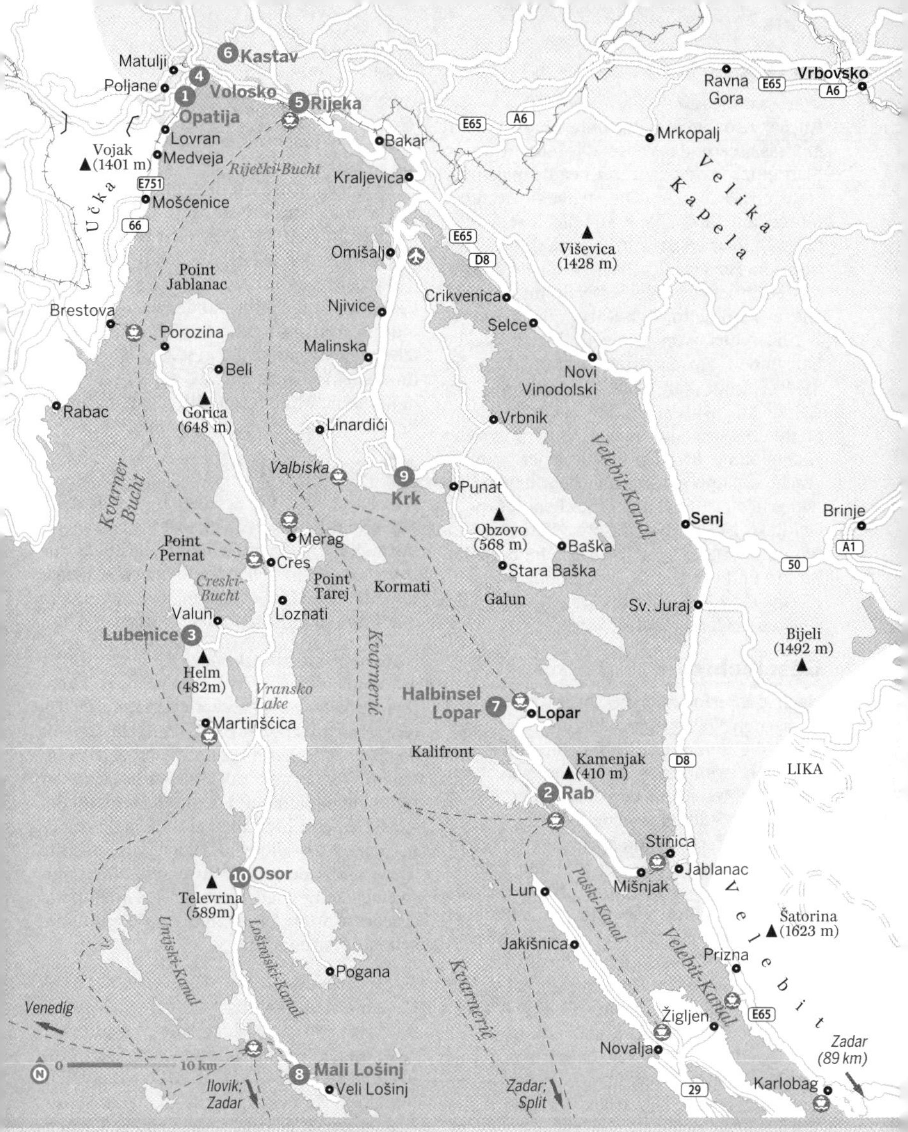

Highlights

1 Wie einst die Habsburger auf der Promenade in **Opatija** (S. 151) herumstolzieren

2 Die mit Kirchen gesäumten, kopfsteingepflasterten Straßen der Altstadt von **Rab** (S. 174) entdecken

3 Die Einsamkeit und die harsche Schönheit von **Lubenice** (S. 160) auf sich wirken lassen

4 Im Feinschmeckerparadies **Volosko** (S. 152) kroatische Spezialitäten probieren

5 Von der **Festung Trsat** (S. 145) den Blick auf Rijeka bewundern

6 In die Berge fahren und ein unvergessliches Mahl in **Kastav** (S. 152) erleben

7 In den abgelegenen Ecken der **Halbinsel Lopar** (S. 179) an Sandstränden faulenzen

8 Den Sommer am Ufer von **Mali Lošinj** (S. 161) genießen.

9 In die Geschichte der Stadt **Krk** (S. 169) eintauchen

10 Das von einer Stadtmauer umgebene **Osor** (S. 160) erkunden

RIJEKA

051 / 129 000 EW.

Rijeka, Kroatiens drittgrößte Stadt, vereint auf faszinierende Weise das eher düstere Flair einer Hafenstadt mit beeindruckender Habsburger Pracht. Die meisten Urlauber fahren auf ihrem Weg auf die Inseln oder nach Dalmatien an Rijeka vorbei, wer aber hier eine Pause einlegt, wird Charme, Kultur, das Nachtleben, tolle Festivals und Kroatiens farbenprächtigsten Karneval entdecken.

Abgesehen von einigen bedauerlichen Bausünden am Stadtrand schmücken das Stadtzentrum kunstvolle Gebäude aus der k. u. k. Ära. Außerhalb des dicht bebauten Stadtkerns, zu dem auch Kroatiens größter Hafen samt Schiffen, zahlreichen bunten Frachtcontainern und einer Vielzahl von Kränen gehört, ist Rijeka überraschend grün.

Rijeka ist ein dynamischer Verkehrsknotenpunkt. Da es hier jedoch keinen echten Strand und nur wenige Hotels gibt, schlagen die meisten Besucher ihr Quartier im nahe gelegenen Opatija auf.

Geschichte

Nach der erfolgreichen Unterwerfung der illyrischen Volksgruppe der Liburner gründeten die Römer den Hafen Tarsaticae. Um das 7. Jh. wanderten slawische Völker ein und errichteten auf den Fundamenten der römischen Stadt eine neue Siedlung.

Verschiedene Feudalherren – von deutschen Adligen bis zu den Fürsten Frankopan von Krk – herrschten über die Stadt; Ende des 15. Jhs. gelangte sie schließlich in den Machtbereich der österreichischen Habsburger. Für diese stellte Rijeka ein strategisch wichtiger Zugang zum Meer dar, weshalb 1725 eine neue Straße von Wien an die Küste der Kvarner Bucht gebaut wurde. Dies wiederum förderte die wirtschaftliche Entwicklung und vor allem den Schiffsbau, der seitdem das Herzstück der städtischen Wirtschaft bildet.

1750 wurde Rijeka von einem verheerenden Erdbeben heimgesucht, das einen Großteil seiner mittelalterlichen Altstadt zerstörte. 30 Jahre später wurden die alten Stadtmauern abgetragen, um Platz für den Bau eines moderneren Handelsviertels zu schaffen. Der Korzo, die große Flaniermeile von Rijeka, entstand als große Allee anstelle der geschleiften Stadtmauer.

Bei der Neugliederung der österreichisch-ungarischen Doppelmonarchie im Jahr 1867 wurde Rijeka Teil des Königreichs Ungarn. Imposante städtische Gebäude wurden errichtet; eine neue Eisenbahn verband die Stadt mit Zagreb, Budapest und Wien und brachte die ersten Touristen in die Kvarner Bucht.

Zwischen 1918, als italienische Truppen Rijeka und Istrien besetzten, und 1945, als Rijeka ein Teil des Nachkriegs-Jugoslawiens wurde, wechselte die Stadt mehrmals den Besitzer und war teilweise sogar ein Freistaat (unter ihrem italienischen Namen Fiume). Seit 1991 gehört Rijeka zum unabhängigen Kroatien. Es gibt hier aber noch immer eine beträchtliche, gut organisierte italienische Minderheit, die sogar ihre eigene Zeitung *La Voce del Popolo* hat.

Sehenswertes

Das Labyrinth der Straßen und Plätze im alten Stadtkern von Rijeka ist hervorragend mit mehrsprachigen Schildern bestückt, die jeweils die Geschichte der Sehenswürdigkeiten erläutern. Einen Stadtplan erhält man in der Touristeninformation (S. 150).

Naturwissenschaftliches Museum — MUSEUM

(Prirodoslovni Muzej; www.prirodoslovni.com; Lorenzov Prolaz 1; Erw./erm. 10/5 Kn; Mo–Sa 9–19, So bis 15 Uhr) Das Museum in einer prachtvollen Villa aus dem 19. Jh. widmet sich der Geologie, Botanik und dem Meeresleben der Adria. Es gibt hier auch ein kleines Aquarium, eine Ausstellung zu Haien, ausgestopfte Tiere und jede Menge Insekten. Nicht versäumen sollte man den angrenzenden botanischen Garten mit mehr als 2000 einheimischen Pflanzenarten.

Seefahrts- und Geschichtsmuseum — MUSEUM

(Pomorski i Povijesni Muzej; www.ppmhp.hr; Muzejski trg 1; Erw./erm. 15/10 Kn; Mo 9–16, Di–Fr 9–20, Sa 9–13 & 16–20, So 16–20 Uhr) Das Highlight des Museums ist das Gebäude selber, der ehemalige Palast des österreichisch-ungarischen Gouverneurs. Es ist ein Meisterwerk der ungarischen Architektur mit prächtigen Treppenaufgängen, glänzenden Kronleuchtern und vielen aufwendig restaurierten Zimmern. Die maritime Sammlung umfasst römische Amphoren, Modellschiffe, Seekarten, Navigationsinstrumente und Kapitänsporträts.

Stadtmuseum — MUSEUM

(Muzej Grada Rijeke; www.muzej-rijeka.hr; Muzejski trg 1/1; Erw./erm. 15/10 Kn; Mo–Fr

10–20, Sa 9–13 Uhr) Das kleine Museum in einem schachtelförmigen Gebäude aus den 1970er-Jahren zeigt ständig wechselnde Ausstellungen von Kunst bis zur Lokalgeschichte.

Kapuzinerkirche der Muttergottes von Lourdes KIRCHE

(Kapucinska Crkva Gospe Lurdske; www.glurdska-kapucini.blogspot.com; Kapucinske Stube 5; ⌚8–12 & 16–20 Uhr) Wer mit dem Bus anreist, kann diese imposante Kirche, die sich über dem Busbahnhof auftürmt, nicht übersehen. Sie stammt von 1904 und hat eine aufwendig verzierte neugotische Fassade, die sich über einer eleganten zweiflügligen italienischen Freitreppe erhebt.

Museum der modernen und zeitgenössischen Kunst GALERIE

(Muzej Moderne i Suvremene Umjetnosti; www.mmsu.hr; Dolac 1; Erw./erm. 20/10 Kn; ⌚Di–So 10–20 Uhr) Das kleine Museum im zweiten Stock der Universitätsbibliothek zeigt erstklassige Wechselausstellungen von Straßenfotografien bis hin zu zeitgenössischen Zeichnungen und Skulpturen.

Stadtturm TURM

(Gradski Toranj; Korzo) Der auffallende gelbe Stadtturm ist eines der wenigen Bauwerke, die das Erdbeben von 1750 überstanden. Er war ursprünglich das dem Ufer zugewandte Tor zur Altstadt. Die Habsburger fügten nach dem Erdbeben die Barockverzierungen hinzu und bestückten das Portal mit Wappen und Kaiserbüsten. Die immer noch funktionierende Uhr wurde 1873 angebracht.

Römischer Bogen TOR

(Rimski luk; Stara Vrata) Der schlichte Bogen markiert den früheren Eingang zum Prätorium, einem alten Militärkomplex. Weitere römische Überreste sieht man in einer kleinen Ausgrabungsstätte in der Nähe.

Kathedrale St. Veit KATHEDRALE

(Katedrala Sv Vida; Trg Grivica 11; ⌚Juni–Aug. Mo–Sa 7–12 & 16.30–19, So bis 12 Uhr, Sept.–Mai tgl. 6.30–12 Uhr) Nördlich des römischen Bogens befindet sich dieser ungewöhnliche Rundbau, der 1638 von den Jesuiten an der Stelle einer früheren, kleineren Kirche gebaut und dem Schutzheiligen von Rijeka geweiht wurde. Nicht wundern, wenn einem die Kirche vertraut erscheint – ihr Bild ziert die Rückseite der 100-Kuna-Note. Gewaltige Marmorsäulen tragen die zentrale Kuppel, unter der sich barocke Altäre und ein gotisches Kruzifix aus dem 13. Jh. befinden.

★Festung Trsat BURG

(Trsatska Gradina; Petra Zrinskoga bb; Erw./erm. 15/5 Kn; ⌚Juni–Okt. 9–20 Uhr, Nov.–Mai bis 17 Uhr) Hoch auf einem Hügel über der Stadt hat man von den Basteien und Wällen dieser halb verfallenen Festung aus dem 13. Jh. einen fantastischen Blick auf das Tal des Flusses Rječina und den Hafen, auf die Adria und die Insel Krk in der Ferne. Das heutige Bauwerk ließen die Frankopan-Fürsten von Krk errichten; die letzten Neuerungen wurden 1824 von Laval Graf Nugent, einem österreichischen Feldmarschall irischer Abstammung, vorgenommen, der die Burg in eine romantische Residenz im neoklassizistischen Biedermeierstil umwandelte.

Das im antiken griechischen Stil erbaute Familienmuseum der Nugents wird von Basilisken bewacht (die übrigens ganz anders als in den *Harry Potter*-Filmen aussehen). Es beherbergt eine Galerie und hin und wieder Wechselausstellungen im früheren Kellerverlies. Im Sommer finden in der Burg Konzerte, Theateraufführungen und Modeschauen statt. Von der Cafébar im Freien (Sommer bis 24 Uhr) genießt man einen wundervollen Ausblick.

Kirche der Muttergottes von Trsat KIRCHE

(Crkva Gospe Trsatske; www.trsat-svetiste.com; Frankopanski trg; ⌚8–17 Uhr) Einer Legende zufolge brachten Engel Ende des 13. Jhs. das Haus der Muttergottes aus Nazareth zunächst hierher und dann ins italienische Loreto. Die Kapelle, die an dieser Stelle errichtet wurde, begann nach und nach Pilger anzulocken; und nachdem der Papst 1367 ein Marienbild gestiftet hatte (heute hinter einem prächtigen schmiedeeisernen Tor auf dem Hauptaltar), wurde sie zur großen Wallfahrtsstätte.

In dem barocken Kreuzgang sieht man diverse Votivgaben. Nach vorheriger Vereinbarung kann auch die wertvolle Sammlung sakraler Kunst in der Schatzkammer und ein 15-minütige Film über die Kirche angeschaut werden.

Wer in die Fußstapfen der Pilger treten will, erklimmt vom Titov trg die **Treppe des Petar Kružić**. Die 560 Stufen wurde 1531 für die Gläubigen auf ihrem Weg zur Kirche erbaut und ist gesäumt von Kapellen, in denen die Pilger Rast machten. Eine schnellere Alternative ist die Fahrt mit dem Stadtbus 2 nach Trsat.

Rijeka

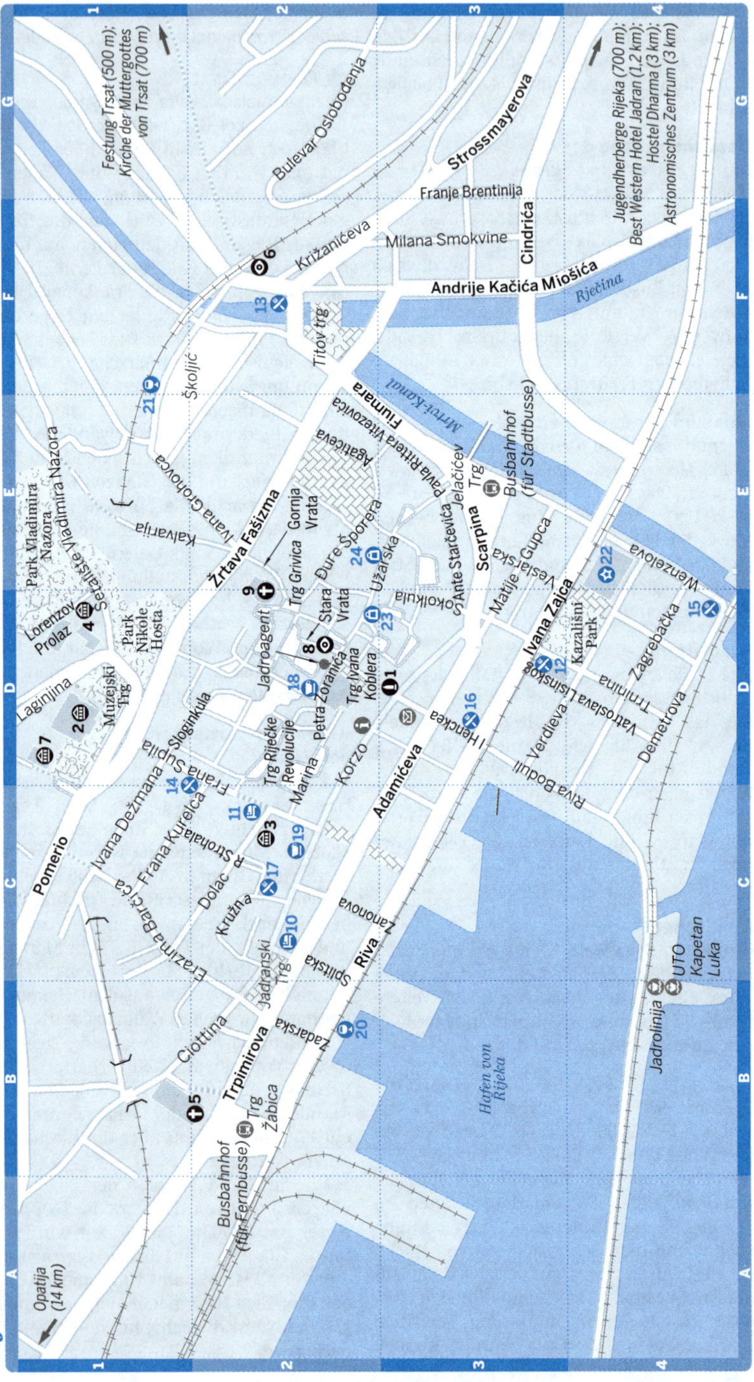
0
200 m
Festung Trsat (500 m); Kirche der Muttergottes von Trsat (700 m)
Jugendherberge Rijeka (700 m); Best Western Hotel Jadran (1,2 km); Hostel Dharma (3 km); Astronomisches Zentrum (3 km)
Opatija (14 km)
Bulevar Oslobođenja
Strossmayerova
Franje Brentinija
Križanićeva
Milana Smokvine
Cindrića
Andrije Kačića Miošića
Rječina
Titov trg
Školjić
Mrtvi-Kanal
Fiumara
Pavla Rittera Vitezovića
Agatićeva
Ivana Grohovca
Kalvarija
Park Vladimira Nazora
Šetalište Vladimira Nazora
Lorenzov Prolaz
Park Nikole Hosta
Žrtava Fašizma
Gornja Vrata
Trg Grivica
Đure Šporera
Užarska
Pokolkula
Ante Starčevića
Jelačićev Trg
Busbahnhof (für Stadtbusse)
Scarpina
Vesalarska
Matije Gupca
Wenzelova
Ivana Zajca
Kazališni Park
Zagrebačka
Trinina
Vatroslava Lisinskog
Verdieva
Demetrova
Riva Boduli
I. Henckea
Adamićeva
Korzo
Trg Ivana Koblera
Stara Vrata
Petra Zoranića
Jadroagent
Trg Riječke Revolucije
Marina
Laginjina
Muzejski Trg
Frana Supila
Slogiinkula
Ivana Dežmana
Frana Kurelca
R. Strohala
Dolac
Kružna
Pomerio
Erazma Barčića
Zanonova
Jadranski Trg
Splitska
Riva
Zadarska
Ciottina
Trpimirova
Trg Žabica
Busbahnhof (für Fernbusse)
Hafen von Rijeka
Jadrolinija
UTO Kapetan Luka

Astronomisches Zentrum OBSERVATORIUM
(Astronomski Centar; ☎051-455 700; www.rijekasport.hr; Sv Križ 33; Erw./Kind 20/10 Kn) Kroatiens erstes astronomisches Zentrum hoch auf einem Hügel im Osten der Stadt ist ein markanter moderner Komplex mit Observatorium, Planetarium und Studienzentrum. Auf der Website gibt's Infos zu Abendveranstaltungen, die teilweise auch auf Englisch, Italienisch, Französisch, Deutsch, Russisch und Spanisch stattfinden. Hierher gelangt man vom Stadtzentrum aus mit dem Bus 7A.

Aktivitäten

Paragliding Kvarner GLEITSCHIRMFLIEGEN
(☎095 85 49 995; www.paragliding-kvarner.com) Der Veranstalter in Crikvenica, 30 km die Küste hinunter, bietet Tandemflüge in 770 m Höhe über der Kvarner Bucht. Zur Wahl stehen 20-minütige Panoramaflüge (80 €) und 50-minütige Flüge über den Thermalquellen (120 €).

Yacht Rent SEGELN
(☎098 369 692; www.yacht-rent.com) Mit fast 4000 Booten auf seiner Liste versorgt einen der Veranstalter zuverlässig mit einer Jacht, einer Barkasse oder einem Katamaran mit oder ohne Skipper und/oder Crew; wer nur das Boot anmietet, muss einen gültigen Skipper-Führerschein vorweisen. Den Spaß gibt es ab 1500 € pro Woche.

Feste & Events

Karneval von Rijeka KARNEVAL
(Riječki Karneval; www.rijecki-karneval.hr; ⏲Mitte Jan.–Anf. März) Beim größten Karneval in Kroatien gibt's Spiele, Straßentänze, Konzerte, Maskenbälle, Ausstellungen und einen Umzug. Sehenswert sind die *zvončari,* tanzende maskierte Männer mit Tierfellen, die mit lauten Glocken böse Geister vertreiben. Die Festivitäten finden von Mitte Januar bis Aschermittwoch statt.

Sommernächte von Rijeka THEATER
(Riječke Ljetne Noći; www.rijeckeljetnenoci.com; ⏲Juni–Juli) Im Juni und Juli finden Konzerte im Kroatischen Nationaltheater und auf Freilichtbühnen auf dem Korzo und an den Stränden statt.

Schlafen

Im Großen und Ganzen sind die Preise das ganze Jahr über gleich, lediglich während des Karnevals muss man mit einem Aufpreis rechnen und weit vorab buchen. In Rijeka gibt's nur wenige Privatzimmer; die Touristeninformation listet diese auf ihrer Website auf. Mehr Unterkünfte findet man im nahe gelegenen Opatija; diese sind in der Regel aber teurer.

Rijeka

Sehenswertes
1 Stadtturm D3
2 Seefahrts- und Geschichtsmuseum .. D1
3 Museum der modernen und zeitgenössischen Kunst C2
4 Naturwissenschaftliches Museum D1
5 Kapuzinerkirche der Muttergottes von Lourdes B2
6 Treppe des Petar Kružić F2
7 Stadtmuseum D1
8 Römischer Bogen D2
9 Kathedrale St. Veit D2

Schlafen
10 Carnevale C2
11 Grand Hotel Bonavia C2

Essen
12 Stadtmarkt D3
13 Konoba Nebuloza F2
14 Mlinar C1
15 Na Kantunu D4
16 Ristorante Spagho D3
17 Zlatna Školjka C2

Ausgehen & Nachtleben
18 CukariKafe D2
19 Knjižara Rijeka – Filodrammatica C2
20 Nina 2 .... B2
21 Tunel F1

Unterhaltung
22 Kroatisches Nationaltheater Ivan Zajc E4

Shoppen
23 Mala Galerija D2
24 Šta Da? E2

★ **Carnevale** HOSTEL €
(☎051-410 555; www.hostelcarnevale.com; Jadranski trg 1; B/Zi. 175/385 Kn; ❄📶) Mit den silbern gestrichenen Wänden, den sich bauschenden Stoffen an der Decke, der Bettwäsche mit Tiermustern und den Kunstwerken überall im Haus bringt einen das zentral gelegene Hostel in eine festliche Stimmung. Handtücher werden gestellt (und regelmäßig ausgewechselt), und es gibt gute große Schließfächer.

★ **Hostel Dharma** HOSTEL €
(☎051-562 108; www.dharmahostels.com; Spinčićeva 2; B/EZ/2BZ 135/270/370 Kn; P❄📶)

Clevere Umbaumaßnahmen haben das Eisenschmelzwerk am östlichen Stadtrand in ein wundervolles Hostel samt Yogastudio und vegetarischem Restaurant verwandelt. Der Tag beginnt mit einem (gratis) Yogakurs und einem guten vegetarischen Frühstück (20 Kn); danach kann man sich's im großen Garten bequem machen.

Jugendherberge Rijeka HOSTEL €
(☎ 051-406 420; www.hfhs.hr; Šetalište XIII Divizije 23; B/EZ/2BZ 21/37/52 €; @ 📶) Die renovierte Villa aus dem 19. Jh. in dem grünen Wohnviertel Pečine, 1 km östlich vom Zentrum, hat saubere und große (wenn auch schlichte) Zimmer und einen Gemeinschaftsfernsehraum. Vorab reservieren, denn es ist manchmal mit Schulgruppen ausgebucht.

Best Western Hotel Jadran HOTEL €€
(☎ 051-216 600; www.bestwestern-ce.com/jadran; Šetalište XIII Divizije 46; EZ/DZ ab 82/97 €; P ❄ @ 📶) Das attraktive Vier-Sterne-Hotel, 2 km östlich vom Zentrum, schmiegt sich an eine Klippe oberhalb der Adria. Am besten bucht man ein Zimmer zum Meer hin, sodass man vom Balkon aus den herrlichen Blick aufs Wasser hinaus genießen kann. Unten gibt's auch einen mit Beton eingefassten Strand.

Grand Hotel Bonavia HOTEL €€
(☎ 051-357 100; www.bonavia.hr; Dolac 4; Zi. ab 99 €; P ❄ 📶) Mitten im Zentrum bietet das schachtelförmige Hotel mit umwerfender Glasfassade gut ausgestattete, komfortable Zimmer, die schicker sind als man erwarten würde. Es gibt auch ein Restaurant, ein Spa und einen kleinen Fitnessraum.

Essen

★ Mlinar BÄCKEREI €
(Frana Supila; Stück ab 5 Kn; ⏲ Mo–Fr 5.30–20, Sa 6.30–15 Uhr) Die beste Bäckerei der Stadt hat leckere gefüllte Baguettes, Vollkornbrote, Croissants und Böreks (mit Fleisch, Spinat oder Käse gefüllte Blätterteigtaschen). Es gibt mehrere Filialen.

Stadtmarkt MARKT €
(Tržnica; Ivana Zajca 3; ⏲ Mo–Sa 6.30–14, So bis 12 Uhr) Prima für saisonales Obst und Gemüse.

★ Konoba Nebuloza KROATISCH €€
(☎ 051-374 501; www.konobanebuloza.com; Titovtrg 2b; Hauptgerichte 48–120 Kn; ⏲ Mo–Sa 12–24 Uhr) Das gehobene kleine Restaurant am Fluss bewegt sich zwischen moderner und traditioneller kroatischer Küche und bietet jede Menge Meeresfrüchte sowie ausgewählte Rindfleisch- und Truthahngerichte. Zu den Spezialitäten gehören gedünsteter Schwertfisch und Kalbsrumpsteak mit Prosciutto und Käse.

Na Kantunu KROATISCH, MEERESFRÜCHTE €€
(☎ 051-313 271; Demetrova 2; Hauptgerichte 55–95 Kn; ⏲ 8–22 Uhr) Frische Fische und Meeresfrüchte sind die Stars in diesem hellen, luftigen Restaurant in etwas schmuddeliger Lage am Hafen. Ein guter Ort, um traditionelle Fisch- oder Tintenfischeintöpfe zu probieren, gefolgt von knusprigem Obstgebäck.

Ristorante Spagho ITALIENISCH €€
(☎ 051-311 122; www.ristorantespagho.fullbusiness.com; Ivana Zajca 24; Hauptgerichte 35–160 Kn; ⏲ Mo–Sa 10–24, So bis 22.30 Uhr) Schickes, modernes italienisches Restaurant mit unverputzten Ziegelwänden, Kunst und hippen Sitzbereichen. Es gibt große Portionen leckere Pasta, Pizza, Salate und Fleischgerichte. Auf der Karte findet man sogar einen ganzen Abschnitt mit Trüffelgerichten!

Zlatna Školjka KROATISCH, MEERESFRÜCHTE €€
(☎ 051-213 782; www.zlatna-skoljka.hr; Kružna 12; Hauptgerichte 60–120 Kn; ⏲ Mo–Sa 11–23 Uhr) In diesem förmlichen, maritim aufgemachten Restaurant kann man hervorragend zubereitete Meeresfrüchte und kroatische Weine genießen. Die Tagesgerichte, z. B. *pečena hobotnica* (gebackener Tintenfisch), sind an der Kreidetafel angeschrieben.

Ausgehen & Nachtleben

CukariKafe CAFÉ, BAR
(Trg Jurja Klovica 2; ⏲ Mo–Do 7–24, Fr & Sa 7–2, So 10–22 Uhr) In einer winzigen Gasse in der Altstadt versteckt sich die coolste Cafébar von Rijeka. Man schnappt sich einen Sitzplatz auf der mit großen weißen Holzmöbeln bestückten überdachten Terrasse oder drinnen im mit schrulligem Krimskrams dekorierten Innenraum.

Knjižara Rijeka – Filodrammatica CAFÉ, BAR
(www.vbz.hr; Korzo 28; ⏲ 7–23 Uhr) Die Cafébar mit luxuriösem Dekor, gemütlichen Sofas und einem VBZ-Buchladen (VBZ ist Kroatiens größter Verlag) im hinteren Bereich ist stolz auf seine Spezialkaffees und seine frischen, sortenreinen Kaffeebohnen. Es gibt auch Sandwichs und Snacks.

Tunel BAR, CLUB
(www.facebook.com/tunel.klub; Školjić 12; ⏲ Mo–Mi 9–24, Do & Fr 9–2, Sa 18–2 Uhr; 📶) Versteckt

ABSTECHER

NATIONALPARK RISNJAK

Der 63 km² große, relativ abgeschiedene **Nationalpark Risnjak** (Nacionalni Park Risnjak; www.risnjak.hr; Erw./erm. 45/25 Kn) wird nur selten besucht, obwohl er nur 32 km nordöstlich von Rijeka liegt. Sein höchster Gipfel ist mit 1528 m der Veliki Risnjak. Dichte Buchen- und Kiefernwälder, Wiesen und Wildblumen prägen die Landschaft. Kühle Bergwinde machen den Nationalpark zu einem perfekten Ausflugsziel, wenn an der Küste Hitze und Menschenmassen überhandnehmen.

Der Park ist nach dem Luchs (auf Kroatisch *ris*) benannt, der Wildkatze mit ihren markanten Pinselohren und den weichen Tatzen, die man hier noch immer finden kann. Ansonsten leben hier noch Braunbären, Wölfe, Wildkatzen, Wildschweine, Rehe, Gämse und 500 Schmetterlingsarten. Der Großteil des Parks besteht aus unberührten Wäldern; es gibt nur wenige Siedlungen.

Das **Informationsbüro des Parks** (☎051-836 133; Bijela Vodica 48; EZ/DZ 300/480 Kn; ⊙9–17 Uhr;) befindet sich unmittelbar westlich des Dorfes Crni Lug. Angeschlossen sind ein Restaurant und fünf einfache, saubere B & B-Zimmer oben im Haus (auch HP oder VP möglich). Hier beginnt auch der 4,2 km lange **Leska-Weg**, eine einfach zu bewältigende und schattige Wanderung: Unterwegs informieren mehreren Dutzend Erklärungstafeln mit englischer Übersetzung zur Geschichte, Topografie, Geologie, Flora und Fauna des Parks. Man kommt vorbei an kristallklaren Bächen, hohen Tannenwäldern, bizarren Felsformationen, einer Futterkrippe für Rehe und einer Berghütte samt Picknicktisch. Man sollte gut zwei Stunden einplanen.

Unterkommen kann man auch im **Hotel Risnjak** (☎051-508 160; www.hotel-risnjak.hr; Lujzinska 36; EZ/DZ 47/80 €; P) in **Delnice**, einer kleinen Streusiedlung 14 km östlich vom Parkeingang. Das dreistöckige, gelbe Gebäude hat einen gewissen Charme und bietet 21 Zimmer, ein Restaurant (bekannt für seine Wildgerichte), eine Cafébar und einen Fitnessraum. Das Hotel organisiert auch Aktivitäten für Gruppen von zehn und mehr Teilnehmern (Gleitschirmfliegen, Raften, Kanufahren, Paintball, Bogenschießen, Skifahren, Ausflüge in Schluchten).

Zum Park selbst fahren keine öffentlichen Verkehrsmittel, jedoch verkehren Züge ab Rijeka (43 Kn, 1½ Std., 6-mal tgl.) und Busse ab Zagreb (106–132 Kn, 1¾ Std., 5–9-mal tgl.), Rijeka (34–48 Kn, 45 Min., etwa stündl.), Opatija (48 Kn, 1½ Std., tgl.), Pula (111 Kn, 3½ Std., 2-mal tgl.) und Rovinj (126 Kn, 4 Std., tgl.) nach Delnice. Wer mit dem Auto anreist, nimmt auf der Autobahn Zagreb–Rijeka die Ausfahrt nach Delnice und folgt der Ausschilderung.

in einem Tunnel unter den Bahngleisen verwandelt sich dieses beliebte Café abends in einen Nachtclub mit Comedy und Livemusik. Am Wochenende ist es hier proppenvoll.

Nina 2 BAR, CLUB
(www.nina2.com; Adamićev Gat; ⊙Mo & Di 9–4, Mi bis 22, Do & Fr bis 6, Sa 16–6 Uhr;) In dem am Hafen vertäuten Boot kann man tagsüber etwas trinken und sich abends ins von DJs und Livebands angeheizte Getümmel stürzen.

☆ Unterhaltung

Kroatisches Nationaltheater Ivan Zajc THEATER
(Hrvatsko Narodnog Kažalište Ivana pl Zajca; ☎051-355 907; www.hnk-zajc.hr; Verdieva 5a) Bei seiner Eröffnung 1885 wurde das imposante Theater von der ersten Glühbirne in der Stadt beleuchtet. Heute werden hier auf Kroatisch und Italienisch Theaterstücke, Opern und Ballett gezeigt. Einige der Fresken an der Decke stammen von Gustav Klimt.

Shoppen

Šta Da? GESCHENKARTIKEL
(Užarska 14; ⊙Mo–Fr 9–20, Sa bis 13 Uhr) Wörtlich übersetzt bedeutet „*šta da*" „was ja" – die Floskel ist ein für Rijeka typischer Ausdruck für „Echt jetzt?" oder „Was Du nicht sagst!" Der coole kleine Laden verkauft T-Shirts, Schmuck und Uhren, viele davon mit dem geschäftseigenen Logo und in dem auffälligen Orange der Stadtbusse.

Mala Galerija KUNST & KUNSTHANDWERK
(www.mala-galerija.hr; Užarska 25; ⊙Mo–Fr 8–20, Sa 9–14 Uhr) Der kleine Laden für Kunsthandwerk verkauft auch *morčići*, traditionelle

aus Rijeka stammende Keramiken, die einen Mauren mit Turban zeigen.

Praktische Informationen

Kostenlosen WLAN-Zugang hat man auf dem Korzo und im Kastell von Trsat.

Krankenhaus Rijeka (Klinički bolnički centar Rijeka; ☎ 051-658 111; www.kbc-rijeka.hr; Krešimirova 42)

Post (Korzo 13; ⏲ Mo–Fr 7–20, Sa bis 14 Uhr) Betreibt ein Telefonzentrum und eine Wechselstube.

Touristeninformation (☎ 051-335 882; www.visitrijeka.hr; Korzo 14; ⏲ Mo–Fr 8–19.30, Sa bis 13.30 Uhr) Gute farbige Stadtpläne, viele Broschüren und eine Liste mit Privatunterkünften.

An- & Weiterreise

BUS

Der **Fernbusbahnhof** (☎ 051-660 300; Trg Žabica 1) liegt im Stadtzentrum. Die Busse nach Opatija starten vom Ortsbusbahnhof am Jelačićeva trg.

FLUGZEUG

Flughafen Rijeka (Zračna luka Rijeka; ☎ 051-842 040; www.rijeka-airport.hr; Hamec 1, Omišalj) Der Flughafen befindet sich auf der Insel Krk und wird nur saisonal von April bis Oktober angeflogen. Es gibt internationale Flüge nach Köln, Stuttgart, Oslo, Stockholm und in diverse andere Städte. Die einzigen Inlandsflüge betreibt **Trade Air** (www.trade-air.com) nach Split und Zagreb.

SCHIFF/FÄHRE

Jadroagent (☎ 051-211 276; www.jadroagent.hr; Trg Ivana Koblera 2; ℹ) Infos zu allen Schiffsverbindungen in Kroatien.

Jadrolinija (☎ 051-211 444; www.jadrolinija.hr; Riječki Lukobran bb) Ein Katamaran fährt täglich von Rijeka nach Rab (80 Kn, 1¾ Std.) und Novalja auf Pag (80 Kn, 2¾ Std.).

Von Juni bis September fährt zweimal pro Woche eine Autofähre die Küste südwärts nach Split (Pers./Auto 27/60 €, 12 Std.), Stari Grad auf Hvar (33/66 €, 14¼ Std.), Korčula (40/74 €, 18 Std.), Sobra auf Mljet (47/82 €, 20¼ Std.) und Dubrovnik (47/82 €, 22 Std.).

UTO Kapetan Luka (☎ 021-645 476; www.krilo.hr) Betreibt ganzjährig Personenfähren von/nach Cres (45 Kn, 1¼ Std.) und Mali Lošinj (60 Kn, 3–4½ Std.), teilweise mit Halt in Martinšćica (50 Kn, 2 Std.), Unije (55 Kn, 2½ Std.), Susak (60 Kn, 3 Std.) und Ilovik (60 Kn, 3½ Std.).

ZUG

Der **Bahnhof** (Željeznički kolodvor; ☎ 060 333 444; www.hzpp.hr; Trg Kralja Tomislava 1) befindet sich zehn Gehminuten östlich vom Stadtzentrum. Direktzüge gibt's u. a. nach Osijek (232 Kn, 9 Std., tgl.), Zagreb (119 Kn, 3¾ Std., 3-mal tgl.), Delnice (43 Kn, 1½ Std., 6-mal tgl.) und Ljubljana (129 Kn, 2 Std., 2-mal tgl.).

Unterwegs vor Ort

BUS

In Rijeka gibt's ein umfangreiches Busnetz. Die orangefarbenen Stadtbusse werden von **Autotrolej** (www.autotrolej.hr) betrieben und starten am **Busbahnhof** am Jelačićev trg. Tickets für zwei Fahrten bekommt man für 18 Kn bei jedem *tisak* (Zeitungsstand). Beim Busfahrer kostet ein Einzelfahrschein 12 Kn.

Dasselbe Unternehmen betreibt auch den bunten Sightseeing-Doppeldeckerbus (Erw./Kind 50/35 Kn) mit offenem Oberdeck, der rund um die Uhr zwischen dem Zentrum von Rijeka, Trsat und Opatija verkehrt. Man kann beliebig oft aus- und wieder zusteigen. Der Fahrschein gilt auch für alle Stadtbusse.

VOM/ZUM FLUGHAFEN

Der Flughafen Rijeka liegt auf der Insel Krk, 30 km von der Stadt entfernt.

Bei allen ankommenden Flügen wartet ein Flughafenbus, der Reisende in 30 Minuten zum Fernbusbahnhof bringt. Umgekehrt fährt der Bus jeweils zwei Stunden 20 Minuten vor Abflug vom Busbahnhof ab. Busfahrkarten (50 Kn) bekommt man im Bus.

Ein Taxi vom Flughafen zum Zentrum kostet bis zu 350 Kn.

BUSSE AB RIJEKA

ZIEL	PREIS (KN)	DAUER (STD.)	HÄUFIGKEIT PRO TAG
Dubrovnik	414	12½	2–3
Krk	51	1½	13
Pula	84–113	2½	19–25
Split	230–291	8	8–13
Zadar	145–185	4½	7–13
Zagreb	80–149	2½	27–35

RADFAHREN IN DER REGION KVARNER

Die Region Kvarner bietet Fahradfahrern vielerlei Möglichkeiten, von leichten Ausflügen bis zu anspruchsvollen Klettertouren auf steilen Inselstraßen. Rund um Opatija gibt es mehrere Routen; zwei einfache Wege beginnen am Berg Kastav (360 m), eine sportlichere, viereinhalbstündige Tour führt von Lovran in den Naturpark Učka. Auf Lošinj lockt eine mittelschwere, zweieinhalbstündige Rundfahrt, die in Mali Lošinj beginnt und endet. Auf Krk führt die Fahrt von der Stadt Krk aus durch die Wiesen, Felder und Dörfer des kaum besuchten Inselinneren. Von Rab aus kann man mit dem Rad die ursprünglichen Wälder der Halbinsel Kalifront erkunden. Und auf Cres führt eine 50 km lange Tour vom Hafen des gleichnamigen Inselhauptorts vorbei am mittelalterlichen Bergdorf Lubenice nach Valun, einem wahren Juwel an der Küste.

Detaillierte Infos über die genannten Routen sind in der Broschüre *Mit dem Fahrrad durch den Kvarner* aufgeführt, die insgesamt 19 Touren beschreibt und in den Touristeninformationen erhältlich ist. Hilfreich sind auch die Websites www.kvarner.hr und www.pedala.hr.

OPATIJA

☎ 051 / 6660 EW.

Das elegante Opatija, 13 km westlich von Rijeka, war zur Zeit der Donaumonarchie das schickste Seebad der Wiener Elite – bis heute zeugen davon etliche schöne Jugendstil-Villen. Während der jugoslawischen Ära hat die Stadt zwar ein wenig von ihrem Glanz eingebüßt, konnte sich aber inzwischen wieder aufrappeln. Längst lockt es mit großartigen Wellnesshotels, einer spektakulären Lage und dem ganzjährig guten Klima ein überwiegend reiferes Publikum an. Im Zuge dessen sind ein paar hervorragende Restaurants entstanden, vor allem in dem hübschen Viertel Volosko.

Die Stadt erstreckt sich an der Küste zwischen bewaldeten Hügeln und der schillernden Adria. Das Ufer ist auf der kompletten Länge gesäumt von einer Promenade, dem Lungomare. Tolle Strände darf man nicht erwarten (es gibt keine), aber in geschützten Buchten kann man prima baden.

Geschichte

Bis in die 1840er-Jahre war Opatija ein winziges Fischerdorf mit 35 Häusern und einer Kirche, bis die Ankunft des wohlhabenden Iginio Scarpa aus Rijeka alles ändern sollte: Er ließ die nach seiner Frau benannte Villa Angiolina bauen und legte einen Park mit subtropischen Pflanzen an. In der Villa logierte der europäische Hochadel, so auch die österreichische Königin und Gattin Ferdinands, Maria Anna von Savoyen, was Opatijas vornehmen Ruf festigte.

Die Eisenbahntrasse, die 1873 von der Linie Wien–Triest nach Opatija gebaut wurde, beschleunigte den Aufstieg des Ortes. Das erste Hotel, das Quarnero (heute Hotel Kvarner), entstand und zog fortan eine große Zahl wohlhabender Besucher an. Jeder, der etwas auf sich hielt, musste einmal in Opatija gewesen sein. Rumänische und schwedische Könige, russische Zaren und sonstige Prominente der damaligen Zeit ließen sich hier blicken.

Auch in heutigen Zeiten ist Opatija ein Ferienort für eine gehobenere – manche sagen auch konservativere – Klientel und erfreut sich bei betagten Urlaubern aus Deutschland und Österreich großer Beliebtheit. Wer wilde Partynächte oder ausschweifende Clubtouren sucht, ist hier definitiv fehl am Platz.

Sehenswertes

Lungomare PROMENADE

Auf dem wunderschönen, von majestätischen Villen und weitläufigen Gärten gesäumten Weg (offiziell bekannt als „Uferpromenade des österreichisch-ungarischen Kaisers Franz Joseph I.") kann man sich bestens die Beine vertreten und das bunte Treiben auf sich wirken lassen. Sie verläuft entlang der Küste an unzähligen Villen vorbei über 12 km von Volosko über die Dörfer Ičići und Ika nach Lovran. Unterwegs kann man in die eindrucksvollen Strandvillen der Reichen spähen. Die Promenade führt vorbei an exotischen Sträuchern, Bambusdickicht, einem Jachthafen und felsigen Buchten, die zu einem Sprung ins Meer einladen – eine tolle Alternative zu Opatijas Betonstränden.

Kroatisches Tourismusmuseum MUSEUM

(Hrvatski muzej turizma; www.hrmt.hr; Park Angiolina 1; Erw./erm. 10/5 Kn; ⏲10–21 Uhr) Das auf drei historische Gebäude verteilte Muse-

ABSTECHER

KIKERIKI IN KASTAV

Das auf einem Hügel gelegene Wehrdorf Kastav mit seinen Steinkirchen und Plätzen ist wahrlich nicht arm an Flair. Doch der eigentliche Grund, warum man die 10 km lange Fahrt von Rijeka (oder die 7 km lange Fahrt von Opatija) hierher machen sollte, ist das wundervolle Hotel-Restaurant **Kukuriku** (☎ 051-691 519; www.kukuriku.hr; Trg Lokvina 3; 6-Gänge-Menü 380–550 Kn; ⏲ 7–24 Uhr; P ❄) von Nenad Kukurin, dem hiesigen Pionier der Slow-Food-Küche.

Eine Speisekarte verlangt man vergeblich, man muss sich voll und ganz in die Hände der Angestellten begeben. Man sagt einfach, ob man Fleisch-, Fisch- oder Gemüsegerichte bevorzugt und ob man irgendetwas nicht mag oder nicht verträgt (und steckt auch den Kostenrahmen ab). Anschließend bekommt man einen Gang nach dem anderen mit hübsch angerichteten, innovativen Speisen der lokalen Küche vorgesetzt.

Obendrein gibt's hier noch 15 extrem schicke Zimmer (EZ/DZ ab 110/170 €). Das kann ganz praktisch sein, wenn man zum Essen noch den passenden Wein von der ausgezeichneten Weinkarte bestellen will. Und wer sich über die Gockel-Deko überall wundert – *kukuriku* heißt auf Kroatisch „Kikeriki".

um beherbergt eine Daueraustellung alter Fotografien, Postkarten, Broschüren und Plakate auf den Spuren der Geschichte des Tourismus, ergänzt von einer stets gut präsentierten Wechselausstellung zum Thema Reisen. Das eigentliche Highlight sind jedoch die Gebäude selbst. Die restaurierte **Villa Angiolina** ist eines der prächtigsten Häuser in Opatija – ein Schmuckstück aus Trompe-l'œil-Fresken, korinthischen Kapitellen, vergoldeten Spiegeln und geometrischen Bodenmosaiken. Unverzeihlich sind jedoch die nachträglich eingebauten modernen Fenster.

Die Villa umgibt ein grüner Park mit Ginkgos, Zypressen, Steineichen, Japanischen Kamelien (das Wahrzeichen von Opatija) und sogar einem kleinen Freilufttheater, in dem kostümierte Darbietungen stattfinden. Das benachbarte **Schweizer Haus** (1875) war ein Nebengebäude der Hauptvilla und wurde zeitweise als Vorratskammer genutzt. Weiter westlich, hinter der Jakobskirche, befindet sich der **Künstlerpavillon Juraj Šporer** (1900), der ursprünglich als Patisserie erbaut wurde.

Volosko DORF

Das frühere Dorf Volosko am nördlichen Ortsrand von Opatija ist einer der hübschesten Orte an diesem Küstenabschnitt und hat sich sein Lokalkolorit erhalten. Es geht hier tatsächlich noch sehr malerisch und beschaulich zu: Männer flicken ihre Fischernetze in dem kleinen Hafen, während sich gegenüber vom Ufer ein Gewirr aus schmalen Gassen erstreckt, die Steinhäuser mit Blumenkästen auf den Balkonen säumen. Vom Zentrum Opatijas bis hierher macht man am besten einen 30-minütigen bzw. 2 km langen Bummel über Lungomare, der vorbei an Lorbeerbäumen, Palmen, Feigen, Eichen und prächtigen Villen führt.

Feste & Events

Festival Opatija KULTUR, FILM

(☎ 051-271 377; Zert bb) Von Juni bis September finden in dem Freilufttheater am Ufer Konzerte (Klassik, Jazz und internationaler Pop), Theater- und Ballettaufführungen und Filmvorführungen statt.

Schlafen

Es gibt ein paar gute Budget- und Mittelklassehotels in Opatija. Über Weihnachten ist alles ausgebucht – also unbedingt vorab buchen. Privatzimmer gibt's reichlich, sind hier aber etwas teurer als anderswo.

Autocamp Medveja CAMPEN €

(☎ 051-291 191; www.remisens.com; Medveja bb; Erw./Kind/Stellplatz/Auto 54/34/38/38 Kn, Zi. 562 Kn; ⏲ Ostern–Mitte Okt.; P ❄ @) Angesichts des Mangels an billigeren Hotels in Opatija sind die neuen mobilen Behausungen und die schlichten Zimmer mit Bad auf diesem friedlichen Campingplatz eine Überlegung wert. Er befindet sich in einem grünen Tal zwischen den Bergen, das zu einer hübschen Kiesbucht, 10 km südlich von Opatija, führt.

★ **Hotel Miramar** HOTEL €€€

(☎ 051-280 000; www.hotel-miramar.info; Ive Kaline 11; Zi. ab 230 €; P ❄ @) Fast schon kitschig wirkender Glamour bestimmt das trotzdem fabelhafte Miramar mit geräumigen Zimmern, die sich auf fünf pastellfarbene Gebäude in einem hübschen Garten verteilen. Es gibt auch einen kleinen felsigen Strand, Innen- und Außenpools, ein Wellnesscenter und jede Menge Kronleuchter.

Villa Kapetanović HOTEL €€€
(☎ 051-741 355; www.villa-kapetanovic.hr; Nova Cesta 12a; Zi. ab 825 Kn; P ❄ ᯤ ≋ 🐾) Auf einem Hügel oberhalb von Volosko bietet dieser moderne Block 27 schicke Zimmer, einen herrlichen Blick aufs Meer, ein Fischrestaurant und einen besonders einladenden Poolbereich im Freien. Ein kostenloser Shuttle erspart einem den Anmarsch aus Opatija.

Villa Ariston HOTEL €€€
(☎ 051-271 379; www.villa-ariston.hr; Ulica Maršala Tita 179; EZ/DZ/Suite ab 480/850/1300 Kn; P ❄ ᯤ) Das historische Hotel in toller Lage neben einer felsigen Bucht hat einen großen Promibonus (Coco Chanel und die Kennedys nächtigten auch schon im Ariston). Drinnen prunkt die noch immer eindrucksvolle Villa mit weitem Treppenaufgang, Kronleuchtern und viel altem Charme.

Design Hotel Astoria HOTEL €€€
(☎ 051-706 350; www.hotel-astoria.hr; Ulica Maršala Tita 174; EZ/DZ ab 775/1034 Kn; P ❄ @ ᯤ) Schon gelangweilt vom opulenten Habsburger Stil? Dann sind die schicken, unaufdringlichen Zimmer in dezenten Farben sicher genau das Richtige. Vom Balkon aus bietet sich zudem ein toller Blick auf die Kvarner Küste.

Hotel Ambasador HOTEL €€€
(☎ 051-710 444; www.remisens.com; Feliksa Perišića 1; EZ/DZ ab 162/190 €; P ❄ @ ᯤ ≋) Die umfassende Renovierung hat dem Klotz aus der jugoslawischen Ära neues Leben eingehaucht und den 200 Zimmern des zehn-

ABSTECHER

NATURPARK UČKA

Der 160 km² große Park liegt nur 30 Minuten von Opatija entfernt und ist ein echter Geheimtipp in Kroatien. Das Naturschutzgebiet umfasst auch das Gebirgsmassiv Učka und das angrenzende Hochplateau Ćićarija, sodass der Park verwaltungstechnisch zwischen Kvarner und Istrien aufgeteilt ist. Vom höchsten Gipfel Vojak (1401 m) reicht die Sicht an klaren Tagen bis zu den italienischen Alpen und der Bucht von Triest.

Einen Großteil der Region bedecken Buchenwälder, durch die sogar Braunbären streifen. Dazwischen gedeihen Edelkastanien, Eichen und Hainbuchen. Schafe weiden friedlich auf Bergwiesen, auf denen Glockenblumen blühen. Und über alledem ziehen Steinadler ihre Kreise.

Das sachkundige Personal im **Parkbüro** (☎ 051-293 753; www.pp-ucka.hr; Liganj 42, Lovran; ⏲ Mo–Fr 8–16.30 Uhr) hilft bei der Planung des Ausflugs. Im Sommer gibt es noch zwei weitere Info-Anlaufstellen: eine in **Poklon** (☎ 051-299 643; ⏲ Mitte Juni–Mitte Sept. 9–18 Uhr) und eine in **Vojak** (☎ 091 89 59 669; ⏲ Mitte Juni–Mitte Sept. 9–18 Uhr).

Die spektakuläre Schlucht **Vela Draga** im Osten des Parks bietet mit den aus dem Talboden emporragenden Kalksteinsäulen, den „Feenkaminen", einen überwältigenden Anblick. Raubvögel wie Turm- und Wanderfalken gleiten durch die Lüfte, auch Eulen und Mauerläufer sind hier heimisch. Von der Autobahn ist es ein hübscher, 15-minütiger Abstieg über einen Lehrpfad bis zu einem Aussichtspunkt über der Schlucht.

Im faszinierenden **Mala Učka**, einem weitgehend verlassenen Dorf in 995 m Höhe, leben nur zwischen Mai und Oktober ein paar Schäfer. Am Ende des Dorfes kann man in dem am Bach gelegenen Haus mit den grünen Fensterläden köstlichen Schafskäse kaufen. Einfach nur nach *sir* (Käse) fragen.

Zu den organisierten Unternehmungen im Park zählen **Mountainbiken** und **Wandern** auf dem 150 km langen Wegenetz. Eine Karte erhält man im Parkbüro oder bei der Touristeninformation in Opatija. Überdies kann man in der Schlucht Vela Draga **klettern**, **reiten** und **Vögel beobachten**. Der **Homo Volans Free Flying Club** (www.homovolans.hr) in Opatija organisiert Trips mit Gleitschirm- und Drachenfliegen.

Die Landküche des **Dopolavoro** (☎ 051-299 641; www.dopolavoro.hr; Učka 9; Hauptgerichte ab 50 Kn; ⏲ 12–23 Uhr) serviert exzellente Wildgerichte – Rehsteak mit Blaubeeren, Wildschwein mit Waldpilzen, Wildragout – sowie hausgemachte Pasta und köstliche Desserts.

stöckigen Turms pfiffiges Dekor und eine ganze Menge Komfort verpasst. Auf dem Gelände gibt's auch ein Spa, einen Swimmingpool, eine kleine Strandterrasse, Bars und Restaurants.

Hotel Mozart HOTEL €€€
(☎ 051-718 260; www.hotel-mozart.hr; Obala Maršala Tita 138; EZ/DZ ab 147/177 €; P ❄ 📶 🐾) Die schön dekorierten komfortablen und klassischen Zimmer des zentral gelegenen Hotels harmonieren perfekt mit dem Secessionsstil der Flure, des Speiseraums und der rosafarbenen Fassade. Es hat auch ein eigenes Wellnesscenter und einen Fitnessraum.

Essen

Die Maršala Tita ist gesäumt mit recht ordentlichen Restaurants, in denen man Pizza, Grillfleisch und Fisch, sonst aber nichts Weltbewegendes bekommt. Wer richtig fein essen will und regionale Spezialitäten vorzieht, ist in Volosko besser aufgehoben.

Opatija (Zentrum)

Kaneta ISTRISCH €
(☎ 051-291 643; www.kaneta.fullbusiness.com; Nova Cesta 80; Hauptgerichte 48–75 Kn; ⏲ Mo–Sa 10–23, So 12–19 Uhr) Das bescheidene Familienrestaurant bietet deftige Speisen in großen Portionen – geschmorte Kalbshaxe, gebratenen Tintenfisch, Wildragout, Truthahn, hausgemachte Pasta und Risotto – sowie eine erlesene Weinkarte.

Istranka ISTRISCH €€
(☎ 051-271 835; www.istranka.net; Bože Milanovića 2; Hauptgerichte 55–150 Kn) Das von einer Familie geführte stimmungsvolle kleine Restaurant hat sich auf die istrische Küche spezialisiert: Auf der Karte stehen z. B. *maneštra* (Gemüse- und Bohnensuppe) und natürlich viele Trüffelgerichte. Es gibt eine schattige Seitenterrasse; abends wird manchmal traditionelle Volksmusik gespielt.

Bevanda MODERN-EUROPÄISCH €€€
(☎ 051-493 888; www.bevanda.hr; Zert 8; Hauptgerichte 130–320 Kn) Ein marmorner Fußweg führt zu diesem eindrucksvollen Restaurant mit einer riesigen Terrasse, die aufs Meer blickt und mit griechischen Säulen und hippen einfarbigen Sitzbereichen bestückt ist. Auf der modernen Karte stehen fantastisch frische Fisch- und Fleischgerichte und viele andere Genüsse (Hummer etc.).

Volosko

Konoba Ribarnica Volosko MEERESFRÜCHTE €
(Andrije Štangera 5; Hauptgerichte 45–80 Kn; ⏲ Mo–Sa 9–21, So 11–17 Uhr) Knapp bei Kasse? In dem winzigen Laden gibt's den frischsten Fisch in Volosko. Man zeigt auf das Meerestier seiner Wahl – was auch immer gerade saisonal im Angebot ist – und genießt dann das gut zubereitete Gericht in dem kleinen Speiseraum unten um die Ecke. Das Lokal liegt an der vom Hafen kommenden Hauptstraße.

★ **Konoba Valle Losca** KROATISCH €€
(☎ 095 58 03 757; Andrije Štangera 2; Hauptgerichte 60–95 Kn; ⏲ Mi–Sa 13–22, So 12.30–16.30 Uhr) Das Wort *konoba* bezeichnet eigentlich kleine familienbetriebene Lokale, die meistens ein ähnliches Angebot haben. Hier kommt jedoch die französische und italienische Küche, gepaart mit erstklassigen regionalen Zutaten, auf den Tisch – das ist eine ganz andere Klasse. Dennoch sind die Gerichte lecker und herrlich rustikal.

Tramerka KROATISCH €€
(Andrije Mohorovičića 15; Hauptgerichte 50–120 Kn; ⏲ Mo–Sa 13–24 Uhr) Es gibt zwar keinen Meerblick, aber das wundervolle Lokal punktet auf jedem anderen Gebiet. Das Ambiente ist auf jeden Fall gewaltig: Das höhlenartige Restaurant ist im kühlen Inneren eines alten Stadthauses untergebracht. Die Kellner helfen einem fachkundig durch die kurze, erlesene Speisekarte mit superfrischen Meeresfrüchten und Fleisch aus der Region.

Skalinada KROATISCH €€
(☎ 051-701 109; www.skalinada.org; Put Uz Dol 17; Hauptgerichte ab 50–130 Kn; ⏲ So, Mo, Mi & Do 13–24, Fr & Sa 15–2 Uhr) Ein intimes, sehr stimmungsvolles kleines Restaurant mit Bar, schummriger Beleuchtung, unverputzten Steinwänden und kreativer kroatischer Küche (kleine Häppchen oder Hauptgerichte) aus saisonalen und regionalen Produkten. Dazu gibt's eine große Auswahl offener regionaler Weine.

Ausgehen & Nachtleben

Opatija ist ein ruhiger Ort. Die Hotelterrassen und Wiener Kaffeehäuser sind beim reiferen Publikum äußerst beliebt, zudem gibt es ein paar schicke Bars.

Hemingway COCKTAIL-BAR
(www.hemingway.hr/opatija; Zert 2) Die todschicke Bar mit ihren coolen Sitzbereichen

und dem Blick auf die Skyline von Rijeka in der Ferne ist ideal für einen Cocktail. Dieses Hemingway ist die Keimzelle der gleichnamigen Kette mit Filialen im ganzen Land. Es gibt auch ein angeschlossenes Restaurant.

Caffe Bar Surf BAR

(Supilova Obala bb; ⌚8–24 Uhr) Lust auf etwas Bodenständiges? Die verlotterte, aber freundliche kleine Bar am Ufer hat eine schattige Terrasse mit Blick aufs Meer und ein gut gemischtes Publikum aus ortsansässigen trendigen Leuten und Fischern aus Rijeka.

Praktische Informationen

In der Ulica Maršala Tita gibt's zahlreiche Geldautomaten und Reisebüros, die auch Geld wechseln. Im Zentrum von Opatija und in Volosko hat man kostenlosen WLAN-Empfang.

Da Riva (☎051-272 990; www.da-riva.hr; Ulica Maršala Tita 170) Eine gute Infoquelle für Privatunterkünfte und Ausflüge in ganz Kroatien.

GI Turizam (☎051-271 967; www.tourgit.com; Ulica Maršala Tita 65) Findet Privatunterkünfte, bucht Ausflüge, vermietet Autos und wechselt Geld.

Post (Eugena Kumičića 4; ⌚Mo–Fr 7–20, Sa bis 14 Uhr) Hinter dem Markt.

Touristeninformation (☎051-271 310; www.opatija-tourism.hr; Ulica Maršala Tita 128; ⌚Mo–Sa 8–20, So 11–19 Uhr) Das Büro hat sachkundiges Personal und jede Menge Stadtpläne, Flyer und Broschüren.

An- & Weiterreise

Bus 32 fährt etwa alle halbe Stunde von Rijeka nach Opatija (16 Kn, 30 Min.) und weiter bis Lovran; manche fahren auch weiter südwärts die Küste entlang.

Weitere Ziele sind u. a. Zagreb (119–134 Kn, 3 Std., 5-mal tgl.), Pula (72 Kn, 2 Std., 8–10-mal tgl.), Zadar (150–170 Kn, 5 Std., 3-mal tgl.) und Split (240–278 Kn, 8 Std., 3-mal tgl.).

CRES & LOŠINJ

Die beiden voneinander nur durch einen 11 m breiten Kanal getrennten, kaum bewohnten und sehr malerischen Inseln im Kvarner Archipel werden oft als Einheit betrachtet. Sie sind zwar topografisch sehr verschieden, teilen sich aber eine gemeinsame Geschichte.

Naturliebhaber werden sich hier wie im Paradies fühlen. Beide Inseln sind von Wander- und Radwegen durchzogen und vor der Küste lebt die einzig bekannte Delfinpopulation der Adria. Ein Großteil des Gebiets vor der Ostküste gehört denn auch zum Delfinschutzgebiet Lošinj, dem ersten seiner Art im gesamten Mittelmeerraum.

Die wildere und grünere Insel Cres (ausgesprochen: *zres;* auf Italienisch Cherso) wartet mit ein paar abgeschiedenen Campingplätzen, einsamen Stränden und einigen mittelalterliche Dörfern auf. Die Szenerie wirkt wirklich abgeschieden – selbst die am meisten bebaute Siedlung, das hübsche Cres ist, den Hochsommer ausgenommen, total verschlafen.

Die stärker bevölkerte und touristischere der Zwillingsinseln ist das 31 km lange Lošinj (auf Italienisch Lussino). Sie hat eine zerfurchtere Küstenlinie als Cres, vor allem im Süden, wo ein paar wunderschöne Buchten auf den Besucher warten. Die Vegetation ist üppig-grün und artenreich: 1100 Pflanzenarten, 230 Heilkräuter und einige untypische Pflanzen wie Zitronen-, Bananen-, Zedern- und Eukalyptusbäume, die Schiffskapitäne aus fernen Ländern mitgebracht haben, wachsen und gedeihen auf dem Eiland. Kiefernwälder umgeben die hübschen Hafenstädte Mali Lošinj und Veli Lošinj, die beide im Sommer viele Touristen anlocken.

Geschichte

Ausgrabungen haben ergeben, dass beide Inseln von der Stein- bis zur Bronzezeit besiedelt waren. Die von den alten Griechen Apsyrtiden genannten Inseln wurden später von den Römern erobert und gerieten dann unter byzantinische Herrschaft, bevor sich im 6. und 7. Jh. slawische Völker niederließen.

Die anschließende venezianische Ära wurde von der Herrschaft kroatisch-ungarischer Könige unterbrochen und hielt dann bis zum Fall Venedigs im Jahr 1797. Bis dahin waren Veli Lošinj und Mali Lošinj zu bedeutenden Häfen herangewachsen, während man sich auf Cres dem Wein- und Olivenanbau widmete.

Im 19. Jh. boomte auf Lošinj der Schiffsbau, mit dem Aufkommen von Dampfschiffen wurde allerdings der Kurtourismus zur neuen Haupteinnahmequelle. Auf Cres gab es andere Probleme: Nach einer Reblaus-Epidemie wurden alle Weinreben vernichtet. Im Grenzvertrag von Rapallo (1920) sind beide Inseln Italien zugeschrieben worden. 1945 wurden sie jugoslawisch, seit 1991 gehören sie zu Kroatien.

Heute ist auf beiden Inseln der Tourismus die wichtigste Einnahmequelle, wenngleich es in Nerezine im Norden Lošinjs noch eine kleine Werft gibt und auf Cres noch Olivenanbau, Schafzucht und Fischfang betrieben wird. Bis vor Kurzem war die Aufzucht von Schafen eine der wichtigsten Einkommensquellen der Insel (die Lämmer aus Cres sind für ihren intensiven Geschmack bekannt), doch mit der Ansiedlung von Wildschweinen (für die Jagd) ist das einzigartige Ökosystem von Cres aus der Balance geraten und ein traditionsreiches Kulturgut akut bedroht (s. Kasten S. 157).

An- & Weiterreise

BUS

Die meisten Busse auf den Inseln starten (oder enden) in Veli Lošinj mit Zwischenstopp in Mali Lošinj und Cres. Ziele außerhalb der beiden Inseln sind u. a. Malinska auf Krk (101–126 Kn, 2½ Std., tgl.), Opatija (153 Kn, 3½ Std., tgl.), Rijeka (135 Kn, 3½ Std., werktags) und Zagreb (233–291 Kn, 6 Std., 2-mal tgl.).

SCHIFF/FÄHRE

Jadrolinija (☎ 051-231 765; www.jadrolinija.hr; Riva Lošinjskih Kapetana 22, Mali Lošinj) Betreibt die wichtigsten Autofähren zwischen Brestova (auf dem Festland, 29 km südlich von Opatija) und Porozina auf Cres (Erw./Kind/Auto 18/9/115 Kn, 20 Min., 7–13-mal tgl.) sowie zwischen Valbiska auf Krk und Merag auf Cres (18/9/115 Kn, 25 Min., 9–13-mal tgl.).

Einmal pro Woche verkehrt eine Autofähre (Juli & Aug. tgl.) zwischen Mali Lošinj und Zadar (59/30/271 Kn, 7 Std.) mit Zwischenstopp an einigen der kleineren Inseln.

Es gibt auch eine Personenfähre, die zweimal pro Tag von Mali Lošinj zu den Inseln Unije (1½ Std.) und Susak (1 Std.) fährt.

UTO Kapetan Luka (☎ 021-645 476; www.krilo.hr) Betreibt täglich das ganze Jahr über Personenfähren von Rijeka zum Ort Cres (45 Kn, 1¼ Std.) und nach Mali Lošinj (60 Kn, 3–4½ Std.), von denen einige auch in Martinšćica (50 Kn, 2 Std.) halten. Ein paar Fähren legen auch an den Inseln Unije, Susak und Ilovik an.

Venezia Lines (☎ 052-422 896; www.venezialines.com) Betreibt im Juli und August samstags einen Katamaran zwischen Mali Lošinj und Venedig (Erw./Kind 78/48 €, 4¾ Std.).

MOŠĆENIČKA DRAGA

Der kleine Ferienort (585 Ew.) auf halbem Weg zwischen Opatija und dem Fährhafen in Brestova ist besonders bei Familien sehr beliebt. Es gibt hier einen langen Kieselstrand, einen kleinen Jachthafen, mehrere Cafés und ein paar große Hotelklötze aus der sozialistischen Ära. Die **Touristeninformation** (☎ 051-739 166; www.tz-moscenicka.hr; Aleja Slatina bb) hat auf ihrer Website eine Liste mit Unterkünften.

Beli

☎ 051 / 35 EW.

Auf einem 130 m hohen Hügel thront über einem hübschen Kieselstrand Beli, eine der ältesten Siedlungen auf Cres. In den gewundenen Gassen und den mit Pflanzen überwucherten kargen Steinhäusern kann man die 4000 Jahre alte Geschichte förmlich greifen. Ein Bummel durch die winzige, aber atmosphärische Siedlung dauert vielleicht gerade mal fünf Minuten, lohnt sich aber, zumal sich von verschiedenen Aussichtspunkten ein herrlicher Blick über die Adria bis zum gebirgigen Festland bietet.

Trotz seiner winzigen Bevölkerung ist Beli die größte Siedlung in der Region Tramuntana im Norden der Insel. Wie vergessen wirkt die Gegend mit ihren Urwäldern, verlassenen Dörfern, einsamen Kapellen und den Mythen von guten Elfen. Der Großteil ist bedeckt mit dichtem Wald aus Eichen, Buchen und Kastanien. Zudem ist es ein bevorzugtes Gebiet der geschützten Gänsegeier.

Achtung: Die Straße nach Beli ist schmal und kurvenreich; manchmal muss man sich regelrecht an entgegenkommenden Autos vorbeiquetschen, wird aber mit einer unglaublich malerischen Szenerie entschädigt. Die Straße zum Strand ist noch schmaler, noch steiler und noch furchteinflößender – aber wer nicht den ganzen Weg zurücklaufen will, nimmt auch das in Kauf.

Aktivitäten

Diving Beli TAUCHEN

(☎ 051-840 519; www.diving-beli.com; Tauchen am Strand/vom Boot 15/25 €) Der Anbieter mit Sitz am Strand unterhalb von Beli organisiert Tauchausflüge am Strand und vom Boot aus; auch Nichttaucher können sich anschließen.

Schlafen & Essen

Autokamp Brajdi CAMPEN €

(☎ 051-840 532; www.perica666.wix.com/autokamp-brajdi; Sv Petar 1a; Erw./Kind 57/34 Kn;

> **JÄGER UND GEJAGTE**
>
> Das nur auf Cres heimische halbwilde Tramuntana-Schaf ist perfekt an die Karstweiden angepasst, die vor mehr als 1000 Jahren erstmals von den Illyrern erschlossen wurden. Nun jedoch ist die traditionelle Aufzucht frei lebender Schafe auf der Insel gefährdet. Während vor ein paar Jahrzehnten auf Cres noch rund 100 000 Tramuntana-Schafe lebten, ist ihre Population auf rund 15 000 Tiere geschrumpft. Hauptursache dieses Rückgangs ist die Einführung von Wildschweinen durch Kroatiens mächtige Jägerlobby. Die Zahl der Wildschweine, die sich inzwischen auch auf Campingplätzen in Mali Lošinj herumtreiben, ist inzwischen exponentiell angestiegen. Und sie machen Jagd auf Schafe und Lämmer: Im Winter 2006 registrierte das Eco-Centre Caput Insulae in Beli 2500 durch Wildschweinangriffe getötete Lämmer; die Zahl dürfte tatsächlich aber weit höher liegen.
>
> Die sinkende Schafpopulation wirkt sich in vielerlei Hinsicht auf das Ökosystem der Insel aus. Gänsegeier finden nicht mehr genügend Schafaase, um zu überleben, und müssen nun an Futterplätzen von Freiwilligen gefüttert werden. Auch die Artenvielfalt der Pflanzen geht zurück: Weideland schrumpft, Wacholder und Dornbusch verdrängen einheimische Gräser und Wildblumen. Einst durchzogen niedrige, von Schafzüchtern genutzte Steinmauern, sogenannte *gromače*, die Insel; sie dienten als Windschutz und beugten der Bodenerosion vor. Wegen fehlender Instandhaltung verfallen inzwischen viele davon.

Mai–Sept.; P) Der Campingplatz in einem Olivenhain direkt am Strand ist ein hübscher Ort, um sein Zelt aufzuschlagen; die Einrichtungen sind jedoch recht schlicht. Im Sommer gibt's in der Nähe eine Snackbar.

Pansion Tramontana B&B €€
(051-840 519; www.beli-tramontana.com; EZ/DZ 413/600 Kn; März–Dez.; P) Die attraktive Pension an der Zufahrtsstraße nach Beli hat oben zwölf komfortable Zimmer und unten ein gutes rustikales Restaurant (Hauptgerichte 40–150 Kn), in dem große Batzen Fleisch gegrillt werden. Es gibt auch Fisch, Pasta, Risotto und tolle Bio-Salate sowie Guinness vom Fass.

An- & Weiterreise

Werktags fährt ein Bus vom Ort Cres nach Beli (34 Kn, 30 Min.).

Cres (Ort)

051 /2880 EW.

Pastellfarbene Reihenhäuser und venezianische Palazzi säumen den mittelalterlichen Hafen des Ortes Cres. Üppig grüne, von Kiefern und Unterholz bewachsene Hügel rahmen die hübsche, geschützte Bucht ein. Beim Bummel über die Uferpromenade und durch das stimmungsvolle Labyrinth aus alten Straßen entdeckt man Zeugnisse aus der italienischen Zeit, darunter Wappen mächtiger venezianischer Familien und Renaissance-Loggien.

Der starke italienische Einfluss geht auf die Venezianer zurück, die sich im 15. Jh. hier niederließen, nachdem Osor von Pest und anderen Seuchen zum Opfer gefallen war. Am Hafen entstanden öffentliche Gebäude und Adelspaläste, im 16. Jh. folgte eine Stadtmauer.

Sehenswertes

Trg Frane Petrića PLATZ
Der Hauptplatz direkt am Hafen war unter venezianischer Herrschaft Schauplatz von öffentlichen Bekanntmachungen, Geschäftsabschlüssen und Festen. Heute findet hier morgens ein Obst- und Gemüsemarkt statt. Bemerkenswert ist das reizende **Tor** aus dem 16. Jh., das mit einer blauen Uhr und Wappen gekrönt ist.

Kirche Maria Schnee KIRCHE
(Sv Marije Snježne; nur zum Gottesdienst) Die Kirche gleich hinter dem Haupttor des Hafens hat eine bemerkenswerte Fassade mit einem Renaissanceportal, das ein Relief der Jungfrau mit Kind ziert. Durch die Verglasung kann man einen Blick ins Innere der Kirche werfen, die eigentlich nur für Gottesdienste geöffnet ist. Wer sie innen besichtigen kann, sollte unbedingt auf die Holz-Pietà aus dem 15. Jh. (heute hinter Schutzglas) auf dem linken Altar achten.

Ruta KUNSTZENTRUM
(051-571 835; www.ruta-cres.hr; Zazid 4; unregelmäßig oder nach Vereinbarung) Die faszinierende Genossenschaft fördert die kulturelle

Tradition des Wollwebens und des Filzens auf der Insel. Aus den Wollresten der auf Cres beheimateten Schafe machen die handfertigen Leute wundervolle Pantoffeln, Hüte, Handtaschen und Kleidungsstücke. Wer das Glück hat, hier jemanden anzutreffen, kann sich das Atelier anschauen, etwas über die Kunst des Filzens erfahren und sich sogar selber darin versuchen.

Aktivitäten

Es gibt eine reizende Promenade an der Westseite der Bucht mit Bereichen zum Sonnenbaden, guten Schwimmstellen und guten Stränden rund ums Hotel Kimen. In der Touristeninformation erhält man eine Karte mit Wander- und Radwegen auf Cres.

Diving Cres TAUCHEN
(051-571 706; www.divingcres.de; Melin 1/20; Boottauchen inkl. Ausrüstung 50 €) Die deutsche Crew mit Sitz im Kamp Kovačine veranstaltet u. a. Schnupper-Tauchgänge und Kurse, die von PADI (Professional Association of Diving Instructors) bzw. SSI (Scuba Schools International) zertifiziert sind.

Schlafen

Um die günstigsten Unterkünfte zu finden, wendet man sich an Reisebüros, die eine Liste mit Privatzimmern haben. Ein Einzelzimmer im Ort Cres gibt es ab 29 €, ein Doppelzimmer ab 38 €.

Kamp Kovačine CAMPEN €
(051-573 150; www.camp-kovacine.com; Melin 1/20; Erw./Kind/Stellplatz 12/5/11 €, EZ/DZ 48/86 €, Hütte ab 81 €; Ostern–Mitte Okt.; P @) Der große Campingplatz liegt prima an der Spitze einer kleinen bewaldeten Halbinsel, rund 1 km südwestlich der Stadt. Er bietet exzellente Bäder, Baderampen am Strand, ein Restaurant und jede Menge Aktivitäten. Ein Teil der Anlage, auch ein Stück vom Strand, ist FKK-Anhängern vorbehalten. Privatzimmer gibt's im Tamaris, einem kleinen Gästehaus am Wasser.

Hotel Kimen HOTEL €€
(051-573 305; www.hotel-kimen.com; Melin 1/16; EZ/DZ ab 81/94 €; P @) Das am Strand gelegene Hotel aus sozialistischer Ära steht auf einem von Kiefern bewachsenen Grundstück. Vollständig renoviert, bietet es frisch wirkende Zimmer mit Balkon. Ein Quartier im benachbarten Anbau ist billiger, das Haupthaus jedoch viel hübscher.

Essen

Feral KROATISCH €€
(051-573 101; Riva Creskih Kapetana 9; Hauptgerichte 50–120 Kn; 7–23 Uhr) Der Name verweist auf eine Schiffslaterne; trotzdem geht's hier geruhsam zu, sodass man entspannt in dem gemütlichen Hafenrestaurant Käse aus der Region, Pasta, Grillfleisch und Meeresfrüchte genießen kann. Auf den Tisch kommen fachkundig zubereitete traditionelle Spezialitäten wie Fischsuppe und gegrillter Tintenfisch.

Riva MEERESFRÜCHTE €€
(Riva Creskih Kapetana 13; Hauptgerichte 60–70 Kn; 10–23 Uhr) Das gut etablierte Restaurant, das sich auf die Hafenpromenade ausdehnt, ist in puncto Fisch und Meeresfrüchte (Scampi, Tintenfisch, Garnelen) bei vielen Einheimischen die erste Wahl.

Praktische Informationen

Cresanka (051-750 600; www.cresanka.hr; Varozina 25) Das ortsansässige Reisebüro bucht Privatzimmer, Apartments, Campingplätze und Hotels.

Post (Cons 3; Juni–Aug. Mo–Sa 7.30–21 Uhr, Sept.–Mai Mo–Fr 7–20, Sa bis 14 Uhr)

Tourist Agency Croatia (051-573 053; www.cres-travel.com; Cons 10; Mo–Sa 8–13 & 16–19, So 10–13 Uhr) Das Reisebüro arrangiert Privatunterkünfte, hat Internetzugang und verleiht Boote, Fahrräder, Autos und Scooter.

Touristeninformation (051-571 535; www.tzg-cres.hr; Cons 11; Juni–Aug. Mo–Sa 8–12 & 15.30–20, So 9–13 Uhr, Sept.–Mai Mo–Fr 8–14 Uhr) Ist gut mit Karten und Broschüren ausgestattet und hat auch eine Liste mit Unterkünften und zugehörigen Fotos.

ABSTECHER

EIN DÖRFLICHES FESTMAHL

In dem bodenständigen Dorfrestaurant **Konoba Bukaleta** (051-571 606; Loznati 99; Hauptgerichte 40–100 Kn; April–Sept. 12–23 Uhr), das seit über 30 Jahren von derselben Familie betrieben wird, steht das Cres-Lamm ganz oben auf der Wunschliste der Gäste. Es wird paniert, gegrillt oder am Spieß gebraten serviert. Weitere Favoriten sind die hausgemachten Gnocchis und Nudeln. Das Bukaleta befindet sich in Loznati, 5 km südlich der Stadt Cres, und ist ab der Autobahn ausgeschildert; es werden auch Zimmer vermietet (40 €).

BEDROHTE GÄNSEGEIER

Mit einer Flügelspannweite von fast 3 m, einer Länge von 1 m und einem Gewicht von 7–9 kg wirkt der Gänsegeier riesig. Meist ist er mit 40–75 km/h vergleichsweise gemächlich unterwegs, doch kann er durchaus auf 160 km/h beschleunigen. Der kräftige Schnabel und der lange Hals eignen sich perfekt, um in Eingeweiden (meist eines toten Schafes) herumzustochern und zu fressen.

Die Suche nach den raren Schafskadavern erledigen die Gänsegeier im Team: Meist startet eine ganze Kolonie und fliegt in lockerer Formation mit bis zu 1 km Abstand. Sobald ein Geier einen Kadaver entdeckt, beginnt er zu kreisen und signalisiert den anderen, dass er Futter gefunden hat. Die Schäfer schätzen die Geier, verhindern diese doch durch ihre rasche Aasbeseitigung, dass die Krankheit oder Infektion, die das Schaf getötet hat, auf die restliche Herde überspringt.

In Kroatien leben etwa 280 Gänsegeier, mehr als die Hälfte davon auf den Küstenfelsen von Cres, die restlichen in kleinen Kolonien auf den Inseln Krk und Prvić. Gänsegeier folgen ihrer bevorzugten Nahrungsquelle, den Schafherden, fressen aber auch andere Säuger, was für ihren Bestand nicht ganz ungefährlich ist: Die letzten Geier im Nationalpark Paklenica verendeten vor Kurzem, weil sie vergiftete Füchse gefressen hatten. 2005 verendeten auch auf Cres 20 Vögel an vergiftetem Fleisch.

Als bedrohte Tierart stehen Gänsegeier in Kroatien unter Naturschutz. Wer einen Vogel tötet oder beim Nisten stört, riskiert 5000 € Strafe. Gezielt werden sie nur noch selten umgebracht; allerdings sterben häufig Jungtiere, weil sie von Urlaubern mit Motorbooten aufgescheucht und verfolgt werden. Die jungen Tiere können an windstillen Tagen gerade 500 m weit fliegen, bevor sie erschöpft ins Wasser stürzen und ertrinken.

Die Brutgewohnheiten der Geier verhindern ein schnelles Wachstum der Population. Ein Paar bekommt pro Jahr nur ein einziges Junges; dieses ist erst nach fünf Jahren ausgewachsen. Die heranwachsenden Vögel wandern weit: Ein im Nationalpark Paklenica beringter Gänsegeier wurde im Tschad (4000 km von seiner Heimat entfernt) gefunden. Mit etwa fünf Jahren kehren die Tiere nach Cres zurück – manchmal gar zum selben Felsen, auf dem sie geboren wurden –, um einen Partner fürs Leben zu finden

In Gefangenschaft gehaltene Geier können bis zu 55 Jahre alt werden, ein Alter von 20 bis 30 ist in der Wildnis aber wohl eher üblich. Gefahren für die Jungvögel sind italienische Jäger, Gift und Stromleitungen, das größte Problem ist allerdings der massive Rückgang der Schafzucht auf Cres, wodurch die Nahrungsquellen der Vögel mehr und mehr reduziert werden.

Wer mehr über die kroatischen Gänsegeier erfahren möchte, sollte sich mit dem **Grifon Birds of Prey Conservation Centre** (Grifon centar za zaštitu ptica grabljivica; ☎ 091 357 123; www.supovi.hr) auf dem Festland, 14 km südlich von Senj, in Verbindung setzen.

ℹ An- & Weiterreise

Pro Tag fahren zwei bis sieben Busse nach Osor (42 Kn, 45 Min.), Mali Lošinj (48–60 Kn, 1¼ Std.) und Veli Lošinj (52–65 Kn, 1½ Std.). Es gibt werktags auch Busse nach Beli (34 Kn, 30 Min.) und bis zu dreimal pro Woche nach Valun (30 Kn, 22 Min.).

UTO Kapetan Luka betreibt täglich Personenfähren von/nach Mali Lošinj (45 Kn, 1½ to 3¼ Std.), von denen einige auch in Martinšćica (20 Kn, 40 Min.) halten.

ℹ Unterwegs vor Ort

Gonzo Bikes (☎ 051-573 107; Turion 8; 20/90 Kn pro Std./Tag; ⌚ März–Dez.) Verleiht gute Fahrräder und Campingausrüstung in seinem Laden in Cres sowie nur Fahrräder in seinen Zweigstellen im Hotel Kimen und auf diversen Campingplätzen.

Valun

☎ 051 / 65 EW.

Der hübsche, von Kieselstränden umgebene Küstenort Valun liegt 14 km südwestlich des Ortes Cres, geschützt am Fuß der Klippen. Sein Reiz liegt in seiner Ruhe: Die Restaurants sind selten voll und das Fehlen von Souvenirbuden und touristischem Schnickschnack ist wirklich erfrischend.

Man parkt auf dem Parkplatz oberhalb vom Dorf und geht die steilen Stufen hinab. Rechts vom Hafen führt ein Weg zum Strand und zum Campingplatz. Rund 700 m in der anderen Richtung gibt's noch einen von Kiefern gesäumten hübschen Kieselstrand.

Sehenswertes

Marienkirche KIRCHE
(unregelmäßig) In der Pfarrkirche befindet sich die größte Sehenswürdigkeit des Dorfs: die aus dem 11. Jh. stammende Tafel von Valun. Dieser Grabstein mit glagolitischer und lateinischer Inschrift spiegelt die ethnische Zusammensetzung auf der Insel wider, die von Nachfahren der Römer und Kroatisch sprechenden Neuzuwanderern bewohnt wurde.

Essen & Ausgehen

Camping Zdovice CAMPEN €
(051-571 161; www.cresanka.hr; Erw./Kind 103/42 Kn; Mai–Sept.;) Der idyllische Campingplatz mit Volleyballplatz und sauberen sanitären Anlagen ist eine kleine Anlage auf den alten terrassierten Feldern direkt an einem tollen Badestrand. Das Reisebüro Cresanka nimmt Buchungen und Registrierungen vor.

Konoba Toš-Juna MEERESFRÜCHTE €€
(Hauptgerichte 45–95 Kn; 10–23 Uhr) Unter dem halben Dutzend Restaurants in Valun sticht dieses heraus. Es serviert Meeresfrüchte und hat eine hübsche Terrasse, die mit glagolitischen Schriftzeichen verziert ist. Es befindet sich direkt neben dem Hafen und der Kirche in einer umgebauten Olivenpresse mit unverputzten Steinwänden.

Praktische Informationen

Cresanka (051-525 050; www.cresanka.hr; Mai–Sept. 8–20 Uhr) Die Filiale eines Reisebüros aus Cres fungiert auch als Touristeninformation des Dorfes, bucht Privatzimmer und verkauft Fährtickets. Unterkünfte sind in Valun spärlich und müssen in der Regel weit im Voraus gebucht werden.

An- & Weiterreise

Valun wird nicht besonders gut von öffentlichen Verkehrsmitteln bedient. Im Sommer fahren montags, mittwochs und freitags Busse vom/zum Ort Cres (30 Kn, 22 Min.); im Winter sind es weniger.

Lubenice

051 / 24 EW.

Dieses mittelalterliche Dorf auf einem Bergkamm, 378 m über dem Meer an Westküste der Insel gelegen, ist einer der faszinierendsten Orte auf Cres. Fast vollständig verlassen, präsentiert sich Lubencie als ein Labyrinth aus alten, kargen Steinhäusern und Kirchen, die den Eindruck erwecken, sie seien mit den Felsen verschmolzen.

Lubenice thront über einem der einsamsten und schönsten Strände der Kvarner Bucht, der nur über einen steilen, durch Gebüsch führenden Pfad zu erreichen ist. Der 45-minütige Abstieg ist ein Kinderspiel, der Weg hinauf erweist sich jedoch als echte Herausforderung. Von Valun oder Cres aus fahren auch Wassertaxis zum Strand.

Feste & Events

Musikabende von Lubenice MUSIK
(Lubeničke Glazbene Večeri; Juli–Aug.) Im Juli und August finden jeden Freitagabend Klassikkonzerte unter freiem Himmel statt.

Essen & Ausgehen

Konoba Hibernicia KROATISCH €
(Lubenice 17; Hauptgerichte 45–75 Kn; 11–20 Uhr) Das bescheidene, extrem rustikale Lokal mit Steinwänden und einer bei den Katzen im Dorf sehr beliebten Außenterrasse punktet mit seinen Lammgerichten und dem Schinken aus der Region.

Lubenička Loza CAFÉ, BAR
(Juni–Sept. 10–20 Uhr) Das Café am Ortseingang eignet sich prima für ein Bier und einen Snack.

An- & Weiterreise

Wer Zeit und Lust hat, sollte zu Fuß herkommen. Von Valun aus dauert die Wanderung rund eine Stunde.

Im Sommer fahren zwei Busse pro Tag (außer So) vom Ort Cres nach Lubenice (34 Kn, 30 Min.), einer fährt von Valun (26 Kn, 31 Min.) hierher.

Wer mit dem Auto fährt, sollte bedenken, dass die Straße hierher schmal und äußerst kurvenreich ist.

Osor

051 / 60 EW.

Das von einer Stadtmauer eingefasste winzige Osor ist trotz seiner großen turbulenten Vergangenheit einer der schönsten Orte der Kvarner Bucht. Das Dorf befindet sich an dem schmalen Kanal zwischen Cres und Lošinj, der angeblich von den Römern ausgehoben wurde. Dank seiner strategisch günstigen Lage kontrollierte Osor die wichtige Schiffspassage.

Im 6. Jh. entstand hier ein Bistum, das über das gesamte Mittelalter beide Inseln verwaltete. Bis zum 15. Jh. war Osor ein wirtschaftlich, religiös und politisch bedeutsames Zentrum in der Region, bevor infolge von Pest, Malaria und neuen Seerouten die Wirtschaft zusammenbrach und die Stadt verfiel.

Heute ist der Ort eine Art Museumsstadt mit Kirchen, Skulpturen im Freien und Gassen, die von dem aus dem 15. Jh. stammenden Ortskern ausgehen. Sehenswert ist die Statue *Daleki akordi* (Ferne Akkorde) von Ivan Meštrović, eine der vielen modernen Skulpturen im Ort zum Thema Musik.

Bei der Fahrt von Lošinj nach Osor muss man eventuell an der Zugbrücke über den Kavuada-Kanal warten; zweimal am Tag (9 & 17 Uhr) wird sie hochgezogen, damit Schiffe passieren können.

Sehenswertes

Durch ein Tor am Kanal passiert man zunächst die alte Stadtmauer und Überreste einer alten Burg, ehe man ins Ortszentrum gelangt.

Archäologische Sammlung Osor MUSEUM

(Arheološka Zbirka Osor; www.muzej.losinj.hr; Erw./Kind 10/5 Kn; Mitte Juni–Mitte Sept. Di–So 10–13 & 19–22 Uhr, Ostern–Mitte Juni & Mitte Sept.–Okt. Di–Sa 10–14 Uhr) Diese Außenstelle des Lošinj-Museums ist in dem aus dem 15. Jh. stammenden Rathaus am Hauptplatz von Osor untergebracht. Es beherbergt eine Sammlung von Steinfragmenten, Reliefs, Keramiken und Skulpturen aus römischer, frühchristlicher und mittelalterlicher Zeit.

Kirche Mariä Himmelfahrt KIRCHE

(Crkva Uznešenja; Juni–Sept. 10–12 & 19–21 Uhr) Das reich verzierte Renaissanceportal der großen, 1498 fertiggestellten Kirche blickt auf den Hauptplatz. Im Barockaltar im Innenraum werden Reliquien des heiligen Gaudentius, dem Schutzheiligen von Osor, aufbewahrt.

Feste & Events

Musikabende von Osor MUSIK

(Osorske glazbene večeri; www.osorskeveceri.org; Mitte Juli–Aug.) Von Mitte Juli bis Ende August geben hochkarätige kroatische Musiker in der Kathedrale und auf dem Hauptplatz klassische Konzerte.

Schlafen & Essen

Die Touristeninformation (S. 165) in Mali Lošinj hat eine Liste mit Privatzimmern und Apartments.

Camping Bijar CAMPEN €

(051-237 147; www.camps-cres-losinj.com; Erw./Kind/Stellplatz 9/6/6 €; Mai–Sept.; P) Der hübsche Campingplatz liegt 500 m von Osor entfernt an einer schönen Kiesbucht, in der man prima schwimmen oder Tennis, Volleyball und Basketball spielen kann.

Osor Pansion B&B €

(051-237 135; www.ossero.com; Osor 28; EZ/DZ 329/438 Kn; P) Sieben schlichte, mit Kiefernholz vertäfelte Zimmer, jeweils mit eigenem Bad, gibt es in dieser kleinen Pension über einem Gartenrestaurant (Hauptgerichte 60–200 Kn). Das Frühstück ist exzellent; und es lohnt sich auch, später noch mal auf ein Cres-Lamm oder einen Fisch aus der Adria reinzuschauen.

Konoba Bonifačić KROATISCH €€

(Osor 64; Hauptgerichte 50–100 Kn; 12–23 Uhr) Hier gibt's in besonders schönem Gartenambiente hausgemachte Kost wie leckeres Risotto, traditionelles Schweinefleisch mit Salbei sowie Fleisch und Fisch vom Grill. Und wenn man schon mal da ist, kann man sich auch einen Holundergrappa gönnen.

An- & Weiterreise

Je nach Jahreszeit und Wochentag fahren zwei bis sieben Busse pro Tag durch Osor auf ihrer Fahrt nach Cres (42 Kn, 45 Min.), Nerezine (19 Kn, 5 Min.), Mali Lošinj (32 Kn, 30 Min.) und Veli Lošinj (38 Kn, 45 Min.). Es gibt auch einige Busse nach Martinšćica (35 Kn, 20 Min.).

Mali Lošinj

051 / 6100 EW.

Mali Lošinj ist ein echter Hingucker: Der natürliche Hafen ist gesäumt von stattlichen, leicht verwitterten mediterranen Häusern und grünen Hügeln. Der Ort liegt auf dem schmalsten Abschnitt der Insel an der Spitze eines langen, geschützten Hafenbeckens und hat Zugang zur West- wie Ostküste. Ein Ring aus imposanten Kapitänshäusern aus dem 19. Jh. stehen am Ufer Spalier und selbst der sommerliche Urlaubertumult kann den Charme und das Flair dieses historischen Viertels nicht schmälern.

Alle Resorthotels befinden sich gleich außerhalb vom Ort an den Kiesstränden

Sunčana Uvala („sonnige Bucht") und **Čikat**. Die grüne Gegend begann Ende des 19. Jhs. zu boomen, als die feine Gesellschaft aus Wien und Budapest die „gesunde Luft" in Mali Lošinj für sich entdeckte und begann, rund um Čikat Villen und Luxushotels zu errichten. Einige dieser Prachtresidenzen stehen noch immer, aber die meisten der heutigen Hotels sind moderne, von Kiefernwäldern umgebene Bauten, die sich an den Buchten und hübschen Stränden ausbreiten.

Im Frühjahr oder Herbst ist Mali Lošinj sicherlich etwas entspannter, doch selbst in den hektischeren Sommermonaten lohnt sich ein Besuch. Der Ort eignet sich ideal als Ausgangsbasis für Ausflüge zu den nahe gelegenen kleinen Inseln Susak, Ilovik und Unije.

1996 wurde vom Meeresgrund vor Lošinj eine schöne Bronze-Statue geborgen, die vermutlich aus dem 2. oder 1. Jh. v. Chr. stammt. Sie stellt ein im antiken Griechenland sehr beliebtes Thema dar: den *Apoxyomenos* („Der Schaber", auf Kroatisch *Apoksiomen*). Der nackte, muskulöse Athlet schabt sich mit einer *strigilis*, einem in der Antike gebräuchlichen Instrument, Staub, Öl und Schweiß von seinem Körper. Zur Zeit unserer Recherchen stand die Statue noch im Mimara-Museum in Zagreb, sie soll aber nach Lošinj zurückgebracht werden, sobald das eigens dafür aufgebaute Museum im Kvarner-Palast am Ufer fertiggestellt ist.

Sehenswertes

Fritzy-Palast — MUSEUM

(Palača Fritzy; www.muzej.losinj.hr; Vladimira Gortana 35; Erw./erm. 10/5 Kn; Juli & Aug. Di–So 10–13 & 19–22 Uhr, April–Juni & Sept.–Dez. Di–Fr 10–13 & 18–20, Sa 10–13 Uhr) Die größte Zweigstelle des dreiteiligen Lošinj-Museums (die anderen Häuser liegen in Osor und Veli Lošinj) befindet sich in diesem prachtvollen Herrenhaus. Sie zeigt drei verschiedene Sammlungen: eine halbwegs interessante Zusammenstellung von überwiegend aus dem 17. und 18. Jh. stammenden Gemälden, eine interessantere Auswahl von Fotos aus dem frühen 20. Jh. und eine spannende Ausstellung zur Kunst des 20. Jhs.

Das faszinierendste Ausstellungsstück ist eines der kleinsten: eine nur 10 cm hohe, vermutlich etruskische Tonstatue aus dem 7. Jh. v. Chr., bekannt als *Dame von Čikat*. Im Bereich zur Moderne sollte man sich die Arbeiten der drei bedeutendsten kroatischen Bildhauer des 20. Jhs. anschauen: Ivan Meštrović, Frano Kršinić und Antun Augustinčić.

CAMPEN AM STRAND

An der Westküste der Insel Cres liegt versteckt in dem unscheinbaren Fischerdorf Martinšćica der **Campingplatz Slatina** (051-574 127; www.camps-cres-losinj.com; Erw./Kind/Stellplatz ab 9/5/7 €, WE ab 820 Kn; Mai–Sept.) mit Zugang zu zwei hübschen Kiesstränden. Zum Areal gehören auch ein paar Restaurants, eine Pizzeria, Cafés, ein Lebensmittelladen, eine Tauchschule sowie ein Boots- und Fahrradverleih. Trotz der Größe (500 Stellplätze) verläuft sich die Anlage, sodass man sich hier nicht eingeengt fühlt.

Garten der feinen Düfte — GARTEN

(Miomirisni Otočki Vrt; www.miomirisni-vrt.hr; Bukovica 6; Juli & Aug. 8.30–12.30 & 18–21 Uhr, März–Juni & Sept.–Dez. 8–15 Uhr) GRATIS In diesem duftenden Paradies am südlichen Stadtrand gedeihen zwischen den *gromače* (traditionellen Steinmauern) 250 einheimische und 100 exotische Pflanzenarten. Als Souvenir kann man natürliche Düfte, Salze und Liköre kaufen.

Mariä-Geburt-Kirche — KIRCHE

(Župna Crkva Male Gospe; Sv Marije bb) Die Pfarrkirche (erbaut 1696–1775) thront auf einem Hügel über der Stadt. Im Innenraum befinden sich einige bemerkenswerte Kunstwerke, darunter ein Gemälde der Geburt Mariä aus der Werkstatt eines im 18. Jh. tätigen venezianischen Künstlers und Reliquien des heiligen Romulus. Die Kirche öffnet ihre Pforten normalerweise nur für den Gottesdienst.

Rettungszentrum für Meeresschildkröten — NATUR

(Oporavilište za Morske Kornjače; www.blue-world.org; Sunčana Uvala bb; Juni–Sept. Mo–Fr 10–14 Uhr) GRATIS Das kleine, aber äußerst interessante Zentrum widmet sich der Versorgung verletzter Meeresschildkröten, die sich meistens in Plastikmüll oder Fischernetzen verfangen haben. Es gibt hier nicht viele zu sehen, jedoch berichten die Angestellten Besuchern gern von ihrer Arbeit. Und vielleicht bekommt man sogar ein paar der Patienten zu Gesicht. Das Zentrum befindet sich zwischen den Hotels Adriatic und Vespera, gleich oberhalb der Promenade.

Aktivitäten

Auf Lošinj werden **Radfahren** und **Wandern** immer beliebter. In der Touristeninformation (S. 165) gibt's die ausgezeichnete Broschüre *Promenaden & Spazierwege* mit Karten zu dem 250 km langen Wegenetz und genauen Zeitangaben zu den einzelnen Wegen; alle fünf Inseln des Archipels (Lošinj, Cres, Ilovik, Susak und Unije) sind abgedeckt. Man kann auf den höchsten Gipfel, den Televrina (588 m), steigen und die großartige Aussicht genießen, zu den abgelegenen Buchten südlich von Mali Lošinj wandern oder die einsamen Buchten von Susak erkunden.

Diver Sport Center TAUCHEN
(051-233 900; www.diver.hr) In Lošinj kann man prima tauchen: Man hat eine ausgezeichnete Sicht auf das pralle Leben unter Wasser. Zu den Highlights gehören ein Schiffswrack von 1917, eine große, relativ seichte Höhle, die auch für Anfänger geeignet ist, und das wundervolle Margarita-Riff vor der Insel Susak. Das Tauchcenter am Ufer in Čikat bietet einen Discovery-Kurs (55 €) und einen SSI-Kurs zum Tauchen in offenen Gewässern (340 €) an.

Croyak KAJAKFAHREN, SEGELN
(098 92 31 034; www.croyak.com; 2 Std./halber Tag/ganzer Tag 40/60/95 €) Verleiht ein sonderbares Hybrid-Tandem aus Kajak und Trimaran, das Tret- und Segelboot in einem ist. Der Anbieter befindet sich neben dem Tauchladen und dem Konoba Cigale in Čikat.

NEREZINE

Das kleine Nerezine auf Lošinj ist die erste Ortschaft hinter der Brücke. Es hat einen hübschen Hafen, gesäumt von pastellfarbenen Häusern und ein paar Cafébars. Mit seinen sage und schreibe 350 Einwohnern ist Nerezine die drittgrößte Siedlung auf Lošinj; alle auf der Inselhauptstraße verkehrenden Busse halten hier.

Versteckt am Ortsrand befindet sich das innen wie außen fröhlich bunt gestrichene winzige **Hotel Manora** (051-237 460; www.manora-losinj.hr; Magdalenska 26b; Zi. 139 €; P ❄ 📶 🏊). Es ist vor allem auf Familien ausgerichtet und bietet einen verführerischen Pool, eine Sauna, einen Außenspielplatz und sogar ein Kinderspielzimmer für Schlechtwettertage.

Sunbird WINDSURFEN, SEGELN
(095 83 77 142; www.sunbird.de) Čikat ist mit seinem schmalen Kiesstrand und tollen Wind ein guter Ort zum Windsurfen. Der deutsche Anbieter mit Sitz am Strand in der Nähe des Hotel Bellevue bietet Kurse im Windsurfen (ab 970 Kn) und Katamaransegeln (ab 675 Kn) an. Er verleiht auch Surfbretter (ab 60 Kn/Std.), Kajaks (35/150 Kn pro Std./Tag) und Fahrräder (20/95 Kn).

Schlafen

Camping Village Poljana CAMPEN €
(051-231 726; www.poljana.hr; Rujnica 9a; Erw./Kind/Stellplatz 69/61/54 Kn, Wohneinheit ab 525 Kn; P ❄ 📶) Die von großen Bäumen umgebene Anlage an der nördlichen Zufahrt nach Mali Lošinj hat Stellplätze mit Stromanschluss, gute klimatisierte Wohneinheiten, ein Restaurant und einen Supermarkt. Es gibt hier auch einen kleinen Kiesstrand und einen felsigen FKK-Bereich.

Camping Čikat CAMPEN €
(051-231 708; www.camps-cres-losinj.com; Dražica 1; Erw./Kind/Stellplatz ab 66/42/46 Kn, Wohneinheit ab 122 Kn; April–Dez.; 📶 🐾) Mehr eine kleine Wohnwagen- und Wohnmobilstadt als ein Campingplatz. Die große Anlage im Schatten von Kiefern bietet hunderte von Stellplätzen und Wohneinheiten an der felsigen Küste, ein Restaurant und einen Lebensmittelladen.

Alaburić B&B €€
(051-231 343; Stjepana Radića 17; Zi./Apt. 65/89 €; P 📶 🐾) Die einladende, familienbetriebene Pension hat schlichte, gut ausgestattete Zimmer und Apartments, jeweils mit eigenem Bad und zwei mit Blick aufs Meer in der Ferne. Befindet sich in einer Dorfstraße gleich unterhalb vom Garten der feinen Düfte.

★ **Mare Mare Suites** HOTEL €€€
(051-232 010; www.mare-mare.com; Riva Lošinjskih Kapetana 36; EZ/DZ/Apt. 720/810/1200 Kn; P ❄ @ 📶) Das historische Stadthaus in erstklassiger Lage am Nordende des Hafens wurde in ein Hotel mit makellosen, individuell gestalteten Zimmern und einem Apartment mit Terrasse umgebaut. Es gibt auch einen Wellnessbereich auf dem Dach. Gäste dürfen die Kajaks und Fahrräder gratis nutzen.

Hotel Aurora RESORT €€€
(051-667 200; www.losinj-hotels.com; Sunčana Uvala bb; EZ/DZ/Suite ab 950/1262/2006 Kn;

Feb.–Dez.; P) Der ehemals staatliche Klotz ist heute ein modernes Resorthotel, wie es im Buche steht. Die Zimmer, jeweils mit eigenem Balkon ausgestattet, sind in sonnigen Farben dekoriert. Wer sich vom kristallklaren Wasser unten am Strand nicht angezogen fühlt, kann sich in den Innen- und Außenpools oder in dem sehr guten Wellnesscenter vergnügen. Das Aurora hat sogar sein eigenes Parfüm.

Hotel Vespera RESORT €€€
(051-667 300; www.losinj-hotels.com; Sunčana Uvala bb; EZ/DZ/Suite ab 973/1292/2113 Kn; Ostern–Okt.; P) Das Vespera ist sehr stark auf Familien ausgerichtet. Das riesige Hotel bietet exzellente Einrichtungen, darunter Tennisplätze, einen großen Pool im Resort-Stil und zwei kleinere Kinderbecken. Direkt vor der Tür gibt's auch einen Strand.

Hotel Apoksiomen HOTEL €€€
(051-520 820; www.apoksiomen.com; Riva Lošinjskih Kapetana 1; EZ/DZ ab 108/144 €;) Das gut geführte Hotel am Hafen hat 25 moderne Zimmer mit Satelliten-TV, Safe und schickem Bad, hilfsbereite Angestellte sowie ein Café und ein Restaurant im Erdgeschoss. Die besten Angebote gibt's auf der Website.

Essen & Ausgehen

Die meisten der Restaurants am Hafen haben einen tollen Blick, servieren jedoch eher 08/15-Kost (Pasta, Meeresfrüchte und Grillfleisch) mit kleinen Abweichungen in Preis oder Qualität.

Baracuda KROATISCH, MEERESFRÜCHTE €€
(051-233 309; Priko 31; Hauptgerichte 60–140 Kn; 12 Uhr–24 Uhr) Das Baracuda wird wegen des frischen Fisches, der talentierten Köche und des kessen Charmes seiner Kellner sehr geschätzt. Gegessen wird auf der großen Terrasse. Normalerweise gibt es auch ein oder zwei Tagesgerichte, die auf der Kreidetafel angeschrieben stehen. Wer Fisch bestellt, der nach Kilo abgerechnet wird, sollte erst den Preis für sein Gericht erfragen.

Konoba Cigale KROATISCH €€
(051-238 583; Sabina Hausknecht bb; Hauptgerichte 70–140 Kn; 9–22 Uhr) Mit seiner großen, aufs Wasser in Čikat blickenden Terras-

INSELN RUND UM LOŠINJ

Die beliebtesten Ausflugsziele von Mali Lošinj aus sind die nahe gelegenen, autofreien Inseln Susak, Ilovik und Unije. Das Besondere am winzigen **Susak** (151 Ew., 3,8 km²) ist die mächtige Sandschicht auf dem darunterliegenden Kalksteinboden, weshalb die hiesigen Strände einfach herrlich sind. Interessant ist auch die eigenwillige Kultur der Insel: Die Bewohner sprechen einen Dialekt, der für andere Kroaten nahezu unverständlich ist. An Feiertagen und bei Hochzeiten tragen die Frauen eine Tracht aus bunten Röcken, die ein wenig an Ballettkostüme erinnern, und roten Strumpfhosen. Beim Anblick der alten Steinhäuser auf der Insel sollte man bedenken, dass jeder einzelne Stein aus Mali Lošinj herangeschafft und von Hand an sein Ziel gebracht werden musste. In den letzten Jahrzehnten ist die Bevölkerung auf der Insel stetig zurückgegangen (1948 waren es noch mehr als 1600 Einwohner); viele Insulaner sind von hier in die USA, nach Hoboken in New Jersey, ausgewandert.

Anders als das flache Susak ist **Ilovik** (85 Ew., 5,8 km²) eine hügelige Insel, die vor allem für ihre Blumenpracht bekannt ist. Sie ist überwuchert mit Oleandern, Rosen und Eukalyptusbäumen und vor allem bei Bootsfahrern beliebt, die gerne die einsamen Badebuchten der Insel ansteuern.

Die größte Insel des Lošinj-Archipels, **Unije** (88 Ew., 18 km²), wird geprägt von einer hügeligen Landschaft, dichtem mediterranem Unterholz, Kiesstränden und zahlreichen Buchten und Meeresarmen. Die einzige Siedlung auf der Insel ist ein malerisches Fischerdorf mit steinernen Giebelhäusern.

Reisebüros in Mali Lošinj bieten Ausflüge zu den Inseln an. Man kann sich aber auch die am Hafen vor Anker liegenden Boote anschauen und aus den Angeboten wählen.

Alternativ betreibt Jadrolinija eine Personenfähre, die zweimal am Tag von Mali Lošinj nach Unije (1½ Std.) und Susak (1 Std.) pendelt. Täglich betreibt UTO Kapetan Luka eine Fähre zwischen Rijeka, dem Ort Cres, Martinšćica und Mali Lošinj, die fünfmal in der Woche in Unije und Susak und zweimal in der Woche auch in Ilovik Halt macht.

ABSTECHER

EINE BUCHT GANZ FÜR SICH ALLEIN

Südlich von Mali Lošinj formt sich die Insel zu einer wunderschönen, kaum bewohnten, daumenförmigen Halbinsel mit herrlichen natürlichen Buchten und tollen Wanderwegen (eine Karte ist in der Touristeninformation erhältlich). Eine einsame Straße schlängelt sich die hügelige bewaldete Landschaft hinab bis nach Mrtvaška am Rand Lošinjs. Die gesamte Halbinsel lässt sich an einem Tag zu Fuß umrunden, Schwimmstopps an einsamen Buchten inklusive. Wer einen faulen Strandtag einlegen möchte, fährt 5 km bis zur Abzweigung nach **Krivica**, parkt dort und steigt in 30 Minuten zur idyllischen, von Kiefern gesäumten geschützten Bucht hinab. Das smaragdgrüne Wasser eignet sich hervorragend zum Baden.

se und der üblichen Auswahl an Grillfleisch, Meeresfrüchten, Pasta und Salaten leistet das entspannte Restaurant gute Arbeit. Die hausgemachte Pasta mit Trüffeln ist exzellent. Wenn man als Gruppe herkommt und vorher anruft, kann man sich das unter einer *peka* (traditionellen Backhaube) geschmorte Lamm zubereiten lassen.

Porto KROATISCH, MEERESFRÜCHTE €€
(Sveti Martin 33; Hauptgerichte 45–120 Kn; ⏲März–Sept. 7–24 Uhr) Das gute Fischrestaurant hinter einem Hügel im Ostteil der Stadt befindet sich an einer hübschen Bucht neben einer Kirche. Die Spezialität des Hauses ist Fischfilet mit Seeigel, aber auch all die anderen Meeresfrüchte sind hervorragend zubereitet und angerichtet.

Konoba Bukaleta KROATISCH €€
(☎098 17 08 155; Del Conte Giovanni; Hauptgerichte 45–130 Kn; ⏲10–23 Uhr) Toller Ort für ein zwangloses Mittag- oder Abendessen. Zu den Spezialitäten zählt das unter einer *peka* geschmorte Lamm.

Priko BAR
(Priko 2; 📶) Im Sommer gibt's abends nichts Besseres als die Terrasse dieser Hafenbar, wo fast jeden Abend Livemusik gespielt wird.

Praktische Informationen

Cappelli (☎051-231 582; www.cappelli-tourist.hr; Lošinjskih Brodograditelja 57) Das Reisebüro bucht Privatunterkünfte auf Cres und Lošinj sowie Rundfahrten und Ausflüge.

Manora (☎051-520 100; www.manora-losinj.hr; Priko 29) Das freundliche, ans Hotel Manora in Nerezine angeschlossene Reisebüro verleiht Scooter (330 Kn/Tag) und Mountainbikes (120 Kn/Tag).

Post (Vladimira Gortana 4; ⏲Juni–Aug. Mo–Sa 7.30–21 Uhr, Sept.–Mai Mo–Fr 8–19 Uhr)

San Mar (☎051-238 293; Priko 24) Das Reisebüro vermittelt Privatunterkünfte, verleiht Mountainbikes (70 Kn/Tag), Mopeds (250 Kn) und Boote (ab 1000 Kn, Führerschein erforderlich) und tauscht Geld um.

Touristeninformation (☎051-231 884; www.tz-malilosinj.hr; Riva Lošinjskih Kapetana 29; ⏲Juni–Sept. Mo–Sa 8–20, So 9–13 Uhr, Okt.–Mai Mo–Fr 8–15 Uhr) Sehr nützliche Infoquelle mit sachkundigem Personal, tonnenweise (Hochglanz- und praktische) Broschüren und Karten sowie einer umfangreichen Unterkunftsliste mit Mailadressen und Websites der Besitzer.

An- & Weiterreise

Es fahren Inselbusse von/nach Veli Lošinj (12 Kn, 12 Min., 4–16-mal tgl.), Nerezine (32 Kn, 30 Min., 2–9-mal tgl.), Osor (32 Kn, 30 Min., 2–7-mal tgl.) und Cres-Stadt (48–60 Kn, 1¼ Std., 2–7-mal tgl.).

UTO Kapetan Luka betreibt täglich Personenfähren von/nach Cres-Stadt (45 Kn, 1½–3¼ Std.), von denen einige auch in Martinšćica (35 Kn, 2 Std.) halten.

Unterwegs vor Ort

Von Ende April bis Mitte Oktober fährt bis 23 Uhr stündlich ein Shuttlebus (10 Kn) vom Stadtzentrum zu den Hotels von Sunčana Uvala und Čikat.

Wer mit dem Auto ins Zentrum von Mali Lošinj fährt, muss eine Gebühr zahlen (20 Kn pro 2 Std.).

Veli Lošinj

☎051 / 900 EW.

Entgegen seinem Namen – auf Kroatisch bedeutet *veli* groß und *mali* klein – ist Veli Lošinj viel kleiner, verschlafener und weniger überlaufen als das 4 km nordwestlich gelegene Mali Lošinj. Das wirklich reizende Örtchen besteht aus ein paar pastellfarbenen Häusern, Cafés, Hotels und Läden an einer winzigen Bucht. Im April und Mai schwimmen hin und wieder Delfine durch die Meerenge in die Bucht. Ein Muss ist der zehnminütige Küstenspaziergang zur ebenfalls bezaubernden Rovenska-Bucht weiter südöstlich.

Wie im Nachbarort lebten auch in Veli Lošinj reiche Schiffskapitäne, die sich hier Villen bauten und ihre Gärten mit exotischen Blumen und Bäumen bepflanzten, die sie aus fernen Ländern mitgebracht hatten. Beim Bummel vom Hafen die steilen Straßen hoch kann man hie und da in solche Anwesen gucken. Den Spenden der Kapitäne ist auch die Ausstattung der Kirchen zu verdanken, allen voran der Kirche St. Antonius am Hafen.

Im Sommer muss man oberhalb der Bucht parken und die schmalen Kopfsteinpflasterstraßen hinabgehen.

Sehenswertes

Kirche des hl. Antonius des Eremiten KIRCHE

(Obala Maršala Tita) Die 1774 im Barockstil erbaute hübsche rosafarbene Kirche mit Reliquien des hl. Gregor ist reich mit Marmoraltären, einer großen Sammlung italienischer Gemälde (darunter das Deckenfresko) und einer Pfeifenorgel geschmückt. Sie ist nur zum Sonntagsgottesdienst geöffnet, man kann jedoch durch das Metallgitter einen Blick ins Innere werfen.

Turmmuseum MUSEUM

(Kula; Erw./erm. 10/5 Kn; Juli & Aug. Di–So 10–13 & 16–22 Uhr, Ostern–Juni & Sept. Di–Sa 10–13 Uhr) Dieser überwältigende Wehrturm im Labyrinth der Straßen hinter dem Hafen wurde 1455 von den Venezianern zur Verteidigung der Stadt vor Piraten erbaut. Heute ist hier eine Filiale des Lošinj-Museums untergebracht, die sich der Seefahrergeschichte der Insel widmet. Man kann sich Bruchstücke römischer Keramik, Säbel und alte Postkarten anschauen, bevor man auf die Zinnen steigt, um den unvergleichlichen Blick auf die Stadt zu genießen.

Meereszentrum Lošinj NATUR

(051-604 666; www.blue-world.org; Kaštel 24; Erw./erm. 15/10 Kn; Juli & Aug. 10–21 Uhr, Mai, Juni & Sept. Mo–Fr 10–16, Sa bis 14 Uhr, Okt.–März Mo–Fr 10–14 Uhr) Begleitend zur praktischen Naturschutzarbeit von Blue World (s. S. 168) will diese informative Einrichtung Einheimische und Gäste mit dem maritimen Leben und den Gefahren, denen es ausgesetzt ist, vertraut machen. U. a. wird ein ausgezeichnetes Video (in verschiedenen Sprachen) gezeigt, die Rückenflosse eines 11 m langen Finnwalkalbs und einige Multimedia-Ausstellungen. In einem Akustikraum können sich Besucher die Klickgeräusche anhören, mit denen Delfine miteinander kommunizieren.

Schlafen

Jugendherberge Veli Lošinj HOSTEL €

(051-236 234; www.hfhs.hr; Kaciol 4; B/2BZ 150/360 Kn; Mai–Okt.;) In einem umgebauten Stadthaus ist eine der besten Jugendherbergen Kroatiens untergebracht. Sie begrüßt ihre Gäste mit einer heimeligen Atmosphäre und gastfreundlichem Management. Die Schlafsäle (jeweils mit Schließfächern) sind geräumig, die mit Kiefernholz vertäfelten Zimmer recht elegant. Die Vorderterrasse eignet sich prima, um Leute kennenzulernen und sich am Abend ein Bierchen (12 Kn) zu gönnen.

Villa Mozart B&B €€

(051-236 262; hotelvillamozart.mikrut357@gmail.com; Kaciol 3; Zi. ab 470 Kn;) Die attraktive Pension hat 18 charaktervolle Zimmer, die zwar alle recht klein, dafür aber mit Fernsehern und winzigen Bädern ausgestattet sind. Einige der Zimmer und die Frühstücksterrasse blicken auf das schimmernde Wasser im Hafen und die Kirche.

Pansion Saturn B&B €€

(051-236 102; www.val-losinj.hr; Obala Maršala Tita bb; Zi. 60–70 €;) Nach einer kürzlich vorgenommenen Renovierung gibt's hier jetzt recht seltsame goldfarben gesprenkelte Wände (ob das wohl Teil eines Raumfahrt-Motives sein soll?). Die acht Zimmer sind jedenfalls geräumig und die Badezimmer modern. Befindet sich über einer beliebten Barterrasse – wer nicht mitfeiern will, sollte sich Ohrenstöpsel besorgen.

Essen & Ausgehen

★ Bora Bar ITALIENISCH €€

(051-867 544; Rovenska Bay 3; Hauptgerichte 60–160 Kn; März–Okt. 12–22 Uhr) Das zwanglos-schicke Restaurant ist ein Paradies für Trüffelliebhaber – zu verdanken ist dies dem toskanischen Koch, der seine Leidenschaft für diesen kostbaren Pilz gerne mit seinen Gästen teilt. Man genießt die leckere hausgemachte Pasta mit viel geriebener Trüffel, sollte aber noch Platz lassen für *Panna Cotta* mit Trüffelhonig. Die istrischen Weine stehen ebenfalls hoch im Kurs.

Ribarska Koliba KROATISCH €€

(Obala Maršala Tita 1; Hauptgerichte 40–120 Kn; April–Okt. 9–24 Uhr) Das alte Gebäude gleich hinter der Kirche hat eine nette Terrasse mit Blick auf den Hafen und serviert leckere Meeresfrüchte und Fleischgerichte (zu empfehlen sind das Lamm und das Ferkel vom Spieß) .

Saturn BAR
(Obala Maršala Tita bb; ⌚8–2 Uhr; 📶) Die beste Bar im Ort. Der stimmungsvolle kleine Laden hat Tische mit Blick auf den Hafen und spielt eine bunte Mischung aus internationaler und kroatischer Musik.

ℹ Praktische Informationen

Palma Tourist Agency (☎051-236 179; www.losinj.com; Vladimira Nazora 22) Hat Infos und Internetzugang, wechselt Geld und vermittelt Privatunterkünfte.

Post (Obala Maršala Tita 33; ⌚Juli & Aug. Mo–Sa 7.30–21 Uhr, Sept.–Juni Mo 8–17, Di–Fr bis 15 Uhr)

Turist (☎051-236 256; www.island-losinj.com; Obala Maršala Tita 17) Das private Reisebüro organisiert Ausflüge nach Susak und Ilovik (190 Kn), vermittelt Privatunterkünfte, verleiht Fahrräder und Scooter und wechselt Geld.

Val Tourist Agency (☎051-236 604; www.val-losinj.hr; Vladimira Nazora 29) Vermittelt Privatunterkünfte, veranstaltet Ausflüge, hat Internetzugang und verleiht Fahrräder und Scooter.

ℹ An- & Weiterreise

Busse fahren ab/nach Mali Lošinj (12 Kn, 12 Min., 4–16-mal tgl.), Nerezine (35 Kn, 10 Min., 2–9-mal tgl.), Osor (38 Kn, 45 Min., 2–7-mal tgl.) und Cres (52–65 Kn, 1½ Std., 2–7-mal tgl.).

KRK

Die über eine mautpflichtige Brücke mit dem Festland verbundene Insel Krk (auf Italienisch Veglia) ist Kroatiens größte Insel und auch eine der turbulentesten. Im Sommer bevölkern vor allem Urlauber aus Deutschland und Österreich die Ferienhäuser, Campingplätze und Hotels. Krk ist nicht eben die grünste oder schönste Insel, hat aber eine recht vielfältige Landschaft von Wäldern im Westen bis hin zu sonnenverbrannten Kämmen im Osten. Die steile, felsige Nordwestküste der Insel ist im Winter kalten Bora-Winden aus Nordost ausgesetzt, weshalb hier nur wenige Siedlungen anzutreffen sind. Im Südwesten ist das Klima milder, im Südosten kann es glühend heiß werden.

Krk ist leicht zu erreichen. Die Insel hat eine gute Verkehrsanbindung und Infrastruktur. Der Flughafen Rijeka befindet sich ganz im Norden der Insel, wird aber nur von April bis Oktober angeflogen.

Geschichte

Die ersten bekannten Siedler von Krk waren die illyrischen Liburner. Ihnen folgten die Römer, die sich an der Nordküste ansiedelten. Später fiel Krk an Byzanz, ging dann aber an Venedig und schließlich an die kroatisch-ungarischen Könige über.

Im 11. Jh. wurde die Insel ein führendes Zentrum der Glagoliza (der glagolitischen Schrift), der ersten, im 9. Jh. von den hll. Kyrill und Method ausgearbeiteten slawischen Schrift. Als die Römische Kirche verlangte, dass die kroatische Kirche sich anpassen und in der Liturgie die lateinische Schrift und Sprache verwenden sollte, begehrte der Klerus in Krk dagegen auf. Schließlich gewährte Rom einigen kroatischen Diözesen einen Dispens zur Weiterverwendung der Landessprache (eine Seltenheit in der katholischen Tradition bis zu den Reformen in den 1960er-Jahren). Die glagolitische Schrift wurde hier noch bis ins 19. Jh. genutzt.

1358 übergab Venedig die Regierungsgewalt über die Insel den Fürsten von Krk, den späteren Frankopanen, die zu einem der reichsten und mächtigsten Geschlechter in ganz Kroatien aufstiegen. Obwohl Vasallen Venedigs, regierten sie die Insel weitgehend unabhängig, bis 1480 der letzte Spross des Geschlechts die Insel wieder unter den Schutz Venedigs stellte.

Neben dem Tourismus als wichtigsten Wirtschaftszweig gibt es auf der Insel noch zwei kleine Werften (in Punat und Krk); außerdem wird etwas Landwirtschaft und Fischfang betrieben.

ℹ An- & Weiterreise

Busse fahren von Rijeka über die Brücke nach Malinska (50 Kn, 1 Std., 6–15-mal tgl.), Krk (51 Kn, 1½ Std., 13-mal tgl.), Punat (71 Kn, 1½ Std., 4–9-mal tgl.) und Baška (84 Kn, 2 Std., 4–7-mal tgl.). Es fährt auch mindestens ein Bus täglich (im Sommer bis zu 7-mal tgl.) von Zagreb nach Malinska (80–150 Kn, 3 Std.), Krk (95–216 Kn, 3 Std.), Punat (94–222 Kn, 3½ Std.) und Baška (95–236 Kn, 4 Std.).

Der größte Fährhafen befindet sich in Valbiska; von hier legen Fähren zu den Inseln Cres und Rab ab (Details gibt's im jeweiligen Kapitel).

Von Malinska fahren Busse in den Ort Cres (77 Kn, 1¼ Std., 2–3-mal tgl.) und nach Mali Lošinj (101–126 Kn, 2½ Std., tgl.).

BLUE WORLD

Das **Blue World Institute of Marine Research & Conservation** (www.blue-world.org) ist eine Nichtregierungsorganisation mit Sitz in Veli Lošinj, die 1999 zum Schutz des Meereslebens in der Adria gegründet wurde. Neben der angewandten Forschungs- und Naturschutzarbeit, zu der auch der Betrieb des Zentrums für Meeresschildkröten in Mali Lošinj gehört, setzt sich das Institut mit Vorträgen und Medienpräsentationen auch für die Förderung des Umweltbewusstseins ein. Zu diesem Zweck wird auch der jährliche Tag des Delfins am 1. Juli in Veli Lošinj veranstaltet, ein richtiger Event mit Fotoausstellungen, Ökomesse, Straßen-Performances, Wasserpolo-Wettbewerben, Schatzjagden und Ausstellungen von Zeichnungen und Bildern Hunderter von Kindern.

Im Rahmen des Adriatic Dolphin Project beobachtet Blue World die Großen Tümmler, die sich häufig in der Gegend vor Lošinj und Cres sehen lassen. Jeder Delfin wird benannt und anhand von Fotos der Zeichnung seiner Rückenflosse katalogisiert.

In den 1960er- und 1970er-Jahren wurden hier Delfine gejagt und für jeden getöteten Delfin wurden die Fischer von der Kommunalverwaltung belohnt – sie wurden pro Schwanzflosse bezahlt. Und obwohl 1995 die Delfine endlich unter Naturschutz gestellt worden waren, verzeichnete man dennoch bis 2003 einen starken Rückgang der Population der Großen Tümmler. Daraufhin setzte sich Blue World für die Gründung des Delfinschutzgebiets Lošinj ein. Inzwischen soll sich der Bestand stabilisiert haben, ist aber mit rund 180 Tieren noch immer stark gefährdet. Im August 2009 wurde eine Schule von 60 Delfinen in der Nähe der Insel Trstenik gesichtet – ein Rekord. Hin und wieder werden auch andere Delfinarten gesichtet, darunter der Blau-Weiße Delfin. Auch Riesenhaie sind schon gesehen worden.

Die größte Gefahr droht den Lošinj-Delfinen von den Booten, die Lärm und Unruhe ins Meer bringen. Im Juli und August nähern sich die Delfine normalerweise nicht dem Ufer, trotzdem sollte man ihre Jagdgründe südlich und östlich von Cres meiden. Ein weiteres großes Problem stellt die Überfischung dar, die den Bestand der Beutetiere der Delfine reduziert.

Mit der Patenschaft für einen Delfin (ab 200 Kn) oder mit Freiwilligenarbeit kann man das Adriatic Dolphin Project unterstützen. Von Mai bis September bietet Blue World hierzu ein zehntägiges Programm an (ab 800 €/Pers. inkl. Kost & Logis; Studentenermäßigung möglich).

Unterwegs vor Ort

Malinska ist eine Art Drehscheibe für die Busse auf der Insel; wer nach Cres oder Lošinj fahren will, muss hier umsteigen. Von Malinska fahren Busse in den Ort Krk (30 Kn, 20 Min., im Sommer stündl.), nach Punat (35 Kn, 40 Min., im Sommer 15-mal tgl.), Vrbnik (35 Kn, 45 Min., ganzjährig 1–2-mal tgl.) und Baška (42 Kn, 1 Std., im Sommer 12-mal tgl.).

Vom Ort Krk fahren ebenfalls Busse von/nach Punat (26 Kn, 12 Min., im Sommer stündl.), Vrbnik (30 Kn, 35 Min., im Sommer 2-mal tgl.) und Baška (35 Kn, 40 Min., im Sommer 12-mal tgl.).

Malinska

051 / 965 EW.

Malinska war einst der größte Hafen der Insel für den Export von Holz. Heute ist es schlicht eine Ansammlung bunter Ferienhäuser rund um einen kleinen Jachthafen. Windgeschützt und mit durchschnittlich 260 Sonnentagen im Jahr, entwickelte es sich in den letzten Jahren der österreichisch-ungarischen Doppelmonarchie zu einem beliebten Urlaubsziel der Wiener Aristokratie. Heute tummeln sich in den ordentlichen Gärten und gepflegten Domizilen viele Rentner. In der umliegenden Region Dubašnica liegen verstreut kleine Dörfer, in denen die Zeit stehengeblieben ist.

Malinska ist zwar ein wenig entfernt von den größten Sehenswürdigkeiten der Insel, liegt aber in praktischer Nähe zu den Bussen Cres–Rijeka und zum Flughafen.

Schlafen & Essen

Villa Haya APARTMENTS €
(051-604 021; www.villahaya.com; Linardići 28/4; Apt. ab 50 €; P) Das Dorf liegt irgendwo im Nirgendwo zwischen Malinska und dem Fährhafen. Der Block mit neun Apartments ist nichtsdestotrotz ein gutes Basislager, sofern man ein eigenes Auto hat.

Es gibt hier einen kleinen, blau gefliesten Pool und 40 Gehminuten entfernt ein paar einsame Strände.

Pinia HOTEL €€€
(☎ 051-866 333; www.hotel-pinia.hr; Porat bb; EZ/DZ ab 1216/1430 Kn; P ❄ @ ≋ ≈) Das Hotel blickt über die Frühstücksterrasse und den grünen Rasen hinunter zum Strand, 4 km westlich vom Hafen. Die Zimmer sind sehr komfortabel. Hallenbad und Wellnesscenter.

Malin HOTEL €€€
(☎ 051-850 234; www.hotelmalin.com; Kralja Tomislava 23; EZ/DZ ab 72/108 €; P ❄ ≋) Das große, altmodische Hotel mit komfortablen Zimmern und reichem Frühstücksbuffet ist bei Reisegruppen sehr beliebt. Es befindet sich gegenüber eines kleinen, mit Beton eingefassten Strands. Über die Strandpromenade erreicht man in nur 15 Gehminuten das Ortszentrum.

★ **Bistro Bukarica** MODERN-EUROPÄISCH €€
(☎ 051-859 022; www.bistrobukarica.com; Nikole Tesle 61; Hauptgerichte 70–170 Kn; ⏲ 11–23 Uhr) Das einfallsreiche Restaurant liegt versteckt einen Hügel hinauf in einer unscheinbaren Wohnstraße und lohnt einen Besuch. Hier finden asiatische Geschmacksrichtungen und die besten kroatischen Lebensmittel ihren Weg in ein stark europäisch geprägte Küche.

Praktische Informationen

Post (Obala 48; ⏲ Juni–Aug. Mo–Fr 7.30–21 Uhr, Sept.–Mai Mo–Fr 7–20, Sa bis 14 Uhr)

Touristeninformation (☎ 051-859 207; www.tz-malinska.hr; Obala 46; ⏲ Mo–Sa 8–21, So 9–13 & 17–20 Uhr, im Winter verkürzte Öffnungszeiten)

Krk (Ort)

☎ 051 / 3730 EW.

Krk an der Südküste der gleichnamigen Insel verteilt sich rund um das von einer Stadtmauer gesäumte alte Zentrum. Der neuere Teil der Stadt erstreckt sich über die umliegenden Hügel und Buchten und umfasst einen Hafen, Strände, Campingplätze und Hotels. Die Uferpromenade quillt im Sommer mitunter schier über, wenn die vielen Touristen und kroatischen Wochenendausflügler in die schmalen kopfsteingepflasterten Straßen der hübschen Altstadt strömen.

Mal abgesehen von den Menschenmassen ist dieses steinerne Labyrinth das Highlight der Stadt Krk. In der ehemaligen römischen Siedlung stehen noch immer Teile der alten Stadtmauer und Stadttore sowie eine prächtige romanische Kathedrale und eine Burg der Frankopanen aus dem 12. Jh.

Man braucht nur ein paar Stunden, um alle Sehenswürdigkeiten zu besichtigen; wer jedoch in Krk sein Lager aufschlägt, kann von hier problemlos auch den Rest der Insel erkunden.

Sehenswertes

Kathedrale Mariä Himmelfahrt KATHEDRALE
(Katedrala Uznešenja; Trg Sv Kvirina; Eintritt 10 Kn; ⏲ 9.30–13 Uhr) Die imposante romanische Kathedrale wurde im 12. Jh. auf dem Gelände einer römischen Therme und einer frühchristlichen Basilika errichtet. Außerhalb des Gottesdiensts kann man die Kathedrale nur anschauen, indem man den Eintritt für die Besichtigung des Kirchenschatzes bezahlt, der in der benachbarten **Kirche des hl. Quirinus** ausgestellt ist. Diese ebenfalls romanische Kirche besteht aus weißem Stein und ist dem Schutzheiligen der Insel geweiht. Neben der Kirche erhebt sich ein hübscher **Campanile** aus dem 18. Jh. mit einer Zwiebelkuppel und einer Engelsfigur als Abschluss.

In der Kathedrale sollte man das seltene frühchristliche Relief an der ersten Säule neben der Apsis beachten: Es zeigt zwei Vögel, die einen Fisch fressen. Im linken Kirchenschiff findet sich eine gotische Kapelle aus dem 15. Jh., die mit dem Wappenschild der Frankopanen geschmückt ist, die hier ihre Gebete verrichteten. Unter den Kunstwerken und Gewändern, die in der Kirche des hl. Quirinus aufbewahrt werden, befindet sich ein silbernes Altarbild mit Madonnendarstellung aus dem Jahr 1477.

Kaštel FESTUNG
(Trg Kamplin; ⏲ 9–14 Uhr) GRATIS Die verfallene alte Festung am Meer diente dem Schutz der Altstadt vor Piratenangriffen. Man kann sich drinnen umschauen und die ausgestellten Steine mit liburnischen und römischen Inschriften entdecken. Ferner sind ein Turm aus dem 12. Jh., der den Frankopanen als Gerichtssaal diente, und ein weiterer runder Verteidigungsturm zu sehen, den die Venezianer erbauten (wer hinaufsteigen und die Aussicht genießen will, zahlt 10 Kn). Die Festung wird heute für Open-Air-Veranstaltungen genutzt, z. B. für Sommerkonzerte und Theateraufführungen.

Aktivitäten

Speed RADFAHREN
(☎ 051-221 587; www.bike-speed-krk.com.hr; Šetalište Sv Bernardina 3; ⏰ Mo–Fr 8–13 & 17–20, Sa 8–13 Uhr) Von der Touristeninformation kann man sich eine Karte der Insel holen und per Drahtesel die Straßen in Krk erkunden. Dieser Laden am Busbahnhof verleiht und verkauft gute Fahrräder.

Fun Diving Krk TAUCHEN
(☎ 051-222 563; www.fun-diving.com; Braće Juras 3; Tagestour mit 2 Tauchgängen 55 €; ⏰ Ostern–Okt.) Die deutsche Crew veranstaltet Kurse und Tauchgänge rund um die Insel. Zu den besten Tauchstellen zählen u. a. die *Peltastis*, das Wrack eines 60 m langen griechischen Frachters, sowie die Riffe Punta Silo und Kamenjak mit ihrer artenreichen Meeresfauna (u. a. Schnecken und Tintenfische).

Feste & Events

Jahrmarkt von Krk KULTUR
(⏰ 8.–10. Aug.) Das venezianisch inspirierte Fest mit Konzerten, mittelalterlich kostümierten Leuten und Imbissbuden mit traditionellen Speisen prägt drei Tage lang die Stadt.

Schlafen

Autocamp Ježevac CAMPEN €
(☎ 051-221 081; www.camping-adriatic.com; Plavnička bb; Erw./Kind/Stellplatz 9/6/10 €, Wohneinheit ab 120 €; ⏰ Mitte April–Sept.; P) Der Campingplatz am Strand bietet schattige Stellplätze auf früheren terrassierten Feldern, gute Bademöglichkeiten, Grillstellen und erstklassige in sich abgeschlossene Wohneinheiten. Zehn Gehminuten südwestlich der Stadt.

Camping Bor CAMPEN €
(☎ 051-221 581; www.camp-bor.hr; Crikvenička 10; Erw./Kind/Stellplatz 60/36/35 Kn; P) Der gerammelt volle Campingplatz befindet sich auf einem Hügel mit zahlreichen Olivenbäumen. Er bietet gut in Schuss gehaltene Duschkabinen, einen kleinen Swimmingpool, einen Spielplatz und ein Restaurant. Zehn Gehminuten westlich vom Ufer.

Bor HOTEL €€
(☎ 051-220 200; www.hotelbor.hr; Šetalište Dražica 5; EZ/DZ/Apt. ab 55/84/120 €; ⏰ April–Okt.; P) Die Lage an einer reizenden Felsküste umgeben von hohen Kiefern ist das größte Plus dieses kleinen Hotels. Die 22 Zimmer sind bescheiden und die Badezimmer weisen mitunter etwas Schimmel auf, dafür aber gibt es eine hübsche Café-Terrasse. Zudem ist das Hotel nur zehn Gehminuten vom Zentrum entfernt.

Hotel Marina HOTEL €€€
(☎ 051-221 128; www.hotelmarina.hr; Obala Hrvatske Mornarice 8; EZ/DZ ab 107/180 €; P) Das Marina ist das einzige Hotel in der Altstadt, und noch dazu ein gutes. Es hat eine exklusive Lage am Wasser, sodass man von den Balkonen der zehn schicken Zimmer direkt auf die Jachten blicken kann (den schönsten Blick haben die Zimmer mit Terrasse). Alle Zimmer haben ein stilvolles modernes Dekor und hippe Badezimmer.

Essen

Galija KROATISCH, PIZZERIA €€
(☎ 051-221 250; www.galijakrk.com; Frankopanska 38; Hauptgerichte 40–150 Kn) Das atmosphärische Steinhaus – teils eine traditionelle *konoba*, teils eine Pizzeria – befindet sich abseits der Küste mitten in der Altstadt. Von außen mag das gesellige Lokal etwas düster aussehen, doch es öffnet sich zu einem hübschen Innengarten. Sehr zu empfehlen ist die Vorspeisenplatte.

Konoba Nono KROATISCH €€
(☎ 051-222 221; www.nono-krk.com; Krčkih Iseljenika 8; Hauptgerichte 40–145 Kn; ⏰ 12–22 Uhr) Das rustikale, für seine Inselküche bekannte Restaurant produziert auch sein eigenes Olivenöl, wie die große traditionelle Olivenpresse auf der Terrasse beweist. Es gibt noch eine kleinere Filiale in der Altstadt: das Mali Nono.

Ausgehen & Nachtleben

★ **Volsonis** BAR, CLUB
(Vela Placa 8; ⏰ Mai–Sept. 7–2 Uhr, Okt.–April bis 24 Uhr) Der schicke Schuppen hat eine Terrasse draußen, einen höhlenartigen Innenraum mit Billardtisch, einen lauschigen Garten und sogar eine Sammlung archäologischer Relikte, die bei den Renovierungsarbeiten entdeckt wurden. An den Wochenenden spielen Livebands und legen DJs auf. Man kann auch einfach nur mit einem Kaffee oder Cocktail auf der Terrasse chillen.

Caffettaria XVIII st. CAFÉ, BAR
(Vela Placa 1; ⏰ Mai–Sept. 7–2 Uhr, Okt.–April bis 24 Uhr;) Das Café direkt am Hauptplatz im alten Rathaus ist perfekt, um Leute zu beobachten und im Schatten an einem leckeren Kaffee zu nippen. Gutes WLAN und schöne Sofas zum Abhängen.

Praktische Informationen

Aurea (☎ 051-221 777; www.aurea-krk.hr; Vršanska 26l; ⏲ 8–14 & 15–20 Uhr) Das ortsansässige Reisebüro vermittelt Ausflüge auf der Insel und Privatunterkünfte.

Autotrans (☎ 051-222 661; www.autotrans-turizam.com; Šetalište Sv Bernardina 3) Das Reisebüro im Busbahnhof vermittelt Privatunterkünfte und verkauft Busfahrkarten.

Krankenhaus (☎ 051-221 224; Vinogradska bb)

Post (Bodulska bb; ⏲ Juni–Aug. Mo–Sa 7.30–21 Uhr, Sept.–Mai Mo–Fr 7–20, Sa bis 14 Uhr)

Touristeninformation (☎ 051-220 226; www.tz-krk.hr; JJ Strossmayera 9; ⏲ Mai–Sept. 8–21 Uhr, Okt.–April Mo–Fr 8–14 Uhr)

Punat

☎ 051 / 1860 EW.

Die Kleinstadt Punat, 6 km südöstlich von Krk, hat eine attraktive, mit Eisdielen gesäumte Promenade, einen sehr beliebten Jachthafen und ordentliche Strände am Stadtrand. Die Hauptattraktion ist die mit dem Boot nur zehn Minuten entfernte Klosterinsel Košljun.

Sehenswertes & Aktivitäten

Franziskanerkloster Košljun KLOSTER

(Eintritt 20 Kn; ⏲ Mo–Sa 9–17, So 10.30–12.30 Uhr) Auf der winzigen Insel Košljun befindet sich ein Franziskanerkloster, das im 16. Jh. an der Stelle einer Benediktinerabtei aus dem 12. Jh. erbaut wurde. Am Hafen in Punat warten Taxiboote, die Besucher zur Insel übersetzen (hin & zurück 20 Kn); im Sommer gibt es viele Interessenten, sodass man sich ein Boot teilen kann.

Zu den Highlights zählt das große, angemessen schauerliche *Jüngste Gericht* von 1653 in der Klosterkirche. Ein kleines Museum zeigt religiöse Gemälde, eine ethnografische Sammlung und eine seltene Ausgabe des *Atlas* von Ptolemäus, der Ende des 16. Jhs. in Venedig gedruckt wurde. Man sollte sich auch etwas Zeit nehmen, um die bewaldete Insel zu erkunden, auf der rund 400 Pflanzenarten gedeihen.

Cable Krk Wakeboard Center WAKEBOARDEN

(☎ 091 32 71 221; www.wakeboarder.hr; 14/31 € pro Std./Tag; ⏲ Mai–Sept. 10 Uhr–Sonnenuntergang) Adrenalinjunkies können sich an diesem 650 m langen Wasserskilift so richtig austoben. Auf Wasserkis oder einem Wakeboard wird man mit einer Geschwindigkeit von 32 km/h über die Wasseroberfläche gezogen. Das Center befindet sich gleich abseits der Hauptstraße am Anfang der Bucht (vor der Ausfahrt nach Punat). Zu dem Komplex gehören auch ein Restaurant, eine Bar und einen Surfbrettladen.

> ABSTECHER
>
> **STRANDIDYLLE**
>
> Viele der besten Strände Krks sind im Sommer leider gnadenlos überlaufen. Wer es idyllischer mag, fährt auf der einsamen Straße südlich von Punat nach Stara Baška (nicht in Richtung Südosten nach Baška). Die wunderschöne Route führt vorbei an steilen, kargen Hügeln und einer faszinierenden Mondlandschaft. Stara Baška selbst ist ein ganz gewöhnlicher Urlaubsort mit Ferienwohnungen und Wohnmobilparks; 500 m vor dem ersten Zeltplatz stößt man jedoch auf eine Reihe wunderschöner Buchten mit Kies- und Sandstränden und tollen Bademöglichkeiten. Einfach an der Straße parken und dann einem der felsigen Pfade fünf Minuten lang zur Küste hinunter folgen.

Schlafen

Camping Pila CAMPEN €

(☎ 051-854 020; www.hoteli-punat.hr; Šetalište Ivana Brusića 2; Erw./Kind/Stellplatz 48/32/124 Kn; ⏲ April–Mitte Okt.; @ 📶 🐾) 🌿 Der mittelgroße Campingplatz erwärmt sein Wasser mit Solarenergie. Er liegt gleich südlich vom Ortszentrum direkt an einem mit Beton eingefassten Strand, der wunderbar klares Wasser hat.

Vrbnik

☎ 051 / 948 EW.

Auf einer 48 m hohen Klippe über dem Meer thront das zauberhafte mittelalterliche Dorf Vrbnik mit seinen steilen Gassen. Es ist zwar kein echter Geheimtipp (hin und wieder besuchen es auch Reisegruppen), doch die meiste Zeit des Jahres geht es hier friedlich und entspannt zu. Vrbnik war einst das Zentrum der glagolitischen Schrift und Aufbewahrungsort vieler glagolitischer Handschriften. Dies ist den Priestern zu verdanken, die es hier immer reichlich gab, da viele junge Männer lieber Geistliche wurden als auf venezianischen Galeeren zu dienen.

Heute lockt das Städtchen mit wunderschönen Panoramen und dem in der Region angebauten Weißwein *žlahtina*. Nach dem Bummel durch die engen kopfsteingepflasterten Gassen geht's zum Baden runter an den Strand.

Essen

Restaurant Nada KROATISCH €€

(☎ 051-857 065; www.nada-vrbnik.hr; Glavača 22; Hauptgerichte 60–180 Kn; ⊙ April–Okt. 12–22 Uhr) Im Nada kann man prima regionale Spezialitäten wie Lamm oder *šurlice* (Nudeln) mit Gulasch schlemmen. Es gibt hier zwei reizende Terrassen – eine schön schattig, eine mit Blick aufs Meer – sowie einen Weinkeller, wo inmitten von Weinfässern Delikatessen serviert werden. Der Besitzer vermietet auch ein paar hübsche Steinhäuser.

Praktische Informationen

Mare Tours (☎ 051-604 400; www.mare-vrbnik.com; Pojana 4; ⊙ Mo–Sa 8–20 Uhr) Das Reisebüro hat Infos für Touristen und vermittelt Privatzimmer.

Baška

☎ 051 / 981 EW.

Nach Baška an der Südspitze der Insel Krk führt eine malerische Straße durch ein fruchtbares Tal, das von stark erodierten Bergen eingerahmt wird. Hier erstreckt sich ein feiner sichelförmiger Strand unterhalb karger Hügel. Da sich direkt gegenüber die Berge des Festlands, könnte man meinen, man sei komplett von Gebirge umringt und das Meer ein Hochgebirgssee.

Im Sommer allerdings liegen die Touristen dicht an dicht an diesem hübschen, schmalen Kiesstrand, der sich in eine Kampfarena um einen Platz an der Sonne verwandelt. Jede Menge kitschige Souvenirbuden säumen Baškas Promenade.

Die kleine Altstadt aus dem 16. Jh. mit ihren venezianischen Stadthäusern ist recht hübsch, rundherum beherrscht jedoch eine öde Touristenzone mit modernen Apartmentblocks und ewig gleichen Restaurants die Szenerie. Es gibt viele touristische Einrichtungen, hübsche Wanderwege in die umliegenden Berge und etwas abgelegenere Strände im Osten der Ortschaft, die zu Fuß oder per Wassertaxi zu erreichen sind.

Sehenswertes

St. Lucia KIRCHE, MUSEUM

(Crkva Sv Lucija; Eintritt 25 Kn; ⊙ 9–19 Uhr) Das kleine Gotteshaus ist mehr als nur eine Dorfkirche. Hier wurde einer der bedeutendsten kulturellen Funde Kroatiens gemacht: die aus dem 11. Jh. stammende Tafel von Baška, die 1851 im Boden der Kirche entdeckt wurde. Die glagolitische Inschrift auf der Steintafel ist das älteste Dokument in kroatischer Sprache, das einen kroatischen König erwähnt. Besucher können ein Video zur faszinierenden Entdeckungsgeschichte der Tafel mit anschließender Übersetzung anschauen und sich dann durch die Kirche führen lassen.

Die gedrungene frühromanische Kirche wurde auf den Fundamenten einer Villa aus dem 4. Jh. errichtet; in der Vorhalle sind eine römische Säule und ein römischer Grabstein verbaut. Das berühmte Original der Steintafel befindet sich heute im Archäologischen Museum in Zagreb; an der Fundstelle ist eine Replik angebracht. Am Gedenktag der hl. Lucia (13. Dez.) fällt die Sonne direkt auf die Inschrift, die eine Schenkung König Zvonimirs zum Gegenstand hat. Bemerkenswert ist auch die Statue der hl. Lucia, die sie mit einem Engel zeigt, der – als Hinweis auf Lucias grausames Martyrium – ihre ausgerissenen Augen auf einem Tablett präsentiert.

ABSTECHER

SENJ

Das von einer Stadtmauer umgebene historische Senj (7190 Ew.) ist die größte Stadt an der Küste zwischen Rijeka und Zadar. Im 16. Jh. war es Stützpunkt der Senjer Uskoken: Die kroatischen Flüchtlinge aus den osmanisch besetzten Gebieten entwickelten sich zu einer gefürchteten Streitkraft, die mit ihrer eigenen, rot und schwarz – den Farben von Blut und Tod – gestrichenen Piratenflotte türkischen und venezianischen Galeeren arg zusetzte.

Die Geschichte der Uskoken kann man im dramatischen Ambiente der **Festung Nehaj** (Tvrđava Nehaj; Erw./Kind 20/10 Kn; ⊙ Juli & Aug. 9–21 Uhr, Mai–Juni & Sept.–Okt. 10–18 Uhr) nachverfolgen, einem stämmigen Steinklotz, der auf einem 62 m hohen Hügel südlich über der Stadt thront. Die Festung wurde 1558 mit österreichischen Mitteln fertiggestellt; das heutige Gebäude ist zu weiten Teilen ein Nachbau von 1970. Von den Wehrgängen oben hat man einen wunderschönen Blick auf die Küste und die Insel Krk.

Die Kirche befindet sich im Dorf Jurandvor, nur 2 km vom Ort entfernt, ist also auch zu Fuß gut zu erreichen und am Ortseingang von Baška gut ausgeschildert.

Aktivitäten

Rund um den Campingplatz Zablaće beginnen mehrere beliebte **Wanderwege**, Ein 8 km langer Weg führt über die kahlen, vom Salzwasser ausgewaschenen Kalksteinfelsen nach Stara Baška, vorbei an blütenförmigen Steinpferchen, in die früher Schafe zusammengetrieben wurden, um sie zu scheren. In der Gegend gibt's auch zwei **Kletterspots**.

Karten und Infos erhält man in der Touristeninformation.

Schlafen

Für Privatunterkünfte gilt im Sommer in der Regel eine Mindestbuchung von vier Übernachtungen (ansonsten wird ein heftiger Aufpreis fällig); die Zimmer sind schnell ausgebucht. Bei der Vermittlung helfen die Touristeninformation oder die Reisebüros vor Ort weiter.

Naturist Camp Bunculuka CAMPEN €
(051-856 806; www.bunculuka.info; Erw./Kind/Stellplatz ab 52/24/124 Kn, WE ab 763 Kn; April–Okt.; P) Der schattige FKK-Campingplatz liegt vom Hafen aus 15 Gehminuten ostwärts über den Hügel an einem hübschen Strand. Es gibt hier gute Einrichtungen für Kinder, darunter eine Minigolfanlage und einen Spielplatz, sowie ein Restaurant, einen Obst- und Gemüsemarkt sowie eine Bäckerei.

Camping Zablaće CAMPEN €
(051-856 909; www.campzablace.info; Erw./Kind Stellplatz ab 52/24/85 Kn, Wohneinheit ab 889 Kn; April–Mitte Okt.; P) Campingplatz an einem langen Kiesstrand mit guten Duschen, einer Waschküche und Wohneinheiten mit Grill.

Atrium Residence Baška HOTEL €€€
(051-656 111; www.hotelibaska.hr; Emila Geistlicha 39; Zi./Apt. ab 1134/1246 Kn; P) Die Unterkünfte in dem mittelgroßen, schicken und modernen Hotel am Strand reichen von einfachen Zimmern mit Blick in die Berge bis zum Apartment mit zwei Schlafzimmern, Sauna und Whirlpool auf der Terrasse. Gäste können den Resort-Pool im Schwesterhotel Corinthia-Baška nutzen.

Hotel Tamaris HOTEL €€€
(051-864 200; www.baska-tamaris.com; Emila Geistlicha 54b; Zi./Apt. ab 820/1824 Kn; Ostern–Sept.; P@) Ursprünglich als Baracken für die Armee Österreich-Ungarns erbaut, bietet dieses kleine Hotel ordentliche, wenn auch kleine, mit Teppichen ausgelegte Zimmer und gut geschnittene Apartments. Direkt am Strand westlich vom Ort.

Essen

Bistro Forza MEDITERRAN €€
(Zvonimirova 98; Hauptgerichte 40–130 Kn; 7–24 Uhr;) Gutes Lokal mit preiswertem Essen. Es serviert Pizzas und – natürlich – Grillfleisch, Pasta und Salate.

Cicibela KROATISCH €€€
(051-856 013; www.cicibela.hr; Emila Geistlicha 22a; Hauptgerichte 46–198 Kn; März–Okt. 9–24 Uhr) Das Cicibela im Zentrum der Strandpromenade ist das beste Restaurant in Baška. Es hat ein schickes Ambiente und ein umfangreiches, verlockendes Angebot an Meeresfrüchten und Fleischgerichten. Wer Fisch bestellt, der nach Gewicht berechnet wird, sollte erst nach dem Gesamtpreis fragen, um böse Überraschungen zu vermeiden.

Praktische Informationen

PDM Guliver (051-864 007; www.pdm-guliver.hr; Zvonimirova 98) Das Reisebüro vermittelt Privatzimmer und Apartments.

Primaturist (051-856 132; www.primaturist.hr; Zvonimirova 98) Das Reisebüro vermittelt Privatzimmer und Apartments.

Touristeninformation (051-856 817; www.tz-baska.hr; Zvonimirova 114; Juni–Aug. Mo–Sa 8–21 Uhr, Sept.–Mai Mo–Fr bis 14 Uhr) Führt auf ihrer Website eine Liste mit Privatunterkünften.

RAB

Rab (ital.: Arbe) ist landschaftlich eine der schönsten Inseln der Kvarner Bucht, weshalb sie 2008 zum Geopark erklärt wurde. Die dichter besiedelte Südwestküste hat schöne Kiefernwälder und Strände zu bieten, die windumtoste Nordostküste mit hohen Klippen und nur wenigen Siedlungen wirkt dagegen karg. Hohe Berge schützen das fruchtbare Inselinnere vor den kalten Winden, sodass hier Oliven, Wein und verschiedene Gemüsesorten gedeihen. Die schönsten Sandstrände finden sich auf der Halbinsel Lopar.

Kulturelles und historisches Highlight ist die zauberhafte Stadt Rab. Ihr Wahrzeichen sind die vier eleganten Glockentürme, die sich über den alten Steinstraßen erheben. Selbst im Hochsommer, wenn die Insel von Touristen förmlich überrannt wird, vermittelt ein Bummel durch die Altstadt das Gefühl, auf Entdeckungsreise zu sein. Einsame Strände liegen nur eine kurze Bootsfahrt entfernt. Besonders im Frühjahr und Herbst ist die Insel dank ihres wunderbar milden Klimas und dem geringeren Andrang ein sehr attraktives Reiseziel.

Geschichte

Um 360 v. Chr. waren illyrische Liburner die ersten Siedler von Rab. Der römische Kaiser Augustus erklärte es 10 v. Chr. zur Stadt und ordnete auch den Bau der ersten Stadtmauer an. Ihren Weg in die Geschichtsbücher fand die Stadt zum ersten Mal 70 n. Chr. unter dem Namen Arba (lat.: finster, unklar oder grün) durch Plinius den Älteren. Später wurde sie Felix Arba (Glückliches Arba) genannt.

Nach den Römern stand Rab zeitweise unter der Herrschaft der Byzantiner und Kroaten, bevor es 1409 gemeinsam mit Dalmatien an Venedig verkauft wurde. Ackerbau, Fischfang, Weinbau und Salzgewinnung bildeten die wichtigsten Wirtschaftszweige Rabs, der Großteil der Einnahmen floss allerdings an Venedig. Im 15. Jh. löschten zwei Pestepidemien die Bevölkerung nahezu vollständig aus und brachten die Wirtschaft zum Erliegen.

Nach dem Ende der Republik Venedig (1797) fiel die Stadt an Österreich, kurz unterbrochen von einem französischen Zwischenspiel unter napoleonischer Herrschaft (1805–1813). Die Österreicher begünstigten die italienisch geprägte Elite; erst 1897 wurde Kroatisch als eine offizielle Landessprache anerkannt. Um die Wende zum 20. Jh. kam der Tourismus in Gang.

Nach dem Untergang der Habsburger Donaumonarchie 1918 wurde Rab dem Königreich Jugoslawien zugeschlagen. Für Aufsehen sorgte das von den Behörden offiziell genehmigte Nacktbad Eduards VIII. von England mit seiner Geliebten und späteren Gemahlin Wallis Simpson im Jahr 1936. Anfang der 1940er-Jahre war die Insel bis zur Befreiung 1945 von den Italienern und Deutschen besetzt. Unter Tito wurde Goli Otok („Nackte Insel") vor der Halbinsel Lopar zu einem berüchtigten Straflager für Faschisten, Stalinisten und andere politischen Gegner.

Heute ist der Tourismus die Haupteinnahmequelle Rabs. Selbst während der Jugoslawienkriege in den 1990er-Jahren riss der Strom von deutschen und österreichischen Besuchern in Rab nicht ab.

An- & Weiterreise

BUS

Zur Stadt Rab fahren Busse ab Rijeka (90 Kn, 3 Std., 2-mal tgl.) und Senj (74 Kn, 1½ Std., 2–5-mal tgl.); ab Zadar muss man in Senj umsteigen. In der Hauptsaison gibt es drei Direktbusse pro Tag von Zagreb nach Rab (216 Kn, 4 Std.); unbedingt vorab buchen.

SCHIFF/FÄHRE

Jadrolinija (☎ 051-666 111; www.jadrolinija.hr) Täglich verkehrt ein Katamaran zwischen Rijeka (80 Kn, 1¾ Std.) und Novalja auf Pag (80 Kn, 2¾ Std.) mit Zwischenstopp in Rab.

Linijska Nacionalna Plovidba (☎ 021-352 527; www.lnp.hr) Die Autofähre zwischen Valbiska auf Krk und Lopar (Erw./Kind/Auto 37/18/225 Kn, 1½ Std.) verkehrt von Oktober bis Mai zweimal pro Tag und in der Hauptsaison viermal täglich; im Winter sinken die Preise.

Rapska Plovidba (☎ 051-724 122; www.rapska-plovidba.hr) Eine Autofähre pendelt zwischen Mišnjak im Südosten der Insel und Stinica (Erw./Kind/Auto 17/7/98 Kn, 15 Min.) auf dem Festland. Selbst im Winter wird die Strecke zwölfmal pro Tag bedient, in der Hauptsaison fast doppelt so oft. Drei Tage in der Woche (Juni–Aug. tgl.) fährt auch eine Personenfähre von der Stadt Rab nach Lun auf der Insel Pag.

Unterwegs vor Ort

Es gibt elf Busse pro Tag (So 9-mal) zwischen Rab und Lopar (20 Kn, 15 Min.); einige sind auf die Ankunft der Valbiska-Lopar-Fähre abgestimmt.

Taxiboote bringen einen zu allen Inselstränden.

Rab (Stadt)

☎ 051 / 8070 EW.

Die von einer Stadtmauer umgebene Stadt Rab zählt zu den spektakulärsten Sehenswürdigkeiten der nördlichen Adria. Dicht hintereinander auf einer schmalen Halbinsel gestaffelt, erheben sich vier Glockentürme wie Ausrufezeichen über den roten Dächern der Altstadt. Ein Labyrinth aus Straßen führt zur Oberstadt mit ihren alten Kirchen und eindrucksvollen Aussichtspunkten. Das azurblau glitzernde Wasser in Rabs winzigem Hafen und dahinter die Berge, die die Bucht vor den kühlen Boras schützen, ist ein malerischer Anblick. Sobald man die Stadt ausgiebig erforscht hat, kann man ein paar

ABSTECHER

EIN HIMMLISCHES ZIEL

Kloster der hl. Euphemia (Samostan Svete Eufemije; Kampor; Erw./Kind 15/5 Kn; ⏲Mo–Sa 10–12 & 16–18 Uhr) Ein 2,5 km langer Spaziergang von Rabs Altstadt über die Uferpromenade Richtung Norden bringt einen zu diesem friedlichen Franziskanerkloster aus dem 13. Jh. Mönche unterhalten ein kleines Museum mit alten Handschriften und religiösen Gemälden. Sehenswert sind der hübsche Kreuzgang und das ätherisch wirkende Deckenfresko in der barocken Kirche des hl. Bernhard, das in starkem Kontrast zu dem Leiden steht, das das spätgotische Holzkruzifix in der Seitenkapelle ausstrahlt. Bemerkenswert ist auch das Polyptychon der Gebrüder Vivarini aus dem 15. Jh.

Ausflüge unternehmen oder sich mit dem Wassertaxi zu den schönen Stränden überall auf der Insel bringen lassen.

Fünf Gehminuten nördlich der Altstadt findet man das etwas in die Jahre gekommene und verwahrloste Geschäftszentrum der Stadt mit Läden und dem Busbahnhof. An der Küste erstrecken sich an der Küste Vororte wie Banjol und Barbat im Süden und Palit und Kampor im Norden.

Sehenswertes

Es ist ein purer Genuss, durch die schmalen alten Gassen von Rab zu schlendern und den Hafen, die Oberstadt und die Parks zu erkunden. Die wichtigsten Sehenswürdigkeiten sind die historischen Kirchen und Türme, die zusammengedrängt in den schmalen Gassen stehen: in der Ulica Gornja (Oberen Straße), die parallel zur Ulica Srednja (Mittleren Straße) und der Ulica Donja (Unteren Straße) verläuft. Die meisten Kirchen sind nur zum Morgen- und Abendgottesdienst geöffnet, die restliche Zeit kann man aber immerhin durch die Metallgitter einen Blick ins Innere erhaschen.

Komrčar-Park PARK

Der grüne und im Sommer schön kühle, 8,3 ha große Park grenzt an die Altstadt und zieht sich am Ufer entlang bis zum Jachthafen in Palit. Ursprünglich diente die Gegend als Viehweide, bis hier im 19. Jh. – sehr zur Bestürzung der Bürger – Bäume angepflanzt wurden.

Dominis-Nimira-Palast HISTORISCHES GEBÄUDE

(Srednja bb) Der Palast wurde Ende des 15. Jhs. für eine prominente Patrizierfamilie erbaut, die der hiesigen Bevölkerung das Lesen und Schreiben beibrachte. Die bemerkenswerte Fassade ist mit Renaissance-Fenstern und einem auffälligen, mit dem Familienwappen verzierten Portal versehen. Heute befindet sich hier ein Café.

Aussichtspunkt AUSSICHTSPUNKT

Um einen tollen Blick über die Dächer und die vier Türme der Stadt zu haben, geht man zur nordwestlichsten Ecke der Altstadt und schaut sich nach einem kleinen Hof mit Fragmenten alter Monumente um. Eine Steintreppe führt hinauf zu den Mauern und einem Aussichtspunkt.

Kirche des hl. Johannes des Evangelisten RUINE

(Crkva Sv Ivana Evanđelista; Gornja bb) Nur eine stimmungsvolle Ruine zeugt von der romanischen Basilika, von der Teile schon aus dem 5. Jh. stammen. Neben dem restaurierten Kirchturm aus dem 12. Jh. stehen heute nur noch ein paar Säulen.

Heilig-Kreuz-Kirche KIRCHE

(Crkva Sv Križa; Gornja bb) Christus am Kreuz soll hier 1556 über das unmoralische Verhalten der Bewohner von Rab geweint haben – daher der Name der aus dem 13. Jh. stammenden Kirche. Das wundersame Kreuz ging allerdings im frühen 20. Jh. verloren. Heute dient die Kirche als Veranstaltungsort für die Sommerkonzerte während der Musikabende von Rab (S. 177).

St. Justina KIRCHE

(Crkva Sv Justine; Gornja bb) Die halb verfallene Kirche mit einem Kirchturm von 1672 befindet sich am hübschen **Trg Slobode** samt Steineiche und Meerblick.

Kloster St. Andreas KIRCHE

(Samostan Sv Andrije; Ivana Rabljanina bb) Das 1018 gegründete Benediktinerkloster hat den ältesten Kirchturm von Rab (er stammt von 1181). Durch das Gitter ist das dreigliedrige Kirchenschiff zu sehen; ein Teil des Stucks wurde entfernt, um die originale Steinmauer freizulegen.

Campanile von St. Maria TURM

(Toranj Sv Marije; Ivana Rabljanina bb; Eintritt 15 Kn; ⏲Mai–Sept. 9.30–13 & 19–21 Uhr) Rabs höchster Glockenturm stammt aus dem 12. Jh. und zählt zu den schönsten an der gesamten kroatischen Küste. Den 26 m hohen Bau

Rab (Stadt)

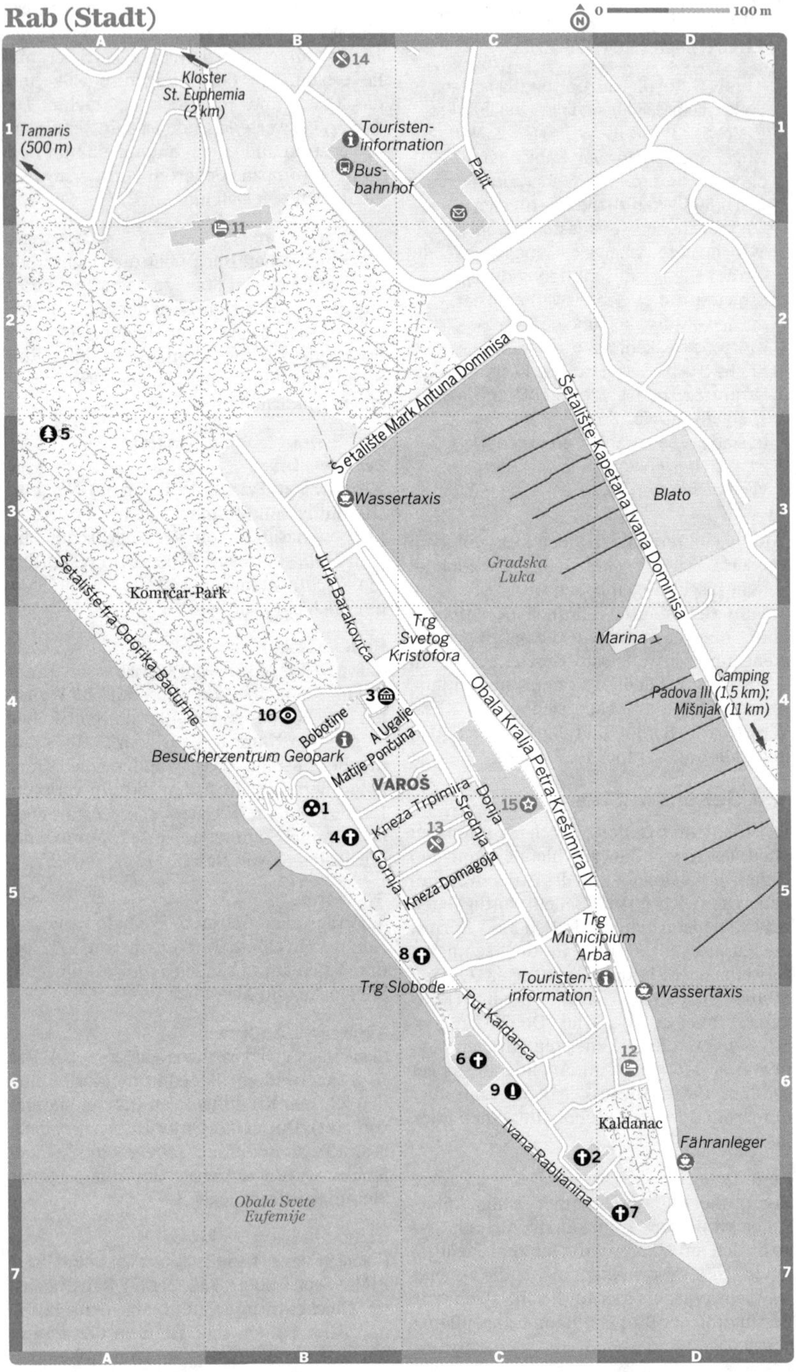
0
100 m
Kloster St. Euphemia (2 km)
Tamaris (500 m)
14
Touristen-information
Busbahnhof
Palit
11
5
Šetalište Mark Antuna Dominisa
Šetalište Kapetana Ivana Dominisa
Wassertaxis
Blato
Gradska Luka
Jurja Barakovića
Šetalište fra Odorika Badurine
Komrčar-Park
Trg Svetog Kristofora
Marina
Camping Padova III (1,5 km); Mišnjak (11 km)
Obala Kralja Petra Krešimira IV
3
10
Bobotine
A Ugalje
Matije Pončuna
Besucherzentrum Geopark
VAROŠ
Kneza Trpimira
Donja
Srednja
15
1
13
4
Gornja
Kneza Domagoja
Trg Municipium Arba
8
Touristen-information
Wassertaxis
Trg Slobode
Put Kaldanca
12
6
9
Kaldanac
Fähranleger
Ivana Rabljanina
2
7
Obala Svete Eufemije

krönt eine achtseitige Pyramide, um die eine romanische Brüstung verläuft. Die Pyramide trägt ein Kreuz mit fünf kleinen Kugeln mit Reliquien von verschiedenen Heiligen. Wer die steile Holztreppe erklimmt, kommt direkt am Schlagwerk heraus und wird mit einem herrlichen Blick auf die Dächer der Altstadt und das Meer belohnt.

Kirche Mariä Himmelfahrt KIRCHE
(Crkva Uznesenjca; Ivana Rabljanina bb; 10.30–13 & 18–21 Uhr) Die Bürger der Stadt nennen ihre prächtigste Kirche einfach nur *katedrala*, obwohl sie im Grunde genommen seit der Auflösung der hiesigen Diözese im Jahr 1828 keine Kathedrale mehr ist. Sie hat eine bemerkenswerte gestreifte Fassade aus rosa- und sandfarbenen Steinen und über dem Tor eine Pietà im gotischen Stil. Drinnen fallen vor allem das Chorgestühl aus dem 15. Jh. und die verwitterten Säulen ins Auge. Im Laufe der Zeit wurde der Bau mehrfach umgebaut; die hier entdeckten Mosaiken legen jedoch nahe, dass hier seit dem 4. oder 5. Jh. ein christliches Gotteshaus existierte.

St. Antonius Eremita KIRCHE
(Crkva Svetog Antuna Opata; Ivana Rabljanina bb) Zahlreiche Marmorintarsien schmücken die Kirche, die zu einem noch immer genutzten Franziskanerkloster am östlichen Rand der Altstadt gehört. Eine Figur auf dem Altar zeigt den hl. Antonius in sitzender Haltung. Von der Kirche führen Stufen zu einem schönen Landschaftspark, in dem man an heißen Sommertagen prima entspannen kann.

Aktivitäten

Auf Rab gibt es rund 100 km markierte **Wander-** und 80 km **Radwege**, die teilweise im Hauptort der Insel starten. In der Touristeninformation erhält man die exzellente Karte *Biking & Trekking* und im Besucherzentrum des Geoparks (S. 179) Infos über die neuen „Geotrails". Fahrräder kann man in diversen Reisebüros ausleihen.

Von Rab führt ein Weg nach Nordosten auf den Gipfel Sveti Ilija. Die Wanderung dauert nur rund 30 Minuten und wird mit einer himmlischen Aussicht belohnt.

Vor der Küste verteilen sich mehrere Tauchspots, z. B. das Wrack der *Rosa* mit seinen roten Gorgonien (Korallen), Conger-Aalen und Hummern, diverse unterirdische Höhlen und Tunnel sowie eine unter Naturschutz stehende Stätte mit vielen Amphoren vor dem Kap von Sorinj. Das

Rab (Stadt)

Sehenswertes

1 Kirche des hl. Johannes des Evangelisten B5
2 Kirche Mariä Himmelfahrt C6
3 Dominis-Nimira-Palast B4
4 Heilig-Kreuz-Kirche B5
5 Komrčar-Park A3
6 Kloster St. Andreas C6
7 St. Antonius Eremita D7
8 St. Justina C5
9 Campanile von St. Maria C6
10 Aussichtspunkt B4

Schlafen

11 Grand Hotel Imperial B2
12 Hotel Arbiana D6

Essen

13 Konoba Rab C5
14 Ristorante Ana B1

Unterhaltung

15 Dock 69 ..... C5

Mirko Diving Centre (051-721 154; www.mirkodivingcenter.com; Barbat 710) mit Sitz im nahe gelegenen Barbat veranstaltet Kurse und spaßige Tauchgänge.

Die ganze Stadt Rab ist von einem langen Kieselstrand gesäumt, der nach dem Sightseeing zum Baden einlädt – aber Vorsicht vor den Seeigeln!

Geführte Touren

Viele Reisebüros organisieren ganztägige Bootsausflüge (inkl. Mittagessen rund 200–250 Kn) zu nahe gelegenen Inseln wie Sveti Grgur und der berüchtigten Goli Otok. Abends füllen Ausflugsboote den Hafen, sodass man auch direkt mit den Skippern einen Ausflug arrangieren kann. Ebenfalls angeboten werden Fahrten zu den Inseln Lošinj und Krk.

Feste & Events

Musikabende von Rab MUSIK
(Rapske glazbene večeri; Juni–Sept.) Bei den Musikabenden von Juni bis September dreht sich alles um die Donnerstagabendkonzerte, die u. a. in der Heilig-Kreuz-Kirche stattfinden.

Jahrmarkt von Rab FIESTA
(Rapska Fjera; 25.–27. Juli) Hier wird man Zeuge, wie Rab wieder ins Mittelalter zurückversetzt wird. Die Bewohner hüllen sich in historische Roben, während Trommler, Umzüge, Feuerwerk, Tänze und Wettbewer-

be im Armbrustschießen für viel mittelalterliches Flair sorgen.

Sommerfestival MUSIK
(⏲ Anf. Aug.) Anfang August treten in der Altstadt kroatische Popstars und internationale DJs auf.

Schlafen

In Rab gibt's relativ viele Campingplätze und Hotels (aber kaum wirklich gute), von denen viele zur Hotelgruppe **Imperial** (www.imperialrab.com) gehören. Reisebüros vermitteln Privatzimmer und Ferienwohnungen; man kann sich aber auch selber umschauen.

Camping Padova III CAMPEN €
(☎ 051-724 355; www.rab-camping.com; Banjol 496; Erw./Kind/Stellplatz 60/31/119 Kn, Wohneinheit ab 575 Kn; ⏲ April–Okt.) Der im Sommer vollgestopfte Campingplatz liegt rund 2 km östlich vom Ort direkt an einem Sandstrand. Das flache Wasser ist perfekt für Kleinkinder und quälend seicht für Erwachsene. Die Einrichtungen sind nicht neu oder sonderlich gut, aber o. k.

Tamaris HOTEL €€
(☎ 724 925; www.tamaris-rab.com; Palit 285; EZ/DZ ab 521/744 Kn; P ❄ 📶) Rund zehn Gehminuten nördlich vom Ort hat dieses gut geführte kleine Hotel aufmerksames Personal und eine friedliche Lage nahe am Meer. Die Zimmer sind schlicht, aber recht stylish mit Laminatboden und weicher Bettwäsche ausgestattet; die meisten blicken vom Balkon aufs Meer.

Hotel Arbiana HOTEL €€€
(☎ 051-725 563; www.arbianahotel.com; Obala Kralja Petra Krešimira IV 12; EZ/DZ ab 585/950 Kn; P ❄ 📶) Die beste Adresse in Rab. Das historische Hotel von 1924 hat sich reichlich von seinem alten Charakter und seiner formellen Eleganz erhalten. Trotzdem sind alle 27 Zimmer modernisiert und mit LCD-Fernsehern, Schreibtischen und guten Stilmöbeln bestückt.

Grand Hotel Imperial HOTEL €€€
(☎ 051-724 522; www.imperial.hr; Šetalište Markantuna Dominisa 9; EZ/DZ ab 575/960 Kn; ⏲ April–Nov.; P ❄ @ 📶 🏊) Das große Hotel ist ein wenig altmodisch und nicht so prachtvoll wie der Name vermuten lässt, hat aber eine tolle Lage im schattigen Komrčar-Park. Es bietet Tennisplätze, einen Fitnessraum, ein Spa und einen sehr ansprechenden Swimmingpool.

Essen

Die Küche von Rab dreht sich um frische Meeresfrüchte und Pasta. Qualität und Preise unterscheiden sich mit einigen wenigen Ausnahmen kaum.

Konoba Rab KROATISCH €€
(Kneza Branimira 3; Hauptgerichte 50–120 Kn; ⏲ Mo–Sa 10–14 & 17–23, So 17–23 Uhr) Hier gibt's echte Landküche und rustikalen Charme, der nicht zuletzt dem alten Steinhaus zu verdanken ist. Auf der Speisekarte stehen Fleisch und Fisch vom Grill und bei Vorbestellung auch unter einer *peka* gegartes Lamm.

Ristorante Ana MEDITERRAN €€
(☎ 051-724 376; Palit 80; Hauptgerichte 40–120 Kn; ⏲ 11–15 & 17.30–24 Uhr) Das Restaurant im neueren Teil der Stadt, vom Busbahnhof gleich um die Ecke, hat eine ruhige Terrasse mit Blick auf den Garten im Innenhof. Es serviert Pasta, Pizza sowie Fleisch und Fisch vom Grill. Besonders gut sind die Spaghetti mit Scampi.

Ausgehen & Nachtleben

Echte Feierwütige fahren am Nachmittag mit dem Katamaran zur Insel Pag, um die Clubs am Strand Zrće unsicher zu machen, und kehren erst am nächsten Morgen um 7.30 Uhr wieder zurück (Achtung: In Pag sind es von der Fähranlegestelle bis zu den Clubs noch immer 20 km).

Dock 69 BAR, CLUB
(Obala Kralja Petra Krešimira IV; ⏲ Sa & So 19–3 Uhr) Die schicke Lounge-Bar hat eine Terrasse mit Blick auf den Hafen und einen clubähnlichen Innenraum, in dem am Wochenende die DJs voll aufdrehen.

Santos Beach Club CLUB
(www.sanantonio-club.com; Pudarica Beach; ⏲ Ende Juni–Anf. Sept. 10 Uhr–Sonnenaufgang) Der nur im Sommer betriebene Strandclub befindet sich rund 10 km von Rab entfernt in der Nähe der Mišnjak-Autofähre (nachts fahren Shuttleboote). DJs legen für ein lebhaftes Partypublikum auf; Livekonzerte und Modeschauen komplettieren das Programm. Tagsüber ist der Club Strandtreff mit Strandliegen und Volleyball.

Praktische Informationen

Kostenloses WLAN gibt's rund um die Touristeninformation, die Geschäfte in Palit und den Busbahnhof.

Besucherzentrum Geopark (Bobotine bb; ⏲ Mo, Di & Do–Sa 10–17, So 15–20 Uhr) Infos zu den „Geotrails", auf denen man die einzigartige Geologie der Insel erkunden kann. Es gibt hier auch interaktive Infotafeln und Beispiele des hiesigen Gesteins.

Katurbo (☎ 051-724 495; www.katurbo.hr; Šetalište Markantuna Dominisa 5) Vermittelt Privatunterkünfte, wechselt Geld, verleiht Fahrräder (20/70 Kn pro Std./Tag) und organisiert diverse Bootsausflüge und Trips, z. B. zum Nationalpark Plitvicer Seen.

Numero Uno (☎ 051-775 073; www.numero-uno.hr; Banjol 30) Bucht Privatunterkünfte, vermietet Fahrräder und organisiert Wander-, Kajak- (360 Kn) und Fahrradtouren (320 Kn).

Post (Mali Palit 67; ⏲ Juni–Aug. Mo–Sa 7.30–21 Uhr, Sept.–Mai Mo–Fr 7–20, Sa bis 14 Uhr)

Touristeninformation (☎ 051-724 064; www.tzg-rab.hr; Trg Municipium Arba 8; ⏲ Ostern–Okt. Mo–Sa 8–22, So bis 13 Uhr, Nov.–Ostern Mo–Fr 8–15 Uhr) Das gut organisierte Büro hat hilfsbereite Angestellte und jede Menge nützliche Karten, Broschüren und Flyer. Im Sommer gibt's noch eine zweite Filiale (⏲ Juni–Sept. 8–15 Uhr) beim Busbahnhof um die Ecke.

Lopar

☎ 051 / 1270 EW.

Der Strandort Lopar ganz im Norden der Insel wirkt mit seinen Kleingärten und den mit Rosenstöcken bepflanzen Vorgärten fast ein wenig ländlich. Selbst Anfang Juni ist es noch ein verschlafener Ort, bevor in der Hauptsaison Familien aus Mitteleuropa herbeiströmen, da das Meer hier sehr flach und ideal für Kleinkinder ist. Das gilt vor allem für den 1500 m langen **Paradiesstrand** (Rajska Plaža) in der Crnika-Bucht. Der Strand befindet sich direkt im Ortszentrum; man kann von hier aus fast zu einer kleinen Insel vor der Küste waten.

Auf der Halbinsel gibt es 22 von Kiefernhainen gesäumte Sandstrände, darunter der nahe gelegene **Livačina-Strand**. Wer lieber im Adamskostüm sonnenbadet, findet den beliebten FKK-Strand **Sahara** in einer wunderschönen, aber seichten Bucht. Einfach vor Erreichen des Paradiesstrands auf die Hinweisschildern abseits der Hauptstraße achten! Zu Fuß sind es dann noch 1,8 km (30 Min.); man kann auch die schmale Straße bis zum Parkplatz fahren und von dort noch 15 Minuten laufen.

Schlafen & Essen

Hotel Epario HOTEL €€
(☎ 051-777 500; www.epario.net; Lopar 456a; EZ/DZ ab 40/70 €; P ❄ @ ᯤ) Das entspannte und freundliche Epario ist ein moderner Block mit Blick auf die Felder an der Hauptstraße zum Paradiesstrand. Die Zimmer sind alle mit Schreibtisch, Balkon und gutem Bad ausgestattet.

Gostionica Laguna MEDITERRAN €€
(☎ 051-775 177; www.laguna-lopar.com; Lopar 547; Hauptgerichte 42–125 Kn; ⏲ 12–22 Uhr) Die Terrasse dieser Taverne ist der bei Weitem schönste Ort, wo man in diesem Teil der Insel einkehren könnte. Zu den Spezialitäten des Hauses zählt das Lamm, vom Spieß oder auch unter einer *peka* gegart. Es gibt aber auch Pasta, Pizza sowie Fleisch und Fisch vom Grill.

Praktische Informationen

Sahara Tours (☎ 051-775 633; www.sahara-lopar.com; EZ/DZ/Apt. ab 21/32/50 €) Vermittelt Dutzende von Privatzimmern, Häusern und Apartments.

Touristeninformation (☎ 051-775 508; www.lopar.com; ⏲ Juli & Aug. Mo–Sa 8–22, So bis 14 Uhr, Sept.–Juni Mo–Fr bis 11 Uhr)

Norddalmatien

Inhalt ➡

Gut essen

- Pelegrini (S. 207)
- Mediteran (S. 207)
- Kaštel (S. 197)
- Pet Bunara (S. 197)
- Konoba Figurica (S. 189)

Schön übernachten

- Art Hotel Kalelarga (S. 195)
- Boškinac (S. 190)
- House Župan (S. 184)
- Drunken Monkey (S. 195)
- Indigo (S. 205)

Auf nach Norddalmatien!

Diese Region, die mit dem typischen dalmatischen Cocktail aus historischen Städten, kristallklarem Wasser, rauen Bergen, sonnenverwöhnten Inseln und mediterraner Küche aufwartet, ist ein Urlaubsparadies. Zwar sind es die Städte und Inseln weiter im Süden, die im Rampenlicht stehen, doch dafür ist Norddalmatien viel weniger überlaufen – wenn auch nicht ganz unentdeckt. Jachturlauber können zwischen unbewohnten Inseln ohne einen Hauch von Infrastruktur kreuzen und vom Mittelmeer der Antike träumen, und Wanderer können durch einsame Gegenden bummeln, in denen Bären und Wölfe leben, und im Hinterland drei der beeindruckendsten Nationalparks Kroatiens entdecken.

Ein Kontrastprogramm dazu bietet Zadar, eine Kulturstadt mit vielen Museen, römischen Ruinen und hippen Bars. Clubber aus aller Welt treffen sich am Strand von Zrće und in Tisno, die im Sommer zusammen das Zentrum der besten Clubszene Kroatiens bilden.

Reisezeit

Zadar

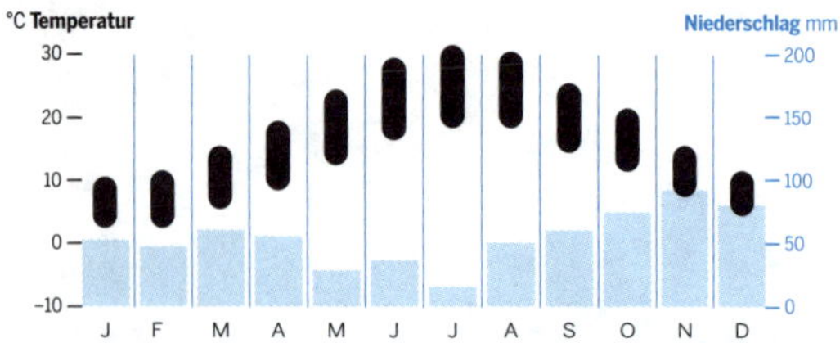

April–Juni Gute Reisezeit mit wärmerem Wetter und niedrigen Preisen.

Juli & Aug. Höhepunkt der Partysaison in Zrće und Tisno.

Sept. & Okt. In den Nationalparks Plitvice und Krka kann man die Laubfärbung erleben.

Highlights

❶ Die überirdisch schönen türkisblauen Seen und dramatischen Wasserfälle im **Nationalpark Plitvicer Seen** (S. 182) bewundern

❷ Im **Nationalpark Krka** (S. 208) an kristallklaren Bächen entlangspazieren, in einem von einem Wasserfall gespeisten See baden und die historischen Kloster erforschen

❸ In den mit Marmor gepflasterten Straßen der Altstadt von **Zadar** (S. 191) römische Ruinen, interessante Museen, tolle Restaurants und hippe Bars entdecken

❹ Beim Gang durch die mittelalterlichen Straßen von **Šibenik** (S. 203) innehalten, um die gefeierte Architektur der Kathedrale des hl. Jakob zu betrachten

❺ Die sinnlichen Freuden der **Insel Pag** (S. 187) – die sonnenverbrannte Landschaft, den Wein, die rustikale Küche, den Käse und die Partys – genießen

❻ Bei einer Bootsfahrt zwischen den unbewohnten Inseln des **Nationalparks Kornaten** (S. 202) das Mittelmeer so erleben, wie es in der Antike aussah

LIKA

Diese dünn besiedelte Region, die sich im Landesinneren über ein großes Gebiet zwischen den Küstenbergen und der bosnischen Grenze erstreckt, ist mit einer traumhaften Landschaft gesegnet, mit ertragreichen Feldern und Weideland, aber auch dichtem Wald und dem schroffen Hochland. In einigen Teilen hat der Karstcharakter des darunter liegenden Kalksteins ein Märchenland in Form von Höhlen, Schluchten, Seen und Wasserfällen geschaffen.

Die Lika, die seit dem frühen 7. Jh. zum kroatischen Kerngebiet gehört, wurde im 16. Jh. von den Osmanen angegriffen und in die *vojna krajina* (Militärgrenze) eingegliedert. Walachische und serbische Flüchtlinge, die von den einfallenden Osmanen aus Bosnien vertrieben wurden, ließen sich mit dem Segen der Habsburgermonarchie (unter der Bedingung, dass sie bereit waren zu kämpfen) in der Region nieder. Bei der Volkszählung von 1910 bestand die Bevölkerung zu fast gleichen Teilen aus Orthodoxen und Katholiken, und in vielen Bezirken im Osten gab es eine serbische Mehrheit.

Während des Zweiten Weltkriegs litt die serbische Bevölkerung Likas schwer unter dem Regime der Ustascha. Nachdem Kroatien seine Unabhängigkeit erklärt hatte, riefen die Serben der Krajina auf ihrem Gebiet eine autonome Republik aus, und in Lika fielen die ersten Schüsse des Krieges. Viele kroatische Einwohner der Region waren gezwungen, ihre Häuser zu verlassen und zu fliehen. Als die kroatischen Truppen das Gebiet 1995 zurückeroberten, flohen die meisten serbischen Einwohner und ließen die vielen aufgegebenen Häuser und Dörfer zurück, die man noch heute sehen kann. Einige kamen jedoch zurück. Heute besteht die Bevölkerung der Region zu 86 % aus Kroaten und zu 12 % aus Serben.

Plitvicer Seen & Umgebung

Diese traumhafte Gegend mit ihren bewaldeten Bergen und türkisblauen Seen, das absolute Highlight des Hinterlands der kroatischen Adriaküste, ist einfach überwältigend schön – so überwältigend schön, dass die UNESCO sie 1979 in die Liste der Welterbestätten aufnahm. Die außergewöhnliche natürliche Schönheit des Parks ist einen ganztägigen Besuch wert, doch auch auf einer Halbtagstour von Zadar oder Zagreb aus kann man viel davon entdecken.

Der Park ist zwar das ganze Jahr über schön, doch die beste Jahreszeit für einen Besuch sind der Frühling und der Herbst. Im Frühling führen die Wasserfälle viel Wasser, und im Herbst sorgt die Laubfärbung für ein prächtiges Schauspiel. Auch im Winter ist die Landschaft spektakulär, doch bei Schneefall kann der Zugang schwieriger sein, und der kostenlose Shuttle-Dienst im Park wird eingestellt. Die schlechtesten Monate für einen Besuch sind zweifellos der Juli und der August – dann tröpfeln die Wasserfälle nur noch, es ist schwer, einen Parkplatz zu finden, und die schiere Besuchermenge kann Wanderungen in eine Art Polonaise verwandeln und zu langer Warterei auf die Busse und Boote führen, die die Besucher durch den Nationalpark befördern.

Geschichte

1893 wurde ein Naturschutzverein zum Schutz der Seen gegründet, und 1896 entstand das erste Hotel. 1951 wurden die Grenzen des Nationalparks festgelegt und die Seen entwickelten sich zu einer großen Touristenattraktion, bis der Bürgerkrieg ausbrach. Tatsächlich begann er am 31. März 1991 in Plitvice, als serbische Rebellen Teile des Hauptquartiers des Parks unter ihre Kontrolle brachten. Der kroatische Polizeibeamte Josip Jović, der hier im Park ermordet wurde, war das erste Opfer des Krieges. Während des Krieges besetzten die Serben das Gebiet und verwandelten die Hotels in Kasernen. Die kroatische Armee eroberte den Park im August 1995 wieder zurück, seither wurden alle Einrichtungen komplett wiederhergestellt.

Sehenswertes

Nationalpark Plitvicer Seen NATIONALPARK
(☎053-751 015; www.np-plitvicka-jezera.hr; Erw./Kind Juli & Aug. 180/80 Kn, April–Juni, Sept. & Okt. 110/55 Kn, Nov.–März 55/35 Kn; ⏰7–20 Uhr) 16 kristallklare Seen fließen innerhalb der Grenzen des stark bewaldeten Nationalparks über eine Reihe von Wasserfällen und Kaskaden ineinander. Das mineralienreiche Wasser rauscht durch Felsen und lagert Kalktuff in ständig wechselnden Formationen ab. Wolken von Schmetterlingen schweben über den 18 km langen Holzbrücken und Pfaden, die sich an den Ufern entlangschlängeln und über die rauschenden Gewässer hinweg- oder darunter hindurchführen.

DIE NATUR RUND UM DIE PLITVICER SEEN

Das System der Plitvicer Seen wird in die Oberen und Unteren Seen unterteilt: Die Oberen Seen liegen in dichten Wäldern und sind durch mehrere gewaltige Wasserfälle *(slap)* verbunden. Die Unteren Seen sind kleiner und flacher. Das meiste Wasser führen die beiden Flüsse Bijela und Crna (der „weiße" und der „schwarze" Fluss), die sich südlich des Prošćansko-Sees vereinen. Zusätzlich werden die Seen durch unterirdische Quellen gespeist. Gleichzeitig versickert Wasser an einigen Punkten im porösen Kalkgestein und tritt an anderen Stellen wieder aus. Alle Wassermassen sammeln sich am Ende im Fluss Korana nahe beim Sastavci-Fall.

Barrieren aus Dolomitgestein trennen die Oberen Seen voneinander. Moose und Algen speichern das Kalziumkarbonat (das durch Lösung von Kalk im Wasser mittels Kohlensäure entsteht), lagern es in ihren Wurzeln oder an ihrer Oberfläche ab und sorgen so für ein ständiges Weiterwachsen der Barrieren. Der dabei entstehende Travertin (Kalksinter) bildet allmählich dicke Krusten – Wasserfälle entstehen. Die Unteren Seen wurden durch die vom Wasser der Oberen Seen geformten Vertiefungen geschaffen: Sie sind einem ähnlichen Prozess unterworfen, da sich auch hier kontinuierlich Travertin bildet und die Landschaft immer wieder überformt. Dieser interaktive Prozess zwischen Wasser, Felsen und Pflanzen spielt sich hier mehr oder weniger ungestört ab – und das bereits seit der letzten Eiszeit.

Auch die Farben der Seen wechseln ständig. Meist schimmern sie in surrealem Türkis, changieren aber abhängig von der Anzahl an Mineralien oder Mikroorganismen im Wasser, von Regenfällen und dem Winkel des einfallenden Sonnenlichts. An manchen Tagen schimmern die Seen grün wie Jade, an anderen stahlgrau.

Doch auch die üppig grüne Vegetation des Nationalparks, die sich im Herbst bunt färbt, ist sehenswert: Hier findet man Buchenwälder, Tannen, Fichten und Weymouth-Kiefern, dazwischen wachsen Mehlbeeren, Hainbuchen und Blumeneschen.

Die Könige des Parks sind die Bären und Wölfe, aber es gibt auch Rotwild, Wildschweine, Kaninchen, Füchse und Dachse. Auch die Vogelwelt beeindruckt mit Falken, Eulen, Kuckucken, Eisvögel, Wildenten und Fischreiher. Manchmal kann man auch Schwarzstörche und Fischadler sichten.

Es dauert etwa sechs Stunden, die Seen zu Fuß zu erkunden. Wer die kostenlose Boote und Busse des Parks benutzt, die von April bis Oktober alle 30 Minuten fahren, kann zwei Stunden einsparen. Vom Eingang 2 nimmt man den Bus zum obersten der Oberen Seen und wandert zurück zum Ufer des **Kozjak**, des mit ca. 4 km Länge größten Sees des Parks. Von hier geht es mit einem Boot zu den Unteren Seen, wo das Highlight der Rundtour wartet: der passend benannte **Veliki Slap**, der höchste Wasserfall Kroatiens (78 m). Dann steigt der Pfad steil nach oben, wobei sich unterwegs tolle Aussicht und Fotomotive bieten, und endet an einer Bushaltestelle, wo man den Bus zurück zum Eingang 2 nehmen kann.

Wer wenig Zeit hat, kann den Bereich der Oberen Seen in zwei Stunden besuchen. Für den unteren Bereich benötigt man etwa drei, wir würden aber empfehlen, mit der Busfahrt zu beginnen und die Bootsfahrt am Ende zu machen, denn so erspart man sich einen Aufstieg.

Am Ufer des Sees Kozjak in der Nähe von Eingang 2 kann man Ruderboote mieten (50 Kn/Std.). Baden ist überall verboten.

Barać-Höhlen HÖHLE

(Baraćeve špilje; ☎047-782 007; www.baraceve-spilje.hr; Nova Kršlja bb; Erw./Kind März–Mai 50/25 Kn, Juni–Sept. 60/30 Kn; ⌚Mai–Sept. tgl. 10–18 Uhr, März Fr–So 10–16 Uhr, April Mi–Mo 10–18 Uhr) Derselbe Karst-Kalkstein, der die Plitvicer Seen geschaffen hat, ist auch für die riesigen Höhlen verantwortlich, die sich 15 km nordöstlich vom Nationalpark (von der Hauptstraße ausgeschildert), unter landwirtschaftlich genutzten Land verstecken. Besucher müssen an einer 45-minütigen Führung teilnehmen (min. 2 Pers.) und kommen durch Höhlenkammern mit so fröhlichen Namen wie „Drachenschlucht" und „Saal der verlorenen Seelen".

Warme Sachen und feste Schuhe anziehen!

Schlafen

Die vier vom Nationalpark geführten Hotels haben wenig Charme, liegen aber günstig direkt an der Parkgrenze – ideal, wenn man keinen fahrbaren Untersatz hat (Einzelheiten stehen auf der Website des Parks). Ansonsten gibt es in Mukinje und Jezerce (südlich von Eingang 2) tolle Pensionen in Gehweite. Noch bessere Pensionen befinden sich etwas weiter weg in den Dörfern an der Hauptstraße nördlich von Eingang 1 (Selište Drežničko, Grabovac, Rakovica). Eine besonders stimmungsvolle Alternative sind die Privatzimmer im winzigen Korana, einem idyllischen Dorf an einem rauschenden Bach, zu dem eine schmale Straße nördlich der Korana-Brücke führt.

Mukinje & Jezerce

Plitvice Mirić Inn PENSION €€
(☎ 099 21 42 250; www.plitvice-croatia.com; Jezerce 18/1; EZ/DZ 67/95 €; ⏲ April–Okt.; P ❄ ᯤ) Die von einer wunderbaren Familie geführte blumengeschmückte Pension liegt nur 1,5 km vom Eingang 2 entfernt und hat 13 Zimmer, die sich auf zwei benachbarte Gebäude verteilen. Die im neueren Anbau sind etwas größer, doch alle sind sehr komfortabel. Wer die Gelegenheit hat, sollte die selbst gebackenen Leckereien probieren.

Villa Lika PENSION €€
(☎ 053-774 302; www.villa-lika.com; Mukinje 63; Zi. 80–100 €; ⏲ April–Okt.; P ❄ ᯤ ≋) Die beiden großen neuen Häuser direkt an der Bushaltestelle in Mukinje bieten insgesamt 15 strahlend weiße Zimmer, die mit kontrastierenden bunten Vorhängen und Fliesen geschmückt sind. Bei unserem Besuch wurde gerade eifrig an einem Poolbereich gebaut.

Plitvice Etno-House PENSION €€
(☎ 053-774 760; www.plitviceetnohouse.com; Jezerce 21; Zi. 100 €; P ᯤ ≋) Der attraktive Komplex besteht aus zwei großen Stein- und Holzhäusern, die Blumenkästen zieren. Die mit Kiefernholz eingerichteten Zimmer sind sehr komfortabel und haben viel Charakter. Außerdem gibt's draußen einen Pool mit einem kleinen Planschbecken für Kinder.

Selište Drežničko

Kamp Korana CAMPING €
(☎ 053-751 888; www.np-plitvicka-jezera.hr; Stellplatz pro Erw./Kind/Zelt/Auto 67/47/15/22 Kn, Bungalow EZ/DZ 148/252 Kn; ⏲ April–Okt.; P) Am Ufer des Flusses Korana erstreckt sich auf 35 ha dieser vom Nationalpark geführte Zeltplatz. Er liegt 6 km nördlich von Eingang 1 an der Straße nach Zagreb und wartet u. a. mit einem Restaurant und einer Café-Bar auf.

Hotel Degenija HOTEL €€€
(☎ 047-782 143; www.hotel-degenija.com; Selište Drežničko 57a; EZ/DZ ab 90/128 €; P ❄ ᯤ) Das kleine Hotel am Straßenrand, 4 km nördlich vom Eingang 1, ist noch sehr neu und edel und hat schicke Zimmer, die dem internationalem Standard entsprechen, und ein schönes Gartencafé in einem eigenen Pavillon aus Holz.

Grabovac & Rakovica

★ **House Župan** PENSION €€
(☎ 047-784 057; www.sobe-zupan.com; Rakovica 35; EZ/DZ 460/520 Kn; P ❄ ᯤ) Die außerordentlich herzliche Gastgeberin und die sauberen, komfortablen, modernen Zimmer machen diese Pension zu einer tollen Wahl. Sie befindet sich in der Kleinstadt Rakovica, 11 km nördlich vom Park, ein Stück von der Straße zurückgesetzt.

House Tina PENSION €€
(☎ 047-784 197; www.housetina.com; Grabovac 175; Zi./Bungalow 70/120 €; P ❄ ᯤ) Die große, familiengeführte Pension ist elegant und modern, verströmt aber ländliches Ambiente und bietet sowohl im Haupthaus als auch in den beiden rustikalen Bungalows im Garten erstklassige familienfreundliche Unterkünfte. Sie liegt 9 km vom Parkeingang entfernt, der Transfer wird aber organisiert (einfache Strecke/hin & zurück 5/7 €).

Essen

Das Restaurantangebot im Nationalpark selbst ist sehr begrenzt; einige befinden sich an den Eingängen und an den Bus- und Bootshaltestellen.

Vila Velebita KROATISCH €€
(☎ 053-755 040; www.vila-velebita.com; Rudanovac 12a; Hauptgerichte 56–85 Kn; ⏲ 7–23 Uhr) Spezialität des Hauses sind traditionelle gegrillte Fleischgerichte, besonders Lamm am Spieß und Spanferkel. Wenn man ein Auto hat, lohnt sich die 14 km lange Fahrt vom Eingang 2 auf der Hauptstraße gen Süden.

Restaurant Degenija EUROPÄISCH €€
(☎ 047-782 060; www.hotel-degenija.com; Selište Drežničko 57a; Hauptgerichte 45–115 Kn; ⏲ 7–23 Uhr) Auf der Karte dieses gehobenen Restaurants stehen viele Standardgerichte (Pasta, Pizza, Fisch), doch die Hauptrolle spielt hier Fleisch. Traditionelle Spezialitäten sind

z. B. Truthahn auf kleinen Knödeln und im Sommer Kalb und Kartoffeln, die langsam unter einer *peka* (einer kuppelförmigen Koch-„Glocke") gegart werden.

Praktische Informationen

An beiden Haupteingängen des Parks gibt es Parkplätze (pro Std./Tag 7/70 Kn) und Touristeninformationen, die Broschüren und Karten vorrätig haben.

An- & Weiterreise

Busse halten an beiden Parkeingängen; in der Nähe der Bushaltestelle bei Eingang 2 befindet sich ein kleiner Fahrkartenschalter. Busse fahren u. a. nach Zagreb (ab 92 Kn, 2 Std., 14-mal tgl.), Zadar (ab 85 Kn, 2½ Std., 9-mal tgl.), Šibenik (107 Kn, 4½ Std., 5-mal tgl.), Trogir (120 Kn, 5 Std., 4-mal tgl.) und Split (ab 132 Kn, 5½ Std., 9-mal tgl.).

Rund um Gospić

Die Verwaltungshauptstadt der Gespanschaft Lika-Senj ist eine verschlafene Stadt, doch in der Umgebung gibt es einige Sehenswürdigkeiten, die einen Besuch wert sind. Allerdings benötigt man ein eigenes Fahrzeug.

Sehenswertes

Nikola-Tesla-Gedenkmuseum MUSEUM
(053-746 530; www.mcnikolatesla.hr; Smiljan; Erw./Kind 50/20 Kn; April–Okt. Di–So 8–20 Uhr, Nov.–März Di–So 9–15 Uhr) Es ist schon erstaunlich, dass einer der größten Geister der modernen Welt aus einem so friedlichen, traditionellen Ort wie dem winzigen Dorf Smiljan, 5 km westlich von Gospić, stammt. Doch genau hier wurde Nikola Tesla geboren, der Mann, der die Funktechnik erfunden und dafür gesorgt hat, dass wir Strom ins Haus geliefert bekommen. Dieses faszinierende Museum zeigt Ausstellungen über sein Leben und funktionsfähige Nachbauten seiner berühmtesten Erfindungen.

Teslas Vater war ein serbisch-orthodoxer Priester. Das Haus, die Scheune und die Kirche der Familie, die an dieser Stelle standen, wurden leider während des Krieges in den 1990er-Jahren niedergebrannt. Das heutige Gebäude ist ein Nachbau, den die kroatische Regierung finanziert hat.

Grabovača-Höhlenpark HÖHLE
(Pećinski Park Grabovača; 053-679 233; www.pp-grabovaca.hr; Perušić; Juni–Aug. 9–20 Uhr, April–Mai & Sept.–Okt. 9–17 Uhr) Die Kleinstadt Perušić 12 km nördlich von Gospić ist für ihre schöne Zwiebelturmkirche und ihre perfekte türkische Festung bekannt. Ihre Hauptsehenswürdigkeit ist aber dieser außergewöhnliche Höhlenkomplex am Rand der Stadt.

In der größten Höhle, **Samograd**, befinden sich vier wunderschöne Kammern, von denen die größte genug Platz böte, um hier ein Osterkonzert anzuhalten. Touren beginnen immer zur vollen Stunde und führen 480 handgemachte Stufen in die Tiefe (für kleine Kinder nicht geeignet). Besucher sollten sich warm anziehen und festes Schuhwerk tragen.

ABSEITS DER ÜBLICHEN PFADE

COWBOYS & KROATIER

Linden Tree Retreat & Ranch
(053-685 616; www.lindenretreat.com; Velika Plana 3; EZ/DZ 297/456 Kn) Versteckt in den rauen Ausläufern des Velebit-Massivs liegt diese einsame Ferienranch 27 km nordwestlich von Gospić. Sie bietet stimmungsvolle Unterkünfte in Tipis oder Holzhütten. Das Highlight der Ranch sind die Reitpferde (2-stündiger Ausritt 304 Kn, ganztägige Tour 912 Kn); außerdem kann man mit dem Pferdewagen mitfahren, geführte Wanderungen zu Höhlen in der Nähe unternehmen, mountainbiken und klettern.

Nationalpark Paklenica

Hoch über der Adria erstrecken sich über 145 km die kahlen Gipfel des Velebit-Massivs, das eine spektakuläre Barriere zwischen dem kroatischen Landesinneren und der Adriaküste bildet. 95 km² dieser Bergkette nimmt der **Nationalpark Paklenica** (www.paklenica.hr; Erw./Kind Juni–Sept. 50/30 Kn, Okt.–Mai 40/20 Kn; Kiosk am Eingang Juni–Sept. 6–20.30 Uhr, Okt.–Mai 7–15 Uhr) ein. Er bietet eine der schönsten Berglandschaften des Landes und viele Möglichkeiten, Schluchten zu durchwandern, Felswände zu erklettern oder auf schattigen Wegen entlang rauschender Flüsse spazieren zu gehen.

Im Nationalpark befinden sich zwei tiefe Schluchten, Velika Paklenica (Große Paklenica) und Mala Paklenica (Kleine Paklenica), die die Berge wie zwei riesige Keile durchbrechen – ihre Felswände sind über 400 m hoch. Der trockene Kalkstein-Karst, der das Velebit-Massiv bildet, kann viel Wasser aufnehmen, doch mehrere Quellen auf großer Höhe führen kontinuierlich Wasser und versorgen die üppig grünen Fleckchen im Park mit Wasser. Etwa die Hälfte des Parks ist mit Wald bedeckt, hauptsächlich mit Buchen und Kiefern, aber auch Steineichen und verschiedene Hainbuchenarten. Mit zunehmender Höhe verändern sich die Vegetation und das Klima, Letzteres von mediterran über kontinental zu subalpin. Die tiefer gelegenen Regionen, besonders die in Südlagen, können im Sommer glühend heiß sein, im Winter fegt dagegen die *bura* (kalter Nordostwind) über die Berge und bringt Regen und plötzliche Stürme.

Im Park leben nur wenige Tiere, doch mit etwas Glück sieht man Gänsegeier, Schlangenadler und Wanderfalken, die auf den Klippen der beiden Schluchten nisten.

April, Mai, Juni und September sind die besten Monate für einen Besuch. Im Spätfrühling ist es am grünsten, und die Bäche verwandeln sich in Ströme. Im Juli und August trocknen einige der Bäche aus, und zum Wandern kann es dann zu heiß sein.

Sehenswertes & Aktivitäten

Die meisten Wanderungen im Park sind als Tagestouren angelegt, die an einem der beiden Parkeingänge (erreichbar von Starigrad-Paklenica an der Küste) oder an einer der Berghütten beginnen. Wegen der Landschaftsform sind die meisten recht anstrengend, es gibt aber auch einige kürzere Wanderungen, die für Untrainierte besser geeignet sind. Es ist empfehlenswert, sich im Büro des Nationalparks zu erkundigen, welche Wanderungen für das eigene Niveau geeignet sind.

In einigen höher gelegenen Regionen des Parks stellen Landminen eine Gefahr dar. Man sollte immer auf den deutlich ausgeschilderten Wegen bleiben und mit den Mitarbeitern des Nationalparkbüros sprechen, wenn man eine abweichende Strecke in Angriff nehmen will.

Manita Peć — HÖHLE

(Erw./Kind 20/10 Kn; ⌚ Juli–Sept. 10–13 Uhr, April–Juni & Okt. an weniger Tagen geöffnet) In der einzigen öffentlich zugänglichen Höhle im Park wimmelt es nur so von Stalagmiten und Stalaktiten, die durch geschickte Beleuchtung in der Hauptkammer (40 m lang, 32 m hoch) ins rechte Licht gerückt werden. Besucher müssen an einer 30-minütigen Führung teilnehmen.

Die Wanderung zur Höhle vom Parkplatz an Eingang 1 dauert etwa 90 Minuten. Der Pfad steigt zunächst bergan und führt in die Schlucht Velika Paklenica. Hinter einem Wasserfall mit einem Bach auf der rechten Seite kommt man zur Anića Luka, einem grünen, halbrunden Plateau. Nach einem weiteren Kilometer führt ein steiler Weg hinauf zur Höhle.

Anića Kuk — KLETTERN

Im Nationalpark Paklenica gibt es viele Kletterrouten, von Routen für Anfänger bis zu solchen, die lebensgefährlich wirken. Die festen, manchmal scharfen Kalksteinfelsen ermöglichen unterschiedlich schwere Klettertouren, darunter 72 kurze Sportrouten und 250 längere Routen.

Die Anfängerrouten befinden sich am Eingang zum Park, wo die Felswände bis 40 m hoch sind. Doch die besten und schwierigsten Klettertouren gibt es am Anića Kuk – dort führen über 100 Routen bis zu 350 m hianuf. Mosoraški (350 m), Velebitaški (350 m) und Klin (300 m) sind hier die beliebtesten Kletterrouten.

Der Frühling ist die beste Jahreszeit, um zu klettern, denn im Sommer kann es sehr warm werden und im Winter zu windig. Im Park gibt es auch eine Bergrettung. Der Kletterführer *Paklenica* von Boris Čulić enthält umfassende Informationen für Kletterer und ist für 168 Kn im Parkbüro erhältlich.

Schlafen

Im Nationalpark befinden sich einige rustikale Unterkünfte für Wanderer und Kletterer, doch die meisten Besucher übernachten lieber etwas komfortabler in Starigrad-Paklenica, der kleinen Siedlung, die sich in der Nähe der Parkeingänge an der Küstenstraße erstreckt. Es ist zwar nicht besonders *stari* (alt) und auch nicht gerade ein *grad* (Stadt), doch dafür kann man hier nach einem aktiven Tag im Nationalpark ins kühle Wasser springen.

Nationalpark

Hartgesottene können es sich in einer der drei einfachen, kostenlosen Berghütten bequem machen: Ivine Vodice, Struge oder Vlaški Grad. Es gibt keinen Strom, und den Schlafsack muss man mitbringen, doch bei allen befindet sich ein Bach, der außer im Hochsommer nie versiegt; ehe man aufbricht, sollte man sich bei den Park-Rangern oder im Planinarski Dom Paklenica nach den Bedingungen erkundigen.

Planinarski Dom Paklenica BERGHÜTTE €
(☎ 023-301 636; www.pdpaklenica.hr; B 65 Kn; ⏲ ganzjährig Sa & So, Mitte Juni–Mitte Sept. tgl.) Diese Berghütte bietet Luxus wie fließendes Wasser, eine Toilette und Strom und hat 50 Betten in vier Räumen. Den Schlafsack muss man selbst mitbringen. Eine Küche und einen Speiseraum gibt es ebenfalls. Zur Hütte, die oberhalb der Schlucht Velika Paklenica liegt, führt eine zweistündige Wanderung. An den Sommerwochenenden sollte man vorher reservieren.

Starigrad-Paklenica

Bluesun Camp Paklenica CAMPING €
(☎ 023-209 050; www.bluesunhotels.com; Dr Franje Tuđmana 14; Camping Erw./Kind/Stellplatz 73/45/122 Kn, Wohnmobil ab 99 €; ⏲ April–Okt.; P) Neben einem öffentlichen Kieselstrand und neben dem Nationalparkbüro liegt dieser gut ausgestattete Campingplatz mit Wohnmobil- und Zeltstellplätzen unter Kiefern. Die Gäste des Platzes können den Swimmingpool im benachbarten Hotel Alan nutzen.

Hotel Rajna HOTEL €€
(☎ 023-359 121; www.hotel-rajna.com; Dr. Franje Tudjmana 105; EZ/DZ inkl. Frühstück ab 48/62 €; P) Das kleine, familiengeführte Hotel am Straßenrand ist einfach und altmodisch, aber preiswert. Es hat Zimmer mit Balkon und Meerblick und ein Restaurant im Erdgeschoss, das ein ausgezeichnetes Frühstück serviert.

Essen

Taverna-Konoba Marasović KROATISCH €€
(Marasovići bb; Hauptgerichte 60–140 Kn; ⏲ Mai–Okt. 13–22 Uhr) Dieses Restaurant 1 km landeinwärts vom Eingang 1 befindet sich in einer fantastischen alten Villa mit einer großen Terrasse davor und derben Tischen im Gastraum. Alle Speisen sind regionaler Herkunft und können nach Vorbestellung in einer traditionellen *peka* zubereitet werden. Das Haus gehört dem Nationalpark, oben sind häufig interessante Ausstellungen zu sehen.

Buffet Dinko KROATISCH €€
(Paklenička 1; Hauptgerichte 56–95 Kn) An der Kreuzung der Küstenschnellstraße und der Zugangsstraße zum Eingang 1 liegt dieses beliebte Restaurant mit einer schattigen Terrasse und einer umfangreichen Karte, auf der Fleischgerichte vom Grill und auch Meeresfrüchtegerichte stehen. Die Portionen sind riesig.

Praktische Informationen

Büro des Nationalparks Paklenica (☎ 023-369 202; www.paklenica.hr; Dr. Franje Tuđmana 14a; ⏲ Mo–Fr 7–15 Uhr) Das Hauptbüro ist in Starigrad und die Filialen an den Parkeingängen verkaufen Broschüren und Karten und geben Ratschläge. Der Parkführer *Paklenica National Park* (120 Kn) gibt einen hervorragenden Überblick über den Park und beschreibt Wanderungen. Es gibt Drei- und Fünf-Tages-Pässe.

Touristeninformation Starigrad (☎ 023-369 245; www.rivijera-paklenica.hr; Trg Tome Marasovića 1; ⏲ Juli & Aug. 8–21.30 Uhr, Juni & Sept. 8–20 Uhr, Okt.–Mai Mo–Fr 8–14 Uhr) Im Stadtzentrum, gegenüber von der kleinen Marina.

Anreise & Unterwegs vor Ort

Die meisten Busse, die auf der Küstenschnellstraße fahren, halten in Starigrad-Paklenica. Fahrziele sind u. a. Rijeka (ab 138 Kn, 3½ Std., 5-mal tgl.), Zadar (45 Kn, 1 Std., 5-mal tgl), Split (ab 124 Kn, 4 Std., 5-mal tgl), Dubrovnik (ab 243 Kn, 9 Std., 3-mal tgl.) und Zagreb (136 Kn, 3¾ Std., tgl.).

In Starigrad gibt es keine Taxis. Einige Hotels bringen Gäste zum Parkeingang und holen sie dort wieder ab.

INSEL PAG

Die Insel Pag wirkt wie einem italienischen Film der 1950er-Jahre entsprungen und wäre der perfekte Drehort für einen Schwarzweißfilm von Antonioni – sie ist kahl, felsig und in Sepiatöne getaucht, und seine weite, leere Landschaft erstreckt sich bis zum Horizont. Die stahlblaue Adria umgibt die Insel, und wenn der Himmel stürmisch ist, ist sie der wohl am dramatischsten wirkende Ort ganz Kroatiens. Die felsigen Karstformationen bilden eine Mondlandschaft, die von zwei Bergketten, etwas Gebüsch und etwa einem Dutzend Dörfer und Weiler geprägt wird.

Inzwischen ist die Insel über eine Brücke mit dem Festland verbunden, doch was ihre Kultur und Landwirtschaft angeht, so ist sie sehr unabhängig und eigenständig. Die Bewohner bewirtschaften den kargen Boden und produzieren einige hervorragende Weine. Die zähen einheimischen Schafe weiden auf kargen Kräuter- und Salzwiesen, was ihrem Fleisch und ihrer Milch, aus der *paški sir* (Pager Käse, in Olivenöl eingelegt und in Steinen gereift) gemacht wird, einen ganz eigenen Geschmack verleiht. Die kunstvolle Spitze aus Pag ist berühmt und hängt eingerahmt in vielen kroatischen Häusern.

Pags Image als Ort jahrhundertealter Tradition und Kultur hat einen neuen Akzent erhalten – heute ist der Strand von Zrće ein Mekka der Clubber.

An- & Weiterreise

SCHIFF/FÄHRE

Täglich verbindet ein Katamaran von **Jadrolinija** (www.jadrolinija.hr) Novalja und Rab (45 Kn, 55 Min.) mit Rijeka (80 Kn, 2¾ Std.).

Regelmäßig verkehrende Autofähren von Jadrolinija fahren zudem von Žigljen an der Nordostküste Pags nach Prizna auf dem Festland (Erw./Kind/Auto 17/9/96 Kn, 15 Min.); sie starten ungefähr alle 90 Minuten und im Juli und August stündlich. Wer von Norden kommt, spart so verglichen mit der Fahrt über die Brücke mindestens eineinhalb Stunden.

BUS

Busse fahren ganzjährig nach Zadar (79 Kn, 2 Std., 3- bis 5-mal tgl.) sowie im Sommer nach Šibenik (117 Kn, 3½ Std., 2-mal tgl.), Split (174 Kn, 5 Std., 2-mal tgl.), Rijeka (72 Kn, 3 Std., tgl.) und Zagreb (ab 168 Kn, 4 Std., 7-mal tgl.).

Unterwegs vor Ort

Täglich absolvieren drei bis elf Busse die 30-minütige Fahrt zwischen Pag (Stadt) und Novalja (ab 30 Kn).

Pag (Stadt)

3850 EW.

Pag liegt spektakulär am Rand einer Landspitze zwischen sonnenverbrannten Hügeln. Im Osten erstreckt sich eine azurblaue Bucht, und im Westen stößt man auf im Sonnenlicht funkelnde Salzpfannen. Die historische Altstadt ist eine Ansammlung von engen, etwas schäbigen Gassen und ausgebleichten Steinhäusern. Ganz in der Nähe befinden sich auch einige Kiesstrände.

Pag verdankt seine Gründung dem Wohlstand durch den Salzhandel Anfang des 15. Jhs. Damals war Stari Grad nicht mehr in der Lage, die anwachsende Bevölkerung unterzubringen. Also beauftragten die Venezianer, die ihren alten Besitz zurückgewonnen hatten, den besten Baumeister seiner Zeit, Juraj Dalmatinac, mit der Planung einer neuen Stadt. Die Grundsteinlegung erfolgte im Jahr 1443. Nach den damals neuesten Ideen der Stadtplanung wurden die Haupt- und Querstraßen in einem rechtwinkligen Raster angelegt und endeten an den vier Stadttoren. Im Stadtzentrum befindet sich ein Platz mit einer Kathedrale, einem Rektorenpalast sowie der unvollendeten Residenz des Bischofs. Im Jahr 1499 begann Dalmatinac mit dem Bau der Stadtmauern, doch nur die Nordecke und Teile der Burganlage haben die Jahrhunderte überdauert.

Sehenswertes

Pag Lace Gallery MUSEUM

(Galerija paške čipke; Trg Kralja Krešimira IV; Eintritt 10 Kn; ⏲ Juni–Sept. 9.30–18.30 Uhr) Das Museum befindet sich im spektakulären Fürstenpalast (Kneževa Palača), der von Juraj Dalmatinac entworfen wurde. Dieses Museum zeigt einige außergewöhnlich komplizierte Muster. Die Geschichte der Spitzenherstellung in Pag und ihre Bedeutung für die örtliche Bevölkerung wird mithilfe von Fotos und Informationstafeln geschickt in Szene gesetzt.

Stiftskirche der Marienhimmelfahrt KIRCHE

(Zborna Crkva Marijinog Uznesenja; Trg Kralja Krešimira IV; ⏲ Mai–Sept. 9–12 & 17–19 Uhr, Okt.–April nur zur Messe geöffnet) Die einfache gotische Kirche, ein Werk des Baumeisters Dalmatinac, bildet mit den eher bescheidenen umliegenden Gebäuden ein wunderschönes harmonisches Ensemble. Die Lünette über dem Portal zeigt die Jungfrau mit Frauen aus Pag in mittelalterlichen Blusen und Kopfschmuck, daneben gibt es zwei Reihen mit unvollendeten Heiligenskulpturen. Die im 16. Jh. fertiggestellte Kirche wurde im Inneren im 18. Jh. umgebaut und mit barockem Deckenschmuck ausgestattet.

Salzausstellung MUSEUM

(Stalna Izložba Solarstva; Stari Grad; Eintritt 10 Kn; ⏲ Juni–Sept. 10–13 Uhr) Diese Ausstellung befindet sich in einem ehemaligen Salzlager auf der anderen Brückenseite im alten Stari Grad (bzw. dem wenigen, was davon noch erhalten ist). Fotos und Artefakte dokumentieren die Salzherstellung in Pag.

Feste & Events

Pager Karneval KULTURELL

(⏲ 31. Juli) Am letzten Julitag wird der Pager Karneval gefeiert – eine gute Gelegenheit, um den traditionellen *kolo* (einen turbulenten slawischen Rundtanz) und die kunstvollen Inseltrachten zu bewundern. Der Hauptplatz füllt sich schnell mit Tänzern und Musikern, und eine Schauspieltruppe führt das volkstümliche Stück *Paška Robinja* (Das Sklavenmädchen aus Pag) auf.

Schlafen & Essen

Der Ort Pag ist zwar ein interessantes Ausflugsziel, doch zum Übernachten gibt es bessere Orte. Gleich nördlich der Stadt liegen einige Hotels an der Bucht. Außerdem gibt's hier viele Privatunterkünfte; sie werden über Reisebüros vermittelt, man kann aber auch einfach auf Schildern mit der Aufschrift *sobe* achten.

Bistro Na Tale KROATISCH €€
(Radićeva 2; Hauptgerichte ab 43–180 Kn; ⌚9–23 Uhr) Dieses solide, entspannte und sehr beliebte Lokal hat zur Vorderseite eine kleine Terrasse mit Blick auf die Salzgärten und eine zweite, schattige Terrasse. Pager Lamm ist eine leckere Spezialität. Ebenfalls empfehlenswert: fangfrischer Fisch, der in Wein mit Kräutern gekocht wird.

Shoppen

Kein Besucher sollte die Insel verlassen, ohne ein Stückchen Spitze gekauft zu haben. Die Preise sind relativ günstig, und jede verkaufte Spitze trägt dazu bei, eine alte Tradition am Leben zu erhalten. An einem kleinen, runden Spitzendeckchen oder einem Stern mit 10 cm Durchmesser arbeiten die Frauen etwa 24 Stunden. An der Kralja Tomislava oder Kralja Dmitra Zvonimira kann man direkt bei den Spitzenproduzentinnen kaufen; sie haben fast alle feste Preise.

Käse aus Pag ist nicht so einfach zu finden, eine Möglichkeit ist der am Vormittag stattfindende Markt. Wer über die Insel fährt, sollte nach Schildern mit der Aufschrift *Paški sir* Ausschau halten.

Praktische Informationen

Mediteran Pag (☎023-611 238; www.mediteran-pag.com; Zrinsko-frankopanska 8) Agentur mit großem Angebot von Privatunterkünften und Exkursionen.

Meridian 15 (☎023-612 162; www.meridijan15.hr; Ante Starčevića 1) Das Reisebüro veranstaltet Inselexkursionen und Touren zu Nationalparks, u. a. nach Paklenica. Vermittelt auch Unterkünfte.

Post (Golija bb; ⌚Mo–Fr 8–19, Sa bis 12 Uhr)

Touristeninformation (☎023-611 286; www.tzgpag.hr; Vela bb; ⌚Juni–Aug. 8–22 Uhr, Sept.–Mai Mo–Fr 8–20, 9–13 & 16–20 Uhr)

Zentrales Pag

Wenn man aus Pag (Stadt) kommt, windet sich die Straße hinter der Brücke steil auf den schmalen Grat der Insel hinauf und führt dann hinüber zur etwas grüneren Westküste und zur kleinen Hafenstadt Šimuni. Kurz danach geht es schon wieder hinauf auf die sonnenverbrannte zentrale Bergkette und ins landwirtschaftlich geprägte Dorf Kolan. Hier kann man nicht nur wunderbar Pager Käse kaufen, sondern findet auch einige der besten traditionellen Restaurants der Insel.

Schlafen & Essen

Camping Šimuni CAMPING €
(☎023-697 441; www.camping-simuni.hr; Šimuni bb; Camping pro Erw./Kind/Stellplatz 68/44/113 Kn, Wohnmobil/Bungalow ab 743 Kn; P ❄) Dieser große Komplex in einer schönen Bucht mit Kiesstrand, der etwa 12 km von Pag (Stadt) in Richtung Novalja liegt, hat ein tolles Flair und bietet viele Aktivitäten an. Alle Nahverkehrsbusse halten hier.

★**Konoba Figurica** DALMATISCH €€
(Figurica 11, Kolan; Hauptgerichte 50–160 Kn; ⌚12–22 Uhr) Das rustikale Restaurant hat eine große, von Olivenbäumen umgebene Terrasse und liegt gleich unterhalb der unteren Straße durch Kolan. Am besten teilt man sich einen Käseteller mit Pager Käse und bestellt danach den köstlichen gegrillten Tintenfisch oder in der *peka* gebratenes Lamm.

Konoba Nono DALMATINISCHN €€
(☎023-698 059; http://konobanono.com; Rudina 1, Kolan; Hauptgerichte 45–120 Kn; ⌚Mai–Sept. 11–23 Uhr) Wer einen Platz auf der von einer Steinmauer umgebenen Terrasse vor dem Haus ergattert hat, kann sich leckere traditionelle Hausmannskost nach dalmatischer Art schmecken lassen. Pager Käse und Lamm nehmen auf der Speisekarte viel Platz ein, Pasta und gegrillter Fisch finden sich aber ebenfalls.

Novalja & Umgebung

3670 EW.

In einem Land voller schläfriger Ferienorte tanzt Novalja aus der Reihe. In den Bars und

Clubs geht es nachts so wild zu, wie es in Kroatien kaum wilder geht, und daher zieht es viele jüngere Gäste hierher. Je nachdem, ob man unter oder über 35 ist, ist man hier im Paradies oder in der Hölle. Die Kultur beschränkt sich auf die lärmige Clubszene am nahe gelegenen Strand Zrće, historische Sehenswürdigkeiten gibt es nicht. Dafür herrscht auf der Promenade Leben, und in der Nähe gibt es schöne Strände. Im Winter verwandelt sich Novalja wieder in ein angenehm verschlafenes Nest.

Feste & Events

Hideout MUSIK

(www.hideoutfestival.com; Ende Juni–Anfang Juli) Während dieses Festivals, das Zrće auf die Landkarte der Elektronischen Tanzmusik (Electronic Dance Music; EDM) gesetzt hat, übernehmen Ende Juni/Anfang Juli die Bars und Clubs den Strand. Bekannte DJs geben sich die Ehre, und mehrere Nächte lang ist der Teufel los.

Fresh Island MUSIK

(www.fresh-island.org; Ende Juli) Das Fresh Island bezeichnet sich selbst als „Europe's #1 Beach Hip-Hop Festival" und findet Ende Juli drei Abende lang in den Clubs Papaya und Aquarius am Strand Zrće statt. Zu den Headlinern zählten in der Vergangenheit Größen wie Rick Ross, Method Man und Redman.

Sonus MUSIK

(www.sonus-festival.com; Mitte Aug.) Mitte August dreht sich am Strand Zrće fünf Tage und Nächte alles um EDM. In der Vergangenheit waren Musiker wie John Digweed und Laurent Garnier dabei.

Schlafen & Essen

Die besten Unterkünfte liegen fast alle etwas außerhalb des Ortszentrums. Während der Partysaison im Sommer ist es unheimlich schwer, eine Unterkunft zu finden, besonders wenn die großen Events stattfinden, darum sollte man für diese Zeit unbedingt im Voraus buchen.

In Novalja gibt es zahlreiche Lokale, die für die vielen ausländischen Backpacker und Clubber sorgen, darunter eine amerikanische Burger-Bar, ein mexikanisches Restaurant und viele Läden, die stückweise Pizza verkaufen. Wer Lust auf denkwürdigeres Essen hat, setzt sich besser ins Auto (so vorhanden) und fährt nach Boškinac oder Kolan.

Big Yellow Hostel HOSTEL €

(09 23 083 668; www.bigyellowhostel.com; Lokunje 1; B/Zi. ab 230/460 Kn; P @) Dies ist das beste einer Reihe neuer Hostels, die auf das junge Partyvolk zugeschnitten sind. Es bietet eine nette Atmosphäre, kostenloses Frühstück und schlichte Vier- bis Sechsbettzimmer, einige davon mit Balkon und tollem Meerblick. Das Ganze ist nichts Schickes, doch es erfüllt seinen Zweck.

Barbati HOTEL €€

(091 12 11 233; www.barbati.hr; Vidalići 39; Zi./Apt. ab 60/130 €; P @) Gegenüber vom Zrće (man hört den Lärm in der Ferne) auf der anderen Seite der Bucht und ca. 6 km von Novalja entfernt liegt dieses schicke kleine Hotel. Es hat schön gestaltete Zimmer, einen winzigen Pool und eine attraktive Bar mit Restaurant am Ufer.

★ **Boškinac** HOTEL €€€

(053-663 500; www.boskinac.com; EZ/DZ 1125/1275 Kn; P @) Das wunderbare kleine Weingut-Hotel, mit Abstand das eleganteste Fleckchen der Insel zum Übernachten, Essen und Ausgehen, hat acht riesige Zimmer und drei Suiten in idyllischer ländlicher Umgebung inmitten von Weinreben. Auch wer hier nicht übernachtet, sollte vorbeischauen, um den Wein zu probieren (Weinkeller geöffnet 12–13 Uhr) und im renommierten Restaurant zu essen (Hauptgerichte 70–160 Kn).

Der Cabernet-Merlot-Verschnitt ist hervorragend, zudem ist dies das einzige Weingut der Welt, das den Gegić-Wein herstellt. Diese Rebsorte stammt von der Insel und ergibt einen eleganten Weißwein. Das Weingut liegt etwa 3 km nördlich von Novalja; man folgt einfach den Schildern in Richtung Stara Novalja.

Luna HOTEL €€€

(053-654 700; www.lunaislandhotel.com; Jakišnica bb; Zi. ab 1381 Kn; P @) Eine gute Option für einen Urlaub am Pool ist dieses weitläufige, moderne Hotel am nördlichen Ende der Insel, 14 km von Novalja entfernt. Die Zimmer sind groß, und es gibt mehrere Pools sowie ein Spa.

Ausgehen & Nachtleben

Der Strand Zrće, der 3 km südöstlich von Novalja liegt, erhebt den Anspruch, das Ibiza Kroatiens zu sein. Anders als auf Ibiza aber befinden sich die Clubs und Bars direkt am Strand, und was die Zahl und Größe angeht, hat Zrće noch einen langen Weg vor sich. Im Prinzip gibt es drei Hauptclubs und einige Bars, die sich dazwischen verteilen. Alle öffnen Ende Juni und schließen spätestens Mitte September. Die Eintrittspreise hängen sehr von den Events ab: Zu Saisonbeginn ist der Eintritt abends normalerweise frei, während er Mitte August bis zu 35 € betragen kann, wenn berühmte DJs auftreten.

Der Strand selbst ist eine malerische, 1 km lange baumlose Bucht mit Kieseln und Blick auf einen trockenen Streifen des Ostteils der Insel, hinter dem hohe Berge aufragen. Sonnenschirme kann man sich ausleihen. Hier kann man wunderbar schwimmen, allerdings stört das Geräusch der Jet-Skis (deren Benutzung auf einige Abschnitte begrenzt ist).

Papaya CLUB

(www.papaya.com.hr; ⌚10–6 Uhr) Das Zentrum der Partyszene am Zrće ist das Papaya, das vom *DJ Mag* 2014 unter den besten Clubs der Welt auf Platz 23 gewählt wurde und Palmen, Wasserfälle und eine Art Muscheldach über der Tanzfläche aufbietet. Wenn viel los ist, drängen sich 5000 Gäste auf den Terrassen des Clubs.

Kalypso CLUB

(www.kalypso-zrce.com; ⌚10–6 Uhr) Das Kalypso ist der coolste Club am Zrće. Es liegt in einer Bucht am Nordende des Strandes und hat unzählige Bars, die Cabañas ähneln und von Palmen umgeben sind. Tagsüber kann man auf den Liegen am kleinen Pool chillen, nach Einbruch der Dunkelheit trifft sich hier zum Deep-House-Mix der DJs ein schickes Publikum.

Aquarius CLUB

(www.aquarius.hr) Das Aquarius, unter den besten Clubs der Welt (dem *DJ Mag* zufolge) auf Platz 82, ist riesig und bietet coole Nischen, tolle Ausblicke und einen verglasten Bereich.

ℹ Praktische Informationen

Aurora (☎053-663 493; www.aurora-novalja.com; Slatinska 9; ⌚9–20 Uhr) Gut organisierte Agentur, die Ferienapartments und Zimmer vermittelt sowie Ausflüge anbietet.

Sunturist (☎053-661 211; www.sunturist.hr; Silvija Strahimira Kranjčevićeva bb) Bucht Privatunterkünfte und Exkursionen.

Touristeninformation (☎056-661 404; www.tz-novalja.hr; Trg Brišćić 1; ⌚Juni–Sept. 8–20 Uhr, Okt.–Mai 8–15 Uhr) Hat kostenlose Karten und Fahrpläne für die Busse und Fähren.

ZADAR

75 100 EW.

Mit seiner historischen Altstadt auf einer kleinen Halbinsel, die voller mittelalterlicher Kirchen, römischer Ruinen, kosmopolitischer Cafés und ausgezeichneter Museen steckt, ist Zadar eine faszinierende Stadt. Es ist weder zu überfüllt noch zu touristisch, und die beiden Hauptattraktionen, das akustische Spektakel der Meeresorgel und das visuelle des Kunstwerks *Gruß an die Sonne*, muss man einfach gehört bzw. gesehen haben.

Zadar ist zwar kein perfektes Postkartenidyll, doch gerade die Mischung aus antiken Überbleibseln, Habsburger Eleganz, der Lage am Meer und hässlichen Hochhäusern verleiht ihm so viel Charakter. Zadar ist kein zweites Dubrovnik, aber es ist eben auch keine Museumsstadt – dies ist eine lebendige, dynamische Stadt, die Einwohner und Besucher gleichermaßen lieben.

Zadar fungiert auch als Verkehrsknotenpunkt mit ausgezeichneten Fährverbindungen zu den Inseln der Region und nach Italien.

Geschichte

Zadar war bereits im 9. Jh. v. Chr. vom illyrischen Stamm der Liburner bewohnt. Im 1. Jh. v. Chr. war es eine kleinere römische Kolonie. Im 6. und 7. Jh. n. Chr. siedelten hier Slawen, und schließlich geriet Zadar unter die Herrschaft der kroatisch-ungarischen Könige.

Der Aufschwung der Macht Venedigs Mitte des 12. Jhs. wurde erbittert bekämpft; in den folgenden 200 Jahren gab es eine Reihe von Volksaufständen, doch schließlich erwarb Venedig 1409 die Stadt zusammen mit ganz Dalmatien.

Häufige Kriege zwischen Venedig und den Türken führten im 16. Jh. zum Bau der berühmten Stadtmauer von Zadar, die teilweise auf den Ruinen früherer römischer Befestigungsanlagen errichtet wurde. Als Venedig 1797 fiel, geriet die Stadt an österreichische Machthaber, die die Stadt mithilfe der städtischen italienisierten Aristokratie verwalteten. Der italienische Einfluss hielt bis ins 20. Jh. an, denn gegen Ende des Ersten Weltkriegs eroberten die Italiener die Stadt (die sie Zara nennen), und mit dem Vertrag von Rapallo wurde sie 1920 offiziell Italien zugeschlagen.

Als Italien 1943 vor den Alliierten kapitulierte, wurde die Stadt von den Deutschen

Zadar

besetzt und dann von den Alliierten total zerbombt – fast 60% der Altstadt wurden zerstört. Nach dem Krieg wurde die Stadt dem Originalstraßenplan entsprechend wieder aufgebaut.

Im November 1991 wiederholte sich die Geschichte, als Zadar drei Monate lang von jugoslawischen Raketen beschossen wurde. Heute sind jedoch fast alle Wunden des Krieges beseitigt, und Zadar hat sich zu einer der dynamischsten Städte Kroatiens entwickelt.

Sehenswertes

Landtor TOR

(Kopnena vrata; Ante Kuzmanića bb) Das kunstvollste Stadttor ist auch am schönsten gelegen – gegenüber einer geschützten kleinen Marina. Das 1543 erbaute Tor ist im Stil der Renaissance dekoriert, u.a. mit Reliefs des hl. Chrysogonus (des Schutzheiligen der Stadt) auf einem Pferd und dem venezianischen geflügelten Löwen.

Fünf-Brunnen-Platz PLATZ

(Trg Pet Bunara) Dieser 1574 an der Stelle eines früheren Burggrabens erbaute Platz ist nach den fünf Brunnen benannt, die Zadar bis 1838 mit Wasser versorgten. In der benachbarten Bastei befindet sich der Königin-Jelena-Madijevka-Park, ein hübscher kleiner Garten mit schattigen Pfaden und schöner Aussicht von den Festungsmauern.

Kirche Sankt Simeon KIRCHE

(Crkva Sv Šime; Poljana Šime Budinića bb; Mai–Okt. Mo–Fr 8.30–12 & 17–19, Sa 8.30–12 Uhr) Schon die Fassade dieser Barockkirche aus dem 17. Jh. ist sehr schön, doch wirklich bemerkenswert ist, was sich im Inneren verbirgt. Den Ehrenplatz über dem Hauptaltar nimmt der Sarkophag des hl. Simeon ein, ein Meisterwerk mittelalterlicher Goldschmiedearbeit. Der 1377 in Auftrag gegebene Sarg besteht aus Zedernholz und ist innen und außen mit fein gearbeiteten vergoldeten Silberreliefs bedeckt.

Zadar

Sehenswertes

1 Archäologisches Museum ... C2
2 Kirche Sankt Donatus ... B2
3 Fünf-Brunnen-Platz ... D4
4 Franziskanerkloster ... A2
5 Landtor ... D4
6 Museum für antikes Glas ... D3
7 Museum für sakrale Kunst ... C2
8 Volksplatz ... C3
9 Römisches Forum ... B2
10 Seetor ... C2
11 Meeresorgel ... A1
12 Domkirche der hl. Anastasia ... B2
13 Kirche Sankt Simeon ... D3
14 Gruß an die Sonne ... A1

Schlafen

15 Art Hotel Kalelarga ... C3
16 Hotel Bastion ... B1

Essen

17 Foša ... D4
Gourmet Kalelarga ... (siehe 15)
Kaštel ... (siehe 16)
18 Kornat ... B1
19 Pet Bunara ... D4
20 Markt ... D2

Ausgehen & Nachtleben

21 Galerija Đina ... C3
22 Garden ... B1
23 Kavana Lovre ... C3
24 Kult Caffe ... C3
25 La Bodega ... C3
26 Ledana ... D4
27 Zodiac ... C4

Unterhaltung

28 Arsenal ... B1
29 Kroatisches Nationaltheater ... C3

Das mittlere Relief zeigt die Darstellung Jesu im Tempel und ist eine Kopie von Giottos Fresko in der Cappella dell'Arena im italienischen Padua. Andere Reliefs stellen Szenen aus dem Leben des Heiligen sowie König Ludwigs Besuch in Zadar dar. Auf dem Sargdeckel ist der liegende Simeon zu sehen.

Museum für antikes Glas — MUSEUM

(Muzej antičkog stakla; www.mas-zadar.hr; Poljana Zemaljskog Odbora 1; Erw./erm. 30/10 Kn; ⏲ Mai–Sept. Mo–Sa 9–21 Uhr, Okt.–April Mo–Sa 9–16 Uhr) Es ist schon erstaunlich, dass ein so zerbrechliches Material wie Glas die Erdbeben und Kriege, die diese Region im Lauf der Jahrtausende erschüttert haben, überlebt hat, doch dieses eindrucksvolle Museum zeigt Tausende Objekte aus Glas: Kelche, Gläser, Schmuck und Amulette. Viele der größeren Glasurnen wurden von der hiesigen römischen Nekropole (Friedhof) geborgen, sie enthielten die Asche von Verstorbenen. Das Design des Museums ist grandios, große beleuchtete Vitrinen und ätherische Musik verstärken das Erlebnis noch.

Volksplatz — PLATZ

(Narodni trg) Aus den viele Café-Bars an diesem hübschen kleinen Platz, der traditionell das Zentrum des öffentlichen Lebens Zadars ist, erklingt zu jeder Tageszeit Stimmengewirr. Die Westseite wird von der 1562 erbauten **Stadtwache** aus der späten Renaissance beherrscht; der Glockenturm wurde 1798 unter österreichischer Verwaltung angebaut. Von der gegenüberliegenden **Loggia** aus dem Jahr 1565, in der heute Kunstausstellungen gezeigt werden, wurden öffentliche Bekanntmachungen und Urteile verkündet.

Archäologisches Museum — MUSEUM

(Arheološki Muzej; www.amzd.hr; Trg Opatice Čike 1; Erw./erm. 30/15 Kn; ⏲ Juni–Sept. 9–21 Uhr, Okt.–Mai Mo–Sa 9–14 Uhr) Eine Vielzahl prähistorischer, antiker und mittelalterlicher Relikte, hauptsächlich aus Zadar und Umgebung, erwartet Besucher in diesem faszinierenden Museum. Zu den Highlights zählen eine 2,5 m hohe Marmorstatue von Augustus aus dem 1. Jh. und ein Modell des originalen antiken Forums.

Museum für sakrale Kunst — MUSEUM

(Trg Opatice Čike bb; Erw./erm. 20/10 Kn; ⏲ Mo–Sa 10–13 & 18–20, So 10–13 Uhr) Das beeindruckende Museum im Benediktinerkloster zeigt eine schöne Sammlung von Reliquien, Skulpturen, Textilien und Gemälden. Besonders bemerkenswert sind die Werke der venezianischen Meister Paolo Veneziano und Vittore Carpaccio.

Römisches Forum — RUINEN

(Zeleni trg) Eines der faszinierendsten Erlebnisse Zadars sind die römischen Ruinen, die sich scheinbar willkürlich in den Straßen der Stadt erheben. Dies ist nirgends so auffällig wie an der Stelle des antiken Forums, das zwischen dem 1. Jh. v. Chr. und dem 3. Jh. n. Chr. gebaut wurde. Wie zu Zeiten der Römer ist es noch heute das Zentrum des öffentlichen und religiösen Lebens und wird an einer Seite von der Kirche Sankt Donatus beherrscht.

Zwischen den Ruinen der Tempel und Kolonnaden steht eine intakte römische Säule, die im Mittelalter als Schandpfahl diente, an dem Übeltäter angekettet und öffentlich gedemütigt wurden. In unmittelbarer Nähe stehen mehrere römische Überreste, darunter Altäre mit Reliefs der mythischen Gestalten Jupiter Ammon und Medusa. Ganz oben sieht man die Aushöhlungen, die für Blutopfer benutzt wurden. Man nimmt an, dass sich hier ein Tempel aus dem 1. Jh. v. Chr. befand, der Jupiter, Juno und Minerva geweiht war.

Kirche Sankt Donatus — KIRCHE

(Crkva Sv Donata; Šimuna Kožičića Benje bb; Eintritt 15 Kn; ⏲ Mai–Sept. 9–21 Uhr, Okt.–April 9–16 Uhr) Diese ungewöhnliche runde Kirche im byzantinischen Stil, die Anfang des 9. Jhs. erbaut wurde, ist nach dem Bischof benannt, der sie errichten ließ. Als einer von nur ganz wenigen Bauten aus dem frühen kroatischen Königreich, die die Invasion der Mongolen im 13. Jh. überdauert haben, ist sie ein besonders bedeutendes Kulturdenkmal. Im einfachen, schmucklosen Inneren befinden sich zwei vollständige römische Säulen, die aus dem Forum stammen. Auch die Bodenplatten, die zum Vorschein kamen, nachdem der Originalfußboden entfernt wurde, kommen aus dem Forum.

Die Kirche wird seit etwa 200 Jahren nicht mehr als Gotteshaus genutzt und dient heute oft als Konzertsaal.

Domkirche der hl. Anastasia — KATHEDRALE

(Katedrala Sv Stošije; Trg Sv Stošije; ⏲ Mo–Fr 6.30–19, Sa 8–9, So 8–9 & 18–19 Uhr) Zadars Domkirche wurde im 12. und 13. Jh. erbaut. Hinter der aufwendig verzierten Fassade verbirgt sich das dreischiffige Innere mit Resten von Fresken in den Seitenapsiden. Während des Zweiten Weltkriegs erlitt die Kathedrale schwere Beschädigungen durch Bomben, wurde seitdem aber rekonstruiert. Auf dem Altar in der linken Apsis befindet sich ein Marmorsarkophag mit den Überresten der hl. Anastasia, und im Chor steht ein aufwendig mit Schnitzereien verziertes Chorgestühl. Wenn die Kirche geschlossen ist, kann man durch ein gläsernes Vestibül einen Blick in die Kirche hineinwerfen.

Vom **Glockenturm** (Eintritt 15 Kn; ⏲ Mo–Sa 9–22 Uhr) hat man einen schönen Blick auf die Altstadt.

Franziskanerkloster — KLOSTER

(Franjevački Samostan; www.svetifrane.org; Trg Sv Frane 1; Erw./Kind 10/5 Kn; ⏲ 9–18 Uhr) Der Eintrittspreis für dieses historische Kloster ermöglicht auch den Zugang zu einem hübschen Renaissancekreuzgang, zur gotischen Kirche (die älteste ihrer Art in Dalmatien, 1280 geweiht) und zur Sakristei, in der 1358 ein Vertrag unterzeichnet wurde, in dem Venedig seine Rechte an Dalmatien an den kroatisch-ungarischen König Ludwig I. abtrat.

Zu den Highlights der Sakristei gehören ein bemaltes Holzkruzifix aus dem 12. Jh., ein Polyptychon aus dem 15. Jh. von der Insel Ugljan und ein Gemälde von Jacopo Bassano aus dem 16. Jh., das den toten Christus zeigt.

Meeresorgel — MONUMENT

(Morske orgulje; Istarska Obala) Zadars unglaubliche Meeresorgel des einheimischen Architekten Nikola Bašić ist einzigartig. In den mit Öffnungen versehenen Steinstufen, die hinunter zum Meer führen, verbirgt sich ein System aus Flöten und Orgelpfeifen, das wehmütige Töne erzeugt, wenn durch die Bewegung des Meeres Luft durchgedrückt wird. Das Ergebnis ist hypnotisierend. Die lieblichen Töne werden lauter, wenn ein Boot oder eine Fähre vorbeikommen. An den Stufen an der Promenade kann man schwimmen gehen und dabei dem Klang der Meeresorgel lauschen.

Gruß an die Sonne — MONUMENT

(Pozdrav Suncu; Istarska Obala) Auch dieses verrückte, wundervolle Kunstwerk ist eine Schöpfung von Nikola Bašić: Ein ins Pflaster eingelassener, 22 m großer Kreis ist mit 300 mehrschichtigen Glasplatten belegt, die im Lauf des Tages das Sonnenlicht einfangen. Zum Klang der Meeresorgel, der von der Wellenenergie erzeugt wird, produzieren sie von Sonnenuntergang bis Sonnenaufgang eine psychedelische Lichtshow, die das Sonnensystem simulieren soll. Außerdem wird soviel Energie erzeugt, dass damit die gesamte Beleuchtung der Hafenpromenade betrieben wird.

Jeden Abend wimmelt es hier nur so von Touristen, aufgeregten Kindern und Einheimischen, vor allem zum Sonnenuntergang, wenn der wunderbare Blick aufs Meer und der beleuchtete Boden einen spektakulären Anblick ergeben.

Seetor — TOR

(Morska vrata; Poljana Pape Aleksandra III bb) Dieses Richtung Hafen weisende Tor, das auch Tor des hl. Chrysogonus (Vrata Sv Krševana) genannt wird, wurde 1573 erbaut und ist mit den venezianischen Löwen und Teilen eines römischen Triumphbogens verziert. Die Inschrift erinnert an die Schlacht von Lepanto im Jahr 1571, als die Osmanische Flotte vor Westgriechenland besiegt wurde.

Aktivitäten

An der Küstenpromenade südlich der Altstadt gibt es einen **Badebereich** mit Sprungbrettern, einem kleinen Park und einem Café. Vom Landtor folgt man zunächst der Straße, die eine Kurve nach rechts macht und dann der Kralja Dmitra Zvonimira. Die von Kiefern und kleinen Parks gesäumte Promenade führt zu einem Strand vor dem Hotel Kolovare und schlängelt sich dann noch etwa 1 km an der Küste entlang.

Geführte Touren

Reisebüros in der Stadt bieten **Bootsausflüge** zur Telašćica-Bucht und zu den schönen Kornaten an, die in der Regel das Mittagessen und eine Badepause am Meer oder an einem Salzsee beinhalten. Man kann an der Liburnska Obala (wo die Ausflugsboote ankern) herumfragen oder sich ans Reisebüro Aquarius (S. 198) wenden. Auch organisierte Touren zu den Nationalparks Paklenica, Krka und Plitvice sind sehr beliebt; so kommen Besucher problemlos zu den Parks, ohne sich um die Verkehrsmittel Sorgen machen zu müssen.

Feste & Events

St. Donatus Musical Evenings MUSIK
(Glazbene večeri u Sv Donatu; www.donat-festival.com; Juli & Aug.) Klassische Konzerte mit bekannten Künstlern aus der ganzen Welt in der Kirche Sankt Donatus.

Zadar Dreams THEATER
(Zadar Snova; www.zadarsnova.hr; Anfang Aug.) Einwöchiges internationales Festival des modernen Theaters, das Anfang August stattfindet.

Full Moon Festival KULTUR
(Noć Punog Miseca; Aug.) Zu diesem Festival in der Vollmondnacht im August sind die Uferpromenaden der Stadt mit Fackeln und Kerzen beleuchtet, Stände verkaufen lokale Delikatessen, und die Boote an den Kais verwandeln sich in einen schwimmenden Fischmarkt.

Schlafen

Direkt in der Altstadt gibt es nur wenige Unterkünfte, aber viele in der Stadt ringsum. 1,5 km von der Altstadt entfernt im Vorort Arbanasi, der Heimat der jahrhundertealten albanischen Gemeinschaft, haben mehrere großartige Hostels eröffnet. Die Lage in der Nähe des Strandes und nur 20 Gehminuten vom Landtor entfernt ist sehr günstig.

Die meisten Besucher übernachten in der „Touristensiedlung" Borik, an der Küste entlang 4 km nördlich der Altstadt. Es sind zwar von hier aus gut 40 Gehminuten bis ins Zentrum, doch dafür kann man hier gut baden, und es gibt eine nette Promenade und viel Grün.

Altstadt

★ **Art Hotel Kalelarga** HOTEL €€€
(023-233 000; www.arthotel-kalelarga.com; Majke Margarite 3; EZ/DZ/Suite 1360/1660/2580 Kn;) Das Boutiquehotel mit zehn Zimmern, das wegen seiner Lage in der Altstadt unter strengen Denkmalschutzauflagen entworfen und gebaut wurde, ist von zurückhaltender, luxuriöser Schönheit. Das unverputzte Mauerwerk und die Brauntöne verleihen den großen Zimmern jede Menge Stil und Atmosphäre.

Hotel Bastion HOTEL €€€
(023-494 950; www.hotel-bastion.hr; Bedemi Zadarskih Pobuna 13; EZ/DZ/Suite ab 1560/1900/2490 Kn; P) Das auf den Ruinen einer venezianischen Festung erbaute Bastion strahlt viel Charakter und Eleganz aus. Die 23 Zimmer und fünf Suiten kombinieren das klassische Flair des frühen 20. Jhs. mit moderner Zweckmäßigkeit. Zum Hotel gehören ein erstklassiges Restaurant und ein Spa im Keller.

Arbanasi

★ **Drunken Monkey** HOSTEL €
(023-314 406; www.drunkenmonkeyhostel.com; Jure Kastriotica Skenderbega 21; B/Zi. ab 193/500 Kn; @) In einem Vorstadtviertel versteckt sich dieses freundliche kleine Hostel mit bunten Zimmern, einem kleinen Pool, einem Grill für Gäste und einer insgesamt tollen Atmosphäre. Es verleiht auch Fahrräder (pro Std./Tag 20/80 Kn).

Wild Fig HOSTEL €
(023-302 351; www.thewildfighostel.com; Uvala Bregdetti 14c; B/Zi. 150/480 Kn; April–Mitte Nov.; P@) Das gesellige Hostel, das von einem charmanten australisch-britischen Duo geführt wird, hat schöne Zimmer, eine Gästeküche und eine coole Terrasse voller

Hängematten. Im Sommer kann man sich kostenlose Feigen, Maulbeeren und Pfirsiche schmecken lassen. Das Hostel kann Shuttles zu den Nationalparks Plitvicer Seen und Krka arrangieren (250 Kn).

Borik

Apartmani Petra APARTMENTS €€

(☎091 20 06 501; www.apartman-petra.com; Roberta Frangeša Mihanovića 63; Apt. 420–595 Kn; P ❄ 📶) Dieser Apartmentblock in einem zusammengewürfelten Häufchen von Ferienhäusern auf einem Hügel (nicht weit vom Strand, aber einen ordentlichen Fußmarsch von der Altstadt entfernt) ist ein echtes Juwel. Die Apartments sind sauber, ruhig und sicher, und die Gastgeberin ist von überströmender Herzlichkeit.

Hotel Adriana HOTEL €€€

(☎023-555 600; www.adriana.falkensteiner.com; Majstora Radovana 7; Zi. ab 1690 Kn; ⏲Mitte Mai–Okt.; P ❄ @ 📶 ≋) Das Herzstück dieses (im Gegensatz zu seiner Schwesterfiliale) auf Erwachsene ausgerichteten gehobenen Hotels ist eine stattliche Villa aus dem 19. Jh., die in einem schattigen Garten steht, der sich bis ans Meer zieht. Die Zimmer im Erweiterungsbau aus den 1960er-Jahren sind gut ausgestattet. Halbpension ist im Preis enthalten.

Club Funimation Borik RESORT €€€

(☎023-555 600; www.borik.falkensteiner.com; Majstora Radovana 7; EZ/DZ all inclusive ab 143/226 €; P ❄ @ 📶 ≋) Familien sind in diesem Strandhotel mit *All inclusive*-Pauschalen und einem beeindruckenden Poolkomplex gut aufgehoben. Die Kleinen können ihr eigenes „Falky Land" erkunden, während Mama und Papa das herausragende Spa und Fitnesscenter nutzen. Die Zimmer sind sehr groß und die Suiten prunkvoll.

Hotel Niko HOTEL €€€

(☎023-337 888; www.hotel-niko.hr; Obala Kneza Domagoja 9; EZ/DZ 100/140 €; P ❄ 📶) Die großen Zimmer in diesem kleinen, freundlichen, familiengeführten Hotel sind mit farbenfrohen Teppichen und hochwertigen Möbeln ausgestattet. Alle bieten Balkone und einige einen schönen Blick über die Adria in Richtung Altstadt.

Villa Hrešć HOTEL €€€

(☎023-337 570; www.villa-hresc.hr; Obala Kneza Trpimira 28; EZ/DZ/Apt. ab 650/850/1290 Kn; P ❄ 📶 ≋) Der attraktive Komplex in einem eleganten Neubaublock bietet von seinem Garten am Meer einen frontalen Blick auf die Altstadt. Einige Zimmer haben große Terrassen. Das Haus liegt auf halbem Weg zwischen der Altstadt und Borik, zu Fuß sind es von der Fußgängerbrücke etwa 20 Minuten an der Küstenpromenade entlang.

Essen

Markt MARKT €

(Zlatarska; ⏲7–13 Uhr) Einer der besten traditionellen Märkte Kroatiens mit saisonalen, regionalen Produkten zu günstigen Preisen: saftige Wassermelonen und Orangen, Schinken und Pager Käse.

ABSTECHER

UGLJAN

Die Insel Ugljan ist von Zadar aus bequem mit der Fähre erreichbar und bei Einheimischen ein beliebtes Ausflugsziel. Viele in Zadar Arbeitende wohnen auf der grünen Insel, mit über 6000 Einwohnern ist sie dicht besiedelt. An den Sommerwochenenden ist Ugljan sehr gut besucht. Die Insel ist zwar von einigen Wäldern bestanden, aber es dominiert die Macchia. Es gibt Kiefernhaine und Kulturland mit Gemüsegärten, Ölbäumen und Weinbergen. Die Ostküste ist am dichtesten besiedelt, sie besitzt auch die beste Infrastruktur der Insel; der Westen ist dagegen noch ziemlich unberührt.

Der Inselhafen mit zwei kleinen Hafenbecken und einem Fähranleger heißt **Preko** und liegt direkt gegenüber von Zadar. Hier gibt es zwar einen Stadtstrand, aber den besseren Strand findet man auf der Insel **Galovac**, nur 80 m vom Stadtzentrum entfernt. Galovac ist winzig, dafür ungemein schön und bewaldet; außerdem steht hier ein Franziskanerkloster aus dem 15. Jh. Wer mit einem Mietwagen unterwegs ist, kann auch das **Dorf Ugljan** an einer Bucht mit Sandstrand, das Fischerdorf **Kali** und die mit Kiefern und Zypressen bewachsene Insel **Ošljak** besuchen.

Jadrolinija betreibt ganzjährig eine Autofähre zwischen Zadar und Preko (Erw./Kind/Auto 18/9/103 Kn; 25 Min.; 11- bis 17-mal tgl.).

★ Kaštel
MEDITERRAN €€

(☎ 023-494 950; www.hotel-bastion.hr; Bedemi Zadarskih Pobuna 13; Hauptgerichte 80–160 Kn; ⏲ 7–23 Uhr) Das Nobelrestaurant des Hotels Bastion offeriert moderne Versionen traditioneller kroatischer Cuisine (Tintenfischeintopf, gefüllter Kalmar, Pager Käse). Auch französische und italienische Einflüsse sind unübersehbar, besonders in der Reihe köstlicher Desserts. Gäste können drinnen an mit weißen Tischtüchern gedeckten Tischen speisen oder auf den Befestigungsanlagen mit Hafenblick.

★ Pet Bunara
DALMATISCH €€

(☎ 023-224 010; www.petbunara.hr; Stratico bb; Hauptgerichte 75–145 Kn; ⏲ 11–22.30 Uhr) In diesem stimmungsvollen Lokal mit unverputzten Wänden im Inneren und einer hübschen, von Olivenbäumen gesäumten Terrasse kann man sich dalmatische Suppen und Eintöpfe, hausgemachte Pasta und regionale Spezialitäten wie Tintenfisch und Pute schmecken lassen. Man sollte aber unbedingt noch Platz für ein Stück traditionellen Feigenkuchen nach Art Zadars oder für Kirschtorte lassen.

Kornat
MEDITERRAN €€

(☎ 023-254 501; www.restaurant-kornat.com; Liburnska Obala 6; Hauptgerichte 50–135 Kn; ⏲ 12–24 Uhr) Das elegante Restaurant in Top-Lage am Hafen ist eines der besten in ganz Zadar. Es ist mit viel poliertem Holz ausgeschmückt und hat eine schmale überdachte Terrasse. Die Köche in der Küche kombinieren frische kroatische Produkte mit reichhaltigen französischen Saucen und vielen italienischen Elementen.

Restaurant Niko
SEAFOOD €€

(☎ 023-337 888; www.hotel-niko.hr; Obala Kneza Domagoja 9; Hauptgerichte 58–170 Kn; ⏲ 12–24 Uhr) Dieses überaus beliebte Hotelrestaurant lohnt sich besonders wegen seines tollen gegrillten Fischs und der anderen Meeresfrüchte. Auf der Karte stehen aber auch Fleisch- und vegetarische Gerichte. Es ist die beste Option in Borik.

Gourmet Kalelarga
CAFÉ, DALMATISCH €€

(Široka 23; Frühstück 18–50 Kn, Hauptgerichte 76–128 Kn; ⏲ 7–22 Uhr) Das schicke kleine Café unter dem Art Hotel Kalelarga ist die beste Option, wenn man Appetit auf ein warmes Frühstück oder einen himmlischen Kuchen hat. Im Laufe des Tages verschiebt sich der Schwerpunkt auf herzhaftere dalmatische Gerichte.

Foša
SEAFOOD €€€

(☎ 023-314 421; www.fosa.hr; Kralja Dmitra Zvonimira 2; Hauptgerichte 85–230 Kn; ⏲ 12–1 Uhr) Mit der tollen Terrasse, die in den Hafen hineinragt, und der eleganten Inneneinrichtung, die alte Steinwände mit dem Stil des 21. Jhs. kombiniert, zeigt das Foša echte Klasse. Der Schwerpunkt liegt auf frischem Fisch aus der Adria, der gegrillt oder gebacken serviert wird.

🍷 Ausgehen & Nachtleben

Zadar hat eine lebendige und vielseitige Barszene, was den vielen Studenten zu verdanken ist. Im Viertel Varoš auf der Südwestseite der Altstadt gibt es viele interessante kleine Bar-Cafés, in denen sich kreative Typen treffen.

Garden
BAR

(www.watchthegardengrow.eu; Bedemi Zadarskih Pobuna bb; ⏲ Ende Mai–Okt. 10–1 Uhr) Die ausgesprochen coole kleine Kombination aus Bar, Club und Garten erinnert mit dem Hafenblick, den Liegen, den traulichen Alkoven, den wogenden Stoffen und der modernen elektronischen Musik schon sehr an Ibiza. Das gleiche Team managt auch das Garden Tisno.

La Bodega
WEINBAR

(www.labodega.hr; Široka 3; ⏲ So–Di 8–24, Mi–Sa bis 2 Uhr) Die moderne, exzentrische, semi-industrielle Einrichtung bildet die Kulisse einer der angesagtesten Bars Zadars. Hier gibt's eine gute Auswahl offener Weine und ein außergewöhnliches Angebot von Flaschenweinen, die zu einem Käse-und-Schinken-Teller am besten schmecken.

Zodiac
BAR

(Simana Ljubavca 2; ⏲ Mo–Sa 8–1.30, So 18–1.30 Uhr) In Zadars Hauptquartier der Künstler und Schriftsteller, Tagträumer und Macher in einer Seitenstraße trifft man viele interessante Typen. Auch die Musik ist ungewöhnlich: Indie, Rock, Ska, Reggae etc.

Galerija Đina
BAR

(Varoška 2; ⏲ 7–24 Uhr) Die Gäste der winzigen Bar in einer engen Gasse im Herzen der nächtlichen Szene in Varoš stehen abends bis auf die Straße. An den Wochenende geht es ansteckend laut und fröhlich zu.

Kult Caffe
BAR

(Stomorića 4; ⏲ So–Do 7.30–24, Fr & Sa bis 1.30 Uhr) Die riesige, von Sonnenschirmen beschattete Terrasse des Kult ist einer der wichtigsten Treffpunkte der Altstadt. Sie ist ideal, um nachmittags in Ruhe einen Kaffee zu trinken, oder auch, um sich auf einen wilden, feucht-fröhlichen Abend einzustimmen!

Ledana BAR, CLUB
(www.ledana.hr; Perivoj kraljice Jelene Madijevke; ⏲ Juni–Sept. 8–4 Uhr) Die tolle Lage des Ledana im Garten und die kitschige Musik sorgen dafür, dass man hier einen herrlich trashigen Abend erleben kann. Bei den Partynächten sind DJs, Tänzer und manchmal auch Livebands dabei. Wenn es draußen kühl ist, kann man sich einen Sitzplatz in der runden *ledana* (Eishaus) aus dem 19. Jh. schnappen.

Kavana Lovre CAFÉ
(Narodni trg 1; ⏲ 7.30–23 Uhr) Das Lovre am Volksplatz ist das perfekte Café für ein leichtes Frühstück mit Croissants, Cappuccino und einem Platz in der ersten Reihe, um die Atmosphäre im Herzen der Stadt zu erleben. Die Ruinen der Kirche des hl. Lorenz aus dem 12. Jh. an der Rückseite sorgen für besonderes Flair.

☆ Unterhaltung

Arsenal KONZERTSTÄTTE
(www.arsenalzadar.com; Trg Tri Bunara 1) Dieses riesige Hafenlagerhaus wird heute vor allem für Konzerte, Kunstaustellungen und private Feiern genutzt. Zum Arsenal gehören Bars und ein Restaurant. Auf der Website kann man nachschauen, ob etwas Interessantes los ist.

Kroatisches Nationaltheater THEATER
(Hrvatsko narodno kazalište; ☎ 023-314 552; www.hnk-zadar.hr; Široka 8) Dies ist Zadars führendes Theater.

ℹ Praktische Informationen

Aquarius Travel Agency (☎ 023-212 919; www.aquariuszadar.com; Nova Vrata bb) Bucht Privatunterkünfte und veranstaltet Ausflüge zu den Kornaten-Inseln (inkl. Essen & Getränke 300 Kn).

Krankenhaus (Opća Bolnica Zadar; ☎ 023-315 677; Bože Peričića 5)

Post (Šimuna Kožičića Benje 1; ⏲ Mo–Fr 7–20, Sa bis 13 Uhr)

Touristeninformation (☎ 023-316 166; www.tzzadar.hr; Mihe Klaića 5; ⏲ Mai–Sept. 8–23 Uhr, Okt.–April Mo–Fr 8–20, Sa & So 9–14 Uhr) Gibt einen guten farbigen Stadtplan aus und verleiht Audioguides (35 Kn) für die individuelle Stadtbesichtigung.

ℹ An- & Weiterreise

BUS

Der **Busbahnhof** (☎ 060 305 305; www.liburnija-zadar.hr; Ante Starčevića 1) liegt ca. 1 km südöstlich von der Altstadt.

Inländische Fahrziele sind u. a. Zagreb (ab 107 Kn, 3½ Std., stündl.), Pula (ab 200 Kn, 7 Std., 2-mal tgl.), Rijeka (ab 145 Kn, 4½ Std., 6-mal tgl.), Split (ab 80 Kn, 3½ Std., stündl.) und Dubrovnik (ab 264 Kn, 8 Std., 6-mal tgl.).

FLUGZEUG

Der **Flughafen Zadar** (☎ 023-205 800; www.zadar-airport.hr) liegt 12 km östlich vom Zentrum. Croatia Airlines fliegt von Zagreb und Pula nach Zadar. Außerdem gibt es internationale Flüge nach Brüssel, Dublin, London, Paris, München, Warschau und zu anderen Zielen.

SCHIFF/FÄHRE

Fähren von **Jadrolinija** (☎ 023-254 800; www.jadrolinija.hr; Liburnska Obala 7) halten direkt an der Altstadt. Die großen internationalen Fähren legen an der Istarska Obala an, die kleineren an der Liburnska Obala, wo sich auch das Fahrkartenbüro befindet. Von Juni bis September fahren wöchentlich sechs Autofähren ins italienische Ancona und zurück, im Juli und August sogar 14 pro Woche (Passagier/Auto ab 38/50 €).

Örtliche Fähre steuern u. a. Mali Lošinj (Erw./Kind/Auto 59/30/271 Kn, 6¾ Std., Juli & Aug. tgl.), Brbinj auf Dugi Otok (Erw./Kind/Auto 30/15/176 Kn, 1¼ Std., 2- bis 3-mal tgl.) und Preko auf Ugljan (Erw./Kind/Auto 18/9/103 Kn, 25 Min., 11- bis 17-mal tgl.) an. Außerdem fahren Katamarane für Fußgänger nach Božava auf Dugi Otok (40 Kn, 1¼ Std., 3-mal tgl.).

Die **G&V Line** (www.gv-line.hr) betreibt täglich drei Passagierfähren nach Dugi Otok, die sowohl in Sali (50 Min.) als auch in Zaglav (1 Std.) halten.

ZUG

Der **Bahnhof** (☎ 023-212 555; www.hznet.hr; Ante Starčevića 3) liegt neben dem Busbahnhof. Die einzige Direktverbindung sind die Züge von/nach Knin (56 Kn, 2¼ Std., 2-mal tgl.).

ℹ Unterwegs vor Ort

BUS

Die lokale Busgesellschaft **Liburnija** (www.liburnija-zadar.hr) betreibt zehn Buslinien, die alle über den Busbahnhof fahren. Karten kosten im Bus 10 Kn, am *tisak* (Zeitungskiosk) bekommt man zwei Fahrkarten für 15 Kn. Die Busse 5 und 8 (in der Regel mit „Puntamika" ausgeschildert) fahren regelmäßig von und nach Borik.

VOM/ZUM FLUGHAFEN

Die Busfahrten sind alle auf die Flüge von Croatia Airlines abgestimmt. Sie beginnen vor dem

Hauptterminal. Zum Flughafen fahren die Busse eine Stunde vor den Flügen ab der Altstadt (Liburnska Obala) und ab dem Busbahnhof (Bahnsteig 8) ab (25 Kn).

Ein Taxi in die Altstadt kostet etwa 140 Kn, nach Borik 170 Kn.

DUGI OTOK

1700 EW.

Dugi Otok, die größte Insel in der Region Zadar, wirkt wie von der Zeit vergessen und bietet viel relativ unberührte Naturschönheit. Der Name bedeutet „lange Insel", und tatsächlich ist die Insel, die sich von Nordwesten nach Südosten erstreckt, 43 km lang, aber nur 4 km breit. Die Südostküste prägen steile Hügel und Klippen, in der Nordhälfte befinden sich dagegen Weingärten, Obsthaine und Schafweiden. Dazwischen ragen mehrere Karstberge auf, darunter der Vela Straža, mit 338 m der höchste Punkt der Insel.

Gute Unterkünfte sind Mangelware; man hat die Wahl zwischen Privatunterkünften und einigen recht veralteten Urlaubsresorts. In den ersten drei Augustwochen, wenn massenhaft italienische Urlauber auf die Insel strömen, gibt es eine kurze touristische Hauptsaison.

Geschichte

Ruinen auf der Insel erzählen von den ersten Siedlungen der Illyrer, Römer und ersten Christen, doch schriftlich wird die Insel erst Mitte des 10. Jhs. erwähnt. Später war sie im Besitz der Klöster von Zadar. Die Siedlungen wuchsen mit den türkischen Angriffen im 16. Jh., als Zuwanderer aus anderen Küstenregionen hierherkamen.

Das Schicksal von Dugi Otok war lange Zeit eng mit dem von Zadar verbunden, das ja von Venedig an Österreich und schließlich Frankreich überging. Als jedoch Norddalmatien an das faschistische Italien von Mussolini fiel, blieb die Insel kroatisch. Ältere Inselbewohner erinnern sich noch an das harte Leben, als es medizinische Versorgung und die gesamte Verwaltung nur in Šibenik gab. Wer dorthin wollte, musste eine lange und beschwerliche Bootsfahrt die Küste entlang auf sich nehmen.

Begrenzender Faktor für die wirtschaftliche Entwicklung ist seit jeher der Trinkwassermangel: Das gesamte Trinkwasser muss aus Niederschlägen gewonnen oder per Boot von Zadar aus auf die Insel transportiert werden. Wie auf vielen Inseln Dalmatiens sank in den vergangenen Jahrzehnten auch auf Dugi Otok die Bevölkerungszahl – besonders die Jugend wandert ab. Heute leben hier nur noch die Alten und besonders hartgesottene Insulaner, die den trockenen Sommern und den eiskalten, von der Bora geprägten Wintern trotzen.

An- & Weiterreise

Jadrolinija (S. 198) betreibt täglich Fähren von Zadar nach Brbinj (Erw./Kind/Auto 30/15/176 Kn, 1¼ Std., 2- bis 3-mal tgl.) sowie Katamarane nur für Fußgänger nach Božava (40 Kn, 1¼ Std., 3-mal tgl.).

G&V Line (S. 198) hat täglich drei Passagierfähren ab Zadar, die sowohl in Sali (50 Min.) als auch in Zaglav (1 Std.) halten.

Unterwegs vor Ort

Die einzige Buslinie auf Dugi Otok ist zeitlich auf die Fährverbindungen zwischen Božava und Brbinj im Norden abgestimmt. In Sali und in Božava kann man Motorroller mieten.

Sali

740 EW.

Sali, die größte Stadt, ist verglichen mit den anderen Ortschaften, die sich auf der Insel verteilen, eine echte Metropole. Die Stadt, denen Name auf die heute nicht mehr betriebenen Salinen zurückgeht, wirkt etwas heruntergekommen und verwohnt. Der kleine Hafen wird von Fischerbooten genutzt und füllt sich im Sommer mit kleinen Passagierbooten und Jachten, die hier auf dem Weg zur Telašćica-Bucht und den Kornaten einen Zwischenstopp einlegen.

Sehenswertes

Naturpark Telašćica NATUR

(Park prirode Telašćica; www.telascica.hr; Eintritt 25 Kn) Südlich von Sali wird die Spitze von Dugi Otok durch die tief ins Land einschneidende Telašćica-Bucht zweigeteilt. Die Bucht ist mit fünf kleinen Inseln und fünf noch kleineren Inselchen gesprenkelt. Mit ihrem hervorragend geschützten azurblauen Wasser ist sie einer der größten, schönsten und unberührtesten Naturhäfen der Adria. Aus diesem Grund wird sie auch gern von Jachtkapitänen angesteuert.

Die Kornaten erstrecken sich bis fast an den Rand der Telašćica-Bucht, und die Topografie beider Inselgruppen ist identisch – kahler weißen Sandstein mit von Gebüsch bewachsenen Fleckchen. Die Westseite ist dem Meer zugewandt, dort haben der Wind und die Wellen bis zu 166 m hohe kahle Meeresklippen geschaffen. In diesem Teil von Dugi Otok gibt es keine Städte oder Siedlungen, nur ein paar Restaurants in Mir (Frieden) für die Segler.

Neben der Bucht Mir liegt der **Mir-See**, ein Salzsee, der durch unterirdische Kanäle, die durch den Kalkstein führen, mit dem Meer verbunden ist. Das Wasser des Sees, der von Kiefern gesäumt wird, ist klar und viel wärmer als das Meerwasser, doch der Grund ist schlammig. Wie es bei Schlamm an ungewöhnlichen Orten meist der Fall ist, soll er sehr gut für die Haut sein.

Von Sali aus wirkt der See zwar zum Greifen nah, doch er ist gar nicht so einfach zu erreichen. Wer ein Auto hat, nimmt die Asphaltstraße, die an den Rand der Bucht führt (4 km von Sali) und fährt weitere 5 km auf einer (teilweise nicht asphaltierten) Straße bis zu einem kleinen Parkplatz, von dort geht es zu Fuß bis zum Mir-See. Andernfalls erkundigt man sich bei Adamo Travel nach den Kleingruppentouren (50 Kn/Pers.), die direkt an den See heranfahren und auch den höchsten Punkt des Parks ansteuern. Am besten bucht man aber eine Bootstour (40 € inkl. Mittagessen), die um 9.30 Uhr in Sali beginnt und um 18.30 Uhr endet und auch Schwimm- und Schnorchelpausen beinhaltet.

Kirche der hl. Maria KIRCHE
(Crkva Sv Marije; Sv Marije bb; ⌚nur zur Messe) In der örtlichen Pfarrkirche aus dem 15. Jh. sind der Holzaltar und die Renaissance-Gemälde besonders sehenswert.

Aktivitäten

Kornati Diver TAUCHEN
(☎098 16 93 107; www.kornati-diver.com; 1/5/10 Tauchgänge 25/110/200 €) Dieser Anbieter im benachbarten Dorf Zaglav, 3 km weiter nördlich, leitet Expeditionen zu Höhlen, Steilwänden und einem Schiffswrack vor der Westküste der Insel.

Tome BOOTSFAHRTEN
(☎023-377 489; www.tome.hr) Bietet eine ganztägige Bootstour zur Telašćica-Bucht und zu den Kornaten (max. 6 Pers. 300 €) inklusive Essen und Eintrittsgebühren. Man kann auch ein Boot mit Skipper mieten und eine eigene Route wählen (200 €). Angeltouren (ab 300 €) lassen sich hier ebenfalls arrangieren.

Feste & Events

Sali Fiesta KULTUR
(Saljske Užance; ⌚Anfang Aug.) Dieses Festival in der Woche vor Mariä Himmelfahrt zieht mit seinen Eselsrennen und Bootsprozessionen bei Kerzenschein rund um den Hafen Besucher aus der ganzen Region an. Männer und Frauen tragen traditionelle Trachten, spielen Musikinstrumente aus Rinderhörnern und führen traditionelle Dorftänze auf.

Essen & Trinken

Pizza Bruc PIZZA €
(Obala Petra Lorinija bb; Pizzas 38–60 Kn; ⌚April–Okt.) Das freundlichste Restaurant der Stadt hat eine Terrasse direkt bei den Jachten. Tipp: die scharfe *pizza picante*!

Maritimo BAR
(Obala Petra Lorinija bb) In dieser stimmungsvollen Bar, die Salis Herz und Seele ist, herrscht bei jedem Wetter Leben. Sie ist mit einer langen hölzerne Bar und alten Fotos an den Wänden eingerichtet und hat eine beliebte Terrasse, auf der man wunderbar einen Cocktail, einen Kaffee oder ein Bier vom Fass trinken kann.

Praktische Informationen

In Sali befinden sich der einzige Geldautomat und die einzige Apotheke der Insel. Die einzige Tankstelle ist in Zaglav.

Adamo Travel (☎023-377 208; www.adamo.hr; Obala Kralja Tomislava bb) Dieses sehr hilfreiche Reisebüro, das sich die Räumlichkeiten mit der Touristeninformation teilt, vermietet eine gute Auswahl von Privatzimmern und Apartments und verkauft Tickets für Auto- und Bootsausflüge zur Telašćica-Bucht.

Post (Obala Petra Lorinija bb; ⌚Mo 8–17, Di–Fr bis 14 Uhr)

Touristeninformation (☎023-377 094; www.dugiotok.hr; Obala Kralja Tomislava bb; ⌚Juli & Aug. Mo–Sa 8–20, So 11–13 Uhr, Sept.–Juni Mo–Fr 8–15 Uhr) Am Hafen; hat Karten und Broschüren sowie Internetzugang (pro 30 Min. 15 Kn)

Unterwegs vor Ort

Louvre (☎098 650 026; Obala Kralja Tomislava bb) Vermietet Roller und Mountainbikes.

Božava

116 EW.

Das friedliche kleine Božava drängt sich um einen hübschen Naturhafen und hat sich innerhalb weniger Jahrzehnte von einem Fischerdorf in einen Urlaubsort verwandelt. Im Dorf wachsen üppig blühende Bäume, und an der Küste gibt es schöne schattige Pfade. Wirtschaftlich dominiert hier eindeutig der Tourismus in Form der vier Hotels des „Touristendorfes" und einiger Restaurants am Hafen.

Im Sommer zuckelt eine kleiner „Zug" zwischen den Hotels und der **Sakarun-Bucht** hin und her. Der Strand – überwiegend Kiesel, durchsetzt von schmalen Sandstreifen – ist einer der schönsten der Insel, allerdings gibt es kaum Schatten, und das Wasser ist extrem flach. Wer mit dem Fahrzeug unterwegs ist, biegt nach rechts auf die Inselhauptstraße ab und nimmt nach 3 km die Abzweigung nach links (Parken pro Std./Tag 10/40 Kn).

Schlafen

Hotel Mirta HOTEL €€€
(☎023-291 291; www.hoteli-bozava.hr; EZ/DZ ab 74/128 €; P ❄ @) Das Mirta sticht als das komfortabelste unter den drei Drei-Sterne-Hotels Božavas hervor. Es liegt sehr schön unter Kiefern, und die Zimmer sind groß, könnten aber eine gründlichere Reinigung vertragen. Halbpension ist im Preis enthalten, in den Restaurants im Ort isst man jedoch besser.

Hotel Maxim HOTEL €€€
(☎023-291 291; www.hoteli-bozava.hr; EZ/DZ ab 103/176 €; P ❄ @ ≋) Božavas nobelste Unterkunft ist das Vier-Sterne-Hotel Maxim. Die eleganten Zimmer und Apartments sind alle mit Satelliten-TV, Kühlschrank und Balkon mit Meerblick ausgestattet. Zudem gibt's eine nette Terrasse mit einem kleinen Pool, Tennisplätze mit Flutlicht und ein kleines Spa.

Praktische Informationen

Touristeninformation (☎023-377 607; www.dugiotok.hr; ⏲Juni–Sept. Mo–Fr 9–12 & 17–20, Sa bis 14 Uhr) Direkt über dem winzigen Hafen; vermittelt Mietwagen, Räder und Motorroller sowie Privatunterkünfte.

Veli Rat

60 EW.

Veli Rat ist ein hübsches Dorf mit einer Marina in einer geschützten Bucht in der Nähe der Nordwestspitze der Insel. Abgesehen von einem einsamen Laden mit Bar gibt es hier kaum etwas. 3 km weiter in Richtung der Spitze der Insel kommt man aber zum markanten Leuchtturm **Punta Bjanca** (erbaut 1849). Er ist 42 m hoch und damit der höchste an der gesamten Adria. In der Nähe steht eine kleine **Kapelle**, die dem hl. Nikolaus, dem Schutzheiligen der Matrosen, gewidmet ist. Die Küste ist fast perfekt nach Westen ausgerichtet – ein schönerer Ort, um den Sonnenuntergang zu beobachten, dürfte sich kaum finden lassen.

Schlafen

Camp Kargita CAMPING €
(☎098 532 333; www.camp-kargita.hr; Camping pro Erw./Kind/Stellplatz ab 8/6/5 €; ⏲April–Okt.) Dieser Zeltplatz liegt praktisch im Schatten des Leuchtturms und wirkt wunderbar abgeschieden. In der Nähe gibt's einen felsigen Strand. Alles ist nagelneu, daher sind die Sanitäranlagen in tollem Zustand. Die vor Kurzem gepflanzten Olivenbäume werden aber noch viele Jahre brauchen, ehe sie wirklich Schatten spenden.

GESPANSCHAFT ŠIBENIK-KNIN

Diese Region, die zwischen den größeren und mehr Aufmerksamkeit einfordernden Städten Zadar und Split liegt, wird unberechtigterweise oft übersehen. Schließlich hat sie jede Menge interessanter Attraktionen zu bieten, darunter die unglaubliche mittelalterliche Altstadt von Šibenik und zwei Nationalparks – die unberührten Kornaten und das wasserreiche Märchenland des Krka im Landesinneren.

Kornaten

Die Inselwelt der Kornaten besteht aus 147 meist unbewohnten Inseln und Riffen. Mit einer Fläche von etwa 69 km² sind die Kornaten das größte Archipel in der Adria. Die typischen Karstinseln sind durchsetzt von Spalten, Höhlen, Grotten und stark zerklüfteten Klippen. Da es keine Quellen gibt, sind die Eilande meist kahl oder mit struppigem Gras bewachsen.

Die einstige Vegetation aus immergrünen Pflanzen und Steineichen wurde vor langer Zeit durch Brandrodung vernichtet. Die Entwaldung konnte aber der Schönheit der Inseln nichts anhaben – stattdessen kommen die bizarren Felsformationen noch besser zur Geltung. Die strahlend weißen Steine vor dem tiefblauen Wasser der Adria sind ein faszinierender Anblick.

Sehenswertes

Die Kornaten reihen sich in vier Gruppen von Nordwesten nach Südosten aneinander. Die ersten beiden Gruppen liegen näher zum Festland und werden von den Einheimischen Gornji-Kornaten genannt. Die größte und am meisten zerklüftete dieser Inseln heißt **Žut**.

Die beiden anderen Inselgruppen, die im offenen Meer liegen, bilden den **Nationalpark Kornaten** und sind weitaus stärker zerklüftet. Das größte Eiland des Parks ist die Insel **Kornat**. Sie ist 25 km lang, aber lediglich 2,5 km breit. Die Inseln und die sie umgebende Meeresfläche sind unter Schutz gestellt. Der Fischfang ist stark eingeschränkt, damit sich die Fischpopulationen erholen können. Zackenbarsche, Muränen, Meeraale, Meerbrassen, Hechte, verschiedene Tintenfischarten und Sardinen sind einige der Arten, die hier schon bald wieder heimisch werden sollen.

Die Insel **Piškera**, ebenfalls auf dem Gebiet des Nationalparks, war bereits im Mittelalter besiedelt und diente lange Zeit als Fischlager. Bis ins 19. Jh. hinein unterstanden die Inseln den Adelsfamilien von Zadar. Vor etwa 100 Jahren erwarben dann Vorfahren der heutigen Bewohner von Murter und Dugi Otok die Inseln. Sie errichteten schließlich kilometerlange Steinmauern, um das Land in Parzellen zu unterteilen und für die Schafzucht zu nutzen.

Bis heute sind die Inseln in Privatbesitz: Etwa 90 % gehören Bewohnern von Murter, der Rest Bewohnern von Dugi Otok. Auch wenn niemand mehr ganzjährig hier lebt, haben doch viele Eigentümer hier Hütten und Felder und kommen hin und wieder vorbei, um ihren Grund und Boden zu pflegen. 80 % der landwirtschaftlich genutzten Fläche sind mit Ölbäumen bebaut, daneben werden Wein, Obst und Gemüse kultiviert. Insgesamt gibt es auf den Kornaten ungefähr 300 Gebäude, die meisten von ihnen liegen an der Südwestküste der Insel Kornat.

Schlafen

Wer auf den Kornaten übernachten möchte, kann bei Adamo Travel (S. 200) in Sali und bei KornatTurist (S. 203) in Murter Privathäuser buchen. Kleine Ferienhäuser kosten ab ca. 4500 Kn pro Woche, inklusive Bootstransfer, Gas zum Kochen und für die Beleuchtung und die Eintrittsgebühr für den Nationalpark.

Praktische Informationen

Der Eintrittspreis für den Nationalpark hängt vom Boot ab; ein kleines Boot kostet im Vorverkauf 150 Kn pro Tag. Tauchlizenzen kosten 100 Kn pro Person pro Tag.

Nationalparkbüro Kornaten (☎022-434 662; www.kornati.hr; Butina 2; ⌚Mo–Fr 8.30–17 Uhr) Befindet sich in Murter. Das Büro ist mit Infomaterialien gut ausgestattet.

An- & Weiterreise

Zwischen den Kornaten und anderen Inseln oder dem Festland fahren keine Fähren. Wer kein eigenes Boot hat, bucht einen Ausflug von Zadar, Sali, Šibenik, Split oder einem anderen Küstenort oder eine private Unterkunft von Sali oder Murter aus.

Der größte Hafen liegt auf der Insel Piškera, am südlichen Ende der Meerenge zwischen Piškera und Lavsa. Einen weiteren großen Hafen gibt es auf Žut. Boote können in zahlreichen kleinen Buchten der Inseln ankern.

Tisno & Insel Murter

5140 EW.

Die hübsche kleine Stadt Tisno erstreckt sich zu beiden Seiten der Brücke, welche die Insel Murter mit dem Festland verbindet. Tisnos noch junger Ruhm als Gastgeber mehrerer bekannter Musikfestivals passt so gar nicht zu seinem ansonsten schläfrigen Charakter.

Die größte Siedlung auf der eigentlichen Insel ist das Dorf **Murter**. Es ist zwar wenig bemerkenswert, aber eine ausgezeichnete Basis, um die Kornaten zu erkunden. In die steilere Südwestküste Murters schneiden zahlreiche kleine Buchten ein; am bekanntesten ist die **Slanica**, in der man wunderbar schwimmen kann.

Feste & Events

Zwischen Juli und August ist Tisno von weltweit gefeierter elektronischer Tanzmusik erfüllt. Unzählige Musikstile sind vertreten, und die Musik ist ausgesprochen vielfältig: Cosmic Disco, Soul und Funk, Electronica mit Folkanklängen, Deep House und jazzige Lounge-Musik. Die Zentrale all dieser Festivals ist die Garden Bar in Zadar.

Der Festivalort, nur 1 km von Tisno entfernt, ist eine großartige Sache: Er bietet einen privaten Sandstrand, 80 Apartments und einen luxuriösen Campingplatz mit 30 m² großen Zelten aus indischem Shikar-Tuch, die über elektrische Ventilatoren und Licht, richtige Betten und Moskitonetze und sogar ein eigenes Ankleidezimmer und eine Veranda verfügen. All dies steht für die Partywütigen bereit, damit sie hier bleiben und so viel Lärm machen können, wie sie wollen, ohne die Einheimischen zu verärgern. Es gibt schattige Areale zum Chillen und drei verschiedene Musikbereiche, darunter den Open-Air-Club Barbarella, der mit dem Bus oder Wassertaxi einen Katzensprung entfernt ist. Die Argonaughty-Schiffspartys sind berühmt-berüchtigt (mit dem prickelnden Adriawasser als Zugabe) – das Ganze ist ein ziemliches Spektakel.

Electric Elephant MUSIK

(www.electricelephant.co.uk; ⏲ Anfang Juli) Fünf verrückte Tage und Nächte Anfang Juli, während derer DJs die Stimmung anheizen. 2014 waren Größen wie Derrick May, Ashley Beedle und Horse Meat Disco dabei.

Soundwave MUSIK

(www.soundwavecroatia.com; ⏲ Mitte Juli) Das fünf Nächte andauernde Soundwave, das Mitte Juli stattfindet, legt den Schwerpunkt stärker auf Liveauftritte aus dem Spektrum der elektronischen Tanzmusik, speziell Alternative, Dub und Weltmusik. In der Vergangenheit zählten Fat Freddy's Drop und Huey Morgan zu den Headlinern.

SUNćeBeat MUSIK

(www.suncebeat.com; ⏲ Ende Juli) Acht Tage lang verbreitet dieses Festival Ende Juli mithilfe legendärer DJs (wie David Morales, Dimitri from Paris, François K) musikalischen Sonnenschein.

Stop Making Sense MUSIK

(www.stopmakingsense.eu; ⏲ Anfang Aug.) Vier weitere Tage Anfang August, an denen zum Sound der Underground-DJs in der Sonne getanzt wird.

Schlafen

Hotel Tisno HOTEL €€€

(☎ 022-438 182; www.hoteltisno.com; Zapadna Gomilica 8, Tisno; Zi. 120–190 €; ❄ 📶) Das Haus aus dem späten 19. Jh. am Ufer von Tisno, das recht prächtig wirkt, wurde in ein großartiges kleines Hotel verwandelt. Die Zimmer verströmen mit den gerafften purpurroten Vorhängen und dem polierten Holz den passenden historischen Charakter, sind aber kein bisschen muffig.

Praktische Informationen

Coronata (☎ 022-435 933; www.coronata.hr; Žrtava Ratova 17, Murter) Eines von mehreren Reisebüros, die private Apartments vermieten und ganztägige Ausflüge ab Murter zu den Kornaten veranstalten.

KornatTurist (☎ 022-435 854; www.kornatturist.hr; Hrvatskih Vladara 2, Murter) Vermietet Privatunterkünfte und eine 17-m-Jacht (6000 Kn/Woche inkl. Skipper).

Touristeninformation (☎ 022-434 995; www.tzo-murter.hr; Rudina bb, Murter; ⏲ Juni–Aug. 8–22 Uhr, Sept.–Mai 8–15 Uhr)

An- & Weiterreise

Die Busse auf der Küstenstraße halten an der Abzweigung nach Tisno, 6 km vom Stadtzentrum entfernt. Im Sommer fahren täglich zwei Busse von Zagreb nach Tisno und Murter (170 Kn, 4¾ Std.).

Šibenik

46 400 EW.

Mancher, der durch die schäbigen Vororte von Šibenik fährt, zweifelt an der Wahl seines Reiseziels. Doch dies ändert sich garantiert, sobald man das prächtige mittelalterliche Zentrum der Stadt erreicht hat, das strahlend weiß vor dem ruhigen Wasser der Bucht liegt. Es ist das pure Vergnügen, das steinerne Labyrinth der steilen Seitenstraßen und Gassen zu erkunden. Šibenik ist auch ein wichtiger Ausgangspunkt für Besuche im Nationalpark Krka und der Kornaten.

Geschichte

Im Gegensatz zu vielen anderen dalmatinischen Küstenstädten wurde Šibenik nicht von den Illyrern, Griechen oder Römern gegründet, sondern im 11. Jh. vom kroatischen König Petar Krešimir IV. 1116 wurde die Stadt von Venedig erobert, danach wurde sie zwischen Venedig, Ungarn, Byzanz und Bosnien herumgereicht, ehe Venedig 1412 endgültig die Macht über sie erlangte. Im 16. und 17. Jh. griffen regelmäßig Osmanen die Stadt an und behinderten den Handel und die Landschaft.

Die venezianische Herrschaft wurde 1797 von der Herrschaft Österreichs abgelöst, die bis 1918 währte. Der einheimische Ingenieur und Erfinder (und spätere Bürgermeister) Ante Šupak, der an die Entdeckungen seines Landsmanns Nikola Tesla anknüpfte, baute 1895 am Fluss Krka eines der ersten Wasserwerke der Welt, und Šibenik war die erst dritte Stadt der Welt, die eine Straßenbeleuchtung mit Wechselstrom bekam.

Šibenik wurde 1991 von der jugoslawischen Armee angegriffen und beschossen, bis es 1995 als Teil der „Operation Sturm" von den kroatischen Truppen befreit wurde. Heute sind kaum noch Spuren des Krieges sichtbar, doch die Aluminiumindustrie der Stadt wurde zerstört, und die Arbeitslosigkeit stieg auf über 50%. In den vergangen Jahren hat Šibenik ein echtes Comeback erlebt, und der Tourismus ist auf dem Weg, sich zu einem lebenswichtigen Zweig der lokalen Wirtschaft zu entwickeln.

Sehenswertes

Viele der schönen kleineren Kirchen Šibeniks sind nur zur Messe geöffnet.

Kathedrale des hl. Jakob KATHEDRALE
(Katedrala Svetog Jakova; Trg Republike Hrvatske; Erw./Kind 15 Kn/frei; 9.30–19.30 Uhr) Diese Welterbestätte, das krönende architektonische Prachtstück der dalmatischen Küste und das unumstrittene Meisterwerk seines Hauptarchitekten Juraj Dalmatinac, lohnt auf jeden Fall einen Umweg. Die Kathedrale wurde ausschließlich aus Stein von Steinbrüchen auf den Inseln Brač, Korčula, Rab und Krk erbaut und soll die größte Kirche der Welt sein, die ganz aus Stein ohne stützende Ziegel- oder Holzkonstruktionen gebaut wurde. Einzigartig ist auch, dass das Innere des Bauwerks exakt mit dem Äußeren korrespondiert.

Dalmatinac war nicht der erste (und auch nicht der letzte) Architekt, der an der Kathedrale arbeitete. Mit dem Bau wurde 1431 begonnen, doch nachdem sich zehn Jahre lang diverse venezianische Baumeister daran versuchten, beauftragte die Stadt schließlich den aus Zadar stammenden Dalmatinac, der das geplante Bauwerk vergrößerte und es neu im Übergangsstil von der Gotik zur Renaissance konzipierte. Der ungewöhnliche Kuppeldachkomplex wurde nach Dalamtinacs Tod von Nikola Firentinac fertiggestellt, der die Fassade im reinen Renaissancestil weiterbaute. 1536 war das Bauwerk schließlich fertig.

Das ungewöhnlichste Element der Kathedrale ist der **Fries** aus 71 Köpfen an den Außenmauern an der Rückseite des Gebäudes. Diese Porträts – gelassen, verärgert, komisch, stolz und ängstlich – wirken fast wie Karikaturen, sind aber Darstellungen gewöhnlicher Bürger des 15. Jhs. Für den Bau wurde sehr viel Geld benötigt, und man sagt, je geiziger die Person gewesen sei, desto krasser sei die Karikatur.

Bemerkenswert ist auch das **Löwenportal** an der Nordseite, das von Dalmatinac und Bonino da Milano geschaffen wurde: Zwei Löwen tragen hierbei Stützsäulen mit den Figuren von Adam und Eva, die über ihre Nacktheit ganz entsetzlich beschämt wirken.

Beim Betreten der Kathedrale sollte man die ausgezeichnete Broschüre (in mehreren Sprachen erhältlich) mitnehmen, die einen Rundgang zu den vielen Kunstwerken und architektonischen Elementen im Innenraum beschreibt. Eines der Highlights ist Dalmatinacs außergewöhnliches **Baptisterium** in der hinteren Ecke mit einer kunstvoll mit Schnitzereien verzierten Decke und einem Taufbecken, das von drei Engeln gestützt wird.

Andere bemerkenswerte Kunstwerke im Inneren der Kathedrale sind das Grab des

ABSTECHER

INSELAUSFLÜGE

Šibenik hat gute Fährverbindungen zu mehreren kleinen Inseln, die man auf einer Tages- oder Zweitagestour erkunden kann. Nach **Zlarin** sind es von Šibenik nur 30 Minuten; die Insel ist für ihre Korallen bekannt, die es hier in großen Mengen gab, ehe sie aus dem Meer gerissen und als Schmuck verkauft wurden. Auf der Insel sind Autos verboten, darum bietet sich Zlarin als ruhiger Kontrast zu Šibenik an, zumal es mit einem Sandstrand, Kiefernwäldern und einem großen Hafen aufwartet.

Von Zlarin weitere 15 Minuten entfernt liegt **Prvić** mit zwei Dörfern, Prvić Luka und Šepurine, die noch immer den Charakter einfacher Fischersiedlungen haben.

Im Juli und August fahren täglich fünf Fähren von **Jadrolinija** (022-213 468; www.jadrolinija.hr; Obala Franje Tuđmana 7; Mo–Fr 9–18 Uhr) nach Zlarin, Prvić Luka und Šepurine, im Winter sind es mindestens zwei täglich.

Bischofs Šižigorić (von Dalmatinac), der den Bau der Kathedrale unterstützte, das Altargemälde des hl. Fabian und hl. Sebastian (von Filippo Zaniberti) und ein besonders gruseliges gotisches Kruzifix aus dem 15. Jh. (von Juraj Petrović).

Stadtmuseum MUSEUM

(Muzej grada Šibenika; www.muzej-sibenik.hr; Gradska Vrata 3; Erw./Kind 30/10 Kn; ⌚ Di–Sa 10–21, So bis 15 Uhr) Dieses Museum, das sich auf die Stadt und ihre Umgebung konzentriert, zeigt eine ständige Sammlung von Exponaten von der Frühgeschichte bis zum Ende der venezianischen Periode. Überall befinden sich englische Übersetzungen, und das eine oder andere Video verleiht dem Museum etwas Pepp. Bei unserem letzten Besuch gab es Pläne, die Ausstellungen bis zur Gegenwart zu erweitern.

Aquarium AQUARIUM

(www.aquariumsibenik.com; Kralja Tomislava 15a; Erw./Kind 37/27 Kn; ⌚ 10–21 Uhr) Das kleine Aquarium bietet an Regentagen eine willkommene Abwechslung für die Kids und zeigt regionale und tropische Fische, Krabben, Hummer, Rochen, kleine Haie und einige Tintenfische.

Mittelalterlicher mediterraner Klostergarten GARTEN

(Srednjevjekovni samostanski Mediteranski vrt; www.spg.hr; Strme stube 1; Gruppenführungen Erw./Kind 15/10 Kn; ⌚ Mai–Okt. 8–23 Uhr, Nov.–April kürzere Öffnungszeiten) Der nachgebaute mittelalterliche Garten, der von dem preisgekrönten Landschaftsarchitekten Dragutin Kiš entworfen und fertiggestellt wurde, ist sehr förmlich angelegt. Kräuter und Arzneipflanzen säumen ordentlich die Wege, welche die Form eines Kreuzes bilden. Das dazugehörige Café ist ein nettes Fleckchen, um sich ein Eis oder Kaffee und Kuchen zu genehmigen, ehe man den Aufstieg zur Festung fortsetzt.

Festung des hl. Michael FESTUNG

(Tvrđava Sv Mihovila; Erw./Kind 35/20 Kn; ⌚ 8–22 Uhr) Der Aufstieg auf diese große mittelalterliche Festung wird mit einer herrlichen Aussicht von den Festungsmauern auf Šibenik, den Fluss Krk und die Adriainseln belohnt, der bei Sonnenuntergang besonders beeindruckend ist. Teile der Festung stammen aus dem 13. Jh., doch die verbliebenen Mauern wurden mit einer Unterstruktur aus poliertem Beton verstärkt und werden im Sommer als Bühne genutzt.

Kirche des hl. Johannnes KIRCHE

(Crkva Svetog Ivana; Trg Ivana Paula II) Die Kirche ist ein schönes Beispiel für die Architektur im Übergang von der Gotik zur Renaissance aus dem späten 15. Jh. Innen blättert leider die Farbe ab, und die Kirche wirkt ziemlich vernachlässigt.

Kirche des hl. Franziskus KIRCHE

(Crkva Sv Frane; Trg Nikole Tommasea 1) Die gewaltige Kirche des Franziskanerklosters stammt vom Ende des 14. Jhs. In der Kirche sind schöne Fresken und verschiedene venezianische Barockgemälde zu sehen, doch das Highlight ist die bemalte Holzdecke aus dem Jahr 1674. Dies ist die Hauptkirche des hl. Nikola Tavilić, eines Franziskanermissionars, der der erste kroatische Heilige wurde, nachdem er 1391 in Jerusalem den Märtyrertod gestorben war.

Feste & Events

Terraneo MUSIK

(www.terraneofestival.com; ⌚ Juni–Aug.) 2014 wandelte sich das Terraneo von einem mehrtägigen Musikfestival zu einer Reihe einzelner Konzerte prominenter Musiker wie der Thievery Corporation und Nouvelle Vague, die zwischen Juni und August in der Festung des hl. Michael stattfinden. Ruhig mal einen Blick auf die Website werfen, denn es könnte sich auch wieder zurückverwandeln!

Internationales Kinderfestival KINDER

(⌚ Ende Juni–Mitte Juli) Šibenik ist der Veranstaltungsort eines berühmten internationalen Kinderfestivals, das am dritten Samstag im Juni beginnt und drei Wochen dauert. Dabei gibt es Handwerks-Workshops, Musik, Tanz, Kinderfilme und -theater, Puppentheater und Paraden.

Schlafen

Abgesehen von einigen exzellenten Hostels gibt es in Šibenik kaum Unterkünfte, daher könnte es eine gute Idee sein, sich ein Quartier an der Küste zu suchen und Tagesausflüge in die Stadt zu machen. Dafür bieten sich Tribunj, Vodice, Primošten und Rogonica gleichermaßen an. Die Reisebüros vermitteln Privatunterkünfte.

★ **Indigo** HOSTEL €

(☎ 022-200 159; www.hostel-indigo.com; Jurja Barakovića 3; B 119 Kn; ❄ 📶) Dieses total niedliche, freundliche kleine Hostel hat auf allen vier Etagen Vierbettschlafsäle mit Kiefern-

Šibenik

betten und verschließbaren Schubfächern. Von der Terrasse ganz oben bietet sich Ausblick aufs Meer. Das gesamte Hostel ist skurrilerweise mit Jeans dekoriert.

Hostel Mare HOSTEL €
(☎ 022-215 269; www.hostel-mare.com; Kralja Zvonimira 40; B 120–140 Kn, Zi. 450 Kn; ❄ 📶) Von der verkehrsreichen Straße öffnet sich eine schwere Tür auf einen gepflasterten Hof, und dahinter liegt dieses luftige Hostel. Die Einrichtung ist frisch, hell und modern, in den Schlafsälen befinden sich Schließfächer, und auch ein Doppelzimmer mit eigenem Bad ist vorhanden.

Solaris Camping Beach Resort CAMPING €
(☎ 022-361 017; www.campingsolaris.com; Solaris; Camping pro Erw./Kind/Stellplatz ab 11/8/15 €, Apt. ab 165 €; ⏱ Mitte März–Nov.; P ❄ @ 📶 🏊 🐾) Teil eines riesigen Komplexes 6 km südlich von Šibenik, der fünf Hotels, einen ausgezeichneten Supermarkt, einen Meerwasserpool, verschiedene Sportplätze, jede Menge Einrichtungen für Kinder, zehn Bars und ein Spa umfasst. Die Stellplätze und Wohnmobile sind recht eng angeordnet, doch der Block mit den Sanitäreinrichtungen ist ausgezeichnet. An einem Ende des Strandes steht eine hübsche Gruppe blumengeschmückter Apartments.

Šibenik

Sehenswertes

1 Aquarium B3
2 Mittelalterlicher mediterraner Klostergarten B2
3 Stadtmuseum B3
4 Festung des hl. Michael B1
5 Kirche des hl. Franziskus D5
6 Kathedrale des hl. Jakob B3
7 Kirche des hl. Johannes C3

Schlafen

8 Hostel Mare C2
9 Indigo C4

Essen

10 Nostalgija D4
11 Pelegrini B2
12 Restoran Tinel B2

Essen

Nostalgija EUROPÄISCH €
(www.nostalgija-sibenik.com; Biskupa Fosca 11; Hauptgerichte 54–69 Kn; Mo–Sa 8–14 & 18–22, So 18–22 Uhr;) Das unauffällige Restaurant mit einer netten überdachten Terrasse direkt am Franziskanerkloster ist eine gute Option für ein Frühstück (Müsli, Omeletts, Pfannkuchen), leichtes Mittagessen (Suppen, Sandwiches) und einfache, rustikale kroatische Küche (regionaler Fisch, gegrilltes Fleisch, Pasta).

★ **Pelegrini** MEDITERRAN €€
(022-213 701; www.pelegrini.hr; Jurja Dalmatinca 1; Hauptgerichte 87–153 Kn; 12–24 Uhr) Das wundervolle Restaurant setzt die kulinarische Messlatte in Šibenik hoch und hat sich von der ganzen Welt in Sachen Aromen inspirieren lassen. Im Kern ist es mediterran, aber mit japanischen und französischen Einflüssen. Dalmatische Weine sind auf der Weinkarte gut vertreten. Wer einen Tisch im Freien möchte, reserviert am besten vorher.

Restoran Tinel KROATISCH €€
(Trg Puckih Kapetana 1; Hauptgerichte 55–130 Kn) Das renommierte Altstadtrestaurant hat eine hübsche erhöhte Terrasse an einem kleinen Platz und Gasträume auf zwei Etagen. Hier gibt's viele interessante Gerichte wie Tintenfisch *à la tinel* (erinnert an Gulasch).

Praktische Informationen

Krankenhaus (Opća bolnica Šibenik; 022-641 641; www.bolnica-sibenik.hr; Stjepana Radića 83)

NIK Travel Agency (022-338 550; www.nik.hr; Ante Šupuka 5) Großes Reisebüro, das Ausflüge zu den Kornaten und nach Krka anbietet, Privatunterkünfte vermittelt und internationale Bus- und Flugtickets verkauft.

Post (Zadarska 2; Mo–Fr 7–14 Uhr)

Touristeninformation (022-214 441; www.sibenik-tourism.hr; Obala Franje Tuđmana 5; Mai–Okt. 8–21 Uhr, Nov.–April 8–16 Uhr)

An- & Weiterreise

BUS

Šibeniks **Busbahnhof** (060 368 368; Draga 14) ist zwar ziemlich heruntergekommen, doch von hier fahren regelmäßig viele Busse, und er

ABSTECHER

PRIMOŠTEN

Das hübsche kleine Primošten liegt an der Stelle, wo sich früher eine Insel direkt vor der Küste befand. Während der Bedrohung durch die Türken im 16. Jh. wurde sie befestigt, und als die Türken verschwanden, ersetzte man die Zugbrücke durch einen Damm.

Im Winter fällt der Ort in tiefen Schlaf, doch im Sommer erwacht er zum Leben: Auf dem Hauptplatz spielen Bands, interessante Souvenirgeschäfte verkaufen ihre Waren, und aufgeregte Kinder rennen durch die Kopfsteinpflasterstraßen. Romantiker spazieren den Hügel hinauf zur Kirche des hl. Georg, um den Sonnenuntergang zu betrachten, und drehen im Dunkeln eine Runde am Ufer der Halbinsel.

Und als ob dies noch nicht reichen würde, gibt es in Primošten auch eines der besten Restaurants der Region. Das **Mediteran** (022-571 780; www.mediteran-primosten.hr; Put Briga 13; Hauptgerichte 70–240 Kn; 13–24 Uhr) befindet sich in einem schönen alten Steingebäude, im Sommer spielt sich hier aber alles im Hof und auf der kleinen Terrasse in der ersten Etage ab. Die Gerichte des Kochs Pero Savanović sind moderne Versionen traditioneller dalmatischer Speisen und rücken köstliche regionale Produkte in den Mittelpunkt. Wer während der Trüffelsaison in Istrien herkommt, den erwarten echte Leckerbissen.

liegt nur einen kurzen Fußweg von der Altstadt entfernt.

Inlandsziele sind u. a. Zagreb (ab 130 Kn, 5¼ Std., min. 14-mal tgl.), Rijeka (185 Kn, 6 Std., min. 7-mal tgl.), Zadar (51 Kn, 1½ Std., min. stündl.), Split (ab 52 Kn, 1½ Std., min. stündl.) und Dubrovnik (ab 149 Kn, 6½ Std., min. 4-mal tgl.).

ZUG

Der Busbahnhof mag heruntergekommen sein, doch Šibeniks **Bahnhof** (☎ 022-333 696; Fr Jerolima Milete bb) ist fast schon baufällig. Täglich fahren bis zu fünf schäbige Züge nach Knin (51 Kn, 2 Std.,) wo man theoretisch nach Zagreb oder Split umsteigen kann. Doch warum sollte man?

Nationalpark Krka

Der 73 km lange Fluss Krka entspringt an den westlichen Ausläufern des Dinarischen Gebirges und mündet schließlich in der Nähe von Šibenik ins Meer. Der Fluss und seine wunderbaren Wasserfälle prägen die Landschaft des **Nationalparks Krka** (☎ 022-201 777; www.npkrka.hr; Erw./Kind Juni–Sept. 110/80 Kn, Mai–Okt. 90/70 Kn, Nov.–Febr. 30/20 Kn). Die Wasserfälle sind ein Karstphänomen: Über Jahrtausende schuf das Flusswasser eine bis zu 200 m tiefe Schlucht durch die Kalksteinhügel und führte dabei Kalziumkarbonat mit sich. Moose und Algen speichern das Kalziumkarbonat und lagern es als Krusten in ihren Wurzeln ab. Durch Milliarden übereinander wachsender Pflanzen entsteht dabei allmählich ein Material, das Kalktuff genannt wird. Es bildet schließlich Barrieren im Fluss, an denen spektakuläre Wasserfälle entstehen.

Es gibt fünf Haupteingänge zum Park. Da die meisten Besucher aus Šibenik kommen, sind die beliebtesten Startpunkte Skradin und Lozovac am südlichen Ende. Die anderen drei Eingänge befinden sich bei Roški Slap, am Kloster Krka und bei Burnum und sind mit dem Auto erreichbar.

Skradin ist eine hübsche kleine Stadt am Fluss, in deren Hauptstraße sich bunt gestrichene mit kahlen Steinhäusern abwechseln. Darüber thront die Ruine einer Festung. Wer seinen Besuch in Skradin beginnt, kann nicht nur die Stadt selbst sehen, sondern auch die Bootsfahrt durch die Schlucht bis zum Skradinski Buk unternehmen, die im Eintrittspreis enthalten ist. Im Sommer können sich an den Booten allerdings Schlangen bilden.

Vom Eingang **Lozovac** bringen Busse (im Eintrittspreis enthalten) die Besucher von einem großen Parkplatz auf einer Serpentinenstraße hinunter zum Skradinski Buk. Von November bis Februar fahren die kostenlosen Boote und Busse nicht, dafür kann man dann aber direkt bis zu den Wasserfällen fahren.

Vom Skradinski Buk fahren Boote zum Kloster Visovac (Erw./Kind 100/70 Kn, 2 Std.) und zum Roški Slap (130/90 Kn, 3½ Std.); Tickets bekommt man an den Eingängen Skradin und Lozovac, wo auch die Fahrpläne aushängen. Boote vom Roški Slap zum Kloster Krka fahren nach Vereinbarung (100/70 Kn, 2½ Std., nur April–Okt.).

Sehenswertes

Skradinski Buk WASSERFALL

Das Highlight in diesem Nationalpark ist eine einstündige Rundwanderung, die über Holzstege auf kleine Inseln im smaragdgrünen, fischreichen Fluss führt und am größten Wasserfall des Nationalparks endet. Der Skradinski Buk stürzt über eine Strecke von 800 m fast 46 m hinunter bis in den unteren See, der ein beliebter Badesee ist. Eine Gruppe historischer Mühlenhütten wurde in traditionelle Werkstätten sowie in Souvenirgeschäfte und Lokale verwandelt. Im Sommer ist in diesem Bereich meist der Teufel los.

Franziskanerkloster der barmherzigen Muttergottes KLOSTER

(Franjevački samostan Majke od Milosti; www.visovac.hr) Flussaufwärts vom Skradinski Buk weitet sich der Fluss in den Viskovacsee, der von Schilf und Rohr gesäumt wird, in denen sich Sumpfvögel verbergen. In der Mitte des Sees befindet sich die hübsche, baumbestandene Insel mit einem Kloster. Es wurde im 14. Jh. von augustinischen Einsiedlern gebaut und 1445 von Franziskanern erweitert, die vor der Invasion der Osmanen in Bosnien geflohen waren. Die Kirche wurde im 17. Jh. umfangreich umgebaut, 1728 wurde der Glockenturm errichtet. Während der Bootstouren vom Skradinski Buk wird auf der Insel 30 Minuten Pause gemacht.

Roški Slap WASSERFALL

(Erw./Kind 60/40 Kn inkl. Parkeintritt) Dieser 650 m lange Abschnitt des Flusses ist ebenfalls von außergewöhnlicher Schönheit. Er beginnt mit flachen Stufen, die in eine Reihe von Abzweigungen und Inselchen übergehen, und mündet schließlich in einen 23 m hohen Wasserfall. Auf der Ostseite können Interessierte die Wassermühlen besuchen, mit denen früher Weizen gemahlen wurde.

Kloster Krka

KLOSTER

(Manastir Krka; www.eparhija-dalmatinska.hr/Manastiri-Krka-E.htm; ⌚10–18 Uhr) Dies ist nicht nur das bedeutendste serbisch-orthodoxe Kloster in Kroatien, es ist auch eine der wichtigsten Stätten dieser Religionsrichtung überhaupt. Architektonisch ist das Kloster, das an einem friedlichen Fleckchen über dem Fluss und einem kleinen See liegt, eine ungewöhnliche Kombination aus byzantinischen und mediterranen Elementen. Von Mitte Juni bis Mitte Oktober ist ein Mitarbeiter des Nationalparks hier, der Besuchern alles zeigt. In der übrigen Zeit kann man die Kirche allein besichtigen und den Pfad am See entlangspazieren.

Das dem Erzengel Michael geweihte Kloster wurde 1345 von Jelena Šubić, der Frau eines lokalen kroatischen Adligen und Halbschwester des serbischen Zaren Dušan, gegründet. Seine christlichen Wurzeln reichen aber viel weiter zurück. Unter dem Komplex befindet sich ein natürliches Höhlensystem mit Katakomben, die mit frühen christlichen Zeichnungen geschmückt sind. Der lokalen Legende zufolge sollen der heilige Titus und vielleicht sogar der Apostel Paulus die versteckte Kirche besucht haben. Bei den Führungen sieht man nur einen kleinen Bereich der Höhle mit Zeichnungen und menschlichen Knochen, doch das Höhlensystem erstreckt sich noch mindestens 100 m weiter, möglicherweise sogar einige Kilometer.

Während des Kroatienkrieges wurden die wichtigsten Schätze des Klosters, darunter Manuskripte und religiöse Requisiten von unschätzbarem Wert, in Belgrad in Sicherheit gebracht. Vor Kurzem wurde ein neues Museum gebaut, in dem diese Objekte ausgestellt werden sollen, sobald sie zurückgekehrt sind, was hoffentlich in den kommenden Jahren geschieht. Das Kloster selbst wurde während der Kämpfe von UN-Truppen geschützt. Im Komplex befindet sich auch das älteste Seminar der serbisch-orthodoxen Kirche. Es wurde 2001 wieder eröffnet, und heute studieren hier 50 Theologiestudenten.

Burnum

RUINEN

(Erw./Kind 40/30 Kn mit Kloster Krka, inkl. Parkeintritt; ⌚April–Okt. 10–18 Uhr) 6 km hinter der Abzweigung zum Kloster liegen dicht an der Hauptstraße von Kistanja nach Knin die Ruinen des einzigen römischen militärischen Amphitheaters in Kroatiens. Das markante ovale Bauwerk besteht aus Erdwällen, die von Ziegeln gesäumt sind. Es diente früher der Unterhaltung der hier stationierten Soldaten. Etwas weiter auf der Straße kann man zwei elegante weiße Bogen eines zerstörten Aquädukts sehen. Außerdem gibt's in dieser Gegend mehrere Aussichtspunkte auf die Wasserfälle.

ℹ Praktische Informationen

Büro des Nationalparks Krka (☎ 022-771 688; www.npkrka.hr; Skradin; ⌚8–20 Uhr)

ABSTECHER

RAUBVOGELRETTUNG

Sokolarski Centre (☎ 091 50 67 610; www.sokolarskicentar.com; Škugori bb; Erw./erm. 45/35 Kn; ⌚April–Nov. 9–19 Uhr) Dieses Zentrum, das sich dem Schutz der Raubvögel in Kroatien verschrieben hat, ist eine Art Rettungszentrum und Krankenhaus für jährlich etwa 150 verletzte Raubvögel. In einer höchst unterhaltsamen und aufschlussreichen Präsentation demonstriert der Direktor des Zentrums, Emilo Mendušić, mit zahmen Uhus und Wüstenbussarden den Besuchern die Agilität und Fähigkeiten dieser Vögel. Gerettete einheimische Vögel werden nicht bei den Shows eingesetzt; sie bleiben nur solange im Zentrum, bis sie gesund genug sind, um wieder in die Wildnis entlassen zu werden.

Die meisten Patienten des Zentrums waren Opfer von Kollisionen auf den Straßen Kroatiens. Andere Gefahren für die Tiere sind illegale Vergiftung, Jäger und Pflanzenschutzmittel.

Das Sokolarski Centre ist etwa 7 km von Šibenik entfernt und nicht mit öffentlichen Verkehrsmitteln zu erreichen. Es ist nicht ganz leicht zu finden: Man nimmt die Straße zum Nationalpark Krka, biegt in Bilice nach Osten ab und achtet auf die Schilder.

Befindet sich unweit vom Hafen in Skradin; hat gute Karten und Infos und kann Exkursionen arrangieren.

Touristeninformation Skradin (☎ 022-771 306; www.skradin.hr; Trg Male Gospe 3; ⌚ Mo–Fr 9–17 Uhr) Die Haupttouristeninformation befindet sich im Rathaus, von Ostern bis Oktober ist aber auch ein Kiosk beim Nationalparkbüro besetzt.

An- & Weiterreise

Zahlreiche Agenturen bieten Exkursionen von Šibenik, Zadar und anderen Städten aus zum Nationalpark an, man kann ihn aber auch leicht auf eigene Faust besuchen. Im Sommer fahren täglich sieben Busse (sonntags drei) von Šibenik nach Lozovac und Skradin (25 Kn, 25 Min.). Im Winter verkehren nur Busse, die auf die Schulzeiten abgestimmt sind.

Knin

15400 EW.

Knin, das an einer historisch heiß umkämpften Stelle an der Grenze zwischen Dalmatien und Bosnien liegt, war im Mittelalter ein wichtiges Handelszentrum und wurde im 11. Jh. die Hauptstadt des Kroatischen Königreiches. Die riesige kroatische Fahne, die oben auf der Festung weht, hat aber mehr mit der jüngeren Vergangenheit als mit der mittelalterlichen Geschichte zu tun.

1991, als sich Knin selbst als Hauptstadt der abtrünnigen Republik Serbische Krajina ausrief, waren 86% der Einwohner ethnische Serben. Die meisten Serben flohen, bevor Kroatien die Stadt 1995 zurückeroberte, danach wurden hier kroatische Flüchtlinge aus Bosnien angesiedelt. Mit den Serben verschwand auch Knins Wirtschaft, und heute wirkt die Stadt noch immer ein wenig trostlos.

Sehenswertes

Festung Knin BURG

(Kninski Tvrđava) GRATIS Mit dem Bau dieser gedrungenen Festung hoch über der Stadt auf dem steilen Hügel Spas wurde im 9. Jh. begonnen. Ihre Blütezeit als königliche Residenz erreichte sie im 11. Jh. Ihre strategische Bedeutung wird angesichts der außergewöhnlichen Aussicht über das Tal bis zu den Bergen von Bosnien und Herzegowina schnell verständlich.

Als die kroatischen Könige untergingen, wurde Knin von einer Reihe von Invasoren gebeutelt, bis es sich 1522 schließlich die Osmanen unter den Nagel rissen. Später kamen die Venezianer (der geflügelte venezianische Löwe ziert das Haupttor), gefolgt von den Österreichern, den Franzosen und dann wieder den Österreichern. Der Großteil der heutigen Bauten stammt aus dem 17. und 18. Jh.

Praktische Informationen

Touristeninformation (☎ 022-664 822; www.tz-knin.hr; Tuđmana 24; ⌚ Mo–Fr 7–15 Uhr)

Split & Mitteldalmatien

☎ 021

Inhalt ➡

Gut essen

- Pojoda (S. 265)
- Villa Spiza (S. 224)
- Antika (S. 261)
- Lola Konoba & Bar (S. 265)

Schön übernachten

- Divota Apartment Hotel (S. 221)
- Goli + Bosi (S. 221)
- Hotel Adriana (S. 257)
- Hotel San Giorgio (S. 264)

Auf nach Split & Mitteldalmatien!

Mitteldalmatien ist Kroatiens vielfältigste Region mit der meisten Action und den meisten Sehenswürdigkeiten: mit hübschen Inseln, idyllischen Häfen, wild zerklüfteten Bergen, vielen Burgen und einer aufstrebenden kulinarischen Szene. Ganz zu schweigen vom Diokletianspalast in Split und dem mittelalterlichen Trogir (beides Stätten auf der UNESCO-Welterbeliste).

Römische Ruinen, eine mediterrane Stadt, erstklassige Gastronomie und das Nachtleben auf der glamourösesten Insel der Adria (Hvar) machen die Region zum beliebten Reiseziel. Zur Attraktivität tragen zudem schöne feine Sandstrände, abgeschiedene Kiesbuchten auf den Inseln der Umgebung sowie versteckte FKK-Oasen bei. Mit dem zerklüfteten, bis zu 1500 m hohen Dinarischen Gebirge, das die dramatische Kulisse der Küstenlinie bildet, überzeugt dieser Teil Kroatiens auch den anspruchsvollsten Besucher.

Nirgendwo ist die kristallklare Adria wärmer als hier; Badezeit ist von Mitte Mai bis Ende September.

Reisezeit

Split

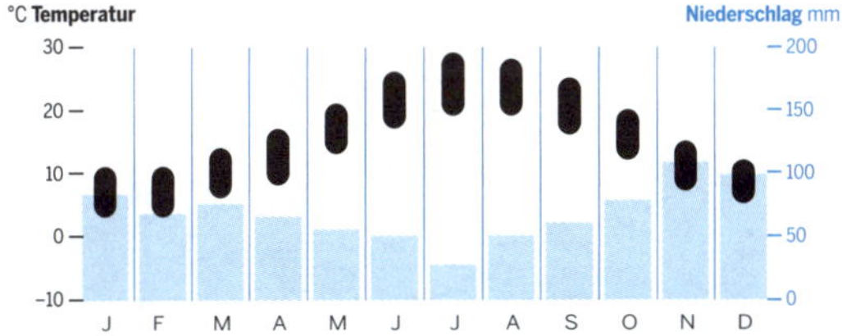

Mai Das Meer ist warm genug zum Schwimmen. Aber es herrscht noch lange kein Massenbetrieb.

Juli & Aug. Festivals und anderes: Überall wird etwas geboten.

Sept. Die Sommergäste sind weitergezogen, das Meer ist noch warm – die Preise sind niedrig.

Highlights

1. Splits antikes Zentrum, den **Diokletianspalast** (S. 214), erkunden. In diesem Viertel herrscht Tag und Nacht Betrieb

2. Auf **Vis** (S. 261), eine der abgelegensten Inseln Kroatiens, leckeres Essen und herrliche Strände genießen

3. Am **Zlatni Rat** (S. 250) in Bol, Kroatiens Strand mit dem meisten Sexappeal, die Seele baumeln lassen

4. Glamour und Partystimmung in den Strandbars in der Stadt **Hvar** (S. 253) aufsaugen

5. Den imposanten Berg **Biokovo** (S. 241) erklimmen und sich vom Blick bis nach Italien verzaubern lassen

6. Die bemerkenswert gut erhaltene alte Architektur des winzigen Ortes **Trogir** (S. 234), dem Weltkulturerbestar Mitteldalmatiens, bewundern

7. Das traumhafte Innere der Insel **Hvar** (S. 252) mit den endlosen Lavendelfeldern, einer tollen Aussicht über das Meer und den verlassenen Weilern entdecken

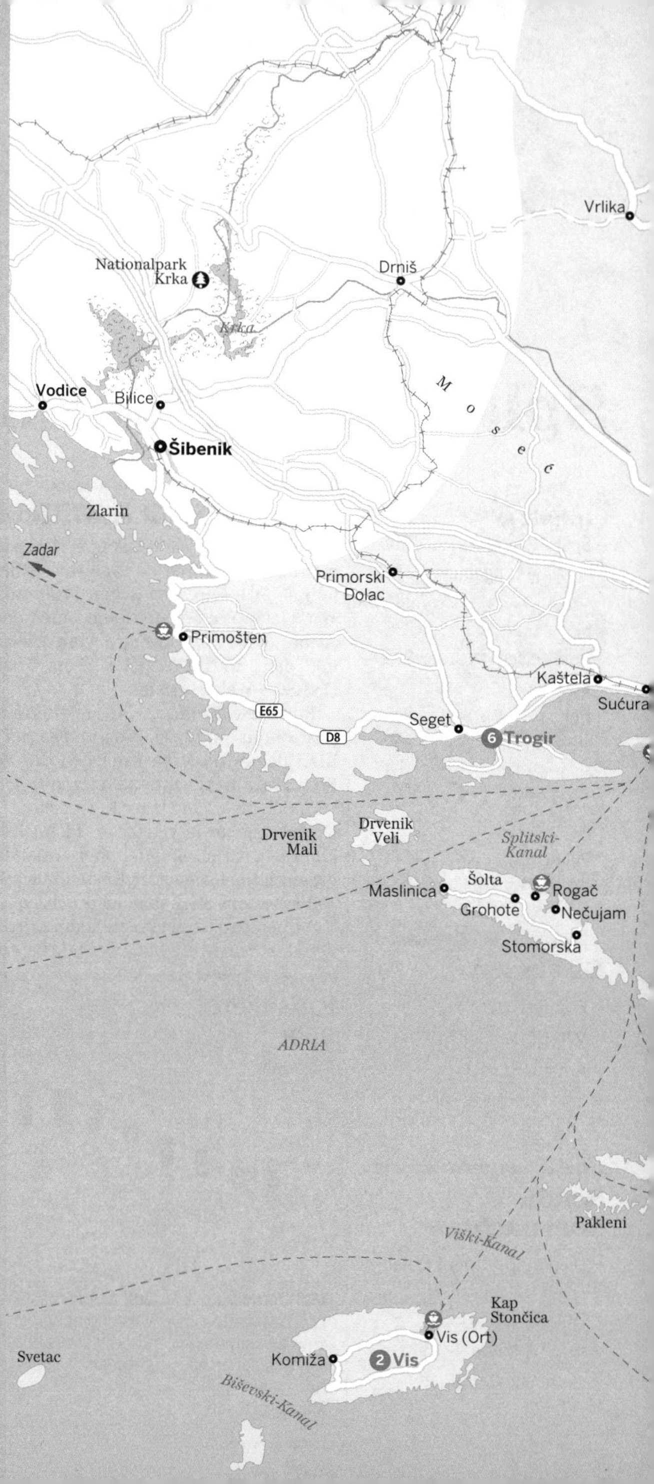

0
20 km
N
ručko
jezero
E71
1
Dinara
Cetina
vilaja
Šuica
Livno
BOSNIEN &
HERZEGOWINA
Glavice
Sinj
Otok
Brnaze
Stipaniči
Buško
jezero
E71
1
Trilj
Aržano
Raško Polje
Kozjak
Dugopolje
60
Solin
V Kabal
(1339 m)
Stobreč
SPLIT
Lovreć
Postranje
Podstrana
Jesenice
Omiš
Cetina
60
Dugi Rat
E65
D8
Bracki-Kanal
Supetar
Postira
Zagvozd
Brela
Škrip
Baška Voda
5 Biokovo
Dol
Pučišća
Makarska
Biokovo
Milna
Brač
Selca
Vidova Gora
(780 m)
Sv. Jure
(1762 m)
Sumartin
Bol 3
Hvarski-Kanal
Podgora
Stari Grad
Drvenik
Jelsa
Sućuraj
Sv. Nikola
(628 m)
7 Hvar
Zavala
Šćedro
Kap
Lovišće
Korčulanski-Kanal
Korčula
(5 km)
Halbinsel
Pelješac

SPLIT

178 190 EW.

Die zweitgrößte Stadt Kroatiens (Spalato auf Italienisch) ist wie geschaffen dafür, das echte, unverfälschte dalmatische Leben kennenzulernen. In Split herrscht immer Betrieb, die überschäumende Stadt hält die richtige Balance zwischen Tradition und Moderne. Innerhalb der alten Mauern des Diokletianspalastes – UNESCO-Weltkulturerbe und eines der beeindruckendsten römischen Baudenkmäler der Welt – haben sich Dutzende von Bars, Restaurants und Geschäften angesiedelt. Seit Tausenden von Jahren spielt sich hier das Leben der Stadtbewohner ab. Und als wäre das nicht schon genug, hat Split auch noch eine einzigartige Lage. Das dramatische Küstengebirge bildet den perfekten Hintergrund zur türkisfarbenen Adria. Auf einer Fahrt mit der Fähre kommt das wunderbare Stadtbild von Seeseite richtig zur Geltung.

Split wird oft vor allem als Hafenstadt für Fahrten zu den beliebten Inseln vor der Küste wahrgenommen (was sie genau genommen auch ist). Aber die Stadt hat sich ordentlich herausgeputzt: Die alte Riva (Seepromenade) wurde verschönert, ihr Betonbelag durch einen Boden im Marmorlook ersetzt. Auch wenn diese Modernisierung nicht bei allen Einheimischen auf Gegenliebe stieß, ist es doch eine prächtige Flaniermeile geworden.

Geschichte

In Spalatum (Split) ließ der römische Kaiser Diokletian (245–313 n. Chr.) zwischen 295 und 305 seinen Altersruhesitz erbauen. Nach seinem Tod nutzten weitere römische Herrscher den riesigen Steinpalast als Residenz. Als die nahe gelegene Siedlung Salona (das heutige Solin) im 7. Jh. von den Awaren und Slawen zerstört wurde, flohen viele der romanisierten Bewohner nach Split und verbarrikadierten sich hinter den befestigten Palastmauern. Aus dem Palastkomplex entwickelte sich schließlich die heutige Stadt.

Die Region wurde zunächst von den Byzantinern, dann von Kroaten beherrscht. Vom 12. bis 14. Jh. war das mittelalterliche Split relativ unabhängig und wuchs über seine alten Grenzen hinaus: Der westliche Teil der Altstadt um den Narodni Trg wurde nun der Mittelpunkt des städtischen Lebens, der religiöse Mittelpunkt lag auch weiterhin innerhalb der Palastmauern.

Im Jahr 1420 eroberten die Venezianer Split und leiteten einen allmählichen Niedergang der Stadt ein. Im 17. Jh. wurde sie dann zum Schutz vor den Osmanen mit starken Stadtmauern gesichert. 1797 kamen die Österreicher und blieben – mit nur kurzer Unterbrechung während der Napoleonischen Kriege – bis 1918.

Sehenswertes

Die Obala Hrvatskog Narodnog Preporoda – kurz Riva (Seepromenade) genannt – ist in Split der beste Orientierungspunkt. Die meisten großen Hotels und viele Restaurants, das Nachtleben und die Strände liegen östlich des Hafens entlang der Buchten Bačvice, Firule, Zenta und Trstenik. Der bewaldete Marjan-Hügel prägt den westlichen Zipfel der Stadt; an seinem Fuß liegen viele schöne Strände.

★ Diokletianspalast HISTORISCHES ZENTRUM

(Karte S. 222) Der Diokletianspalast mit seiner zum Hafen zeigenden Frontseite gehört zu den imposantesten noch vorhandenen römischen Ruinen. Während des Aufenthalts in Split wird man hier wohl die meiste Zeit verbringen. Man darf aber weder einen Palast noch ein Museum erwarten – es ist vielmehr das pulsierende Herz der Stadt mit labyrinthartigen Straßen, Bars, Geschäften, Restaurants und natürlich unzähligen Besuchern. Der Palast – eine militärische Festung, kaiserliche Residenz und befestigte Stadt – misst von Ost nach West 215 m und ist an der südlichen Stelle 181 m breit. Die gesamte Anlage umfasst eine Fläche von 31 000 m².

Obwohl der ursprüngliche Bau im Mittelalter verändert wurde, haben die Umbauten den Reiz dieses faszinierenden Ortes nur noch erhöht. Der Palast wurde aus glänzend-weißem Stein von der Insel Brač erbaut; die Bauzeit betrug zehn Jahre. Diokletian scheute keine Kosten und importierte Marmor aus Italien und Griechenland sowie Säulen und Sphinxe aus Ägypten.

Jede Mauer besitzt ein Tor, das nach einem bestimmen Metall benannt ist. An der Nordseite ist das Goldene Tor, an der Südseite das Bronzene Tor, im Osten befindet sich das Silberne Tor und im Westen das Eiserne Tor. Zwischen dem Ost- und Westtor verläuft eine gerade Straße (Krešimirova oder Decumanus), die die kaiserliche Residenz mit ihren Repräsentationsräumen und Tempeln an der Südseite von den Unterkünften der Soldaten und Diener an der Nordseite trennte. Das Bronzene Tor in der Südmauer führte von den Wohngemächern zum Meer.

Direkt vor den Palastmauern stehen zwei Wahrzeichen der Stadt, die der Bildhauer Ivan Meštrović gestaltet hat: der mittelalterliche Bischof Grgur Ninski wacht über das Goldene Tor und der Literat Marko Marulić über den Trg Braće Radić (Voćni Trg) unweit der Riva.

Innerhalb der Palastmauern befinden sich 220 Gebäude, in denen ca. 3000 Menschen leben. Hinter den engen Gassen verstecken sich Gänge und Innenhöfe, manche wirken verlassen und gespenstisch, andere sind voller pulsierender Musik aus den Bars und Cafés. Darüber hängen die Bewohner ihre Wäsche zum Trocken auf, Kinder spielen inmitten der alten Gemäuer Fußball, und alte Frauen sitzen an den Fenstern und sehen dem Treiben unten zu. Auf kleinen Schildern am Anfang und Ende jeder Straße stehen Hinweise, was Besucher dort vorfinden werden: Bars, Cafés, Restaurants, Geschäfte, Museen. So wird die Orientierung sehr leicht gemacht. Andererseits ist es aber auch reizvoll, sich einfach treiben zu lassen. Das Palastareal ist nicht so groß, dass man darin verlorengehen könnte.

➡ Stadtmuseum

(Muzej Grada Splita; Karte S. 222; www.mgst.net; Papalićeva 1; Erw./erm. 20/10 Kn; ⌚ Di–Fr 9–21, Sa–Mo bis 16 Uhr) Juraj Dalmatinac erbaute den **Papalić-Palast** für eine der vielen Patrizierfamilien, die im Mittelalter innerhalb der Palastmauern lebten. Das kunstvoll gestaltete Eingangstor, das vom Reichtum seiner damaligen Bewohner zeugt, gilt als erlesenes Beispiel für den spätgotischen Stil. In den Innenräumen ist heute das Museum untergebracht. Die Beschreibungen sind auf Kroatisch, aber in verschiedenen Sprachen gehaltene Wandtafeln bilden einen historischen Rahmen für die Ausstellungsstücke. Auf drei Stockwerken zeigt das Museum Gemälde, Wappen, Waffen aus dem 17. Jh., edle Möbel, Münzen und Dokumente, die bis ins 14. Jh. zurückreichen.

➡ Kathedrale des hl. Domnius

(Katedrala Svetog Duje; Karte S. 222; Duje 5; Kathedrale/Schatzkammer/Glockenturm 15/15/10 Kn; ⌚ Mo–Sa 8–19, So 12.30–18.30 Uhr) GRATIS Splits Kathedrale mit achteckigem Grundriss wurde ursprünglich als Mausoleum für Diokletian erbaut. Sie ist von 24 Säulen umgeben und fast vollständig erhalten. In dem runden gewölbten Innenraum gibt es zwei Reihen korinthischer Säulen und einen Fries, auf dem Kaiser Diokletian und seine Frau abgebildet sind. Im Preis der Eintrittskarte für die Kathedrale ist auch der Zutritt zum Jupitertempel und zur Krypta enthalten. Für 35 Kn gibt es ein Ticket, mit dem man in alle Highlights hineinkommt.

Die ältesten Kunstschätze in der Kathedrale sind die bemerkenswerten Szenen aus dem Leben Christi an den hölzernen Eingangstüren. Sie wurden im 13. Jh. von Andrija Buvina geschnitzt. In 28 Quadraten, 14 auf jeder Seite, sind die einzelnen Szenen dargestellt, die an die damals modernen romanischen Miniaturen erinnern.

Man sollte den rechten Altar beachten, der von Bonino da Milano 1427 geschnitzt wurde, sowie das Gewölbe oberhalb des Altars mit Wandgemälden von Dujam Vušković. Links steht der Altar des heiligen Anastasius (Sveti Staš; 1448) von Dalmatinac. Das Relief *Die Geißelung Christi* ist eine der besten bildhauerischen Arbeiten seiner Zeit in Dalmatien.

Der Chorraum hat eine romanische Bestuhlung aus dem 13. Jh., sie ist die älteste noch erhaltene in Dalmatien. Hinter dem Altar weisen Schilder den Weg zur Schatzkammer, die wertvolle Reliquien, Ikonen, Kirchengewänder, bebilderte Handschriften und Schriftstücke in glagolitischer Schrift präsentiert.

Ein Teil des Gebäudes, der romanische Glockenturm, wurde zwischen dem 12. und 16. Jh. erbaut und 1908 nach einem Einsturz rekonstruiert. Interessant sind die beiden Löwenfiguren am Fuß des Glockenturms sowie die ägyptische Sphinx aus schwarzem Granit an der rechten Wand, die aus dem 15. Jh. v. Chr. stammt. Südlich des Mausoleums befinden sich die Überreste eines römischen Bades, eines römischen Gebäudes mit einem Mosaik sowie der kaiserliche Speisesaal. Die Räume sind unterschiedlich gut erhalten.

➡ Jupitertempel

(Karte S. 222; Eintritt Tempel/Tempel & Kathedrale 10/35 Kn; ⌚ Mo–Sa 8–19, So 12.30–18.30 Uhr) Die kopflose Sphinx aus schwarzem Granit, die den Eingang zum Tempel bewacht, wurde zu seiner Erbauungszeit im 2.–3. Jh. aus Ägypten importiert. Von den Säulen, die einst seine Vorhalle stützten, steht nur noch eine einzige. Sehenswert sind das Deckengewölbe und die ornamentalen Reliefs. Auch die Krypta, die einst als Kirche genutzt wurde, lohnt einen Besuch.

➡ Ethnografisches Museum

(Etnografski Muzej; Karte S. 222; www.etnografski-muzej-split.hr; Severova 1; Erw./erm. 15/10 Kn;

⌚Mo–Sa 9.30–19, So 10–13 Uhr) Dieses nicht sonderlich spektakuläre Museum zeigt auf zwei Etagen und im Dachgeschoss eine Fotosammlung, traditionelle Kostüme und Erinnerungsstücke bedeutender Bürger. Im Erdgeschoss finden Wechselausstellungen statt. Ein Tipp: Wer durch den frühmittelalterlichen Palast wandert und die Treppe hinauf bis zur Renaissance-Terrasse auf der Südseite des Vestibüls steigt, dem eröffnet sich ein Blick, der einen Museumsbesuch auf jeden Fall rechtfertigt.

➡ Synagoge

(Karte S. 222; www.zost.hr; Židovski Prolaz 1) Splits Synagoge wurde in die Westmauer des Palasts gebaut; sie ist die drittälteste Synagoge Europas, die heute noch genutzt wird. Im 16. Jh. wurde sie in einem Areal errichtet, das damals das Jüdische Ghetto bildete. Ihr aktuelles Aussehen erhielt sie um 1728.

Die jüdische Gemeinde von Split, deren Ursprünge sich bis in die Römerzeit zurückverfolgen lassen, besitzt heute noch etwa 100 Mitglieder. Da sie keinen Rabbi hat, ist die Gemeinde eher traditionell denn religiös geprägt. Im September 2012 wurde Splits erste jüdische Hochzeit seit 70 Jahren in der Synagogue gefeiert, die erste offizielle Zeremonie seit dem Zweiten Weltkrieg. Die letzte Hochzeit fand 1943 statt, nachdem die Synagoge ein Jahr zuvor von italienischen Faschisten geplündert worden war.

➡ Kellergewölbe

(Karte S. 222; Erw./erm. 40/20 Kn; ⌚9–21 Uhr) Obwohl die Räume und Gänge unterhalb des Diokletianspalastes bis auf ein oder zwei Exponate überwiegend leer stehen, verströmen sie eine eindringliche Zeitlosigkeit. In den Kellern haben sich Souvenir- und Kunsthandwerksstände angesiedelt.

Gregor von Nin DENKMAL

(Grgur Ninski; Karte S. 222) Im 10. Jh. kämpfte der kroatische Bischof Gregor von Nin für das Recht, die Messe auf Altkroatisch zu lesen. Das imposante Werk des Bildhauers Ivan Meštrović gehört zu den Wahrzeichen von Split. Der linke große Zeh der Statue glänzt wie poliert – es heißt, dass das Berühren des Zehs Glück bringt und sicherstellt, dass man noch einmal nach Split kommen wird.

Archäologisches Museum MUSEUM

(Arheološki Muzej; Karte S. 218; www.mdc.hr; Zrinsko-Frankopanska 25; Erw./erm. 20/10 Kn; ⌚Mo–Sa 9–14 & 16–20 Uhr) Der gemächliche Spaziergang (10 Min.) zum Archäologischen Museum etwa 1 km nördlich des Zentrums lohnt sich auf jeden Fall. Der Schwerpunkt liegt auf der römischen und frühchristlichen Periode und Exponaten von Begräbnisskulpturen und anderen bei Solin ausgegrabenen Stücken. Die Skulpturen sind in sehr gutem Zustand. Außerdem gibt es interessante Reliefs mit illyrisch-mythischen Figuren sowie Schmuck, Keramiken und Münzen zu sehen.

Galerie der schönen Künste GALERIE

(Galerija Umjetnina Split; Karte S. 222; www.galum.hr; Kralja Tomislava 15; Erw./erm. 20/10 Kn; ⌚Mo 11–16, Di–Fr 11–19, Sa 11–15 Uhr) Die Galerie in dem Gebäude, in dem sich das erste Krankenhaus der Stadt befand, beherbergt etwa 400 Werke aus fast 700 Jahren. Im oberen Stockwerk befindet sich die ständige Sammlung aus Gemälden und ein paar Skulpturen – eine chronologische Reise, die mit den alten Meistern beginnt und bei den Arbeiten moderner kroatischer Künstler wie Vlaho Bukovac und Ignjat Job endet. Die Ausstellungen unten wechseln alle paar Monate. Das nette Café hat eine Terrasse mit Blick auf den Palast.

Galerie Meštrović GALERIE

(Galerija Meštrović; Šetalište Ivana Meštrovića 46; Erw./erm. 30/15 Kn; ⌚Di–So 9–19 Uhr, Okt.–April So geschl.) In diesem herausragenden Kunstmuseum gibt es eine umfassende, gut sortierte Sammlung von Arbeiten Ivan Meštrovićs. Kroatiens erster moderner Bildhauer errichtete die Galerie als seinen Wohnsitz von 1931 bis 1939. Obwohl er die Absicht hatte, hier seinen Lebensabend zu verbringen, emigrierte er kurz nach dem Zweiten Weltkrieg in die USA. Sehenswert ist auch das in der Nähe gelegene **Kaštelet** (Šetalište Ivana Meštrovića 39; Eintritt im Ticket für die Galerie Meštrović enthalten; ⌚Di–Sa 9–19, So 10–19 Uhr), eine Festung, die Meštrović kaufte und restaurierte, um darin seine mächtigen Holzreliefs aus dem *Leben Christi* unterzubringen.

Aquarium Split AQUARIUM

(☎021-24 71 15; www.aquariumsplit.com; Mladih 1, Vranjic; Erw./Kind 75/50 Kn; ⌚10–22 Uhr) Das Aquarium, das im Erdgeschoss einer alten Villa auf der malerischen kleinen Halbinsel Vranjic, 8 km von Split entfernt, untergebracht ist, eignet sich perfekt für einen Familienausflug und ist eine gute Alternative für einen Regentag. Der fischbegeisterte Kuzma aus Vis und seine sieben Kinder haben sich hiermit einen Traum erfüllt. In Kroatiens größtem Aquarium tummeln sich 130 Adria-Spezies in 20 Wasserbecken mit Originalamphoren und antiken Schiffsgegenständen. Hier kann man Rochen streicheln, in einem Angelbecken Fische fangen und zum Abendessen mit nach Hause nehmen oder auch eine Muschel in dem Souvenirladen kaufen.

Aktivitäten

Bačvice SCHWIMMEN

(Karte S. 218) Im Sommer verleiht das bunte Strandleben Split eine Aura von Sorglosigkeit. Der **Bačvice**, der mit dem Öko-Label „Blaue Flagge" ausgezeichnet wurde, ist der beliebteste Strand. Der Kiesstrand eignet sich gut zum **Schwimmen**, er bietet eine lebendige Atmosphäre und überall *picigin*-Spielvorrichtungen (Strandball). Duschen und Umkleidekabinen gibt es an beiden Enden des Strands. Im Sommer kommen viele junge Einheimische und Reisende in die Bars und Clubs am Bačvice.

Marjan WANDERWEG

(Karte S. 218) Für einen Nachmittag fernab vom Trubel der Stadt ist der Hügel auf der Halbinsel Marjan (178 m) das perfekte Ausflugsziel. Das Naturschutzgebiet gilt als Grüne Lunge der Stadt und führt auf Fußwegen durch duftende Kiefernwälder, zu malerischen Aussichtspunkten und alten Kapellen.

Marjan kann auf unterschiedlichen Wegen erreicht werden. Eine Möglichkeit ist, die Plinarska direkt hinter dem Nationaltheater hinaufzugehen, die Nazorova zu kreuzen und sich dann weiter in westlicher Richtung zu halten, die Mandalinski Put hinunter bis zum Nordtor (Spinutska Vrata). Oder man beginnt näher am Zentrum, an der Treppe (Marjanske Skale) in Varoš, direkt hinter der Kirche Sveti Frane. Eine leichte Steigung führt auf alten Steinstufen hinauf, dann auf einem malerischen 10-minütigen Spazierweg zum Café Vidilica. Von hier aus, direkt beim alten Jüdischen Friedhof, geht es weiter auf dem markierten, von Kapellen gesäumten Fußweg bis zur Kašjuni-Bucht, die deutlich ruhiger ist als der Bačvice.

Küste von Marjan WANDERWEG

Ein besonders schöner Spaziergang verläuft entlang der Küste von Marjan. Los geht's an der Riva bis zur glitzernden neuen Promenade Zapadna Obala (Westufer). Wer will, leiht sich bei Toto Travel für vier Stunden (75 Kn) ein Fahrrad.

Weiter geht's zum ACI-Jachthafen im Meje-Viertel und von dort zur Halbinsel Sustipan südwestlich des Hafens von Split, vorbei am Swimmingpool-Komplex Jadran, der Zvončac-Bucht und bis zum Kaštelet. Nun geht es hinauf zur Šetalište Ivana Meštrovića, nach weiteren 20 Minuten in Richtung Westen erreicht man schließlich Kašjuni, von wo es dann noch ca. 3,5 km auf der Šetalište Ivana Meštrovića und vorbei an der Galerie Meštrović zurück zur Riva sind.

Geführte Touren

Atlas OUTDOOR

(Karte S. 222; ☎ Info 021-34 30 55; Obala Lazareta 3; ⏰ Mo–Fr 8–20 Uhr) Atlas organisiert Ausflüge zu den Wasserfällen im Krka Nationalpark (390 Kn), nach Hvar (485 Kn) und nach Plitvice (590 Kn).

Toto Travel OUTDOOR

(Karte S. 222; ☎ 021-88 70 55; www.totosplit.com; Trumbićeva Obala 2; ⏰ 9–24 Uhr) Im Angebot sind zahlreiche Abenteuer-Aktivitäten und Ausflüge zu den Wasserfällen im Krka Nationalpark (405 Kn), nach Hvar per Boot (600 Kn) und nach Plitvice (570 Kn) sowie eine Hardcore-Radtour nach Mosor (200 Kn) und eine leichtere Tour nach Marjan (100 Kn).

Summer Blues BOOTSFAHRT

(☎ 021-332 500; www.summer-blues.com) Wem es nach Spaß und Sonne gelüstet, geht an Bord dieses Mega-Katamarans und segelt einen halben Tag nach Brač und Šolta. Im Preis enthalten sind Tänzer, Cocktails und ein Mittagssnack (ab 350 Kn).

Secret Dalmatia GEFÜHRTE TOUR

(www.secretdalmatia.com) Der ausgezeichnete Veranstalter organisiert maßgeschneiderte Touren in Split und ganz Dalmatien, inklusive Segeltörns, Kochkurse in Trogir in einem Palast aus dem 13. Jh., Weinverkostungen mit hiesigen Experten und einzigartige Ausflüge ins unberührte Hinterland.

Travel 49 STADTSPAZIERGANG

(Karte S. 222; ☎ 021-572 772; www.splitwalkingtour.com; Dioklecijanova 5) Es werden Ein-Euro-Stadtspaziergänge (7,5 Kn) angeboten. Los geht's fünf Mal täglich beim Peristil. Außerdem gibt's Kajaktouren rund um Marjan (250 Kn).

croActive Holidays KAJAKFAHREN

(Karte S. 222; ☎ 021-277 344; www.croactive-holidays.com; Majstora Jurja 5) Hier kann man malerische halbtägige Paddeltouren um die Halbinsel Marjan (260 Kn) und mehrtägige Kajaktrips buchen.

Split

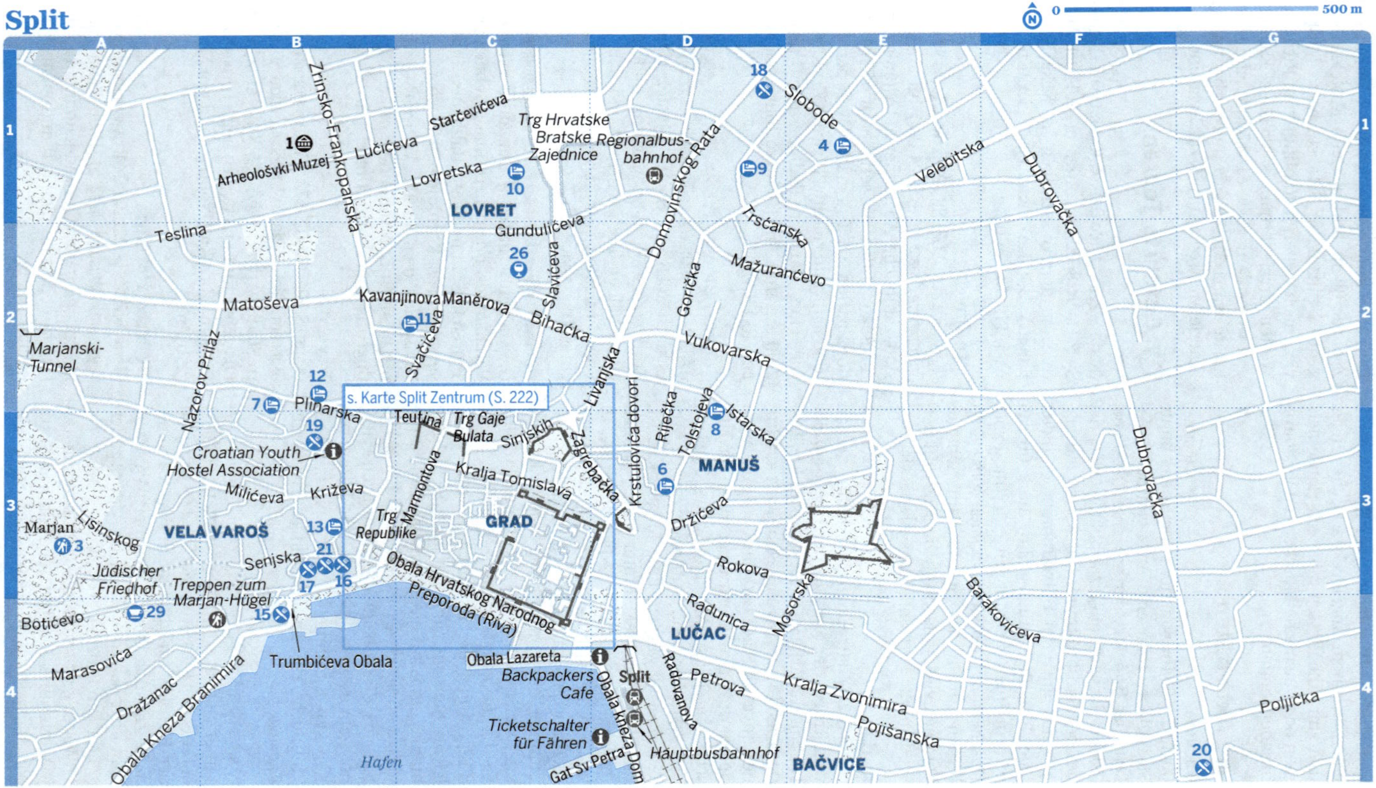
0
500 m
A
B
C
D
E
F
G
1
2
3
4
Zrinsko-Frankopanska
Starčevićeva
Trg Hrvatske
Bratske
Zajednice
Regionalbus-
bahnhof
Domovinskog Rata
18
Slobode
4
1
Arheološvki Muzej
Lučićeva
Lovretska
10
9
Velebitska
Dubrovačka
LOVRET
Trsćanska
Teslina
Gundulićeva
26
Slavićeva
Mažuranćevo
Gorička
Matoševa
Kavanjinova
Manĕrova
11
Svačićeva
Bihaćka
Marjanski-
Tunnel
Nazorov Prilaz
Livanjska
Vukovarska
12
7
Plinarska
s. Karte Split Zentrum (S. 222)
Teutina
Trg Gaje
Bulata
Sinjskih
Krstulovića dovori
Riječka
Tolstojeva
8
Istarska
19
Croatian Youth
Hostel Association
Kralja Tomislava
Zagrebačka
6
MANUŠ
Dubrovačka
Milićeva
Križeva
Marmontova
Trg
Republike
GRAD
Držićeva
Marjan
Lisinskog
3
VELA VAROŠ
13
21
Senjska
17
16
Obala Hrvatskog Narodnog
Preporoda (Riva)
Rokova
Jüdischer
Friedhof
Treppen zum
Marjan-Hügel
Mosorska
Barakovićeva
Botićevo
29
15
Radunica
LUČAC
Marasovića
Trumbićeva Obala
Obala Lazareta
Backpackers
Cafe
Split
Radovanova
Petrova
Kralja Zvonimira
Dražanac
Obala Kneza Branimira
Ticketschalter
für Fähren
Obala Kneza Dom
Hauptbusbahnhof
Pojišanska
Poljička
Hafen
Gat Sv. Petra
BAČVICE
20

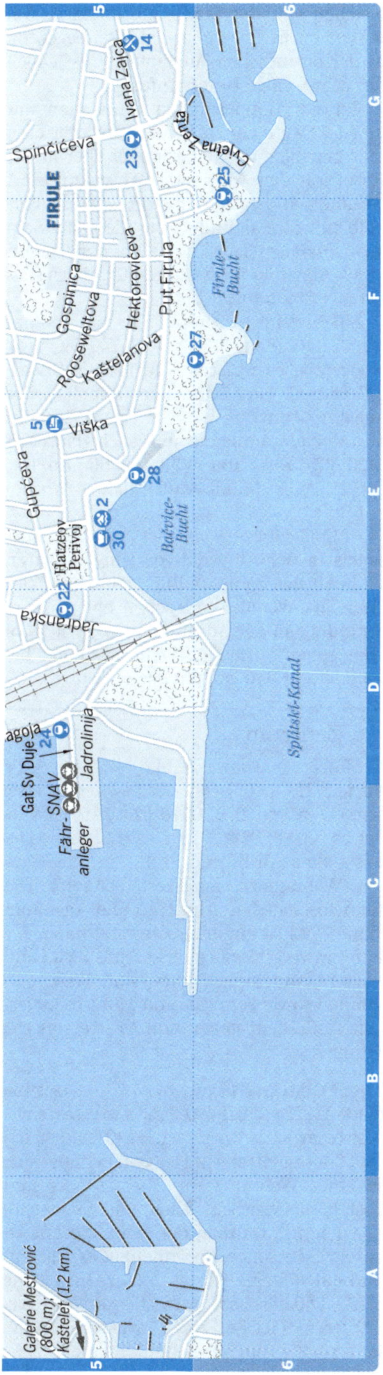

Split

Sehenswertes

1 Archäologisches Museum B1

Aktivitäten, Kurse & Touren

2 Bačvice E5
3 Marjan A3

Schlafen

4 Art Hotel E1
5 Beach Hostel Split E5
6 CroParadise Split Hostels D3
7 Divota Apartment Hotel B2
8 Hostel Emanuel D3
9 Hotel Consul D1
10 Hotel Globo C1
11 Tchaikovsky Hostel C2
12 Villa Baguc B2
13 Villa Varoš B3

Essen

14 Kadena G5
15 Kod Fife B4
16 Konoba Marjan B3
17 Konoba Matejuška B3
18 Konoba Stare Grede D1
19 Makrovega B3
20 Pimpinella G4
21 Šperun B3

Ausgehen & Nachtleben

22 Cirkus II D5
23 Hedonist G5
24 Imperium D5
25 O'Hara G6
26 Quasimodo C2
27 Šumica F6
28 Tropic Club E5
29 Vidilica A4
30 Žbirac E5

Unterhaltung

Egoist .... (siehe 23)
Kino Bačvice .... (siehe 28)

Šugaman Tours BOOTSFAHRT
(Karte S. 222; ☎095 1978 608; www.sugamantours.com; Dosud 6) Šugaman Tours veranstaltet eine Reihe von Tagesausflügen im Schnellboot und andere Touren. Darunter sind beispielsweise ganztägige Törns zur Blauen Höhle auf Vis (und zur Grünen Höhle sowie nach Palmižana) für 850 Kn pro Person.

Feste & Events

Die Touristeninformation informiert über alle Events und Umzüge. Von Juni bis September werden zahlreiche Abendvorstellungen in der Altstadt angeboten, meist rund um das Peristyl.

Fasching KULTUR
(Feb.) Im Februar verkleiden sich die Einheimischen und tanzen zwei Tage lang ausgelassen in den Straßen.

St.-Duje-Fest RELIGION
(Mai) An diesem Fest am 7. Mai ist viel Tanz und Gesang im ganzen Stadtgebiet zu sehen und zu hören.

Picigin-Weltmeisterschaft SPORT
(Juni) Seit mittlerweile 10 Jahren führen die Einheimischen Anfang Juni ihre Fertigkeiten im *picigin* bei diesem Spaß-Event in Bačvice vor.

Mediterranes Filmfestival FILM
(www.fmfs.hr; Juni) Ein einwöchiges Festival, das jedes Jahr im Juni Filme aus der Mittelmeerregion zeigt, aufgepeppt mit Ausstellungen und Partys.

Festival der Popmusik MUSIK
(Juni/Juli) Die vier Tage mit Musik werden jeweils Ende Juni oder Anfang Juli veranstaltet.

Sommerfestival Split KUNST
(www.splitsko-ljeto.hr; Juli–Aug.) Von Mitte Juli bis Mitte August finden in der Stadt Opern, Theaterstücke, Ballettaufführungen und Konzerte auf Freilichtbühnen statt.

Ultra Europe MUSIK
(www.ultraeurope.com; Juli) Eines der weltweit größten Festivals elektronischer Musik findet in den nächsten fünf Jahren jeweils im Juli drei Tage lang im Poljud-Stadion in Split statt (am 4. Tag geht's dann irgendwo am Strand außerhalb der Stadt weiter). Zu diesem Event kommen Leute aus der ganzen Welt, um nach den Klängen berühmter DJs zu raven. Tickets (765 Kn/Tag) gibt's bei Atlas (S. 217).

Filmfestival Split FILM
(www.splitfilmfestival.hr; Sept.) Der Fokus liegt auf neuen internationalen Filmen, es werden viele Experimentalfilme gezeigt; das Festival findet Mitte September statt.

Schlafen

In den letzten Jahren wuchs in Split die Zahl der guten preiswerten Unterkünfte, meist Hostels. Auch Privatunterkünfte sind eine gute Option. Im Sommer bieten viele Frauen am Busbahnhof den Reisenden *sobe* (freie Zimmer) an. Wichtig ist dabei, gleich zu klären, wo das Zimmer liegt – sonst übernachtet man womöglich mehrere Bushaltestellen von der Stadtmitte entfernt. Am besten bucht man über eine Reiseagentur, in der eigentlichen Altstadt gibt es jedoch nur sehr wenige Unterkünfte.

Für ein Doppelzimmer muss man mit 300–500 Kn rechnen, bei den preiswerteren teilt man sich das Badezimmer aber in der Regel mit dem Vermieter. Wer motorisiert ist und sich nicht daran stört, etwas außerhalb zu wohnen, findet eine Riesenauswahl an *pansions* (Pensionen) an der Hauptstraße von Split nach Dubrovnik, gleich südlich der Stadtgrenze.

Eine weitere Alternative ist **Dalmatian Villas** (Karte S. 222; ☎021-340 680; www.accommodationinsplit.com; Livanjska 6; DZ/Apt. 570/680 Kn). Hier kann man Zimmer oder auch Apartments in renovierten Villen in der Altstadt anmieten, aber auch Häuschen (820–1270 Kn) und Villen (2660 Kn/Tag, für 11 Pers.; Mindestaufenthalt 1 Woche) auf Brač.

In Split gibt es sogar ein paar Boutiquehotels in der Altstadt. Vor einigen Jahren eröffnete das Radisson Blu mit einem exklusiven Spa. Wer also gern seinen entspannten Strandtag an der Adria in einem Whirlpool oder einem duftenden Wellness-Center beschließt, für den ist Split genau richtig.

Zentrum

CroParadise Split Hostels HOSTEL €
(Karte S. 218; ☎091 444 4194; www.croparadise.com; Čulića Dvori 29; B 200 Kn, EZ/DZ 250/500 Kn, Apt. ab 500 Kn;) Drei großartige Hostels – Blau, Grün und Pink – in umgebauten Wohnungen im Viertel Manuš. Die Gemeinschaftsbar Underground (geöffnet Juni–Sept.) ist ein guter Ausgangspunkt für Pub-Crawls (Montag- bis Samstagabend). Weitere Annehmlichkeiten sind Waschmaschinen sowie Fahrrad- und Motorrollerverleih. Außerdem stehen fünf Apartments zur Verfügung.

Silver Central Hostel HOSTEL €
(Karte S. 222; ☎021-490 805; www.silvercentralhostel.com; Kralja Tomislava 1; B 190 Kn;) Das Boutiquehostel in Hellgelb befindet sich in einer Wohnung im Obergeschoss und besteht aus vier Schlafsälen und einer schönen Lounge. Ganz in der Nähe gibt's noch ein Zwei-Personen-Apartment (250–520 Kn) und ein weiteres Hostel, **Silver Gate** (Karte S. 222; ☎021-322 857; www.silvergatehostel.com; Hrvojeva 6; B 180 Kn/Pers., DZ mit Küche 525 Kn), in der Nähe vom Lebensmittelmarkt.

Tchaikovsky Hostel HOSTEL €
(Karte S. 218; ☎ 021-317 124; www.tchaikovskyhostel.com; Petra Iliča Čajkovskog 4; B 187 Kn; ❄@📶) Das Hostel mit vier Schlafsälen im Stadteil Špinut wird von einem in Deutschland geborenen Kroaten betrieben. In den gepflegten, sauberen Zimmern stehen Etagenbetten mit integrierten Regalen. Müsli, Espresso und Tee gibt's gratis.

Hostel Emanuel HOSTEL €
(Karte S. 218; ☎ 021-786 533; Tolstojeva 20; B 190–200 Kn; ❄@📶) Das Mini-Designerhostel wird von einem freundlichen Paar betrieben und bietet farbenfrohe, moderne Räumlichkeiten mit Retro-Akzenten. Die Etagenbetten in den beiden Schlafsälen (einer für 5 und einer für 10 Personen) haben Vorhänge, Leselampen und Steckdosen. Zum Frühstück gibt's kostenlose Croissants und Kaffee.

Split Hostel Booze & Snooze HOSTEL €
(Karte S. 222; ☎ 021-342 787; www.splithostel.com; Narodni trg 8; B 200–215 Kn; ❄@📶) Das Party-Hostel im Zentrum wird von zwei Aussie-Kroatinnen betrieben. Im Angebot sind hier vier Schlafsäle, eine Terrasse, Büchertausch und Bootstouren. Der neuere Ableger, **Split Hostel Fiesta Siesta** (Karte S. 222; Kružićeva 5; B 200–215 Kn, DZ 560 Kn; ❄@📶), hat fünf blitzblanke Schlafsäle und ein Doppelzimmer über der beliebten Charlie's Backpacker Bar.

★ **Goli + Bosi** HOSTEL €€
(Karte S. 222; ☎ 021-510 999; www.gollybossy.com; Morpurgova Poljana 2; B/EZ/DZ 240/700/800 Kn) Splits Designerhostel mit seiner schicken, futuristischen Ausstattung, dem hippen Flair und einer coolen Café-Bar-Restaurant-Lobby ist bei Flashpackern sehr beliebt. Das Superior-Doppelzimmer (Mala Floramy) kostet 1130 Kn inklusive Frühstück und tollem Blick.

Hotel Bellevue HOTEL €€
(Karte S. 222; ☎ 021-345 644; www.hotel-bellevue-split.hr; Bana Josipa Jelačića 2; EZ/DZ 500/700 Kn; P@📶) Der alte Klassiker mit seiner Rezeption im 2. Stock hat zwar eindeutig schon bessere Tage gesehen, gehört aber noch immer zu den stimmungsvollsten Hotels der Stadt: königlich gemusterte Tapeten, dunkelbraunes Holz, Art-déco-Einrichtung, bauschige Tüllgardinen und verblasste, aber gepflegte Zimmer, einige davon mit Meerblick.

Villa Varoš PENSION €€
(Karte S. 218; ☎ 021-483 469; www.villavaros.hr; Miljenka Smoje 1; DZ/Suite 586/887 Kn; P❄📶) Mittelklassehotels werden in Split immer besser, so auch die Villa Varoš. Die zentral gelegene Unterkunft gehört einem Kroaten aus New York. Die Zimmer sind einfach, hell und luftig. Das Apartment hat einen Whirlpool und eine kleine Terrasse.

B & B Villa Kaštel 1700 B & B €€
(Karte S. 222; ☎ 021-343 912; www.kastelsplit.com; Mihovilova Širina 5; EZ/DZ 950/1030 Kn; ❄@📶) In puncto Preis-Leistungs-Verhältnis ist dieses B & B in einer Gasse innerhalb der Palastmauern das Beste, was Split zu bieten hat. In der Nähe gibt es mehrere Bars. Die Zimmer sind klein, aber sauber, die Apartments haben kleine Küchen.

★ **Divota Apartment Hotel** HOTEL €€€
(Karte S. 218; ☎ 091 404 1199; www.divota.hr; Plinarska 75; EZ/DZ 761/823 Kn; ❄📶) Das von einem künstlerisch angehauchten Kroaten aus der Schweiz betriebene Divota im Viertel Varoš verteilt sich über acht restaurierte Fischerhäuser. Hier hat man wahrhaft seine Ruhe nach dem Trubel in der Palastgegend. Die sechs modernen Zimmer, neun Apartments (1508 Kn) und die umwerfende Drei-Zimmer-Villa mit Innenhof (5030 Kn) sind mit allen nur erdendlichen Annehmlichkeiten, Originaldetails und einzigartigen Ausstattungsmerkmalen versehen, z. B. gibt es auch ein Schlafzimmer in einem Gewölbe.

Hotel Vestibul Palace HOTEL €€€
(Karte S. 222; ☎ 021-329 329; www.vestibulpalace.com; Iza Vestibula 4; EZ/DZ 2660/2810 Kn; P❄@📶) Das preisgekrönte Boutiquerefugium mit seinen sieben Räumen und Suiten ist das eleganteste Hotel der Stadt. Die Zimmer sind mit Leder und Holz und dem ganzen Spektrum gehobener Annehmlichkeiten ausgestattet. Für 100 Kn pro Tag werden auch Parkmöglichkeiten angeboten. Der Anbau des Hotels, die Villa Dobrić mit ihren vier Doppelzimmern (EZ/DZ 1725/1875 Kn) liegt nur einen Steinwurf entfernt.

Hotel Peristil HOTEL €€€
(Karte S. 222; ☎ 021-329 070; www.hotelperistil.com; Poljana Kraljice Jelene 5; EZ/DZ 1000/1200 Kn; ❄@📶) Hübsches Hotel mit Blick auf das Peristyl im Diokletianspalast und freundlichem Service. Es gibt zwölf grandiose Zimmer mit Dielenböden, antiken Details und tollem Blick, aber nur kleinen Bädern. Die Zimmer 204 und 304 bieten kleine Alko-

Split Zentrum

ven, ein paar Reste freigelegter alter Palastmauern *und* Blick auf das Peristyl.

Marmont Hotel HOTEL €€€
(Karte S. 222; ☎ 021-308 060; www.marmonthotel.com; Zadarska 13; EZ/DZ 1927/2126 Kn; ❄@📶) Marmor, freigelegte Steinwände, Dachfenster und Hartholzböden zeichnen dieses Boutiquehotel aus. Von der Terrasse im 2. Stock bietet sich eine tolle Aussicht. Die 21 großen modernen Zimmer verfügen über dunkle Nussholzmöbel, Eichenböden und schicke Bäder. Die Präsidentensuite kostet „nur" schlappe 8260 Kn.

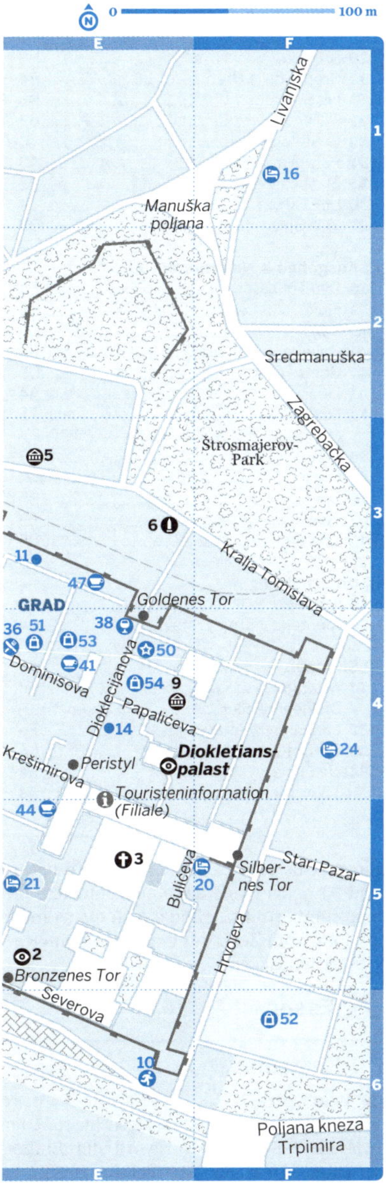

Villa Baguc

PENSION €€€

(Karte S. 218; 021-770 456; www.baguc.com; Plinarska 29/2; EZ/DZ 860/970 Kn;) Vier Zimmer auf den vier Stockwerken eines restaurierten, 150 Jahre alten Familienhauses in Varoš. Moderne Ausstattung wird hier mit ursprünglichen Details wie freigelegten Steinmauern kombiniert. Die Villa liegt etwas versteckt und dennoch nur fünf Gehminuten vom Zentrum entfernt.

Hotel Adriana

HOTEL €€€

(Karte S. 222; 021-340 000; www.hotel-adriana.com; Hrvatskog Narodnog Preporoda 8; EZ/DZ 750/1100 Kn;) Preiswert, exzellent gelegen. Die Zimmer mit ihren marineblauen Vorhängen und dem beigen Mobiliar sind nicht überwältigend, aber aus einigen genießt man einen wunderbaren Blick aufs Meer.

Bačvice & die Küste

Beach Hostel Split

HOSTEL €

(Karte S. 218; 098 945 0998; Viška 9; B 200 Kn; April–Okt.;) Einen Steinwurf vom Bačvice-Strand entfernt liegt dieses schnörkellose Hostel. Betrieben wird es von einer freundlichen Norwegerin namens Ladybird. Kaffee und Tee sind gratis. Außerdem warten eine Terrasse und eine Gitarre auf die Gäste.

Camping Stobreč

CAMPING €

(021-325 426; www.campingsplit.com; Lovre 6, Stobreč; Stellplatz 59 Kn/Pers., Wohnmobil für 4 Pers. 824 Kn;) Der gut ausgestattete Campingplatz liegt etwa auf halber Strecke zwischen Split und Solin und hat zwei Strände, drei Bars, ein Restaurant, einen Laden und unzählige Freizeitmöglichkeiten in unmittelbarer Nähe. Hin kommt man mit Bus 25 oder 60. Das eigene Zelt mitbringen.

Le Meridien Grand Hotel Lav

HOTEL €€€

(021-500 500; www.lemeridien.com; Grljevačka 2A; EZ/DZ 2265/2567 Kn;) Die Mutter aller Hotels in Split. Der Fünf-Sterne-Gigant befindet sich 8 km südlich der Stadt bei Podstrana und bietet einen 800 m langen Strand. Das Hotel besteht aus fünf miteinander verbundenen Gebäuden, hat 381 wunderschön designte Zimmer mit Meerblick und üppig grüne Gartenanlagen. Ausgezeichnete Online-Angebote.

Außerhalb des Zentrums

Hotel Consul

HOTEL €€€

(Karte S. 218; 021-340 130; www.hotel-consul.net; Tršćanska 34; EZ/DZ 650/950 Kn;) Das Hotel Consul ist 1,3 km vom Zentrum entfernt und bietet geräumige Zimmer mit Teppichböden, Flachbild-TVs und (in einigen Zimmern) Whirlpools. Das ruhige Ho-

Split Zentrum

Highlights
1 Diokletianspalast ... E4

Sehenswertes
2 Kellergewölbe ... E5
3 Kathedrale des hl. Domnius ... E5
4 Ethnografisches Museum ... D5
5 Galerie der schönen Künste ... E3
6 Gregor von Nin ... E3
7 Synagoge ... D4
8 Jupitertempel ... D4
9 Stadtmuseum ... E4

Aktivitäten, Kurse & Touren
10 Atlas ... E6
11 croActive Holidays ... E3
12 Šugaman Tours ... D5
13 Toto Travel ... A5
14 Travel 49 ... E4

Schlafen
15 B&B Villa Kaštel 1700 ... D5
16 Dalmatian Villas ... F1
17 Goli + Bosi ... B4
18 Hotel Adriana ... B5
19 Hotel Bellevue ... A4
20 Hotel Peristil ... F5
21 Hotel Vestibul Palace ... E5
22 Marmont Hotel ... C4
23 Silver Central Hostel ... C2
24 Silver Gate ... F4
25 Split Hostel Booze & Snooze ... C3
26 Split Hostel Fiesta Siesta ... D3

Essen
27 Bajamont ... D4
28 Bajamonti ... B3
29 Brokula ... D3
30 Crème de la Crème ... B4
31 Figa ... D5
32 Galija ... B2
33 Gušt ... D1
34 Paradigma ... A3
35 Slastičarna Riva ... D5
36 UJE Oil Bar ... E4
37 Villa Spiza ... D3

Ausgehen & Nachtleben
38 Dva Tona Bar ... E4
39 Fluid ... D5
40 Gaga ... D3
41 Galerija ... E4
42 Ghetto Club ... D5
43 Libar ... A4
44 Luxor ... E5
Mosquito ... (siehe 41)
45 Paradox ... A1
Porta ... (siehe 47)
46 Split Cirkus ... D5
47 Teak ... E3
48 Tri Volta ... D5

Unterhaltung
49 Kroatisches Nationaltheater ... C1
50 Kinoteka Zlatna Vrata ... E4

Shoppen
51 Arterija ... E4
Diokletiankeller ... (siehe 2)
52 Lebensmittelmarkt ... F6
53 GetGetGet ... E4
54 Nadalina ... E4
55 Think Pink ... C4

tel mit der begrünten Terrasse ist eine gute Wahl für Reisende mit einem eigenen fahrbaren Untersatz.

Art Hotel HOTEL €€€
(Karte S. 218; ☎021-302 302; www.arthotel.hr; Slobode 41; EZ/DZ 937/1237 Kn; P ❄ @ 📶) Die zur Best-Western-Kette gehörende Anlage ist ein Zwischending aus Boutique- und Businesshotel. Es bietet Vier-Sterne-Zimmer mit vornehmen Betten und Minibar, einen Fitnessraum und ein Spa. Am besten nimmt man ein Zimmer zur ruhigeren Seite. Die Zimmer im Nebengebäude hinten sind kleiner und einfacher (EZ/DZ 675/900 Kn).

Hotel Globo HOTEL €€€
(Karte S. 218; ☎481 111; www.hotelglobo.com; Lovretska 18; EZ/DZ 1040/1330 Kn; P ❄ 📶) Elegantes, für Geschäftsreisende ausgelegtes Vier-Sterne-Hotel mit roten Teppichen im Eingangsbereich, einer Marmorrezeption und 33 nobel eingerichteten, schmalen, hohen Zimmern. Es befindet sich etwas mehr als 1 km vom Zentrum entfernt in einer etwas tristen Gegend.

Essen

Zentrum

★ **Villa Spiza** DALMATISCH €
(Karte S. 222; Kružićeva 3; Hauptgerichte ab 50 Kn; ⏰ Mo–Sa 9–24 Uhr) Der Favorit der Einheimischen innerhalb der Palastmauern. In dem unauffälligen Lokal gibt's erstklassige, jeden Tag wechselnde dalmatische Gerichte wie Calamari, Risotto oder gefüllte Paprika zu ordentlichen Preisen. Das frische, hausgemachte Essen wird drinnen an der Bar oder draußen an ein paar Bänken serviert. Der Service ist zwar langsam, aber das Essen wird mit Liebe zubereitet.

Šperun SEAFOOD €

(Karte S. 218; ☎021-346 999; Šperun 3; Hauptgerichte ab 65 Kn; ⌚9–23 Uhr) Das kleine, niedliche Restaurant mit rustikalen Details und freigelegten Steinmauern ist vor allem bei Reisenden sehr beliebt – vermutlich, weil die Kellner in ihren Matrosen-T-Shirts anscheinend alle Sprachen dieser Welt beherrschen. Aus der Küche kommt klassisch dalmatisches Essen, z. B. anständiger *brujet* (Meeresfrüchteeintopf), frische Muscheln in einer Tomaten-Petersilien-Sauce und gegrillter Thunfisch mit Kapern.

Figa INTERNATIONAL €

(Karte S. 222; ☎021-274 491; Buvinina 1; Hauptgerichte ab 50 Kn; ⌚8.30–1 Uhr) Ein cooles kleines Restaurant mit Bar, funkiger Einrichtung und Tischen draußen auf der Treppe. Das Figa serviert gute Frühstücks- und Fischgerichte sowie viele Salate. An manchen Abenden gibt es Livemusik. Die Küche ist bis spät am Abend geöffnet. Die Kellner sind manchmal etwas langsam, aber witzig und immer gut drauf.

Konoba Matejuška DALMATISCH €

(Karte S. 218; ☎021-355 152; Tomića Stine 3; Hauptgerichte ab 50 Kn; ⌚12–24 Uhr) Gemütliche, rustikale Taverne in einer Gasse nur wenige Minuten vom Meer entfernt. Die Spezialitäten hier sind gut zubereitete und noch dazu preiswerte Meeresfrüchte – dazu passt ein Gläschen *kujunđuša*, ein Weißwein aus dem Hinterland Dalmatiens. Die Bedienung ist freundlich.

Kod Fife DALMATISCH €

(Karte S. 218; ☎021-345 223; Trumbićeva 11; Hauptgerichte ab 45 Kn; ⌚6–24 Uhr) Dragan führt den Vorsitz über eine bunt gemischte Crew aus Matrosen, Künstlern und Sonderlingen, die wegen der einfachen dalmatischen Hausmannskost (von wechselnder Qualität) hierher kommen. Besonders beliebt sind das *pašticada* (geschmortes Rindfleisch), die mit Fleisch gefüllten Zucchini und Dragans eigenwillige muffelige Gastfreundschaft.

Galija PIZZA €

(Karte S. 222; ☎021-347 932; Tončićeva 12; Pizzas ab 38 Kn; ⌚12–24 Uhr) Appetit auf Pizza? Dann ist das Galija genau das Richtige. Die Einheimischen führen gern ihre Gäste in dieses Lokal mit dem guten, einfachen Essen. Danach relaxt man dann auf den Holzbänken vor den Resten der nicht zu bewältigenden Pizza *quattro stagioni*.

Gušt PIZZA €

(Karte S. 222; ☎021-486 333; Slavićeva 1; Pizzas ab 32 Kn; ⌚Mo–Sa 9–23, So 18–23 Uhr, Juli–Sept. So geschl.) Splits Pizza-Fans schwören auf diese preiswerte und sehr bodenständige Pizzeria.

Makrovega VEGETARISCH €

(Karte S. 218; ☎021-394 440; Leština 2; Buffet ab 60 Kn; ⌚Mo–Fr 9–20, Sa 9–17 Uhr) Die fleischfreie Oase bietet einen großen schicken Speisesaal und ein köstliches Buffet. Makrobiotisches und Vegetarisches gibt es auch à la carte. Viel Seitan, Tofu und Tempeh sowie ausgezeichnete Kuchen.

Brokula VEGETARISCH €

(Karte S. 222; Bosanska 6; Snacks ab 10 Kn; ⌚Mo–Sa 10–20 Uhr) Der winzige vegetarische Takeaway hat täglich wechselnde Suppen, Sandwiches, Säfte und Spezialitäten aus Split wie *soparnik*, ein Mangold-Kuchen, im Angebot.

Crème de la Crème PATISSERIE €

(Karte S. 222; Ilićev Prolaz 1; Backwaren 8–20 Kn; ⌚7.30–22 Uhr) Die schicke, französisch angehauchte Patisserie verkauft köstliche Kuchen und *macarons*, die von einem mit dem Cordon Bleu ausgezeichneten Konditor hergestellt werden. Auch der Kaffee ist gut. Sitzplätze gibt's am Morpurgo-Platz unten am Ende der Gasse.

Slastičarna Riva SÜSSIGKEITEN €

(Karte S. 222; Hrvatskog Narodnog Preporoda 20; Backwaren 8–12 Kn; ⌚8–24 Uhr) Das Geschäft an der Riva verkauft köstliche Brioches, Croissants, Gebäckstücke, Kuchen und Tartes sowie hausgemachte Eiscreme. Die Leckereien kann man mitnehmen und sich auf einer der Bänke am Meer schmecken lassen.

Paradigma MEDITERRAN €€

(Karte S. 222; ☎021-645 103; Bana Josipa Jelačića 3; Hauptgerichte ab 95 Kn; ⌚8–24 Uhr) Das neue Restaurant bringt kulinarischen Aufwind nach Split. Das moderne Interieur ist mit Wandgemälden geschmückt, von der Dachterrasse genießt man einen tollen Blick auf die Riva. Das Paradigma befindet sich in einem alten Gebäude, das dem Bug eines Schiffes ähnelt, und liegt leicht abseits der normalen Touristenpfade. Highlights sind die gute Weinkarte und mediterrane Gerichte wie Olivenöl-*sorbetto*, im Vakuum gegarte Steaks und *pršut* (Schinken) in Pulverform.

Bajamonti INTERNATIONAL €€
(Karte S. 222; ☎021-341 033; Trg Republike 1; Hauptgerichte ab 75 Kn; ⏱7.30–24 Uhr) Gepflegtes Restaurant mit Café auf dem Trg Republike direkt bei der Riva. Hier bekommt man in klassischem Ambiente ausgezeichnete internationale Speisen, vorwiegend Fischgerichte. Sitzplätze gibt's auf dem Platz oder drinnen im Zwischengeschoss.

Bajamont DALMATISCH €€
(Karte S. 222; ☎021-355 356; Bajamontijeva 3; Hauptgerichte ab 70 Kn; ⏱11.30–24 Uhr) In dem winzigen Lokal innerhalb der Palastmauern fühlt man sich wie in Großmutters Wohnzimmer. Alte Nähmaschinen wurden zu Tischen umfunktioniert, über der Tür hängt kein Schild und das Tagesmenü wird draußen mit einem Filzstift angeschrieben. Oft steht *brujet* (Eintopf mit Meeresfrüchten, Wein, Zwiebeln und Kräutern, dazu gibt's Polenta) auf der Karte. Auf der anderen Seite der Gasse gibt's einen Ableger.

UJE Oil Bar DALMATISCH €€
(Karte S. 222; Dominisova 3; Hauptgerichte ab 70 Kn; ⏱9–24 Uhr) Restaurant und Olivenöl-/Delikatessenladen in einem. Angeboten werden eine kleine Auswahl an Hauptgerichten und mehrere tapasartige Speisen. Es gibt auch Olivenölverkostungen. Der rustikale, helle, mit viel Holz ausgestattete Innenraum ist recht beeindruckend, ebenso wie die Sitzplätze draußen in der Gasse. Der Service ist manchmal allerdings etwas langsam. Die vor Kurzem nebenan eröffnete Weinbar grenzt unmittelbar an die Originalsteinwände des Diokletianspalasts.

Konoba Marjan DALMATISCH €€
(Karte S. 218; Senjska 1; Hauptgerichte ab 78 Kn; ⏱12–23 Uhr) In der freundlichen, kleinen Taverne in Varoš kommen qualitativ hochwertige dalmatische Speisen aus der Küche. Die Tagesspecials sind beispielsweise Tintenfisch-*brujet*, Gulasch und andere herzhafte Gerichte. Auf der ausgezeichneten Weinkarte stehen Tropfen von hiesigen Boutiqueweingütern. Außerdem gibt's ein paar Plätze draußen auf der Straße, die hinauf zum Marjan-Hügel führt.

Bačvice & Küste

Kadena MEDITERRAN €€
(Karte S. 218; ☎021-389 400; Ivana Zajca 4; Hauptgerichte ab 80 Kn; ⏱12–24 Uhr) Restaurant, Weinbar und Lounge in Zenta mit zeitgenössischem Design ganz in Weiß und einer luftigen Terrasse mit Blick hinaus aufs Meer. Das Essen ist manchmal etwas protzig und überteuert. Das machen der Blick und die hervorragende Weinkarte aber wieder wett.

Außerhalb des Zentrums

Pimpinella DALMATISCH €
(Karte S. 218; ☎021-389 606; Spinčićeva 2a; Hauptgerichte ab 50 Kn; ⏱Mo–Sa 9–24, So 9–17 Uhr) Die für Split typische *konoba* (Taverne) im Erdgeschoss eines Familienhauses serviert unspektakuläres, aber schmackhaftes Essen auf einer Terrasse und in dem schlichten Speiseraum. Unbedingt probieren sollte man den mit Shrimps, dalmatinischem Schinken und Tintenfischtentakeln gefüllten Tintenfisch.

Konoba Stare Grede DALMATISCH €
(Karte S. 218; ☎021-485 501; Domovinskog rata 46; Hauptgerichte ab 45 Kn; ⏱Mo–Fr 9–23, Sa & So 12–23 Uhr) Das 1 km außerhalb der Stadt an einer viel befahrenen Hauptstraße gelegene Lokal mit alten Balken, Holzbänken und Steinwänden ist ein beliebter Treffpunkt für Arbeiter, die hierher kommen, um *marenda,* ein dalmatisches Mittagsgericht (ab 29 Kn), zu genießen. Der Betreiber – ein Jäger – setzt alles daran, damit nur bestes Fleisch und erstklassige Zutaten auf den Tisch kommen.

Konoba-Pizzeria Zora Bila INTERNATIONAL €€
(☎021-782 711; Žnjanska 2; Hauptgerichte ab 85 Kn; ⏱Di–So 11–24 Uhr) Die moderne Taverne befindet sich in der Nähe vom Žnjan-Strand, ca. 4,5 km östlich des Zentrums. Das Lokal im Erdgeschoß eines Wohnblocks hat unter den einheimischen Gourmets viele Anhänger gefunden. Auf der täglich wechselnden Speisekarte stehen hausgemachte Pasta und Grillfleischgerichte. Das Betreiberehepaar verwendet nur saisonale Zutaten, die auf kreative Art und Weise verarbeitet werden. Der Service ist allerdings manchmal etwas langsam.

Ausgehen & Nachtleben

Das Nachtleben von Split ist großartig, vor allem im Frühjahr und im Sommer. Von den Palastmauern hallt freitag- und samstagabends laute Musik wider. Man kann die ganze Nacht damit verbringen, durch die verwinkelten Gassen zu schlendern und neue Orte zu entdecken.

Die Bars innerhalb der Palastmauern schließen um 1 Uhr (hier wohnen schließlich auch Menschen). Die Amüsiermeile von Bačvice bietet viele Open-Air-Bars und -Clubs, die bis in die frühen Morgenstunden geöffnet sind. Alternativ kann man auch nach Flyern Ausschau halten, mit denen Bars mit langen Öffnungszeiten werben.

Für einen Kaffee tagsüber bietet sich die Riva oder einer der Plätze innerhalb der Palastmauern an.

Zentrum

Ghetto Club — BAR
(Karte S. 222; Dosud 10; Mo–Do 18–24, Fr & Sa 18–2 Uhr) Splits unkonventionellste, schwulenfreundliche Bar befindet sich in einem anheimelnden Hof mit Blumenbeeten und einem tröpfelnden Springbrunnen. Großartige Musik und freundliche Atmosphäre.

Luxor — CAFÉ, BAR
(Karte S. 222; Sveti Ivana 11; 8–24 Uhr) O.k., es ist touristisch, aber gleichzeitig auch toll, seinen Kaffee und ein Stück Kuchen im Hof der Kathedrale zu genießen. Auf den Stufen liegen Kissen, sodass man die Einheimischen dabei beobachten kann, wie sie ihren Jobs nachgehen.

Tri Volta — BAR
(Karte S. 222; Dosud 9; 7–24 Uhr) In dieser legendären Location unter alten Gewölben trifft sich ein Mix aus Sonderlingen, Fischern und Schickimickis. Hier gibt's erschwingliche Drinks und *sir i pršut* (Käse und Schinken).

Vidilica — CAFÉ, BAR
(Karte S. 218; Nazorov Prilaz 1; 8–24 Uhr) Es lohnt sich, die Steintreppen durch das alte Viertel Varoš zu diesem Café hinaufzusteigen. Hier oben auf dem Hügel kann man mit einem Sundowner in der Hand ganz wunderbar den Blick auf die Stadt und den Hafen genießen.

Paradox — WEINBAR
(Karte S. 222; Poljana Tina Ujevića 2; Mo–Sa 9–1, So 16–1 Uhr) Stylishe Weinbar mit coolen Kronleuchtern aus Weingläsern, Tischen im Freien und einer großen Auswahl an preiswerten kroatischen Weinen und dazu passenden Käsesorten aus der Region.

Gaga — CAFÉ, BAR
(Karte S. 222; Iza Lože 9; 7–2 Uhr) Direkt hinter dem Rathaus am Narodni trg serviert diese Bar tagsüber Kaffee und verwandelt sich abends in eine pulsierende Bar mit Cocktail-Tresen und DJs.

Galerija — CAFÉ, BAR
(Karte S. 222; Vuškovićeva bb; So–Do 8–1, Fr & Sa 8–2 Uhr) Hier kann man sich mit Freunden nett unterhalten, ohne dass die Musik alles übertönt. Der Raum ist altmodisch-schick eingerichtet, mit hübschen Blümchensofas und Sesseln, Gemälden und vielen kleinen Lampen.

Libar — CAFÉ, BAR
(Karte S. 222; Trg Franje Tuđmana 3; 7–24 Uhr) Witzige, kleine Bar mit schöner Terrasse im Obergeschoss. Hier gibt's den ganzen Tag über leckere Frühstücksgerichte und Tapas, abends kann man sich auf dem großen TV Sportsendungen ansehen. Ein angenehmes Plätzchen abseits des Trubels am Palast.

Mosquito — CAFÉ, BAR
(Karte S. 222; Vuškovićeva 4) Hier sitzt man auf einer großen Terrasse, schlürft einen Cocktail, hört Musik und quatscht mit Einheimischen.

Teak — CAFÉ, BAR
(Karte S. 222; Majstora Jurja 11; Mo–Do 8–24, Fr & Sa 8–1, So 10–14 & 19–24 Uhr) Die äußerst beliebte Terrasse auf dem belebten Platz eignet sich tagsüber perfekt für einen Kaffee und ein Schwätzchen. Aber auch abends ist hier einiges los.

Porta — CAFÉ, BAR
(Karte S. 222; Majstora Jurja 4; Mo–Do 8–24, Fr–So 8–2 Uhr) In dieser Bar trifft man sich auf einen Cocktail. Auf dem Platz gibt's auch noch eine Reihe anderer Bars, die im Lauf des Abends alle zu einer einzigen verschmelzen – also unbedingt das Gesicht des Kellners abspeichern!

Fluid — BAR
(Karte S. 222; Dosud 1; Mo–Do 8–24, Fr & Sa 8–1 Uhr) Die schicke, kleine Location bietet Jazz-Events. Hier geht es keinesfalls übertrieben, aber dennoch cool zu. Toller Ort zum Leute beobachten.

Split Cirkus — BAR
(Karte S. 222; Dosud 6; Mo–Do & So 20–1, Fr & Sa 20–2 Uhr) In den Sommermonaten ist in dieser Kneipe in einer schmalen Straße immer viel los.

Dva Tona Bar — BAR
(Karte S. 222; Carrarina poljana 1; Mo–Do 8–1, Fr & Sa 8–2 Uhr) Beliebter Treff für Biertrinker.

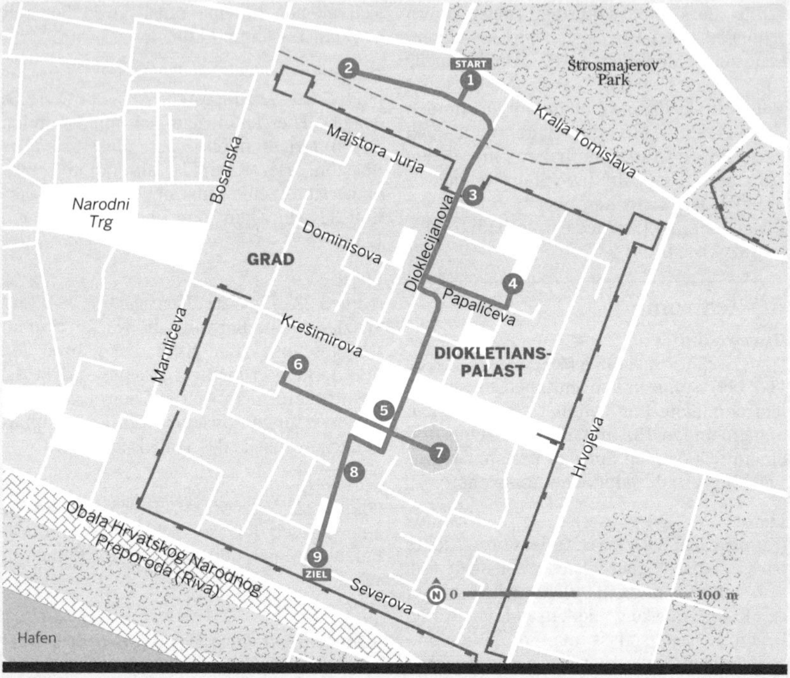

Stadtspaziergang **Diokletianspalast**

START STATUE DES GREGOR VON NIN
ZIEL KELLERGEWÖLBE
LÄNGE/DAUER 500 M/2 STD

Los geht's an der Statue des 1 **Gregor von Nin** (S. 216). Zwischen der Statue und dem Eckturm des Palasts liegen die Reste der vorromanischen Kirche St. Benedikt mit der 2 **Arnir-Kapelle** aus dem 15. Jh. Durch das Schutzglas sind die Altarplatte und der Sarkophag zu sehen, der von Juraj Dalmatinac, einem Meister aus der Frührenaissance, gefertigt wurde.

Die Statue von Gregor von Nin steht vor dem 3 **Goldenen Tor**, das Fragmente von Statuen, Säulen und Bögen aufweist. Links in die Papalićeva abbiegen, das Haus mit der Nummer 1 ist der Papalić-Palast, in dem das 4 **Stadtmuseum** (S. 215) zu finden ist.

Zurück auf der Dioklecijanova biegt man nach links ab und geht bis zum Peristyl, dem zeremoniellen Eingangsbereich, der drei Schritte unter Straßenniveau liegt. Die längere Seite ist von sechs Granitsäulen gesäumt, die durch Bögen verbunden und mit einem Steinfries verziert sind. An der Südseite ist das 5 **Protiron**, der Eingang zu den königlichen Gemächern. Weiter geht's nach rechts über die schmale Sveti Ivana zum ehemaligen Zeremonie- und Andachtsbereich des Palastes. Am Ende der Straße steht der 6 **Jupitertempel** (S. 215) mit seinem bemerkenswerten Deckengewölbe.

Wenn man wieder beim Peristyl ist, geht man die östlichen Stufen hinauf zur 7 **Kathedrale St. Domnius** (S. 215). Westlich von ihr führen Stufen hinunter durch den Protiron ins 8 **Vestibül**. Durch den kreisförmigen Grundriss ist die Akustik so gut, dass *klapa*-Gruppen hier morgens a cappella üben. Links ist der Eingang zum 9 **Kellergewölbe** (S. 216). Der Legende nach hatte Diokletian große Angst, ermordet zu werden, und schlief deshalb immer wieder in einem anderen Zimmer. Um zu den Schlafgemächern zu kommen, musste man einen Raum mit grandioser Akustik passieren, sodass er gewarnt wurde, sobald sich jemand näherte. In dem kreisförmigen Raum in Keller ist dies noch heute nachvollziehbar.

In den drei Räumen mit Steinwänden und dunklen Holzstühlen und -tischen werden 35 in- und ausländische Biersorten ausgeschenkt. Ein TV mit Sportprogramm fehlt auch nicht.

Bačvice & Küste

Žbirac CAFÉ
(Karte S. 218; Šetalište Petra Preradovića 1b; ⏲ So–Do 7–1, Fr & Sa 7–2 Uhr) Das Café am Meer ist für die Einheimischen wie ein Wohnzimmer im Freien, ein Kult-Treff mit großartigem Blick aufs Meer. Hier kann man Tag und Nacht schwimmen, *picigin* spielen und manchmal auch Konzerten lauschen.

Cirkus II BAR
(Karte S. 218; Jadranska 1; ⏲ So–Do 9.30–24, Fr & Sa 9.30–1 Uhr) Unter der niedrigen Decke dieses Lokals im Souterrain mit Garten tummelt sich ein buntes Völkchen aus Eigenbrötlern und Hipstern. Die Bar in Bačvice serviert über 25 verschiedene *rakija*-Sorten (Grappa).

O'Hara CLUB
(Karte S. 218; Uvala Zenta 3; ⏲ 8–6 Uhr) In dem netten in Zenta gelegenen O'Hara mit seiner Terrasse direkt am Meer ist Tanzen im Freien angesagt. Die Musik ist abwechslungsreich und reicht je nach Abend von dalmatischen und sonstigen Clubhits bis hin zu House und Reggae.

Šumica CLUB
(Karte S. 218; Put Firula 6; ⏲ So–Do 8–23, Fr & Sa 8–4 Uhr) Der Club zwischen Kiefern direkt oberhalb vom Ovčice-Strand wird gern von jungen, betuchten Gästen besucht, die von der großen Terrasse aus den Blick über die Adria genießen. Im mit viel purpurfarbenem Samt ausgestatteten Innenraum sorgen im Sommer allabendlich DJs für Stimmung.

Imperium CLUB
(Karte S. 218; Gat Sv Duje bb; ⏲ So–Do 8–23, Fr & Sa 8–4 Uhr) Splits einziger Megaclub überblickt den Hafen vom ersten Stock des Fährterminals aus. Unter der Woche geht es hier ruhig zu. An den Wochenenden werden Konzerte und DJ-Events geboten. Dann tummelt sich auf den beiden großen Dancefloors und der Terrasse mit Bar ein bunt gemischtes Publikum.

Tropic Club CLUB
(Karte S. 218; Bačvice bb; ⏲ 23–5 Uhr) Eine Disco mit Terrasse zum Meer und einem Leitmotiv in Schwarz-Weiß-Blau. Geboten wird (je nach Abend) House, Pop oder kroatische Musik zum Sound der plätschernden Adria.

Hedonist CLUB
(Karte S. 218; Put Firula bb) Zahlungskräftige Menschen – iPhones und Designer-Outfit sind Bedingung – treffen sich in diesem glitzernden kleinen Club in Zenta und in dem älteren Bruder **Egoist** (Karte S. 218) gleich nebenan.

Außerhalb des Zentrums

Quasimodo CLUB
(Karte S. 218; Gundulićeva 26; ⏲ Okt.–Mai Mo–Do & So 19–2, Fr & Sa 21–4 Uhr) Splićani feiern in diesem Miniclub im ersten Stock schon seit Jahrzehnten. Es gibt Live- und DJ-Musik: Rock, Indie Rock, Jazz, Blues… In den Sommermonaten ist der Club geschlossen.

☆ Unterhaltung

Kinos

Kino Bačvice KINO
(Karte S. 218; Put Firula 2) Bačvices Unterhaltungsmeile ist der perfekte Ort für das Open-Air-Kino, in dem von Juli bis September allabendlich Filme gezeigt werden.

Kinoteka Zlatna Vrata KINO
(Karte S. 222; Dioklecijanova 7) In diesem der Universität angegliederten Kino werden Filmklassiker, Kunstfilme und Retrospektiven gezeigt. Im Juli und August ist nicht allzu viel los.

Theater

Kroatisches Nationaltheater THEATER
(Karte S. 222; ☎ 021-306 908; www.hnk-split.hr; Trg Gaje Bulata 1) Das ganze Jahr über gibt es hier Opern-, Ballett- und Musikvorstellungen. Tickets (ab 50 Kn) sind an der Theaterkasse oder online erhältlich. Das Theater wurde 1891 erbaut und 1979 komplett im Originalstil restauriert. Der Besuch einer Vorstellung lohnt allein schon wegen der Architektur.

Shoppen

Kaufsüchtige werden von Split begeistert sein, denn hier gibt's die meisten Schuh- und Brillengeschäfte Kroatiens. Innerhalb der Mauern des Diokletianspalasts befinden sich unzählige Geschäfte: kleine Boutiquen ebenso wie internationale Ketten. Die Einheimischen gehen aber auch gern in Marmontova shoppen.

Die **Diokletiankeller** (Karte S. 222; ⌚9–21 Uhr) sind Teil der Räume im Untergeschoss des Palastes. Hier werden handgemachter Schmuck, Reproduktionen römischer Büsten, silberne Zigarettenetuis, Kerzenständer, Segelbootmodelle aus Holz, Lederwaren und sonstiger Krimskrams verkauft. Die Preise sind bezahlbar, sodass sich vielleicht das ideale, leichte Mitbringsel für zu Hause findet.

Innerhalb der Palastmauern und direkt davor haben sich auch mehrere Boutiquen angesiedelt, die kroatische Design- und Kunstartikel verkaufen. Um nur ein paar zu nennen: **Arterija** (Karte S. 222; Kružićeva 6; ⌚Mo–Sa 10–21 Uhr) bietet kroatische Mode, Design und Kunst, **GetGetGet** (Karte S. 222; www.getgetget.com.hr; Dominisova 16; ⌚Mo–Fr 9–14 & 17–20, Sa 9–14 Uhr) ist ein Konzeptladen, der unkonventionelle kroatische Designobjekte anbietet, **Nadalina** (Karte S. 222; Dioklecijanova 6; ⌚Mo–Fr 8.30–20.30, So 9–14 Uhr) verkauft edle Schokoladen mit 70% Kakaoanteil, die von einem schokosüchtigen Punkstar aus Solin hergestellt und mit dalmatischen Aromen wie Olivenöl, Rosmarin, Feigen und Johannisbrot verfeinert werden, und **Think Pink** (Karte S. 222; Zadarska 8; ⌚8.30–22 Uhr) hat unkonventionelle Damenkleidung von einheimischen Designern im Angebot.

Oberhalb der Obala Lazareta findet täglich ein **Markt** (Karte S. 222; ⌚Lebensmittelmarkt 6.30–14 Uhr) statt. Hier gibt's Obst, Gemüse, Schuhe, Süßwaren, Kleidung, Blumen, Souvenirs und vieles mehr.

ℹ Praktische Informationen

GELD

Reisebüro und Postämter wechseln Geld. Geldautomaten gibt's rund um die Bahnhöfe und in der ganzen Stadt.

INTERNETZUGANG

An mehreren Stellen in der ganzen Stadt wird kostenloses WLAN angeboten, darunter Luxor und Twins auf der Riva und Bajamonti auf dem Trg Republike.

MEDIZINISCHE VERSORGUNG

KBC Firule (☎021-556 111; Spinčićeva 1) Das Krankenhaus von Split.

POST

Hauptpost (Karte S. 222; Kralja Tomislava 9; ⌚Mo–Fr 7.30–19, Sa 7.30–14.30 Uhr)

REISEBÜROS

Daluma Travel (☎021-338 424; www.daluma-travel.hr; Kneza Domagoja 1) Organisiert private Unterkünfte, Ausflüge und Autoverleih.

Maestral (☎021-470 944; www.maestral.hr; Boškovića 13/15) Klosteraufenthalte, Reitausflüge, Leuchtturmferien, Trekking, Kajakfahren auf dem Meer usw.

Split Tours (☎021-352 553; www.splittours.hr; Gat Sv Duje bb; ⌚Sa & So Nachmittag geschl.) Im Fährterminal, verkauft Tickets nach Ancona (Italien) auf der Blue Line und vermittelt private Unterkünfte.

Touring (☎021-338 503; Kneza Domagoja 10) In der Nähe des Busbahnhofs, repräsentiert Deutsche Touring und verkauft Bustickets nach Deutschland.

Turist Biro (☎021-347 100; www.turistbiro-split.hr; Hrvatskog Narodnog Preporoda 12) Hat sich auf Privatunterkünfte und Ausflüge spezialisiert.

TELEFON

Ein Telefonzentrum ist in der Hauptpost.

TOURISTENINFORMATION

Backpackers Cafe (Karte S. 218; ☎021-338 548; Kneza Domagoja bb; Internet 30 Kn/Std.; ⌚7–20 Uhr) Verkauft gebrauchte Bücher, hat eine Gepäckaufbewahrung, bietet Internetzugang und versorgt Backpacker mit Infos.

Croatian Youth Hostel Association (Karte S. 218; ☎021-396 031; www.hfhs.hr; Domilijina 8; ⌚Mo–Fr 8–16 Uhr) Verkauft HI-Ausweise und informiert über Jugendherbergen in ganz Kroatien.

Touristeninformation (Karte S. 222; ☎021-360 066; www.visitsplit.com; Hrvatskog Narodnog Preporoda 9; ⌚Juni–Sept. Mo–Sa 8–21, So 8–13 Uhr) Hier gibt's Infos über Split und die Split-Karte (35 Kn), die freien bzw. ermäßigten Eintritt in Splits Attraktionen ermöglicht und Ermäßigungen für Mietwagen, in Restaurants, Geschäften und Hotels bietet.

Zweigstelle der Touristeninformation (Karte S. 222; ☎021-345 606; www.visitsplit.com; Peristil bb; ⌚Juni–Sept. Mo–Sa 8–21, So 8–13 Uhr) Diese Zweigstelle am Peristyl hat kürzere Öffnungszeiten.

ℹ An- & Weiterreise

AUTO

Dollar Thrifty (☎021-399 000; www.thrifty.com.hr) Zweigstellen bei Trumbićeva Obala 17 und dem Flughafen in Split.

BUS

Bustickets und Sitzplatzreservierungen sollten besser im Voraus organisiert werden. Zahlreiche Busse mit unterschiedlichsten Zielen starten am großen **Hauptbusbahnhof** (Karte S. 218; ☎060

ADROLINIJA-FÄHREN AB SPLIT

Die hier angegebenen Fährverbindungen gelten für die Monate Juni bis September. In den anderen Monaten sind weniger Fähren unterwegs.

AUTOFÄHREN

Ziel	Preis pro Pers./ Auto (Kn)	Dauer (Std.)	Verbindungen/Tag
Šolta	33/160	1	6
Stari Grad (Hvar)	47/318	2	6–7
Supetar (Brač)	33/160	1	12–14
Vela Luka (Korčula)	60/530	3	2

KATAMARANE

Ziel	Preis (Kn)	Dauer (Std.)	Verbindungen/Tag
Bol (Brač)	55	1	1
Hvar Town	55	1	4–5
Jelsa (Hvar)	55	2	1
Vela Luka (Korčula)	65	2	1
Vis	50	1¼	1

327 777; www.ak-split.hr) neben dem Hafen. Das Gepäck kann man in der **garderoba** aufgeben (Gepäckaufbewahrung; 5 Kn/1. Std., dann 1,50 Kn/Std.; ⏲6–22 Uhr).

Die Buslinie 37 zum Flughafen und nach Trogir (21 Kn, alle 20 Min.) hält auch in Solin; die Busse fahren von einem **Regionalbusbahnhof** (Domovinskog Rata) 1 km nordöstlich des Zentrums ab. Schneller und bequemer geht es mit Intercitybussen, die Richtung Norden nach Zadar oder Rijeka fahren.

Wichtig: Die Busse, die Split mit Dubrovnik verbinden, fahren ein kurzes Stück durch Bosnien und Herzegowina; die Fahrgäste sollten beim Grenzübertritt den Reisepass bereithalten.

FLUGZEUG

Der **Flughafen Split** (www.split-airport.hr) liegt 20 km westlich der Stadt, 6 km vor Trogir.

Croatia Airlines (☎021-895 298; www.croatiaairlines.hr; Flughafen Split; ⏲5.15–20 Uhr) fliegt mehrmals täglich von und nach Zagreb (1 Std.) und einmal pro Woche nach Dubrovnik (nur im Sommer).

Easyjet (www.easyjet.com)

European Coastal Airlines (www.ec-air.eu) Die neue Airline fliegt mit Wasserflugzeugen vom Festland nach Jelsa auf Hvar. Als weitere Ziele sind u. a. geplant: Korčula, Dubrovnik, Rab, Lastovo und Vis.

Germanwings (www.germanwings.com)

Norwegian (www.norwegian.com)

SCHIFF/FÄHRE

Auto- und Passagierfähren starten an unterschiedlichen Kais: Personenfähren am Kai Obala Lazareta, Autofähren am Kai Gat Sv Duje. Tickets gibt's entweder im Hauptbüro von Jadrolinija im großen Fährterminal gegenüber vom Busbahnhof, wo man auch Tickets der anderen Autofähren bekommt, die von den umliegenden Kais ablegen, oder an einem der beiden Ticketschalter in der Nähe der Kais. Im Voraus kann man keine Tickets reservieren, es gibt sie nur für den jeweiligen Abreisetag. Im Sommer sollte man mehrere Stunden vor der Abfahrt an der Autofähre sein und sich in die Schlange einreihen. In der Nebensaison gibt es nur selten Probleme oder lange Wartezeiten, um einen Platz zu bekommen.

Jadrolinija (Karte S. 218; ☎021-338 333; www.jadrolinija.hr; Gat Sv Duje bb) Jadrolinija betreibt den Großteil der Küstenfähren und Katamarane zwischen Split und den Inseln. Außerdem verkehrt zweimal wöchentlich eine Fähre zwischen Rijeka und Split (147 Kn, Do & So 19.30 Uhr, Ankunft 6 Uhr). Dreimal pro Woche schippert eine Autofähre von Split nach Ancona in Italien (werktags 397 Kn, Wochenende 433 Kn, 9–11 Std.).

BlueLine (www.blueline-ferries.com) bietet Autofähren nach Ancona (Italien), an manchen Tagen via Hvar (Ort) und Vis (Pers./Auto ab 480/540 Kn, 10–12 Std.).

Krilo (www.krilo.hr) Ein schnelles Passagierschiff fährt zweimal täglich nach Hvar (Ort) (70 Kn, 1 Std.) und einmal täglich nach Vis (55 Kn, 2¾ Std.). Der Katamaran nach Vis legt dienstags in Hvar einen Zwischenstopp ein. Außerdem gibt's eine neue Verbindung nach Dubrovnik (Mitte Mai–Mitte Okt. 2-mal tgl., 170 Kn, 4½ Std.).

SNAV (Karte S. 218; ☎ 021-322 252; www.snav.it) Von Juni bis Mitte September fahren täglich Fähren nach Ancona (660 Kn, 5 Std.). Das Büro ist im Fährterminal.

ZUG

Täglich verkehren fünf Züge zwischen dem **Bahnhof** (☎ 021-338 525; www.hznet.hr; Kneza Domagoja 9) in Split und Zagreb (189 Kn, 6–8 Std.), zwei davon sind Nachtzüge. Zwischen Šibenik und Split sind dreimal täglich Züge (45 Kn, 2 Std.) unterwegs, umsteigen in Perković. Außerdem fährt via Knin zweimal täglich ein Zug von Split nach Zadar (107 Kn, 5 Std.).

Gepäck kann in der **garderoba** aufgegeben werden (Gepäckaufbewahrung; 15 Kn/Tag; ⌚ 6–22 Uhr).

Unterwegs vor Ort

Die Bus-, Zug- und Fährterminals befinden sich alle auf der Ostseite des Hafens, ein kurzes Stück von der Altstadt entfernt.

Split Rent Agency (☎ 091 591 7111; www.split-rent.com) verleiht Roller, Fahrräder, Motorboote und Autos.

BUS

Stadtbusse von Promet Split verbinden die Stadtmitte und den Hafen mit den Vororten. Die Stadt ist in vier Tarifzonen eingeteilt. Das Ein-Zonen-Ticket für eine Fahrt innerhalb des Zentrums kostet 11 Kn, für Fahrten in umliegende Zonen 21 Kn. Ein Ticket für zwei Fahrten in der Zone 1 kostet am Kiosk 17 Kn, für ein Ticket für zwei Fahrten in vier Zonen bezahlt man 34 Kn. Busse fahren zwischen 5.30 und 23.30 Uhr im 15-Minuten-Takt.

VOM/ZUM FLUGHAFEN

Taxis kosten zwischen 200 und 250 Kn.

Bus 37 startet am innerstädtischen Busbahnhof an der Domovinskog Rata (21 Kn, 50 Min.).

Pleso Prijevoz (www.plesoprijevoz.hr) Die Busse fahren drei- bis sechsmal täglich von Obala Lazareta zum Flughafen Split (30 Kn).

Promet Žele (www.split-airport.com.hr) Von April bis Oktober verkehren die Busse dieser Gesellschaft zehnmal täglich zwischen Obala Lazareta und dem Flughafen, in der Nebensaison etwas seltener.

RUND UM SPLIT

Šolta

Diese reizvolle, bewaldete Insel (nur 59 km² groß) ist eine beliebte Zufluchtsstätte der Spliter Bevölkerung vor der Sommerhitze. Der Haupthafen der Insel ist **Rogač**, wo die Fähren von Split vor der **Touristeninformation** (☎ 021-654 491; www.visitsolta.com; ⌚ 7–21 Uhr) festmachen. Ein schattiger Pfad führt rund um die Bucht zu kleineren Buchten mit felsigen Stränden; eine kleine Straße schlängelt sich hügelwärts zum Verwaltungssitz der Insel **Grohote** mit seinem Markt und diversen Läden. **Maslinica** ist die hübscheste Ansiedlung auf der Insel mit sieben vorgelagerten Inselchen, dem luxuriösen Hotel-Spa **Martinis Marchi** (www.martinis-marchi.com) mit eigener Marina, einer Handvoll Restaurants (Šismiš ist das beste), und einer guten Auswahl an Privatzimmern. Ein weiteres schönes Dorf ist **Stomorska** mit seinem hübschen, geschützten Hafen, der unter Jachtbesitzern sehr beliebt ist. Im Inselinneren gibt es einige nette Einkehrmöglichkeiten auf familienbetriebenen Bauernhöfen; im Kaštelanac in **Gornje Selo** kann man die selbstgemachten Olivenöle, Grappas und Weine probieren. Die Touristeninformationen haben weitere Angebote auf der Insel parat.

Es gibt drei Geldautomaten: in Stomorska, Rogač und Grohote.

In der Hochsaison verkehren täglich sechs Autofähren zwischen Split und Rogač (33 Kn, 1 Std.), hinzu kommen zwei Katamarane (28 Kn).

Solin (Salona)

Die Ruinen der antiken Stadt Solin (das römische Salona) liegen zwischen Weinbergen am Fuß der Bergkette nordöstlich von Split. Solin gehört zu den bedeutendsten archäologischen Fundstätten des Landes.

Heute ist Solin von lärmenden Schnellstraßen und Industrieanlagen umgeben. Schon 119 v. Chr. wird es als wichtige Siedlung eines illyrischen Stammes erwähnt. Die Römer eroberten den Ort 78 v. Chr., unter der Herrschaft von Augustus wurde es zum Verwaltungszentrum der römischen Provinz Dalmatien ernannt.

Als Kaiser Diokletian Ende des 3. Jhs. seinen Palast in Split bauen ließ, war die Nähe zu Salona ausschlaggebend für die Wahl des Standortes, die Stadt war nämlich sein Geburtsort. Solin wurde im 6. Jh. ins Oströmische Reich eingegliedert, die Slawen und Awaren machten es aber im Jahr 614 v. Chr. dem Erdboden gleich. Die Bewohner flohen nach Split und auf die benachbarten Inseln, in der Folgezeit verfiel Solin.

Sehenswertes

Ein guter Startpunkt für die Besichtigung der Stadt ist der Haupteingang in der Nähe der Caffe Bar Salona, wo sich eine Infokarte des Komplexes befindet. Im **Tusculum-Museum** (Eintritt 20 Kn; Mo–Sa 8–19, So 9–13 Uhr) zahlen Besucher den Eintritt für die gesamte archäologische Anlage, also auch für das kleine Museum, das interessante Skulpturen an den Wänden und im Garten zeigt. Zudem dient es als Informationszentrum und stellt Broschüren über Salona bereit.

Die Nekropole **Manastirine** (der eingezäunte Bereich hinter dem Parkplatz) war die Grabstätte früher christlicher Märtyrer, die – noch bevor Konstantin der Große den Christen Religionsfreiheit gewährte – wegen ihres Glaubens den Tod fanden. Die Reste der **Kapljuč-Basilika**, die auf einem der ersten christlichen Friedhöfe errichtet wurde, und die **Kapjinc-Basilika** aus dem 5. Jh., die sich darin befindet, sind die größten Sehenswürdigkeiten von Solin. Der Bereich lag damals aber außerhalb der antiken Stadt.

Zypressen säumen den Pfad, der vom Informationszentrum Richtung Süden zur nördlichen Stadtmauer von Salona führt. Südlich der Mauer ist ein **überdachter Aquädukt** zu sehen. Er wurde wahrscheinlich um das 1. Jh. erbaut und versorgte Salona und den Diokletianspalast mit Wasser, das man dem Jadro entnahm. Wenn man auf der Mauer steht, sind Ruinen einer frühchristlichen Stätte erkennbar, darunter eine dreischiffige **Kathedrale** (5. Jh.) mit einem oktogonalen **Baptisterium** sowie die Reste der **Basilika des Bischofs Honorius**. Ihr Grundriss hat die Form eines griechischen Kreuzes. Im Osten der Kathedrale liegen **öffentliche Bäder**.

Südwestlich der Kathedrale von Salona erhebt sich das östliche Stadttor, die **Porta Caesarea**. Das Tor wurde im 1. Jh. errichtet, aber als sich die Stadt später in alle Himmelsrichtungen ausdehnte, wurde das Tor schließlich von anderen Bauwerken umschlossen. In der mit Steinen gepflasterten Straße am Tor haben antike Wagenräder tiefe Kerben hinterlassen. Südlich des Stadttors lag damals das Forum, das politische, gesellschaftliche und kulturelle Zentrum der Stadt. Hier standen Tempel zu Ehren von Jupiter, Juno und Minerva – keiner dieser Tempel ist erhalten geblieben.

Am westlichen Ende von Salona erhob sich im 2. Jh. ein riesiges **Amphitheater**, das von den Venezianern im 17. Jh. zerstört wurde. Sie wollten verhindern, dass es den türkischen Angreifern als Unterschlupf diente. Zu römischer Zeit konnten hier etwa 18 000 Zuschauer die Spiele verfolgen – allein schon diese Zahl vermittelt einen Eindruck von der Größe und Bedeutung des römischen Salona.

In der südöstlichen Ecke liegt die **Gradina**, eine mittelalterliche Festung, die um die Überreste einer rechteckigen frühchristlichen Kirche erbaut wurde.

An- & Weiterreise

Die Ruinen sind mit dem Spliter Stadtbus 1 (13 Kn) erreichbar, der halbstündlich von der Trg Gaje Bulata bis zum Parkplatz von Salona fährt.

Von Solin kann man auch nach Trogir weiterfahren – und zwar von der Širine-Straßenkreuzung aus mit dem nach Westen gehenden Bus 37 (17 Kn): Dazu mit dem Stadtbus 1 zurück nach Širine fahren, dann zu Fuß fünf Minuten auf der gleichen Straße bis zur Haltestelle vom Bus 37 auf der angrenzenden Landstraße gehen.

JACHTEN ODER BOOTE CHARTERN

Yachties möchten vielleicht ein Boot chartern. Erfahrene Segler können *nur* die Jacht oder die Jacht zusammen mit einem einheimischen Skipper chartern. Der Preis richtet sich nach der Bootsgröße, der Anzahl der Kojen und der Saison.

Cosmos Yachting (www.cosmosyachting.com) Dieser britische Anbieter hat Basen in Dubrovnik, Pula, Rovinj, Split, Trogir, Zadar, Lošinj, Punat und anderen Orten.

Nautical Centre Nava (www.navaboats.com) Der in einheimischer Hand befindliche Anbieter verfügt über eine beeindruckende Flotte von Lagoon-Luxuskatamaranen mit Basen in Split, Baška Voda und Kaštela.

Sunsail (www.sunsail.com) Der internationale Anbieter verchartert Yachten mit und ohne Skipper ab Dubrovnik und Marina Agana, 40 km westlich von Split.

Ultra Sailing (www.ultra-sailing.hr) Einer der besten und zuverlässigsten kroatischen Anbieter mit Basen in Dubrovnik, Kaštela, Split und Trogir. Eine Segelschule gehört dazu.

TROGIR & UMGEBUNG

Trogir

11000 EW

Trogir (ehemals Trau) liegt schön hinter mittelalterlichen Mauern, die ein Gewirr verwinkelter Gassen umschließen. Die breite Seepromenade wird von Bars und Cafés gesäumt, im Sommer dümpeln Jachten vor der Promenade. Trogir ist einzigartig unter den dalmatischen Städten: Keine andere hat so viele historische Gebäude, die im Stil der Romanik und Renaissance erbaut wurden. Die Renaissancebauten sind ein Erbe der venezianischen Herrschaft. Zusammen mit der prächtigen Kathedrale wurde die Altstadt von Trogir 1997 von der UNESCO zum Weltkulturerbe erklärt.

Trogir lässt sich von Split aus bequem im Rahmen eines Tagesausflugs besuchen, ist aber auch ein entspannter Ort, um hier ein paar Tage zu verbringen und einige benachbarte Inseln zu besuchen.

Geschichte

Mit den hohen Bergen im Norden, dem Meer im Süden und den schützenden Stadtmauern war Trogir (unter den Römern Tragurion genannt) ein idealer Ort, um eine Siedlung anzulegen. Die frühen Kroaten besiedelten die alte illyrische Stadt im 7. Jh. Aufgrund seiner guten Verteidigungsmöglichkeiten behielt Trogir seine Unabhängigkeit auch während der kroatischen und byzantinischen Herrschaft. Handel und der Bergbau in der Umgebung waren die wirtschaftlichen Säulen der Stadt. Im 13. Jh. florierten die Bildhauerei und die Architektur – sie waren sichtbarer Ausdruck einer lebendigen, dynamischen Kultur. Als Venedig 1409 Dalmatien erwarb, weigerte sich Trogir, die neuen Regenten anzuerkennen. Die Venezianer zwangen die Bewohner durch Beschuss ihrer Stadt zur Aufgabe. Während

Trogir

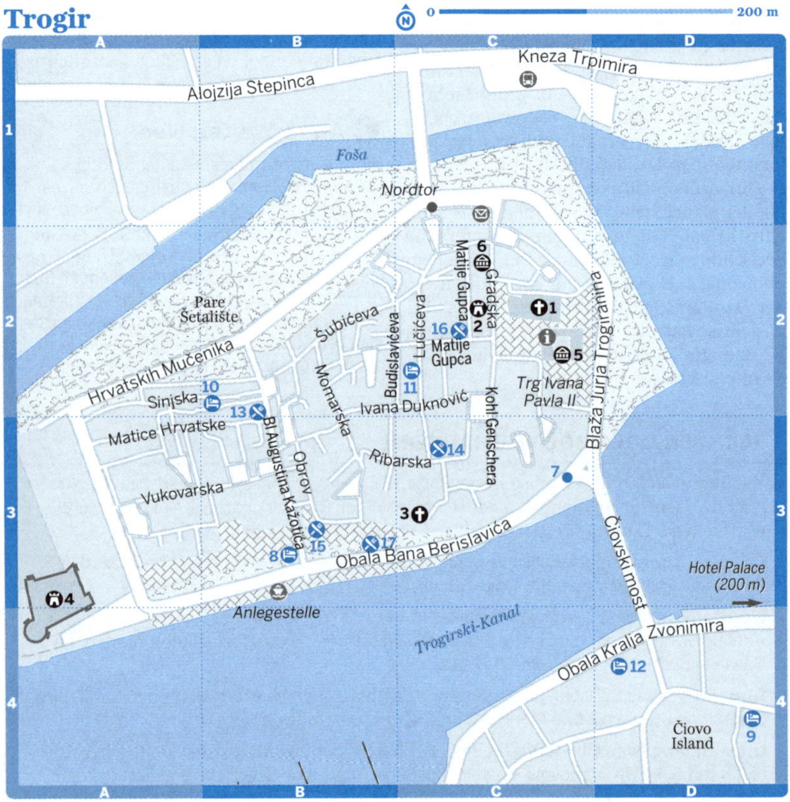

das restliche Dalmatien unter der venezianischen Herrschaft kulturell stagnierte, brachte Trogir weiterhin große Künstler und Kulturschaffende hervor.

Sehenswertes

Obwohl Trogir klein ist, gibt es hier viel zu sehen. In der Stadt stehen noch viele gut erhaltene Gebäude aus ihrer Blütezeit vom 13. bis 15. Jh. Die Altstadt konzentriert sich auf einer winzigen Insel im Meeresarm zwischen der Insel Čiovo und dem Festland, die Küstenschnellstraße ist nicht weit weg. Viele Sehenswürdigkeiten lassen sich auf einem rund 15-minütigen Spaziergang rund um die Insel besichtigen.

Kathedrale St. Laurentius — KATHEDRALE

(Katedrala Svetog Lovre; Trg Ivana Pavla II; Eintritt 25 Kn; 9–12 & 16–19 Uhr) Das Schmuckstück von Trogir ist die dreischiffige venezianische Kathedrale – eines der erlesensten architektonischen Werke Kroatiens – die vom 13. bis ins 15. Jh. erbaut wurde. Das **Romanische Portal** stammt aus dem Jahr 1240 und ist ein Werk des Baumeisters Radovans. Auf den Seiten des Portals sind Adam und Eva auf Löwenfiguren (das Symbol Venedigs) abgebildet. Am Ende der Kolonnade befindet sich ein weiteres hochgeschätztes Werk der Bildhauerkunst – das **Baptisterium**, das 1464 von Andrija Aleši entworfen wurde.

Trogir

Sehenswertes
1 Kathedrale St. Laurentius ... C2
2 Cipiko-Palast ... C2
3 Kloster des hl. Nikolaus ... C3
4 Festung Kamerlengo ... A3
5 Rathaus ... C2
6 Stadtmuseum ... C2

Aktivitäten, Kurse & Touren
7 Portal Trogir ... C3

Schlafen
8 Concordia ... B3
9 Hostel Trogir ... D4
10 Hotel Pašike ... B2
11 Hotel Tragos ... C2
12 Vila Sikaa ... D4

Essen
13 Alka ... B2
14 Capo ... C3
15 Fontana ... B3
16 Konoba Trs ... C2
17 Pizzeria Mirkec ... B3

Wenn man das Gebäude durch eine versteckte Hintertür betritt, kommt man zu der reich verzierten **Kapelle Sveti Ivan Ursini** – ein Meisterwerk der Renaissance. Erschaffen wurde sie zwischen 1461 und 1497 von den Bildhauern Nikola Firentinac und Ivan Duknović. In der **Sakristei** befinden sich Gemälde, die den heiligen Hieronymus und Johannes den Täufer zeigen. Ein Muss ist die **Schatzkammer**, die u. a. ein Triptychon aus Elfenbein und mittelalterliche, reich bebilderte Manuskripte birgt. Wer den 47 m hohen **Turm** der Kathedrale erklimmt, wird mit einer wunderschönen Aussicht belohnt.

Ein Schild weist auf eine korrekte Kleidung beim Betreten der Kathedrale hin: Generell sollten Schultern und Arme bedeckt sein, Shorts sind ebenfalls tabu.

Festung Kamerlengo — FESTUNG

(Tvrđava Kamerlengo; Erw./erm. 10/5 Kn; 9–20 Uhr) Ursprünglich war die Festung aus dem 15. Jh. mit der Stadtmauer verbunden. Am westlichen Ende der Insel steht ein eleganter Rundpavillon, den der französische Marschall Marmont während der napoleonischen Besetzung Dalmatiens errichten ließ. Hier pflegte er zu sitzen und inmitten der Wellen Karten zu spielen. Damals war der westliche Teil der Insel noch eine Lagune; die malariaverseuchten Sümpfe wurden erst im 20. Jh. trockengelegt. In der Festung finden während des Sommerfestivals von Trogir Konzerte statt.

Stadtmuseum — MUSEUM

(Gradski Muzej; Gradska Vrata 4; Erw./erm. 15/10 Kn; 9–13 & 16.30–21.30 Uhr) Das Museum mit seinen fünf Räumen befindet sich im ehemaligen Garagnin-Fanfogna-Palast und zeigt Bücher, Dokumente, Zeichnungen und zeitgenössische Kleidung aus Trogirs Geschichte.

Kloster des hl. Nikolaus — KLOSTER

(Samostan Svetog Nikole; Erw./erm. 10/5 Kn; 8–13 & 15–19 Uhr) Die Schatzkammer des Benediktinerklosters beherbergt ein eindrucksvolles aus orangefarbenem Marmor gefertigtes Relief von Kairos, dem griechischen Gott der günstigen Gelegenheit. Von Oktober bis Mai müssen Besucher sich vorher anmelden.

Rathaus — HISTORISCHES GEBÄUDE

(Gradska Vijećnica; Mo–Fr 7–19 Uhr) Das aus dem 15. Jh. stammende Gebäude gegenüber der Kathedrale hat einen gotischen Innenhof, den ein Wappen und ein gewaltiger

Treppenaufgang zieren. Der Brunnen trägt einen gut erhaltenen Markuslöwen, das Wappentier der Republik Venedig.

Cipiko-Palast PALAST
(Palaca Cipiko) Dieser Palast war im 15. Jh. der Stammsitz einer berühmten Adelsfamilie. Er hat ein atemberaubend schön gearbeitetes gotisches Triforium, ein Werk von Andrija Aleši.

Geführte Touren

Portal Trogir STADTSPAZIERGANG, KAJAKFAHREN
(☎021-885 016; www.portal-trogir.com; Bana Berislavića 3) Das Reisebüro Portal organisiert von Mai bis Oktober zweimal täglich (morgens und abends) 90-minütige Spaziergänge durch die Altstadt von Trogir; los geht's vor dem Büro. Hier kann man sich auch für 250 Kn pro Tag Zweier-Kajaks leihen und damit rund um die Insel und zum Pantan-Strand paddeln.

Feste & Events

Sommerfestival von Trogir MUSIK
(Juni–Sept.) Alljährlich lädt die Stadt vom 21. Juni bis Anfang September zum Sommerfestival ein. Bei dem Musikevent werden Klassik- und Folkkonzerte in Kirchen, auf Plätzen und in der Festung abgehalten. Plakate, die für die Konzerte werben, hängen in der ganzen Stadt.

Schlafen

Atlas (S. 237) vermittelt Privatzimmer (DZ ab 300 Kn), Portal (S. 237) Zimmer und Apartments (DZ ab 300 Kn, 2-Pers.-Apt. ab 450 Kn). Auch unter www.trogir-online.com findet man Angebote über Unterkünfte.

Hostel Trogir HOSTEL €
(☎091 579 2190; www.hosteltrogir.com.hr; Trg Sv Jakova 7; B 135 Kn;) Trogirs einziges Hostel befindet sich direkt neben der Brücke auf der Insel Čiovo, also nur 200 m von der Riva entfernt. Es gibt vier saubere Schlafsäle (6 bzw. 8 Betten) mit Schließfächern, einen kleinen Gemeinschaftsraum mit Kochecke und eine schattige Terrasse vor dem Haus.

Seget CAMPING €
(☎021-880 394; www.kamp-seget.hr; Hrvatskih Žrtava 121, Seget Donji; Erw./Stellplatz 54/120 Kn; April–Okt.) Der kleine nur 2 km westlich von Trogir gelegene Campingplatz hat einen schmalen Kieselstrand und einen Tauchspot aus Beton. Bis zum Hotel Medena, das Tennis, Radfahren, Windsurfen und andere Aktivitäten anbietet, sind es nur 2 km.

Concordia HOTEL €€
(☎021-885 400; www.concordia-hotel.net; Bana Berislavića 22; EZ/DZ 450/755 Kn; P) Die einfachen Zimmer sind sauber, aber schon leicht verblasst. Das machen der freundliche Service und die Lage direkt am Meer aber wieder wett. Man sollte versuchen, eines der kürzlich renovierten Zimmer mit Meerblick zu ergattern. Die Boote zu den Stränden legen direkt vor der Tür ab.

Villa Tina HOTEL €€
(☎021-888 305; www.vila-tina.hr; Cesta Domovinske Zahvalnosti 63, Arbanija; EZ/DZ 499/670 Kn; P@) Mit den geschmackvoll eingerichteten, geräumigen, hellen Zimmern, dem Whirlpool und der Infrarotsauna eignet sich die Villa Tina perfekt für alle, die relaxen und schwimmen wollen. Die Unterkunft befindet sich ca. 5 km östlich von Trogir, nur wenige Schritte vom Strand entfernt.

Villa White PENSION €€
(☎091 221 4473; www.villawhite.net; Kralja Tomislava 22; Zi. 570 Kn; P@) Die Pension ist 1 km vom Zentrum entfernt. Die 14 minimalistisch mit Schwarz-Weiß-Thema eingerichteten Zimmer sind klein, aber einladend und haben TV und Dusche. Frühstück, Kaffee und Tee sind im Preis enthalten. Hin kommt man über die Brücke von Trogir zum Festland, dann überquert man die Hauptküstenstraße und läuft nach Norden.

★ **Hotel Tragos** HOTEL €€€
(☎021-884 729; www.tragos.hr; Budislavićeva 3; EZ/DZ 600/900 Kn; P@) Das mittelalterliche Wohnhaus ist vorzüglich mit freigelegten Steinwänden und Originaldetails restauriert worden. Alle zwölf Zimmer sind elegant und wunderschön eingerichtet – mit Satelliten-TV und Minibar. Auch wer hier nicht übernachtet, sollte das Hotelrestaurant wegen seiner hervorragend zubereiteten Hausmannskost aufsuchen (Hauptgerichte ab 60 Kn); besonders lecker ist *trogirska pašticada* (Rindereintopf nach Trogir-Art).

Hotel Pašike HOTEL €€€
(☎021-885 185; www.hotelpasike.com; Sinjska bb; EZ/DZ 760/1140 Kn; @) Das hübsche, in einem Gebäude aus dem 15. Jh. untergebrachte Hotel schmücken Möbel aus dem 19. Jh., Nussholz und schmiedeeiserne Betten. Jedes der 14 farbenfrohen Zimmer ver-

fügt über einen separaten Sitzbereich und eine Hydromassagedusche. Die freundlichen Mitarbeiter tragen traditionelle Kleidung, es gibt eine Dachterrasse mit zwei Tischen und als Willkommensgeschenk bekommen Gäste *rafioli,* den traditionellen Mandelkuchen aus Trogir.

Vila Sikaa HOTEL €€€
(☎021-881 223; www.vila-sikaa-r.com; Kralja Zvonimira 13; EZ/DZ 896/952 Kn; P ❄ @ ≈) Das Hotel liegt auf der Insel Čiovo und bietet zehn saubere und anständige Zimmer mit fantastischem Blick auf die Altstadt. Manche verfügen über Sauna, Massagedusche und Whirlpool, Zimmer 14 außerdem über einen Balkon. Negativ schlagen die winzigen Zimmer im Dachgeschoss und der recht nachlässige Service zu Buche. An der Rezeption kann man Motorroller, Boote und Autos mieten.

Hotel Palace HOTEL €€€
(☎021-685 555; www.trogir-palace.com; Put Gradine 8; EZ/DZ 940/1240 Kn; P ❄ @ ≈) Das Luxushotel befindet sich in einem blassrosaweißen Gebäude auf der Insel Čiovo mit viel Marmor, Hartholzböden und einem Restaurant. Die 36 beigefarbenen Zimmer verfügen über Badewannen und Balkone. Aus dem Raum Nr. 305 genießt man zudem eine tolle Aussicht auf die Altstadt.

Essen

Capo SEAFOOD €
(☎021-885 334; Ribarska 11; Hauptgerichte ab 55 Kn; ⊙11–23 Uhr) Die mit Fischerei-Requisiten stimmungsvoll dekorierte Taverne in Familienhand versteckt sich in einer Altstadtgasse und bietet auch einen Essbereich im Freien. Hier gibt es hauptsächlich Fischgerichte – Spezialitäten wie Sardinen, *gavuni* (Stint) und Sardellen mit Gemüsebeilage.

Pizzeria Mirkec PIZZA €
(☎021-883 042; Bana Berislavićeva 15; Pizzas ab 35 Kn; ⊙8–24 Uhr) Die Pizzas kommen in dieser am Meer gelegenen Pizzeria aus dem Holzofen und schmecken recht gut. Hier kann man auch frühstücken.

Konoba Trs DALMATISCH €€
(☎021-796 956; Matije Gupca 14; Hauptgerichte ab 75 Kn; ⊙10–24 Uhr) Rustikale, kleine Taverne mit einladendem Hof, der von Weinreben umrankt wird. Im Inneren sitzt man auf Holzbänken vor alten Steinmauern. Das Lamm-*pašticada* (Eintopf), das mit *pršut* (Schinken) und Mangold gefüllten Pfannkuchen serviert wird, ist die Spezialität des Hauses.

Fontana SEAFOOD €€
(☎021-885 744; Obrov 1; Hauptgerichte ab 70 Kn; ⊙8–24 Uhr) Die große Terrasse am Wasser ist die Hauptattraktion dieses gut eingeführten Restaurants. Hier wird fast alles serviert, von günstigem Risotto und preiswerten Spaghetti bis zu etwas teurerem Grillfleisch. Als Spezialität gilt jedoch der Fisch (300 Kn/kg).

Alka INTERNATIONAL €€
(☎021-881 856; Augustina Kažotića 15; Hauptgerichte ab 85 Kn) Dieses Restaurant besticht durch seine Terrasse und die umfassende Speisekarte mit vielen Fleischspezialitäten (beispielsweise Hühnerleber in Schinken) und Hummer.

Praktische Informationen

Atlas Trogir (☎021-881 374; www.atlas-trogir.hr; Kralja Zvonimira 10) Dieses Reisebüro vermittelt Privatunterkünfte und organisiert Ausflüge.

Portal Trogir (☎021-885 016; www.portal-trogir.com; Bana Berislavića 3) Privatunterkünfte, Fahrräder, Motorroller- und Kajakvermietung, Ausflüge (Quad-Safaris, Rafting, Seekajakfahren, Canyoning) – und einen Internetanschluss gibt es auch.

Post (Blaža Jurjeva Trogiranina 5; ⊙Mo–Fr 7.30–19, Sa bis 14.30 Uhr) Mit Telefonzentrum.

Touristeninformation (☎021-885 628; www.tztrogir.hr; Trg Ivana Pavla II 1; ⊙Mo–Sa 8–20, So 9–14 Uhr) Hier sind u. a. einfache Stadtpläne erhältlich.

An- & Weiterreise

Die Intercitybusse von Zadar Richtung Süden (130 km) und von Split Richtung Norden (28 km) halten in Trogir. Mit dem Bus von Trogir nach Zadar zu kommen, kann schwierig werden, da die Busse aus Split oft schon bei ihrer Ankunft in Trogir voll besetzt sind.

Der Stadtbus 37 von Split fährt tagsüber alle 20 Minuten, auf dem Weg nach Trogir hält er auch am Flughafen Split. Dieser Bus fährt aber vom örtlichen Busbahnhof ab und ist dementsprechend länger unterwegs als der Intercitybus. Das Vier-Zonen-Ticket (21 Kn) kann für beide Richtungen (Split bzw. Zadar) beim Fahrer gekauft werden.

Von Mitte Mai bis November verkehren sechsmal täglich Boote zwischen Split (24 Kn) und Čiovo (150 m links der Brücke). Zudem legt stündlich von 8.30 bis 11.30 Uhr eine Passagierfähre vom Busterminal in Bana Berislavića direkt vor dem Hotel Concordia nach Okrug Gornji (20 Kn) ab; dort starten auch Fähren nach Medena (15 Kn, 10-mal tgl.). Dreimal täglich gibt es eine Fährverbindung nach Drvenik Veli (15 Kn).

Unterwegs vor Ort

Die Altstadt liegt nur ein paar Hundert Meter vom Busbahnhof entfernt. Dort können Gepäckstücke an der **garderoba** (Gepäckstück 15 Kn/Tag; ⌚7–20 Uhr) aufbewahrt werden. Hinter der kleinen Brücke nahe des Busbahnhofs geht es durch das Nordtor. Am Ende des Platzes schlägt man den Weg nach links, Richtung Osten, ein und schon ist man in Trogirs Hauptstraße, der Gradska. Trogirs wichtigste Sehenswürdigkeiten liegen rund um den Trg Ivana Pavla II. (geradeaus). Die Strandpromenade Bana Berislavića mit Blick auf die Insel Čiovo wird von Bars, Restaurants und Cafés gesäumt. Die Altstadt ist an ihrem Südende durch eine Zugbrücke mit der Insel Čiovo verbunden.

Rund um Trogir

Rund um Trogir gibt es jede Menge Strände. Der Stadt am nächsten liegt der Kies- und Sandstrand **Pantan**. Er befindet sich 1,5 km östlich der Altstadt an der Mündung des Flusses Pantan, inmitten eines Naturschutzgebietes; von der Altstadt führt ein Pfad hierher. Der beliebteste Strand, **Okrug Gornji**, liegt 5 km südlich von Čiovo. Der 2 km lange, von Café-Bars gesäumte Kiesstreifen wird auch Copacabana genannt und ist auf dem Land- und auf dem Seeweg zu erreichen. Die umfangreichsten Serviceeinrichtungen findet man gut 4 km südwestlich am **Medena-Strand** an der Seget-Riviera, wo auch das riesige **Hotel Medena** (www.hotelmedena.com) steht.

Sehr viel idyllischer sind übrigens die Strände auf den Inseln Drvenik Mali und Drvenik Veli, die verhältnismäßig schnell mit der Personenfähre erreichbar sind. Auf beiden Inseln leben nur wenige Menschen, sie sind dementsprechend nur dünn besiedelt.

Außerdem gibt es den schönen Festungsbereich Kaštela mit insgesamt sieben Häfen und verschiedenen Burgen, die der dalmatische Adel dort vor rund 500 Jahren errichten ließ.

Drvenik Mali & Drvenik Veli

Auf der kleineren Insel, Drvenik Mali, gibt es Olivenbäume, 56 Einwohner und einen Sandstrand, der sich um die Bucht Vela Rina zieht. Drvenik Veli besitzt ebenfalls abgeschiedene Buchten und Olivenhaine, aber auch ein paar kulturelle Highlights: Die **Kirche des hl. Georg** wurde im 16. Jh. errichtet und mit barockem Mobiliar und einem venezianischen Altarbild ausgestattet. Außerhalb des Dorfes Drvenik Veli steht die unvollendete **Kirche des hl. Nikolaus** aus dem 18. Jh. – ihr Baumeister hat aus unbekannten Gründen nur die monumentale Vorderseite fertiggestellt.

Die Strecke von Trogir zu den Inseln bedient **Jadrolinija** (www.jadrolinija.hr). Von Juni bis Ende September gibt es drei tägliche Fährverbindungen, freitags sind es zwei. Der Fahrplan ermöglicht einen Tagesausflug nach Drvenik Veli, nach Drvenik Mali ist dies problematischer. Die Fahrt nach Drvenik Veli (15 Kn) dauert etwa eine Stunde, nach weiteren 20 Minuten gelangt man nach Drvenik Mali.

Wer auf den Inseln übernachten möchte, wendet sich an die Agentur Portal; sie vermittelt Privatunterkünfte.

Kaštela

Wenn man einen sicheren Ort haben möchte, dann gibt es nichts Besseres als ein Gebirge im Rücken und vor sich das Meer. Zumindest dachte das der dalmatische Adel, als er sah, wie die Türken im 15. und 16. Jh. in Europa einfielen. Der 20 km lange Küstenabschnitt zwischen Trogir und Split wird landseitig durch den langen, niedrigen Kozjak-Höhenrücken geschützt und war damals perfekt, um sich in einer gut befestigten Burg zu verschanzen. Eine reiche Familie nach der anderen zog deshalb von Split an die Kaštela-Bucht, um sich dort einen Familiensitz bauen zu lassen. Glücklicherweise drangen die Türken nie so weit vor, weshalb die Burgen bis heute erhalten blieben.

Als Kaštela-Bucht bezeichnet man die sieben kleinen Häfen vor diesen befestigten Küstenburgen. Ihr Besuch ist ein reizvoller Tagesausflug von Split oder Trogir. Beginnend im Westen (von Trogir aus gesehen), kommt zunächst **Kaštel Štafilić** in Sicht. Die Burg auf einem Inselchen ist nur durch eine Zugbrücke mit dem Festland verbunden. Im nahen Ort steht eine Renaissancekirche. Dann erreicht man **Kaštel Novi** (1512 erbaut), gefolgt vom **Kaštel Stari**, der ältesten Burg in der Bucht (1476). Im Innern der Burg befindet sich ein Kreuzgang mit Arkaden. Es folgt die imposanteste Burg, **Kaštel Lukšić**. Nur diese Burg kann man besichtigen. Sie wurde 1487 im Übergang von der Renaissance zum Barock errichtet. Inzwischen beherbergt sie städtische Verwaltungsbüros, ein kleines Museum und die Touristeninformation der Region. In dieser Burg spielte sich auch die komplizierte Geschichte eines unglücklichen Liebespaares ab, das hier heiratete und hier begraben liegt. Weiter ostwärts geht es zum **Kaštel Kambelovac**, einer zylinderförmigen Befestigungsburg, die 1517 von Adligen und Grundbesitzern aus der Gegend errichtet wurde. Dann folgt **Kaštel Gomilica**; die Burg wurde von Benediktinernonnen erbaut und ist von seichten Sandstränden umgeben. Den Abschluss bildet **Kaštel Sućurac**. Von dort führt ein Weg am Friedhof vorbei hinauf zur Schutzhütte bei Putalj (480 m). Sie ist der Ausgangspunkt für eine Wanderung über den Höhenrücken des Kozjak.

Weitere Infos zu Unterkünften in Kaštela, erteilt die **Touristeninformation** (☎ 021-227 933; www.kastela-info.hr; Kaštel Lukšić; ⏲ Mo–Fr 8–20, Sa 8–12 & 18–20, So 8–12 Uhr).

Der Bus Nr. 37 von Split nach Trogir hält auch in Kaštela (21 Kn, alle 20 Min.): Er steuert alle Orte entlang der Bucht an. Am besten steigt man in Kaštel Štafilić aus und spaziert nach Belieben Richtung Osten die Strandpromenade entlang durch alle Orte. Zurück geht's mit dem Bus, der an der Hauptstraße hält.

MAKARSKA RIVIERA

Die Makarska Riviera ist ein 58 km langer Küstenabschnitt am Fuß des Biokovo-Gebirges, wo eine Ansammlung von Klippen und Kämmen einen dramatischen Hintergrund für eine Reihe wunderschöner Kiesstrände bildet. Die Berge schützen den Küstenstreifen vor rauen Winden – entsprechend mediterran sieht die Landschaft mit ihren Pinienwäldern, Olivenhainen und Obstbäumen aus. Dieser Teil der dalmatischen Küste gehört zu den touristisch erschlossensten, die Strandorte sind auf Pauschaltourismus ausgerichtet. Familienurlauber finden hier zahlreiche Serviceeinrichtungen sowie ein umfangreiches Freizeitangebot. Im Juli und vor allem im August ist die gesamte Riviera von Urlaubern bevölkert, in den meisten Hotels wird dann von den Gästen ein Mindestaufenthalt von sieben Nächten erwartet. Wer den Touristenmassen aus dem Weg gehen möchte, besucht Makarska am besten vor oder nach dem sommerlichen Besucheransturm.

Makarska

17 000 EW.

Makarska ist eine hübsche Hafenstadt; der Ortskern mit seinen Häusern aus Kalkstein wird bei Sonnenuntergang in pfirsichfarbenes Licht getaucht. Aktivurlauber finden hier ausreichend Betätigung – beim Wandern, Klettern, Gleitschirmfliegen, Mountainbiken, Windsurfen oder Schwimmen. Die Lage mit dem wunderbaren Biokovo-Gebirge im Hintergrund ist spektakulär. Das Städtchen zieht zahlreiche Pauschaltouristen an, die sich vor allem am langen Stadtstrand aus Kieselsteinen tummeln. Dort ist natürlich immer viel los, man trifft sich zum Beachvolleyball oder sonstigen Strandvergnügen, dazwischen spielen ausgelassen fröhliche Kinder.

Makarska ist auch ein Lieblingsziel der Urlauber aus dem benachbarten Bosnien und Herzegowina, die im Sommer in Scharen hier einfallen. In der Hauptsaison geht es sehr lebhaft zu, das Nachtleben floriert und Familien mit Kindern wird viel geboten. Wer in Strandbars und Clubs abhängen möchte, Beachvolleyball spielen und sich mit Gleichgesinnten am Strand sonnen will, dem wird Makarska gefallen. Deutlich ruhiger wird es allerdings in der Nebensaison.

Als größte Stadt der Region hat Makarska eine sehr gute Verkehrsanbindung. Daher eignet sie sich auch als Ausgangspunkt für Erkundungsfahrten entlang der Küste und ins benachbarte Bosnien und Herzegowina. Beinahe schon ein Muss ist die Besteigung des Biokovo.

Sehenswertes

Franziskanerkloster KLOSTER
(Franjevački Samostan; Franjevački put 1; Eintritt Museum 15 Kn; ⏲ 9–12 & 17–20 Uhr) Die gleich östlich des Zentrums gelegene, einschiffige Kirche dieses Klosters besitzt eine Apsis mit einem riesigen zeitgenössischen Mosaik. Im Kreuzgang wartet ein sehenswertes **Muschelmuseum**, das angeblich die weltweit größte Sammlung von Schnecken und Muscheln beherbergt.

Botanischer Garten Biokovo BOTANISCHER GARTEN
Der Garten liegt über dem Dorf Kotišina im Biokovo-Gebirge und war einst eine echte

Attraktion der Region. Heute hat er aber nur noch ein wenig einheimische Flora und einen eindrucksvollen Blick auf die Inseln Brač und Hvar zu bieten. Lohnenswert ist der malerische ausgeschilderte Weg, der nordöstlich der Stadt an gewaltigen Gipfeln vorbei hierher führt.

Stadtmuseum MUSEUM
(Gradski Muzej; Kralja Tomislava 17/1; Eintritt 10 Kn; ⌚Mo–Fr 9–13 & 18–22, Sa 6–22 Uhr) Wer an einem verregneten Tag lieber im Trockenen bleibt, kann in dieser nicht gerade umwerfenden Ansammlung aus Fotos, alten Steinen und nautischen Relikten die Stadtgeschichte nacherleben.

Strände

Makarska liegt in einer großen Bucht, die im Südosten vom Kap Osejava und im Nordwesten von der Halbinsel Sveti Petar begrenzt wird. Der von Hotels gesäumte, langgezogene **Kiesstrand in der Stadt** zieht sich vom Sveti-Petar-Park am Anfang der Kralja Tomislava nordwestlich die Bucht entlang. Im Südwesten sind die Strände felsiger und schöner, so z.B. der bei FKKFans beliebte **Nugal**, zu dem der markierte Pfad am Ostende der Riva führt. Am **Buba-Strand** westlich der Sveti-Petar-Halbinsel in der Nähe des Hotels Rivijera, wo im Sommer ständig laute Musik zu hören ist, herrscht den ganzen Tag lang Partyatmosphäre.

Schlafen

Makarskas Hotels fallen vor allem durch ihre beeindruckende Unscheinbarkeit auf. Sie sind auf Pauschaltouristen eingestellt. Man sollte nichts Besonderes erwarten, auch wenn in den oberen Preissegmenten die Betten bequem und die Aussicht gut sind. Wie immer sind für Traveller mit kleiner Reisekasse Privatunterkünfte die beste Wahl.

Hostel Makarska HOSTEL €
(☎091 256 7212; www.hostelmakarska.com; Prvosvibanjska 15; B/DZ 140/260 Kn; P ❄ @ ≋) Das nur fünf Gehminuten vom Meer entfernte einfache Hostel bietet mehrere Doppelzimmer, einen Schlafsaal für zehn Personen, eine Gemeinschaftsküche und einen Outdoor-Bereich. Geöffnet hat die Unterkunft von Mai bis September.

Makarska HOTEL €€
(☎021-616 622; www.makarska-hotel.com; Potok 17; EZ/DZ 410/660 Kn; P ❄ @ ≋) Das Hotel ist nur ca. 300 m vom Strand entfernt, hat gut ausgestattete, wenn auch leicht kitschige Zimmer und freundliches Personal.

Hotel Osejava HOTEL €€€
(☎021-604 300; www.osejava.com; Šetalište fra Jure Radića bb; EZ/DZ 1250/1680 Kn; P ❄ ≋ ≈) Das moderne und netteste Vier-Sterne-Hotel am Hafen südlich der Riva ist innen schneeweiß mit viel hellem Holz eingerichtet. Überall kann man Schwarz-Weiß-Fotos von Dalmatien bewundern. Zur Anlage gehören ein Restaurant, ein Mini-Spa und ein Pool sowie ein felsiger Strand direkt vor der Tür.

Biokovo HOTEL €€€
(☎021-615 244; www.hotelbiokovo.hr; Kralja Tomislava 14; EZ/DZ 560/1000 Kn; P ❄ @ ≋) Eines der besseren Hotels von Makarska befindet sich direkt an der Promenade. Zu empfehlen sind die Zimmer mit Meerblick und Balkon, die zudem einen wunderbaren Blick auf die Stadt bieten.

Park HOTEL €€€
(☎021-608 200; www.parkhotel.hr; Petra Krešimira IV bb; EZ/DZ 1425/1900 Kn; P ❄ @ ≋ ≈) Für Freunde von Luxus und Exklusivität eignet sich diese schicke Hotelanlage ganz hervorragend. Im und am Pool mischt man sich ganz einfach unter die kroatischen Prominenten. Außer dem hauseigenen Spa warten noch viele weitere Einrichtungen auf Besucher.

Essen

Konoba Kalalarga DALMATISCH €
(Kalalarga 40; Hauptgerichte ab 45 Kn; ⌚9–2 Uhr) Traditionelle dalmatische Taverne mit Schummerbeleuchtung, dunklem Holz und Bänken draußen in einer versteckten Gasse am Ende der Kalalarga, die von Makarskas Hauptplatz abgeht. Hier bekommt man nicht nur Essen wie bei Großmutter sondern auch das beste *pašticada* (in Wein und Gewürzen geschmortes Rindfleisch, dazu gibt's Gnocchi) der Stadt.

Decima DALMATISCH €
(☎021-611 374; Trg Tina Ujevića bb; Hauptgerichte ab 40 Kn; ⌚12–1 Uhr) In dieser Familien-*konoba* gleich hinter der Riva gibt's gut zubereitete dalmatische Speisen und gelegentlich Live-*klapa* (Gesangsgruppe).

Konoba Ranč DALMATISCH €€
(☎021-623 563; Kamena 62, Tučepi; Hauptgerichte ab 70 Kn; ⌚18–24 Uhr) Dieses schnucklige Fleckchen abseits der Touristenpfade lohnt die zehnminütige Fahrt von Tučepi aus nach

Süden: Dem Schild links folgen und dann auf gewundenen Straßen hinauf fahren. Die Gäste sitzen auf rustikalen Holzstühlen unter Olivenbäumen, trinken den Hauswein und lassen sich gegrilltes Fleisch oder Fisch schmecken. *Peka* gibt es auf Bestellung, gelegentlich auch *klapa*-Vorführungen.

Riva SEAFOOD €€
(☎ 021-616 829; Kralja Tomislava 6; Hauptgerichte ab 75KN; ⏲ 10–1 Uhr) In dem ruhigen, schattigen Hof dieses klassischen Restaurants unweit der Haupteinkaufsstraße kann man wunderbar frischen Fisch und Meeresfrüchte genießen. Auch die Weinkarte kann sich sehen lassen.

Jeny Restaurant INTERNATIONAL €€€
(☎ 021-623 704; www.restaurant-jeny.hr; Čovići 1, Gornji Tučepi; Hauptgerichte ab 130 Kn; ⏲ 18–24 Uhr) Edelrestaurant an den Hängen des Biokovo im Ort Gornji Tučepi. Der kulinarische Schwerpunkt liegt auf mediterranen Speisen mit französischem Touch. Wie wär's mit dem Fünf-Gänge-Probiermenü für 575 Kn. Der Wahnsinnsblick auf die Riviera macht die langweilige Ausstattung wieder wett.

Ausgehen & Nachtleben

Grabovac WEINBAR
(Kačićev trg 11; ⏲ 9–2 Uhr) Direkt vor der Kirche des Orts werden Weine aus der Gegend glasweise ausgeschenkt. Dazu gibt's Leckerbissen wie Käse aus der Region und *pršut*. Es werden auch Weinverkostungen von Sorten wie *kujundžuša* angeboten.

Yeti CAFÉ
(Dalmatinska 1) Gemütlicher, beliebter Treffpunkt der hiesigen Intellektuellen, Eigenbrötler und Alternativen direkt am Hauptplatz. Im Sommer ist zwischen 15 und 17 Uhr Siesta.

Grota CLUB
(Šetalište Svetog Petra bb; ⏲ 20–5 Uhr) Die beliebte Disco auf der Sveti-Petar-Halbinsel direkt hinter dem Hafen versteckt sich in einer Höhle. Hier treten DJs aus der Gegend sowie diverse Jazz-, Blues- und Rockbands auf.

Deep CLUB
(Fra Jure Radića 21; ⏲ 9–5 Uhr; 📶) Ein Club in einer Höhle auf der Osejava. Hier nippt das supertrendige Publikum an Cocktails und lauscht den neuesten Beats, die ein DJ im Hintergrund auflegt.

Rockatansky BAR
(Fra Filipa Grabovca bb; ⏲ 18–2 Uhr) Makarskas alternativster Treffpunkt mit kleiner Bühne. Hier versammelt sich eine bunte Menge, um Live-Rock, Grunge, Metal und Jazz zu hören.

Praktische Informationen

Entlang der Kralja Tomislava gibt's viele Banken und Geldautomaten. Auch in den dortigen Reisebüros ist Geldwechsel möglich.

ABENTEUER AUF DEM BIOKOVO

Das Biokovo-Kalksteinmassiv, das als **Naturpark Biokovo** unter besonderem Schutz steht (www.biokovo.com; Eintritt 40 Kn; ⏲ 7–20 Uhr), eignet sich perfekt für Wandertouren. Wer alleine wandert, betritt den Park am Anfang der „Biokovo-Straße" und kauft dort eine Eintrittskarte. Im Grunde ist dies die einzige Straße, die den Berg hinaufführt, weshalb man sie auch kaum verfehlen kann.

Der nur 2,5 km von Makarska entfernte Berg **Vošac** (1422 m) ist das am nächsten gelegene Ziel für Wanderer. Von der Kirche des St. Markus am Kačićev Trg, geht es zu Fuß oder mit dem Auto den Put Makra hinauf. Der Weg ins Dorf Makar ist ausgeschildert, von dort führt ein Pfad zum Vošac. Vom Vošac wiederum kann man auf einem gut markierten Weg in vier Stunden zum **Sveti Jure** marschieren, dem mit 1762 m höchsten Gipfel, wo den Wanderer eine grandiose Aussicht auf die kroatische Küste und an einem klaren Tag sogar auf die italienische Küste auf der anderen Seite des Adriatischen Meeres belohnt. Man sollte nicht vergessen, viel Wasser, Sonnenschutz, Kopfbedeckung und Regenkleidung mitzunehmen – im Gebirge ist es immer bedeutend kälter als an der Küste.

Biokovo Active Holidays (S. 242) bietet für alle Schwierigkeitsgrade geführte Wanderungen und Ausflugsfahrten zum Biokovo an. Wer will, kann mit dem Minibus den Berg bis zur halben Höhe hinauffahren und dann noch die kurze Strecke bis zum Gipfel des Sveti Jure wandern. Andere Reisende entscheiden sich für eine fünfeinhalbstündige Wanderung durch Schwarzkieferwälder und üppig grüne Felder oder fahren am frühen Morgen los, um den Sonnenaufgang über Makarska zu genießen.

Atlas Travel Agency (☎ 021-617 038; www.atlas-croatia.com; Kralja Tomislava 17) Am Stadtrand; vermittelt Privatunterkünfte.

Biokovo Active Holidays (☎ 021-679 655; www.biokovo.net; Kralja Petra Krešimira IV 7b) Eine Informationsquelle für alles rund um das Biokovorgebirge. Organisiert Rad- und Wandertouren, Rafting- und Kajaktrips.

Marivaturist (☎ 021-616 010; www.marivaturist.hr; Kralja Tomislava 15a) Geldwechsel. Organisiert Ausflüge und vermittelt Privatunterkünfte entlang der Makarskaküste.

Touristeninformation (☎ 021-612 002; www.makarska.com; Kralja Tomislava 16; ⏱ Mo–Sa 8–21 Uhr) Bietet einen praktischen Stadtführer mit Stadtplan an, den man hier oder in jedem Reisebüro mitnehmen kann.

An- & Weiterreise

Im Juli und August fahren täglich fünf Fähren zwischen Makarska und Sumartin auf Brač (33 Kn, 1 Std.), im Juni und September sind es vier. Der **Ticketschalter von Jadrolinija** (Obala Kralja Tomislava bb) befindet sich in der Nähe des Hotels Biokovo.

Vom **Busbahnhof** (☎ 021-612 333; Ante Starčevića 30), vom Zentrum der Altstadt 300 m den Berg hinauf, fahren täglich 12 Busse nach Dubrovnik (110 Kn, 3 Std.), 50 nach Split (50 Kn, 1¼ Std.), 4 nach Rijeka (313–393 Kn, 7 Std.), 6 nach Zagreb (190 Kn, 6 Std.) sowie 5 nach Mostar (100 Kn, 2¼ Std.) und 2 nach Sarajevo (200 Kn, 4 Std.) in Bosnien und Herzegowina.

Brela

Der längste und vielleicht auch der schönste Küstenabschnitt Dalmatiens erstreckt sich entlang des kleinen Orts Brela, der etwas mehr Chic ausstrahlt als das benachbarte Makarska 14 km weiter südöstlich. Auf 6 km ziehen sich Kiesstrände um die Buchten, deren Anhöhen dicht mit Pinien bewachsen sind und die wunderschön klares Wasser und fantastische Sonnenuntergänge bieten. Eine schattige Promenade mit Bars und Cafés windet sich um die Buchten an beiden Enden der Stadt. Der schönste Strand ist **Dugi Rat**, ein traumhafter Kiesstreifen etwa 300 m südwestlich des Zentrums.

Schlafen & Essen

Die meisten der von der Touristeninformation oder den Reisebüros angebotenen Privatunterkünfte sind echte kleine *pansions*, in denen das Doppelzimmer in der Hauptsaison ab 350 Kn kostet.

Die vier großen Hotels gehören zu **Blue Sun Hotels & Resorts** (www.bluesunhotels.com). Das **Hotel Berulia** (☎ 021-603 599; Frankopanska bb; EZ/DZ 674/1056 Kn; P ❄ @ 🛜 ≋), ein Vier-Sterne-Gigant 300 m östlich des Zentrums, liegt am ruhigsten. Das **Hotel Marina** (☎ 021-608 608; EZ/DZ 608/927 Kn; P ❄ 🛜) ist das erschwinglichste der vier Hotels und für Familien am besten geeignet. Ein Kiefernwäldchen trennt das Hotel vom Brela-Strand.

Hostel Casa Vecchia HOSTEL €
(☎ 099 196 7518; www.hostel-casa.com; Breljanska Cesta 40; B/DZ 110/300 Kn; P 🛜) Die preiswerteste Unterkunft in Brela ist zugleich auch die hinreißendste: Das funkige Hostel Casa Vecchia an der Küstenstraße (Magistrala). Es ist typischerweise nur von Mai bis September geöffnet. Der freundliche Betreiber aus Australien hat auch nichts dagegen, wenn man für 37 Kn hier sein Zelt aufbaut, sofern es der Platz erlaubt. Außerdem gibt es ein restauriertes Holzboot, mit dem täglich feuchtfröhliche Rundfahrten für Hostelgäste stattfinden.

Konoba Feral DALMATISCH €
(☎ 021-618 909; Obala Domagoja 30; Hauptgerichte ab 60 Kn; ⏱ 12–23 Uhr) Gut zubereitete Meeresfrüchte und Fischgerichte bekommt man in der Konoba Feral, einer freundlichen Taverne mit Holztischen. Unbedingt den frisch gefangenen, gegrillten Tintenfisch mit Knoblauch und Petersilie probieren.

Konoba Galinac DALMATISCH €€
(☎ 021-618 251; Sv Jurja 52; Hauptgerichte ab 70 Kn; ⏱ 18–1 Uhr) Wer gern mit schöner Aussicht speisen möchte, nimmt die Küstenstraße und folgt den Schildern zur Konoba Galinac, die sich in einem verlassenen Weiler mit ein paar kleinen Steinhäuschen befindet. Das Restaurant mit der großen Terrasse bietet einen unbehinderten Blick auf die Adriainseln und Brela unten an der Küste. Von Brela und den Nachbarorten gibt es einen kostenlosen Zubringerdienst.

Praktische Informationen

Berulia Travel (☎ 021-618 519; www.berulia travel-brela.hr; Frankopanska 111) Vermittelt Privatunterkünfte, wechselt Geld, bucht Ausflüge und arrangiert Flughafentransfers.

Touristeninformation (☎ 021-618 455; www.brela.hr; Trg Alojzija Stepinca bb; ⏱ 8–21 Uhr) Verteilt einen Stadtplan und eine Fahrradkarte für die Region. Vor der Tür steht auch ein Geldautomat.

An- & Weiterreise

Alle Busse, die zwischen Makarska und Split unterwegs sind, halten in Brela, sodass sich die Stadt gut für einen Tagesausflug eignet. Die Bushaltestelle (ohne Gepäckaufbewahrung) befindet sich hinter dem Hotel Soline; es sind nur ein paar Gehminuten den Berg hinunter bis zur Kneza Domagoja, zur Hafenstraße und zum Zentrum.

BRAČ (INSEL)

14 435 EW.

Zwei Dinge haben Brač berühmt gemacht – erstens der glänzende weiße Kalkstein, aus dem der Diokletianspalast in Split und das Weiße Haus in Washington, D.C., erbaut wurden, und zweitens Zlatni Rat, der lange Kiesstrand bei Bol, der sich in die Adria hineinzieht und 90 % aller Werbeposter Kroatiens schmückt.

Auf der größten Insel Mitteldalmatiens liegen zwei Ortschaften und ein paar verschlafene Dörfer. Außerdem gibt es hier eine wunderschöne mediterrane Landschaft mit steilen Klippen, tiefblauem Gewässer und lichten, duftenden Pinienwäldern. Im Inselinneren kann man überall Steinhaufen sehen, die die Frauen über Jahrhunderte in Schwerstarbeit aus dem Boden gegraben haben, um die Kultivierung von Weinbergen, Olivenhainen, Feigen, Mandeln und Sauerkirschen überhaupt erst möglich zu machen. Dieses Gesteinsmaterial wird sehr oft für die Errichtung von Begrenzungsmauern oder für die Terrassierung der Felder verwendet, die sich manchmal an steilen Hängen befinden.

Aufgrund der harten Lebensbedingungen auf der Insel zogen viele Arbeitssuchende auf das Festland, sodass das Innere der Insel heute nahezu unbewohnt ist. Es macht viel Spaß, mit dem Auto herumzufahren und die steinernen Dörfer auf Brač zu erkunden. Die beiden Hauptorte Supetar und Bol sind sehr unterschiedlich: Ersteres wirkt wie eine Durchgangsstation, während Bol in seinem exklusiven Ambiente schwelgt.

Geschichte

In der Kopačina-Höhle bei Supetar wurden zwar Überreste einer neolithischen Siedlung gefunden, die ersten überlieferten Siedler waren jedoch die Illyrer, die in Škrip eine Festung bauten, um sich gegen die griechischen Invasoren zu schützen. Die Römer kamen 167 v. Chr. und begannen, die Steinbrüche bei Škrip zu plündern und Sommervillen rund um die Insel zu bauen. Während der vier Jahrhunderte langen venezianischen Herrschaft (1420–1797) wurden die Dörfer in der Inselmitte durch die Pest stark dezimiert. Die Bewohner zogen in die „gesünderen" Ortschaften an der Küste und hauchten den Orten Supetar, Bol, Sumartin und Milna wieder neues Leben ein. Nach einer kurzen Zeit unter napoleonischer Herrschaft ging die Insel an Österreich über. Weinbau wurde betrieben bis die Reblausepidemie zu Beginn des 20. Jhs. die Weinstöcke der Insel vernichtete. Immer mehr Einheimische wanderten aus – nach Nord- und Südamerika, hauptsächlich aber nach Chile. Während des Zweiten Weltkriegs erlebten die Bewohner die Hölle, als deutsche und italienische Truppen die Dörfer der Insel brandschatzten und die Bewohner gefangen nahmen oder gar ermordeten. Obwohl der Tourismus Mitte der 1990er-Jahre einbrach, hat er sich inzwischen wieder erholt und die Insel ist vor allem im Sommer sehr voll.

An- & Weiterreise

FLUGZEUG

Der **Flughafen** (☎ 021-559 711; www.airport-brac.hr) auf Brač liegt 14 km nordöstlich von Bol bzw. 30 km südöstlich von Supetar. In der Hochsaison gibt es einmal pro Woche ein Flugzeug von Zagreb aus, vom Flughafen kommt man allerdings nur mit einem **Taxi** (☎ 098 781 377) nach Supetar, was etwa 300 Kn kostet (nach Bol 150 Kn).

SCHIFF/FÄHRE

Im Juli und August verkehren täglich 14 Fähren zwischen Split und Supetar (33/160 Kn pro Pers./Auto, 50 Min.), im Juni und September sind es 12, im Winter weniger. Die Anlegestelle liegt mitten in der Stadt, nur ein paar Schritte vom Busbahnhof entfernt. Fahrkarten gibt es bei **Jadrolinija** (☎ 021-631 357; www.jadrolinija.hr; Hrvatskih Velikana bb, Supetar), das sein Büro rund 50 m östlich des Hafens hat.

Im Sommer verkehrt ein Jadrolinija-Katamaran zwischen Split und Bol (55 Kn, 1 Std.) und fährt von dort nach Jelsa auf Hvar; Tickets sollte man sich im Voraus in Bol besorgen, denn die Strecke ist in der Hochsaison sehr gefragt. Außerdem pendeln im Sommer fünf Autofähren pro Tag zwischen Makarska und Sumartin (33 Kn, 1 Std.), im Juni und September sind es vier, im Winter nur zwei. In Sumartin kann man schon mal ein bis zwei Stunden auf eine Busverbindung nach Supetar warten.

Unterwegs vor Ort

Öffentliche Verkehrsmittel zu den Sehenswürdigkeiten der Insel sind rar. Daher ist ein eigenes Auto sehr nützlich, vor allem, wenn man in kurzer Zeit mehrere Orte besuchen möchte. Autos können vor Ort in Reisebüros gemietet oder mit der Fähre vom Festland mitgebracht werden, was wegen der Fähre allerdings recht teuer ist.

Supetar ist die Drehscheibe des Inselbusverkehrs. Täglich verbinden mehrere Busse pro Tag Supetar mit Bol (50 Min.) und Sumartin (1½ Std.). Sonntags fahren sie seltener.

Supetar

4082 EW.

Supetar ist keine Schönheit und wirkt mehr wie eine Durchgangsstation denn wie ein Wohnort. Allerdings ist der Ort ein wichtiger Verkehrsknotenpunkt. Wer sich die Mühe macht, entdeckt bei einem kurzen Spaziergang durch die Stadt einige schöne gepflasterte Straßen und eine hübsche Kirche. Die Kiesstrände sind vom Ortszentrum aus schnell zu Fuß erreichbar und deshalb ein beliebtes Ausflugsziel für Familien.

In Supetar findet man sich leicht zurecht, da sich die meisten Büros, Geschäfte und Reisebüros entlang der Hauptstraße konzentrieren, die vom Hafen grob in Ost-West-Richtung verläuft. Die Straße wechselt des Öfteren ihren Namen. Am Hafen heißt sie Porat, weiter östlich Hrvatskih Velikana und Vlačica und in westlicher Richtung später Put Vele Luke. Der Busbahnhof (ohne Gepäckaufbewahrung) liegt neben dem Büro der Reederei Jadrolinija.

Sehenswertes & Aktivitäten

An der Küste liegen fünf Felsstrände. Rund 100 m östlich der Stadtmitte liegt der **Vrilo-Strand**. In westlicher Richtung kommt man zunächst zum **Vlačica-Strand**, anschließend zum **Banj-Strand**, der von Pinien gesäumt wird. Der nächste ist **Bili Rat** mit einem Wassersportzentrum. Über das Kap St. Nikolaus geht es zum Kieselstrand **Vela Luka**, der sich entlang einer idyllischen Bucht erstreckt.

Fun Dive Club TAUCHEN
(☎098 13 07 384; www.fundiveclub.com) Die besten Tauchspots der Insel liegen vor der Südwestküste zwischen Bol und Milna. Bol ist als Ausgangspunkt für Taucher besser geeignet. Aber man kann auch im Tauchclub des schicken Waterman Supetrus Resort Hotels, das von den Einheimischen Hotel Kaktus genannt wird, Tauchgänge und Tauchkurse buchen und die dazugehörige Ausrüstung mieten.

Rent a Robert's WASSERSPORT, BOOTSVERLEIH
(☎091 534 7575; www.rentaroberts.com; Petra Jakšića 31) Der freundliche und zuverlässige Anbieter am Hauptstrand vermietet kleine Boote, Jetski und Scooter. Es gibt auch ein Taxiboot.

Tours

Adriatic Experience GEFÜHRTE TOUR
(www.adriaticexperience.com) Mit diesem Veranstalter kommt man in den Genuss des wahren Brač: eintägige Segeltörns, Steinmetz-Workshops, Ausflüge zu Weingütern und eine Inseltour über Nebenstraßen.

Feste & Events

Sommerfestival von Supetar MUSIK
(⌚Juni–Sept.) Das Sommerfestival von Supetar dauert von Mitte Juni bis Mitte September. Volksmusik- und Tanzaufführungen sowie Klassikkonzerte werden mehrmals in der Woche auf öffentlichen Plätzen oder in den Kirchen veranstaltet. Manche Aufführungen sind kostenlos, für andere dagegen muss man einen (geringen) Eintrittspreis zahlen. Hinzu kommen Kunstausstellungen, die überall in der Stadt und in regelmäßigen Abständen stattfinden.

Schlafen

Die meisten der großen Hotels liegen in einer Ferienanlage an der Bucht von Vela Luka, ein paar Kilomenter westlich des Hafens. Die große Anlage passt sich überraschend gut in die Landschaft mit Pinien, Sträuchern und dem nahen Strand ein.

Reisebüros vermitteln Privatzimmer mit gutem Standard. Unter www.supetar.hr gibt es detaillierte Infos zu freien Zimmern und Ferienhäusern.

Pansion Palute PENSION €
(☎021-631 541; palute@st.t-com.hr; Put Pašike 16; EZ/DZ 190/360 Kn; P ❄) Diese kleine *pansion* in Familienhand überzeugt durch saubere und ordentliche Zimmer (die meisten mit Balkon) mit Holzboden und TV sowie durch einen redseligen Pensionswirt. Zum Frühstück gibt's hervorragende, selbstgemachte Marmelade.

Funky Donkey HOSTEL €
(☎021-630 937; www.brachostels.net; Polanda 20; B 140–160 Kn, DZ 360 Kn; ⌚Mai–Aug.; ❄@📶)

Dieses Partyhostel in der Altstadt bietet neben Schlafsälen auch Doppelzimmer. Außerdem gibt es einen Wäscheservice, eine Küche und eine Terrasse mit schönem Meerblick. Angeboten werden auch Inseltouren, u.a. zum Klippenspringen.

Camping Supetar CAMPINGPLATZ €
(☎ 091 194 02 46; pro Erw./Stellpl. 22/30 Kn; ⏲ Juni–Sept.) Das mittelgroße Autocamp liegt rund 300 m östlich der Stadt; mit kleinem Felsstrand.

Bračka Perla HOTEL €€€
(☎ 021-755 530; www.brackaperla.com; Put Vele Luke 53; DZ/Suite 2526/3192 Kn; P ❄ @ ≋) Das exklusive kleine „Kunsthotel" hat acht Suiten und drei Zimmer, die alle von dem bekannten Künstler Srećko Žitnik gestaltet wurden. Die Gartenterrasse bietet einen herrlichen Blick aufs Meer. Außerdem gibt's Einrichtungen wie einen Pool im Freien und einen kleinen Wellnessbereich.

Hotel Amor HOTEL €€€
(☎ 021-606 606; www.velaris.hr; Put Vele Luke 10; EZ/DZ 967/1290 Kn; P ❄ @ ≋) Das vornehme Hotel hat 50 in gelb, oliv und hellgrün gehaltene Zimmer mit Balkon. Der Komplex inmitten von Olivenbäumen und Kiefern liegt in Strandnähe, hat ein Spa und ein Tauchzentrum.

Essen

Punta SEAFOOD €
(☎ 021-631 507; Punta 1; Hauptgerichte ab 60 Kn; ⏲ 8–24 Uhr) Das fantastisch gelegene Restaurant hat eine Strandterrasse mit Blick aufs Meer. Hier kann man zwischen Seafood, Fleischgerichten oder auch einfach nur Pizza wählen – und ganz nebenbei die Wellen und die Windsurfer beobachten.

★ **Konoba Kopačina** DALMATISCH €€
(☎ 021-647 707; Donji Humac 7, Donji Humac; Hauptgerichte ab 70 Kn; ⏲ 10–24 Uhr) Den Ort Donji Humac – und somit diese Taverne mit dem besten Essen auf der Insel – erreicht man von Supetar nach einer 10-minütigen Autofahrt landeinwärts. Neben traditionellen *konoba*-Gerichten gibt es sonderbare Brač-Spezialitäten wie *vitalac* (in Lammfleisch gewickelte Lamminnereien am Spieß) und *puh* (Haselmaus). Die Terrasse bietet einen Rundumblick über das Tal.

Vinotoka SEAFOOD €€
(☎ 021-630 969; Jobova 6; Hauptgerichte ab 80 Kn; ⏲ 12–24 Uhr) Das Vinotoka ist eines der besten Restaurants in Supetar. Die Deko hat einen netten maritimen Touch, es gibt z.B. eine verglaste Terrasse mit einem Holzboot in der Mitte. Zu den Meeresfrüchten genießt man am besten einen Weißwein aus der Region. Unbedingt empfehlenswert ist auch der Thunfisch-Schinken.

Ausgehen & Nachtleben

Benny's Bar (Put Vela Luke bb; ⏲ 10–2 Uhr) und **Day n' Night** (Put Vela Luke bb; ⏲ 10–5 Uhr) sind beliebte Locations. Wer es etwas intellektueller mag, geht ins **Bravura Art Café** (Petra Jakšića 1; ⏲ Mo–Do 7–22, Fr 7–24, Sa 7–2 Uhr). Dieses künstlerisch angehauchte Café bietet einen ruhigen Innenhof, in dem man sich wunderbar vom Trubel an der Uferpromenade erholen kann. Im Angebot sind hier auch Jazz-Abende, Lesungen, Workshops, Ausstellungen und Livemusik.

Praktische Informationen

Atlas (☎ 021-631 105; Porat 10) Organisiert Ausflüge und vermittelt Privatunterkünfte. In Hafennähe.

Maestral (☎ 021-631 258; www.travel.maestral.hr; IG Kovačića 3) Privatzimmer.

Radeško (☎ 021-756 694; Put Barba Maškova 11) Vermittelt Privatunterkünfte, bucht Hotelzimmer und wechselt Geld.

Touristeninformation (☎ 021-630 900; www.supetar.hr; Porat 1; ⏲ 8–22 Uhr) Breite Auswahl an Broschüren zu Aktivitäten und Sehenswürdigkeiten in Supetar sowie aktuelle Bus- und Fährfahrpläne. Ein paar Schritte östlich vom Hafen gelegen.

Bol

1900 EW.

Die Altstadt von Bol ist wunderschön – mit vielen kleinen Steinhäusern und gewundenen Straßen, die von rosa- und lilafarbigen Geranien gesäumt werden. Das eigentliche Highlight ist jedoch der berühmte Strand Zlatni Rat, der wie ein Horn in die Adria ragt und in den Sommermonaten Heerscharen von Schwimmern und Windsurfern anzieht. Eine lange, von Pinien gesäumte Küstenpromenade, an der sich die meisten Hotels befinden, verbindet Altstadt und Strand. Im Sommer ist hier richtig viel los: Bol gehört zu den Lieblingsferienzielen der Kroaten.

Die Stadtmitte wurde zur Fußgängerzone erklärt, sie beginnt östlich des Busbahnhofs. Die Sehenswürdigkeiten in der Altstadt sind

(Fortsetzung auf S. 250)

Kroatiens Küste

Von der Spitze Istriens bis hin zum überwältigenden Dubrovnik ist Kroatien mit einem Küstenstrich gesegnet, der zu den schönsten im gesamten Mittelmeerraum zählt. Überall gibt es kristallklares Wasser, nur die Kulisse ändert sich – manchmal sind es Berge, dann wieder Wehrdörfer und manchmal auch flache Inseln.

BEFESTIGTE STÄDTE

Seit der Antike schützen die Menschen an dieser Küste ihre Ortschaften mit massiven Wehrmauern vor den viel zu häufigen Angriffen. Und auch wenn die Anlagen so eigentlich der Not geschuldet waren, ist das Ergebnis einfach atemberaubend: Es gehört zu den denkwürdigsten Erlebnissen an der Adria-Küste, sich anzuschauen, wie diese Steinbastionen aus dem Meer in die Höhe ragen. Selbst wenn große Teile der Stadtmauern um den Kern aus mittelalterlichen Straßen nicht mehr stehen, sind sie noch immer eindrucksvoll.

Die meisten Traveller wissen alles Mögliche über Dubrovnik, doch es gibt noch viele weitere Mini-Dubrovniks überall an der Küste. Eine der zauberhaftesten Ortschaften ist das westlich von Split gelegene Trogir auf einer kleinen Insel, die durch mehrere Brücken mit dem Festland verbunden ist. In Split selbst erhebt sich eine alte Festung aus den Überresten eines römischen Herrscherpalasts – vom Wasser aus ist sie allerdings inmitten des Häusergewirrs kaum auszumachen. Die von einer Stadtmauer umgebene Altstadt von Šibenik zieht sich einen Hügel hinauf zu einer imposanten Burg, während sich in Ston die Befestigungsanlagen über das gebirgige Ende der Halbinsel Pelješac erheben.

Das historische Rovinj war einst eine Insel, die ein schmaler Kanal vom Festland trennte. Dieser wurde – so ähnlich wie bei Dubrovnik – später aufgefüllt. In Zadars Fall umschloss die Stadtmauer einst die Spitze einer Halbinsel, wenn auch inzwischen nur noch die Hälfte des Gemäuers erhalten ist. Auch auf den Inseln gibt es viele solche eindrucksvollen Orte, allen voran die Altstädte von Cres, Krk, Rab, Pag und Korčula.

Abgesehen von all diesen bekannten Ortschaften ist es gut möglich, dass Besucher hier ihr ganz eigenes kleines Wehrdorf-Paradies entdecken, beispielsweise das verschlafene winzige Örtchen Osor direkt am Kanal zwischen den Inseln Cres und Lošinj oder auch das hübsche kleine Primošten, das südlich von Šibenik über der felsigen Küste thront.

INSELLEBEN

Kroatien hat 1244 Inseln unterschiedlichster Größe – von kleinen, aus dem Wasser ragenden Felsen bis hin zu großen bewohnten Landmassen komplett mit Landwirtschaft und Kleinstädten. Krk und Pag sind zwei der größten Inseln. Sie sind durch Brücken mit dem Festland verbunden, haben sich aber ihre eigene Inselkultur und Lebensart erhalten können.

Zu den beliebteren und bewohnten Inseln fahren das ganze Jahr über regelmäßig Schiffe, sowohl Fähren als auch Katamarane. Allerdings können im Juli und August sowie an den Wochenenden im Juni und September an den Autofähren lange Warteschlangen entstehen. Wer zu diesen Zeiten eine Inseltour machen will, sollte besser als Fußgänger die Fähre nehmen und erst nach Ankunft auf der Insel ein Auto oder einen Motorroller mieten. Aufgepasst: Hierzulande sind mit „Fähren" in der Regel Autofähren gemeint; die schnelleren Personenfähren werden „Katamarane" genannt.

1. Rovinj (S. 114) **2.** Valun (S. 159)

1

2

Wenn es um die kleineren Inselgruppen geht, beispielsweise die Kornaten, sind organisierte Touren sehr beliebt, die in Reisebüros, Touristeninformationen und an den Jachthäfen überall an der Küste angeboten werden. Jachtliebhaber fühlen sich hier angesichts der vielen einsamen Buchten und unbewohnten Inselchen wie in einem Segelparadies. Wer seine eigene Jacht nicht mitgebracht hat, kann sich hier eine mit oder ohne (falls man einen Skipper-Führerschein hat) Skipper mieten. Im Angebot stehen auch zahlreiche Insel-Segeltouren zum Pauschalpreis, darunter auch speziell auf Backpacker ausgerichtete Trips.

STRÄNDE

Es mögen zwar nur ungefähr 600 km Luftlinie sein, aber zählt man die Küstenlinie aller Ein- und Ausbuchtungen und der vielen Inseln mit hinzu, erstreckt sich die kroatische Adriaküste über 1778 km. Dem unwiderstehlichen Reiz des klaren Wassers und milden Wetters erliegen Millionen Touristen, die jeden Sommer, vor allem während der Schulferien in Europa im Juli und August, an die Strände strömen.

Wer lange Sandstrände wie den Bondi Beach, in Malibu oder an der Copacabana erwartet, wird enttäuscht werden. Meistens sind es hübsche kleine felsige oder kiesbedeckte Buchten, gesäumt von Kiefern, Olivenbäumen oder niedrigem Gestrüpp. Es gibt auch ein paar schöne Sandstrände – überwiegend auf den Inseln –, aber dort ist das Wasser oft extrem flach, sodass man ewig laufen muss, bis man zumindest einmal bis zu den Knien im Wasser steht. Nicht zuletzt auch aus diesem Grund ziehen die meisten Leute hier die felsigen Buchten zum Baden vor.

Besonders beeindruckend an der gesamten Küste ist die Farbe des absolut kristallklaren Wassers – manchmal schimmert es fast unnatürlich blau oder grün. Derzeit gibt es 97 mit der Blauen Flagge (ein Indikator für gute Wasserqualität und Umweltschutz) bewertete Strände, der Großteil davon befindet sich in Istrien (43) und in der Kvarner Bucht (27).

Wer baden will, sollte auf Seeigel achten, die es hier an der ganzen Küste gibt. Die spitzen Stacheln sind schmerzhaft und können sich in der Haut verhaken und sogar Infektionen verursachen. Am besten besorgt man sich ein paar Schwimmsandalen, die man problemlos an mit Seeigeln befallenen Stränden bekommt.

In Kroatien gibt's auch jede Menge FKK-Strände, vielerorts samt Campingplatz. Einfach nach dem entsprechenden Schild Ausschau halten, und Wasserschuhe nicht vergessen!

SCHNORCHELN & TAUCHEN

Wer sich etwas Gutes tun will, packt am besten auch die Tauchmaske und den Schnorchel mit ein. Das klare, warme Wasser mit den vielen kleinen Fischen ist ideal zum Tauchen und Schnorcheln. Echte Tauchfans finden jede Menge geeignete Stellen: zahllose Schiffwracks (aus der Zeit von der Antike bis hin zum Zweiten Weltkrieg), Unterwassersteilwände und Höhlen. Beliebte Tauchstellen sind u. a. das Wrack der *Taranto* nahe Dubrovnik, das Margarita-Riff vor der Insel Susak, das Wrack der *Rosa* vor Rab und die Gewässer und um die Inseln Brač, Vis, Dugi Otok und Lošinj.

1. Brela (S. 242) 2. Vis (S. 261) 3. Pag (S. 188)

2

3

(*Fortsetzung von S. 245*)

mit Infotafeln versehen, die den kulturellen und historischen Kontext erklären. Der Zlatni Rat liegt 2 km westlich der Stadt, dazwischen befinden sich die Strände Borak und Potočine. Dahinter liegen Hotelanlagen, u. a. die Hotels Borak, Elaphusa und Bretanide.

Sehenswertes

Zlatni Rat — STRAND

Die meisten Leute kommen wegen dem Zlatni Rat. Sie wollen hier Sonne tanken und/oder windsurfen. Der Strand ragt westlich der Stadt etwa 500 m sichel- oder zungenförmig ins Meer. Er ist wunderschön und besteht aus glatten weißen Kieselsteinen. Die Form der Landspitze ändert sich je nach Wind und Wellen. Pinien spenden Schatten und im Hintergrund ragen felsige Klippen steil empor. Landschaftlich ist dies sicherlich einer der schönsten Orte in Dalmatien.

Hierher führt die mit Marmor gepflasterte, von subtropischen Gärten gesäumte Uferpromenade. In der Hochsaison ist es hier übrigens sehr überlaufen.

Galerija Branislav Dešković — GALERIE

(Eintritt 10 Kn; Di–So 10–12 & 18–22 Uhr) Die Galerie ist in einem Stadthaus mit barocken und Renaissance-Elementen direkt am Meer untergebracht und zeigt insgesamt etwa 300 Gemälde und Skulpturen kroatischer Künstler des 20. Jhs. Eine tolle Beschäftigung für einen bewölkten Tag.

Drachenhöhle — HÖHLE

Die Drachenhöhle kann zu Fuß besichtigt werden. Ungewöhnliche Reliefs, die ein fantasievoller Mönch im 15. Jh. angefertigt haben soll, zieren ihre Wände. Gemeißelte Engel, Tiere und ein Drache mit offenem Maul präsentieren sich als bunte Mischung christlicher und kroatisch-heidnischer Symbole.

Zur Höhle läuft man zunächst 6 km ins westlich gelegene Dorf Murvica und von dort weitere 3 km bis zum Eingang. Die Höhle kann nur innerhalb einer Führung, die vorher angemeldet werden muss, besichtigt werden. Den Guide (er hat den Schlüssel) erreicht man über die Touristeninformation. Die Fahrt von Murvica bis zur Höhle kostet 50 Kn; die Teilnehmerzahl muss mindestens vier Personen betragen.

Aktivitäten

Bol ist zweifellos das Zentrum der **Windsurfer** in Kroatien: Am meisten los ist am Strand von Potočine im Westen der Stadt. Obwohl der *maestral* (starker, stetiger Westwind) von April bis Oktober weht, ist die beste Zeit zum Windsurfen Ende Mai und Anfang Juni sowie Ende Juli und Anfang August. Die Windstärke ist am frühen Nachmittag am stärksten und lässt am Ende des Tages ziemlich nach.

Wer gern wandert, kann die zweistündige Tour auf den **Vidova Gora** (778 m), den höchsten Gipfel der Gegend, angehen. Es führen auch Wege für Mountainbiker nach oben. Weitere Infos und eine einfache Karte gibt es in der Touristeninformation.

Big Blue — WINDSURFEN

(021-635 614; www.big-blue-sport.hr) Big Blue ist ein großer Veranstalter, der Windsurfbretter (290 Kn/halber Tag) vermietet und Anfängerkurse anbietet (990 Kn). Hier gibt es auch Mountainbikes (Std./Tag 40/120 Kn) und Kayaks (50/180 Kn). Die drei Filialen befinden sich in dem Laden neben der Touristeninformation am Meer, am Strand von Borak und beim Bretanide Hotel.

Big Blue — TAUCHEN

(021-306 222; www.big-blue-diving.hr; Hotel Borak, Zlatni Rat; Tauchgang ab 200 Kn, mit Equipment 300 Kn) Noch ein Veranstalter namens Big Blue. Hier werden Tauchgänge zu Korallenbänken in 40 m Tiefe und zu einer großen Höhle angeboten. Wracks stehen nicht auf dem Programm. In der Hauptsaison fahren die Boote regelmäßig raus.

Nautic Center Bol Stall — BOOTSVERLEIH, WASSERSPORT

(021-635 367; www.nautic-center-bol.com; Potočine-Strand; Tag ab 400 Kn) Boote mieten kann man beim Nautic Center Bol an einem Stand gegenüber vom Bretanide Hotel (tagsüber). Abends zieht der Stand an den Hafen um, wo mehr Kunden zu erwarten sind. Im Angebot sind viele Wassersportaktivitäten wie Wakeboarding, Jetskifahren, Wasserskilaufen, Tuberiding und Parasailing.

Tennis Centre Potočine — TENNIS

(021-635 222; Zlatni Rat; 100 Kn/Std.) Im Tennis Centre Potočine an der Straße nach Murvica gibt's Profi-Sandplätze. Schläger und Bälle kann man ausleihen.

Feste & Events

Sommerfestival von Bol — MUSIK, TANZ

(Juni–Sept.) Das Sommerfestival von Bol findet jedes Jahr von Mitte Juni bis Ende September statt. Tänzer und Musiker aus dem ganzen Land treten in Kirchen und unter freiem Himmel auf.

Kulturfestival von Imena KULTUR
(⏲ Juni) Bei dem jährlichen Event Ende Juni geben Schriftsteller, Künstler und Musiker ihr Können ein paar Tage lang auf Ausstellungen, Lesungen, Konzerten und Happenings zum Besten.

Gedenktag für Unsere Liebe Frau vom Berg Karmel BRAUCHTUM
(⏲ Aug.) Die Schutzpatronin von Bol ist Unsere Liebe Frau vom Berg Karmel. An ihrem Festtag (5. Aug.) findet eine Prozession statt, bei der die Einheimischen traditionelle Trachten tragen. Das Ereignis wird auf den Straßen mit Musik und Essen gefeiert.

Schlafen

Die Zahl der kleineren Hotels ist gering, dafür gibt es mehrere große Ferienanlagen. Diese passen sich jedoch erstaunlich gut der Landschaft an. Ein paar Hotels sind All-inclusive-Anlagen. Die Buchungen für die meisten Häuser laufen über **Blue Sun Hotels** (www.bluesunhotels.com).

Reisebüros vermitteln Privatunterkünfte mit eigenem Bad für etwa 150–200 Kn pro Pers. Kleine Apartments für zwei Personen kosten in der Hochsaison etwa 350 bis 400 Kn, es stehen aber auch andere Größen zur Auswahl.

Die Campingplätze in Bol sind klein und gemütlich. Westlich der Stadt (in der Nähe der großen Hotels) liegt das gepflegte **Camp Kito** (☎ 021-635 551; www.camping-brac.com; Bračke Ceste bb; 60/22 Kn pro Erw./Zelt; ⏲ Mitte April–Mitte Sept.; P WLAN) vor einer malerischen Kulisse.

Funky Donkey HOSTEL €
(☎ 021-635 026; www.brachostels.net; Domovinskog Rata 62; B 150–170 Kn, DZ 380 Kn; ⏲ Mai–Sept.; P @ WLAN) Bols beste Budgetunterkunft, ein Ableger von Supetars Funky Donkey, ist 1,5 km von Zlatni Rat und 750 m vom Zentrum entfernt. Es gibt vier Schlafsäle und drei Doppelzimmer sowie drei Küchen und einen Grillplatz.

Hotel Kaštil HOTEL €€
(☎ 021-635 995; www.kastil.hr; Frane Radića 1; EZ/DZ 540/800 Kn; P ❄ WLAN) Alle 32 mit Teppichboden ausgelegten Zimmer in diesem in einem alten barocken Stadthaus untergebrachten Hotel in zentraler Lage bieten Meerblick. Das Dekor ist spärlich, aber schön anzusehen. Einige der Zimmer können mit einem Balkon punkten. Es gibt auch eine herrliche Restaurantterrasse, auf der Hotelgäste einen Preisnachlass von 10 % auf ihre Mahlzeiten bekommen.

Villa Giardino PENSION €€€
(☎ 021-635 900; www.bol.hr/online/VillaGiardino.htm; Novi Put 2; EZ/DZ 635/850 Kn; P ❄ WLAN) Hinter einem eisernen Tor liegt ein üppiger Garten, an dessen Ende diese elegante weiße Villa steht. Die zehn geschmackvoll restaurierten Zimmer sind mit Antiquitäten eingerichtet. Manche blicken auf den Garten, andere aufs Meer hinaus. Eine Oase der Ruhe mit einem versteckten Garten an der Rückseite. Nur gegen Barzahlung.

Hotel Bol HOTEL €€€
(☎ 021-635 660; www.hotel-bol.com; Hrvatskih domobrana 19; EZ/DZ 963/1482 Kn; P ❄ WLAN Pool) Das moderne Boutiquehotel ist nur ein paar Gehminuten vom Zentrum entfernt, zum Meer sind es 400 m. Die meisten Zimmer haben einen Balkon mit Meerblick. Nobles Dekor mit dalmatischen Highlights wie z. B. eine Skulptur aus Olivenholz und künstlerisch gestaltete Fotos mit Fischerbooten. Ein angenehmes Plus ist der kostenlose Shuttle zum Strand Zlatni Rat.

Hotel Borak HOTEL €€€
(☎ 021-306 202; www.brachotelborak.com; Zlatni Rat; EZ/DZ 820/1100 Kn; P ❄ @ WLAN Pool) Unweit vom Zlatni Rat und dem Sportangebot steht dieses aufgrund seiner Größe und der Architektur im Stile des Sozialismus wenig anheimelnde Hotel. Doch nach dem Windsurfen, Mountainbiken, Kajakfahren oder Schwimmen kann man sich hier dann doch recht gut erholen …

Elaphusa HOTEL €€€
(☎ 021-306 200; www.hotelelaphusabrac.com; Put Zlatnog Rata bb; EZ/DZ 1024/1815 Kn; P ❄ @ WLAN Pool) Im riesigen, glitzernden 4-Sterne-Hotel Elaphusa fühlt sich der Gast wie auf einem Kreuzfahrtschiff. Alles ist makellos und ist durch Glaswände unterteilt. Es gibt Salzwasserpools, schicke Zimmer und jede nur denkbare Annehmlichkeit, darunter auch ein Wellnesszentrum. Perfekt für alle, die den (wenn auch etwas seelenlosen) Luxus lieben.

Essen

Bols Restaurantszene ist ganz passabel, wenn auch nicht gerade aufregend: Viel frischer Fisch und Meeresfrüchte, manchmal sogar kreativ zubereitet.

NICHT VERSÄUMEN

TOP FIVE: STRÄNDE IN MITTELDALMATIEN

- **Zlatni Rat** (S. 250) Die berühmte Landzunge, die in beinahe allen Reisebroschüren über Kroatien abgebildet ist.
- **Brela** Ein Streifen palmengesäumter Buchten mit schönen, runden Kieselsteinen.
- **Pakleni-Inseln** Felsinseln in der Nähe von Hvar mit FKK-Buchten.
- **Šolta** Ruhige Felsbuchten, nicht weit vom geschäftigen Split.
- **Stiniva** Umwerfender, abgelegener Kiesstrand auf der Insel Vis, von hohen Felsen eingerahmt.

★ **Konoba Mali Raj** DALMATISCH €
(Iza Loze 5; Hauptgerichte ab 50 Kn; ⏲12–24 Uhr) Ein hübsches kleines Fleckchen abseits der Touristenpfade, oberhalb vom Parkplatz des Zlatni Rat. Diese Open-Air-Taverne besticht durch einen schattigen Garten mit viel Schnickschnack, in dem sich köstliche Gerichte genießen lassen, beispielsweise Seeanemonen-Risotto, Meeresfrüchte-Spieße oder Seeteufel in Champagnersauce. Nur Barzahlung.

Taverna Riva DALMATISCH €€
(☎021-635 236; Frane Radića 5; Hauptgerichte ab 70 Kn; ⏲11–24 Uhr) In diese Taverne mit Terrasse oberhalb der Riva gehen die Einheimischen, wenn sie etwas Leckeres essen wollen. Wer abenteuerlustig ist, kann das *vitalac* (am Spieß zubereitete, in Lammfleisch gehüllte Lamminnereien) probieren oder das unter der *peka* (kuppelförmiger Kochtopf) zubereitete, köstliche Lamm bzw. den Oktopus vorbestellen.

Ribarska Kućica SEAFOOD €€
(☎021-635 033; Ante Starčevića bb; Hauptgerichte ab 70 Kn; ⏲9–1 Uhr) In diesem Restaurant am Meer gibt's Langusten zuhauf. Auf der Terrasse oder unter Strohschirmen an einem kleinen Kiesstrand kommen lecker zubereitete Meeresfrüchte auf den Tisch.

Terasa Ciccio DALMATISCH €€
(Divulje bay; Hauptgerichte ab 80 Kn; ⏲11–20 Uhr) Lockere Taverne mit Terrasse am Rand eines felsigen Strands außerhalb von Bol und abseits des Trubels. Aus der Küche kommen hauptsächlich frische Fischgerichte. Hin kommt man mit dem restauranteigenen Boot oder von Bol über die Küstenstraße in Richtung Murvica. Nachdem man in eine Schotterstraße abgebogen ist, kommt bald darauf ein Schild auf der linken Seite.

Konoba Dalmatino DALMATISCH €€
(Frane Radića 14; Hauptgerichte ab 65 Kn; ⏲12–24 Uhr) Diese Taverne mit ihrer Dekoration aus poliertem Holz, alten Fotos und diversem Krimskrams bietet schlichtes, aber gutes Essen. Die Meeresfrüchte und das Fleisch werden einfach, aber sehr schmackhaft zubereitet.

Ausgehen & Nachtleben

Varadero COCKTAILBAR
(Frane Radića bb; ⏲Mai–Nov.) In dieser Open-Air-Cocktailbar am Meer trinkt man tagsüber Kaffee und frischgepressten Orangensaft unter Strohschirmen. Am Abend dagegen sitzt man auf Korbsofas und schlürft fantastische Cocktails bei DJ-Musik.

Marinero CAFÉ-BAR
(Rudina 46) Vom Strand führt eine Treppe (dem Schild folgen) zu dieser kultigen Bar samt schattiger Terrasse auf einem Platz. Hier trifft sich eine gemischte, partylustige Meute, an manchen Abenden gibt's auch Livemusik.

Praktische Informationen

In der Stadt findet man mehrere Geldautomaten und am Hafen viele Wechselstuben. Die meisten Cafés haben WLAN, und in der ganzen Stadt gibt's mehrere Hotspots (gratis).

Adria Bol (☎021-635 966; www.adria-bol.hr; Bračka cesta 10) Gute Info-Quelle am Ortseingang. Tagesausflüge, Transfers, Wohnungen, Boots- und Autoverleih – sehr zuverlässiger, guter Service.

Bol Tours (☎021-635 693; www.boltours.com; Vladimira Nazora 18) Organisiert Exkursionen, vermietet Autos, wechselt Geld und vermittelt Privatunterkünfte.

Interactiv (☎091 572 5855; Rudina 6; 30 Kn/Std.; ⏲Mai–Okt.) Ein Dutzend schnelle Computer und Telefonzentrum.

More (☎021-642 050; www.more-bol.com; Vladimira Nazora 28) Privatunterkünfte, Motorrollerverleih, Inseltouren und Exkursionen.

Touristeninformation (☎021-635 638; www.bol.hr; Porat Bolskih Pomoraca bb; ⏲Juli & Aug. 8.30–22 Uhr, Mai–Juni & Sept.–Okt. Mo–Sa 8.30–14 & 16–21 Uhr) In einem gotischen Stadthaus aus dem 15. Jh. Hier bekommt man viele Infos über Veranstaltungen im Ort und jede Menge Broschüren.

HVAR (INSEL)

11 080 EW.

Hvar vereint die meisten Superlative Kroatiens auf sich: die luxuriöseste Insel, der sonnigste Platz des Landes (2724 Sonnenstunden im Jahr) und – zusammen mit Dubrovnik – das beliebteste Urlaubsziel Kroatiens. Der Hauptort der Insel, der ebenfalls den Namen Hvar trägt, definiert sich durch Luxushotels, elegante Restaurants, Szenebars und schicke Leute von den Segeljachten. Die Küstenstädte Stari Grad und Jelsa sind die kulturellen und historischen Mittelpunkte der Insel, dort geht es ruhiger und gepflegter zu.

Die Insel ist bekannt für die lilafarbenen Lavendelfelder, die im Inneren gedeihen, außerdem wachsen hier mediterrane Pflanzen wie Rosmarin und Zistrose. Einige der Top-Luxushotels verwenden Hautpflegeprodukte, die aus diesen wunderbar duftenden Pflanzen gewonnen werden.

Das Innere der Insel mit seinen alten verlassenen Dörfchen, hoch aufragenden Gipfeln und grünen Landschaften ist vom Tourismus weitgehend unberührt und lohnt einen Tagesausflug, ebenso wie die Südspitze mit einigen der schönsten und abgelegensten Buchten Hvars.

An- & Weiterreise

Die Jadrolinija-Autofähre fährt im Sommer 6-mal täglich von Split nach Stari Grad (47 Kn, 2 Std.). Jadrolinija steuert außerdem mit drei bis fünf Katamaranen täglich den Ort Hvar (55–70 Kn, 1 Std.) an, zwei fahren nach Jelsa (40 Kn, 1½ Std.). **Krilo** (www.krilo.hr), das schnelle Passagierboot, pendelt im Sommer zweimal pro Tag zwischen Split und Hvar Stadt (70 Kn, 1 Std.) hin und her. Tickets gibt's bei Pelegrini Tours (S. 260) in Hvar.

Es fahren mindestens zehn Autofähren (in der Nebensaison weniger) von Drvenik auf dem Festland nach Sućuraj (16 Kn, 35 Min.) an der Spitze der Insel Hvar. Das **Jadrolinija-Büro** (☎ 021-741 132; www.jadrolinija.hr) befindet sich neben dem Anleger in Stari Grad.

Im Sommer bestehen auch Verbindungen nach Italien. Pro Woche (Sa & So abends) schippern zwei Jadrolinija-Fähren von Stari Grad nach Ancona in Italien. Auch Blue Line fährt im August und im September von Hvar (Ort) nach Ancona. Die jeweiligen Tickets sind bei Pelegrini Tours erhältlich.

In Hvar (Ort) gibt es eine **garderoba** (Gepäckaufbewahrung; 20 Kn/Std.; ⏲ 24 Std.) neben den öffentlichen Toiletten bei der Bushaltestelle.

Unterwegs vor Ort

Die Busse von Stari Grad zum Ort Hvar (27 Kn, 20 Min.) und nach Jelsa (33 Kn, 40 Min.) fahren in Abstimmung mit den meisten Fähren. Im Sommer verkehren zehn Busse täglich zwischen Stari Grad und Hvar (Ort). Sonntags und in der Nebensaison sind allerdings weniger Busse unterwegs. Ein Taxi nach Hvar (Ort) kostet ca. 275 Kn. **Radio Taxi Tihi** (☎ 098 338 824) hat günstigere Tarife, wenn sich mehrere Fahrgäste einen der Minivans teilen. Die Taxis sind leicht zu erkennen, denn an einer Seite ist ein Bild von Hvar zu sehen.

Wer von Stari Grad nach Hvar (Ort) fährt, sollte wissen, dass es zwei Straßen dorthin gibt: Die landschaftlich schönere Strecke führt über eine schmale, kurvige Straße durch die Berge im Inselinneren. Wer die direktere Strecke, d. h. die moderne Straße (2960) nimmt, ist in Nullkommanichts am Ziel.

Hvar (Ort)

3770 EW.

Hvar ist die Drehschreibe der Insel und der wohl meistbesuchte Ort: Um die 20 000 Leute zieht es in der Hauptsaison jeden Tag hierher. Es überrascht immer wieder, dass sie alle in diese kleine Stadt an der Bucht passen, wo die Stadtmauern aus dem 13. Jh. wunderschön verzierte gotische Paläste und autofreie Marmorstraßen umschließen. Aber es klappt. Besucher schlendern den Hauptplatz entlang, erkunden die Sehenswürdigkeiten in den gepflasterte Straßen, gehen an den vielen Stränden schwimmen oder verschwinden zwecks FKK hinüber auf die Pakleni-Inseln. Aber die Hauptbeschäftigung ist es, nachts auszugehen.

Es gibt hier einige gute Restaurants und ein paar ausgezeichnete Hotels. Da die Stadt eine Vorliebe für eine gut betuchte Klientel hat, sind die Preise teilweise arg übertrieben. Wer auf kleinerem Fuß lebt, sollte sich jedoch nicht abschrecken lassen: Es gibt Privatunterkünfte und ein paar Hostels, die sich an eine jüngere, bunt gemischte Kundschaft wenden.

Sehenswertes

Die Hauptstraße ist eine lange Strandpromenade, die von kleinen Felsstränden, Sehenswürdigkeiten, Hotels, Bars und ein paar Restaurants gesäumt wird. Der Hauptplatz heißt Trg Svetog Stjepana und die Bushaltestelle ist nur wenige Gehminuten entfernt. An den Nordhängen oberhalb des Platzes, innerhalb der alten Befestigungsmauern, stehen

Hvar (Ort)

die Reste einiger Paläste, die früher einmal der Aristokratie von Hvar gehörten. Der Ort ist von der Bushaltestelle bis zum Hafen für den Autoverkehr gesperrt, so kann man die Ruhe nachempfinden, die hier im Mittelalter geherrscht hat. Hvar ist ein kleiner, übersichtlicher Ort, in dem es erst seit kurzem Straßennamen gibt, die aber niemand verwendet.

St.-Stephan-Platz — PLATZ

(Trg Svetog Stjepana) Das Zentrum wird von dem rechteckigen Platz gebildet, für den extra ein Meeresarm, der damals von der Bucht in die Insel hineinragte, aufgefüllt wurde. Mit seinen 4500 m^2 ist er einer der größten alten Plätze Dalmatiens. Die Stadt entwickelte sich im 13. Jh. zunächst nördlich des Platzes, erst im 15. Jh. dehnte sie sich auch nach Süden aus. Der **Brunnen** an der Nordseite wurde 1520 errichtet, sein schmiedeeisernes Gitter stammt aus dem Jahr 1780.

Franziskanerkloster & Museum — KLOSTER

(Eintritt 25 Kn; ⏲ Mo–Sa 9–13 & 17–19 Uhr) Von dem aus dem 15. Jh. stammenden Kloster blickt man auf eine schattige Bucht. Der elegante **Glockenturm** aus dem 16. Jh. wur-

Hvar (Ort)

Sehenswertes
1 Arsenal B3
2 Benediktinerkloster C2
Bischofsschatz .... (siehe 3)
3 St.-Stephan-Kathedrale C3
4 Fortica B1
Renaissancetheater .... (siehe 1)
5 St.-Stephan-Platz C3

Schlafen
6 Helvetia Hostel B4
7 Hostel Marinero A2
8 Hotel Adriana A3
9 Hotel Riva B4
10 Hvar Out Hostel C3

Essen
11 Divino B5
12 Gariful B5
13 Giaxa C2
14 Konoba Luviji D3
15 Konoba Menego C2
Nonica .... (siehe 10)
16 Zlatna Školjka C2

Ausgehen & Nachtleben
17 3 Pršuta C2
18 Carpe Diem B5
19 Kiva Bar A2
20 Nautica A3

de von einer bekannten Steinmetzfamilie aus Korčula errichtet. Der **Kreuzgang** im Renaissancestil führt zu einem Refektorium mit einer Ausstellung. Dort werden Spitzenarbeiten, Münzen, Seekarten und wertvolle Dokumente, z. B. eine Ausgabe des *Atlas* von Ptolemäus (1524), präsentiert.

Unübersehbar ist das Gemälde *Das letzte Abendmahl* des venezianischen Künstlers Matteo Ingoli: Es wurde im 16. Jh. gemalt und ist 8 m lang und 2,5 m hoch. Die Zypresse im **Garten des Kreuzgangs** soll über 300 Jahre alt sein. Die benachbarte **Kirche unserer lieben Frau der Nächstenliebe** enthält weitere beeindruckende Gemälde. Hierzu gehören die drei Polyptychen von Francesco da Santacroce (1583), die den Höhepunkt seiner Schaffenskraft dokumentieren.

Fortica — FESTUNG

(Eintritt 25 Kn; ⏲ 9–21 Uhr) Durch ein Gewirr winziger Gassen nordwestlich des Stephansplatzes und durch einen Park geht es hinauf zur Zitadelle, die an der Stelle einer mittelalterlichen Burg errichtet wurde, um die Stadt gegen die Türken zu verteidigen. Die Venezianer verstärkten die Festung 1557, die Österreicher renovierten sSt.ie im 19. Jh. und fügten Kasernen hinzu. Im Inneren befindet sich eine kleine Sammlung antiker Amphoren, die aus dem Meer geborgen wurden. Der Blick über den Hafen ist grandios. Außerdem gibt es dort oben ein nettes Café.

Arsenal — HISTORISCHES GEBÄUDE

(Trg Svetog Stjepana) Auf der Südseite des St. Stephanplatzes steht das Arsenal. Es ersetzte 1611 ein von den Türken zerstörtes Gebäude. Venezianische Dokumente erwähnen es als „das schönste und praktischste Bauwerk in Dalmatien", denn es wurde als Werkstatt für die Reparatur und Bestückung von Kriegsgaleeren verwendet.

Renaissancetheater — HISTORISCHES GEBÄUDE

(Trg Svetog Stjepana; Eintritt 15 Kn; ⏲ 8–14 & 15–21 Uhr) Das im Jahr 1612 erbaute Theater ist angeblich das erste Theater Europas, das Volk und Adel gleichermaßen offenstand. Im Lauf der Jahrhunderte etablierte es sich als kulturelles Zentrum der Region. Noch bis ins Jahr 2008 fanden hier Aufführungen statt. Obwohl viele Teile des Gebäudes noch renoviert werden, kann man in den atmosphärisch dichten Räumen herumschlendern und die verblassten Fresken und barocken Loggien bewundern.

St.-Stephan-Kathedrale — KATHEDRALE

(Katedrala Svetog Stjepana; Trg Svetog Stjepana; Eintritt 10 Kn; ⏲ 9–13 & 17–21 Uhr) Die Kathedrale beherrscht in eindrucksvoller Manier den Platz. Die vier Stockwerke des Glockenturms sind mit zunehmender Höhe immer reicher verziert. Sie wurde im 16. und 17. Jh. in der Blütezeit der dalmatischen Renaissance erbaut. Vorher stand hier eine Kathedrale, die von den Türken zerstört wurde. Teile des älteren Baus sind noch im Hauptschiff und im geschnitzten Chorgestühl aus dem 15. Jh. erkennbar.

Bischofsschatz — MUSEUM

(Riznica; Eintritt 10 Kn; ⏲ Mo–Fr 9–12 & 17–19, Sa 9–12 Uhr) Die an die St.-Stephan-Kathedrale angrenzende Schatzkammer birgt silberne Gefäße, bestickte Messgewänder, zahlreiche Madonnen, eine Reihe von Ikonen aus dem 13. Jh. und einen reich verzierten Sarkophag.

Benediktinerkloster KLOSTER
(Eintritt 10 Kn; ⏲Mo–Sa 9–12 & 17–19 Uhr) Das Kloster nordwestlich des St.-Stephan-Platzes beherbergt eine Sammlung von Stickereien, die von den Nonnen in mühevoller Handarbeit aus getrockneten Agavenblättern hergestellt wurden.

Aktivitäten

In der Stadt gibt es mehrere Tauchcenter, u.a. das **Marinesa Dive Centre** (☎091 515 7229) und **Diving Centre Viking** (☎091 568 9443; www.viking-diving.com). Beide bieten PADI-zertifizierte Kurse sowie Tauchgänge an (ab 250 Kn, bis zu 500 Kn für eine Tagestour mit zwei Tauchgängen).

Bei **Navigare** (☎021-718 721; www.renthvar.com; Trg Svetog Stjepana) kann man für 200–250 Kn pro Tag Motorroller mieten. Es werden auch Autos (ab 450 Kn/Tag) und Boote vermietet (ab 400 Kn/Tag).

Neben den Hotels Amfora und Dalmacija gibt es Badebuchten. Die Sunčani Hvar Hotels betreuen den schicken Strand **Bonj Les Bains** mit seinen Luxusliegestühlen (für 2 Stühle 650 Kn/Tag) und den steinernen Strandhütten, in denen man sich eine Open-Air-Massage gönnen kann.

Der Bootsausflug zur **Mekićevica**-Bucht im Süden der Insel (40 Kn, 20 Min.) ist recht beliebt. Dort wartet das tolle Strandrestaurant **Robinson** (www.robinson-hvar.hr) auf Gäste. Taxiboote fahren auch nach **Milna** (50 Kn; 30 Min.). Ebenfalls im Süden liegen die wunderbaren Strände von Zaraće, Dubovica, Lušišće und Sveta Nedelja/Ivan Dolac.

Wer aktiv werden will und z.B. segeln (halber Tag 420 Kn), Seekajak fahren (halber Tag 350 Kn), Rad fahren (halber Tag 500 Kn) oder wandern und klettern möchte, wendet sich an **Hvar Adventure** (☎021-717 813; www.hvar-adventure.com; Obala bb).

Rund um Hvar-Stadt gibt es 120 km an Wanderwegen und 96 km markierte Radwege. Karten verkaufen die Reiseagenturen und die Tisak-Läden.

Geführte Touren

Secret Hvar GEFÜHRTE TOUREN
(☎021-717 615; www.secrethvar.com) Unbedingt empfehlenswert ist eine Off-Road-Tour mit Secret Hvar (600 Kn, inkl. Mittagessen in einer traditionellen Taverne) zu verborgenen Schönheiten im Inneren der Insel: verlassene Dörfer, idyllische Schluchten, uralte Steinhütten, endlose Lavendelfelder und Sveti Nikola (626 m), der höchste Berg der Insel. Es werden auch Weintouren (550 Kn mit Snacks und Verkostung) und Inseltouren (450 Kn) organisiert.

Feste & Events

Hvars **Sommerfestival** (Ende Juni–Anfang Sept.) bietet klassische Konzerte im Franziskanerkloster. Das **Lavendelfest** mit Ausstellungen, Konzerten, Weinproben und einer Lavendelmesse findet jedes Jahr am letzten Juniwochenende in dem Dörfchen Velo Grablje statt

Schlafen

Da Hvar als eines der beliebtesten Adriaziele gilt, ist die Auswahl an preisgünstigen Unterkünften verhältnismäßig klein. Die meisten Hotels auf Hvar stehen unter der Leitung von **Sunčani Hvar Hotels** (www.sunčanihvar.com). Viele davon wurden von Grund auf renoviert.

Zimmer sind im Juli und August Mangelware, auch wenn viele Häuser um- oder neu gebaut worden sind, um der Urlauberflut Herr zu werden. Die Reisebüros können bei der Zimmersuche helfen. Wer ohne Reservierung anreist, kann auf die Privatzimmer hoffen, die am Fähranleger von Frauen angeboten werden (in der Stadt hängen viele *sobe*-, d.h. „Zimmer frei"-Schilder). Wichtig: Wer am Hafen ein Zimmer oder Apartment mietet, sollte darauf achten, dass am Haus ein blaues *sobe*-Schild hängt. Wenn nicht, ist die Vermietung nicht genehmigt – bei Problemen genießt man als Gast dann keinerlei rechtlichen Schutz. Auch die Visitenkarte des Vermieters kann durchaus hilfreich sein: Im Gewirr der namenlosen Altstadtstraßen hat sich schon mancher verlaufen. Die Preise sollten im Zentrum nicht höher als 150–300 Kn pro Person und Zimmer (mit eigenem Bad) liegen. Außerhalb der Hauptsaison lassen sich auch günstigere Preise aushandeln.

Private Ferienwohnungen gibt es auf Hvar sehr viele. Hier einige brauchbare und preisgünstige Apartments: **Apartments Ukić** (www.hvar-apartments-center.com), **Apartments Komazin** (www.croatia-hvar-apartments.com), **Apartments Ivanović** (www.ivanovic-hvar.com) und **Apartments Bracanović** (www.hvar-jagoda.com).

Helvetia Hostel HOSTEL €
(☎091 34 55 556; hajduk.hvar@gmail.com; Grge Novaka 6; B/DZ 230KN/500 Kn; ❄📶) Das von einem netten Insulaner in dem alten Stein-

haus seiner Familie betriebene Hostel direkt hinter der Riva hat drei Schlafsäle und zwei Doppelzimmer. Das Highlight ist die riesige Dachterrasse, auf der die Gäste die Seele baumeln lassen und den Blick über die Hvar-Bucht und die Pakleni-Inseln genießen können.

Hostel Marinero HOSTEL €
(☎091 174 1601; Put Sv Marka 7; B 240–320 Kn; ❄📶) Das Hostel mit seinen sechs Schlafsälen punktet mit seiner Lage direkt am Meer. Die Schlafsäle sind einfach, aber sauber. Es gibt zwar keine Gemeinschaftsküche, dafür aber ein Restaurant im Erdgeschoss, in dem man es sich gemütlich machen kann. Mit dem Hostel-Armband bekommt man in einigen Geschäften einen Nachlass und andere Vorteile. Da die Kiva Bar direkt nebenan ist, kann es hier laut werden.

Hvar Out Hostel HOSTEL €
(☎021-717 375; hvarouthostel@gmail.com; Burak 23; B 250–320 Kn; ❄@📶) Das Hostel – es gehört den gleichen Besitzern wie das Split Hostel Booze & Snooze – liegt nur ein paar Schritte vom Hafen entfernt im Gewirr der Altstadtgassen. Es gibt sieben gut ausgestattete Schlafsäle, eine kleine Gemeinschaftsküche und eine Dachterrasse. Am besten vorab über Hostelworld oder Hostelbookers reservieren, man kann aber auch einfach so dort auftauchen.

Villa Skansi HOSTEL €
(☎021-741 426; hostelvillaskansi1@gmail.com; Lučica bb; B 150–200 Kn, DZ 400–500 Kn; ❄@📶) Das beliebte Hostel ist vom Strand nur ein paar Schritte entfernt (bergauf). Es hat supersaubere Schlafsäle und Doppelzimmer, schicke Bäder, eine große Terrasse mit Meerblick, eine Bar und einen Grillplatz. Außerdem steht den Gästen ein Büchertausch, ein Wäscheservice sowie ein Motorroller, Boots- und Fahrradverleih zur Verfügung. Es werden auch feuchtfröhliche Bootsausflüge angeboten. Die Besitzer sind freundlich.

Luka's Lodge HOSTEL €
(☎021-742 118; www.lukalodgehvar.hostel.com; Šime Buzolića Tome 75; B 150–190 Kn, DZ 350–400 Kn; ❄@📶) Luka, der nette Betreiber, kümmert sich rührend um die Gäste seines gemütlichen Hostels, das man von der Stadt aus in fünf Gehminuten erreicht. Alle Zimmer haben Kühlschrank, einige auch einen Balkon. Es gibt einen Aufenthaltsraum, zwei Terrassen, eine Küche und einen Wäscheservice. Auf Wunsch holt Luka seine Gäste auch an der Fähre ab.

Green Lizard HOSTEL €
(☎021-742 560; www.greenlizard.hr; Domovinskog Rata 13; B/DZ 200/460 Kn; ⏲April–Okt.; @📶) Die freundliche, fröhliche Budgetunterkunft ist nur paar Schritte vom Fähranleger entfernt. Die Schlafsäle sind einfach und sauber. Es gibt eine Gemeinschaftsküche und Wäscheservice und auch ein paar Doppelzimmer (mit Privat- oder Gemeinschaftsbad).

Camping Vira CAMPING €
(☎021-717 776; www.campingcroatiahvar.com; Stellplatz pro Erw./Platz 60/172 Kn; ⏲Mai–Mitte Okt.; P@📶) Der Vier-Sterne-Campingplatz an einer wunderschönen, waldigen Bucht 4 km vor der Stadt gehört zu den besten Dalmatiens. Es gibt einen grandiosen Strand, ein nettes Café, ein Restaurant und einen Volleyballplatz. Die Einrichtungen sind gepflegt und von guter Qualität. Hier kann man auch ein Zelt leihen.

Hotel Croatia HOTEL €€€
(☎021-742 400; www.hotelcroatia.net; Majerovica bb; EZ/DZ 962/1283 Kn; P❄@📶) Das mittelgroße Haus aus den 1930er-Jahren steht inmitten eines wunderschön friedlichen, weitläufigen Gartens. Die einfachen, altmodischen Zimmer sind in den Farbtönen gelb, orange und lavendel gehalten. Viele (besonders die teuren) Zimmer haben einen Balkon mit Blick auf den Garten und das Meer. Eine Sauna ist auch vorhanden.

Hotel Adriana HOTEL €€€
(☎021-750 200; www.suncanihvar.com; Fabrika 28; EZ/DZ 3032/3131 Kn; ❄@📶🏊) Die hellen, eleganten Zimmer dieses luxuriösen Spa-Hotels blicken alle aufs Meer und die mittelalterliche Stadt. Zu den Annehmlichkeiten gehören das Sensori Spa, ein traumhafter Pool und eine Bar auf der Dachterrasse, ein edles Restaurant, 24-Stunden-Zimmerservice und mehr.

Hotel Riva HOTEL €€€
(☎021-750 100; www.suncanihvar.com; Riva 27; EZ/DZ 1884/1968 Kn; ❄@) Das 100 Jahre alte Luxushotel gehört zu den Veteranen der hiesigen Hotelszene. Die 54 relativ kleinen, in Schwarz, Rot und Weiß gehaltenen Zimmer sind mit Schwarz-Weiß-Postern von Filmstars geschmückt. Glaswände trennen Schlafzimmer und Bad. Am größten sind die Zimmer 115 und 215. Die Lage direkt am

NICHT VERSÄUMEN

PAKLENI-INSELN

Die meisten Besucher von Hvar (Ort) steuern auch die Pakleni-Inseln an (Pakleni Otoci), deren Name – „Hölleninseln"– sich von dem kroatischen Wort *paklina* ableitet, der Bezeichnung für das Harz, das einst Boote und Schiffe bedeckte. Diese wunderbare Inselkette aus 21 waldbewachsenen Inseln verzaubert durch kristallklares Wasser, versteckte Buchten und einsame Lagunen. Taxiboote fahren in der Hochsaison regelmäßig von der Anlegestelle am Arsenal zu den Inseln **Jerolim** und **Stipanska** (40 Kn; 10–15 Min.), die bei FKK-Anhängern sehr beliebt sind (kein FKK-Zwang). Die Boote fahren weiter nach **Ždrilca** und **Mlini** (40 Kn) und zur noch abgelegeneren Insel **Palmižana** (60 Kn), mit ihrem Kiesstrand und dem **Meneghello** (www.palmizana.hr), einer wunderschönen Villa mit üppigem subtropischem Garten. Die kunstliebende Familie Meneghello nutzt das Anwesen mit seinen zwei hervorragenden Restaurants und der Galerie auch für musikalische Darbietungen. Palmižana beherbergt darüber hinaus die zwei Top-Restaurants Toto und Laganini.

Hafen ist perfekt, um den Jachten beim An- und Ablegen zuzuschauen.

Aparthotel Pharia HOTEL €€€
(☎021-778 080; www.orvas-hotels.com; Put Podstina 1; EZ/DZ/Apt. 532/1254/1292 Kn; P ❄ 📶) Von dem glanzvollen Komplex in einem ruhigen Viertel westlich des Zentrums hinter dem Hotel Croatia sind es nur 50 m zum Meer. Alle Zimmer und Apartments haben einen Balkon, manche davon mit Meerblick. Zum Hotel gehören vier Villen für acht Personen, jeweils mit Pool. Auch Fahrräder kann man hier mieten.

Hotel Podstine HOTEL €€€
(☎021-740 400; www.podstine.com; Put Podstina 11; EZ/DZ 1460/1700 Kn; P ❄ @ 📶 🏊) Nur 2 km südwestlich des Zentrums, an der versteckten Podstine-Bucht, liegt dieses fröhliche, familiengeführte Hotel mit Privatstrand, Spa und Wellnesszentrum. Ein regelmäßiger Shuttle Service verbindet Hotel und Stadt. Oder man mietet sich ein Fahrrad, einen Motorroller oder gleich ein Motorboot. Die preiswerteren Räume haben keinen Meerblick.

Essen

Hvars Gastronomie ist gut und recht facettenreich, allerdings ist es wie bei den Hotels: Die Restaurants zielen oft auf eher betuchte Gäste ab. Unbedingt probieren sollte man *hvarska gregada*; der traditionelle Fischeintopf wird in vielen Restaurants serviert und muss meist vorbestellt werden. Viele Restaurants sind zwischen Mittag- und Abendessen geschlossen.

Selbstversorger können im Supermarkt neben dem Busbahnhof einkaufen; Frisches gibt's auf dem Gemüsemarkt nebenan.

Nonica GEBÄCKSTÜCKE, KUCHEN €
(☎021-718 041; Burak 23; ⏲Mo–Sa 8–14 & 17–23, So 8–14 Uhr) In diesem kleinen Ladencafé direkt hinter dem Arsenal bekommt man die besten Kuchen der Stadt. Empfehlenswert sind auch die traditionellen Gebäckstücke wie *rafioli* und *forski koloc* sowie die Nonica-Tarte mit Mousse au Chocolat und Orangenschale.

Konoba Menego DALMATISCH €
(☎021 742 036; www.menego.hr; Kroz Grodu 26; Hauptgerichte ab 60 Kn; ⏲11.30–14 & 17.30–24 Uhr) Einfach und authentisch ist das Motto des rustikalen Lokals am Treppenaufgang zur Fortica – so gibt es keinen Grill, keine Pizza und keine Coca-Cola. Die Einrichtung besteht aus Hvarer Antiquitäten, die Bedienung trägt traditionelle Kleidung und der Service ist gut. Mariniertes Fleisch, Käse und Gemüse werden auf traditionelle dalmatische Art zubereitet.

Konoba Luviji DALMATINISCH €
(☎091 519 8444; Jurja Novaka 6; Hauptgerichte ab 50 Kn; ⏲19–1 Uhr) Das Essen aus dem Holzofen ist einfach und ohne Firlefanz. Es schmeckt lecker, aber die Portionen sind relativ klein. Im Untergeschoss befindet sich die *konoba*, in der Tapas à la Dalmatien serviert werden. Das Restaurant oben hat eine kleine Terrasse mit Blick auf Altstadt und Hafen.

Zlatna Školjka MEDITERRAN €€
(☎098 16 88 797; Petra Hektorovića 8; Hauptgerichte ab 90 Kn; ⏲12–15 & 19–23 Uhr) In der schmalen Gasse mit den vielen Restaurants ist dieses Slow-Food-Lokal schon etwas Besonderes, denn hier zaubert der einheimische Starkoch wahrhaft Kreatives. Das

Restaurant mit steinernem Interieur und Terrasse hinten ist in Familienbesitz. Zu den innovativen Gerichten gehören Tintenfisch in einer Sauce aus Wildorangen und ein unschlagbarer *gregada* (Fischeintopf) mit Hummer, Meeresschnecken und dem Fang des Tages – natürlich alles immer erstklassig und frisch.

Gariful SEAFOOD €€

(021-742 999; www.hvar-gariful.hr; Riva; Hauptgerichte ab 95 Kn; 12–23 Uhr) Hier treffen sich die Promis von den schicken Jachten, die gegenüber im Hafen dümpeln. Sie werden angelockt von einigen der besten Fisch- und Seafoodgerichten auf Hvar. Die Preise entsprechen der Klientel.

Giaxa SEAFOOD €€

(021-741 073; www.giaxa.com; Petra Hektorovića 3; Hauptgerichte ab 90 Kn; 12–24 Uhr) Das Top-Restaurant in einem Palazzo aus dem 15. Jh. ist *der* Ort in Hvar. Hinter dem Haus befindet sich ein hübscher Garten. Das Essen schmeckt hervorragend – die meisten Gäste stürzen sich allerdings auf den Hummer.

Divino MEDITERRAN €€€

(021-717 541; www.divino.com.hr; Put Križa 1; Hauptgerichte ab 130 Kn; 10–1 Uhr) Die Traumlage und die beste Weinkarte der Insel sind wohl Grund genug, in diesem edlen Restaurant die Reisekasse zu plündern. Wer sich noch die innovativ zubereiteten Gerichte (wie Lammkarree mit Pistazienkruste) und einen atemberaubenden Blick auf die Pakleni-Inseln dazudenkt, hat das perfekte Rezept für einen ganz besonderen Abend. Eine Alternative wären Snacks und ein Glas Wein zum Sonnenuntergang auf der grandiosen Terrasse. Unbedingt reservieren.

Ausgehen & Nachtleben

In Hvar (Ort) und vor allem rund um den Hafen soll es das beste Nachtleben an der Adriaküste geben. Das Partyvolk lässt es hier richtig krachen. Sobald es dunkel wird, geht es rund.

★ **Falko** STRANDBAR

(Mitte Mai–Mitte Sept. 8–21 Uhr) Nach einem 3 km langen Marsch vom Zentrum erreicht man diese reizende Oase inmitten eines Kiefernwaldes oberhalb des Strands. Die unprätentiöse Bar ist eine tolle Alternative zu den schicken Locations in Zentrumsnähe. In einer Hütte werden leckere Sandwiches und Salate sowie hausgemachter Limoncello und *rakija* serviert. Lässiges, künstlerisch angehauchtes Flair, Hängematten und viele Einheimische.

Carpe Diem LOUNGEBAR

(www.carpe-diem-hvar.com; Riva; 9–2 Uhr) Das Carpe Diem ist die Mutter aller Clubs an der kroatischen Küste. Dieser schicke Schuppen ist immer gut besucht – sei es nun zum Katerfrühstück oder zum teuren nächtlichen Cocktail. Einheimische DJs legen sanfte House-Musik auf, die Getränkekarte ist lang und die Kundschaft glamourös.

Carpe Diem Beach STRANDCLUB

(www.carpe-diem-beach.com; 10–19 & 24–6 Uhr) Dieser Club auf der Insel Stipanska ist die heißeste Partylocation (Juni–Sept.). Tagsüber vergnügt man sich am Strand, im Restaurant, im Spa, nachts wird gefeiert (100 Kn für die Überfahrt, die Höhe des Eintritts hängt davon ab, welcher DJ gerade auflegt).

3 Pršuta WEINBAR

(Petra Hektorovića bb; 18–2 Uhr) Eine schlichte kleine Weinbar in einer Gasse hinter dem Hauptplatz. Wenn man es sich auf einer Couch gemütlich gemacht hat, fühlt man sich schnell wie im Wohnzimmer eines Einheimischen. Hier kann man einige der besten Weine der Insel probieren und dazu dalmatische Snacks genießen.

Hula-Hula STRANDBAR

(www.hulahulahvar.com; 9–23 Uhr) *Der* Ort schlechthin, um bei Techno und House den Sonnenuntergang zu genießen. Zu den berühmten Après-Beach-Partys (16–21 Uhr) im Hula-Hula scheint sich die gesamte trendbewusste Jugend von Hvar zum Sundowner zu treffen.

Kiva Bar BAR

(www.kivabarhvar.com; Fabrika bb; 21–2 Uhr) Die angesagte Bar in einer Gasse hinter der Riva ist fast jeden Abend rappelvoll. Der DJ heizt mit Pop- und Rockklassikern ein.

Nautica BAR

(Fabrika bb; 17–2 Uhr) Dieser Bar im Discostil mit den neuesten Cocktails und nonstop Dance Music – von Techno bis Hip-Hop – muss man beim nächtlichen Zug um die Häuser einfach einen Besuch abstatten.

Shoppen

Lavendel, Lavendel und noch mehr Lavendel – in kleinen Flaschen, großen Flaschen,

Flakons oder Wäschesäckchen. Je nach Jahreszeit reihen sich entlang des Hafens bis zu 50 Lavendelstände aneinander. Die Luft ist dann geschwängert vom Duft der Blüten. Verschiedene Pflanzenöle, Tinkturen, Hautcremes und Salben werden ebenfalls angeboten.

Praktische Informationen

Atlas Hvar (021-741 911; www.atlas-croatia.com) Das Reisebüro an der Westseite des Hafens vermittelt Privatunterkünfte, vermietet Fahrräder und Boote und organisiert Ausflüge nach Vis, Bol und Dubrovnik.

Klinik (021-741 280; Trg Svetog Stjepana 16) Das ca. 700 m vom Zentrum entfernte Krankenhaus ist bei Notfällen die erste Anlaufstelle.

Del Primi (091 583 7864; www.delprimi-hvar.com; Burak 23) Reisebüro, das sich auf die Vermittlung von Privatunterkünften spezialisiert hat. Vermietet auch Jetski.

Fontana Tours (021-742 133; www.happyhvar.com; Riva 18) Vermittelt Privatunterkünfte, organisiert Exkursionen, bucht Taxiboote rund um die Insel und organisiert Mietwagen. Vermietet außerdem ein romantisches, abgelegenes Zwei-Personen-Apartment auf Palmižana (600 Kn/Nacht).

Luka Rent (Riva 24; 10 Kn/Std.; 9a–21 Uhr) Internetcafé und Telefonzentrum auf der Riva.

Pelegrini Tours (021-742 743; www.pelegrini-hvar.hr; Riva bb) Privatunterkünfte, Tickets für die Blue-Line-Boote nach Italien, Ausflüge (beliebt sind die Tagestouren zu den Pakleni-Inseln) sowie Fahrrad-, Motorroller- und Bootsverleih.

Post (Riva 19; Mo–Sa 7–20 Uhr) Hier kann man telefonieren.

Touristeninformation (021-741 059; www.tzhvar.hr; Trg Svetog Stjepana 42; Juli & Aug. 8–14 & 15–21 Uhr, Juni & Sept Mo–Sa 8–14 & 15–21, So 8–12 Uhr) Direkt am Trg Svetog Stjepana.

Stari Grad

2685 EW

In Stari Grad (wörtlich: Altstadt) an der Nordküste der Insel geht es weitaus ruhiger, kultivierter und deutlich alkoholärmer zu als im schicken, mondänen Schwesterort. Wem der Sinn nicht nach pulsierendem Nachtleben und Tausenden von Besuchern steht, die sich in der Hauptsaison durch die Straßen von Hvar (Ort) zwängen, sollte sich nach Stari Grad begeben und dann die Insel an einem etwas gemütlicheren Ort genießen.

Die meisten Fähren, die die Insel mit dem Festland verbinden, geben Stari Grad als Fährhafen an, tatsächlich liegt die Stadt ein paar Kilometer nordöstlich des neuen Fähranlegers. Stari Grad erstreckt sich an einer hufeisenförmigen Bucht; die Altstadt befindet sich auf der südlichen Seite. Der Busbahnhof (ohne Gepäckaufbewahrung) liegt am Anfang der Bucht. Die Nordseite nehmen Wohnhäuser, ein kleiner, lichter Pinienwald und die weitläufige Hotelanlage Helios ein.

Sehenswertes

Tvrdalj FESTUNG

(Trg Tvrdalj; Eintritt 20 Kn; 10–13 & 18–20 Uhr) Tvrdalj ist Petar Hektorovićs befestigte Burg aus dem 16. Jh. Der lauschige Fischteich spiegelt die Liebe des Dichters zu Fischen und Anglern wider. Sein Gedicht *Angeln und Anglergespräche* (1555) ist eine Hommage an seine Lieblingsbeschäftigung. In der Burg sind Zitate aus seinen Werken in Lateinisch und Kroatisch an die Wände geschrieben.

Dominikanerkloster KLOSTER

(Dominikanski Samostan; Eintritt 20 Kn; 10–13 & 18–20 Uhr) Dieses alte Dominikanerkloster wurde 1482 gegründet, 1571 von den Türken zerstört und später mit einem Turm versehen. Neben der Bibliothek und archäologischen Funden im Klostermuseum lohnt noch der Blick in die Kirche aus dem 19. Jh.: Sie wartet mit dem Bild *Die Grablegung Christi* auf, das Tintoretto zugeschrieben wird, sowie mit zwei Gemälden von Gianbattista Crespi.

Schlafen & Essen

Hvar Touristik (717 580; www.hvar-touristik.com; Šiberija 31) ist eine der Agenturen, die Privatunterkünfte vermittelt, z. B. Doppelzimmer mit Bad im Juli und August für 300 bis 500 Kn.

Hostel Sunce HOSTEL €

(091 27 07 986; www.hostelsunce.freshcreator.com; Don Mihovila Pavlinovića 2; B 130 Kn;) Stari Grads einziges Hostel hat eine tolle Lage in der Altstadt. Es bietet eine Reihe von einfachen, aber hübschen Zimmern, vom Einzelzimmer bis zum Schlafsaal. Es gibt eine Gemeinschaftsküche und ein Esszimmer sowie einen Fahrradverleih. Und auch der Strand ist nur 1 km weg.

Kamp Jurjevac CAMPING €

(021-765 843; www.heliosfaros.hr; Njiva bb; Erw./Zelt 33/33 Kn; Juni–Sept.) In der Nähe von

Badebuchten, abseits des Hafens, direkt östlich der Altstadt.

Helios HOTEL €€
(☎021-765 866; www.heliosfaros.hr; Ⓟ) Der große, eher seelenlose Komplex prägt den Nordteil der Stadt. Er umfasst das Drei-Sterne-Hotel **Lavanda** (☎021-306 330; Zi. 520 Kn) und das Zwei-Sterne-Hotel **Arkada** (☎021-306 306; EZ/DZ 495/740 Kn) sowie **Studio Helios** (☎021-765 019; Apt. ab 400 Kn) und **Trim Apartments** (☎021-765 019; 4-Pers.-Apt. 600 Kn).

Antika DALMATISCH €
(Donja Kola 24; Hauptgerichte ab 45 Kn; ⏲12–1 Uhr) Das Antika gehört zu Hvars schönsten Restaurants und Bars. Die drei verschiedenen Bereiche verteilen sich auf ein altes klappriges Stadthaus, Tische auf der Straße und eine Terrasse im Obergeschoss mit Bar. Hier kann man einen wunderbaren Abend verbringen.

Eremitaž DALMATISCH €
(Put Rudine 2; Hauptgerichte ab 50 Kn; ⏲12–15 & 18–24 Uhr) Von der Stadt spaziert man 1 km am Meer entlang und schon steht man vor dieser Klause aus dem 15. Jh. Das herausragende Restaurant serviert gut zubereitete dalmatische Gerichte und kreative Speisen in einem schönen Interieur mit Steinmauern und auf einer Terrasse am Meer.

Shoppen

Stari Grad hat eine kleine, aber wachsende Kunstgalerieszene in der Altstadt.

Little Horse & Baby Beuys GESCHENKE
(www.littlehorseandbabybeuys.com; Moria Gallery, Vagonj 1; ⏲19–23 Uhr) Supercoole Klamotten für Kinder (und Erwachsene) sowie Schuhe und Gemälde von den beiden Schwestern, die den je nach Saison geöffneten Pop-Up-Store betreiben.

Fantazam SCHMUCK
(www.fantazam.com; Ivana Gundulića 6; ⏲11–15 & 17–1 Uhr) Bizarrer, atemberaubender Schmuck.

Maya Con Dios KUNST
(Škvor 5; ⏲20–22 Uhr) Gemälde mit Meeresmotiven.

Praktische Informationen

Touristeninformation (☎021-765 763; www.stari-grad-faros.hr; Dr. Franje Tuđmana 1; ⏲Mo–Sa 8–14 & 15–21, So 9–13 & 17–21 Uhr) Hier sind gute Landkarten der Gegend erhältlich.

Jelsa

1600 EW.

Jelsa ist eine kleine Stadt, ein Hafen und ein Ferienort in einem. Der Ort liegt 27 km östlich von Hvar inmitten von dichten Kiefernwäldern und hohen Pappeln. Und obwohl es hier keine Renaissancebauten wie in Hvar gibt, so haben die kleinen Straßen und Plätze doch auch ihren Charme. Außerdem sind Badebuchten und Sandstrände nicht allzu weit entfernt.

Jelsa zieht sich entlang einer Bucht mit mehreren großen Hotels auf beiden Seiten. Die Altstadt liegt direkt am Hafen.

Zu den angebotenen Aktivitäten gehören u.a. Tauchtrips und Bootsausflüge. Details über die besten Strände in der Gegend, Privatunterkünfte (ca. 150 Kn/Pers.) und Hotels erfährt man in der hiesigen **Touristeninformation** (☎021-761 017; www.tzjelsa.hr; Riva bb; ⏲Juli & Aug. Mo–Sa 8–14 & 15–22, So 10–12 & 19–21 Uhr, Mai–Jun & Sept.–Okt. Mo–Sa 8–14 & 15–21 Uhr). Sehr beliebt ist die **Konoba Nono** (Hauptgerichte ab 80 Kn; ⏲18–24 Uhr), eine nette Taverne in Familienbesitz, in der traditionelle Inselkost auf den Tisch kommt. Lohnenswert ist auch ein Besuch im **Me & Mrs. Jones** (Mala Banda bb; Hauptgerichte ab 64 Kn; ⏲Juni–Juli & Sept.–Okt. 12–24 Uhr, Aug. 17–24 Uhr) am Hafen. In dem traditionellen Speiseraum mit viel Holz, Steinen und einigen Retro-Akzenten kommen kreative dalmatische Gerichte auf den Tisch.

VIS (INSEL)

3430 EW

Von allen kroatischen Inseln ist Vis die rätselhafteste – sogar für die Einheimischen. Sie liegt weiter vom Festland entfernt als die anderen Hauptinseln Mitteldalmatiens und war über einen längeren Zeitraum Stützpunkt der ehemaligen jugoslawischen Armee. Deshalb durfte sie ab den 1960er-Jahren bis 1989 von ausländischen Besuchern und Zivilisten nicht betreten werden. Diese Isolierung bewahrte die Insel vor ihrer Erschließung und trieb viele Bewohner dazu, auf der Suche nach Arbeit wegzuziehen. Lange Jahre lebten deshalb extrem wenige Leute auf der Insel. Aber wie bei vielen anderen verarmten Inseln im Mittelmeerraum, kehrte sich der einstige Nachteil (hier in Form von fehlender Entwicklung) in einen Vorteil um: Sowohl ausländische als auch einheimische Reisende strömen heute begeistert nach Vis – auf der Suche nach Authentizität, Natur, gastronomischen Genüssen und Ruhe. Hier werden einige der bekanntesten Weine Kroatiens, speziell der *vugava* (weiß), produziert, es gibt zahllose Weinberge. Da auch die Fischerei von Bedeutung ist, mangelt es nicht an fangfrischem Fisch.

Auf Vis gibt es zwei wunderschöne kleine Orte, die jeweils an großen Buchten liegen: Vis (Ort) im Nordosten und Komiža im Südwesten. Zwischen beiden besteht eine freundschaftliche Rivalität – Vis wird aus historischen Gründen mit der adligen Oberschicht assoziiert, während Komiža stolz auf seine Fischereitradition und Piratengeschichten ist. Entlang der zerklüfteten Küstenlinie wechseln sich tolle Buchten, Höhlen und ein paar Sandstrände ab. Die antiken Zeugnisse der Inselgeschichte, die im Archäologischen Museum und rund um den Ort Vis zu sehen sind, bieten zusätzlich einen faszinierenden Einblick in den komplexen Charakter dieser winzigen Insel, die zu einem echten Geheimtipp geworden ist.

Geschichte

Erstmals wurde Vis (das antike Issa) in neolithischer Zeit besiedelt. Dann kamen die Illyrer, die sich im 1. Jh. v. Chr. auf der Insel niederließen. 390 v. Chr. entstand eine griechische Kolonie auf Issa. Von hier aus regierte der griechische Herrscher Dionysius der Ältere über seine Länder an der Adria. Die Insel wurde schließlich ein mächtiger Stadtstaat und gründete eigene Kolonien auf Korčula und bei Trogir und Stobreč. Während der Illyrischen Kriege verbündete sich Vis mit Rom. In der Folge verlor es seine Unabhängigkeit und wurde ab 47 v. Chr. Teil des Römischen Reichs. Im 10. Jh. war Vis von slawischen Stämmen besiedelt; 1420 wurde die Insel zusammen mit anderen dalmatischen Städten an Venedig verkauft. Auf der Flucht vor Piraten zog die Bevölkerung von der Küste ins Hinterland.

Mit dem Fall Venedigs 1797 kam Vis nacheinander unter die Regentschaft von Österreich, Frankreich, Großbritannien und erneut Österreich. Während des Zweiten Weltkriegs gehörte die Insel zu Italien und war ein Zankapfel unter den Großmächten, die um die Kontrolle des strategisch bedeutenden Außenpostens kämpften. Im Lauf der Zeit gehörte sie neun verschiedenen Staaten, was wohl erklärt, warum auf einer derart kleinen Insel nicht weniger als vier Dialekte gesprochen werden.

Auch für Titos Partisanen war Vis ein wichtiger Stützpunkt: Er etablierte sein Hauptquartier in einer Höhle im Berg Hum, von dort koordinierte er die militärischen und diplomatischen Aktionen mit den alliierten Streitmächten. Hier machte Tito angeblich auch seinen berühmt gewordenen Ausspruch: „Das Fremde wollen wir nicht, das Unsere geben wir nicht."

ℹ An- & Weiterreise

Vis ist am besten mit der Autofähre ab Split (50 Kn, 2 Std., 2–3-mal tgl.) oder mit einem schnellen Passagierboot (55 Kn, 1¼ Std., 1-mal tgl.) zu erreichen. Im Sommer kann man problemlos einen Tagesausflug auf die Insel unternehmen, in der Nebensaison ist dies wegen der unregelmäßigen Fahrpläne nicht möglich.

Das örtliche **Jadrolinija-Büro** (☎ 021-711 032; www.jadrolinija.hr; Šetalište Stare Isse; ⏲ Mo–Fr 8.30–19, Sa 9–12 Uhr) befindet sich in Vis (Ort). Der Schalter öffnet eine Stunde vor Abfahrt der Schiffe.

Der einzige Inselbus verbindet den Ort Vis mit Komiža. Der Bus steht bei der Ankunft der Jadrolinija-Fähren in Vis bereit. Im Juli und August klappt das gut, aber sonst muss man sich auf längere Wartezeiten einstellen.

Vis (Ort)

1660 EW.

Die antike Stadt Vis, die älteste Siedlung der Insel, liegt auf deren nordöstlichen Seite an einer breiten, hufeisenförmigen Bucht. Ein kurzer Spaziergang führt zu den Resten eines griechischen Friedhofs, eines römischen Bades und einer englischen Festung. Die Fähren, die an der Anlegestelle festmachen, bringen für kurze Zeit Leben in die ansonsten friedliche Stadt mit ihren Küstenpromenaden, baufälligen Stadthäusern aus dem 17. Jh. und engen Gassen, die sich vom Meer die Hänge aufwärts winden.

Der Ort liegt auf dem Südhang des Gradina-Hügels. Zwei Siedlungen, Luka aus dem 19. Jh. an der nordwestlichen Seite der Bucht und das mittelalterliche Kut im Südosten, sind heute zu einer Siedlung zusammengewachsen. Die Fähre legt in Luka an und eine von kleinen Stränden gesäumte Promenade führt den Hafen entlang nach Kut – ein landschaftlich sehr schöner Weg. Der belebteste Strand hier liegt im Westen des Hafens gegenüber vom Hotel Issa, dahinter stößt man auf Buchten für

FKK-Freunde und unberührte Badeplätze. Auf der anderen Seite, vorbei an Kut und dem Friedhof der britischen Marine, erstrecken sich der beliebte Strand von Grandovac, der allerdings aus kleinen Kieselsteinen besteht, und Felsstrände. Hier gibt es auch eine Strandbar (hier finden immer wieder Late-Night-Partys statt).

Sehenswertes

Archäologisches Museum MUSEUM
(Arheološki Muzej; Šetalište Viški Boj 12; Eintritt 20 Kn; Mo–Fr 9–13 & 17–21 Uhr, Sa 9–13 Uhr) Neben einer umfassenden archäologischen Ausstellung zeigt das Museum auch eine volkskundliche Sammlung, darunter Informatives über die Fischereitradition, die Weinherstellung und den Schiffsbau auf der Insel. Aber auch die jüngste Geschichte kommt nicht zu kurz. Der 2. Stock beherbergt die größte Sammlung hellenistischer Artefakte in Kroatien: griechische Töpferwaren, Schmuck und Skulpturen, u.a. den wundervollen Bronzekopf einer griechischen Göttin aus dem 4. Jh. Ein Flyer enthält Wissenswertes über die Ausstellung, die Geschichte von Vis und eine nützliche Karte der Ruinen in der Stadt.

Aktivitäten

Ein Mietwagen lohnt sich allein schon wegen der landschaftlich reizvollen Küstenstraßen mit ihren dramatischen Klippen und Haarnadelkurven – und sei es nur für einen Tag. Mountainbikes (Std./Tag 20/100 Kn) kann man bei Ionios (S. 266), Motorroller (3 Std./Tag 150/250 Kn) und Autos (6 Std./Tag 290/490 Kn) bei **Navigator** (021-717 786; www.navigator.hr; Šetalište Stare Isse 1) mieten. Achtung: Die meisten Mietwagen sind verbeulte alte Kisten, selbst die cool aussehenden Cabrios.

Rund um Vis kann man wunderbar tauchen. Fische gibt es reichlich, ganz zu schweigen vom Wrack eines italienischen Schiffs, das 1866 in einer Seeschlacht zwischen Österreich und Italien gesunken ist. **ANMA** (091 521 3944; www.anma.hr) bietet ein breit gefächertes Tauchprogramm, Tauchgänge mit einer Flasche kosten ab 220 Kn.

Touren

Eine Handvoll Agenturen in der Stadt bieten verschiedene Touren an, die sich allerdings kaum unterscheiden. Am spannendsten ist die Tour zu den **Top-Secret-Militäreinrichtungen**, die 1992 von der Jugoslawischen Volksarmee aufgegeben wurden. Dazu gehören Bunker, Waffenlager, U-Boot-„Parkplätze", Titos Höhle (in der Jugoslawiens Partisanenführer während des Zweiten Weltkriegs hauste) sowie Atomschutzbunker für Jugoslawiens Geheimdienst. Diese Einrichtungen befinden sich an einigen der schönsten Fleckchen der Insel, die erst seit kurzem der Öffentlichkeit zugänglich sind. Diese Tour (2 Std. ab 280 Kn) hat **Vis Special** (021-711 524; www.vis-special.com; Šetalište Stare Isse 10) im Programm.

Die Agenturen bieten auch Höhlenbegehungen durch die Grotten, Wanderungen, Inseltouren mit Menü und Weinprobe sowie Bootsfahrten zu den weiter entfernten Inseln mit der Blauen und der Grünen Grotte sowie weiteren Highlights.

Schlafen

In Vis (Ort) gibt es keinen Campingplatz und nur wenige Hotels. Es dürfte aber kein Problem sein, eine Privatunterkunft – entweder ein Zimmer oder ein Apartment – zu finden. Eine gute Adresse mit der längsten Liste ist www.info-vis.net. Im Sommer sollte man im Voraus reservieren, denn das Angebot ist eingeschränkt. Navigator vermittelt Privatunterkünfte. Ein Doppelzimmer mit Gemeinschaftsbad kostet ca. 250 Kn, ein Doppelzimmer mit eigenem Bad und Terrasse 380 Kn. Für Apartments muss man zwischen 380 und 500 Kn hinblättern. Die Agentur vermittelt auch 14 **Luxusvillen am Meer** (www.visvillas.com; Villa 1950–8000 Kn) für zwei bis 17 Personen.

Villa Vis PENSION €€
(098 948 7490; www.villaviscroatia.com; Jakšina 11; EZ/DZ 600/750 Kn;) Die stylishe Unterkunft in Kut bietet vier farblich unterschiedlich (grün, creme, schoko und rot) gestaltete Zimmer in einem traditionellen Stadthaus mit modernstem Interieur. Weitere Pluspunkte sind die gelegentlich stattfindenden Yogakurse und die tolle Lage in der Nähe von Stränden und Restaurants. Perfekt für Hipster, die stilvoll wohnen wollen, ohne ein Vermögen ausgeben zu müssen.

Dionis B&B €€
(021-711 963; www.dionis.hr; Matije Gubca 1; EZ/DZ 450/525 Kn;) In Küstennähe, direkt über der Pizzeria gleichen Namens, befindet sich dieses renovierte alte Steinhaus mit acht Zimmern und einem Apartment. Alle Einheiten in diesem B&B in Familienbesitz

ABSTECHER

AUF VIS BADEN & AUSGEHEN

Zwar gibt es auch rund um Vis (Ort) und Komiža **Strände**, doch die schönsten Strände der Insel erreicht man mit einem Boot oder einem Motorroller. Zu einigen muss man bergab laufen, weshalb feste Schuhe empfehlenswert sind. Die Touristeninformationen und Reiseagenturen verteilen Landkarten und sorgen zum Teil auch fürs Hinkommen.

Die unberührtesten Strände liegen im Süden der Insel. **Stiniva** ist Vis' spektakulärste Bucht. Der sehr schmale Felszugang öffnet sich zu einem Kiesstrand, der von 35 m hohen Felsen eingerahmt wird. Sehenswert sind auch **Srebrna** und **Milna**, sowie der Sandstrand **Stončica** östlich von Vis, wo es in der Taverne am Strand hervorragendes Lammfleisch vom Grill gibt. **Rukavac** ist eine weitere tolle Bucht mit entzückender kleiner Strandtaverne. Vom Strand fahren Taxiboote zur Insel Ravnik, die für ihre Grüne Grotte (50 Kn) berühmt ist, und zum Inselchen Budikovac (100 Kn, inkl. Höhlenzugang).

Für ein besonderes Slow-Food-Performance-Spektakel sollte man Senko Karuza, den berühmten Dichter, Philosoph, Bon Vivant und Koch der Insel aufsuchen. In seinem Haus über der **Mala-Travna-Bucht** kocht er ausgezeichnete Gerichte mit Fisch- und Meeresfrüchten. Vorher unter ☎ 099 352 5803 anrufen, um herauszufinden, ob er Lust auf Besuch hat. Falls ja, kann der Gast etwas ganz Besonderes erwarten.

Das Herz der Insel und die abgelegenen Buchten gelten allmählich als Gourmetparadies. Seit einigen Jahren bieten immer mehr Dorfgaststätten hausgemachte Spezialitäten, sodass sich die Anreise lohnt. Dazu gehört das **Golub** (☎ 098 96 50 327; Hauptgerichte ab 50 Kn; ⌚ 13–1 Uhr) in dem Weiler Podselje, 5 km von Vis entfernt. Zu den Spezialitäten gehören Lamm und Oktupus im *peka* (kuppelförmiges Kochgeschirr) und alle möglichen marinierten und geräucherten Fischarten, wie z. B. das Thunfischcarpaccio. Unbedingt die selbst gebrannten Grappas probieren, die es in so unterschiedlichen Geschmacksrichtungen wie Kaktus, Brennnessel, Salbei usw. gibt. Das **Konoba Pol Murvu** (☎ 091 56 71 990; Hauptgerichte ab 50 Kn; ⌚ 14–24 Uhr) in Žena Glava ist bekannt für seine unglaubliche Thunfisch-*pašticada*. **Roki's** (☎ 098 303 483; www.rokis.hr; *peka*-Gerichte ab 135 Kn/Pers.; ⌚ 14–24 Uhr) in Plisko Polje gehört einem einheimischen Winzer: Der köstliche geräucherte Aal und die *peka*-Gerichte lassen sich also wunderbar mit einem der besten *plavac* (Rotwein) oder *vugava* (Weißwein) der Insel hinunterspülen. Viele dieser Gaststätten holen ihre Gäste (oft kostenlos) ab und bringen sie anschließend auch wieder zurück. Der jüngste Zuwachs in der kulinarischen Szene der Insel ist das **Kod Magića** (☎ 091 898 4859; Komplettmenü für 230 Kn; ⌚ 17–23 Uhr), 4 km östlich von Vis (Ort). Dieser Familienbetrieb inmitten von Feldern und Weinbergen serviert hausgemachte Gerichte aus frischen Zutaten der Region zusammen mit einem sehr guten Hauswein. Unbedingt probieren: Den Eintopf aus Saubohnen mit Tintenfisch und *savur*, einer Inselspezialität aus marinierten Sardinen.

sind mit TV und Kühlschrank ausgestattet, einige haben auch einen Balkon. Das Dreibettzimmer unterm Dach verfügt über eine nette Terrasse mit Blick auf die Berge und die Stadt.

Hotel San Giorgio HOTEL €€€

(☎ 021-711 362; www.hotelsangiorgiovis.com; Petra Hektorovića 2; EZ/DZ 758/1145 Kn; P ❄ ᯤ) Das prächtige Hotel in Kut steht unter italienischer Leitung und bietet zehn schicke, farbenfrohe Zimmer und Suiten in zwei Gebäuden. Die Zimmer haben Holzfußböden, großartige Betten und jede Menge edlen Schnickschnack. Einige bieten sogar einen Whirlpool und eine Terrasse zum Meer. Das Restaurant serviert (nur abends) kreative Mittelmeerküche. Auch wer nicht im Hotel wohnt, kann hier frühstücken und an Weinproben teilnehmen (150 Kn). Wer will, kann sich auch massieren lassen.

Hotel Tamaris HOTEL €€€

(☎ 021-711 350; www.hotelsvis.com; Svetog Jurja 30; EZ/DZ 540/820 Kn; ❄ ᯤ) Das Beste an diesem reizvollen alten Gebäude am Meer – es liegt rund 100 m südöstlich der Fähranlegestelle – ist sicher die Lage. Die insgesamt 25 etwas kleinen Zimmer wirken komfortabel, haben Telefon und TV. Es lohnt sich allemal für ein Zimmer mit Meerblick pro Person 30 Kn extra zu zahlen. Auch der Aufschlag von 15 Kn für Halbpension ist durchaus eine Überlegung wert. Das Hotel Issa auf der anderen Seite der Bucht (128 Zimmer mit Balkon) steht unter derselben Leitung.

Essen

In den beiden kleinen Orten und im Innern der Insel befinden sich einige der besten Restaurants Dalmatiens. Zu den lokalen Spezialitäten zählen *viška pogača,* ein mit gesalzenem Fisch und Zwiebeln gefülltes Fladenbrot, und *viški hib,* getrocknete und geraspelte Feigen mit aromatischen Kräutern. Mehrere Restaurants auf der Insel servieren hervorragenden Thunfisch-Schinken.

Karijola PIZZA €
(Šetalište Viškog Boja 4; Pizzas ab 48 Kn; ⌚ Juli & Aug. 12–24 Uhr, Juni & Sept. 17–24 Uhr) Die Pizzeria wird von den Besitzern ihres Namensvetters in Zagreb betrieben und serviert die beste Pizza der Insel – dünn, knusprig und mit hochwertigem Belag. Spezialität des Hauses ist die Pizza Karijola mit Tomaten, Knoblauch, Mozzarella und Schinken. Aber auch die weiße Pizza ohne Sauce ist überraschend lecker.

Buffet Vis SEAFOOD €
(Svetog Jurja 35; Hauptgerichte ab 40 Kn; ⌚ Mo–Fr & So 9–15 & 18–1, Sa 18–1 Uhr) Das preiswerteste Lokal der Stadt befindet sich direkt am Fähranleger. Es ist klein und unspektakulär und hat ein paar Tische draußen. Hier gibt es keinen Schnickschnack, nur gute Stimmung, köstliches Seafood und ein ordentliches Preis-Leistungs-Verhältnis.

★ **Pojoda** SEAFOOD €€
(☎ 021-711 575; Don Cvjetka Marasovića 8; Hauptgerichte ab 70 Kn; ⌚ 12–1 Uhr) Kroatische Feinschmecker schwärmen von diesem Fischrestaurant mit seinem üppig grünen Garten voller Bambus sowie Orangen- und Zitronenbäumen. In der Küche werden Köstlichkeiten aus Fisch, Meeresfrüchten und Schalentieren gezaubert. Empfehlenswert ist *orbiko,* die Spezialität des Hauses. Sie besteht aus Orzo-Nudeln mit Erbsen und Shrimps. Abends sollte man reservieren.

Kantun DALMATISCH €€
(Biskupa Mihe Pušića 17; Hauptgerichte ab 70 Kn; ⌚ 17–24 Uhr) Auf der kleinen Speisekarte dieser Taverne am Meer stehen schmackhafte Gerichte aus erstklassigen Zutaten. In dem lauschigen Garten ranken Weinreben, in dem geschmackvoll eingerichteten Inneren sorgen Steinmauern für ein rustikales Flair und von den Tischen draußen hat man einen tollen Blick aufs Meer. Unbedingt den Thunfisch-Schinken und die Artischocken mit Erbsen probieren.

Val DALMATISCH €€
(Don Cvjetka Marasovića 1; Hauptgerichte ab 70 Kn; ⌚ 12–24 Uhr) Das Restaurant befindet sich in einem alten Steinhaus mit schattiger Terrasse und Blick aufs Meer. Die jahreszeitlich ausgerichtete Speisekarte erinnert leicht an die italienische Küche. Im Frühjahr sollte man den wilden Spargel probieren, im Winter das Wildschwein mit Pilzen und im Sommer Fisch in allen Varianten. Sehr empfehlenswert ist auch *pašta fazol* (ein dalmatischer Bohneneintopf) mit Fisch. Als Dessert bietet sich ein Stück Johannisbrotkuchen an.

Lola Konoba & Bar MEDITERRAN €€
(Matije Gupca 12; Hauptgerichte ab 90 Kn; ⌚ 18–24 Uhr) Das Lola (in Luka, nur wenige Schritte vom Fähranleger entfernt) erkennt man an einem alten Fahrrad an der Wand. Das Lokal versteckt sich in einem Gartenhof mit erlesener Einrichtung, alten Steinmauern und einem Springbrunnen von Meštrović. Der aus Vis stammende Betreiber und seine spanische Ehefrau servieren kreative Mittelmeergerichte mit spanischem Touch.

Villa Kaliopa MEDITERRAN €€€
(☎ 091 27 11 755; Vladimira Nazora 32; Hauptgerichte ab 120 Kn; ⌚ 13–16 & 17–1 Uhr) Das gehobene Restaurant befindet sich in den Gärten der Villa Gariboldi aus dem 16. Jh. und ist vor allem bei Seglern beliebt. Große Palmen, Bambus und klassische Statuen sorgen dafür, dass die täglich wechselnden dalmatischen Spezialitäten im richtigen Ambiente genossen werden. Gelegentlich finden Konzerte und Ausstellungen statt.

Ausgehen & Unterhaltung

Paradajz Lost BAR
(Pod Kulom 5; ⌚ 8–2 Uhr) In dieser Boho-Location in Vis trifft sich eine bunte Mischung aus Künstlern, Hippies und Sonderlingen, um sich in dem kühlen Steinhof im Schatten des Turms, nur wenige Schritte vom Fähranleger in Luka entfernt, zu amüsieren. Auch die benachbarte Galerie des hiesigen Kunstkollektivs, in der der spleenige Besitzer alte Platten auf einem alten Grammofon abspielt, lohnt den Besuch.

Lambik BAR
(Pod Ložu 2; ⌚ 8–2 Uhr) In Kuts bester Bar sitzt man draußen in einem zauberhaften weinberankten alten Steinsäulengang oder

an Tischen auf einem kleinen Platz, der nur ein paar Schritte vom Meer entfernt ist. An manchen Abenden treten Akustik-Bands oder Sänger auf.

Bejbi CAFÉ, BAR
(Pod Ložu 4; ⌚ 7–15 & 17–2 Uhr) Die Café-Bar in Kut ist tagsüber ideal für einen Kaffee zwischen den Strandbesuchen und abends für einen Cocktail.

Sommerkino KINO
(Tickets 20–25 Kn; ⌚ Juni–Sept.) Das Programm des auf einer Terrasse zwischen Kut und Luka stattfindenden Sommerkinos wird auf Plakaten bekanntgegeben. Dieses Kino zieht eine bunte Mischung von Einheimischen an.

Praktische Informationen

Geld wechseln kann man in der Bank, der Post oder in einem Reisebüro.

Vis verfügt über mehrere WLAN-Hotspots, darunter die Tamaris Bar im Hotel, in dem es WLAN gibt. Die Nutzung der Internetterminals kostet 40 Kn pro Stunde.

Ionios Reisebüro (☎ 021-711 532; Svetog Jurja 37 & Pod Ložu 5) Vermittelt Privatunterkünfte, wechselt Geld, vermietet Autos, Fahrräder und Motorroller, veranstaltet Touren und verkauft WLAN-Gutscheine (40 Kn/Tag).

Post (Svetog Jurja 25; ⌚ Mo–Fr 7–21, Sa bis 14 Uhr)

Touristeninformation (☎ 021-717 017; www.tz-vis.hr; Šetalište Stare Isse 5; ⌚ Juni–Sept. 8–20 Uhr, Mo–Fr 8–14 Uhr) Direkt neben dem Jadrolinija-Fähranleger.

Komiža

1519 EW.

An der Westküste, am Fuß des Berges Hum, befindet sich die hübsche kleine Stadt Komiža. Sie liegt am Ostende einer Bucht mit Sand- und Kiesstränden. Komiža hat unter den Kroaten, die das etwas unkonventionelle und unaufgeregte Ambiente der Stadt lieben, treue Fans.

Enge Seitenstraßen, gesäumt von ausgeblichenen Stadthäusern aus dem 17. und 18. Jh., schlängeln sich vom Hafen den Berg hinauf, die schon seit dem 12. Jh. von Fischern genutzt werden.

Sehenswertes & Aktivitäten

Östlich der Stadt steht auf dem Gelände eines Benediktinerklosters eine **Kirche** aus dem 17. Jh. Am Ende des Hauptkais befindet sich eine **Kaštel** genannte Renaissance-Zitadelle von 1585.

Der beliebteste, von Kiefern gesäumte **Strand** der Stadt liegt direkt unterhalb des Hotels Biševo und erstreckt sich bis zur Gospa-Gusarica-Kirche.

Darlić & Darlić verleiht Motorroller (300 Kn/Tag), Mountainbikes (100 Kn/Tag), Cabrios (350 Kn/Tag) und Quads (400 Kn/Tag).

Geführte Touren

Darlić & Darlić GEFÜHRTE TOUREN
(☎ 021-713 760; www.darlic-travel.hr; Riva Svetog Mikule 13) Wenn man von der Bushaltestelle in Richtung Stadt geht, kommt man unweit der Riva zu Darlić & Darlić, einem Veranstalter von spaßigen Sonnenuntergangstouren auf den Hum, den höchsten Punkt der Insel (2-stündige Tour, 200 Kn).

Alter Natura GEFÜHRTE TOUREN
(☎ 021-717 239; www.alternatura.hr; Hrvatskih Mučenika 2) Alter Natura hat sich auf Abenteuertouren spezialisiert, u.a. Paragliding, Trekken, Kajakfahren und Abseilen. Es werden auch Ausflüge zur Blauen Grotte, zu den Inseln Brusnik, Sveti Andrija, Jabuka, Sušac und sogar Palagruža angeboten. Zudem kann man sich zu den besten Stränden der Insel schippern lassen, z.B. nach Stiniva und Porat.

Schlafen & Essen

Darlić & Darlić vermittelt Privatunterkünfte ab 200 Kn pro Doppelzimmer.

Villa Nonna PENSION €€
(☎ 098 380 046; www.villa-nonna.com; Ribarska 50; Apt. 630–825 Kn; ❄ 📶) In diesem hübschen alten Stadthaus befinden sich sieben renovierte Apartments mit Parkettboden und Küche. Einige der Apartments haben einen Balkon oder eine Terrasse. Direkt nebenan befindet sich die Casa Nono, ein weiteres prächtiges altes Haus. Die Casa Nona hat einen schönem Garten, drei Bäder, ein Wohnzimmer mit unverputzten Steinwänden und eine komplett eingerichtete Küche. Hier können sechs bis neun Personen übernachten (1760–2400 Kn/Tag).

Hotel Biševo HOTEL €€€
(☎ 021-713 279; www.hotel-bisevo.com.hr; Ribarska 72; EZ/DZ ab 394/487 Kn; ❄ @ 📶) Die Einrichtungen sind bescheiden und das Dekor erinnert an sozialistische Zeiten, aber dafür steht dieses Hotel direkt am Meer. Man soll-

te versuchen, eins der renovierten Zimmer (mit Kühlschrank und TV) mit Balkon und Meerblick (60 Kn extra) zu bekommen.

Komiža DALMATISCH €
(Riva 17; Hauptgerichte ab 50 Kn; ⏲ 7–24 Uhr) Das unscheinbare Restaurant am Meer gibt es mitsamt seiner maritimer Deko und den Kellnern alten Schlages schon eine kleine Ewigkeit. Aus der Küche kommt einfache Hausmannskost wie gegrillte Sardinen. Der Ausblick ist großartig.

Bako SEAFOOD €€
(Gundulićeva 1; Hauptgerichte ab 90 Kn; ⏲ 15–2 Uhr) Das beste Restaurant des Ortes bietet eine Terrasse mit Blick aufs Meer und hervorragendes Essen – unbedingt den Hummer-*brodet* (Meeresfrüchteeintopf mit Polenta) oder *komiška pogača* (selbst gebackenes mit Fisch gefülltes Brot) probieren. Das coole Stein-Interieur zieren ein Fischteich sowie griechische und römische Amphoren.

Konoba Jastožera SEAFOOD €€
(☎ 021-713 859; Gundulićeva 6; Hauptgerichte ab 100 Kn; ⏲ Juli & Aug. 12–1 Uhr, Mai–Juni & Sept.–Okt. 17–1 Uhr) In dem Traditionshaus kommen Fischdelikatessen aus der Küche. Man sitzt auf Holzplanken über dem Wasser inmitten von alten Möbeln und Angelutensilien. Die Spezialität des Hauses ist Hummer, der frisch aus einem Wasserbecken kommt und nach Wunsch gegrillt, überbacken oder gekocht serviert wird (ab 900 Kn/kg). Unbedingt reservieren.

Ausgehen & Nachtleben

Die meiste Action ist an der Riva und rund um den Škor. Das ist der kleine Platz rechts, wenn man in Richtung Meer spaziert.

Wer tagsüber chillen und abends feiern will, steuert am besten den Kamenica-Strand an. Dort gibt's im Sommer den **Aquarius Club**, in dem bekannte DJs einen Mix von House bis Funk auflegen.

Praktische Informationen

Wer am Hafen entlang bis hinter das Kaštel läuft, kommt zur städtischen **Touristeninformation** (☎ 021-713 455; www.tz-komiza.hr; Riva Svetog Mikule 2; ⏲ 9–21 Uhr), bei der man aber nur recht dürftige Infos bekommt.

Darlić & Darlić verfügt über internetfähige Computer (30 Kn/Std.) und WLAN.

An- & Weiterreise

Der Bus aus Vis hält am Ortsrand bei der Post, ein paar Blocks von der Zitadelle entfernt.

Darlić & Darlić betreibt einen Taxidienst, der Kilometer kostet 12 Kn (nach Vis ca. 150 Kn).

Biševo

Auf der winzigen Insel Biševo gibt es im Prinzip nur Rebstöcke, Pinien und die spektakuläre **Blaue Grotte** (Modra Špilja). Zwischen 11 und 12 Uhr scheinen die Sonnenstrahlen durch eine Unterwasseröffnung in die Höhle und tauchen sie in ein außerirdisch wirkendes blaues Licht. Im kristallklaren blauen Wasser schimmern die Felsen bis in eine Tiefe von 16 m silbern und rosa. Der einzige Nachteil: Außerhalb der Sommermonate und wenn der *jugo* (Südwind) bläst, sind die Wellen oft zu hoch, um in die Höhle zu fahren. Während der Hauptsaison im Juli und August kann es sehr voll werden, dann stauen sich die Boote vor der Höhle. Außerhalb der Hochsaison können gute Schwimmer bei der Höhle schwimmen.

Zwischen Komiža und Biševo (30 Kn/Pers.) verkehrt täglich im Juli und August ein Boot, das um 8 Uhr ablegt und gegen 16.30 Uhr zurückfährt. Die Alternative ist ein Ausflug mit einem der Reisebüros. Oder man mietet bei einer der Agenturen ein Boot (Eintritt 40 Kn) und erkundet die Gegend auf eigene Faust. Viele Veranstalter haben auch Ausflüge zur nicht ganz so überlaufenen **Grünen Grotte** (Zelena Špilja) auf der Insel Ravnik im Programm.

Dubrovnik & Süddalmatien

Inhalt ➡

Gut essen

- ➡ Konoba Koraćeva Kuća (S. 292)
- ➡ Bugenvila (S. 290)
- ➡ Konoba Mate (S. 298)
- ➡ Restaurant 360° (S. 286)
- ➡ Atlantic Kitchen (S. 286)

Schön übernachten

- ➡ MirÓ Studio Apartments (S. 284)
- ➡ Karmen Apartments (S. 280)
- ➡ Villa Klaić (S. 284)
- ➡ Lešić Dimitri Palace (S. 302)
- ➡ Apartments Silva (S. 284)

Auf nach Dubrovnik & Süddalmatien

Dubrovnik ist einmalig! Angesichts der bezaubernden Schönheit und grandiosen Lage verschlägt es vielen Besuchern erst einmal die Sprache. Dabei ist Dubrovnik längst kein Geheimtipp mehr: Tausende von Besuchern flanieren Tag für Tag verzaubert und glücklich über die marmornen Straßen.

Die von gewaltigen Befestigungsmauern eingefasste, traumhaft schöne mittelalterliche Altstadt ist ein Höhepunkt jeder Kroatienreise. Kein Wunder also, dass sie in den letzten Jahren in der TV-Serie *Game of Thrones* immer wieder einen Gastauftritt hat. Ein Blick vom Berg Srđ und man versteht, warum die Stadt über Jahrhunderte hinweg Dichter beflügelt hat und noch immer mit Lord Byrons Worten als „Perle der Adria" bezeichnet wird.

Dubrovnik ist ein idealer Ausgangspunkt für Ausflüge in ganz Süddalmatien. Von der Insel Korčula im Nordwesten bis zu den himmlischen Ebenen von Konavle im Südosten – Region weiß Strandgänger genauso begeistern wie Weinliebhaber und Geschichtsinteressierte.

Reisezeit

Dubrovnik

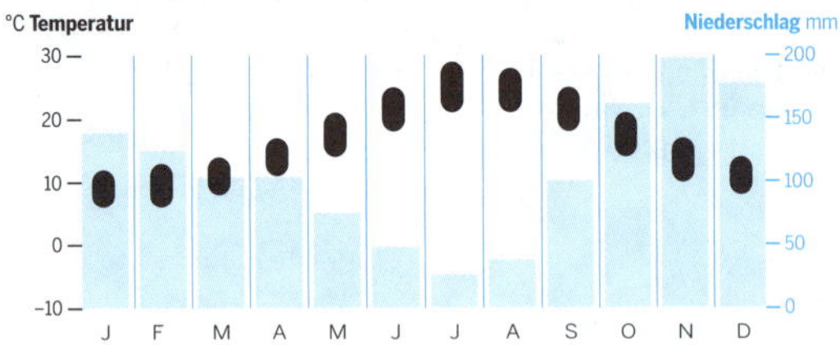

Mai & Juni Sonnige Tage ohne brütende Hitze und die im Hochsommer üblichen Menschenmassen.

Juli & Aug. Beim prestigeträchtigen Sommerfest in Dubrovnik kann man seinen Appetit auf Kultur stillen.

Sept. & Okt. Es ist noch immer warm genug zum Baden, und die Strände sind nicht überlaufen.

DUBROVNIK

28 500 EW.

Ganz gleich, ob man zum ersten oder zum hundertsten Mal in Dubrovnik ist, das Gefühl der Ehrfurcht bleibt angesichts der Schönheit der Altstadt immer gleich. Schwer vorstellbar, dass irgendjemand beim Anblick der marmornen Straßen, der barocken Gebäude und der endlos schimmernden Adria gleichgültig bleiben oder beim Bummel entlang der uralten Stadtmauer, die jahrhundertelang die weltgewandte Republik geschützt hat, unbeeindruckt sein könnte.

Die ganze Welt war entsetzt, als Dubrovnik 1991 während des Kroatienkriegs massiv beschossen wurde. Die Stadt hat sich jedoch mit ihrem charakteristischen Elan schnell wieder berappelt und verzaubert die Besucher heute wie eh und je. Man kann mit der aufpolierten Seilbahn auf den Berg Srđ hinauffahren, den mediterranen Lebensstil erkunden, das Spiel des Sonnenlichts auf den Steinen bewundern, in den mit Kunst und Artefakten gefüllten Museen den Aufstieg und Fall Dubrovniks nachspüren, sich ganz in den Spuren der Geschichte verlieren und dann ins azurblaue Meer springen.

Geschichte

Die Geschichte Dubrovniks beginnt im 7. Jh. mit einem Angriff der Slawen, der die römische Stadt Epidaurum (das heutige Cavtat) auslöschte. Die Einwohner flohen an den sichersten Ort, der sich finden ließ: Auf eine felsige Insel (Ragusa), die vom Festland durch einen schmalen Kanal getrennt war. Da weitere Invasionen drohten, mussten Stadtmauern errichtet werden. Im 9. Jh. war die Stadt bereits mit einer ausreichend starken Wehranlage versehen und konnte der Belagerung durch die Sarazenen 15 Monate lang trotzen.

Unterdessen war auf dem Festland eine weitere Siedlung entstanden, die sich von Zaton im Norden nach Cavtat im Süden erstreckte: Dubrovnik, benannt nach den *dubrava* (Steineichen), die in dieser Gegend verbreitet waren. Die beiden Siedlungen verschmolzen im 12. Jh. zu einer Stadt und der Kanal, der die Orte einst trennte, wurde aufgefüllt.

Gegen Ende des 12. Jhs. hatte sich Dubrovnik zu einem bedeutenden Handelszentrum an der Küste entwickelt und fungierte als sehr bedeutendes Bindeglied zwischen dem Mittelmeer und den Balkanstaaten. Dennoch geriet es 1205 unter die Herrschaft der Seerepublik Venedig, aus der es sich erst 1358 wieder befreien konnte.

Im 15. Jh. hatte die Respublica Ragusina (Republik Ragusa; Republik Dubrovnik) ihre Grenzen über die Stadtmauern hinweg erweitert: Der gesamte Küstenstreifen von Ston nach Cavtat fiel nun in ihr Territorium, ebenso die Insel Lastovo, die Halbinsel Pelješac und die Insel Mljet. Damit war die Republik zu einer Macht avanciert, mit der man rechnen musste. Die Stadt wandte sich dem Seehandel zu und gründete eine eigene Flotte, deren Schiffe bis nach Ägypten, Syrien, Sizilien, Spanien, Frankreich und Istanbul entsandt wurden. Aufgrund gewitzter Diplomatie unterhielt die Stadt zu allen Staaten gute Beziehungen – sogar zum Osmanischen Reich, dem Dubrovnik dann im 16. Jh. Tributzahlungen leistete.

Jahrhundertelang herrschten Frieden und Wohlstand, sodass auch Wissenschaft und Literatur blühten. Leider wurde ein Großteil der Renaissancearchitektur und Kunst 1667 durch ein Erdbeben zerstört, bei dem 5000 Menschen ums Leben kamen. Die Stadt lag in Schutt und Asche, nur der Sponza-Palast und der Rektorenpalast überdauerten die Katastrophe. Dieses Erdbeben markierte auch den beginnenden wirtschaftlichen Niedergang.

Den letzten Schlag versetzte schließlich Napoleon der Stadt, als er mit seinen Truppen 1808 in Dubrovnik einfiel und hier das Ende der Republik proklamierte. Der Wiener Kongress sprach Dubrovnik 1815 Österreich zu; die Stadt konnte ihren Status als Seehafen behalten, doch es machten sich zunehmend gesellschaftliche Probleme bemerkbar. Bis 1918 blieb Dubrovnik Teil der österreichisch-ungarischen Monarchie. Anschließend widmete es sich immer stärker dem Aufbau seiner Tourismusindustrie.

Schließlich geriet die Stadt in die Kriegswirren des ehemaligen Jugoslawiens. An die 2000 Bomben hagelten 1991 und 1992 auf Dubrovnik nieder und verursachten beträchtliche Schäden. Sämtliche Gebäude sind jedoch inzwischen restauriert worden.

Sehenswertes

Heute ist Dubrovnik die wohlhabendste, eleganteste und teuerste Stadt Kroatiens. In vielerlei Hinsicht wirkt es immer noch wie ein Stadtstaat, geografisch und historisch getrennt vom Rest des Landes. Die Stadt ist zu einem solchen Touristenmagneten

Highlights

1 Die Attraktion schlechthin: Dubrovnik von seiner **Stadtmauer** (S. 271) aus bewundern.

2 Mit der **Seilbahn** (S. 276) den Berg Srđ hinauffahren und von oben den atemberaubenden Blick auf Dubrovnik genießen.

3 Die bewegende Galerie **War Photo Limited** (S. 272) in Dubrovnik besuchen.

4 In die mittelalterliche Atmosphäre der befestigten Stadt **Korčula** (S. 299) eintauchen.

5 Bei der Erkundung der faszinierenden Insel **Lokrum** (S. 290) den Menschenmassen entfliehen.

6 Im Zentrum der **Halbinsel Pelješac** (S. 294) ein paar gute Weine probieren.

7 Inmitten der Weinregion Konavle auf der Terrasse des **Konoba Koraćeva Kuća** (S. 292) Platz nehmen und beim Sonnenuntergang die tanzenden Schatten auf den Bergen beobachten.

8 In dem faszinierenden alten Hafen von **Ston** (S. 294) genüsslich Austern schlemmen.

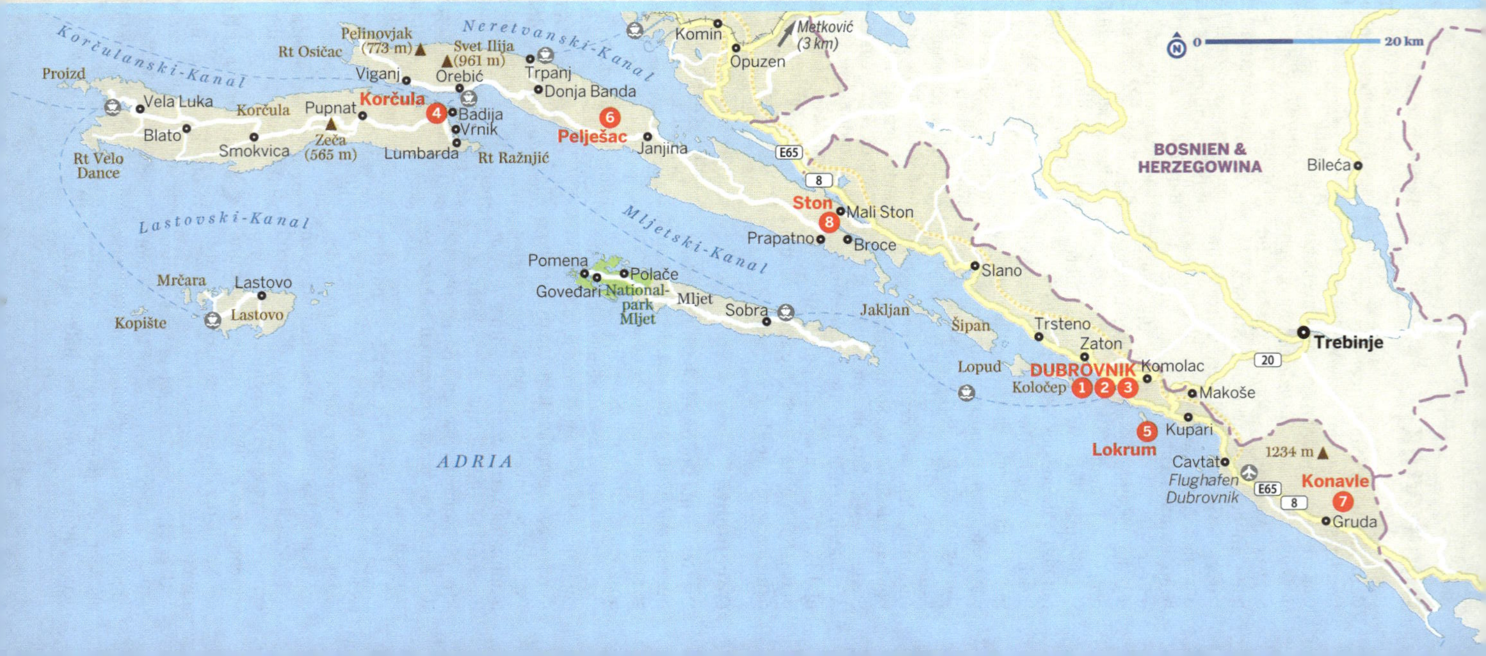

geworden, dass sogar ein Beschränkung der Besucherzahlen in der Altstadt im Gespräch ist. Und wenn mehrere Kreuzfahrtschiffe gleichzeitig ihre Passagiere von Bord gehen lassen, sind die Hauptstraßen ganz schnell vollgestopft mit Menschen.

Dubrovnik erstreckt sich von Norden nach Süden über etwa 6 km. Auf der bauchigen grünen Landspitze Lapad im Nordwesten der Stadt befinden sich die meisten der hiesigen Resorts. Alle Sehenswürdigkeiten liegen in oder in der Nähe der gänzlich autofreien Altstadt. Über der Stadt thront der Berg Srđ, durch eine Seilbahn mit Dubrovnik verbunden.

Das Pile-Tor ist der Haupteingang zur Altstadt und Endstation vieler Ortsbusse aus Lapad und vom Busbahnhof.

Pile-Tor — TOR

(Karte S. 278) Der naheliegende Ausgangspunkt für eine Stadtbesichtigung ist das wunderschöne Stadttor von 1537. Bei der Überquerung der Zugbrücke am Tor mag man vielleicht daran denken, dass sie früher jeden Abend hochgezogen, das Tor abgesperrt und der Schlüssel dem Regenten übergeben wurde. Eine Statue des hl. Blasius, des Schutzheiligen der Stadt, ziert eine Nische über dem Renaissancebogen.

Nach dem äußeren Tor folgt das innere Tor von 1460, dahinter eröffnet sich ein herrlicher Blick auf die Hauptstraße, die Placa bzw. Stradun, Dubrovniks Flaniermeile.

Onofrio-Brunnen — BRUNNEN

(Karte S. 278) Der Onofrio-Brunnen zählt zu den berühmtesten Wahrzeichen Dubrovniks. Er wurde 1438 als Endpunkt eines ausgeklügelten Wasserversorgungssystems erbaut, das das Wasser von einer 12 km entfernten Quelle in die Stadt brachte. Ursprünglich krönte eine Skulptur den Brunnen; sie wurde bei dem Erdbeben von 1667 stark beschädigt. Übrig sind nur die 16 in Stein gemeißelten Figuren, aus deren Mäulern das Wasser ins Becken spritzt.

Erlöserkapelle — KIRCHE

(Crkva Svetog Spasa; Karte S. 278; Placa) Die zwischen 1520 und 1528 erbaute Kirche ist eines der wenigen Gebäude, die das Erdbeben von 1667 überstanden haben. Sie ist manchmal für Ausstellungen und regelmäßig für Konzerte bei Kerzenlicht geöffnet.

★ Stadtmauer & Festungen — FESTUNGEN

(Gradske Zidine; Karte S. 278; Erw./Kind 100/30 Kn; ⏲ April–Okt. 9–18.30 Uhr, Nov.–März 10–15 Uhr) Kein Dubrovnik-Besuch wäre komplett ohne einen Rundgang auf der gewaltigen Stadtmauer, der die Stadt größtenteils ihren Ruhm verdankt. Sie ist eine der schönsten der Welt: Von oben ist der Blick auf die Altstadt und die schimmernde Adria schlicht fantastisch. Zudem bekommt man einen guten Eindruck vom Ausmaß der Granatwerferschäden aus den 1990er-Jahren: Alle Dächer mit hellen, neuen Terrakottaziegeln waren beschädigt oder zerstört und mussten ausgebessert werden.

Der erste Mauergürtel um die Stadt entstand im 9. Jh.; Mitte des 14. Jhs. wurde die 1,5 m dicke Mauer mit 15 viereckigen Bastionen verstärkt. Als im 15. Jh. die Gefahr von Türkenangriffen drohte, wurden die bestehenden Bastionen noch weiter verstärkt und durch neue ergänzt, sodass die gesamte Altstadt mit einer 2 km langen und bis zu 25 m hohen Wehrmauer umgeben war. Die Mauer ist auf der Landseite dicker (bis zu 6 m) als auf der Meerseite (1,5–3 m).

Der runde **Minčeta-Turm** (Karte S. 278) schützte den nördlichen Stadtrand vor einem Angriff vom Festland her, während im Westen die freistehende **Festung Lovrjenac** (Karte S. 278) Angreifer vom Land und vom Meer abwehrte. Das Pile-Tor wurde durch den **Bokar-Turm** (Karte S. 278) gesichert und die **Festung Revelin** (Karte S. 278) überwachte den östlichen Zugang zur Stadt.

Zugänge zur Stadtmauer gibt's am Pile-Tor, am Ploče-Tor und am Schifffahrtsmuseum. Die längste Schlange bildet sich in der Regel am Pile-Tor. Der Vorteil am Ploče-Tor ist, dass man den steilsten Stufen erst mal aus dem Weg geht (oben läuft man entgegen dem Uhrzeigersinn). Generell aber sollte man nicht unterschätzen, wie anstrengend der Rundgang sein kann – vor allem an heißen Tagen. Auf der Mauer hat man kaum Schutz vor der Sonne und es gibt kaum Verkäufer von Trinkwasser, das zudem noch völlig überteuert ist.

Franziskanerkloster & -museum — KLOSTER

(Muzej Franjevačkog Samostana; Karte S. 278; Placa 2; Erw./Kind 30/15 Kn; ⏲ 9–18 Uhr) Die massiven Steinmauern des Klosters beherbergen einen prächtigen Kreuzgang aus der Mitte des 14. Jhs., eine historische Apotheke und ein kleines Museum mit Reliquien und liturgischen Objekten, darunter Kelche, Gemälde, Goldschmuck und pharmazeutische Objekte wie Laborgeräte und medizinische Bücher. Die Granatsplitter, die in den 1990er-Jahren

DUBROVNIK IN…

… zwei Tagen

In zwei Tagen kann man gut die kompakte Altstadt erkunden. Los geht's am frühen Bevor es zu heiß wird, startet man Tag eins mit einem Spaziergang auf der **Stadtmauer**. Den Rest des Tages verbringt man mit einem Bummel durch die marmornen Straßen. Nach Lust und Laune schaut man auch in ein paar der Kirchen, Paläste und Museen rein. Vor dem Abendessen gönnt man sich im **Buža II** einen Sundowner.

Am nächsten Tag geht's mit der **Seilbahn** den Berg Srđ hinauf. Oben ist die **Ausstellung zum Kroatienkrieg** unbedingt einen Besuch wert. Zurück in der Altstadt macht man da weiter, wo man aufgehört hat. Wenn es zu heiß wird, geht's einfach runter zum **Strand Banje**, wo man sich mit einem Bad erfrischen kann. Den letzten Abend verbringt man bei einem ausgiebigen romantischen Essen im **Restaurant 360°**. Zum Abschluss probiert man noch ein paar hervorragende kroatische Weine im **D'vino**.

… vier Tagen

Wer zwei weitere Tage zur Verfügung hat, kann sich den Luxus erlauben, die Erkundung der Altstadt auf die Abende beschränken, wenn die Menschenmassen der Kreuzfahrtdampfer wieder an Bord zurückgekehrt sind. Den dritten Tag sollte man so planen, dass man um die Mittagszeit auf der Insel **Lokrum** ist. Am letzten Tag geht's mit einem Boot nach **Cavtat**, wo man ein paar Stunden durch die historische Stadt bummelt und sich dann ein Mittagessen im **Bugenvila** genehmigt.

die Klostermauern durchschlugen, wurden ebenfalls aufbewahrt.

Vor dem Betreten des Klosters sollte man zunächst die bemerkenswerte Pietà über dem Eingang bewundern, die von den hiesigen Bildhauern Petar und Leonard Andrijić 1498 geschaffen wurde. Leider überdauerte nur das Portal der einst reich verzierten Kirche das Erdbeben von 1667.

Der Kreuzgang gehört zu den schönsten spätromanischen Bauten in Dalmatien. Jedes Kapitell über den unglaublich filigranen Doppelsäulen ziert eine andere Figur – mal menschliche Gesichter, mal Tiere oder Blumenornamente. In der Mitte liegt ein kleiner rechteckiger Garten mit Orangenbäumen und Palmen.

Im Inneren findet man die drittälteste Apotheke Europas: Sie existiert seit 1391 und bediente wohl als erste in Europa auch das „gemeine Volk".

★ War Photo Limited — GALERIE

(Karte S. 278; ☎ 020-322 166; www.warphotoltd.com; Antuninska 6; Erw./Kind 40/30 Kn; ⏲ Juni–Sept. tgl. 10–22 Uhr, Mai & Okt. Di–So 10–16 Uhr) Der Besuch dieser Galerie wird bleibenden Eindruck hinterlassen. Sie zeigt die bewegenden Arbeiten des neuseeländischen Fotojournalisten Wade Goddard, der in den 1990er-Jahren in den Balkanländern arbeitete. Das erklärte Ziel der Fotogalerie ist es, „den Mythos des Krieges zu entlarven, … um den Menschen zu zeigen, was Krieg wirklich ist: grausam, korrupt und beängstigend, weil Unschuldige und Kämpfer gleichermaßen zu Opfern der Ungerechtigkeit werden." Im Obergeschoss gibt's eine Dauerausstellung über die Kriege in Jugoslawien, während sich die Wechselausstellungen auch anderer Konflikte annehmen.

Synagoge — SYNAGOGE

(Sinagoga; Karte S. 278; Žudioska 5; Eintritt 35 Kn; ⏲ Mai–Okt. 10–20 Uhr, Nov.–April bis 15 Uhr) Diese Synagoge aus dem 15. Jh. ist die zweitälteste (und die älteste sephardische) in den Balkanländern. Drinnen befindet sich ein Museum, in dem religiöse Objekte und Dokumente über die hiesige jüdische Bevölkerung, darunter Zeugnisse über den Holocaust, ausgestellt sind.

Sponza-Palast — PALAST

(Karte S. 278; Placa bb) Der wunderbare Palast aus dem 16. Jh. weist eine Mischung von Stilelementen der Gotik und der Renaissance auf, angefangen mit dem schönen, auf sechs Säulen ruhenden Renaissance-Portikus. Im ersten Stock sind die Fenster spätgotisch, der zweite Stock weist Fenster im Renaissance-Stil und eine Nische mit einer Statue des hl. Blasius auf. Der Sponza-Palast war ursprünglich ein Zollhaus, dann eine Münzstätte, ein Schatzhaus und schließlich eine Bank.

Heute beheimatet der Palast das **Staatsarchiv** (Državni Arhiv u Dubrovniku; Karte S. 278;

www.dad.hr; Eintritt 25 Kn; ⏲ Mo–Fr 8–15, Sa bis 13 Uhr) mit einer unbezahlbaren Sammlung von Handschriften, die bis zu 1000 Jahre alt sind. Die Ausstellung ist allerdings eher etwas für Fachleute.

Unmittelbar hinter dem Eingang zeigt der **Gedenkraum der Verteidiger Dubrovniks** (Karte S. 278; ⏲ Mo–Fr 10–22, Sa 8–13 Uhr) GRATIS ergreifende Schwarz-Weiß-Fotos der überwiegend jungen Männer, die zwischen 1991 und 1995 bei der Verteidigung ihrer Stadt ums Leben kamen.

Orlando-Säule — DENKMAL

(Karte S. 278; Luža-Platz) Der Luža-Platz war einst der Marktplatz; an der hier aufgestellten Steinsäule, die 1417 entstand und einen mittelalterlichen Ritter zeigt, wurden Erlässe, anstehende Feste und öffentliche Urteile verkündet. Die Unterarmlänge des Ritters galt in der gesamten Republik Ragusa als das offizielle Längenmaß der Dubrovniker Elle (51,1 cm). Manchmal wird auf dem Platz Volksmusik dargeboten.

St. Blasius — KIRCHE

(Crkva Svetog Vlahe; Karte S. 278; Luža-Platz) Die imposante Kirche von 1715 im schnörkelhaften Barockstil ist dem Schutzheiligen der Stadt gewidmet. Bemerkenswert sind vor allem die Marmoraltäre und die vergoldete Silberstatue des hl. Blasius aus dem 15. Jh., der in seiner Hand ein maßstabgetreues Modell der Stadt hält, wie sie vor dem Erdbeben aussah.

Rektorenpalast — PALAST

(Karte S. 278; Pred Dvorom 3; Eintritt mit Multimuseumspass, Erw./Kind 80/25 Kn; ⏲ Mai–Okt. 9–18 Uhr, Nov.–April bis 16 Uhr) Der Palast mit Elementen aus Gotik und Renaissance wurde im späten 15. Jh. für den gewählten Regenten der Republik Ragusa (Dubrovnik) erbaut und beherbergt seinen Amtssaal, seine Privatgemächer, öffentliche Säle, Verwaltungsbüros und einen Kerker. Während seiner einmonatigen Amtszeit durfte der Rektor das Gebäude nicht ohne Erlaubnis des Senats verlassen. Heute fungiert der Palast als **Kulturhistorisches Museum**; aufwendig restaurierte Säle, Porträts, Wappen und Münzen veranschaulichen die glorreiche Vergangenheit Dubrovniks.

Obwohl das Gebäude mehrmals umgebaut wurde, weist es eine verblüffende kompositorische Einheit auf. Bemerkenswert sind die fein gemeißelten Kapitelle und der kunstvolle Treppenaufgang im Atrium, das während des Sommerfests oft für Konzerte genutzt wird. Im Atrium steht auch die Statue von Miho Pracat, der sein Vermögen der Republik vermachte und als einziger einfacher Bürger während des 1000-jährigen Bestehens der Republik Ragusa mit einer Statue (1638) geehrt wurde – sicher spielte die Spende dabei auch eine Rolle.

Gundulićeva Poljana — PLATZ

(Karte S. 278) Die schmale Straße gegenüber dem Rektorenpalast führt zu diesem Platz, auf dem morgens ein quirliger Obst- und Gemüsemarkt stattfindet. Das Denkmal in der Mitte erinnert an den Dubrovniker Dichter Ivan Gundulić. Die Reliefs am Sockel zeigen Szenen aus seinem Epos *Osman*.

Galerie Dulčić Masle Pulitika — GALERIE

(Karte S. 278; www.ugdubrovnik.hr; Držićeva Poljana 1; Eintritt mit Multimuseumspass, Erw./Kind 80/25 Kn; ⏲ Di–So 9–20 Uhr) Der kleine Ableger der städtischen Kunstgalerie vereint drei Freunde über den Tod hinaus: die Dubrovniker Künstler Ivo Dulčić, Antun Masle und Đuro Pulitika, die in den 1950er- und 1960er-Jahren bekannt wurden. Die Dauerausstellung im Untergeschoss zeigt Arbeiten des Trios, im Oberstock finden Wechselausstellungen zeitgenössischer Künstler statt.

MUSEUMSPASS DUBROVNIK

Vielleicht ist es ein gerissener Plan, um die Leute auch zum Besuch einiger der kleineren Museen Dubrovniks zu bewegen, doch Fakt ist: Neun der Museen in der Stadt kann man nur dann besichtigen, wenn man sich den sogenannten Multimuseumspass (Erw./Kind 80/25 Kn) kauft; einzelne Eintrittskarten sind nicht erhältlich. Schlauerweise gehört der Rektorenpalast, eine der größten Sehenswürdigkeiten der Stadt, mit dazu.

Wer sich den Museumspass vor allem wegen des Rektorenpalasts gekauft hat und bei begrenzter Zeit trotzdem etwas für sein Geld haben will, sollte sich die übrigen Museen in folgender Reihenfolge vornehmen: Museum für moderne & zeitgenössische Kunst, Schifffahrtsmuseum, Archäologische Ausstellung Revelin, Galerie Dulčić Masle Pulitika, Naturkundemuseum, Ethnografisches Museum, Marin-Držić-Haus, Studio Pulitika.

Dubrovnik

0
1 km
A
B
C
D
E
F
G
1
2
3
4
Busbahnhof Dubrovnik
Obala Pape Ivana Pavla II
Hafen Gruž
Fähr-terminal
Obala Stjepana Radica
Jadranska Cesta
VatroslavaLisinskog
11
Riječka
Iva Dulči
LAPAD
10
Kardinala Stepinca
Nika i Meda Pucića
4
15
5
13
17
Šetalište Kralja Zvonimira
Šetalište K Tomislava
Lapadska Obala
16
Dalmatinska
Lapad-Bucht
Ispod Petke
Od Batale
Nikole Tesle
Sv Mihajla
MasarykovPut
Halbinsel Lapad
6
Andrije Hebranga
Ante Starčevića
Bana Josipa Jelača
Iva Vojnovica
Josipa Kosora
Liechtensteinov Put
14
8
Od Gaja
Gronji Kono
12
3
Vladimira Nazora
Petra Bakića
Zagrebačka
Branitelja Dubrovnika
1
Flughafen (25 km)
PILE
Gornji
PLOČE
Petra Krešimira IV
Gradac-Park
DANČE
Alter Hafen
2
18
9
7
Frana Supila
Adria
s. Karte Dubrovnik Altstadt (S. 278)

Schifffahrtsmuseum MUSEUM
(Pomorski Muzej; Karte S. 278; www.dumus.hr; Tvrđava Sv Ivana; Eintritt mit Multimuseumspass, Erw./Kind 80/25 Kn; ⌚Mai–Sept. Di–So 9–18 Uhr, Okt.–April bis 16 Uhr) Das gut präsentierte Museum in den Gewölben der Festung Sveti Ivan widmet sich mit Schiffsmodellen, maritimen Objekten und Gemälden der Schifffahrtsgeschichte Dubrovniks.

Studio Pulitika GALERIE
(Karte S. 278; www.ugdubrovnik.hr; Tvrđava Sv Ivana; Eintritt mit Multimuseumspass, Erw./Kind 80/25 Kn; ⌚9–20 Uhr) Das ehemalige Atelier von Đuro Pulitika (1922–2006) wurde größtenteils so erhalten, wie es zu Lebzeiten des Künstlers aussah. In einem Raum werden Wechselausstellungen lokaler Künstler gezeigt. Es ist nicht sonderlich gut ausgeschildert; es befindet sich in der Nähe des Eingangs zum Schifffahrtsmuseum.

Kathedrale Mariä Himmelfahrt KATHEDRALE
(Stolna Crkva Velike Gospe; Karte S. 278; Poljana M. Držića; ⌚7.30–18 Uhr) Die Kathedrale von Dubrovnik entstand an der Stelle einer Basilika aus dem 7. Jh. und wurde im 12. Jh. erweitert – angeblich mit einer Spende des englischen Königs Richard Löwenherz, der bei der nahe gelegenen Insel Lokrum Schiffbruch erlitten hatte. Nachdem sie beim Erdbeben von 1667 zerstört wurde, nahmen die Arbeiten an der neuen Kathedrale ihren Anfang, die 1713 im Barockstil 1713 fertiggestellt wurde.

Die Kathedrale ist bekannt für ihre schönen Altäre, vor allem für den Nepomuk-Altar aus violett schimmerndem Marmor. Unter den religiösen Gemälden sticht besonders das Polyptychon *Mariä Himmelfahrt* hinter dem Hauptaltar hervor, das vom Venezianer Tizian im 16. Jh. geschaffen wurde.

Um dieses besichtigen zu können, muss man jedoch eine Eintrittskarte für die **Schatzkammer** (Riznica; Eintritt 20 Kn) kaufen, die sich neben dem Hauptaltar befindet. Die in golden und silbern glitzernde Schatzkammer birgt Reliquien des hl. Blasius sowie 138 weitere Reliquienschreine, die Goldschmiede aus Dubrovnik zwischen dem 11. und 17. Jh. in ihren Werkstätten fertigten.

Naturkundemuseum MUSEUM
(Prirodoslovni Muzej; Karte S. 278; www.pmd.hr; Androvićeva 1; Eintritt mit Multimuseumspass, Erw./Kind 80/25 Kn; ⌚Mo–Sa 10–18 Uhr) Das bescheidene, kaum besuchte Museum zeigt auf vier Etagen Ausstellungen zu invasiven Fischarten und ein interessantes Arrangement von Muscheln in hängenden Plastikkugeln.

Dubrovnik

Sehenswertes
1 Museum im Fort Imperial G3
2 Museum für moderne & zeitgenössische Kunst G4

Aktivitäten, Kurse & Touren
Blue Planet Diving .... (siehe 6)

Schlafen
3 Apartments & Rooms Biličić F3
4 Apartments Silva C2
5 Begović Boarding House C2
6 Dubrovnik Palace B2
7 Grand Villa Argentina G4
8 Hotel Bellevue E3
9 Hotel Excelsior G4
10 Royal Princess Hotel A1
11 Solitudo C1
12 Villa Klaić F3
13 Villa Wolff C2
14 Jugendherberge Dubrovnik E3

Essen
15 Atlantic Kitchen C2
16 Blidinje D2

Ausgehen & Nachtleben
17 Cave Bar More B2
18 EastWest G4

St. Ignatius KIRCHE
(Crkva Svetog Ignacija; Karte S. 278; Uz Jezuite) Die am Ende eines breiten Treppenaufgangs thronende Jesuitenkirche wurde im selben Stil wie die Kathedrale von Dubrovnik erbaut und 1725 fertiggestellt. Die Fresken im Inneren zeigen Szenen aus dem Leben des hl. Ignatius, des Begründers des Jesuitenordens. An die Kirche grenzt das Jesuitenkolleg.

Ethnografisches Museum MUSEUM
(Etnografski Muzej; Karte S. 278; www.dumus.hr; Od Rupa; Eintritt mit Multimuseumspass, Erw./Kind 80/25 Kn; ⌚Mi–Mo 9–16 Uhr) Das ethnografische Museum ist in einem alten Kornspeicher aus dem 16. Jh. untergebracht und zeigt eine mäßig interessante Ausstellung zu Landwirtschaft und lokalen Bräuchen.

Marin-Držić-Haus MUSEUM
(Dom Marina Držića; Karte S. 278; www.muzej-marindrzic.eu; Široka 7; Eintritt mit Multimuseumspass, Erw./Kind 80/25 Kn; ⌚Di–So 9–20.30 Uhr) Das kleine Museum im Haus von Marin Držić (1508–1567), dem berühmten Dubrovniker Schriftsteller und Priester, ist recht

INSIDERWISSEN

GAME OF THRONES

Für die meisten Leute ist Dubrovnik wie eine Fantasiewelt – Fans von *Game of Thrones* tauchen in der mittelalterlichen Altstadt jedoch noch viel tiefer in die Fantasie ein: Große Teile der immens beliebten TV-Serie wurden hier gedreht. Die Festung Lovrjenac, die Seemauern und das Arboretum von Trsteno dienten als Drehorte für Schlüsselszenen in Königsmund, während das Atrium des Rektorenpalasts – deutlich zu sehen sind der Treppenaufgang und die Statue – in Qarth auftaucht. Gedreht wurde auch auf der Insel Lokrum sowie an weiter entfernteren Orten wie dem Diokletianspalast in Split.

Zum Zeitpunkt unserer Recherchen wurde auch die Altstadt von Šibenik für einen Kurzauftritt in einer folgenden Staffel ausgewählt.

lehrreich, aber mäßig interessant (sofern man nicht Fan des kroatischen Theaters des 16. Jhs. ist). Das Museum zeigt Manuskripte und Ausgaben seiner Theaterstücke. Ein Zimmer wurde seiner Zelle nachgestaltet.

Verkündigungskirche KIRCHE
(Crkva Sv Blagovještenja; Karte S. 278; Od Puča 8; ⏲8–19.30 Uhr) Die einzige serbisch-orthodoxe Kirche in der Altstadt bildet einen interessanten Kontrast zu den vielen katholischen Kirchen. Sie stammt von 1877 und hat während des letzten Krieges erhebliche Schäden davongetragen, wurde aber 2009 vollständig restauriert.

Dominikanerkloster & -museum KLOSTER
(Muzej Dominikanskog Samostana; Karte S. 278; abseits der Sv Dominika 4; Eintritt 30 Kn; ⏲9–17 Uhr) Das imposante Gebäude ist ein architektonisches Highlight mit Stilelementen der Gotik und der Renaissance und einer eindrucksvollen Kunstsammlung. Es entstand etwa zur selben Zeit wie die Stadtmauer im 14. Jh.; die kahle Außenmauer erinnert eher an eine Festung als an einen religiösen Komplex. Drinnen gibt's einen eleganten Kreuzgang aus dem 15. Jh., den lokale Künstler nach den Vorlagen des florentinischen Architekten Maso di Bartolomeo gestalteten.

Die große einschiffige Kirche besitzt ein paar helle, moderne Buntglasfenster und ein Gemälde von Vlaho Bukovac über einem der Seitenaltäre. Weitere unschätzbare Kunstwerke hängen in Sälen, die vom Kreuzgang abgehen, darunter Werke von Lovro Dobričević, Nikola Božidarević und Tizian aus dem 15. und 16. Jh.

Archäologische Sammlung Revelin MUSEUM
(Arheološke Izložbe; Karte S. 278; www.dumus.hr; Sv Dominika 3; Eintritt mit Multimuseumspass, Erw./Kind 80/25 Kn; ⏲Do–Di 9–16 Uhr) In dem kleinen Museum unter der Festung Revelin sind Fragmente des Mauerwerks und Skulpturen ausgestellt. Es gibt auch ein paar gute Beispiele mittelalterlichen Flechtwerks *(pleter)* – psychedelische Schnörkel, die ein wenig dem keltischen Knotenmuster ähneln.

Museum für moderne & zeitgenössische Kunst MUSEUM
(Umjetnička Galerija; Karte S. 274; www.ugdubrovnik.hr; Frana Supila 23; Eintritt mit Multimuseumspass, Erw./Kind 80/25 Kn; ⏲Di–So 9–20 Uhr) Die exzellente Kunstgalerie in einem auffälligen modernistischen Gebäude östlich der Altstadt zeigt auf drei Etagen Werke kroatischer Künstler, vor allem des Malers Vlaho Bukovac aus dem nahe gelegenen Cavtat. Von der Skulpturenterrasse aus hat man einen herrlichen Ausblick.

★ **Seilbahn** SEILBAHN
(Karte S. 278; www.dubrovnikcablecar.com; Petra Krešimira IV bb; Erw./erm. hin & zurück 100/50 Kn; ⏲Nov.–März 9–17 Uhr, April, Mai & Okt. bis 20 Uhr, Juni–Aug. bis 24 Uhr, Sept. bis 22 Uhr) Die Dubrovniker Seilbahn befördert Fahrgäste in weniger als vier Minuten von der Talstation nördlich der Stadtmauer auf den Berg Srđ hinauf. Bei starkem Wind oder anstehendem Gewitter wird der Betrieb unterbrochen. Von oben bietet sich aus 405 m Höhe ein atemberaubender Blick auf die Terrakottadächer der Altstadt, die von der azurblauen Adria eingefassten Insel Lokrum und die fernen Elafiten am Horizont.

Es gibt hier Fernrohre, mit denen man Punkte weit unten in den Blick nehmen kann, eine Snackbar und ein Restaurant.

Museum im Fort Imperial MUSEUM
(Dubrovnik u Domovinskom Ratu; Karte S. 274; Erw./Kind 30/15 Kn; ⏲8–22 Uhr) In einem napoleonischen Fort nahe der Bergstation der Seilbahn widmet sich die Dauerausstellung „Dubrovnik während des kroatischen Unabhängigkeitskriegs" der Belagerung von Dubrovnik während des kroatischen Unabhängigkeitskriegs, wie der Kroatienkrieg

in den 1990er-Jahren in Kroatien genannt wird. Die Verteidiger der Stadt waren in dieser Festung stationiert. Auch wenn die Ausstellung verständlicherweise Neutralität vermissen lässt, bietet sie doch einen umfassenden, mit viel Filmmaterial unterfütternden Überblick über die Ereignisse.

Ist die Seilbahn außer Betrieb, kann man mit dem Auto über eine von der Autobahn abzweigende schmale Straße hinauffahren (der Ausschilderung nach Bosanka folgen).

Aktivitäten

Schwimmen

Es gibt ein paar Stadtstrände in Dubrovnik, viele Leute mögen es aber gern etwas abgeschiedener und ruhiger. Sie sollten mit dem Schiff nach Lokrum oder auf die Elafiten übersetzen.

Der **Banje-Strand** liegt rund 300 m östlich vom Ploče-Tor und ist der beliebteste (und damit auch „überfüllteste") Stadtstrand. 1 km weiter liegt **Sveti Jakov**, ein netter, ruhiger Strand mit Duschen, einer Bar und einem Restaurant. Die Buslinien 5 und 8 fahren dorthin.

Im Westen der Stadt, jenseits des Pile-Tors, erstrecken sich die Strände **Šulići** (steinig) und **Danče** (felsig). Der schönste Strand in Altstadtnähe liegt unterhalb des Hotels Bellevue. Dort findet man eine geschützte Bucht mit hohen Klippen (die dem steinigen Ufer ab dem späten Nachmittag Schatten spenden). Es macht Laune, den Kids bei ihren Sprüngen ins Meer zuzuschauen.

Die **Lapad-Bucht** säumen zahlreiche Hotelanlagen mit Stränden, die man problemlos nutzen kann. Nett ist beispielsweise die Bucht beim Hotel Kompas. In der Nähe befindet sich der **Copacabana-Strand** auf der Halbinsel Babin Kuk mit seichtem Wasser und einer Rutsche für Kinder. FKK-Fans ziehen weiter nach **Cava** (beim Copacabana-Strand ausgeschildert).

In der Altstadt besteht die Möglichkeit, unterhalb der Buža-Bars zu schwimmen, an der äußeren Seite der Stadtmauern. Über Treppen kommt man gut ins Wasser und auch wieder heraus. Wer ein Sonnenbad nehmen möchte, macht es sich auf den zementierten Flächen zwischen den Felsen gemütlich.

Tauchen & Kajakfahren

Blue Planet Diving TAUCHEN
(Karte S. 274; ☎ 091 89 90 973; www.blueplanet-diving.com; Dubrovnik Palace, Masarykov Put 20; Anfänger/mit Tauchschein 65/55 € pro Tauchgang, PADI-Kurs zum Tauchen in offenen Gewässern 345 €) Rund um Dubrovnik gibt es tolle Tauchstellen, darunter das Wrack der *Taranto*, einem italienischen Handelsschiff von 1899, das während des Zweiten Weltkriegs auf eine Mine traf. Blue Planet veranstaltet Freizeittauchgänge und Kurse.

Adriatic Kayak Tours KAJAKFAHREN, RADFAHREN
(Karte S. 278; ☎ 091 72 20 413; www.adriatickayaktours.com; Zrinsko Frankopanska 6; halber Tag Kajaktour 35 €) Veranstaltet Kajaktouren auf dem Meer (halber Tag–1 Woche), Stand-Up-Paddle-Trips, Radtouren und Ausflüge nach Montenegro (darunter Raftingtouren).

Geführte Touren

Dubrovnik Walks STADTSPAZIERGANG
(Karte S. 278; ☎ 095 80 64 526; www.dubrovnikwalks.com; ⌚ April–Okt.) Veranstaltet exzellente Stadtspaziergänge in englischer Sprache. Die 90-minütige Tour durch die Altstadt (90 Kn) findet täglich um 10 sowie um 18 (Mai, Juni, Sept. & Okt.) oder 19 Uhr (Juli & Aug.) statt. Die 90-minütige Tour „Walls & Wars" (190 Kn) startet täglich um 9.30 und 15.30 Uhr (Juli & Aug. 17.30 Uhr). Der Treffpunkt ist gleich westlich vom Pile-Tor. Keine Reservierung nötig.

Adriatic Explore BUSTOUR
(Karte S. 278; ☎ 020-323 400; www.adriatic-explore.com; Poljana Paska Miličevića 4) Die Tagesausflüge nach Mostar und Montenegro (je 360 Kn) sind sehr beliebt. Im Angebot stehen auch Ausflüge nach Split, Korčula und Pelješac, Mljet und zu den Elafiten.

Feste & Events

Fest des hl. Blasius KULTUR
(⌚ 3. Feb.) Stadtweite Feier mit historischen Aufführungen und Umzügen.

Karneval KARNEVAL
(⌚ Feb.) Der Karneval, der im Februar den Frühling verkündet, wird groß mit Masken im venezianischen Stil gefeiert.

Filmfestival Libertas FILM
(⌚ Juni–Juli) Zwischen dem 29. Juni und dem 4. Juli werden überall in der Altstadt unter freiem Himmel Filme, Dokumentarfilme und Kurzfilme gezeigt.

Dubrovniker Sommerfestival KULTUR
(Dubrovačke ljetne Igre; ☎ 020-326 100; www.dubrovnik-festival.hr; Ticket 30–350 Kn; ⌚ Juli–Aug.) Die Dubrovniker Sommerfestspiele vom 10. Juli bis 25. August zählen zu den hochkarä-

Dubrovnik Altstadt

tigsten Veranstaltungen des Landes. In der ganzen Stadt finden unter freiem Himmel Theater-, Opern-, Konzert- und Tanzvorführungen statt. Tickets erhält man online, im Festspielbüro an der Placa und eine Stunde vor Beginn der Vorstellungen am jeweiligen Veranstaltungsort.

Park-Orsula-Musikfestival MUSIK

(www.parkorsula.du-hr.net; ⌚ Juli–Aug.) Von Mitte Juli bis Ende August findet in einem Park mit Blick auf die Altstadt eine Konzertreihe mit Musikern aus Dubrovnik und Dalmatien statt.

Schlafen

Dubrovnik ist zwar keine Großstadt, Unterkünfte findet man jedoch in Hülle und Fülle. Nur in der kompakten Altstadt selber ist das Angebot begrenzt. In Ploče, unmittelbar östlich der Altstadt, gibt es einen Abschnitt mit gehobenen Hotels am Ufer, während Pile auf der anderen Seite der Stadt mit guten Ferienwohnungen und Privatunterkünften aufwartet. Wer einen Strandurlaub mit dem Aufenthalt in der Stadt verbinden will, sollte auf der grünen Halbinsel Lapad, 4 km westlich des Zentrums, absteigen. Die Busanbin-

Dubrovnik Altstadt

Highlights
1 Seilbahn ... F2
2 Stadtmauer & Festungen ... C3
3 War Photo Limited ... D3

Sehenswertes
4 Bokar-Turm ... B4
5 Kathedrale Mariä Himmelfahrt ... E5
6 Verkündigungskirche ... D4
7 Dominikanerkloster & -museum ... F3
8 Galerie Dulčić Masle Pulitika ... F5
9 Ethnografisches Museum ... C4
10 Franziskanerkloster & -museum ... D3
11 Gundulićeva Poljana ... E5
12 Festung Lovrjenac ... A4
13 Marin-Držić-Haus ... D4
14 Schifffahrtsmuseum ... G5
Gedenkraum der Verteidiger Dubrovniks ... (siehe 22)
15 Naturkundemuseum ... E5
16 Onofrio-Brunnen ... C3
17 Orlando-Säule ... E4
18 Pile-Tor ... C3
19 Rektorenpalast ... F5
20 Archäologische Sammlung Revelin ... G3
21 Festung Revelin ... G3
22 Sponza-Palast ... F4
23 St. Blasius ... E4
24 St. Ignatius ... D5
25 Erlöserkirche ... C3
Staatsarchiv ... (siehe 22)
26 Studio Pulitika ... G5
27 Synagoge ... E3

Aktivitäten, Kurse & Touren
28 Adriatic Explore ... C3
29 Adriatic Kayak Tours ... B1
30 Dubrovnik Walks ... B3

Schlafen
31 Apartments Amoret ... E5
32 Fresh Sheets ... D5
33 Hotel Stari Grad ... D3
34 Karmen Apartments ... F5
35 MirÓ Studio Apartments ... A3
36 Old Town Hostel ... D3
37 Pucić Palace ... E4
38 Rooms Vicelić ... D3

Essen
39 Dubravka 1836 ... B3
40 Konoba Ribar ... F5
41 Lucin Kantun ... D3
42 Oliva Pizzeria ... E4
43 Oyster & Sushi Bar Bota Šare ... F5
44 Proto ... D3
45 Restaurant 360° ... F3
46 Taj Mahal ... D4
47 Zuzori ... E4

Ausgehen & Nachtleben
48 Buža ... E6
49 Buža II ... D6
50 D'vino ... D3
51 Gaffe ... E4
52 Jazz Caffe Troubadour ... E5
53 Malvasija ... E3
54 Revelin ... G3

Shoppen
55 Algoritam ... E4
56 Dubrovnik Treasures ... D3
57 Lega-Lega ... E3
58 Magnolika ... D3
59 Uje ... E4

dung ist so gut, dass man sich hier nicht von der Altstadt abgeschnitten fühlt. Außerdem gibt es jede Menge Möglichkeiten zum Sonnenbaden und Schwimmen.

Alle Unterkünfte weit vorab buchen, vor allem im Sommer. Dubrovnik ist die teuerste Stadt des Landes; insofern zahlt man hier mehr für ein Zimmer (selbst die meisten Hostels fallen preislich in die Mittelklasse).

Wer knapp bei Kasse ist, hält sich am besten an eine Privatunterkunft – eine Auswahl findet man bei den Reisebüros vor Ort oder der Touristeninformation. Den Schleppern, die am Busbahnhof und Fährhafen lautstark Privatzimmer anpreisen, geht man besser aus dem Weg. Manche sind ehrlich, andere hingegen Betrüger. Vorab die Lage der Unterkunft klären, wenn man in fußläufiger Entfernung zur Altstadt wohnen will. Achtung: Wenn man in einer nicht lizensierten Unterkunft absteigt, hat man im Fall eines Problems keinen Schutz; registrierte Unterkünfte erkennt man an dem blauen *sobe*-Zeichen (Zimmer zu vermieten). In der Hauptsaison muss man für ein Doppelzimmer mit 300 Kn aufwärts rechnen, ein Apartment gibt es ab rund 500 Kn.

Altstadt (Stari Grad)

★ **Karmen Apartments** APARTMENTS €€
(Karte S. 278; ☎098 619 282; www.karmendu.com; Bandureva 1; Apt. 95–175 €; ❄) Die vier einladenden Apartments punkten mit einer tollen Lage einen Steinwurf vom Ploče-Hafen entfernt. Alle bieten mit Kunst, Farbakzenten, geschmackvollen Möbeln und Büchern jede Menge Charakter. Apartment 2 hat einen kleinen Balkon, Apartment 1 einen hübschen Blick auf den Hafen. Weit im Voraus buchen.

DUBROVNIK: ZERSTÖRUNG & WIEDERAUFBAU

Von Ende 1991 bis Mai 1992 beherrschten Bilder vom Beschuss Dubrovniks die Nachrichten weltweit. Auch wenn mittlerweile viel Zeit vergangen ist, bleibt den Leidtragenden das Jahr unvergessen, als in Dubrovnik Krieg herrschte. Und auch die Besucher sollen daran denken – zig Plaketten in der Altstadt, vor allem an den Stadttoren, erinnern daran.

Die Granaten zerstörten 68 % der 824 Gebäude in der Altstadt und hinterließen bei zwei von drei Häusern große Löcher in den Ziegeldächern. An den Häuserfassaden und den kopfsteingepflasterten Straßen und Plätzen gab es 314 Direkttreffer; die große Mauer bekam 111 Treffer ab. Neun historische Paläste fielen komplett den Flammen zum Opfer; der Sponza-Palast, der Rektorenpalast, die St. Blasius, das Franziskanerkloster, der Amerling- und der Onofrio-Brunnen erlitten erhebliche Schäden. Rasch fiel der Beschluss, Reparaturarbeiten und Wiederaufbau mit traditionellen Methoden und – soweit möglich – unter Verwendung der originalen Materialien durchzuführen.

Inzwischen erstrahlt Dubrovnik weitgehend wieder in seiner alten Pracht. Die Stadtmauer ist wieder intakt, die mit schimmerndem Marmor gepflasterten Straßen wurden behutsam repariert und berühmte Monumente liebevoll restauriert – alles mit tatkräftiger Unterstützung eines internationalen Teams von speziell ausgebildeten Steinmetzen.

Apartments Amoret APARTMENTS €€
(Karte S. 278; ☎091 53 04 910; www.dubrovnik-amoret.com; Dinke Ranjine 5; Apt. 100–160 €; ❄📶) Auf vier historische Gebäude mitten in der Altstadt verteilt, finden sich hier 13 erstklassige Einzimmerapartments mit Kochnische und zwei „fürstliche" Apartments für bis zu vier Personen mit voll ausgestatteter Küche. Die Gäste dürfen sich auf elegantes Dekor, geschmackvolle Möbel, das ein oder andere Kunstwerk und Parkettboden freuen. Im Amoret 2 gibt's eine hübsche Gästeterrasse.

Rooms Vicelić PENSION €€
(Karte S. 278; ☎095 52 78 933; www.rooms-vicelic.com; Antuninska 10; Zi. 90–110 €; ❄📶) Die freundliche familienbetriebene Pension in einer der steil gestuften Straßen in der Altstadt hat vier stimmungsvolle Zimmer mit Steinwänden und eigenem Bad. Gemeinschaftsküche mit Mikrowelle und Wasserkocher.

Old Town Hostel HOSTEL €€
(Karte S. 278; ☎020-322 007; www.dubrovnikoldtownhostel.com; Od Sigurate 7; B/EZ/DZ 325/350/650 Kn; ⏲März–Nov.; 📶) Das stattliche historische Wohnhaus in zentraler Lage wurde in ein Hostel mit jeder Menge Charme umgebaut – in einigen Zimmern gibt es sogar noch Deckenfresken. Hier finden sich Schlafsäle für vier bis sechs Personen (einer davon nur für Frauen) und eine kleine Küche. Keine Klimaanlage, nur Ventilatoren.

Fresh Sheets HOSTEL €€
(Karte S. 278; ☎091 79 92 086; www.freshsheetshostel.com; Sv Šimuna 15; B/Zi. ab 36/76 €; ❄@📶) Die klassische Backpackerherberge versteckt sich an der Stadtmauer und hat eine warme, einladende und lebendige Atmosphäre. Unten gibt's einen Bereich zum geselligen Beisammensein, oben saubere und schlichte Schlafsäle und ein gemütliches Doppelzimmer mit Meerblick. Dasselbe herzliche Team betreibt auch ein B & B in der Nähe der Kathedrale.

Hotel Stari Grad HOTEL €€€
(Karte S. 278; ☎020-322 244; www.hotelstarigrad.com; Od Sigurate 4; EZ/DZ 1650/2100 Kn; ❄📶) Die acht Zimmer des von sympathischem Personal betriebenen Boutiquehotels in guter Lage sind recht klein, aber gut ausgestattet und komfortabel. Von der Dachterrasse aus hat man einen tollen Blick auf die Stadt. Achtung: Man muss hier viele Treppen steigen (kein Fahrstuhl).

Pucić Palace HOTEL €€€
(Karte S. 278; ☎020-326 222; www.thepucicpalace.com; Od Puča 1; EZ/DZ/Suite ab 300/465/690 €; ❄📶) Das Pucić in einem alten Patrizierhaus hat mit Antiquitäten möblierte Zimmer mit viel Komfort (z. B. Decken aus ägyptischer Baumwolle). Gäste dürfen die Einrichtungen am Banje-Strand gratis nutzen.

Ploče

Hotel Excelsior HOTEL €€€
(Karte S. 274; ☎020-353 353; www.adriaticluxuryhotels.com; Frana Supila 12; Zi. ab 459 €; P❄📶🏊) Ein typisch jugoslawisches Kuddelmuddel aus einem klassischen, 1913 errichteten Hotel und einem modernen Anbau. Das Luxus-

(Fortsetzung auf S. 284)

Dubrovnik – Perle der Adria

Dubrovniks Altstadt bietet einen einmaligen Anblick, der Besucher beim ersten Mal den Atem raubt. Aus der Ferne betrachtet zeichnet die Perle der Adria mit ihren Terrakotta-Dächern, ihrer honigfarbenen Stadtmauer und dem endlos blauen Meer ein unfassbar malerisches Bild. Und keine Sorge: Das ändert sich auch dann nicht, wenn man durch die alten Tore geht und in den zauberhaften Gassen umherschlendert.

1

1. Stadtmauern
Spaziergang auf der historischen Wehranlage (S. 271).

2. Blick auf die Altstadt
Traumhafter Blick von der Festung auf die Altstadt und die Adria (S. 271).

3. Über den Dächern Dubrovniks
Viele Dächer in der Altstadt mussten nach der Bombardierung in den 1990er-Jahren durch neue Terrakottadächer ersetzt (S. 271).

4. Straßenrestaurants
In den Altstadt-Restaurants kann man im Freien lokale Spezialitäten genießen (S. 285).

(*Fortsetzung von S. 281*)
hotel hat erstklassige Einrichtungen (Innen- und Außenpools) und rundum renovierte Zimmer, die meisten mit tollem Blick auf die befestigte Stadt. Unaufdringliche Einrichtung und großartige Badezimmer.

Grand Villa Argentina HOTEL €€€
(Karte S. 274; 020-440 555; www.adriaticluxuryhotels.com; Frana Supila 14; Zi. ab 302 €; P ❄ ᯤ ≋) Das Hotel ist vielleicht nicht ganz so großartig wie der Name vermuten lässt, hat aber gute, komfortable Luxuszimmer mit unbezahlbarem Ausblick, Innen- und Außenpools und ein Wellnesscenter. Obendrein liegt es nur zehn Gehminuten östlich der Altstadt.

Pile

★ Villa Klaić B&B €€
(Karte S. 274; 020-411 144; www.villaklaic-dubrovnik.com; Šumetska 11; Zi./Apt. ab 100/140 €; P ❄ ᯤ ≋) Die hervorragende Pension gleich abseits der Hauptstraße an der Küste, hoch über der Altstadt, hat komfortable moderne Zimmer und wird von dem sehr gastfreundlichen Inhaber Milo Klaić betrieben. Kleiner Swimmingpool, europäisches Frühstück, kostenlose Abholung und Freibier!

Apartments & Rooms Biličić PENSION €€
(Karte S. 274; 098 802 111; www.dubrovnik-online.com/apartments_bilicic; Priježna 2; Zi./Apt. 60/120 €; ❄ ᯤ) Eine sehr stimmungsvolle Unterkunft – teilweise auch dank des grünen Daumens der freundlichen Gastgeber, deren subtropischer Garten eine wahre Freude ist. Die Zimmer sind hell, sauber und hübsch, haben jedoch kein eigenes Bad. Auf der Terrasse gibt's auch eine Gästeküche.

★ MirÓ Studio Apartments APARTMENTS €€€
(Karte S. 278; 099-42 42 442; www.mirostudioapartmentsdubrovnik.com; Sv Đurđa 16; Apt. 140 €; ❄ ᯤ) Die schicke Anlage versteckt sich in einem ruhigen Wohnviertel, nur ein paar Meter vom Meer entfernt zwischen den Altstadtmauern und der Festung Lovrjenac. Sie ist ein echtes Juwel mit alten Steinwänden, weiß gestrichenen Deckenbalken und extravaganten Stilelementen wie Oberlichtern, modernen Badezimmern und Schiebeglastüren.

Montovjerna

Jugendherberge Dubrovnik HOSTEL €
(Karte S. 274; 020-423 241; www.hfhs.hr; Vinka Sagrestana 3; B 157 Kn; @ ᯤ) Zum Glück gibt's inzwischen bessere und gemütlichere Hostels in der Altstadt. Diese Herberge ist dafür an den Internationalen Herbergsverband (HI) angeschlossen und erheblich billiger als die Konkurrenz. Die Lage in einer ruhigen Gegend, 1,4 km westlich vom Pile-Tor, ist ganz ordentlich. Die Schlafsäle sind groß, aber recht einfach; überdies kann es dort ziemlich heiß werden. Das Frühstück ist im Preis inbegriffen.

Hotel Bellevue HOTEL €€€
(Karte S. 274; 020-330 000; www.hotel-bellevue.hr; Petra Čingrije 7; DZ ab 1900 Kn; P ❄ @ ᯤ ≋) Auf einer Klippe am Anfang der Halbinsel Lapad (nur 20 Gehminuten westlich vom Pile-Tor) bietet dieses erstklassige Hotel ein modernes Dekor, exzellente Einrichtungen und ein hervorragendes Restaurant. Und das Beste: Mit dem Hotellift geht's geradewegs hinunter zu einer himmlischen Bucht.

Lapad

★ Apartments Silva PENSION €
(Karte S. 274; 098 244 639; silva.dubrovnik@yahoo.com; Kardinala Stepinca 62; EZ/DZ 220/440 Kn, Apt. ab 440 Kn; ❄) Üppige mediterrane Pflanzen säumen die Terrassen dieser hübschen, an einem Hügel gelegenen Anlage, nur einen Katzensprung vom Strand in Lapad entfernt. Die Zimmer sind komfortabel und preisgünstig. Am besten ist das geräumige Apartment für bis zu fünf Personen im Oberstock. Die charmanten Gastgeber organisieren gern auch eine kostenlose Abholung vom Busbahnhof.

Begović Boarding House PENSION €
(Karte S. 274; 020-435 191; www.begovic-boarding-house.com; Primorska 17; B/Zi./Apt. 200/440/460 Kn; P ❄ @ ᯤ) Ein alteingesessener Favorit der Budgetklasse: Die einladende, familienbetriebene Pension hat schlichte, ordentliche Zimmer und eine Gemeinschaftsterrasse mit umwerfender Aussicht. Die Apartments sind mit Kochnischen bestückt, für die anderen Zimmer steht eine Gästeküche zur Verfügung. Im Preis inbegriffen ist die kostenlose Abholung vom Busbahnhof.

Solitudo CAMPEN €
(Karte S. 274; 020-448 686; www.camping-adriatic.com; Vatroslava Lisinskog 17; Erw./Kind/Stellplatz ab 12/6/16 €, Wohneinheit ab 69 €; April–Nov.; P ᯤ ≋ 🐾) Solitudo ist ein merkwürdiger Name für einen gigantischen Cam-

pingplatz, der im Sommer proppenvoll ist. Er hat helle, moderne Duschkabinen und liegt in der Nähe des Copacabana-Strands. Die Camper können auch den Pool eines nahe gelegenen Hotels nutzen. Wer zelten will, muss sich mit dem harten, felsigen – oder bei Regen dem schlammig-felsigen – Boden arrangieren.

Royal Princess Hotel HOTEL €€€
(Karte S. 274; ☎ 020-440 100; www.importanneresort.com; Kardinala Stepinca 31; Suite ab 475 €; P ❄ @ ᯤ ≋) An dem hübschen Abschnitt der Lapad-Bucht gruppieren sich gleich mehrere resortartige Hotels; dieses hat am meisten Klasse: Der angenehm flache und vornehme Bau hat Suiten, die natürlich alle mit Balkon ausgestattet sind und eine schöne, von altmodischem Luxus geprägte Atmosphäre besitzen.

Dubrovnik Palace HOTEL €€€
(Karte S. 274; ☎ 020-430 000; www.dubrovnikpalace.hr; Masarykov Put 20; Zi. ab 232 €; P ❄ @ ᯤ ≋) Das große moderne Hotel an einem Hang zur Bucht hin hat den schönsten Blick auf die Adria, den man sich erhoffen kann. Guter Service, exzellente Einrichtungen: Es gibt ein Spa, Pools drinnen und im Freien und einen Taucherladen. Das Hotel liegt direkt an der Endhaltestelle von Bus 4, der bis spätabends zur Altstadt und zurück fährt.

Villa Wolff HOTEL €€€
(Karte S. 274; ☎ 020-438 710; www.villa-wolff.hr; Nika i Meda Pucića 1; Zi./Suite ab 144/174 €; ❄ @ ᯤ) Das an einer hübschen Uferpromenade gelegene Wolff bietet sechs geschmackvolle Zimmer, einen Garten und einen tollen Service. Die zwei Zimmer nach vorne hinaus haben Balkone mit Blick aufs Meer.

Essen

Altstadt (Stari Grad)

Wer in der Altstadt essen geht, muss auf der Hut sein. In vielen Restaurants geht man davon aus, dass man die Gäste einmal und nie wieder sehen wird (bei Kreuzfahrtpassagieren trifft das ja auch zu). Einheitsbrei ist auf der Stradun und der Prijeko an der Tagesordnung; interessantere, bessere Lokale findet man in den Seitenstraßen.

Oliva Pizzeria PIZZERIA €
(Karte S. 278; ☎ 020-324 594; www.pizza-oliva.com; Lučarica 5; Hauptgerichte 40–89 Kn; ⏲ 12–22 Uhr) Es gibt ein paar ausgesuchte Pastagerichte auf der Karte, aber eigentlich dreht sich in dem attraktiven kleinen Lokal alles um Pizza – und die kann sich wirklich sehen und schmecken lassen! Also: sich einfach an einen der Tische draußen setzen und reinhauen!

Konoba Ribar DALMATISCH €€
(Karte S. 278; ☎ 020-323 194; Kneza Damjana Jude bb; Hauptgerichte 60–120 Kn; ⏲ 10–24 Uhr) Das kleine familienbetriebene Lokal ist wunderbar untouristisch: Es serviert lokale Gerichte, wie sie die Einheimischen mögen, zu mehr oder weniger lokalen Preisen. Es geht nicht um ausgefallene oder clevere Küche, sondern einfach nur um große Portionen traditioneller Lieblingsspeisen wie Risotto oder gefüllten Tintenfisch. Das Lokal befindet sich in einer kleinen Straße direkt an der Stadtmauer.

Oyster & Sushi Bar Bota Šare SUSHI €€
(Karte S. 278; ☎ 020-324 034; www.bota-sare.hr; Od Pustijerne bb; Austern/Sushi ab 14/15 Kn pro Stück; ⏲ Di–So 12–22 Uhr) Es stimmt schon, dass die meisten Kroaten kein Fan der asiatischen Küche sind. Aber sie verstehen eben etwas von frischen Meeresfrüchten, wie dieses kleine Restaurant beweist. Am besten setzt man sich an einen Tisch auf der Terrasse mit Blick auf die Kathedrale und überzeugt sich bei Ston-Austern (frisch oder als Tempura) und erstaunlich gutem Sushi und Sashimi selber davon.

Taj Mahal BOSNISCH €€
(Karte S. 278; ☎ 020-323 221; Nikole Gučetićeva 2; Hauptgerichte 70–150 Kn; ⏲ 10–2 Uhr) Das winzige Restaurant mit osmanischem Dekor wirkt wie Aladdins Höhle. Man bestellt einfach *džingis kan* (getrocknetes Rindfleisch, Würstchen, Paprika und Frühlingszwiebeln in saurer Sahne) und bekommt einen Eindruck von der bosnischen Küche; auch die würzigen *sudžukice* (Rindfleischwürstchen) verdienen es, versucht zu werden.

Lucin Kantun KROATISCH €€
(Karte S. 278; ☎ 020-321 003; Od Sigurate bb; Hauptgerichte 80–110 Kn; ⏲ 11.30–23 Uhr) Die offene Küche bestimmt den Innenraum; draußen stehen ein paar Tische auf dem Kopfsteinpflaster. Das bescheiden wirkende Lokal übertrifft mit Leichtigkeit den ersten Eindruck und liefert ein kreatives Angebot aus regional inspirierten Vor- und größeren Hauptspeisen. Besonders schmackhaft ist der gefüllte Tintenfisch.

Dubravka 1836 EUROPÄISCH €€
(Karte S. 278; ☎ 020-426 319; www.dubravka1836.hr; Brsalje 1; Hauptgerichte 59–178 Kn; ⏲ 8–23 Uhr) Das bis auf den Platz hinaus quellende Restaurant direkt am Pile-Tor ist zweifellos auf Touristen ausgerichtet. Trotzdem ist es eine ganz gute Adresse für ein leichtes Frühstück. Die Einheimischen schätzen es auch für frischen Fisch, Risotto, Salate, Pizza und Pasta. Großartige Aussicht.

★ **Restaurant 360°** MODERN-EUROPÄISCH €€€
(Karte S. 278; ☎ 020-322 222; www.360dubrovnik.com; Sv Dominika bb; Hauptgerichte 240–320 Kn, 5/7-Gänge-Menü 780/970 Kn; ⏲ Di–So 18.30–23 Uhr) In Dubrovniks glanzvollstem Restaurant kann man richtig fein schlemmen: Ein routiniertes wie professionelles Personal serviert leckere, schön angerichtete und innovative Gerichte. Die Lage oben auf der Stadtmauer ist einmalig. Die Tische sind so gestellt, dass man durch die Zinnen auf den Hafen blicken kann. Wenn das Essen das Budget sprengt, sollte man zumindest mal auf einen Drink reinschauen.

Zuzori DALMATISCH €€€
(Karte S. 278; ☎ 020-450 000; www.zuzori.com; Cvijete Zuzorić 2; Hauptgerichte 99–179 Kn; ⏲ 12–22 Uhr; 👪) Das exzellente kleine Bistro bereichert die klassische dalmatische Küche erfolgreich mit internationalen Aromen und Kochkünsten und serviert „traditionelle Gerichte mit modernem Twist“. Auf den Tisch kommen vor allem regionale Produkte, wie die in die Abschnitte „Aus unserem Land“ und „Aus unserem Meer“ unterteilte Karte beweist.

Proto MEERESFRÜCHTE €€€
(Karte S. 278; ☎ 020-323 234; www.esculap-teo.hr; Široka 1; Hauptgerichte 152–192 Kn; ⏲ 11–23 Uhr) Das elegante Restaurant ist bekannt für seine frischen Fische und Meeresfrüchte mit leichten Saucen und seine bezaubernde Altstadtatmosphäre. „Alteingesessen“ wäre hier eine Untertreibung – das schon seit 1886 bestehende Restaurant bewirtete schon König Eduard VII. von England und Wallis Simpson.

Lapad

★ **Atlantic Kitchen** MEDITERRAN €€
(Karte S. 274; ☎ 020-435 726; www.facebook.com/atlantickitchen; Kardinala Stepinca 42; Hauptgerichte 89–139 Kn; ⏲ April–Nov. 9–23 Uhr) Bis hin zu den karierten Tischdecken und der von Hand beschriebenen Kreidetafel herrscht in diesem luftigen Bistro eine dezidiert französische Atmosphäre. Serviert werden aber auch spanische, italienische und kroatische Gerichte, alle durchweg ausgezeichnet. Das gilt auch für den Service.

Blidinje KROATISCH €€
(Karte S. 274; ☎ 020-358 794; Lapadska Obala 21; Hauptgerichte 60–140 Kn; ⏲ 10–1 Uhr) Dieses Lieblingslokal der Einheimischen ist perfekt für einen üppigen Schmaus mit viel Fleisch. Vorher telefonisch das langsam unter heißen Kohlen gegarte Lamm- oder Kalbfleisch bestellen und ein paar Stunden später aufkreuzen – dann ist das Fleisch perfekt zubereitet.

Ausgehen & Nachtleben

Cave Bar More BAR
(Karte S. 274; www.hotel-more.hr; unter dem Hotel More, Kardinala Stepinca 33; ⏲ 10–24 Uhr) Die kleine Strandbar versorgt die Leute am Strand von Lapad mit Kaffee, Cocktails und Snacks. Das ist aber noch nicht alles: Die Hauptbar befindet sich in einer richtigen Höhle! Man kann sich zwischen den Stalaktiten in der Nebenkammer abkühlen und durch den Glasboden in die mit Wasser gefüllte Höhle darunter blicken.

Buža BAR
(Karte S. 278; abseits der Ilije Sarake; ⏲ 8 Uhr–open end) Die Suche nach der klapprigen Bar auf einer Klippe fühlt sich wie eine richtige Schatzsuche an, zumal man unter der Stadtmauer hindurch muss, bis man schließlich den Eingangstunnel entdeckt. Direkt am Meer erwartet einen dann ein irres Szenario mit geschmackvoller Musik (Soul, Funk) und ein heiteres Publikum, das die Atmosphäre und die Aussicht genießt. Am besten schnappt man sich einen kühlen Drink im Plastikbecher, pflanzt sich auf die Betonplattform und lässt es sich gut gehen.

Buža II BAR
(Karte S. 278; abseits der Od Margarite; ⏲ 10 Uhr–open end) Das Buža II gibt sich einen Tick feudaler als sein Mutterschiff. Es liegt etwas weiter unten an den Felsen und hat eine schattige Terrasse, wo man Snacks wie Chips, Erdnüsse oder Sandwichs knabbern und mit tollem Blick auf die Adria einfach den Tag vertrödeln kann.

Jazz Caffe Troubadour BAR
(Karte S. 278; Bunićeva Poljana 2; ⏲ 9–1 Uhr) Versteckt in einer Ecke hinter der Kathedrale wirkt das Troubadour tagsüber ziemlich

unscheinbar. Das ändert sich aber an Sommerabenden, wenn Jazzmusiker draußen die Menge begeistern.

D'vino WEINBAR
(Karte S. 278; www.dvino.net; Palmotićeva 4a; ⌚10–24 Uhr) Wer sich für kroatische Weine interessiert, ist in dieser gehobenen kleinen Bar genau richtig. Neben einer großen Auswahl an verschiedenen erstklassigen Tropfen bietet sie thematische Weinproben an, die von ausführlichen Erläuterungen begleitet werden (3 Weinsorten 60 Kn).

Malvasija WEINBAR
(Karte S. 278; Dropčeva 4; ⌚9–1 Uhr) Diese winzige Bar trägt den Namen des in der benachbarten Region Konavle angebauten Weißweins und ist ein guter Laden, um die hiesigen Tropfen zu probieren. Zum Wein werden auch gratis Käse und Oliven gereicht.

Gaffe IRISH PUB
(Karte S. 278; Miha Pracata bb; ⌚9–2 Uhr) Die von einem Kroaten betriebene, heimelige Kneipe hat die meisten Gäste (besonders wenn Fußball läuft) und eine überdachte Seitenterrasse. Das Essen ist ebenfalls gut (besonders zu empfehlen ist das schwarze Risotto).

EastWest BAR, CLUB
(Karte S. 274; www.ew-dubrovnik.com; Frana Supila 8; ⌚Mai–Sept. 10–4 Uhr) Tagsüber vermietet der gehobene Laden am Banje-Strand Sonnenliegen und Sonnenschirme und versorgt Sonnenanbeter mit Getränken. Später mutiert er zur Cocktailbar und zu fortgeschrittener Stunde zum Nachtclub.

Revelin CLUB
(Karte S. 278; www.clubrevelin.com; Dominika 3; ⌚Juni–Sept. tgl. 23–6 Uhr, Okt.–Mai Fr & Sa) In den großen Gewölben der Festung Revelin verbirgt sich Dubrovniks eindrucksvollster Club, in dem im Sommer berühmte internationale DJs auflegen. Nur die Plastikbecher und die in Käfigen tanzenden Frauen passen nicht so ganz zum Ambiente.

Shoppen

Während den Stradun größtenteils kitschige Souvenirläden säumen, verstecken sich die interessantesten Geschäfte in den Seitenstraßen. Kunsthandwerk und Lebensmittel aus der Region findet man auf dem werk- und samstags von 6 bis 13 Uhr stattfindenden Morgenmarkt auf dem Gundulićeva Poljana (S. 273).

★ **Lega-Lega** BEKLEIDUNG, GESCHENKARTIKEL
(Karte S. 278; www.lega-lega.com; Dropčeva 3; ⌚9–20 Uhr) Ein hippes Outlet für ein kroatisches Designerkollektiv aus Osijek. Hier bekommt man einzigartige Geschenkartikel, z. B. supercoole T-Shirts, Kapuzenshirts, Notizbücher, Plakate und Untersetzer. Die fantastische T-Shirt-Verpackung – eine Tetra-Pak-artige Schachtel, die in einem „Kühlschrank" aufbewahrt wird – heimste einen internationalen Designerpreis ausgezeichnet.

Dubrovnik Treasures SCHMUCK
(Karte S. 278; www.dubrovniktreasures.com; Celestina Medovića 2; ⌚März–Nov. 9–21 Uhr) Hinter dieser Schatztruhe für kunstvollen, handgefertigten, modernen Schmuck steht ein Bruder-Schwester-Paar, das in Australien geboren wurde und in Kroatien aufwuchsen.

Algoritam BÜCHER
(Karte S. 278; www.algoritam.hr; Placa 8; ⌚Mo–Sa 9–21, So 10–14 Uhr) Toller Buchladen mit einer großen Auswahl englischsprachiger Bücher und diversen Führern zu Dubrovnik und Kroatien.

Uje ESSEN
(Karte S. 278; www.uje.hr; Placa 5; ⌚Mo–Sa 9–21, So bis 15 Uhr) Das Uje hat sich auf Olivenöle spezialisiert – zu den besten zählt Brachia von der Insel Brač. Der Laden verkauft auch exzellente Konfitüre (die Zitronenkonfitüre ist einfach himmlisch), eingelegte Kapern sowie regionale Kräuter und Gewürze.

Magnolika SCHMUCK, GESCHENKARTIKEL
(Karte S. 278; www.magnolika.com; Getaldićeva 7; ⌚Di–Fr 10–13 & 18–20, Sa 10–14 Uhr) Der winzige Laden verkauft Schmuck und Schnickschnack von jungen kroatischen Designern. Hier findet man schöne und erschwingliche Dinge.

Praktische Informationen

Allgemeines Krankenhaus Dubrovnik (Opća Bolnica Dubrovnik; ☎020-431 777; www.bolnica-du.hr; Dr. Roka Mišetića bb; ⌚Notaufnahme 24 Std.) Am südlichen Rand der Halbinsel Lapad.

Post (Karte S. 278; www.posta.hr; Široka 8; ⌚Mitte Juni–Aug. Mo–Fr 8–20, Sa 10–17 Uhr, Sept.–Mitte Juni Mo–Fr 8–19, Sa bis 12 Uhr)

Touristeninformation (www.tzdubrovnik.hr) Pile (Karte S. 278; ☎020-312 011; Brsalje 5; ⌚Juni–Sept. 8–21 Uhr, Okt.–Mai Mo–Sa 8–19, So 9–15 Uhr); Gruž (Karte S. 274; ☎020-417 983; Obala Pape Ivana Pavla II 1; ⌚Juni–Sept.

BUSSE AB DUBROVNIK

ZIEL	PREIS (KN)	DAUER (STD.)	HÄUFIGKEIT PRO TAG
Korčula	75–94	3	3
Kotor (Montenegro)	91–135	2½	4–5
Mostar (Bosnien & Herzegowina)	115	3	5
Pula	601	15	1
Rijeka	411–518	11¾–13¼	4
Sarajevo (Bosnien & Herzegowina)	175	6½	4
Split	113–135	4	24
Triest (Italien)	459	15	1
Zadar	213–271	7½–8½	8
Zagreb	219	9¼–11½	14

8–21 Uhr, Okt.–Mai Mo–Sa bis 15 Uhr); Lapad (Karte S. 274; ☎ 020-437 460; Kralja Tomislava 7; ⏲ Juni–Sept. 8–20 Uhr, Okt.–Mai Mo–Sa bis 15 Uhr) Stadtpläne, Infos und Tipps.

An- & Weiterreise

BUS

Die Busse, die am **Busbahnhof Dubrovnik** (Karte S. 274; ☎ 060 305 070; Obala Pape Ivana Pavla II 44a) starten, können recht voll werden – daher im Sommer reservieren.

Die Busse zwischen Split und Dubrovnik fahren ein kurzes Stück durch bosnisches Hoheitsgebiet – an der Grenze den Ausweis bereithalten.

Alle Busfahrpläne findet man unter www.libertasdubrovnik.hr.

FLUGZEUG

Viele europäische Fluggesellschaften, darunter Croatia Airlines, Air Berlin und Germanwings, bieten das ganze Jahr über Flüge nach Dubrovnik an. Im Sommer gibt es außerdem noch diverse Charterflüge. Croatia Airlines hat außerdem Inlandsflüge ab/nach Zagreb (bis zu 5-mal tgl.) und Osijek (wöchentl.) im Flugplan.

SCHIFF/FÄHRE

Der **Fährhafen** (Karte S. 274; Obala Pape Ivana Pavla II 1) befindet sich in Gruž, 3 km nordwestlich der Altstadt. Die Boote nach Cavtat und Lokrum starten am alten Hafen.

Jadrolinija (☎ 020-418 000; www.jadrolinija.hr) Von April bis Oktober verkehren pro Tag zwei bis sechs Autofähren zwischen Dubrovnik und dem italienischen Bari (Pers./Auto ab 44/59 €, 9 Std.). Von Juni bis September fährt zweimal pro Woche eine Autofähre die Küste nordwärts nach Sobra auf Mljet (Pers./Auto ab 14/49 €, 2 Std.), Korčula (18/49 €, 3½ Std.), Stari Grad auf Hvar (20/53 €, 7¾ Std.), Split (20/53 €, 9¾ Std.) und Rijeka (47/82 €, 22 Std.).

G&V Line (☎ 060 100 000; www.gv-line.hr) Betreibt täglich einen Katamaran nach Šipanska Luka auf Šipan (35 Kn, 40 Min.) und Sobra auf Mljet (60 Kn, 1¼ Std.). Täglich fährt auch ein Katamaran nach Sobra (1 Std.) und Polače (70 Kn, 1¾ Std.) auf Mljet, der im Sommer viermal pro Woche weiter nach Korčula (90 Kn, 2½ Std.) fährt.

UTO Kapetan Luka (www.krilo.hr) Betreibt von Mitte Mai bis Mitte Oktober dienstags und donnerstags Schnellboote ab/nach Korčula (90 Kn, 2 Std.), Hvar (170 Kn, 3½ Std.), Milna auf Brač (170 Kn, 4¼ Std.) und Split (170 Kn, 4¾ Std.).

Unterwegs vor Ort

AUTO

Die gesamte Altstadt ist Fußgängerzone; in allen umliegenden Straßen ist Parken nur mit Parkschein möglich.

Es gibt ein großes Parkhaus an der Zagrebačka – von hier ist es ein nur kurzer Fußmarsch zur Altstadt, zurück wird's jedoch bergauf etwas anstrengender. Das Parken kostet 20 Kn pro Stunde; für den ganzen Tag zahlt man 220 Kn, für eine Woche 660 Kn. Achtung: Die Tages- und Wochengebühr müssen im Voraus entrichtet werden; die Parkscheinautomaten machen das nicht deutlich, weshalb schon viele Leute auf hohen Kosten sitzengeblieben sind.

Alle üblichen Autovermieter sind am Flughafen vertreten, und die meisten haben auch Filialen in der Stadt.

BUS

Dubrovnik hat ein ausgezeichnetes Bussystem; die Busse fahren häufig und meistens auch pünktlich. Die wichtigsten Touristenstrecken werden im Sommer bis mindestens 2 Uhr morgens bedient; Urlauber, die in Lapad logieren, müssen also nicht früh am Abend ins Hotel zurück. Ein Ticket kostet beim Fahrer 15 Kn, am *tisak* (Kiosk) 12 Kn. Fahrpläne finden sich unter www.libertasdubrovnik.hr.

Vom Busbahnhof in die Altstadt von Dubrovnik gelangt man mit den Bussen 1a, 1b, 3 und 8, nach Lapad mit einem Bus der Linie 7.

Vom Pile-Tor verkehren Busse der Linie 4, 5, 6 oder 9 nach Lapad.

VOM/ZUM FLUGHAFEN

Der **Flughafen Dubrovnik** (Zračna Luka Dubrovnik; www.airport-dubrovnik.hr) befindet sich in Čilipi, 19 km südöstlich von Dubrovnik.

Atlas betreibt den Flughafenbus (35 Kn, 30 Min.), der auf Ankünfte und Abflüge abgestimmt ist. Die Busse nach Dubrovnik halten am Pile-Tor und am Busbahnhof, die Busse zum Flughafen am Busbahnhof und nahe der Seilbahn.

Ein Taxi zur Altstadt kostet rund 250 Kn.

RUND UM DUBROVNIK

Dubrovnik ist ein exzellentes Sprungbrett für Tagestrips in die umliegende Region und sogar in die Nachbarländer Montenegro und Bosnien. Man kann einfach nach Lokrum oder auf die Elafiten übersetzen, um einen entspannten Tag am Strand zu verbringen, in Trsteno durch den botanischen Garten schlendern oder zum Sightseeing und Baden nach Cavtat fahren. Alternativ kann man auch im günstigeren und ruhigeren Cavtat absteigen und von dort aus Dubrovnik erkunden.

Cavtat

2150 EW.

Ohne Cavtat gäbe es kein Dubrovnik: Es waren Flüchtlinge aus der dortigen Siedlung, die im Jahr 614 die Stadt Dubrovnik gründeten. Doch auch Cavtat ist interessant. Es hat sich einen ganz eigenen, viel urtümlicheren Charme als Dubrovnik bewahrt – mit anderen Worten: Es gibt hier viel weniger Touristen. Die Stadt in wunderschöner Lage liegt um einen sehr hübschen kleinen Hafen mit angrenzenden Stränden und imposanten Hügeln im Hintergrund.

Cavtats berühmtester Einwohner ist der Maler Vlaho Bukovac (1855–1922), ein Vorreiter des kroatischen Modernismus. Seine Bilder sind auf die bedeutendsten Sehenswürdigkeiten der Stadt verteilt.

Geschichte

Cavtat war ursprünglich eine griechische Siedlung namens Epidauros, die 228 v. Chr. zur römischen Kolonie wurde. Im 7. Jh. wurde die Stadt bei einer Invasion durch Slawen zerstört. Im Mittelalter gehörte der Ort fast durchgehend zur Republik Ragusa und profitierte von der kulturellen und wirtschaftlichen Blüte Dubrovniks.

Sehenswertes

St. Nikolaus KIRCHE
(Crkva Svetog Nikole; Obala Ante Starčevića bb) Beim Blick in die Kirche aus dem 15. Jh. entdeckt man die eindrucksvollen Holzaltäre und ein Gemälde von Bukovac.

Sammlung Baltazar Bogišić MUSEUM
(Obala Ante Starčevića 18; Erw./erm. 20/10 Kn; Mo–Sa 9–13 Uhr) Der ehemalige Rektorenpalast beherbergt die reich bestückte Bibliothek des Rechtsanwalts und Historikers Baltazar Bogišić aus dem 19. Jh. sowie Lithografien und eine kleine archäologische Sammlung. Hauptattraktion ist ein Gemälde von Bukovac, das den Karneval in Cavtat im 19. Jh. zeigt.

Kloster Maria Schnee KLOSTER
(Samostan Snježne Gospe; Bukovćeva bb) Die an das 1484 gegründete Franziskanerkloster angeschlossene Kirche lohnt einen Besuch wegen einiger bemerkenswerter Frührenaissance-Gemälde und einer wundervollen Arbeit von Bukovac über dem Eingang zum Altarraum. Diese zeigt die Muttergottes mit dem Jesuskind, wie sie bei Sonnenuntergang auf die Skyline von Cavtat blickt.

Bukovac-Haus MUSEUM
(Kuća Bukovac; www.kuca-bukovac.hr; Bukovćeva 5; Eintritt 20 Kn; Mai–Okt. Di–Sa 10–13 & 16–20, So 16–20 Uhr, Nov.–April Di–Sa 9–17, So 14–17 Uhr) Das Haus, in dem Vlaho Bukovac geboren wurde und aufwuchs, beherbergt heute ein interessantes kleines Museum, das sich seiner Arbeit widmet. Die Architektur aus dem frühen 19. Jh. schafft die passende Kulisse für sein Andenken und seine Werke. Das Haus selber war genaugenommen die erste Leinwand des Künstlers – sein erstes Gemälde, ein Fries mit Tieren, der sich über die Wände zieht, wurde erst 1998 freigelegt.

Račić-Mausoleum DENKMAL
(Mauzolej Obitelji Račić; Eintritt 10 Kn; April–Nov. Mo–Sa 10–17 Uhr) Das 1921 erbaute wunderschöne Mausoleum aus weißem Stein ist eine Arbeit des bedeutenden kroatischen Bildhauers Ivan Meštrović. Es befindet sich auf dem bewaldeten Stadtfriedhof fast an der Spitze der Halbinsel. Vom Kloster führt ein Weg hier hinauf.

ABSTECHER

SPRITZTOUREN ÜBER DIE GRENZE

Dubrovnik ist nur eine kurze Busfahrt von **Montenegro** und seinen hübschen Städten Herceg Novi, Kotor und Budva entfernt. Alle drei besitzen wunderschöne Altstädte mit verwinkelten Marmorstraßen und eindrucksvoller Architektur. Wer sich die Zeit nehmen und die Region richtig erkunden will, sollte einen eigenen fahrbaren Untersatz haben. Aber auch mit öffentlichen Verkehrsmitteln kommt man gut hierher; jeden Tag fahren Busse über die Grenze. Im Sommer kann es am Grenzübergang ziemlich schleppend vorangehen. Für die Busfahrt nach Herceg Novi sollte man zwei Stunden einplanen, eine weitere bis nach Kotor. EU-Bürger und Schweizer benötigen für die Einreise nach Montenegro kein Visum.

Es verkehren auch öffentliche Busse nach **Mostar**, wo man einen Blick auf die legendäre Brücke werfen und einen Fuß nach Bosnien & Herzegowina setzen kann. Einfacher geht es mit einem organisierten Tagesausflug in einem privaten Minibus (rund 380 Kn) – einfach in einem der Reisebüros vor Ort nachfragen. Die Minibusse starten gegen 8 Uhr, passieren das unglaublich hübsche Wehrdorf Počitelj und erreichen gegen 11.30 Uhr Mostar. Nach einer (meistens sehr kurzen) Führung bleibt man bis 15 Uhr sich selbst überlassen – so wird die Zeit fürs Mittagessen und für die Erkundung der Stadt knapp. Mostar ist immer noch eine gespaltene Stadt: Der Fluss markiert die Grenze zwischen den Stadtteilen mit kroatischer und mit bosnischer Bevölkerung; die meisten historischen Sehenswürdigkeiten liegen auf der bosnischen Seite.

Schlafen & Essen

Castelletto B&B €€
(☎020-479 547; www.dubrovnikexperience.com; Frana Laureana 22; Zi. 95–125 €; P ❄ @ 令 ≋) Das von einer Familie sehr gut geführte B & B vermietet 13 geräumige, makellos eingerichtete Zimmer mit geschmackvollen modernen Möbeln in einer umgebauten Villa. Alle sind mit Klimaanlage und Satelliten-TV ausgestattet. Obendrein haben die meisten einen herrlichen Blick auf die Bucht. Der Transport vom/zum Flughafen ist kostenlos.

Galija MEERESFRÜCHTE, DALMATISCH €€
(☎020-478 566; www.galija.hr; Vuličelićeva 1; Hauptgerichte 70–150 Kn; ⏲12–22 Uhr) Das alteingesessene, hochgeschätzte Restaurant hat eine von Kiefern beschattete Terrasse mit Blick aufs Meer und einen stimmungsvollen Innenraum mit unverputzten Steinmauern. Auf der Speisekarte dominieren Fisch und Meeresfrüchte; sehr zu empfehlen ist die Meeresfrüchteplatte (mit Fisch, Muscheln, Hummer, Shrimps und Scampi).

★ **Bugenvila** MODERN-EUROPÄISCH €€€
(☎020-479 949; www.bugenvila.eu; Obala Ante Starčevića 9; Hauptgerichte mittags 80–110 Kn, abends 130–190 Kn; ⏲12–16.15 & 18.20–23 Uhr) Das coolste Restaurant an der Uferpromenade von Cavtat mit bunt bemalten Schildern draußen und farbenfroher Kunst an den nackten Steinwänden oben. Das Bugenvila ist in kulinarischer Hinsicht der Trendsetter der Stadt und bietet gewagte, leckere Speisen mit Zutaten aus der Region. Mittags gibt's ein günstiges Drei-Gänge-Menü (125–145 Kn).

Praktische Informationen

Post (www.posta.hr; Trumbićev Put 10; ⏲Juni–Aug. Mo–Fr 7–21, Sa 8–12 & 18–21 Uhr, Sept.–Mai Mo–Fr 7–19, Sa 8–12 Uhr)

Touristeninformation (☎020-479 025; www.visit.cavtat-konavle.com; Zidine 6; ⏲Mai–Sept. 8–20 Uhr, April & Okt. Mo–Sa bis 19 Uhr, Nov.–März Mo–Fr bis 15 Uhr) Hat jede Menge Broschüren und einen guten farbigen Stadtplan.

An- & Weiterreise

BUS

Der Bus 10 fährt etwa stündlich von Dubrovniks Busbahnhof nach Cavtat (25 Kn, 45 Min.); der letzte Bus zurück startet gegen 1 Uhr.

SCHIFF/FÄHRE

Von Juni bis September gibt es elf Fähren pro Tag zwischen dem alten Hafen in Dubrovnik und Cavtat (einf. Fahrt/hin & zurück 50/80 Kn, 45 Min.). Das restliche Jahr über reduziert sich die Anzahl je nach Wetterlage auf drei bis fünf Fähren.

Insel Lokrum

Einmal in der Stunde (Juli & Aug. alle halbe Std.) legt von Dubrovniks altem Hafen eine Fähre zur üppig-grünen Insel Lokrum (Erw./Kind hin & zurück 56/16 Kn) ab; die

Überfahrt dauert zehn Minuten. Die zauberhafte, mit Steineichen, Schwarzeschen, Kiefern und Olivenbäumen bewaldete Insel ist ein ideales Refugium für alle, die es weniger urban mögen. Hier kann man prima baden, auch wenn die Strände felsig sind. Der FKK-Strand ist zugleich de facto auch Dubrovniks Schwulenstrand.

Sehenswert sind die Ruinen des mittelalterlichen **Benediktinerklosters** und der schöne **botanische Garten** mit einer Kakteensammlung samt einiger gigantischer Agaven und Palmen aus Brasilien und Südafrika.

Bevor man die Fähre verlässt, sollte man sich vergewissern, wann die letzte Fähre zurück zum Festland ablegt. Auf der Insel zu übernachten, ist nicht möglich. Auf der ganzen Insel ist das Rauchen verboten. Die Insel ist nur von April bis November für die Öffentlichkeit zugänglich.

Arboretum von Trsteno

Die grüne Baumschule, die älteste in Kroatien, liegt nur 14 km nordwestlich von Dubrovnik und lohnt zweifelsohne einen Besuch. Im 16. Jh. begannen Dubrovniks Patrizier ihren Gärten größere Aufmerksamkeit zu schenken. Ivan Gučetić pflanzte hier die ersten Samen und setzte damit einen Trend in Gang; seine Nachkommen pflegten die Anlage über die Jahrhunderte. Das Gelände wurde schließlich verstaatlicht und ging an die (ehemals jugoslawische, heutige kroatische) Akademie der Wissenschaften über, die es in ein öffentliches **Arboretum** (☎020-751 019; Erw./erm. 40/25 Kn; ⏲Juni–Sept. 8–19 Uhr, Okt.–Mai bis 16 Uhr) umwandelte.

Der Garten im Renaissance-Stil hat in geometrischen Formen angelegte Arrangements von mediterranen Pflanzen und Büschen (lila Lavendel, grüner Rosmarin, Fuchsien, Bougainvilleen) und in der Luft liegt der Duft der Zitrushaine. Die Anlage ist nur teilweise landschaftlich gestaltet, ein Teil ist wundervoll wild. Es gibt – sehr zur Freude der Kinder – ein **Labyrinth**, eine schöne Palmensammlung (u. a. mit Chinesischen Hanfpalmen) und einen herrlichen **Teich** mit Neptunstatue, unzähligen weißen Seerosen und Dutzenden Ochsenfröschen.

Unbedingt sehenswert sind die zwei **gigantischen Platanen** am Eingang zum Dorf Trsteno; sie sind mehr als 500 Jahre alt, ragen etwa 50 m in die Höhe und zählen somit zu den größten ihrer Art in Europa.

Um nach Trsteno zu gelangen, nimmt man vom Busbahnhof in Dubrovnik den Ortsbus 12, 15, 22 oder 35. Überdies hält auch der Fernbus Richtung Split hier.

Elafiten

Ein Tagesausflug zu einer der Inseln des Archipels nordwestlich von Dubrovnik ist genau das Richtige, um den Menschenmassen im Sommer zu entfliehen. Die beliebtesten Inseln sind **Koločep**, **Lopud** und **Šipan**. Alle drei können im Rahmen der **Tour** „Drei Inseln & ein Fischpicknick" (250 Kn inkl. Getränke und Mittagessen) innerhalb eines Tages besucht werden. Diese Touren werden von mehreren Veranstaltern am alten Hafen von Dubrovnik angeboten. Abfahrt ist um 10 Uhr, zurück geht es schon um 18 Uhr – man wird also nicht viel mehr als einen kurzen Blick auf jede einzelne Insel werfen können.

Koločep ist die Dubrovnik am nächsten gelegene Insel; dort leben gerade einmal 150 Menschen. Sie hat mehrere Sand- und Kiesstrände, Steilklippen und Meereshöhlen, außerdem jahrhundertealte Kiefernwälder, Olivenhaine sowie Orangen- und Zitronengärten.

Das autofreie Lopud kann mit interessanten Kirchen und Klöstern aus dem 16. Jh. aufwarten – einer Zeit, als die Anwohner wahre Heldentaten auf See vollbrachten. Das Dorf Lopud besteht aus Steinhäusern inmitten von exotischen Gärten. Wer Lust hat, kann zum herrlichen **Sandstrand Šunj** laufen. In einer kleinen Bar gibt es gegrillte Sardinen und anderen Fisch.

Šipan, die größte der Inseln, war früher bei den Adligen von Dubrovnik sehr beliebt; sie ließen sich hier im 15. Jh. Häuser bauen. Im Dorf **Šipanska Luka** befinden sich auch die Ruinen einer römischen Villa und eines gotischen Herzogspalastes aus dem 15. Jh. Man sollte auch **Kod Marka** (☎020-758 007; Šipanska Luka; Hauptgerichte ab 50 Kn) besuchen, um dort die hervorragend zubereiteten Meeresfrüchte zu probieren. Köstlich ist auch der Fischeintopf nach Korčula-Art.

ℹ Anreise & Unterwegs vor Ort

Jadrolinija (www.jadrolinija.hr) betreibt das ganze Jahr über täglich vier (im Winter So 2) Autofähren (Erw./Kind/Auto 23/12/160 Kn) von Dubrovnik zu den Elafiten; sie legt an den Inseln Koločep (35 Min.), Lopud (55 Min.) und in Suđurađ auf Šipan (1¼ Std.) an. Zusätzlich

ABSTECHER

VERLOCKENDES KONAVLE

Nach der trockenen und zerklüfteten Küstenlandschaft um Dubrovnik sind die üppig-grünen Felder und ordentlich angelegten Weinberge von Konavle eine echte Überraschung. Hier in einem versteckten Winkel des Dreiländerecks von Kroatien, Bosnien und Montenegro treten östlich von Cavtat die Berge einen halben Schritt zurück und schaffen eine dramatische Kulisse für eine fruchtbare, landwirtschaftlich genutzte Region. Das Gebiet ist vor allem für die hier heimische *malvasija*-Traube bekannt, aus der ein sehr angenehmer Weißwein gekeltert wird.

Um die Landschaft zu genießen, gibt es keinen besseren Ort als die Terrasse des **Konoba Koraćeva Kuća** (☎ 020-791 557; Gruda bb; Hauptgerichte 55–130 Kn; ⏲ April–Sept. 12–22 Uhr) im Dorf Gruda. Das von einer Familie betriebene, außergewöhnliche Restaurant hat sich auf eine traditionelle dalmatische Küche mit modernem Touch spezialisiert. Bei Sonnenuntergang kann man über die Felder hinweg das Farbenspiel in den Bergen Bosniens beobachten. Auf Vorbestellung bekommt man auch unter einer *peka* gegartes Lamm- oder Kalbfleisch; aber auch auf der Karte sollte sich das Passende finden lassen. Sehr zu empfehlen sind die Bruschetta, der *pršut* (roher Schinken) und das Wildschweingulasch mit Gnocchi.

fahren ein bis zwei Fähren pro Tag direkt nach Lopud und Suđurađ.

G&V Line (www.gv-line.hr) betreibt täglich einen Katamaran von Šipanska Luka nach Dubrovnik (35 Kn, 40 Min.) und Mljet (30 Kn, 35 Min.).

All diese Fähren legen in Dubrovnik am Hafen Gruž ab.

Mljet

1090 EW.

Von allen Adria-Inseln ist Mljet die wohl schönste. Ein Großteil der Insel ist von Wäldern bedeckt, der Rest verteilt sich auf Felder, Weingärten und kleine Dörfer. Die Nordwesthälfte umfasst den **Nationalpark Mljet**, dessen üppige Vegetation, Pinienhaine und wunderschöne Salzwasserseen einen spektakulären Anblick bieten. Mljet ist eine unberührte Oase der Ruhe. Der Legende nach soll sie Odysseus sieben Jahre lang in ihren Bann gezogen und verzaubert haben. Wir sind überzeugt davon, dass es die angenehmsten Tage seiner Irrfahrt waren.

Geschichte

Die alten Griechen nannten die Insel „Melita“ (Honig), weil in den Wäldern so viele Bienen summten. Wahrscheinlich kamen griechische Seeleute auf die von Illyrern besiedelte Insel, um Schutz vor Stürmen und Quellen für die Aufstockung ihrer Süßwasservorräte zu suchen. Sie errichteten Festungen auf den Hügeln und trieben Handel mit dem Festland. Im Jahr 35 v. Chr. wurden die Bewohner der Insel, die als Seeräubernest galt, von den Römern unterworfen, die fortan die Siedlung um Polače ausbauten und einen Palast sowie Bäder und Quartiere für Bedienstete errichteten.

Im 6. Jh. geriet Mljet unter die Herrschaft der Byzantiner, bevor es im 7. Jh. von Slawen und Awaren überrannt wurde. Mehrere Jahrhunderte lang wurde die Insel dann vom Festland aus regiert, bis Mljet im 13. Jh. schließlich dem Benediktinerorden übergeben wurde. 1410 annektierte Dubrovnik die Insel offiziell.

Die Geschicke von Mljet waren von da an zwar eng mit Dubrovnik verbunden, doch am Alltag der Inselbewohner änderte sich wenig: Sie verdienten ihren Lebensunterhalt als Bauern, Winzer und Seeleute. Ackerbau und Weinproduktion stellen noch heute die Grundlage der Inselwirtschaft dar. Mit der Gründung des Nationalparks im Jahr 1960 hielt schließlich der Tourismus Einzug auf Mljet, doch die Zahl der Besucher ist überschaubar. Sie tummeln sich fast ausschließlich in und rund um Pomena. Nach Ruhe und Beschaulichkeit muss man auf Mljet nicht lange suchen.

Sehenswertes & Aktivitäten

Nationalpark Mljet PARK

(www.mljet.hr; Erw./erm. 100/50 Kn) Eintrittskarten für den Nationalpark werden an Kiosken in Pomena und Polače verkauft. Von beiden Dörfern aus gelangt man zu Fuß oder mit dem Rad (Autos sind verboten) zum **Malo Jezero** (Kleinen See) und **Veliko Jezero** (Großen See). In der Mitte des Veliko Jezero liegt eine kleine Insel mit einem **Benediktinerkloster**, zu dem auch die **Kirche**

St. Maria (Crkva Svete Marije) gehört. Von Mali Most, rund 1,5 km von Pomena entfernt, fährt regelmäßig ein Boot zu der Insel (die Überfahrt ist im Parkeintritt enthalten).

Das ursprünglich im 12. Jh. errichtete Kloster wurde mehrmals umgebaut, wobei dem romanischen Bau Elemente im Renaissance- und Barockstil hinzugefügt wurden. Die Benediktinermönche bauten nicht nur das Kloster, sondern vertieften und erweiterten auch den Kanal zwischen den beiden Seen, um die Flut für den Betrieb einer Mühle zu nutzen, die sie am Zufluss des Veliko Jezero erbauten. Das Kloster wurde 1869 aufgegeben. Die Mühle, bis 1941 Sitz der Forstverwaltung, beherbergte in jugoslawischer Zeit ein Hotel, das bis zum Kroatienkrieg in den 1990er-Jahren in Betrieb war. Heute ist hier ein stimmungsvolles Restaurant untergebracht.

Der Veliko Jezero ist über den Soline-Kanal mit dem Meer verbunden, wodurch die Flut bis zu den Seen reicht. Es führt keine Brücke über den Kanal, sodass man den größeren See nicht umrunden kann. Wer hier baden will, sollte sich vor der Strömung hüten, die manchmal recht stark ist.

Polače DORF

In Polače stehen Ruinen aus dem 1. bis 6. Jh. Am eindrucksvollsten ist der **römische Palast**, der vermutlich aus dem 5. Jh. stammt. Er hatte einen rechteckigen Grundriss mit zwei polygonalen Türmen an der Vorderseite. Auf dem Hügel über der Stadt sind die Ruinen einer spätantiken **Festung** erkennbar, im Nordwesten des Dorfes stehen Reste einer **frühchristlichen Basilika** sowie einer **Kirche** aus dem 5. Jh.

Aquatica TAUCHEN

(☎099 81 14 090; www.aquatica-mljet.hr; neben dem Hotel Odisej, Pomena) Rund um die Insel Mljet gibt es ein paar interessante Tauchstellen, darunter ein deutsches Torpedo-U-Boot aus dem Zweiten Weltkrieg und mehrere Unterwassermauern. In relativ flachem Wasser liegt auch das Wrack eines römischen Schiffs aus dem 3. Jh. Im Laufe der Jahrhunderte hat sich auf den Überresten des Schiffes und einigen Amphoren an Bord eine schützende Kalkschicht gebildet, die es vor Plünderungen bewahrte.

Geführte Touren

Die Reisebüros in Dubrovnik und Korčula bieten Ausflüge zur Insel Mljet an. Die Touren (ca. 390 Kn bzw. 245 Kn) beginnen meist gegen 8.30 Uhr und dauern bis 18 Uhr; der Eintritt in den Nationalpark ist mit inbegriffen.

Schlafen & Essen

Die Touristeninformation Polače arrangiert Privatunterkünfte (DZ ab rund 250 Kn); in der Hauptsaison unbedingt reservieren! In Pomena sieht man mehr *sobe*-Schilder als in Polače und in Sobra praktisch gar keine.

Pomena bietet zudem die größte Auswahl an Restaurants, z. B. an der hübschen Uferpromenade. Fisch und Meeresfrüchte sind sehr frisch und reichlich vorhanden, allerdings nicht gerade billig. Ebenfalls beliebt sind unter einer *peka* (einem gewölbten Metalldeckel auf heißen Kohlen) gegartes Ziegen- und Lammfleisch. Ein Tipp für Bootsfahrer: Man kann an allen Restaurants kostenlos anlegen, wenn man dort speist.

Stermasi APARTMENTS, DALMATISCH €€

(☎098 93 90 362; www.stermasi.hr; Saplunara; Apt. 65–140 €, Hauptgerichte 70–180 Kn; P ❄) Am östlichen Rand der Insel Mljet vermietet das Stermasi zehn helle, moderne Apartments jeweils mit Terrasse oder eigenem Balkon. Pluspunkte sammelt aber vor allem das Restaurant, das mit viel Liebe fachmännisch zubereitete leckere, echt dalmatische Gerichte serviert. Zu den Spezialitäten zählen unter einer *peka* zubereitete Gemüse-, Tintenfisch- und Ziegenfleischgerichte, Wildschwein mit Gnocchi und Fischsuppe nach Mljet-Art.

Soline 6 APARTMENTS €€

(☎020-744 024; www.soline6.com; Soline; DZ 80 €) Diese Anlage mitten im Nationalpark mit einem grünem Konzept hat sich gänzlich dem Umweltschutz verschrieben. Hier besteht alles aus recycelten Materialien, das Regenwasser wird zur Wiederverwendung aufgefangen und der Biomüll kompostiert. Wer eine Hippie-Kommune erwartet, liegt aber falsch: Die vier Wohnstudios, jeweils mit Balkon und Küche ausgestattet, sind modern und sauber.

Praktische Informationen

Touristeninformation Polače (☎020-744 186; www.mljet.hr; ⏲Juni–Sept. Mo–Sa 8–13 & 17–19, So 9–12 Uhr, Okt.–Mai Mo–Fr 8–13 Uhr) Hält Broschüren und eine gute Wanderkarte bereit. In der Nähe gibt es einen Geldautomaten.

Touristeninformation Babino Polje (☎020-746 025; www.mljet.hr; Zabrježe 2; ⏲Mo–Fr 9–17 Uhr) Das 18 km östlich von Polače gelegene Babino Polje ist die größte Siedlung auf der Insel. Hier gibt's auch eine Post.

An- & Weiterreise

Die schnellste Verbindung vom Festland zur Insel Mljet bietet die **Jadrolinija-Autofähre** (www.jadrolinija.hr) von Prapratno auf der Halbinsel Pelješac nach Sobra (Erw./Kind/Auto 30/15/140 Kn, 45 Min., 4–5-mal tgl.).

G&V Line (www.gv-line.hr) betreibt täglich einen Katamaran von Dubrovnik (60 Kn, 1¼ Std.) und Šipan (30 Kn, 35 Min.) nach Sobra. Ein weiterer fährt von Dubrovnik nach Sobra (70 Kn, 1 Std.) und Polače (70 Kn, 1¾ Std.) und im Sommer viermal pro Woche weiter nach Korčula (50 Kn, 45 Min.). Es ist nicht möglich, Fahrkarten zu reservieren; man muss in der Hauptsaison einfach frühzeitig am Fahrkartenschalter am Hafen aufkreuzen, um sich einen Sitzplatz zu sichern (die Mitnahme von Fahrrädern ist nicht gestattet).

Von Juni bis September hält die Jadrolinija-Autofähre, die zweimal pro Woche an der Küste zwischen Dubrovnik (Pers./Auto ab 14/49 €, 2 Std.) und Rijeka (47/82 €, 20¼ Std.) verkehrt, auch in Sobra sowie in Korčula (14/49 €, 2 Std.), Stari Grad auf Hvar (20/53 €, 6 Std.) und Split (20/53 €, 8 Std.).

Unterwegs vor Ort

Zwischen Sobra und Polače verkehren unregelmäßig Busse.

Am besten erkundet man den Nationalpark mit einem Fahrrad. Pomena und Polače sind durch einen steilen Hügel voneinander getrennt; der Radweg am See ist leichter zu bewältigen und extrem malerisch.

Mini Brum (020-745 084; www.rent-a-car-scooter-mljet.hr) in Sobra, Polače und Pomena vermietet Scooter (2 Std./1 Tag 120/240 Kn) und Autos (5 Std./1 Tag ab 270/380 Kn).

PELJEŠAC

Die schmale, langgestreckte Halbinsel Pelješac ist der entspannteste Küstenabschnitt Kroatiens. Sie ist geprägt von einem zerklüfteten Gebirgsrücken, herrlichen Tälern, idyllischen Buchten und feinen Weinen. Ein herrlicher Ort für einen Besuch!

Ston & Mali Ston

549 & 139 EW.

Ston und sein kleiner Bruder Mali Ston liegen etwa 50 km nordwestlich von Dubrovnik an einer Landenge, die die Halbinsel Pelješac mit dem Festland verbindet. Ston gehörte einst zur Republik Dubrovnik und war damals berühmt für seine Salzgewinnung. Aufgrund der wirtschaftlichen Bedeutung für Dubrovnik wurde im Jahr 1333 eine 5,5 km lange Mauer um den Ort gebaut – eine der längsten Wehranlagen Europas. Zu den Architekten, die hinter dem Bau und dem Aussehen der Mauer mit ihren 40 Türmen und fünf Forts stehen, zählt u. a. Juraj Dalmatinac. Die Mauern umgeben bis heute die vielen schönen mittelalterlichen Gebäude der Altstadt.

Mali Ston, ein kleines Dorf mit Hafen, liegt rund 1 km nordöstlich von Ston und wurde zusammen mit der Mauer als Bestandteil der Wehranlage errichtet. Sowohl Ston als auch Mali Ston sind ein Mekka für Feinschmecker: Besonders berühmt sind die Austern und Muscheln, die schon zu römischen Zeiten in dieser Gegend gezüchtet wurden.

Sehenswertes & Aktivitäten

Die größte Sehenswürdigkeit in Ston ist die **Wehrmauer** (Erw./Kind 40/20 Kn; 8–19 Uhr) aus dem 14. Jh., die sich von beiden Ortschaften den Hügel hinauf erstreckt. Sie wurde vollständig restauriert und kann sogar auf längeren Strecken begangen werden.

Interessant sind auch die **Salinen** (www.solanaston.hr; Peljeski Put 1; Eintritt 15 Kn; Mai–Okt. 7–19 Uhr) in Ston, die noch immer in Betrieb sind und der Gemeinde schon viel Wohlstand beschert haben. Das Salz wird von Ende Juli bis September gewonnen, wobei die Hilfe von freiwilligen Mitarbeitern gerne in Anspruch genommen wird. Wer zu so einer Art von Ferienjobs Lust hat, kann sich auf der Website informieren.

In Ston selber gibt es keine Strände, im 4 km südwestlich gelegenen **Prapratno** findet man jedoch einen wundervollen Kieselstrand vor. In dem flachen Wasser sollte man sich vor Seeigeln in Acht nehmen!

Schlafen

Camping Prapratno CAMPEN €
(020-754 000; www.duprimorje.hr; Prapratno; Erw./Auto/Stellplatz 56/42/46 Kn; P) Der attraktive Campingplatz direkt am glitzernden Strand in Prapratno hat Stellplätze im Schatten von Olivenbäumen und gute Einrichtungen wie Tennis- und Basketballplätze, einen Laden und ein Restaurant.

Ostrea HOTEL €€€
(020-754 555; www.ostrea.hr; Mali Ston; EZ/DZ ab 690/990 Kn; P) Hinter den Steinmau-

ern und den grünen Fensterläden des historischen Gebäudes verbergen sich elegante Zimmer mit lackierten Holzböden und modernen Badezimmern. Die Angestellten sind freundlich und professionell. Das Hotel ist nur ein paar Schritte vom hübschen Hafen von Mali Ston entfernt.

Essen

Stagnum DALMATISCH €
(Imena Isusova 23, Ston; Hauptgerichte 30–110 Kn; Mai–Okt. 11–24 Uhr) Man schnappt sich einfach einen Sitzplatz in dem hübschen Gartenhof und beobachtet, wie auf dem Grill Fisch und Fleisch brutzeln. Es gibt auch leckere frische Muscheln und Risotto.

Kapetanova Kuća MEERESFRÜCHTE €€
(020-754 269; www.ostrea.hr; Mali Ston; Hauptgerichte 85–130 Kn; 12–22 Uhr) Das „Kapitänshaus" zählt zu den beliebtesten Meeresfrüchterestaurants in der Region. Auf der schattigen Terrasse kann man sich bei Austern und Muscheln aus Ston selber davon überzeugen, dass dies berechtigt ist.

Praktische Informationen

Touristeninformation (020-754 452; www.ston.hr; Peljestki Put bb, Ston; Juli–Sept. Mo–Sa 8–19, So 9–12 & 16–19 Uhr, Okt.–Juni Mo–Sa 8–14 Uhr) Hat Broschüren und Busfahrpläne und hilft bei der Suche nach Privatunterkünften. Bushaltestelle und Post liegen in der Nähe.

An- & Weiterreise

Von hier fahren Busse u. a. nach Orebić (ab 38 Kn, 1½ Std., 4-mal tgl.), Dubrovnik (60 Kn, 1½ Std., 4-mal tgl.), Split (90 Kn, 2½ Std., 3-mal tgl.), Zadar (135 Kn, 6 Std., tgl.) und Zagreb (219 Kn, 9 Std., 2-mal tgl.).

Zentrales Pelješac

Die sehr reizvolle Fahrt von Ston nach Orebić über kurvenreichen Straße dauert eine gute Stunde. Viele Traveller wissen nicht einmal, dass sie durch das Reich des Königs aller kroatischen Rotweine – den Plavac Mali – fahren.

Der „kleine Blaue" *(mali plavac)* ist eine Kreuzung aus dem Crljenak Kaštelanski (besser bekannt als Zinfandel) und dem weniger bekannten Dobričić. Aus der kleinen blauen Traube wird ein großer, vollmundiger Wein, das Pendant des italienischen Primitivo, gekeltert. Je unwirtlicher das Gelände desto aromatischer der Wein. Das ist auch der Grund, warum der beste Plavac Mali an den kahlen, sonnenverbrannten Hängen von **Dingač** und **Postup** an der Südküste der Halbinsel gedeiht. Die Weinberge sind sehr schwer zugänglich, weshalb alle Trauben von Hand gelesen werden müssen. Weine aus beide Regionen tragen geschützte Herkunftsbezeichnung.

Die drittgrößte Siedlung auf der Halbinsel nach Ston und Orebić ist das hübsche, kleine, von Palmen gesäumte **Trpanj** an der Nordküste. Zwischen hier und Ploče fahren Autofähren.

Ausgehen

★ **Peninsula** WEINBAR
(www.peninsula.hr; Donja Banda; Verkostung ab 4 Kn; 9–23 Uhr;) Die wundervolle Weinbar am Straßenrand liegt in Donja Banda, unweit der Kreuzung, wo die Straße nach Trpanj von der Hauptstraße der Insel abzweigt. Hier kann man prima ein paar erstklassige Weine aus der Region probieren. Es stehen mehr als 60 Weine zur Auswahl. Ferner verkauft der Laden verschiedene Olivenöle, *rakija* (Schnaps) und Liköre aus regionaler Herstellung.

Taverna Domanoeta TAVERNE
(Janjina; Juli & Aug. 19–1 Uhr) Wer ein paar Tropfen aus der Region probieren will und Wert auf Authentizität legt, findet nichts Besseres als diesen rustikalen, mit Steinwänden versehenen Weinkeller in Janjina, einem kleinen Dorf mitten auf der Halbinsel. Wenn die Sonne scheint, setzt man sich am besten in den Garten und bestellt einen Plavac Mali, Käse aus der Region und *pršut* (Prosciutto).

An- & Weiterreise

Jadrolinija (www.jadrolinija.hr) betreibt eine Autofähre zwischen Ploče und Trpanj (Erw./Kind/Auto 32/16/138 Kn, 5–7-mal tgl.). Wer nach Norden will (oder von dort kommt), kann mit der Fähre die Fahrt um etwa 90 Minuten verkürzen. Die Überfahrt dauert eine Stunde.

Orebić

1980 EW.

Orebić an der Südküste der Halbinsel Pelješac wirbt mit einigen der besten Strände Süddalmatiens. Die sandigen Buchten werden von Pinien und Tamarisken gesäumt. Bis zum Ort Korčula sind es nur 2,5 km,

WINDSURFEN IN VIGANJ

Surfer steuern am besten Viganj an, wo die besten Windbedingungen in ganz Kroatien warten. Das Dorf liegt 7 km westlich von Orebić, fast am Ende der Halbinsel Pelješac.

Ein guter Campingplatz ist die merkwürdig benannte Anlage **Antony-Boy** (☎ 021-719 077; www.antony-boy.com; Erw./Kind/Zelt/Auto 36/22/30/36 Kn; @ 📶 🐾) gleich hinter dem Kiesstrand, zu der auch eine Surfschule und ein Fahrradverleih gehören.

Viganj ist recht beschaulich; touristische Bedürfnisse befriedigen ein paar Restaurants und das **Karmela** (☎ 020-719 097; Viganj 36; ⏲ 7–24 Uhr; 📶), eine lebhafte Strandbar mit toller Atmosphäre, die in der Hauptsaison auch Essen serviert. Direkt nebenan befindet sich eine kleine **Touristeninformation** (☎ 020-719 059; ⏲ Mitte Juni–Mitte Sept. Mo–Sa 9–14 Uhr), die aber nur im Sommer besetzt ist.

weshalb sich der Ort hervorragend als Sprungbrett für einen Tagestrip auf die benachbarte Insel und weitere Ausflüge eignet. Wer vom Faulenzen am Strand genug hat, kann tolle Wanderungen unternehmen, z. B. auf den Berg Ilija (961 m); dieser schützt die Stadt vor dem kalten Nordwind, weshalb hier mediterrane Pflanzen sehr üppig gedeihen. Meist ist es in Orebić ein paar Grad wärmer als auf Korčula; entsprechend früher hält der Frühling Einzug, während der Sommer ein wenig länger währt. Kulturinteressierte finden sehenswerte Kirchen und Museen vor.

Geschichte

Orebić und die Halbinsel Pelješac gehören seit 1333 zu Dubrovnik; sie wurden dem früheren Besitzer, Serbien, abgekauft. Die Stadt hieß bis zum 16. Jh. Trstenica (so wie die östliche Bucht) und war ein bedeutendes Zentrum der Seefahrt. Den Namen Orebić erhielt sie nach einer betuchten Seefahrerfamilie, die 1658 eine Zitadelle zur Verteidigung gegen die Osmanen errichten ließ. Bis heute bilden die vielen Häuser und exotischen Gärten der wohlhabenden Kapitäne einen Blickfang in der Umgebung. Den Höhepunkt der Seefahrt erlebte die Stadt im 18. und 19. Jh. als Sitz eines der größten Handelsimperien der damaligen Zeit: der Associazione Marittima di Sabioncello. Nach dem Niedergang der Schifffahrt gewann schnell der Tourismus an Bedeutung.

Sehenswertes & Aktivitäten

Trstenica STRAND

Es gibt einen schmalen Strand westlich des Docks, schöner ist jedoch der lange Strand bei Trstenica, rund 700 m östlich des Docks. Große Bäume säumen den hübschen, breiten und halbmondförmigen Strand mit Sand und feinem Kies, während das ruhige türkisblaue Wasser an die Karibik erinnert.

Schifffahrtsmuseum MUSEUM

(Pomorski Muzej; Obala Pomoraca; Erw./Kind 15/10 Kn; ⏲ Juli–Okt. Mo–Sa 10–12 & 17–20 Uhr, Nov.–Juni Mo–Fr 7–15 Uhr) Das mäßig interessante Museum beherbergt Gemälde mit maritimen Motiven, allerlei Erinnerungsstücke von Schiffen, Navigationsinstrumente und prähistorische Funde aus archäologischen Ausgrabungen im nahe gelegenen Majsan.

Wanderungen WANDERN

Rund um Orebić kann man prima wandern. Eine Wanderkarte erhält man in der Touristeninformation. Ein Weg führt vom Hotel Bellevue durch Kiefernwald zu einem **Franziskanerkloster** aus dem 15. Jh., das auf einem Kamm 152 m über dem Meer thront. Von hier aus konnten die Wachposten aus Dubrovnik die bei Korčula vor Anker liegenden venezianischen Schiffe beobachten und verdächtige Bewegungen melden.

Das Dorf Karmen nahe dem Kloster empfiehlt sich als Ausgangspunkt für Wanderungen zu den malerischen Bergdörfern sowie für die anspruchsvolle Besteigung des **Bergs Ilija**, der als kahles, graues Massiv hinter Orebić aufragt. Der Lohn für Schweiß und Mühen ist ein atemberaubender Blick auf die ganze Küste. Auf dem Hügel östlich des Klosters steht neben einigen riesigen Zypressen die **Kirche unser lieben Frau von Carmel** (Gospa od Karmena). Sehenswert sind auch die barocke Loggia und die Burgruine.

Schlafen

Bei der Suche nach einer Privatunterkunft hilft die Touristeninformation oder Orebić Tours. Für ein Privatzimmer zahlt man ab 170 Kn pro Person.

Glavna Plaža CAMPEN, APARTMENTS €

(☎ 020-713 399; www.glavnaplaza.com; Kneza Domogoja 49; Erw./Kind/Stellplatz/Auto 7/4/6/6 €,

Apt. ab 50 €; ⌚Mai–Sept.; Ⓟ📶) Der kleine, von einer Familie betriebene Campingplatz versteckt sich an dem Orebić zugewandten Ende des Sandstrands Trstenica. Er vermietet auch vier schlichte Apartments (3 Wohnstudios und 1 Apt. für bis zu 6 Pers.).

Hotel Adriatic HOTEL €€€
(☎020-714 488; www.hoteladriaticorebic.com; Šetalište Kneza Domagoja 8; EZ/DZ ab 912/1140 Kn; ❄📶) Direkt am Ufer bietet dieses umgebaute Kapitänshaus komfortable Zimmer mit unverputzten Steinwänden, Holzböden und fantastischen großen Badezimmern. Alle Zimmer haben zudem einen tollen Meerblick. Auf der Terrasse mit Blick aufs Wasser wird das exzellente Frühstück serviert.

Hotel Indijan HOTEL €€€
(☎020-714 555; www.hotelindijan.hr; Šetalište, Škvar 2; EZ/DZ ab 817/1417 Kn; Ⓟ❄📶🏊) In dem gut gestalteten Hotel weht ein zeitgenössischer Wind. Die Zimmer sind modern und gut ausgestattet; einige haben einen Balkon mit Blick über die Adria bis nach Korčula. Der kleine, beheizte Rundpool hat ein einziehbares Glasdach, sodass er das ganze Jahr über genutzt werden kann.

Essen

Dalmatino DALMATISCH €
(Jelačića 47; Hauptgerichte 40–90 Kn; ⌚12–22 Uhr; 👪) Das beliebte Lokal direkt am Ufer gleich westlich vom Hafen hat eine angenehme Atmosphäre und Tische im Schatten von Kiefern. Auf der Karte findet man Tintenfisch, Fisch, Shrimps, Steak, Pizza und Pasta. Hier kann man sich gut die Zeit vertreiben, während man auf die Fähre wartet. Mit Kinderspielplatz.

Panorama Jerković DALMATISCH €€
(Celestinov Put; Hauptgerichte 70–115 Kn; ⌚18–21 Uhr) Das sehr einfache, von einer Familie betriebene Lokal befindet sich hoch oben an den Hängen hinter dem Kloster und hat einen unglaublich guten Blick auf den Ort Korčula. Wer hier essen möchte, ruft am besten am Tag vorher an und bestellt die Spezialität des Hauses: Tintenfisch, Kalb- oder Lammfleisch *ispod peka* („unter der Glocke gegart"). Der Rest auf der sonst überschaubaren Karte ist ziemlich durchschnittlich.

Praktische Informationen

Orebić Tours (☎020-713 367; www.orebic-tours.hr; Bana Josipa Jelačića 84a) Vermittelt Privatunterkünfte, wechselt Geld und bucht Ausflüge, darunter Wein- und Bootstouren.

Post (Obala Pomoraca 13; ⌚Juli & Aug. Mo–Fr 8–21, Sa 8–12 & 18–21 Uhr, Sept.–Juni Mo–Fr 7.30–17, Sa 9–13 Uhr)

Touristeninformation (☎020-713 718; www.visitorebic-croatia.hr; Zrinsko Frankopanska 2; ⌚Juli & Aug. 8–22 Uhr, Mai, Juni, Sept. & Okt. 8–20 Uhr, Nov.–April Mo–Fr 8–16 Uhr) Hat eine gute Wander- und Fahrradkarte der Halbinsel und jede Menge Broschüren.

An- & Weiterreise

Die Fähren aus Korčula legen nur ein paar Schritte abseits der Touristeninformation und der Bushaltestelle an.

Es gibt Busse ab/nach Ston (ab 38 Kn, 1½ Std., 4-mal tgl.), Dubrovnik (ab 69 Kn, 2½ Std., 3-mal tgl.), Split (94 Kn, 4½ Std., tgl.), Zadar (188 Kn, 7¼ Std., tgl.) und Zagreb (250 Kn, 10¾ Std., tgl.).

KORČULA

Das von Weinbergen, Olivenhainen, kleinen Dörfern und einer herrlichen Altstadt geprägte Korčula ist mit knapp 47 km Länge die sechstgrößte Insel in der Adria. Da die Insel so dicht bewaldet ist, wurde sie von den ersten griechischen Siedlern Korkyra Melaina (Schwarzes Korfu) genannt. Ruhige Buchten und kleine Sandstrände bestimmen die steile Südküste; das Nordufer ist flacher und kieseliger.

Bis heute werden auf Korčula alte Bräuche gepflegt. Die Menschen halten jahrhundertealte religiöse Zeremonien am Leben – und der wachsende Tourismus sorgt dafür, dass Volksmusik und -Tänze auch ihr Publikum finden. Weinkenner kommen ebenfalls auf ihre Kosten. Der wohl beste kroatische Weißwein wird aus der *pošip*-Traube gekeltert, die nur hier und in einigen Anbaugebieten der Halbinsel Pelješac gedeiht. Aus der rund um Lumbarda kultivierten Grk-Traube entsteht ein weiterer guter trockener Weißwein.

Geschichte

Eine Höhle aus dem Neolithikum (Vela Špilja) bei Vela Luka im Westen Korčulas weist auf eine prähistorische Besiedlung der Insel hin. Die Griechen ließen sich hier im 6. Jh. v. Chr. nieder, ihre bedeutendste Siedlung befand sich im 3. Jh. v. Chr. in der Gegend des heutigen Lumbarda.

Im 1. Jh. eroberten die Römer die Insel, ihnen folgten im 7. Jh. die Slawen. Die Vene-

NICHT VERSÄUMEN

LOKALE AUF DEM LAND

Ein paar der besten Lokale von Korčula findet man in den Dörfern in der Umgebung des Inselhauptorts. Wer ein eigenes Auto hat, sollte folgende *konobas* (Tavernen) ansteuern:

Konoba Mate (020-717 109; Pupnat 28; Hauptgerichte 50–80 Kn; Mo–Sa 11–14 & 19–23, So 19–23 Uhr) Unser Lieblingslokal auf der ganzen Insel hat eine ungewöhnliche Lage in dem verschlafenen Bauerndorf Pupnat, gleich abseits der Inselhauptstraße, 11 km westlich von Korčula. Die Karte ist klein, aber mit ungeheuer verführerischen Gerichten gespickt. Im Angebot sind ungewöhnliche Varianten diverser Klassiker, z. B. unter einer *peka* gegartes Ziegenkitz. Der Antipasti-Teller ist einfach himmlisch.

Konoba Belin (091 50 39 258; Prvo Selo Žrnovo; Hauptgerichte 50–120 Kn; 10–14 & 17–24 Uhr) In dem freundlichen, familienbetriebenen Lokal in der Altstadt von Žrnovo, 2,5 km westlich von Korčula-Stadt, dreht sich alles um den Grill (der vom Vater streng bewacht wird). Natürlich gibt's jede Menge Grillfleisch und -fisch. Bei Vorbestellung bekommt man auch unter der *peka* gegarten Tintenfisch.

Konoba Maslina (Lumbarajska bb; Hauptgerichte 60–130 Kn; 11–22 Uhr) Das traditionelle Lokal, rund 3 km außerhalb Korčulas an der Straße nach Lumbarda, hat alles, was man von einer ländlichen *konoba* erwartet: rustikalen Charakter und feinste Landküche mit frischem Fisch, Lamm- und Kalbfleisch sowie regionalem Schinken und Käse.

zianer lösten sie im Jahr 1000 ab, danach kamen die Ungarn. Kurze Zeit gehörte die Insel zur Republik Dubrovnik, bis sie 1420 wieder an Venedig fiel, wo sie bis 1797 verblieb. Während der Herrschaft der Seerepublik war die Insel für das Gesteinsmaterial berühmt, das in Steinbrüchen gewonnen und exportiert wurde. Auch der Schiffsbau florierte.

Nachdem Napoleon 1797 Dalmatien erobert hatte, ereilte Korčula das gleiche Schicksal wie den Rest der Region: Die Insel fiel in die Hände Frankreichs, Englands, Österreich-Ungarns und Italiens, bis sie schließlich 1921 ein Teil Jugoslawiens wurde. Heute ist Korčula eine der wohlhabendsten Inseln Kroatiens; in ihrer historischen Hauptstadt werden immer mehr Besucher empfangen.

Anreise & Unterwegs vor Ort

BUS

Die Busse zwischen dem Festland und der Stadt Korčula nutzen die Autofähre ab Orebić und steuern u. a. Ston (48 Kn, 2 Std., 4-mal tgl.), Dubrovnik (75 Kn, 3 Std., 1–3-mal tgl.), Split (100 Kn, 5 Std., tgl.), Zadar (157 Kn, 7¾ Std., tgl.) und Zagreb (261 Kn, 11¼ Std., tgl.) an. Im Sommer vorab buchen.

SCHIFF/FÄHRE

Auf der Insel gibt es drei wichtige Häfen: der Westhafen in der Stadt Korčula, Dominče (3 km östlich von Korčula) und Vela Luka.

Jadrolinija (020-715 410; www.jadrolinija.hr) Die wichtigste Verbindung zur Insel ist die ganzjährig ca. stündlich verkehrende Autofähre von Orebić nach Dominče (Erw./Kind/Auto 16/8/76 Kn, 20 Min.). Jeden Tag verkehrt ein Katamaran zwischen dem Westhafen in Korčula und Split (120 Kn, 3 Std.), mit Zwischenstopp in Hvar (80 Kn, 2 Std.).

Zweimal am Tag fährt auch eine Autofähre von Split nach Vela Luka (Erw./Kind/Auto 60/30/530 Kn, 2¾ Std.) und weiter zur Insel Lastovo. Auf dieser Strecke verkehrt auch täglich ein Katamaran, der bei seiner Fahrt aus Split (65 Kn, 2¼ Std.) in Hvar (55 Kn, 45 Min.) hält.

Von Juni bis September hält die Autofähre, die zweimal pro Woche an der Küste zwischen Dubrovnik (Pers./Auto ab 18/49 €, 3½ Std.) und Rijeka (40/74 €, 18 Std.) verkehrt, auch in Dominče sowie ferner in Mljet (14/49 €, 2 Std.), Stari Grad auf Hvar (18/49 €, 3¾ Std.) und Split (18/49 €, 5¾ Std.).

G&V Line (060 100 000; www.gv-line.hr) Betreibt im Sommer vier Katamarane pro Woche zwischen dem Westhafen in Korčula und Dubrovnik (90 Kn, 2½ Std.) mit Halt in Polače (50 Kn, 55 Min.) und Sobra (60 Kn, 1½ Std.) auf Mljet.

Linijska Nacionalna Plovidba (www.lnp.hr) Betreibt von Mitte Juli bis Ende August dreimal pro Tag eine Autofähre zwischen Drvenik (auf dem Festland auf halbem Weg zwischen Makarska und Ploče) und Dominče (Erw./Kind/Auto 57/29/298 Kn, 2¼ Std.).

UTO Kapetan Luka (021-645 476; www.krilo.hr) Betreibt von Mitte Mai bis Mitte Oktober dienstags und donnerstags ein Schnellboot von Dubrovnik (90 Kn, 2 Std.) über Hvar (80 Kn, 1¼ Std.), Milna auf Brač (90 Kn, 2 Std.) und Split (90 Kn, 2½ Std.) zum Westhafen von Korčula.

Korčula (Stadt)

2860 EW.

Korčula ist nicht nur bildschön, sondern auch ein historischer Ort. Die Zitadelle an der Küste liegt geschützt hinter beeindruckenden Wehrmauern. Entlang der mit Marmor gepflasterten Straßen stehen zahlreiche Gebäude aus der Zeit der Renaissance und Gotik. Die Straßen wurden im Fischgrätenmuster angelegt – ein großartiges Konzept, das gleichermaßen der Sicherheit wie auch dem Komfort der Bürger diente: Die Straßenzüge nach Westen verlaufen gerade, damit der starke sommerliche Mistral aus westlicher Richtung eine frische Brise durch die Stadt schicken kann. Die Straßen gen Osten haben dagegen eine leichte Biegung, in der sich der kalte Nordost-Bora bricht. Die Stadt besitzt einen Hafen, über dem runde Wehrtürme aufragen; viele Häuser sind mit roten Ziegeln gedeckt. Überall stehen Palmen, mehrere Strände befinden sich in Laufweite. Da der Ort bei Familien äußerst beliebt ist, suchen sich viele Backpacker einen entlegenen Strand weiter außerhalb, um ein wenig Ruhe genießen zu können.

Geschichte

Alten Dokumenten ist zu entnehmen, dass an dieser Stelle bereits im 13. Jh. eine von Mauern bewehrte Stadt existierte. Die Stadt in ihrer heutigen Form wurde jedoch erst im 15. Jh. errichtet. Zu dieser Zeit erlebte die Steinmetzkunst auf der Insel eine Blüte, und so kamen die Gebäude und Straßenzüge zu ihrem hübschen, charakteristischen Aussehen. Im 16. Jh. wurden die Fassaden der Bauwerke zudem mit dekorativen Elementen wie Schmucksäulen und Wappen verziert. Sie verliehen dem ursprünglich gotischen Zentrum sein Renaissancegepräge. Im 17. und 18. Jh. begann man, südlich der Altstadt zu bauen, da man eine Invasion nicht mehr unmittelbar befürchten musste und keine Notwendigkeit mehr bestand, sich hinter dicken Mauern zu verschanzen. Die schmalen Straßen und Steingebäude in der „neuen" Vorstadt lockten Kaufleute und Kunsthandwerker an – bis zum heutigen Tag spielt sich hier ein Großteil des Handels ab.

Sehenswertes

Wehranlagen der Stadt FESTUNG

Die Türme und Überreste der Stadtmauer von Korčula wirken besonders eindrucksvoll bei der Annäherung vom Meer. Früher, als die Wehranlagen noch vollständig waren und eine steinerne Barriere mit zwölf Türmen und 20 m hohen Mauern bildeten, bedeuteten sie Piraten recht unmissverständlich, dass die Stadt uneinnehmbar ist.

Am Westhafen ragen der konische **Große Gouverneursturm** (1483) und der **Kleine Gouverneursturm** (1449) auf. Sie schützten früher den Hafen, die Handelsflotte und den Gouverneurspalast, der neben dem Rathaus stand. Folgt man dem Ufer der Altstadt-Halbinsel im Uhrzeigersinn, gelangt man zum **Turm des Meerestors** mit einer

DIE SCHWERTTÄNZER VON KORČULA

Zu den farbenfrohsten Brauchtümern der Insel zählt der Schwerttanz Moreška, der seit dem 15. Jh. in Korčula praktiziert wird. Er stammt vermutlich aus Spanien, wird heute jedoch nur noch in Korčula aufgeführt. Der Tanz erzählt die Geschichte zweier Könige – des (in Rot gekleideten) Weißen und des Schwarzen Königs –, die um eine vom Schwarzen König entführte Prinzessin kämpfen. In der gesprochenen Einleitung erklärt die Prinzessin ihre Liebe zum Weißen König. Da der Schwarze König sie nicht freigeben will, zücken die Heere auf beiden Seiten ihre Schwerter und „kämpfen" in Form eines kunstvoll-stilisierten Tanzes zu den Klängen einer Kapelle.

Die Einwohner Korčulas führen den Tanz mit Begeisterung vor dem Südtor auf. Traditionell fand die Aufführung nur am 29. Juli, dem Gründungstag von Korčula, statt. Inzwischen aber wird der Tanz zwischen Juni und September jeden Donnerstag und zwischen Juli und August zudem auch jeden Montag jeweils um 21 Uhr gezeigt. Eine Eintrittskarte kostet 100 Kn und ist direkt vor Ort oder bei diversen Reisebüros erhältlich.

Auch die Kumpanija-Tänze in den Dörfern Pupnat, Smokvica, Blato und Čara sorgen für eine vergnügliche Abendunterhaltung; man braucht jedoch ein eigenes Auto, um in die Orte zu gelangen. Bei diesen Tänzen gibt es ebenfalls einen „Kampf" zwischen rivalisierenden Heeren. Auf dem Gipfelpunkt des Geschehens wird eine riesige Fahne entrollt. Die Tänzer werden begleitet von einer *mišnice* (Sackpfeife) und Trommeln.

Korčula (Stadt)

lateinischen Inschrift von 1592, derzufolge Korčula nach dem Fall Trojas gegründet worden sein soll. Als nächstes kommt man zum renovierten **Kanavelić-Turm**, dessen halbrunde Form von Zinnen gekrönt ist, und anschließend zu einem kleineren Turm, in dem heute eine Cocktailbar untergebracht ist.

Den Eingang zur Altstadt bildet das südliche Landtor im **Veliki-Revelin-Turm**. Er wurde im 14. Jh. erbaut und später erweitert und ist mit den Wappen der venezianischen Dogen und der Gouverneure von Korčula verziert. Ursprünglich gab es hier eine hölzerne Zugbrücke. Diese wurde im 18. Jh. durch eine breite Steintreppe ersetzt, die dem Eingang ein prunkvolles Gepräge verleiht. Der am besten erhaltene Teil der Stadtmauer erstreckt sich von hier westwärts. Der obere Teil des Turms beherbergt das kleine **Moreška-Museum** (Eintritt 20 Kn; ⌚ Mai–Okt. 9–15 Uhr), das sich der Tradition der Schwerttänze widmet und ein paar Trachten und alte Fotos zeigt.

Ikonenmuseum MUSEUM
(Muzej Ikona; Trg Svih Svetih; Eintritt 15 Kn; ⌚ Mo–Sa 9–14 & 18–19 Uhr) Das bescheidene Museum zeigt eine kleine Sammlung interessanter byzantinischer Ikonen mit Goldgrund sowie

Sakralgegenstände aus dem 17. und 18. Jh. Besucher haben auch Zugang zur wunderschönen **Allerheiligenkirche** (Crkva Svih Svetih) nebenan. Die Barockkirche aus dem 18. Jh. zieren ein geschnitztes Altarbild aus dem 15. Jh., eine Pietà aus dem späten 18. Jh. und jede Menge religiöse Gemälde von regionalen Künstlern.

Stadtmuseum MUSEUM
(Gradski Muzej; www.gm-korcula.com; Trg Sv Marka 20; Erw./Kind 20/6 Kn; ⌚ Juli–Sept. 10–21 Uhr, Okt.–März bis 13 Uhr, April–Juni bis 14 Uhr) Das Museum im Gabriellis-Palast aus dem 16. Jh. widmet sich der Geschichte und Kultur Korčulas. Es ist nicht sonderlich gut organisiert; über die Etagen verstreut findet man aber ein paar interessante Kuriositäten, z. B. eine Tafel, die beweist, dass im 3. Jh. v. Chr. Griechen auf der Insel lebten.

Die Ausstellung widmet sich der Steinmetz- und Schiffsbaukunst, Archäologie und Kunstgeschichte der Region und zeigt auch Möbel und einige traditionelle Trachten der Insel.

Abteischatz von St. Markus MUSEUM
(Opatska Riznica Svetog Marka; Trg Sv Marka; Eintritt 25 Kn; ⌚ Mai–Nov. Mo–Sa 9–19.30 Uhr) Der Palast des Abts aus dem 14. Jh. beherbergt Ikonen und dalmatische Kunst, darunter ausgezeichnete Gemälde aus dem 15. und 16. Jh. Herausragendste Werk ist das Marien-Polyptychon von Blaž Trogiranin. Ausgestellt sind auch liturgische Objekte, Schmuck, Möbel und alte Dokumente zur Geschichte von Korčula.

Kathedrale St. Markus KATHEDRALE
(Katedrala Svetog Marka; Trg Sv Marka; Glockenturm Erw./Kind 20/15 Kn; ⌚ Juli & Aug. 9–21 Uhr, Sept.–Juni nur zum Gottesdienst) Den kleinen Markusplatz mitten im Zentrum von Korčula dominiert diese wunderschöne Kathedrale aus dem 15. Jh. Sie wurde von italienischen und hiesigen Künstlern aus heimischem Kalkstein in einem Mischstil aus Gotik und Renaissance errichtet. Sehr beeindruckend sind die detailreichen Skulpturen an der Fassade, vor allem die nackten, hockenden Figuren von Adam und Eva auf den Eingangssäulen sowie die zweischwänzige Meerjungfrau und der Elefant am Giebelgesims über dem Portal. Der Glockenturm wird von einer Brüstung und einer verzierten Kuppel des aus Korčula stammenden Künstlers Marko Andrijić gekrönt.

Das dreischiffe Innere der Basilika ist 30 m hoch; Kalksteinsäulen mit sehenswerten

Korčula (Stadt)

Sehenswertes
1 Ikonenmuseum D3
2 Kanavelić-Turm C1
3 Großer Gouverneursturm B3
4 Marco-Polo-Museum B5
5 Marco-Polo-Turm D2
Moreška-Museum ..... (siehe 11)
6 Turm des Meerestors B2
7 Kleiner Gouverneursturm B3
8 Abteischatz von St. Markus C3
9 Kathedrale St. Markus C2
10 Stadtmuseum C3
11 Veliki-Revelin-Turm C4

Schlafen
12 Korčula Royal Apartments A4
13 Lešić Dimitri Palace D2

Essen
14 Cukarin B5
15 Filippi D2
16 Gradski Podrum C3
17 Konoba Adio Mare C2
18 LD Terrace D2

Ausgehen & Nachtleben
19 Cocktail Bar Massimo C1
20 Vinum Bonum B5

Kapitellen trennen die Schiffe voneinander. Beachtung verdienen aber vor allem das von Andrijić stammende Ziborium (Altaraufbau) und dahinter das Altargemälde *Die Heiligen Markus, Hieronymus und Bartholomäus* von Jacopo Tintoretto. Das Gemälde *Mariä Verkündigung* neben dem barocken Altar des hl. Antonius stammt ebenfalls von Tintoretto oder zumindest aus seiner Werkstatt.

Weitere bemerkenswerte Kunstwerke sind die Bronzestatue des hl. Blasius von Ivan Meštrović in der Nähe des Altars im nördlichen Seitenschiff und das Gemälde des venezianischen Künstlers Jacopo Bassano in der Apis des südlichen Seitenschiffs. Interessant sind auch die modernen Skulpturen in der Taufkapelle.

Bevor man dem Markusplatz den Rücken zukehrt, sollte man sich auch den mit eleganten Ornamenten verzierten **Arneri-Palast** gegenüber der Kathedrale anschauen.

Aktivitäten

Auf Korčula gibt es ein paar hervorragende Wander- und Radwege; eine Inselkarte erhält man in der Touristeninformation. Im Sommer bieten Wassertaxis Fahrten zur **Insel Badija** an, auf der es ein Franziskanerkloster aus dem 15. Jh. und einen FKK-Strand gibt.

Geführte Touren

Hiesige Reisebüros vermitteln Inseltouren und Ausflüge nach Mljet und bieten Mountainbike-, Kajak- und Schnorcheltrips an.

Feste & Events

Einen Veranstaltungskalender bekommt man in der Touristeninformation. Die Karwoche wird auf Korčula besonders groß gefeiert. Ab Palmsonntag finden von hiesigen Bruderschaften organisierte Zeremonien und Prozessionen in traditionellen Trachten statt. Die Einwohner der Stadt singen mittelalterliche Weisen und Kirchenlieder, es werden Bibelszenen aufgeführt und die Stadttore gesegnet. Die feierlichsten Prozessionen gibt es am Karfreitag, wenn die Mitglieder aller Bruderschaften durch die Straßen ziehen.

Schlafen

Hajduk 1963 PENSION €
(020-711 267; www.hajduk1963.com; ul 67 br 6; Zi. ab 390 Kn;) Ein paar Kilometer von der Stadt entfernt, abseits der Straße zur Autofähre. Gäste dürfen sich auf ein herzliches Willkommen, klimatisierte Zimmer mit Fernsehern und einen Swimmingpool freuen. Ganz ordentlich ist auch das Restaurant im Haus; für Kinder gibt es ein paar Schaukeln.

Apartments DePolo PENSION €
(020-711 621; tereza.depolo@du.t-com.hr; Sv Nikole 28; Zi. ab 300 Kn;) Eine tolle Budgetunterkunft! Die kleinen, aber attraktiven Zimmer haben bequeme Betten; eines besitzt sogar eine Terrasse mit herrlichem Ausblick. Im Sommer zahlen Kurzzeitgäste einen Aufschlag von 30 %.

Camping Kalac CAMPEN €
(020-726 336; www.korculahotels.com; Dubrovačka 19; Erw./Kind/Stellplatz/Auto 60/30/60/40 Kn; Mai–Okt.) Der am nächsten zur Altstadt gelegene Campingplatz (zu Fuß 20 Min.) hat eine hübsche Lage in einem dichten Kiefernhain an einem schmalen Strand. Er hat brauchbare sanitäre Anlagen und Tennisplätze. Im Sommer kann's jedoch recht voll werden.

Korčula Royal Apartments APARTMENTS €€
(098 18 40 444; www.korcularoyalapartments.com; Trg Petra Šegedina 4; Apt. ab 80 €;) Die smarten, gut ausgestatteten Apartments könnten keine bessere Lage haben. Sie befinden sich gleich außerhalb der Altstadt in einer alten Steinvilla mit Blick auf einen kleinen Platz am Wasser. Und auch die kanadisch-kroatischen Besitzer könnten nicht netter sein – als Willkommensgruß gibt's Käse und Wein.

★ **Lešić Dimitri Palace** APARTMENTS €€€
(020-715 560; www.lesic-dimitri.com; Don Pavla Poše 1–6; Apt. 480–1410 €;) Die außergewöhnliche Unterkunft in der Altstadt spielt in einer eigenen Liga. Es gibt hier fünf auf mehrere alte Herrenhäuser verteilte makellose „Residenzen", die sich thematisch an den Reisen Marco Polos orientieren (China, Indien usw.) und original erhaltene Details wie offene Balkendecken, unverputzte Steinwände und Natursteinfliesen besitzen.

Hotel Korsal HOTEL €€€
(020-715 722; www.hotel-korsal.com; Šetalište Frana Kršinića 80; EZ/DZ ab 108/180 €;) Das relativ neue Hotel in der Nähe des Jachthafens hat 18 komfortable, aber nicht weiter bemerkenswerte Zimmer, die sich auf drei Gebäude verteilen. Die zwei älteren Häuser wurden vollständig renoviert und haben Meerblick, während der Neubau hinter den beiden anderen nur teilweise eine Aussicht aufs Meer bieten kann.

Essen

Cukarin DELIKATESSEN €
(www.cukarin.hr; Hrvatske Bratske Zajednice bb; Kuchen ab 10 Kn; Mo–Sa 8.30–12 & 17–19.30 Uhr) In dem Feinkostladen werden unglaubliche Korčula-Spezialitäten wie *klašun* (Walnussgebäck) und *amareta* (runder Mandelkeks) gebacken sowie Wein, Marmeladen und Olivenöl von der Insel verkauft.

Konoba Adio Mare DALMATISCH €€
(020-711 253; www.konobaadiomare.hr; Sv Roka bb; Hauptgerichte 60–130 Kn; Mo–Sa 12–23, So 17–23 Uhr) Das beliebte Restaurant mitten in der Altstadt mit überdachter Dachterrasse zählt zu den geschäftigsten in Korčula. Die Karte konzentriert sich auf Spezialitäten aus Korčula, z. B. *brodetto* (Fischsuppe), *pašticada* (würziger Fleischeintopf) und Rindfleisch mit Klößen.

Gradski Podrum DALMATISCH €€
(Kaporova bb; Hauptgerichte ab 70 Kn; 17–23 Uhr) Das stimmungsvolle Lokal in der Altstadt lohnt einen Besuch wegen seiner Fischsuppe nach Korčula-Art.

MARCO POLO: ITALIEN VERSUS KROATIEN

Im Jahr 2011, fast 700 Jahre nach seinem Tod, sorgte Marco Polo für einen diplomatischen Eklat zwischen Italien, Kroatien und China. Damals war der ehemalige kroatische Präsident Stjepan Mesić zu Gast in China und hielt in Yangzhou bei der Eröffnung eines dem weit gereisten Händler gewidmeten Museums eine Rede. Er beschrieb Polo als einen „in Kroatien geborenen Weltentdecker, der Europa den Weg nach China ebnete". Die aufgebrachten italienischen Medien beschuldigten Kroatien daraufhin des kulturellen Diebstahls eines ihrer Nationalheiligtümer.

Es ist zwar nicht ganz klar, wo genau Marco Polo geboren wurde (sowohl Venedig als auch Korčula beanspruchen ihn für sich), doch besteht kein Zweifel daran, dass er innerhalb der Republik Venedig zur Welt kam. Ganz sicher gehörte sein Geburtsort nicht zum damaligen Kroatien, das zu jener Zeit unter ungarischer Herrschaft stand und außerdem nicht bis nach Korčula reichte, und genauso wenig zu Italien, das damals als Staat noch lange nicht existierte.

Ein altes, aus Korčula stammendes Geschlecht trägt den Nachnamen Pilić (das auf Kroatisch „Hühnchen" bedeutet). Zu jener Zeit war es bei Händlern und Adligen üblich, dass sie sowohl kroatische als auch italienische Versionen ihres Namens nutzten; so würde Marko Pilić zu Marco Polo (*pollo* bedeutet auf Italienisch „Hühnchen").

Auch ohne stichhaltige Beweise für die Geburt Marco Polos in Korčula versucht die Stadt lautstark, ihren Anspruch auf Marco Polo Ausdruck zu verleihen. So widmen sich ihm und seinem Leben gleich zwei Museen – keines ist jedoch sonderlich gut.

Marco-Polo-Turm (Depolo bb; Eintritt 20 Kn; ⏲ Mai–Okt. 9–15 Uhr) Das winzige Museum befindet sich in dem schmalen Turm des vermeintlichen Geburtshauses Marco Polos. Es zeigt eine kleine Ausstellung, das Beste ist aber wohl der schöne Ausblick. Wer die sehr steilen Stufen erklimmt, hat von oben einen herrlichen Blick über die Dächer der Stadt bis zum Meer. Achtung: Die Treppe ist eine echte Herausforderung; wer kaputte Knie oder kleine Kinder hat, sollte den Aufstieg besser bleiben lassen.

Marco-Polo-Museum (www.marcopolo.com.hr; Plokata 19 Travnja 1921 br 33; Erw./Kind 60/30 Kn; ⏲ 9–22 Uhr) Ein Museum für Kinder. Das etwas kitschige Museum erzählt Polos außergewöhnliche Lebensgeschichte anhand von sieben lebensgroßen Wachsfigurenszenen, die wichtige Etappen seines Lebens darstellen. Einige der Kommentare sind etwas fragwürdig.

★LD Terrace MEDITERRAN €€€
(☎ 020-601 726; www.lesic-dimitri.com; Don Pavla Poše 1–6; Hauptgerichte 190 Kn; ⏲ 8–23 Uhr) „LD" steht für Lešić Dimitri; und es ist keine Überraschung, dass das nobelste Hotel von Korčula auch das beste Restaurant besitzt. Die Lage ist einfach traumhaft: Es gibt einen schicken Speiseraum oben und romantische Tische direkt am Wasser. Die Weinkarte mit vielen wundervollen kroatischen Tropfen ist auf die moderne mediterrane Küche abgestimmt.

Filippi DALMATISCH €€€
(☎ 020-711 690; www.restaurantfilippi.com; Šetalište Petra Kanavelića bb; Hauptgerichte 100–190 Kn; ⏲ 12–22 Uhr) Das gehobene Filippi hat das wohl schönste Gebäude an der Ostpromenade mit zauberhaften Renaissance-Fenstern, an Sommerabenden sitzt man aber vielleicht lieber an einem Tisch unter den Kiefern mit Blick aufs Wasser. Die Karte mit traditionellen Korčula-Gerichten enttäuscht selten.

Ausgehen & Nachtleben

Vinum Bonum WEINBAR
(Punta Jurana 66; ⏲ Mo–Sa 11–14.30 & 18–24, So 18–24 Uhr) Die zwanglose Bar versteckt sich in einer kleinen Fußgängerstraße gleich hinter dem Hafen und ist ideal, um ein paar der besten Weine der Insel zu probieren.

Cocktail Bar Massimo COCKTAILBAR
(Šetalište Petra Kanavelića; ⏲ Mai–Okt. 18–2 Uhr) Diese Bar im Zakerjan-Turm ist nur über eine Leiter zu erreichen. Die Getränke werden per Flaschenzug nach oben gebracht. Für einen Besuch sprechen ganz klar das kuriose Ambiente und der Ausblick und gewiss nicht die abgedroschenen Cocktails oder die mürrischen Angestellten.

Dos Locos BAR
(Šetalište Frana Kršinića 14; ⏲ 7–1 Uhr; 📶) Beliebter Treff der Jugendlichen von Korčula in der Straße hinter dem Busbahnhof.

Praktische Informationen

Atlas Travel Agency (☎ 020-711 060; www.atlas-korcula.com; Plokata 19 Travnja 1921 bb) Veranstaltet Ausflüge und vermittelt Privatunterkünfte.

Gesundheitszentrum (Dom Zdravlja; ☎ 020-711 137; www.dom-zdravlja-korcula.hr; ul 57 br 5)

Post (www.posta.hr; Trg Kralja Tomislava 24; ⌚ Juli & Aug. Mo–Sa 7–21 Uhr, Sept.–Juni Mo–Fr 7–20, Sa 8–13 Uhr)

Touristeninformation (☎ 020-715 701; www.visitkorcula.eu; Obala Franje Tuđmana 4; ⌚ Juli & Aug. Mo–Sa 8–20, So 9–13 Uhr, Mai, Juni & Sept. Mo–Sa 8–15 & 17–20, So 9–13 Uhr, Okt.–April Mo–Fr 8–15, Sa 8–12 Uhr) Ausgezeichnete Infoquelle.

An- & Weiterreise

Der Busbahnhof befindet sich an der Obala Korčulanskih Brodograditelja, direkt am Jachthafen und nur 200 m von der Altstadt entfernt. Regelmäßig fahren Busse ab/nach Lumbarda (15 Kn, 15 Min., 4–10-mal tgl.) und Vela Luka (ab 30 Kn, 1 Std., 7-mal tgl.).

Kleinere Fähren halten am Westhafen, die Autofähren am Hauptfährhafen 3 km östlich der Stadt. Ein Taxi vom Fährhafen ist teuer (ca. 80 Kn). Es gibt ein Büro von **Jadrolinija** (☎ 020-715 410; Plokata 19 Travnja 1921 br 19) gleich außerhalb der Altstadt.

Lumbarda

1220 EW.

Das von Weinbergen und Buchten umgebene Lumbarda ist ein beschauliches Städtchen rund um einen Hafen am Südostende der Insel Korčula. Der sandige Boden ist perfekt für den Weinbau; der Wein der Grk-Traube ist das berühmteste Produkt Lumbardas. Im 16. Jh. bauten sich Aristokraten aus Korčula hier ihre Sommerhäuser, weshalb Lumbarda bis heute ein ruhigeres Refugium als das urbanere Korčula ist. Die hiesigen Strände sind klein, aber sandig. Ein guter Strand ist die **Plaza Pržina** auf der anderen Seite der Weinberge hinter dem Supermarkt.

Schlafen & Essen

Von der Bushaltestelle aus den Hügel hinauf gibt es mehrere kleine, preisgünstige Campingplätze.

Pansion Marinka PENSION €€
(☎ 098 344 712; www.bire.hr; Lumbarda 261; Zi./Apt. ab 500/600 Kn; ⌚ Mai–Nov.) Das Marinka am Ortsrand von Lumbarda ist Bauernhof, Weingut und Unterkunft mit einfachen Zimmern und Apartments. Die Besitzer machen auch exzellenten Wein, Olivenöl und Käse und fangen und räuchern ihren eigenen Fisch.

Agroturizam Zure APARTMENTS, DALMATISCH €€
(☎ 020-712 008; www.zure.hr; Lumbarda 239; Apt. ab 610 Kn; ⌚ Mai–Nov.; P ❄) Der von einer Familie bewirtschaftete Bauernhof produziert Grk- und Mali-Plavac-Weine, Liköre, Olivenöl, Käse und getrockneten Schinken und baut Gemüse an; außerdem gehen die Besitzer fast täglich auf Fischfang. Wer einmal selber diesen autarken Lebensstil erleben will, kann eines der zwei gut ausgestatteten Apartments mieten oder auch einfach mal zum Essen (Hauptgerichte ab 70 Kn) vorbeischauen.

Praktische Informationen

Post (www.posta.hr; Lumbarda 546; ⌚ Juli & Aug. Mo–Fr 8–12 & 17–20 Uhr, Sept.–Juni Mo–Fr 8–11 Uhr)

Touristeninformation (☎ 020-712 005; www.tz-lumbarda.hr; ⌚ Mitte Juni–Aug. Mo–Sa 8–19, So 8–12 & 15–19 Uhr, sonst verkürzte Öffnungszeiten)

An- & Weiterreise

Am Osthafen von Korčula warten Wassertaxis, die nach Lumbarda fahren.

Im Sommer fahren montags bis samstags etwa zehn Busse pro Tag (So 4 Busse) ab/nach Korčula-Stadt (15 Kn, 15 Min.).

Vela Luka

4140 EW.

Vela Luka, das beinahe schon an der Westspitze von Korčula liegt, ist ein hübscher Ort mit einem netten natürlichen Hafen. In der Nähe der Ortschaft gibt es einige Badebuchten, allerdings keinen Strand. Mit kleinen Booten werden die Urlauber zu den Inseln Proizd und Osjak hinübergeschippert.

Vela Luka liegt inmitten von mit Olivenbäumen bestandenen Hügeln. Die Herstellung und Vermarktung des berühmten Olivenöls von Korčula ist für die Wirtschaft der Region von vitaler Bedeutung. Daneben spielen auch noch der Tourismus und die Fischerei eine bedeutende wirtschaftliche Rolle für die Einheimischen.

Sehenswertes & Aktivitäten

Die mit einigen Skulpturen und Mosaiken bestückte Uferpromenade am Hafen von

Vela Luka eignet sich prima für einen hübschen Spaziergang. Das 5 km nordwestlich von Vela Luka gelegene **Gradina** ist eine friedliche Bucht, die bevorzugt von Jachten angesteuert wird. Strände gibt es in Gradina keine, man kann jedoch in dem seichten Wasser gut baden. Außerdem gibt es hier ein beliebtes Restaurant. Den Ort erreicht man nur mit einem eigenen Fahrzeug (oder eben vom Wasser aus).

Vela Spila HÖHLE

(www.velaspila.hr; Eintritt 10 Kn; ⏲ Mo–Sa 16–20 Uhr) Die gewölbte Höhle hoch oben auf einer Klippe über dem Hafen ist so groß, dass ein Leben als Höhlenbewohner gar nicht mehr so abschreckend erscheint. Tatsächlich wurde die Höhle seit der letzten Eiszeit – also seit ungefähr 18 000 Jahren – ununterbrochen genutzt. Die Höhle ist oben offen, sodass selbst Leute mit Platzangst nicht in Panik ausbrechen werden. In der Höhle selber ist nicht sonderlich viel zu sehen; Tafeln (auf Englisch und Kroatisch) geben Infos zu den fortlaufenden archäologischen Arbeiten.

Schlafen

Mindel CAMPEN €

(☎ 020-813 600; www.mindel.hr; Stani 192; Erw./Kind/Zelt/Auto 30/15/25/25 Kn; ⏲ Mai–Okt.; P) Der kompakte, preisgünstige und sympathische Campingplatz in einem Olivenhain 5 km nördlich der Stadt ist ein toller Ausgangspunkt für Wanderungen in der umliegenden Landschaft. Der Strand ist zu Fuß auch nur zehn Minuten entfernt. Es fährt kein Bus her.

Hotel Korkyra HOTEL €€€

(☎ 020-601 000; www.hotel-korkyra.com; Obala 3 br 21; EZ/DZ 76/120 €; ❄ 📶 🏊) Das rundum renovierte Korkyra hat die Messlatte in Vela Luka eindeutig höher gelegt. Die 58 Zimmer sind sehr komfortabel und verfügen über hippes, modernes Dekor und schicke Badezimmer. Vom Fitnessraum genießen die Gäste einen schönen Blick auf die Bucht; außerdem befindet sich hinter dem Haus ein Außenpool. Und auch das angeschlossene Restaurant macht seine Sache ausgezeichnet.

Praktische Informationen

Atlas Travel Agency (☎ 020-812 078; www.atlas.com.hr; Obala 3 br 21) Am Kai nahe dem Hotel Korkyra. Vermittelt Privatunterkünfte und hat einen Internetzugang.

Post (www.posta.hr; Obala 2 br 1; ⏲ Juli & Aug. Mo–Fr 8–21, Sa 8–12 & 18–21 Uhr, Sept.–Juni Mo–Fr 7.30–17, Sa 8–12 Uhr)

Touristeninformation (☎ 020-813 619; www.tzvelaluka.hr; Obala 3 br 19; ⏲ Juni–Sept. Mo–Fr 8–14.30 & 17.30–20, Sa 8–12.30 Uhr, Okt.–Mai Mo–Fr 8–15 Uhr) Direkt am Ufer; hilfsbereite Angestellte.

An- & Weiterreise

Es fahren sieben Busse pro Tag ab/nach Korčula-Stadt (ab 30 Kn, 1 Std.).

Kroatien verstehen

Kroatien aktuell

Zugegeben, der Tourismus boomt, nichtsdestotrotz schwächelt Kroatiens Wirtschaft auch nach dem Beitritt zur Europäischen Union (EU) nach wie vor. Nahezu 1000 Jahre hing Kroatiens Schicksal von den Entscheidungen in Budapest, Venedig, Wien oder Belgrad ab. Jetzt aber, wo das Land sein Schicksal allein in die Hand nehmen muss und es niemanden gibt, auf den man die Schuld abwälzen kann, scheint sich der Weg zum Aufschwung recht holprig zu gestalten.

Newcomer in der Europäischen Union

Der Krieg ist vorbei, Kroatien unabhängig und seit Juli 2013 das 28. Mitglied in der EU. Im Januar 2012 beteiligten sich ca. 44 % der Kroaten an einem Referendum über den EU-Beitritt, der von zwei Dritteln befürwortet wurde. Dennoch zeigt sich vor allem die jüngere Generation skeptisch gegenüber den Vorteilen dieses Schritts.

Während es noch vor Kurzem kaum Grund für diese Skepsis gab, verharrt Kroatien inzwischen im sechsten Jahr in der Rezession und hat die derzeit höchste Arbeitslosenquote in der EU. Schätzungen zufolge ist die Wirtschaftsleistung seit 2008 um 13 % geschrumpft, jeder Fünfte ist arbeitslos (die Jugendarbeitslosigkeit beträgt gar 50 %!).

Die weltweite Rezession und die europäische Schuldenkrise sind mit dafür verantwortlich, dass erhoffte Auslandsinvestitionen ausbleiben. Vielmehr gehen Experten davon aus, dass diese seit dem EU-Beitritt Kroatiens um 60 % zurückgegangen sind. Eine investitionsfeindliche Unternehmenskultur und Bürokratismus gelten als weitere Ursachen für den Rückgang. Erschwerend kommt hinzu, dass Zollbefreiungen für kroatische Landwirte und Fabrikanten in benachbarten Balkanstaaten weggefallen sind, wodurch der Konkurrenzdruck durch Importe aus anderen EU-Ländern deutlich zugenommen hat.

Kroatiens Haushaltsdefizit ist hoch, die Staatsverschuldung hat fast 68 % des Bruttoinlandsprodukts (BIP) erreicht. Ökonomen haben die Regierung aufgefordert, den ihrer Meinung nach aufgeblähten öffentlichen Sektor mit über 400 000 Angestellten zu reduzieren. Andere wiederum argumentieren, dass diese Kürzungen mitten in der Rezession lediglich zu einem Anstieg der Arbeitslosigkeit führen und letztendlich kontraproduktiv sind. Mit Sicherheit wären derartige Maßnahmen aber extrem unpopulär.

Top-Bücher

Schwarzes Lamm und grauer Falke (Rebecca West; 1941) Bericht einer Balkanreise im Jahr 1941.

The Fall of Yugoslavia (Misha Glenny; 1992)

A Paper House. The Ending of Yugoslavia (Mark Thompson; 1992)

Café Paradies oder die Sehnsucht nach Europa (Slavenka Drakulić; 1996) Geistreiche Beschreibung, wie die westliche Kultur Osteuropa infiltriert.

The Death of Yugoslavia (Laura Silber und Allan Little; 1996)

Another Fool in the Balkans (Tony White; 2006) White folgt den Spuren Rebecca Wests und stellt das moderne Leben in dieser Region der politischen Geschichte gegenüber.

Croatia: A Nation Forged in War (Marcus Tanner; 3. Auflage 2010)

Top-Filme

Samo jednom se ljubi (Man liebt nur einmal; 1981) Rajko Grlić

Kiklop (Zyklopen; 1982) Antun Vrdoljak

Kako je počeo rat na mom otoku (Wie der Krieg auf meiner Insel begann; 1996) Vinko Brešan

Broj 55 (Nummer 55; 2014) Kristijan Milić

Happily Ever After (2014) Tatjana Bozić

Selbst wer Arbeit hat, ist nicht sicher, dass er auch entlohnt wird. 2014 blieben Schätzungen zufolge über 5400 Unternehmen mit mehr als einem Monatsgehalt im Rückstand. Kritisiert werden auch die Auswirkungen ausländischer Firmen auf die traditionelle mediterrane Lebensart. Der frühe Arbeitsbeginn und der frühe Feierabend werden allmählich abgeschafft und damit auch das gemeinsame Abendessen von Familien und die Nachmittagssiesta.

Ein schwerer Spagat

Trotz all der negativen Schlagzeilen boomt der Tourismus. 2013 strömten 13 Mio. Besucher nach Kroatien; die Tourismusindustrie erwirtschaftet jährlich 7,2 Mrd. € und stemmt ca. 15 % des kroatischen BIPs. Dennoch hat sich das Land noch nicht ganz dem Massentourismus geöffnet. „Zeitlose mediterrane Schönheit", Motto der Kroatischen Zentrale für Tourismus, mag in besonders beliebten Regionen, in denen die Erschließung munter voranschreitet, vielleicht etwas hochtrabend klingen. Doch es gibt sie noch, die authentische Kultur. Vor allem abseits der ausgetretenen Pfade bleibt noch viel zu entdecken.

Die kroatische Regierung hofft, die Einnahmen aus dem Tourismus bis 2020 zu verdoppeln und dabei 32 000 neue Jobs zu schaffen. Die Herausforderung wird darin bestehen, die Industrie zu entwickeln und gleichzeitig die Natur- und Kulturschätze, Stützen des Tourismus, zu bewahren. Die Einheimischen sind darauf bedacht, die offensichtlichen Fehlentwicklungen in anderen Mittelmeerregionen (so z. B. an der spanischen Costa Brava) zu vermeiden. Die Bebauung unterliegt derzeit strengen Regularien. 444 Landstriche stehen unter Naturschutz, acht gar als Nationalparks.

Dubrovniks Altstadt ist in der Hauptsaison zum Bersten voll, am Pile-Tor mussten Wege eingerichtet werden, um die Massen rein- und rauszuschleusen. Auch wurde über eine City-Maut diskutiert, um den Verkehr rund um die Altstadt einzudämmen.

Ein Teil des Problems ist der starken Zunahme der Kreuzfahrtschiffe geschuldet, die verglichen mit den Zahlen von 2004 das Vierfache an Passagieren ausspucken. 8000 Passagieren pro Tag dürfen außerhalb der Hochsaison in Dubrovnik an Land gehen. Dies spült zwar Geld in die Kassen der lokalen Wirtschaft, doch schätzt man, dass Besucher, die über den Landweg kommen, pro Tag das Dreifache ausgeben und länger in der Stadt bleiben. Es muss also gewährleistet werden, dass die vielen Kreuzfahrtpassagiere die anderen Gäste nicht irgendwann vertreiben.

Viele dieser Probleme wären gelöst, wenn man die Touristen überzeugen könnte, die Stadt doch lieber außerhalb der Hauptsaison zu besuchen und sich nicht nur an der Küste aufzuhalten. Auch das Landesinnere hat wunderschöne Orte zu bieten, insbesondere das Zagorje und Slawonien.

BEVÖLKERUNG: **4,3 MIO.**

BIP PRO KOPF: **14 800 US$**

BIP-WACHSTUM: **−0,8 %**

INFLATIONSRATE: **2,2 %**

ARBEITLOSENQUOTE: **21,6 %**

ALPHABETISIERUNG: **98,9 %**

Einwohner pro km²

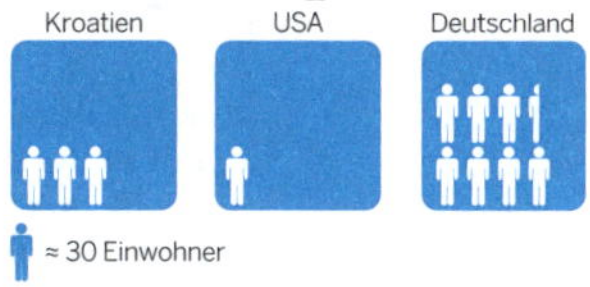

Religion

(% der Bevölkerung)

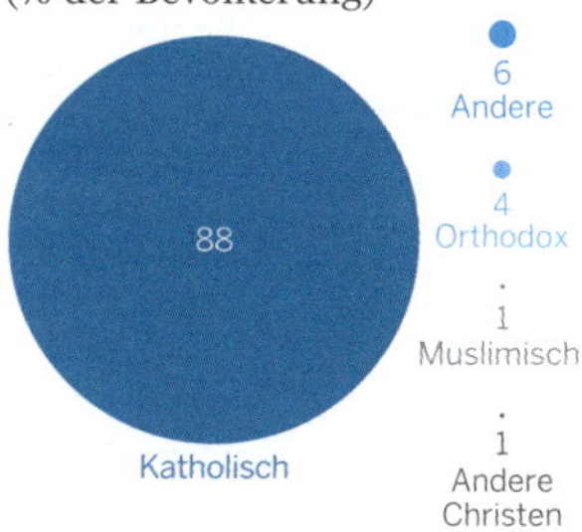

Gäbe es nur 100 Kroaten, wären …

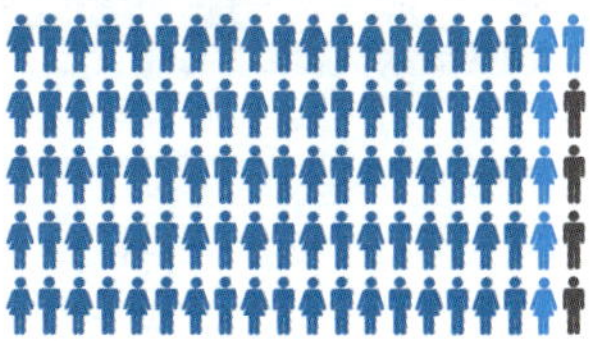

90 kroatischer Abstammung
6 anderer Abstammung
4 serbischer Abstammung

Geschichte

Von feindlichen Armeen überrannt, zwischen Fremdherrschern hin- und hergeschoben, geteilt und dann in verschiedener Form wieder zusammengesetzt: Kroatiens Geschichte ist komplizierter als die der meisten Länder. In diesem Teil der Welt ist das Echo der Vergangenheit allgegenwärtig, sowohl in den Baudenkmälern als auch in jeder Diskussion über die Gegenwart, von der Zukunft ganz zu schweigen.

Frühe Bewohner

Vor etwa 30 000 Jahren war Kroatien von Neandertalern, einem Verwandten des Homo sapiens, besiedelt, die durch die Wälder Slawoniens zogen. Funde aus dieser Epoche werden im Kroatischen Naturkundemuseum in Zagreb ausgestellt, während in Krapina das Neandertaler-Museum ein realistisches Bild vom Leben der Neandertaler vermittelt. Zum Ende der letzten Eiszeit (vor ca. 18 000 Jahren) lebten an Orten wie der Höhle Vela Spila auf der Insel Korčula moderne Menschen.

Um 1000 v. Chr. nahmen Illyrer eine Schlüsselrolle im heutigen Gebiet von Slowenien, Kroatien, Serbien, dem Kosovo, Montenegro und Albanien ein. Es wird angenommen, dass die moderne albanische Sprache, die als linguistischer Sonderfall mit keiner anderen Sprache enger verwandt ist, vom Illyrischen abstammt. Die kriegerischen Stämme errichteten Hügelfestungen und produzierten markante Schmuckstücke aus Bernstein und Bronze. Allmählich entwickelte sich ein loses Bündnis mehrerer Stämme.

Die Bezeichnung Adria geht wahrscheinlich auf die antike Etruskerstadt Adria bei Venedig zurück, könnte aber auch mit dem illyrischen Wort für Wasser verwandt sein.

Die Illyrer konkurrierten mit den Griechen, die im 6. Jh. v. Chr. Handelskolonien an der Adriaküste in Epidaurus (Cavtat) und auf Korčula und im 4. Jh. v. Chr. auf den Inseln Vis und Hvar errichtet hatten. In der Zwischenzeit drangen von Norden die Kelten heran.

Im 3. Jh. v. Chr. beging Königin Teuta vom Stamm der illyrischen Ardianen, die damals berüchtigte Seeräuber waren, einen fatalen taktischen Fehler: Als sie versuchte, mehrere griechische Kolonien zu erobern, baten die erbosten Griechen Rom um militärische Hilfe. Die Römer drangen in die Region vor und besiegten 168 v. Chr. den letzten illyrischen König Gentius. In der Folge wurde Illyrien allmählich romanisiert.

ZEITLEISTE

6. Jh. v. Chr.

Auf der Insel Korčula und in Epidaurus (dem heutigen Cavtat südlich von Dubrovnik), werden in Gebieten, die bereits von Illyrern bewohnt werden, griechische Kolonien gegründet.

4. Jh. v. Chr.

Illyrische Stämme wie die Histri (hiervon leidet sich der Name Istriens ab) und die Liburner gewinnen auf dem Balkan die Vorherrschaft, gründen Königreiche und etablieren sich als Seemächte.

229 v. Chr.

Rom zieht auf Geheiß der Griechen, die von illyrischen Piraten bedrängt werden, gegen die illyrische Königin Teuta in den Krieg. Nach ihrer Niederlage zahlen die Illyrer einen jährlichen Tribut an Rom.

Rom

Nach dem Sturz von Gentius wurde der südliche Teil Illyriens offiziell ein unabhängiges römisches Protektorat namens Illyricum. Später wurde es römische Provinz, die noch vergrößert wurde, als die Römer 6–9 n. Chr. infolge des mühsam niedergerungenen Pannonischen Aufstands nach Norden vordrangen. Illyricum selbst war zu diesem Zeitpunkt bereits in zwei separate römische Provinzen aufgeteilt: Pannonien (das heutige Slowenien, Nordkroatien und Bosnien sowie Teile Österreichs, der Slowakei, Ungarns und Serbiens) und Dalmatien (der Rest des heutigen Kroatien und Bosnien sowie Montenegro und Teile Albaniens und Serbiens).

Römisches Verwaltungszentrum Dalmatiens war die Stadt Salona (das heutige Solin in der Nähe von Split). Die römische Herrschaft brachte der Region zu guter Letzt Frieden und Wohlstand, in Städten wie Iader (Zadar), Felix Arba (Rab), Curicum (Krk), Tarsaticae (Rijeka), Parentium (Poreč), Polensium (Pula) und Siscia (Sisak) entstanden typische Bauten der römischen Kultur wie Tempel, Bäder und Amphitheater. Die Römer errichteten überdies ein Netz von Straßen zwischen dem Ägäischen und Schwarzen Meer und der Donau und förderten so den Handel, die Verbreitung der römischen Kultur und schließlich auch die Ausbreitung der christlichen Religion in der Spätantike.

Die Provinzen auf kroatischem Boden brachten auch einige bedeutsame Persönlichkeiten der römischen Geschichte hervor, allen voran Diokletian, 244 n. Chr. bei Salona geboren. Aus bescheidenen Verhältnissen stammend, bestieg er 285 den Kaiserthron. Als Herrscher versuchte Diokletian, die Regierung des riesigen Reiches zu vereinfachen, in dem er es in zwei administrative Hälften teilte. Damit legte er die Saat für die spätere Teilung in ein Ost- und ein Weströmisches Reich. Auch ging Diokletian als einer der großen Christenverfolger in die Geschichte ein. 305 n. Chr. zog sich Diokletian in seinen prächtigen Palast am Meer zurück, den er in der Nähe seines Geburtsorts hatte bauen lassen. Heute ist der Diokletianspalast das Herz der Altstadt von Split und das bedeutendste römische Relikt Kroatiens. Die Christen gewannen am Ende die Oberhand, zerrten die Überreste des Kaisers aus dessen Mausoleum und verwandelten es in eine Kathedrale.

Das Christentum erreichte die Region schon in seinen Anfangstagen. In der Bibel spricht Paulus in seinen Briefen an die Römer, die er etwa 56 n. Chr. verfasste, von Predigten im Illyricum; im 2. Brief des Paulus an Thimotheus teilt er mit, dass sich sein Schüler Titus in Dalmatien aufhält. Unter dem serbisch-orthodoxen Kloster im Nationalpark Krka befinden sich frühe christliche Katakomben und einer Legende zufolge besuchten Titus und vielleicht sogar Paulus selbst die hiesige Christengemeinde. 313, nur zwei Jahre nach Diokletians Tod, gewährte Kaiser Kons-

Die schönsten römischen Ruinen

Diokletianspalast in Split, Mitteldalmatien

Salona/Solin am Rand von Split

Amphiteater in Pula, Istrien

168 v. Chr.
Der letzte illyrische König Gentius wird in der Nähe seiner Hauptstadt Scodra (das heutige Shkodra in Albanien) von den Römern geschlagen, die nun ganz Dalmatien beherrschen.

27 v. Chr.
Octavius lässt sich außergewöhnliche Vollmachten übertragen und nimmt den Namen Augustus an – nach fast 500 Jahren wird aus der Römischen Republik das Römische Reich.

11 v. Chr.
Die römische Provinz Illyricum wird nach dem Sieg über pannonische Stämme bis zur Donau ausgeweitet. Die neue Provinz erstreckt sich über das gesamte Gebiet des heutigen Kroatiens (ohne Istrien).

9 n. Chr.
Illyricum wird in zwei Provinzen aufgeteilt: Dalmatia im Süden und Pannonia im Norden. Das heutige Kroatien verteilt sich auf beide Provinzen.

tantin allen Reichsbewohnern Religionsfreiheit. 380 schließlich stieg das Christentum unter Theodosius dem Großen zur Staatsreligion auf.

Theodosius war es auch, der als letzter römischer Kaiser ein vereintes Reich regierte. Nach seinem Tod wurde das Reich formell in Ost- und ein Westreich geteilt. Die Trennlinie verlief mitten durch das heutige Montenegro. Kroatien gehörte damit zum Weströmischen Reich, das heutige Serbien größtenteils zum Oströmischen, aus dem in den nächsten Jahrzehnten das Byzantinische Reich hervorgehen sollten. Während dieses bis 1453 Bestand hatte, ging das Weströmische Reich nach Invasionen „barbarischer" Stämme – darunter Westgoten, Hunnen und Langobarden – 476 endgültig unter. Bis 535, als der byzantinische Kaiser Justinian sie vertrieb, übernahmen die Goten in Dalmatien die Macht.

Tschüss Awaren, hallo Slawen!

Im Gefolge des Zusammenbruchs des Weströmisches Reiches zogen mehrere slawische Stämme von ihrem ursprünglichen Gebiet nördlich der Karpaten südwärts. Etwa zur gleichen Zeit bedrohten die Awaren – zentralasiatische Nomaden, die für ihre Brutalität berüchtigt waren – auf dem Balkan die Grenzen des Byzantinischen Reiches. Sie zerstörten die früheren römischen Städte Salona und Epidaurus, deren Einwohner in den Diokletianspalast bzw. nach Ragusa (Dubrovnik) flohen. In der Folge drangen sie bis zur mächtigen byzantinischen Hauptstadt Konstantinopel, dem heutigen Istanbul, vor, wo sie jedoch vernichtend geschlagen wurden; schon bald darauf verschwanden sie von der Bildfläche der Geschichte („Sie sind untergegangen wie die Awaren" ist eine auf dem Balkan gebräuchliche Redensart).

Obwohl die Kroaten ein slawisches Volk und mit den anderen südslawischen Völkern verwandt sind, hat der Name Hrvat keine slawischen Wurzeln. Man vermutet, dass der Name persischen Ursprungs ist. Möglicherweise stammt er von den Alanen, einem iranischen, persischsprachigen Volk.

Die Rolle der Slawen bei der Niederlage der Awaren ist umstritten. Einige vertreten die Ansicht, dass Byzanz die Slawen im Kampf gegen die angreifenden Awaren zu Hilfe gerufen hat, andere vermuten, dass sie lediglich das Vakuum füllten, das die Awaren hinterließen. Wie auch immer, die Slawen breiteten sich rapide auf dem Balkan aus und erreichten im frühen 7. Jh. die Adria.

Zwei eng miteinander verwandte slawische Stämme ließen sich fortan an der Adriaküste und deren Hinterland nieder: die Kroaten und die Serben. Die Kroaten besiedelten ein Gebiet, das in etwa dem des heutigen Kroatiens und Bosniens entspricht. Im 8. Jh. hatten sie zwei mächtige Stämme gebildet, die jeweils von einem Fürsten (*knez*) angeführt wurden. Das Fürstentum Kroatien umfasste den größten Teil des heutigen Dalmatiens sowie Regionen Montenegros und Westbosniens, während sich das Fürstentum Posavien (in Pannonien) über das heutige Slawonien, Zagorje und das Gebiet um Zagreb erstreckte. Byzant behielt hingegen die Kontrolle über mehrere Küstenstädte, darunter Zadar, Split und Dubrovnik, sowie über die Inseln Hvar und Krk.

257

Die Stadt Salona wird das erste Bistum der römischen Provinz Dalmatia und schafft so ein Einflugstor für den Katholizismus in der Region; binnen 30 Jahren wird der Bischof von Salona zum Papst ernannt.

284–305

Der aus Dalmatien stammende Heerführer Diokletian wird Kaiser; in der Folgezeit gelingt es ihm, das kriselnde römische Reich zu stabilisieren. 305 dankt er aber und zieht sich in seinen Palast nach Split zurück .

395

Nach dem Tod von Theodosius dem Großen wurde das römische Reich geteilt. Slowenien, Kroatien und Bosnien kamen zu Westrom, der Großteil Serbiens, Kosovo und Mazedonien zum Byzantinischen Reich.

5. Jh.

Während den Stürmen der Völkerwanderung wechselt das heutige Kroatien mehrmals seinen Besitzer. U. a. herrschen der Germane Odoaker und der Ostgote Theoderich über das Gebiet

Christentum & kroatische Könige

Das Fränkische Reich unter Karl dem Großen erreichte den Höhepunkt seiner Macht um das Jahr 800; Dalmatien war zwar nicht Bestandteil des Frankenreichs, die dort lebenden Völker waren jedoch tributpflichtig. Die Christianisierung der Kroaten erfolgte bereits im 7. Jh. Nach dem Tod Karls des Großen im Jahr 814 blieb der Aufstand des kroatischen Fürstentums Posavina gegen die fränkische Oberhoheit erfolglos. Von den an der dalmatischen Küste lebenden Kroaten erhielten sie keinerlei Unterstützung; diese standen unter byzantinischer Oberhoheit. Unter dem Fürsten Branimir befreiten sich die Kroaten schließlich von Byzanz, Papst Johannes VIII. erkannte das Fürstentum der Kroaten an – kein Wunder, dass der Katholizismus so tief in kroatischen Seele verwurzelt ist.

Trpimir, *knez* (Fürst) von 845 bis 864, gilt zwar als Begründer der ersten kroatischen Dynastie, doch war es sein Enkel Tomislav, der 925 zum ersten *kralj* (König) gekrönt wurde und Teile Pannoniens und Dalmatien vereinigte. Sein Königreich umfasste das heutige kroatische Staatsgebiet sowie Teile Bosniens und die montenegrinische Küste.

Doch die glorreichen Zeiten sollten nicht von Dauer sein. Im Lauf des 11. Jhs. drangen die Serben, Byzantiner und Venezianer an die dalmatinische Küste vor, während neue Feinde, die Ungarn, im Norden auf der Bildfläche erschienen und sich nach Pannonien aufmachten. Krešimir IV. (reg. 1058–1074) wendete das Blatt nochmals und erweiterte die Grenzen seines Reiches, doch sollte diese Wende in Kroatien nur von kurzer Dauer sein. Auf Krešimir folgten Zvonimir und Stjepan, die beide ohne Erben blieben. Der ungarische König Laszlo ergriff die Gelegenheit und erhob als Schwager Zvonimirs Anspruch auf den Thron. Es gelang ihm, große Teile Nordkroatiens unter seine Kontrolle zu bringen; doch ehe er seinen Anspruch auch im Süden zementieren konnte, starb er.

Die Dalmatiner sind eine alte Hunderasse, ob sich der Name jedoch von Dalmatien ableitet, ist nicht gesichert. Manche Fachleute vermuten, dass die Dalmatiner von Indien über das östliche Mittelmeergebiet in den westlichen mediterranen Raum eingeführt wurden.

Begehrliche Nachbarn: Ungarn gegen Venedig

Laszlos Bruder Koloman folgte diesem nicht nur auf den ungarischen Thron, sondern auch in seinem Bemühen, auch den kroatischen Thron zu erobern. 1097 besiegte er seinen Rivalen Petar Svačić, der ebenfalls Anspruch auf die Krone erhob, und beendete damit die Ära der in Kroatien geborenen Könige. 1102 verfügte er in den Pacta conventa, dass Ungarn und Kroatien auf dem Papier unabhängige Gebiete innerhalb eines einzigen – des ungarischen – Königreichs seien. In der Praxis behielt Kroatien zwar einen *ban* (Vizekönig bzw. Gouverneur) und ein *sabor* (Parlament), doch verdrängten die Ungarn den kroatischen Adel immer mehr. Unter ungarischer Herrschaft wurde Pannonien in Slawonien umbenannt und die Städte Zagreb, Vukovar und Varaždin im Landesinne-

614

Die zentralasiatischen Stämme der Awaren plündern Salona und Epidaurus. Manche vermuten, dass die Kroaten ihnen folgten, andere glauben, Kaiser Heraklius habe sie zur Abwehr der Awaren gebeten.

806

Die Franken unter Karl dem Großen erobern Dalmatien und zwingen die heidnischen Kroaten zur Taufe. Die Byzantiner erkennen die Herrschaft der Franken an, behalten aber die Kontrolle über wichtige Küstenstädte.

845–864

Trpmir begründet Kroatiens erste Herrscherdynastie. Er besiegt das mächtige Bulgarien und fügt den Byzantinern schwere Niederlagen zu. Kroatien vergrößert sich bis weit ins heutige Bosnien hinein.

869

Auf Anweisung von Byzanz entwickeln die makedonischen Mönche Method und Kyrill das kyrillische Alphabet, um die Ausbreitung des Christentums unter den slawischen Völkern zu beschleunigen.

DIE HERRSCHAFT DER VENEZIANER

Fast 800 Jahre lang versuchten die Dogen von Venedig, die kroatische Küste zu kontrollieren. Von Rovinj im Norden bis Korčula im Süden zeigen die Städte an der Küste und auf den Inseln noch heute unverkennbar venezianische Einflüsse in Architektur, Kochkunst und Kultur. Für die kroatische Bevölkerung war die Fremdherrschaft alles andere als eine leichte Zeit.

Die venezianische Herrschaft in Dalmatien und Istrien war eine Phase andauernder wirtschaftlicher Ausbeutung. Systematisch holzten die Venezianer die Wälder für ihren Schiffsbau ab. Staatliche Monopole hielten die Preise für Olivenöl, Feigen, Wein, Fisch und Salz künstlich niedrig und verhalfen den venezianischen Käufern zu billigen Rohstoffen, während hiesige Händler und Produzenten verarmten. Der regionale Schiffsbau wurde strikt unterbunden. Zudem bauten die Venezianer weder Straßen noch Schulen noch investierten sie in die Wirtschaft der Region.

ren entwickelten sich zu florierenden Handels- und Kulturzentren. 1107 brachte Koloman den dalmatinischen Adel dazu, ihm die Macht an der Küste, die die vom Meer abgeschnittenen ungarischen Könige seit langem begehrten, zu überlassen.

Nach Kolomans Tod 1116 griffen die Venezianer die Stadt Biograd und die Inseln Lošinj, Pag, Rab und Krk erneut an. Zadar, inzwischen die größte und reichste Stadt Dalmatiens, konnte um 1190 noch zwei Angriffe venezianischer Flotten erfolgreich abwehren. 1202 jedoch bezahlte ein rachsüchtiger venezianischer Doge die Soldaten des vierten Kreuzzuges dafür, Zadar einzunehmen – und das, obwohl Papst Innozenz III. den Kreuzfahrern verboten hatte, christliche Staaten anzugreifen. Sie erfüllten ihren Auftrag und zogen anschließend weiter nach Konstantinopel, der großen östlichen Bastion des orthodoxen Christentums.

Die Mongolen verwüsteten 1242 ganze Landstriche in Kroatien, nachdem der ungarische König Bela IV. in Trogir vor ihren Angriffen Zuflucht suchte. Die Venezianer machten sich das Chaos zunutze und nahmen Zadar ein. Nach dem Tod von Bela im Jahr 1270 eroberten sie auch noch Šibenik und Trogir.

König Ludwig I. von Ungarn (reg. 1342–1382) erlangte die Kontrolle über das Land zurück und brachte Venedig sogar dazu, sich aus Dalmatien zurückzuziehen. Doch schon nach Ludwigs Tod brachen neue Konflikte aus. Der kroatische Adel stellte sich geschlossen hinter Ladislaus von Neapel, der im Jahr 1403 in Zadar zum Gegenkönig gekrönt wurde. Da sich dieser jedoch militärisch nicht gegen König Sigismund durchsetzen konnte, verkaufte er Zadar zum Spottpreis von 100 000 Dukaten an Venedig und erklärte seinen Verzicht auf Dalmatien. Anfang des 15. Jhs. konnte Venedig seine Herrschaft über die dalmatische Küste südlich von

Die schönsten gotischen Bauwerke

Kathedrale St. Jakob, Šibenik

Kathedrale St. Markus, Korčula

Kathedrale St. Anastasia, Zadar

Kathedrale Mariä Himmelfahrt, Zagreb

910–928

Fürst Tomislav vergrößert sein Herrschaftsgebiet auf Kosten der Ungarn und siegt über den bulgarischen Zaren Simeon. Er eint die pannonischen und dalmatischen Kroaten und wird 925 erster kroatischer König.

1000

Venedig nutzt die Instabilität in Kroatien aus und breitet sich an der dalmatischen Küste aus. Es ist der Auftakt des Kampfes der Venezianer mit anderen Mächten um die Herrschaft über Dalmatien.

1058–1074

Kurz nach der Spaltung zwischen orthodoxer und katholischer Kirche erkennt der Papst Krešimir IV. als König von Dalmatien und Kroatien an. Damit gerät Kroatien in den katholischen Einflussbereich.

1091–1102

Der ungarische König Ladislaus beansprucht den slawonischen Thron. Sein Nachfolger Koloman besiegt den kroatischen König und festigt die ungarische Herrschaft über Kroatien mit der Pacta conventa.

Zadar also noch einmal festigen; der Küstenstreifen blieb bis zur Invasion Napoleons im Jahr 1797 in venezianischer Hand. Lediglich den gewieften Bürgern von Ragusa (Dubrovnik) gelang es, ihre Unabhängigkeit auch weiterhin zu behalten.

Der Ansturm der Osmanen

Nach den Venezianern und den Ungarn drohte für die Kroaten aus dem Südosten eine wesentlich größere Gefahr. Innerhalb von nur wenigen Jahrzehnte überrannten die aus Anatolien stammenden Osmanen im 14. Jh. den Balkan.

Die Serben mussten sich nach der Schlacht auf dem Amselfeld 1389 den Osmanen unterwerfen. Das Kreuzfahrerheer unter König Sigismund gegen die Türken wurde im Jahr 1396 geschlagen, Bosnien 1463 erobert. Und nach der Schlacht auf dem Krbavsko Polje im Jahr 1493 war auch der Widerstand des kroatischen Adels gebrochen.

Innerhalb von nur kurzer Zeit unterwarfen sich nach und nach die kroatischen Adelsfamilien den Osmanen, eine Stadt nach der anderen fiel an den Feind. In Zagreb, gleichzeitig ein bedeutender Bischofssitz, blieb die stark befestigte Kathedrale im Kaptol unbeschadet, dagegen wurde Knin im Jahr 1522 erobert. Wenige Jahre später kam es zur Schlacht von Mohács (1526), bei der die Osmanen das ungarische Heer vernichtend schlugen – für die Ungarn wird diese Niederlage auch heute noch als nationales Trauma verstanden. Das osmanische Heer zog weiter südwärts und bedrohte von nun an die adriatische Küste, scheiterte aber wiederholt an Ragusa.

Die Osmanen verwüsteten den Balkan, Städte und Dörfer wurden zerstört, die Bevölkerung wurde versklavt oder in den osmanischen Kriegsdienst gezwungen, viele Menschen waren auf der Flucht.

Die Habsburger treten auf

Nachdem die Ungarn von der Bildfläche verschwunden waren, suchten die Kroaten beim Erzherzogtum Österreich Schutz. Das von Wien aus regierte Habsburgerreich annektierte denn auch prompt einen schmalen Streifen um Zagreb, Karlovac und Varaždin. Die Habsburger trachteten danach, eine Pufferzone gegen die Osmanen zu schaffen, und errichteten die Vojna Krajina (Militärgrenze). In diesem Gebiet mit seiner Festungskette südlich von Zagreb stand eine überwiegend aus Walachen und Serben bestehende Armee den Osmanen gegenüber. Genau ein Jahrhundert nach der Niederlage durch die Osmanen gelang es den Kroaten, den Spieß umzudrehen. 1593 besiegte erstmals eine habsburgische Armee, in der auch kroatische Soldaten dienten, in Sisak die Türken. 1699 mussten diese in Sremski Karlovci erstmals um Frieden bitten, die türkische Vormachtstellung in Mitteleuropa war nachhaltig geschwächt. Bosnien

Die Krawatte ist eine Weiterentwicklung des Halstuchs, das ursprünglich aus Kroatien stammt, wo es Teil der militärischen Uniform war, und im 17. Jh. von den Franzosen übernommen wurde. Das Wort „Krawatte" ist eine Verschmelzung der Wörter Kroate und Hrvat.

1242

Im Mongolensturm werden die Königshäuser von Ungarn und Kroatien vernichtet. Die Adelsfamilien der Šubić und Frankopanen füllen die Lücke und werden politisch und wirtschaftlich sehr einflussreich.

14. Jh.

Die in Ungarn herrschenden Anjous unter Karl und Ludwig stellt die königliche Autorität in Kroatien wieder her und versucht, die Venezianer zu vertreiben, die kurz zuvor dalmatisches Gebiet erobert haben.

1358

Ragusa (das heutige Dubrovnik) befreit sich aus der Vorherrschaft Venedigs und entwickelt sich zu einer fortschrittlichen, liberalen Stadtrepublik, die sich geschickt gegenüber Venezianern und Osmanen behauptet.

1389

Schlacht auf dem Amselfeld: Die Niederlage des südslawisch-serbischen Heeres gegen die Osmanen leitet deren Dominanz auf dem Balkan ein.

DIE REPUBLIK RAGUSA

Während der Großteil der dalmatischen Küste unter der Herrschaft der Venezianer ächzte, hatten die Menschen der unabhängigen Republik Ragusa, des heutigen Dubrovnik, ein angenehmes Leben. Die herrschende Oberschicht verband Geschäftssinn mit diplomatischem Geschick und sorgte dafür, dass der winzige Stadtstaat sich gut behaupten konnte und eine wichtige Rolle über die unmittelbare Umgebung hinaus spielte.

Die Einwohner Ragusas baten den Papst 1371 um die Erlaubnis, mit den Türken Handel zu treiben, und errichteten in der Folge florierende Handelszentren im gesamten Osmanischen Reich. Dies förderte auch die Künste und die Wissenschaften. Die Menschen in Ragusa, als „mild und edel" beschrieben, waren für die damalige Zeit äußerst liberal; bereits im 15. Jh. schafften sie den Sklavenhandel ab. Auch auf dem Gebiet der Wissenschaften errangen sie Fortschritte, so führte Ragusa z. B. 1377 eine Quarantäne ein.

Dennoch war es für die Republik eine Gratwanderung, zwischen türkischen und venezianischen Interessen zu lavieren. Ein Erdbeben 1667 brachte schwere Zerstörungen, von denen sie sich nie wirklich erholte. 1808 schließlich eroberte Napoleon die Republik.

verblieb im Osmanischen Reich, doch Venedig regierte die Küste, von einem schmalen Streifen rund um Neum einmal abgesehen, der den Osmanen Zugang zur Adria gewährte und eine Pufferzone zwischen den Territorien Venedigs und Ragusas bildete. Ein weiterer schmaler Streifen der Küste rund um Rijeka gehörte zu Habsburg, das unter Leopold I. (reg. 1658–1705) auch Slawonien zurückeroberte und so die Krajina vergrößerte.

Es folgte eine Periode der Stabilität und der Fortschritte in der Landwirtschaft, die kroatische Kultur und Sprache aber wurde vernachlässigt.

Napoleon & die Illyrischen Provinzen

Weil Habsburg nach der Französischen Revolution Bestrebungen zur Wiederherstellung der französischen Monarchie unterstützte, marschierte Napoleon 1796 in die italienischen Besitzungen Österreichs ein. Nachdem er 1797 Venedig eroberte hatte, willigte er im Abkommen von Campo Formio ein, Dalmatien im Austausch gegen andere Zugeständnisse an Österreich abzutreten. Die insgeheim gehegten Hoffnungen der Kroaten auf eine Vereinigung Dalmatiens mit Slawonien wurden aber bald zunichtegemacht: Die Habsburger hatten nicht die Absicht, die getrennte Verwaltung beider Gebiete aufzugeben.

Der in Šibenik geborene Faust Vrančić (1551–1617) baute den ersten funktionierenden Fallschirm.

Österreich kontrollierte Dalmatien allerdings nur bis zu Napoleons Sieg über die österreichischen und preußischen Streitkräfte bei Austerlitz im Jahr 1805. Die kroatische Küste ging an Frankreich über. Ragusa (das heutige Dubrovnik) ergab sich schon bald den französischen Truppen, die sich auch die Bucht von Kotor im heutigen Montenegro sicher-

1409
Ladislaus von Neapel wird ungarisch-kroatischer Gegenkönig, kann sich aber nicht durchsetzen und verkauft Dalmatien für 100 000 Dukaten an Venedig. Dessen Machtbereich reicht bald von Zadar bis Ragusa.

1493
In Krbavsko Polje kämpft eine kroatisch-ungarische Armee gegen die Türken und wird vernichtend geschlagen: Kroatien ist den Türken ungeschützt ausgesetzt, Hungersnöte sind die Folge.

1526/1527
In der Schlacht von Mohács besiegen die Osmanen den ungarischen Adel und beenden Ungarns Herrschaft über Kroatien. Der ungarische König Ludwig stirbt ohne Erben, die Habsburger übernehmen die Macht.

1537–1540
Die Türken stürmen Klis, die letzte kroatische Bastion in Dalmatien. Ihr Vormarsch endet in Sisak, unmittelbar südlich von Zagreb. Es ist unklar, warum sie nie versucht haben, Zagreb einzunehmen.

ten. Napoleon benannte die eroberten Gebiete in „Illyrische Provinzen" um und machte sich rasch daran, das von den Kriegswirren gezeichnete Land wiederaufzubauen. Die kahlen und unfruchtbaren Hügel wurden aufgeforstet, neue Feldfrüchte eingeführt, Straßen und Krankenhäuser entstanden. Da fast alle Einwohner Analphabeten waren, richtete die neue Regierung Schulen und eine Hochschule in Zadar ein. Trotzdem blieb das französische Regime unbeliebt. Nach Napoleons Russlandfeldzug und dem Zusammenbruch seines Reiches erkannte der Wiener Kongress von 1815 Österreichs Ansprüche auf Dalmatien an und stellte den Rest Kroatiens unter die Rechtshoheit der österreichischen Provinz Ungarn. Für Dalmatien bedeutete das eine Rückkehr zu den alten Verhältnissen, da die Österreicher der früheren venezianisch-italienischen Elite wieder zur Macht verhalfen. Die Kroaten im Norden wurden im Zuge einer Madjarisierung von den Ungarn bedrängt, die ungarische Sprache und Kultur zu übernehmen.

Südslawisches Volksbewusstsein

Die Oberschicht Dalmatien sprach italienisch, der kroatische Adel im Norden deutsch oder ungarisch. In napoleonischer Zeit jedoch sollte ein südslawisches Bewusstsein seinen Anfang nehmen. (Napoleons Absicht war es, auch die serbische Kultur zu stärken, allerdings blieb Serbien weiterhin unter osmanischer Herrschaft.) Der Gedanke einer gemeinsamen kulturellen und ethnischen Identität mündete in die sogenannte „Illyrische Bewegung" in den 1830er-Jahren, die u. a. die Aufwertung der kroatischen Sprache anstrebte. Nach Gründung der ersten illyrischen Zeitung 1834, die im Zagreber Idiom verfasst worden war, forderte der kroatische *sabor*, slawische Sprachen an den Schulen zu unterrichten.

Croatia Through History (2007) von Branka Magaš vermittelt einen sehr detaillierten Einblick in die kroatische Geschichte, der sich auf Schlüsselereignisse konzentriert und die allmähliche Entwicklung der kroatischen nationalen Identität klar nachzeichnet.

Nach der Revolution 1848 in Paris begannen auch die Ungarn, auf Reformen im Habsburgerreich zu drängen. Die Kroaten wiederum betrachteten dies als Chance, einen Teil der Kontrolle zurückzugewinnen und Dalmatien, die Krajina und Slawonien zu vereinen. Die Habsburger reagierten mit Lippenbekenntnissen auf die Wünsche und ernannten Josip Jelačić zum *ban* (Vizekönig oder Statthalter) von Kroatien. Der rief umgehend Wahlen aus und erklärte den ungarischen Agitatoren den Krieg, um sich bei den Habsburgern einzuschmeicheln. Die ignorierten seine Forderung nach Autonomie jedoch stillschweigend. Nichtsdestotrotz wurde Jelačić im Zentrum von Zagreb in kriegerischer Pose verewigt.

Nach 1848 machte sich Ernüchterung breit. Als 1867 die Doppelmonarchie Österreich-Ungarn aus der Taufe gehoben wurde, wuchs die Enttäuschung weiter. Die Krone unterstellte das nördliche Kroatien und Slawonien der ungarischen Administration, während Dalmatien mit Häfen wie Makarska zu Österreich gehörte. Die eingeschränkte Selbstverwaltung, die den Kroaten vorher immerhin zugestanden hatte, verschwand.

1583

Kaiser Ferdinand initiiert die Errichtung der Kroatischen Militärgrenze (Hrvatska Vojna krajina), die ein Bollwerk gegen ein weiteres Vorrücken der Osmanen bildet.

1593

In Sisak erringen die Habsburger erstmals einen wichtigen Sieg über die Türken. Damit leiten sie den langen Rückzug der Osmanen ein.

1671

Eine Abordnung unter Franjo Frankopan und Petar Zrinski, die Kroatien von der Vorherrschaft der Ungarn befreien wollen, wird von den Habsburgern abgewiesen. Sie werden gehängt, ihr Land wird konfisziert.

1699

Im Frieden von Karlovci verzichten die Türken auf alle Ansprüche in Kroatien. Venedig und Ungarn beanspruchen das befreite Land in den nächsten 20 Jahren für sich.

Der südslawische Traum

Die große Unzufriedenheit sorgte für eine Spaltung der Kroaten in zwei Lager, die die politische Landschaft über ein Jahrhundert lang prägen sollte. Die alte „Illyrische Bewegung" ging in der Nationalpartei auf, die von Bischof Josip Juraj Strossmayer angeführt wurde. Er war der Überzeugung, dass Habsburg und Ungarn die Unterschiede zwischen Serben und Kroaten bewusst betonten und die Wünsche beider Völker nur durch eine *jugoslavenstvo* (Vereinigung der Südslawen) in Erfüllung gehen könnten. Strossmayer unterstützte den Unabhängigkeitskampf, zog allerdings ein jugoslawisches (also südslawisches) Staatsgebilde innerhalb des Reiches einer vollständigen Unabhängigkeit vor.

Dubrovnik: A History (2003) von Robin Harris wirft einen nachdenklichen und gründlichen Blick auf diese großartige Stadt und beschäftigt sich mit den Ereignissen, Personen und Entwicklungen, die den architektonischen und kulturellen Charakter der „Perle der Adria" geprägt haben.

Im Gegensatz dazu strebte die Partei des Rechts unter Führung des militanten Serbenfeinds Ante Starčević ein unabhängiges Kroatien an, bestehend aus Slawonien, Dalmatien, der Krajina, Slowenien, Istrien und Teilen von Bosnien und der Herzegowina. Zeitgleich unterstützte die orthodoxe Kirche die Serben bei ihrer Suche nach einer nationalen Identität, deren Basis die Religion bilden sollte. Bis ins 19. Jh. hatten sich die orthodoxen Bewohner Kroatiens diffus als Walachen, Morlachen, Serben oder Griechen gesehen. Auch als Reaktion auf die politischen Kämpfe Starčevićs entwickelte sich nun aber das Bewusstsein einer eigenständigen serbisch-orthodoxen Identität innerhalb Kroatiens.

Gemäß dem Motto „Teile und herrsche" bevorzugte der von Ungarn ernannte *ban* eindeutig die Serben und die orthodoxe Kirche. Doch seine Strategie ging nicht auf: Die Kroaten organisierten ihren Widerstand, zunächst in Dalmatien. Kroaten aus Rijeka und Serben aus Zadar verbündeten sich 1905 und forderten die Vereinigung von Dalmatien und Slawonien, wobei die Serben als Nation gleiche Rechte erhalten sollten. Die Idee der Vereinigung war in der Welt und breitete sich aus. 1906 übernahmen kroatisch-serbische Koalitionen die Gemeindeverwaltungen in Dalmatien und Slawonien und wurden nun auch in Ungarn als ernsthafte Bedrohung wahrgenommen.

Erster Weltkrieg & das erste Jugoslawien

Mit dem Ausbruch des Ersten Weltkriegs war Kroatiens Zukunft wieder ungewiss. Das Land befürchtete, dass es nur ein Bauer im Spiel der Großmächte sein würde. Aus diesem Grund überredete eine kroatische Delegation, das „Jugoslovenski Odbor" (Jugoslawisches Komitee), die serbische Regierung, eine parlamentarische Monarchie zu etablieren, die über beide Länder regieren solle. Viele Kroaten waren sich zwar über die Absichten der Serben unsicher; über die Absichten Italiens herrschte jedoch kein Zweifel, machte sich der Nachbar jenseits der Adria doch gleich nach dem Krieg daran, Pula, Rijeka und Zadar zu

1780er-Jahre
Unter den Habsburgern beginnt ein Prozess der Germanisierung. In der gesamten Verwaltung muss Deutsch gesprochen werden. Dies führt zu wachsendem Nationalgefühl bei den nicht deutschen Untertanen.

1797–1815
Napoleon bereitet der Republik Venedig ein Ende, ihre Herrschaftsgebiete fallen zunächst an Österreich. 1806 erobert Napoleon die adriatische Küste und formt die „Illyrischen Provinzen".

1830–1850
Das erwachende südslawische Bewusstsein richtet sich darauf, die Magyarisierung und Germanisierung der Habsburger rückgängig zu machen. Die „Illyrische Bewegung" ist Teil dieser Entwicklung.

1867
Das Habsburgerreich gesteht Ungarn eine eigene Regierung zu, die Doppelmonarchie Österreich-Ungarn entsteht. Dalmatien fällt an Österreich, während Slawonien von den Ungarn regiert wird.

besetzen. Im Prinzip hatten die Kroaten nur die Wahl zwischen Italien und Serbien – und sie entschieden sich für Serbien.

Nach dem Zusammenbruch der Österreichisch-Ungarischen Monarchie wurde das Jugoslawische Komitee zur Nationalversammlung von Slowenen, Kroaten und Serben. Die Nationalversammlung verhandelte rasch die Gründung eines „Königreiches der Serben, Kroaten und Slowenen", dessen Hauptstadt Belgrad werden sollte (der umständliche Name wurde 1929 in Königreich Jugoslawien geändert). Das zuvor unabhängige Königreich Montenegro wurde ebenfalls in das neue Königreich aufgenommen. (Montenegros König Nikola, der während des Krieges nach Frankreich geflohen war, wurde nach Kriegsende dort festegesetzt; dies war das Ende der 300 Jahre währenden Petrović-Dynastie.)

Bald gab es erste Probleme im neuen serbischen Königreich. Von Währungsreformen profitierten die Serben auf Kosten der Kroaten. In einem Abkommen wurden Istrien, Zadar und mehrere Inseln an Italien abgetreten. Die neue Verfassung sah kein kroatisches Parlament mehr vor und konzentrierte die Macht in Belgrad; in den neuen Wahlbezirken waren die Kroaten unterrepräsentiert, an eine weitergehende Autonomie als unter den Habsburgern war nicht zu denken.

Der Widerstand gegen dieses zentralistische Regime wurde von dem Kroaten Stjepan Radić angeführt, der zwar ein vereintes Jugoslawien anstrebte, aber in Form eines föderalen demokratischen Staates. Seine Allianz mit dem Serben Svetozar Pribićevic erwies sich als ernst zu nehmende Bedrohung für Belgrad; im Jahr 1928 wurde der Abgeordnete Radić während einer Parlamentssitzung erschossen. Die Angst vor einem Bürgerkrieg ausnutzend, rief Jugoslawiens König Alexander eine Königsdiktatur aus und machte mit dem Verbot der politischen Parteien und der Auflösung der parlamentarischen Regierung alle Hoffnungen auf einen demokratischen Wandel zunichte. Unterdessen gewann die Kommunistische Partei immer größeren Zulauf; zu ihrem Vorsitzenden wurde im Jahr 1937 Josip Broz Tito gewählt.

Der Aufstieg der Ustascha & der Zweite Weltkrieg

Einen Tag nach Einführung der Diktatur durch den Monarchen rief der bosnische Kroate Ante Pavelić in Zagreb die Kroatische Befreiungsbewegung Ustascha (Ustaše) ins Leben, die sich an Mussolini orientierte. Ihr Ziel war die Bildung eines unabhängigen kroatischen Staates, notfalls auch mit Gewalt. Aus Angst vor einer Verhaftung floh Pavelić zunächst nach Sofia und nahm Kontakt mit antiserbischen Revolutionären in Makedonien auf. Dann fuhr er weiter nach Italien, wo er mit dem Einverständnis Mussolinis Ausbildungslager für seine Organisa-

Ivan Vučetić (1858–1925), der Erfinder der Daktytyloskopie (Identifizierung mittels Fingerabdruck), wurde auf der Adria-Insel Hvar geboren.

1905

Das steigende kroatische Nationalbewusstsein manifestiert sich in der Resolution von Rijeka, die mehr Demokratie und eine Wiedervereinigung von Dalmatien und Slawonien fordert.

1908

Österreich-Ungarn übernimmt in Bosnien und der Herzegowina die Macht und bringt damit die slawischen Muslime auf dem Balkan in seinen Einflussbereich.

1918

Nach dem Ende der Donaumonarchie infolge des Ersten Weltkriegs wird das Königreich der Serben, Kroaten und Slowenen gegründet. Der serbische Prinz Aleksandar Karađorđević wird König.

1920

Stjepan Radić gründet die Kroatische Bauernpartei, die zum wichtigsten Sprachrohr der kroatischen Interessen gegenüber der serbischen Vorherrschaft wird.

tion errichtete. Im Jahr 1934 ermordete die Ustascha gemeinsam mit makedonischen Nationalisten König Alexander während eines Staatsbesuches in Marseille. Italien reagierte auf französischen Druck mit der Auflösung der Ausbildungslager und der Verhaftung Pavelićs und vieler seiner Anhänger.

Als Deutschland am 6. April 1941 in Jugoslawien einmarschierte, errichtete die Ustascha unter Ante Pavelić eine Herrschaft von deutschen und italienischen Gnaden und übernahm formal die Regierungsgeschäfte; Teile Kroatiens, darunter weite Landstriche Dalmatiens, werden Mussolini zugeschlagen. Unmittelbar nach der Regierungsübernahme durch die Ustascha verabschiedete der Unabhängige Staat Kroatien (NDH = Nezavisna Država Hrvatska) unter Führung von Pavelić zahlreiche Erlasse, die darauf abzielten, die „Feinde" des Regimes, vor allem Juden, Roma und Serben, zu verfolgen und zu eliminieren. Die meisten Juden wurden zwischen 1941 und 1945 zusammengetrieben und in Vernichtungslager gebracht.

Auch den Serben ging es nicht viel besser. Im Programm der Ustascha war ausdrücklich festgehalten, dass „ein Drittel der serbischen Bevölkerung getötet, ein Drittel ausgewiesen und das letzte Drittel zum Katholizismus bekehrt werden sollte" – ein Plan, der mit erschreckender Brutalität umgesetzt wurde. In vielen Dörfern gab es Pogrome, Vernichtungslager wurden eingerichtet. Am berüchtigtsten war Jasenovac (südlich von Zagreb), in dem Juden, Roma und antifaschistische Kroaten ermordet wurden. Die genaue Zahl serbischer Opfer ist umstritten; Historiker nehmen an, dass es sich um Hunderttausende handelt.

Der Balkan (2000) des renommierten Historikers Mark Mazower ist eine überaus lesenswerte kurze Einführung in die Region. Sie bietet einen guten Überblick über die Geografie, Kultur und die historischen Entwicklungen des Balkans.

Tito & die Partisanen

Die menschenverachtende Politik der Ustascha spaltete die Jugoslawen. Während das Ustascha-Regime in der Region Lika, südwestlich von Zagreb, und im Westen der Herzegowina die größte Unterstützung erhielt, fand es in Dalmatien, wo Pavelićs territoriale Zugeständnisse an Italien äußerst unpopulär waren, nahezu gar keine Unterstützung. Auch unter den Intellektuellen Zagrebs hatte die Ustascha kaum Anhänger.

Serbische Tschetnik-Truppen unter Führung von General Draža Mihailović leisten bewaffneten Widerstand gegen das Regime. Die Tschetniks waren zunächst antifaschistische Rebellen, begingen aber im Kampf gegen die Ustascha in Ostkroatien und Bosnien bald Massaker an Kroaten, die denen der Ustascha in nichts nachstanden.

Am wirksamsten bekämpften die Partisanen der Volksbefreiungsarmee unter ihrem Führer Josip Broz, genannt Tito, den Faschismus. Hervorgegangen aus der verbotenen Kommunistischen Partei, zogen sie vom Regime verfolgte jugoslawische Intellektuelle, von den Tschetnik-Massakern angewiderte Kroaten und von der Ustascha verfolgte Serben an.

1934

Die Ustascha und mazedonische Revolutionäre führen ein Attentat auf König Alexander durch. Er wird während eines Staatsbesuch in Frankreich in Marseille erschossen. Die Krone geht an seinen elf Jahre alten Sohn Petar.

1939

Ausbruch des Zweiten Weltkriegs: Jugoslawien versucht, neutral zu bleiben. Als Hitler zwei Jahre später Prinzregent Paul einen Pakt aufzwingt, wird dieser bei einem Staatsstreich entmachtet.

1941

Deutschland überfällt Jugoslawien. Ante Pavelić proklamiert den Unabhängigen Staat Jugoslawien (NDH), einen Marionettenstaat der Nazis. Die Ustascha beginnt, Serben, Roma und Juden planmäßig zu ermorden.

1943

Titos kommunistische Partisanen erringen militärische Erfolge und bilden eine populäre antifaschistische Front. Die Briten und die USA leisten militärische Unterstützung.

Dazu gesellten sich Antifaschisten verschiedenster Couleur. Mit ihrem früh formulierten Programm, in dem sie ein Nachkriegs-Jugoslawien auf der Grundlage einer lockeren Förderation anstrebten, fanden die Partisanen breite Unterstützung in der Bevölkerung.

Die Alliierten, die zunächst die serbischen Tschetniks unterstützt hatten, erkannten bald, dass die Partisanen in ihrem Kampf gegen die Fa-

TITO

Josip Broz wurde im Jahr 1892 in Kumrovec als Sohn eines kroatischen Vaters und einer slowenischen Mutter geboren. Als der Erste Weltkrieg ausbrach, wurde er in die österreichisch-ungarische Armee eingezogen und von den Russen gefangen genommen. Er entkam kurz vor der Revolution 1917, wurde Kommunist und trat in die Rote Armee ein. Im Jahr 1920 kehrte er nach Kroatien zurück und wurde Gewerkschafter bei den Metallarbeitern.

Als Sekretär des Zagreber Komitees der verbotenen Kommunistischen Partei – 1934 nahm er im Untergrund das Pseudonym Tito an – setzte er sich dafür ein, die Partei zu einigen und die Zahl der Mitglieder zu erhöhen. Nach dem Einmarsch der Deutschen 1941 nahm er den Namen Tito an und organisierte Guerillagruppen, die den Kern der Partisanenbewegung bildeten. Sie wurde von Briten und Amerikanern unterstützt. Die Sowjetunion wies, trotz der gemeinsamen kommunistischen Ideologie, wiederholt seine Bitten um Hilfe zurück.

1945 wurde er Ministerpräsident des wieder errichteten Jugoslawiens. Zwar hielt er an der kommunistischen Ideologie fest und verhielt sich loyal gegenüber Russland, doch achtete er darauf, unabhängig zu bleiben. 1948 überwarf er sich mit Stalin und schlug gegenüber dem Westen einen versöhnlichen Kurs ein.

Was Tito am meisten Kopfschmerzen bereitete, waren die Rivalitäten innerhalb Jugoslawiens. Dieses Problem versuchte er zu lösen, indem er Dissens grundsätzlich unterdrückte und dafür sorgte, dass die ethnischen Gruppen in den oberen Rängen der Regierung gleichmäßig vertreten waren. Als überzeugter Kommunist betrachtete er ethnische Auseinandersetzungen als Abweichungen, die dem Allgemeinwohl schadeten. Dabei war sich Tito sehr wohl bewusst, dass die ethnischen Spannungen unter der Oberfläche des gemeinsamen Staates weiterhin existierten. Die Vorbereitungen für seine Nachfolge begannen bereits in den frühen 1970er-Jahren, als er versuchte, ein Machtgleichgewicht zwischen den verschiedenen Bevölkerungsgruppen herzustellen. Er führte eine kollektive Präsidentschaft ein, die jährlich wechseln sollte, musste jedoch feststellen, dass ein solches System nicht funktionsfähig war. Die späteren Ereignisse zeigten, wie sehr Jugoslawien auf seinen intelligenten, charismatischen Führer angewiesen war.

Als Tito im Mai 1980 starb, wurde sein Leichnam von Ljubljana (Slowenien) nach Belgrad (Serbien) gebracht. Tausende von Trauernden standen an den Straßen, um den Mann zu ehren, der 35 Jahre lang ein zerrissenes Land geeint hatte. Es war das letzte Mal, dass die verschiedenen Nationalitäten trotz aller gegenseitigen Ressentiments Zusammengehörigkeit demonstrierten.

1945

Deutschland kapituliert, die Partisanen marschieren in Zagreb ein und die Föderative Volksrepublik Jugoslawien wird gegründet. Kroatien ist eines der Gründungsmitglieder in der Föderation aus sechs Republiken.

1948

Tito bricht mit Stalin. Jugoslawien wird aus der sowjetisch dominierten Kommunistischen Internationalen ausgeschlossen. Tito schlägt einen zwischen dem Ostblock und dem Westen lavierenden Kurs ein.

1960er-Jahre

Die Zentralisierung der Macht in Belgrad führt zu Spannungen. In Kroatien ist man unzufrieden, dass kroatisches Geld in ärmere Provinzen fließt und Serben in Staatsdienst und Militär überrepräsentiert sind.

1971

Im „Kroatischen Frühling" fordern Reformer der Kommunistischen Partei, Intellektuelle, Studenten und Nationalisten größere wirtschaftliche und politische Unabhängigkeit für Kroatien.

schisten zielgerichteter und entschlossener vorgingen. Dank der diplomatischen und militärischen Unterstützung Churchills und anderer Alliierter gelang es den Partisanen bis 1943, den größten Teil Kroatiens unter ihre Kontrolle zu bringen. Sie bauten Kommunalverwaltungen in den eroberten Territorien auf, die sich später bei der Regierungsübernahme als sehr nützlich erwiesen. Am 20. Oktober 1944 marschierten sie zusammen mit der Roten Armee in Belgrad ein. Als nach der Kapitulation der Deutschen 1945 Pavelić und die Ustascha flohen, rückten sie auch nach Zagreb vor.

Der Rest der NDH-Armee versuchte verzweifelt, nach Österreich zu entkommen, um nicht in die Hände der Partisanen zu fallen. Eine kleine britische Einheit traf auf die 50 000 Mann starke Truppe und lockte sie mit dem Versprechen, sie außerhalb Jugoslawiens zu internieren, in eine Falle. Die Soldaten wurden gezwungen, in Züge Richtung Jugoslawien zu steigen, wo die Partisanen sie bereits erwarteten. Das folgende Massaker kostete mindestens 30 000 Mann das Leben (die genaue Zahl ist unbekannt) – ein dunkles Kapitel in der frühen Geschichte des zweiten Jugoslawiens.

In *Croatia: A Nation Forged in War* (3. Auflage 2010) erläutert Marcus Tanner verständlich Jahrhunderte voll komplizierter Entwicklungen, von der Ankunft der Slawen bis zur Gegenwart, und präsentiert in einem lebhaften, sehr lesbaren Stil die Herausforderungen und Probleme der kroatischen Geschichte.

Das zweite Jugoslawien

Titos Versuch, die Kontrolle über die italienische Stadt Triest und Gebiete im Süden Österreichs zu übernehmen, scheiterte am Widerstand der Alliierten. Dalmatien und Istrien allerdings wurden nach dem Krieg Teil des Nachkriegs-Jugoslawiens. Bei der Gründung der Föderativen Volksrepublik Jugoslawien ging es Tito darum, einen Staat zu schaffen, in dem keine ethnische Gruppe politisch eine dominante Rolle spielen sollte. Kroatien wurde – neben Makedonien, Serbien, Montenegro, Bosnien und Herzegowina sowie Slowenien – eine von sechs Republiken einer eng miteinander verflochtenen Föderation. Tito konnte das zerbrechliche Gleichgewicht jedoch nur erhalten, indem er einen Einparteienstaat schuf und jegliche Opposition rigoros unterband.

Während der 1960er-Jahre wurde die Machtkonzentration in Belgrad zunehmend zu einem Streitthema; Geld aus den reichen Republiken Slowenien und Kroatien wurde in die ärmeren autonomen Provinzen Kosovo und Bosnien-Herzegowina umverteilt. Das Problem war vor allem ein kroatisches: Das Geld, das nach Belgrad floss, hatten die Kroaten im gut gehenden Tourismusgeschäft an der Adria verdient. Außerdem waren Serben in der kroatischen Regierung sowie in der Armee und der Polizei sichtlich überrepräsentiert.

Diese Spannungen erreichten einen Höhepunkt im „Kroatischen Frühling" 1971: Angeführt von Reformern der Kommunistischen Partei Kroatiens forderten Intellektuelle und Studenten eine Lockerung der Bindung Kroatiens an Jugoslawien. Neben dem Ruf nach größerer wirtschaftlicher Autonomie und einer Verfassungsreform spielten auch na-

1980
Präsident Tito stirbt. Es herrscht aufrichtige Trauer in der Bevölkerung, viele Länder bekunden ihr Mitgefühl. Jugoslawien leidet danach unter Inflation, Arbeitslosigkeit und Auslandsschulden.

1981
Der spätere Präsident Franjo Tuđman wird nach Interviews mit ausländischen Zeitungen über die Position Kroatiens innerhalb Jugoslawiens zu drei Jahren Gefängnis verurteilt.

1984
Jugoslawien ist Gastgeber der Olympischen Winterspiele in Sarajevo; die dem Kalten Krieg geschuldeten Boykotte, die die Sommerspiele sowohl 1980 als auch 1984 trübten, kann es vermeiden.

1986
Slobodan Milošević wird der Vorsitzende der serbischen Kommunistischen Partei. In den folgenden Jahren wird er mit einer hitzigen Rede an die serbische Minderheit in Kosovo bekannt..

tionalistische Bestrebungen eine Rolle. Tito schlug mit großer Härte zurück und ging scharf gegen die Liberalisierungsbestrebungen vor, die in ganz Jugoslawien immer lauter geäußert wurden. Für die Serben war die kroatische Protestbewegung gleichbedeutend mit einer Wiederbelebung der verhassten Ustascha. Im Gegenzug gaben inhaftierte Reformer den Serben gleichsam die Schuld an ihrem Schicksal. Damit war die Bühne für den Aufstieg des Nationalismus und den blutigen Bürgerkrieg der 1990er-Jahre geschaffen.

Der Tod Jugoslawiens

Als Tito im Mai 1980 starb, hinterließ er ein instabiles Land. Die Wirtschaft war in desolater Lage und das Modell einer Präsidentschaft, die zwischen den sechs Republiken rotierte, konnte den Verlust von Titos starker Hand nicht kompensieren. Mit dem Niedergang der Wirtschaft sank auch die Autorität der Zentralregierung und das lange unterdrückte Misstrauen zwischen den ethnischen Gruppierungen Jugoslawiens drängte an die Oberfläche. Zugleich gewann in Serbien der Nationalist Slobodan Milošević zunehmend an Einfluss.

1989 schürte die Unterdrückung der albanischen Bevölkerungsmehrheit in der serbischen Provinz Kosovo neue Ängste vor einer serbischen Vormachtstellung; dies sollte ein Vorbote des Ende des föderativen Jugoslawiens sein. Der Zusammenbruch des Ostblocks und die anhaltenden Provokationen von Milošević hatten schließlich zur Folge, dass Slowenien einen Kurs in Richtung Unabhängigkeit einschlug. Für Kroatien aber wäre der Verbleib in einem von den Serben dominierten Jugoslawien ohne das Gegengewicht Sloweniens unhaltbar gewesen.

Bei den Wahlen in Kroatien im April 1990 gewann die Kroatische Demokratische Union (Hrvatska Demokratska Zajednica; HDZ) unter Führung von Franjo Tuđman 40 % der Stimmen. Die Kommunistische Partei, die sich auf die Serben und auf Wähler in Istrien und Rijeka stützte, kam nur auf 30 %. Am 22. Dezember 1990 trat eine neue kroatische Verfassung in Kraft, die den Serben den Status eines „konstitutiven Volkes" aberkannte und sie zu einer Minderheit in Kroatien degradierte.

Diese Verfassung räumte Minderheiten keine Rechte ein und bewirkte die massenhafte Entlassung von Serben aus dem Staatsdienst. Bald schon forderten die 600 000 kroatischen Serben ihrerseits Autonomie ein. Anfang 1991 inszenierten serbische Extremisten gewalttätige Proteste, um eine militärische Intervention der jugoslawischen Volksarmee zu provozieren. Beim Referendum im Mai 1991 (das von den Serben boykottiert wurde) stimmten 93 % der Kroaten für die Unabhängigkeit. Als Kroatien dann allerdings am 25. Juni 1991 tatsächlich seine Unabhängigkeit erklärte, sagte sich die serbische Enklave Krajina im Gegenzug von Kroatien los.

1989
In Osteuropa bricht das kommunistische System zusammen. Franjo Tuđman gründet die Partei Kroatische Demokratische Union (HDZ). 1990 leistet er seinen Amtseid als Präsident.

1990
Streitigkeiten zwischen Slowenien und Serbien führen zur Auflösung der jugoslawischen Kommunistischen Partei. Die kroatische Kommunistische Partei lässt Mehrparteienwahlen zu, die die HDZ gewinnt.

1991
Das kroatische Parlament ruft die Unabhängigkeit Kroatiens aus. Die Serben der Krajina erklären mit Unterstützung von Milošević ihre Unabhängigkeit. Es kommt zum Krieg zwischen Kroaten und Serben.

1992
Ein erster von den UN vermittelter Waffenstillstand tritt in Kraft. Die EU erkennt die Unabhängigkeit Kroatiens an, das Land wird in die UN aufgenommen. Im Nachbarland Bosnien bricht der Krieg aus.

Der Kroatienkrieg

Auf Druck westeuropäischer Staaten erklärte sich Kroatien zu einem dreimonatigen Moratorium bei der Durchsetzung seiner Unabhängigkeit bereit. Dennoch brachen in der Krajina, Baranja und in Slawonien schwere Kämpfe aus, die den Bürgerkrieg auslösten. Die von Serben dominierte jugoslawische Volksarmee begann, sich zugunsten von serbischen Freischärlern einzumischen – unter dem Vorwand, Gewalt gegen ethnische Gruppen zu verhindern. Als die kroatische Regierung eine Schließung von militärischen Anlagen des jugoslawischen Staates in der Republik Kroatien anordnete, blockierte die jugoslawische Marine die adriatische Küste und belagerte die strategisch wichtige Stadt Vukovar an der Donau. Im Laufe des Sommers 1991 fiel ein Viertel Kroatiens an serbische Milizen und die von Serben geführte jugoslawische Volksarmee. Noch im selben Jahr griffen die jugoslawische Armee und montenegrinische Milizen Dubrovnik an. Zudem wurde der Präsidentenpalast in Zagreb von Raketen jugoslawischer Kampfjets getroffen – offensichtlich mit dem Ziel, Präsident Tuđman zu töten. Nach Beendigung des Moratoriums erklärte Kroatien sich zum unabhängigen Staat. Nachdem Vukovar gefallen war, startete die jugoslawische Armee eine der brutalsten Offensiven der Balkankriege. In den sechs Monaten des Kroatienkriegs starben etwa 10 000 Menschen, Hunderttausende flohen und Zehntausende von Häusern und Wohnungen wurden zerstört.

Misha Glennys *The Balkans: Nationalism, War & the Great Powers 1804–1999* (2000) befasst sich mit der Geschichte des Balkans und legt den Schwerpunkt auf externe Einflüsse. Sein *The Fall of Yugoslavia* (1992) entschlüsselt die komplexe Gemengelage aus Politik, Geschichte und ethnisch-kulturellen Konflikten, die zu den Kriegen in den 1990er-Jahren führte.

Die UN im Kroatienkrieg

Am 3. Januar 1992 trat ein von den UN ausgehandelter Waffenstillstand in Kraft, der demilitarisierte „Schutzzonen" vorsah und im Wesentlichen eingehalten wurde. Die jugoslawische Armee zog sich aus ihren Stützpunkten in Kroatien zurück, die Spannungen nahmen ab. Gleichzeitig gab die EU dem Drängen Deutschlands nach: Kroatien wurde als souveräner Staat anerkannt. Es folgte die Anerkennung seitens der USA; im Mai 1992 wurde Kroatien Mitglied der UN.

Der Friedensplan für die Krajina sollte eigentlich zur Entwaffnung der serbischen paramilitärischen Einheiten, der Rückführung der Flüchtlinge und der Wiederangliederung an Kroatien führen. Stattdessen brachte er nur ein Einfrieren des Status quo und bot keine dauerhafte Lösung. Im Januar 1993 startete die kroatische Armee eine erfolgreiche Offensive im Süden der Krajina, drängte die Serben zurück und eroberte erneut strategisch wichtige Punkte. Die Serben der Krajina schworen, sich niemals der Regierung in Zagreb zu unterstellen, und stimmten im Juni 1993 mit überwältigender Mehrheit dafür, sich den bosnischen Serben (und damit letztlich Serbien) anzuschließen. Massenhafte Vertreibungen ließen von den ursprünglich etwa 44 000 in der Krajina ansässigen Kroa-

1993

Bosnische Kroaten und Muslime, die zuvor im Kampf gegen die bosnischen Serben vereint waren, beginnen, gegeneinander zu kämpfen. Massaker an Muslimen und Serben beschädigen Kroatiens Ruf.

1994

Gespräche unter US-amerikanischer Vermittlung führen zur Gründung einer muslimisch-kroatischen Föderation in Bosnien. Papst Johannes Paul II. besucht Kroatien und fordert eine Abkehr vom Nationalismus.

1995

Kroatische Truppen erobern verlorenes Gebiet in der Krajina zurück, die meisten Serben der Region fliehen. Der Dayton-Vertrag bringt Frieden und legt die kroatischen Grenzen fest.

2005

Der kroatische General Ante Gotovina, mutmaßlicher Kriegsverbrecher, wird festgenommen und dem Internationalen Strafgerichtshof übergeben. Er wird später in allen Anklagepunkten freigesprochen.

KORRUPTION, KRIMINALITÄT UND BESTRAFUNG

Im Kampf gegen die Korruption wurden viele Politiker und Beamte vor Gericht gestellt. Höhepunkt dieser Kampagne stellt die strafrechtliche Verfolgung des ehemaligen kroatischen Premierministers Ivo Sanader im Jahr 2010 dar. Im Juli 2009 gab Sanader seinen Rücktritt von seinem Amt als Ministerpräsident bekannt, ohne dafür Gründe zu nennen. Nachdem seine politische Immunität wegen Korruptionsvorwürfen aufgehoben wurde, floh er ins Ausland. Einige Tage später wurde er in Österreich verhaftet. Sanader ist der ranghöchste Politiker, dem im Zuge der Korruptionsbekämpfung der Prozess gemacht wurde. Er wurde zu einer Freiheitsstrafe von achteinhalb Jahren verurteilt.

ten lediglich 900 übrig. Im Jahr 1994 führte ein umfassender Waffenstillstand zu einer deutlichen Abnahme der Gewalt in der Region und zur Einführung demilitarisierter Zonen zwischen beiden Konfliktparteien.

Der Konflikt in Bosnien und Herzegowina

Auch das benachbarte Bosnien und die Herzegowina waren in dieser Zeit der Gewalt der jugoslawischen Armee und der serbischen Paramilitärs ausgesetzt, die den Grundstein für die Entstehung Großserbiens mit den von Serben kontrollierten Teilen Bosniens und Kroatiens legen sollte. Anfangs kämpften bosnische Kroaten und Muslime angesichts des serbischen Vormarschs Seite an Seite; im Jahr 1993 zerfiel dieses Bündnis und beide Lager begannen, sich gegenseitig zu bekämpfen. Die bosnischen Kroaten waren – mit dem schweigenden Einverständnis der Regierung in Zagreb – verantwortlich für mehrere furchtbare Ereignisse in Bosnien, u. a. die Zerstörung der alten Brücke von Mostar. Dieser Brandherd wurde gelöscht, als die USA die Entstehung einer muslimisch-kroatischen Föderation 1994 unterstützten, während die Weltöffentlichkeit voller Entsetzen auf die serbische Belagerung Sarajevos blickte.

Während die grauenvollen Ereignisse in Bosnien-Herzegowina noch im Gange waren, begann die kroatische Regierung, insgeheim ihre Streitkräfte mit ausländischen Waffen aufzurüsten. Am 1. Mai 1995 besetzten kroatische Armee und Polizei den Westen Slawoniens (das Gebiet östlich von Zagreb) und gewannen innerhalb von nur wenigen Tage die Kontrolle über die gesamte Region. Die Krajina-Serben antworteten darauf mit wütenden Granatangriffen auf die kroatische Hauptstadt Zagreb, bei denen sieben Menschen getötet und 130 weitere verletzt wurden. Bei der kroatischen Gegenoffensive mussten schließlich etwa 15 000 Serben aus Westslawonien fliehen.

Die Regierung in Belgrad schwieg zu dieser Militäraktion und signalisierte damit, dass die Serben der Krajina ihre Unterstützung verloren

Im Juli 1995 werden in der bosnischen Stadt Srebenica über 8000 muslimische Männer und Jungen von bosnisch-serbischen Einheiten ermordet. UN-Generalsekretär Kofi Annan nennt den Völkermord „den schrecklichsten auf europäischem Boden seit dem Zweiten Weltkrieg."

2009

Kroatien tritt offiziell der Nato bei. Ivo Sanader tritt als Premierminister zurück. Mit seiner Stellvertreterin, der früheren Journalistin Jadranka Kosor, steht erstmals eine Frau an der Spitze der kroatischen Regierung.

2010

Slowenien stimmt bei einem Referendum über Grenzstreitigkeiten mit Kroatien ab. Eine knappe Mehrheit stimmt für den Kompromissvorschlag und macht damit den Weg für Kroatiens EU-Beitritt frei.

2012

Bei einem Referendum über den EU-Beitritt Kroatiens stimmen zwei Drittel der Wähler dafür, die Wahlbeteiligung ist mit 44 % jedoch niedrig.

2013

Kroatien wird am 1. Juli 28. Mitglied offiziell EU. Es ist das zweite EU-Land aus dem früheren Jugoslawien (nach Slowenien).

hatten. Das wiederum ermutigte die Kroaten, weiter vorzudringen. Am 4. August starteten sie einen Angriff auf die aufständische Hauptstadt Knin. Die serbische Armee floh in den bosnischen Norden, zusammen mit 150 000 Zivilisten, deren Familien seit Generationen in der Krajina verwurzelt waren. Die Operation endete nach wenigen Tagen, doch es folgten Monate des Terrors, in denen serbische Dörfer geplündert und niedergebrannt wurden.

Das Friedensabkommen von Dayton, das im Dezember 1995 in Paris unterzeichnet wurde, bestätigte die alten Grenzen Kroatiens und sorgte für die Wiedereingliederung Ostslawoniens. Die Übergangsphase verlief relativ ruhig, beide Bevölkerungsgruppen betrachten einander allerdings nach wie vor mit Argwohn und Feindseligkeit.

Richard Holbrooke berichtet in *Meine Mission. Vom Krieg zum Frieden in Bosnien* über die Ereignisse, die zum Daytoner Friedensvertrag geführt haben. Der amerikanische Diplomat, der die Kriegsparteien an den Verhandlungstisch brachte, beurteilt die beteiligten Personen und die politischen Vorgänge aus dieser besonderen Warte heraus

Kroatien nach dem Krieg

Nach dem Ende der Feindseligkeiten kehrte wieder eine gewisse Stabilität in Kroatien ein. Eine der wichtigsten Bestimmungen des Friedensabkommens war die Garantie der kroatischen Regierung, für die Rückkehr der serbischen Flüchtlinge zu sorgen; und obwohl die Zentralregierung in Zagreb der Rückkehr der Flüchtlinge in Übereinstimmung mit den Forderungen der internationalen Gemeinschaft Priorität einräumte, wurden ihre Anstrengungen oft von den lokalen Behörden unterminiert, die die ethnische Singularität ihrer Regionen bewahren wollten. Dem letzten Zensus (2011) zufolge stellen Serben 4,4 % der Bevölkerung, etwas weniger als beim vorherigen Zensus zehn Jahre zuvor und nicht einmal ein Drittel des Anteils von 1991.

Die Auslieferung des wegen Kriegsverbrechen angeklagten Generals Ante Gotovina an den Internationalen Gerichtshof in Den Haag 2005 war eine wichtige Bedingung für den Beginn der Beitrittsverhandlungen Kroatiens mit der EU. 2011 wurden Gotovina und der ehemalige kroatische General Mladen Markač zu 24 bzw. 18 Jahren Gefängnis verurteilt; die Entscheidung wurde im November 2012 aber aufgehoben, nachdem ein Berufungsgericht entschieden hatte, dass keine Bildung einer kriminellen Vereinigung zur Begehung von Kriegsverbrechen stattgefunden habe.

Im Frühling 2008 wurde Kroatien beim Nato-Gipfel in Bukarest offiziell zum Beitritt eingeladen, genau ein Jahr später trat das Land der Nato bei. 2012 stimmten die Kroaten in einem Referendum für den EU-Beitritt; am 1. Juli 2013 wurde das Land offiziell 28. Mitglied der EU.

Mentalität

Aufgrund der germanischen Einflüsse im Norden und der stark mediterran geprägten Lebensart im Süden sind die Kroaten nicht alle aus ein und demselben Holz geschnitzt. Aber es gibt auch Gemeinsamkeiten zwischen den beiden Enden des kroatischen Hufeisens. Egal wohin man kommt, überall spielen Familie und Religion eine große Rolle, konservative Werte sind die Norm und Sport ist eine Obsession.

Westen oder Osten?

Ein Großteil der Kroaten identifiziert sich kulturell mit Westeuropa und legt Wert darauf, sich von den „östlichen“ Nachbarn in Bosnien, Montenegro und Serbien abzugrenzen. Der Gedanke, dass Kroatien der letzte Stopp vor dem muslimischen bzw. orthodoxen Osten ist, ist in allen Bevölkerungskreisen lebendig. Wer von Kroatien als Teil Osteuropas spricht, wird sich nicht gerade beliebt machen. Wegen des negativen Beigeschmacks scheuen sich einige Einheimische sogar davor, den Begriff „Balkan“ zu verwenden und weisen sofort darauf hin, dass Zagreb westlicher liegt als Wien, dass die Kroaten vorwiegend katholisch, nicht aber orthodox sind und sie das lateinische und nicht das kyrillische Alphabet benutzen.

Kroaten und Serben haben zwar eine unterschiedliche Schrift, aber ihre Dialekte ähneln sich und sind nicht wirklich unterschiedliche Sprachen. Das hindert aber beide nicht daran, die Unterschiede hervorzuheben. Vor allem in Kroatien wurden beispielsweise Schilder mit französischen Begriffen aus alten jugoslawischen Zeiten abgeschafft. Ein „*aerodrom*“ (Flughafen) ist nun ein „*zračna luka*“ (*zrak* bedeutet Luft, *luka* Hafen), wenngleich dessen ungeachtet die meisten Leute noch immer „*aerodrom*“ dazu sagen. Doch wenn man bei einem Abendessen in Dubrovnik *hljeb* oder *hleb* (montenegrinisch bzw. serbisch für Brot) statt *kruh* bestellt, kommt das nicht gut an.

Nikola Tesla (1856–1943), Vater des Radios und des Zweiphasenwechselstroms, ist in dem kroatischen Dorf Smiljan als Kind serbischer Eltern geboren (sein Vater war ein orthodoxer Priester). Sowohl Kroaten als auch Serben feiern ihn als Nationalheld.

2014 wurden 500 000 Unterschriften gesammelt. Ein Volksbegehren sollte den Gebrauch von Kyrillisch auf öffentlichen Schildern in Kroatien einschränken. Heute werden in Gegenden, in denen die Bevölkerung aus mehr als 30 % Serben besteht, auf Schildern sowohl kyrillische als auch lateinische Schriftzeichen benutzt; die Petition verfolgten hingegen das Ziel, dass der Satz auf 50 % angehoben wird. Der Gerichtshof wies die Petition als nicht verfassungskonform zurück – Unterstützer des Referendums betrachteten dies als einen Schlag ins Gesicht der Kriegsveteranen und Opfer der serbischen Angriffe in Orten wie Vukovar.

All dies steht im Gegensatz zu der großen Beliebtheit des serbischen Turbo-Folk, eines Mix aus Volksmusik und Schlager, Rock, Pop und Techno, in Kroatien, der in den 1990er-Jahren noch verpönt war. Es scheint, als würde mit dem Abflauen der ethnischen Spannungen in Teilen der kroatischen Gesellschaft das Bewusstsein für die Gemeinsamkeiten der Balkanvölker wieder erwachen.

Kroatiens gespaltene Persönlichkeit

Mit seiner Hauptstadt im Landesinneren und den meisten großen Städten an der Küste ist Kroatien in gewisser Weise zwiegespalten: Zagreb, das Zagorje und Slawonien sind geprägt von Mitteleuropa – was sich u. a. mit fleischlastigen Gerichten, Habsburger Architektur und dem Karrierismus vieler Bewohner bemerkbar macht. In der Küstenregion herrscht dagegen eine relaxtere, offenere, mediterrane Atmosphäre. Istrien weist starke italienische Einflüsse auf, hier wird neben Kroatisch auch Italienisch gesprochen. Die Dalmatiner standen kaum weniger unter italienischem Einfluss, sind aber ein lockeres, unbekümmertes Völkchen. Viele Büros leeren sich schon ab 15 Uhr, weil die Beschäftigten die Sonne am Strand oder in einem Straßencafé genießen wollen.

Wer beruflich mit Touristen zu hat, spricht meist Deutsch, Englisch und Italienisch. Englisch und Deutsch sind vor allem unter jungen Leuten weit verbreitet.

Familienangelegenheiten

Die Familie ist den Kroaten heilig, Familienbande werden geschätzt und gepflegt. Direkte Cousinen und Cousins gehören zum engeren Kreis der Familie, es wird aber auch Verbindung zu entfernteren Cousinen und Cousins gehalten.

Dass junge Menschen bis weit ins Erwachsenenalter bei ihren Eltern wohnen, entspricht der Tradition und gilt als völlig normal. Speziell die Söhne bleiben – zumindest in ländlichen Gegenden und Kleinstädten – auch nach der Eheschließung häufig im Elternhaus, während die frisch gebackene Ehefrau dort einzieht. Die Erwartung, dass man bis zur Hochzeit bei den Eltern wohnt, macht das Leben von Homosexuellen und allen, die wissen wollen, wie sich Unabhängigkeit anfühlt, nicht gerade einfach. Viele junge Menschen schaffen den Absprung, wenn sie zum Studium in eine andere Stadt müssen.

Die meisten Familien wohnen in ihren eigenen vier Wänden – nach dem Ende der sozialistischen Ära verkaufte der Staat viele Häuser zu günstigen Preisen an die Bewohner. Sie werden oft von den Großeltern, Großtanten und anderen Verwandten innerhalb der Familie weitervererbt.

Lebensart

Stundenlange Aufenthalte in Cafés und Bars sind ein wichtiger Bestandteil der hier lebenden Menschen – und so mancher Besucher hat sich schon gefragt, was das Land am Laufen hält, wenn so viele Leute anscheinend ständig Pause machen statt zu arbeiten. Aber vielleicht verhilft ihnen ja der reichlich genossene Kaffee zu Höchstleistungen, wenn sie wieder an ihrem Arbeitsplatz sind.

Kroaten lieben die angenehmen Seiten des Lebens und sind sehr stolz auf ihre neuesten Klamotten und Handys. Teure Nobellabels werden sowohl von den Damen als auch von den Herren geschätzt – je berühmter das Label, umso besser. Auch wenn das Geld knapp ist, würden die meisten eher auf einen Restaurant- oder Kinobesuch verzichten als auf einen Einkaufstrip nach Italien oder Österreich, um sich mit der neuesten Mode einzudecken. Für junge Männer gehören gutes Aussehen und schicke Klamotten zum Macho-Gehabe dazu. Kroatische Männer hassen es, in der Öffentlichkeit durch Dummheiten das Gesicht zu verlieren. Dazu gehört auch, dass man nicht mehr trinkt als man verträgt. Die meisten Kroatinnen trinken so gut wie gar keinen Alkohol.

Der Promikult ist in Kroatien mächtig – die Boulevardblätter sind voll mit Möchtegernstars und ihren jüngsten Affären.

Etikette

Kirchen sollte man in angemessener Kleidung besuchen.

Sein Gegenüber bitte nur nach Aufforderung mit dem Vornamen ansprechen.

Wer zum Abendessen oder auf einen Drink einlädt, zahlt auch die Rechnung.

Umgangsformen & Eigenheiten

Zuweilen wirken Kroaten (selbst diejenigen, die in der Tourismusbranche arbeiten) desinteressiert und unhöflich; manchen Besuchern sind sie auch zu direkt. Dumme Scherze sind einfach nur dumm. Ein Lächeln und Sätze wie „Ich wünsche Ihnen einen schönen Tag“ sind denjenigen vorbehalten, für die man sich interessiert. Der Gedanke, einen Fremden in einem Brief mit „Lieber“ anzusprechen, ist für Kroaten völlig absurd, genauso wie der Ausdruck „Kumpel“ für jemanden, den man kaum kennt.

Die Kroaten sind eben so, man sollte es nicht persönlich nehmen. So weiß man zumindest immer, woran man ist. Wenn man nicht mehr nur der Ausländer ist, sondern als Freund bezeichnet wird, stellt man schnell fest, wie warmherzig, gesellig, großzügig und überaus gastfreundlich die Kroaten jenseits dieser manchmal mürrischen Fassade sind. Man kann sogar Freunde fürs Leben finden.

Man sollte einen Kroaten niemals fragen wie es ihm geht, wenn man die Antwort eigentlich gar nicht wissen will – es bleibt nie bei „gut“. Vor allem Dalmatiner neigen zu Schwarz-Weiß-Dramatik, sie sind entweder himmelhoch jauchzend oder zu Tode betrübt. Und egal, wenn man fragt, man hört die ganze Geschichte!

Religion

Beim letzten Zensus bekannten sich 86,3 % der Bevölkerung zum katholischen Glauben, 4,4 % zum Orthodoxie (das entspricht genau dem Prozentsatz der serbischen Bevölkerung); 4 % fühlten sich keiner oder einer anderen Religionsgemeinschaft zugehörig, 3,8 % bezeichneten sich als Atheisten und 1,5 % als Muslime.

Damit ist auch klar, was die Kroaten und Serben am meisten voneinander trennt: Es ist die Religion. Während die Kroaten zum allergrößten Teil römisch-katholisch sind, gehören die Serben fast durchweg der serbisch-orthodoxen Kirche an – ein Unterschied, dessen Ursprung sich bis zur Teilung des Römischen Reiches am Ende des 4. Jhs. zurückverfolgen lässt: Während das heutige Kroatien unter der Herrschaft Westroms verblieb, geriet Serbien unter den Einfluss des oströmisch-byzantinischen, von den Griechen beeinflussten Reiches, das von Konstantinopel (dem heutigen Istanbul) aus regiert wurde. Mit der Zeit entfernten sich West- und Ostkirche voneinander, bis sich schließlich im Morgenländischen Schisma von 1054 die Trennung von Katholizismus und Orthodoxie endgültig manifestierte. Diese findet Ausdruck in unterschiedlichen Lehren und Bräuchen: Orthodoxe Christen verehren Ikonen, ihre Priester dürfen heiraten und die Autorität des Papstes wird nicht akzeptiert.

Die kroatische Kirche erkämpfte einst beim Papst das Recht, das glagolitische Alphabet, auf dem Kyrillisch teilweise basiert, benutzen zu dürfen. Es wurde auf der Insel Krk bis ins 19. Jh. verwendet.

Der Stellenwert des Katholizismus für die nationale Identität der Kroaten kann kaum überschätzt werden. Schon im 9. Jh. schlossen sich ihre Herrscher der katholischen Kirche an und erhielten das Recht, die angestammte slawische Sprache und die glagolitische Schrift in Gottesdienst und religiöser Literatur beizubehalten. Die Päpste unterstützten die kroatischen Könige, im Gegenzug stifteten diese Kirchen und Klöster. In den Jahrhunderten unter wechselnden Fremdherrschaften wurde der katholische Glaube zur tragenden Stütze eines Nationalgefühls.

Heute erfährt die katholische Kirche im kulturellen und politischen Leben Kroatiens wieder eine große Wertschätzung, die der Vatikan mit besonderer Aufmerksamkeit für Kroatien beantwortet. Die Kirche genießt zudem mehr Vertrauen als jede andere gesellschaftliche Institution; einzig das Militär erreicht ähnliche Zustimmungswerte.

Priesterseminare und Klöster erhalten einen steten Zustrom an jungen Kroaten, die sich für ein Leben im geistlichen Stand entschieden haben. Religiöse Feste werden mit Inbrunst gefeiert und sonntags sind die Kirchen gut gefüllt.

Gleichberechtigung in Kroatien

Frauen in Kroatien sind noch immer in vielen Bereichen benachteiligt, wenngleich sich die Lage langsam bessert. Unter Titos Sozialismus wur-

EIN STÜCK KROATIEN FÜR ZUHAUSE

Das schönste kunsthandwerkliche Produkt Kroatiens ist die kunstvolle Spitze von der Insel Pag, die dort seit Jahrhunderten hergestellt wird. Man kann Spitze auf der Insel direkt von den Frauen kaufen, die sie anfertigen.

In vielen Souvenirgeschäften gibt es bestickte Textilien. Kroatische Stickerei zeichnet sich durch ihre fröhlich roten, geometrischen Muster auf weißem Hintergrund aus. Sie schmückt Tischdecken, Kissenbezüge und Blusen.

Beliebte, preiswerte Mitbringsel sind kleine Säckchen mit Lavendel oder anderen aromatischen Kräutern und Duftöle. Man findet sie auf den meisten Inseln Mitteldalmatiens, vor allem aber auf Hvar mit ihren Lavendelfeldern.

Die Insel Brač ist für ihren schimmernden Stein bekannt, aus dem Aschenbecher, Vasen, Kerzenhalter und andere kleine, aber massive Gegenstände hergestellt werden. Sie werden auf der ganzen Insel verkauft.

den die Frauen zu politischem Engagement ermutigt und stellten im kroatischen *sabor* (Parlament) bis zu 18 % der Abgeordneten. Aktuell sind 24 % der kroatischen Parlamentsmitglieder Frauen.

Um finanziell über die Runden zu kommen, müssen immer mehr Ehefrauen und Mütter Geld verdienen und sich gleichzeitig um den Haushalt kümmern. In Führungspositionen sind Frauen jedoch unterrepräsentiert.

Kroatische Frauen durften erstmals 1945 wählen. Nach dieser Wahl wurde Jugoslawien ein Einparteienstaat. Es fanden weiterhin Wahlen statt, aber der Bund der Kommunisten bestimmte die Kandidaten; mitunter stand nur ein einziger Name auf dem Stimmzettel.

In traditionell lebenden Dörfern ist es um die Stellung der Frauen schlechter bestellt als in größeren Städten, die Folgen des Unabhängigkeitskriegs haben sie härter getroffen als die Männer. Viele der Fabriken, die vor allem in Ostslawonien geschlossen wurden, hatten einen hohen Anteil weiblicher Arbeitskräfte.

Gewalt in der Familie und sexuelle Belästigung am Arbeitsplatz sind in Kroatien leider verbreitet, auch weil die Gesetzgebung Frauen noch immer unzureichend schützt und ihnen kaum Entschädigungen zubilligt.

Auch wenn die Ressentiments gegenüber Homosexuelle allmählich abnehmen, so ist Kroatien doch noch immer ein streng katholisches Land mit einer extrem konservativen Sexualtethik. Die meisten Homosexuellen halten sich daher sehr bedeckt, fürchten sie doch, mit ihrem Outing Schikanen auf sich zu ziehen. 2013 initiierte die Gruppe *U ime obitelji* (Im Namen der Familie) eine Volksabstimmung, bei der sich 65 % der Wähler für ein verfassungsrechtliches Verbot gleichgeschlechtlicher Ehen aussprachen. Dennoch verabschiedete das Parlament im darauffolgenden Jahr ein Gesetz, dass eingetragene Lebenspartnerschaften für gleichgeschlechtliche Paare ermöglichte, wenn auch mit eingeschränkten Rechten.

Ein sportverrücktes Volk

2013 galt Kroatien weltweit als zehntgrößte Sportnation, sofern man die Bevölkerungsgröße mit in die Betrachtung einbezieht (das benachbarte Slowenien führte diese Liste an). Fußball, Basketball und Tennis sind extrem beliebt und Kroatien hat unverhältnismäßig viele Weltklassespieler in diesen Sportarten hervorgebracht.

Zu Kroatiens Spitzenfußballern gehören Luka Modrić (Real Madrid), Dejan Lovren (FC Liverpool), Mario Pašalić (FC Chelsea, derzeit an Elche CF verliehen) und Dejan Srna (Schachtar Donezk).

Fußball

Der bei weitem beliebteste Zuschauersport bietet immer wieder Anlass für patriotische Gefühlsstürme und gelegentlich auch für Kundgebungen der politischen Opposition. Als Franjo Tuđman 1990 an die Macht kam, befand er den Namen des Fußballclubs Dinamo Zagreb für „zu kommunistisch" und ließ ihn in Croatia Zagreb umbenennen. Die Fans reagierten empört, und wütende junge Anhänger nutzten den Streit für Demonstrationen gegen Tuđmans Regiment. Die nachfolgende Regierung gab dem Verein seinen ursprünglichen Namen zurück, doch bis heute sind in Zagreb noch Graffiti der Proteste mit dem Schriftzug *Dinamo volim te* (Dinamo, ich liebe dich) zu lesen. Dinamos erbittertster Rivale ist Hajduk Split; wenn sie aufeinandertreffen, kommt es nicht selten zu Ausschreitungen.

Der mit Abstand berühmteste kroatischen Fußballer ist Davor Šuker. Bis zum Ende seiner Karriere erzielte er 46 Länderspieltore, u. a. eines im Viertelfinale gegen Deutschland bei der WM 1998, wo Kroatiens Nationalmannschaft mit dem dritten Platz ihren bisher größten Erfolg feierte. 2004 wurde Šuker, der inzwischen Präsident des kroatischen Fußballbundes ist, von keinem geringeren als Pelé zu den 125 größten noch lebenden Fußballern der Welt gezählt.

Wenn man sich wie die Einheimischen über kroatischen Fußball auf dem Laufenden halten will, sollte man über die Spiele von Hajduk Split (www.hajduk.hr) und Dinamo Zagreb (www.gnkdinamo.hr) Bescheid wissen.

Tennis

„Ich weiß nicht, was die in Kroatien im Wasser haben, aber anscheinend ist dort jeder Spieler mehr als sieben Fuß (2,13 m) groß", meint der amerikanische Tennisstar Andy Roddick. So ist es natürlich nicht. Doch Kroatien hat in der Tat große Tennisspieler vorzuweisen – in jeder Hinsicht.

Der Sieg des 1,93 m großen Goran Ivanišević in Wimbledon 2001 versetzte das Land und besonders seine Heimatstadt Split in einen grenzenlosen Freudentaumel. Der aufschlagstarke, charismatische Star, der das Publikum mit Späßen unterhielt, gehörte in den 1990er-Jahren fast durchweg zu den zehn besten Spielern der Welt. Verletzungen zwangen ihn 2004 zum Rückzug, doch auch ohne ihn zeigt Kroatien bei Spitzenturnieren weiterhin Flagge: 2005 gewannen Ivan Ljubičić und Mario Ančić den Davis-Cup. Zuletzt war Marin Čilić der aktuell erfolgreichste Spieler Kroatiens; 2014 errang er bei den US Open seinen ersten Grand-Slam-Titel.

Bei den Frauen gewann die in Zagreb geborene Iva Majoli mit einem aggressiven Grundlinienspiel die French Open von 1997, konnte aber in weiteren Grand-Slam-Turnieren nicht mehr an diesen Erfolg anknüpfen. Sie zog sich 2004 aus dem Tennissport zurück.

Tennis ist in Kroatien mehr als nur ein Publikumsspektakel. An der Küste gibt es zahllose Aschenplätze. Größtes Turnier des Landes sind die Croatia Open Umag in Istrien, die im Juli stattfinden.

Nur eine Frau ist jemals höher gesprungen als die berühmte kroatische Leichtathletin Blanka Vlašić. Sie ist zwar mehrmalige Weltmeisterin, errang aber niemals olympisches Gold. Bei den Olympischen Spielen in Peking reichte es „nur" zur Silbermedaille.

Basketball

Basketball, der beliebteste Sport nach Fußball, wird sehr ernst genommen. Die Mannschaften aus Split und Zadar sowie das Zagreber Team Cibona sind in Europa ein Begriff, auch wenn keine Mannschaft an das Starteam der 1980er-Jahre herankommt, als Cibona zweimal den Europapokal der Landesmeister gewann. Mehr über kroatischen Basketball findet sich unter www.kosarka.hr.

Skisport

Janica Kostelić, die talentierteste Skisportlerin, die Kroatien je hervorgebracht hat, genießt den Status einer Nationalheldin. Nach dem Gewinn des Alpinen Skiweltcups 2001 holte sie im Alter von 20 Jahren bei den

DIE KROATEN: GANZ NORMALE LEUTE

Sich selbst bezeichnen die Kroaten mit Vorliebe als „normal". „Wir wollen ein ganz normales Land sein", hört man sie sagen. Kroaten machen häufig einen Unterschied zwischen fanatischen, fahnenschwenkenden Nationalisten und „ganz normalen Leuten", die einfach nur in Frieden leben wollen. Das ist einer der Gründe, warum Kroatien sich schließlich dem internationalen Druck gebeugt und ihre mutmaßlichen Kriegsverbrecher ausgeliefert hat.

Olympischen Winterspielen 2002 eine Silber- und drei Goldmedaillen – das erste olympische Gold für kroatische Wintersportler und das erste Mal im Skisport überhaupt, dass eine Frau drei Goldmedaillen bei ein und denselben Spielen nach Hause errang. Eine Knieverletzung und die Entfernung der Schilddrüse hinderten sie nicht daran, auch bei den Winterspielen in Turin 2006 aufzutrumpfen: In der alpinen Kombination gewann sie Gold, im Super-G Silber. 2007 kündigte sie das Ende ihrer sportlichen Karriere an.

Vielleicht liegt es an den Genen. Ihr Bruder Ivica Kostelić gewann 2003 den Slalom-Weltcup und sicherte sich je eine Silbermedaille bei den Olympischen Winterspielen 2006, 2010 und 2014 in der Kombination der Herren und 2010 auch im Slalom.

Essen & Trinken

Kroatiens Küche hält zwar an ihren europäischen Wurzeln fest, spiegelt zugleich aber die vielen Kulturen wieder, die das Land im Lauf der Geschichte beeinflusst haben. Es gibt eine scharfe Trennung zwischen der italienisch geprägten Küche an der Küste und der von Ungarn, Österreich und der Türkei beeinflussten Gastronomie im Landesinneren. Von gegrilltem Barsch in Olivenöl in Dalmatien bis zu herzhaftem Gulasch mit viel Paprika in Slawonien wirbt jede Region stolz für ihre eigene Spezialität. Und überall ist das Essen lecker und wird mit frischen, saisonalen Zutaten zubereitet.

Esskultur

Wenn's ums Essen geht, sind die Kroaten zwar nicht besonders experimentierfreudig, dafür aber sehr leidenschaftlich. Sie verbringen Stunden damit, über die Qualität des Lamms oder den erstklassigen Fisch zu diskutieren und sich darüber auszutauschen, warum sie alles andere in den Schatten stellen. Dennoch entwickelt sich in Kroatien allmählich eine Feinschmeckerkultur, die hauptsächlich von der Slow-Food-Bewegung inspiriert ist; diese legt Wert auf frische, regionale und saisonale Zutaten und das langsame, genussvolle Essen. Die Regionen Istrien und Kvarner sind in kürzester Zeit an die Spitze der Gourmetgastronomie aufgestiegen, andere Orte folgen ihnen dicht auf den Fersen. Die Herstellung von Wein und Olivenöl wurde wieder angekurbelt und heute gibt es im Land ein Netz ausgeschilderter Straßen, das diese kostbaren Tropfen feiert.

Mehrere Restaurants in Kroatien bieten inzwischen Slow-Food-Menüs an. Wer bereit ist, etwas mehr Geld auszugeben, kann stundenlang Delikatessen der Slow-Food-Küche schlemmen oder die innovativen Kreationen aufstrebender Köche genießen. Was die Preise angeht, so gibt es bei den einheimischen Gästen eine klare Obergrenze; daher bewegen sich die meisten Restaurants nach wie vor im mittleren Preisbereich – wenige sind extrem günstig oder extrem teuer. Doch egal, wie hoch das eigene Budget ist – es ist fast unmöglich, irgendwo in Kroatien wirklich schlecht zu essen. Herrlich ist zudem, dass man bei schönem Wetter oft im Freien speisen kann.

Auf der großartigen Seite www.tasteofcroatia.org findet man einen hervorragenden Überblick über Restaurants in ganz Kroatien und Informationen über lokale Produzenten. Man kann auch die App herunterladen.

Regionale Spezialitäten

Zagreb & der Nordwesten

In Zagreb und Nordwestkroatien werden herzhafte Fleischgerichte bevorzugt, die es genauso gut in Wien oder Budapest geben könnte. Safti-

KOCHKURSE

Kochkurse werden in Kroatien immer beliebter. **Culinary Croatia** (www.culinary-croatia.com) ist eine tolle Informationsquelle und informiert über verschiedene Kochkurse, kulinarische Ausflüge und Weintouren, hauptsächlich in Dalmatien. **iCroatiaTravel** (www.icroatiatravel.com/zagreb-gourmet-experience) organisiert eine fünfstündige Gourmet-Exkurison in Zagreb. Das in Istrien ansässige **Eat Istria** (www.eatistria.com) bietet Kochkurse und Weintouren auf der Halbinsel an.

NICHT VERSÄUMEN: KROATISCHE GERICHTE & GETRÄNKE

Bazga Hausgemachter Holundersaft, frisch und lecker, ist ein Klassiker des Festlands – ein einzigartiger flüssiger Genuss.

Bermet Weinhaltiger Aperitif mit intensivem Geschmack, der nur in der Stadt Samobor hergestellt wird; das Aroma verdankt er u. a. getrockneten Johannisbrot-Schoten und Feigen, Wermut, Orangenschale, Salbei und Senfkörnern, die alle im Rotwein eingelegt werden.

Boškarin Ein Stück Fleisch vom aus Istrien stammenden, seltenen Istrischen Rind, das am Ende des 20. Jhs. schon fast ausgestorben war, nun aber seines delikaten Fleisches wegen wieder gezüchtet wird.

Gregada Fischeintopf mit mehreren Arten Weißfisch, Kartoffeln, Weißwein, Knoblauch und Gewürzen. Die berühmteste *gregada* Kroatiens wird in Hvar zubereitet.

Komiška pogača Leckere Pastete aus Komiža auf der Insel Vis, die einer Focaccia ähnelt und mit Zwiebeln, Tomaten und Sardellen gefüllt ist. Wenn die Tomaten fehlen, handelt es sich um *viška pogača* (aus der Stadt Vis).

Rogačica Der dalmatische Johannisbrot-Likör, einer der vielen köstlichen *rakija* (Obstbrand), für die Kroatien berühmt ist, ist genau das Richtige, wenn man süße Liköre mag.

Vitalac Von der Insel Brač stammt diese Delikatesse aus Innereien, die nichts für Zartbesaitete ist – Lamminnereien werden an einem Spieß über heißer Kohle gegrillt.

ges *pečenje* (am Spieß gebratenes und gebackenes Fleisch) wird entweder mit *janjetina* (Lamm), *svinjetina* (Schwein) oder *patka* (Ente) zubereitet. Als Beilage gibt es oft *mlinci* (gebackene Nudeln) oder *pečeni krumpir* (Bratkartoffeln). Besonders schmackhaft ist Fleisch, das unter einer gusseisernen Glocke (*peka*) in der Glut eines Ofens ganz langsam gegart wird; oft muss dieses in vielen Restaurants vorbestellt werden. *Purica* (Truthahn) mit *mlinci* stehen auf vielen Speisekarten in Zagreb und im Zagorje, zusammen mit *zagrebački odrezak* (paniertes, mit Schinken und Käse gefülltes Kalbssteak), einer weiteren kalorienreichen Spezialität. *Sir i vrhnje* (Frischkäse mit Sahne), das auf den Märkten erhältlich ist und wunderbar zu frischem Brot passt, gilt ebenfalls als Klassiker. Wer Süßes mag, wird *palačinke* lieben: hauchdünne Pfannkuchen mit verschiedenen Füllungen und Belägen.

Das in den Salzpfannen von Pag und Ston gewonnene Salz gilt als das reinste des gesamten Mittelmeerraums.

Slawonien

Die slawonische Küche ist schärfer als die anderer Regionen, großzügig verwendet sie Paprika und Knoblauch. Der ungarische Einfluss mach sich hier am deutlichsten bemerkbar: Viele typische Gerichte wie *čobanac* (Fleischgulasch) sind im Prinzip Versionen des Gulasch. Die nahe Drau liefert frischen Fisch (etwa Karpfen, Hecht und Barsch), der in Paprikasauce gekocht und mit Nudeln als *fiš paprikaš* serviert wird. Eine weitere Spezialität ist *šaran u rašljama* (Karpfen auf einem gespaltenen Zweig), der im eigenen Saft über dem offenen Feuer gegart wird. Berühmt sind die Würste der Region, vor allem *kulen,* eine Wurst mit Paprikageschmack, die neun Monate geräuchert und dann meist mit Frischkäse, Paprikaschoten, Tomaten und *turšija* (eingelegtem Gemüse) gereicht wird.

Forschungen haben gezeigt, dass die berühmten Austern der Region Ston auf der Halbinsel Pelješac schon in römischer Zeit geerntet wurden.

Istrien

Die istrische Küche ist in den letzten Jahren bei internationalen Feinschmeckern zunehmend beliebter geworden. Das liegt an ihrer langen gastronomischen Tradition, den frischen Zutaten und einzigartigen Spezialitäten. Typische Gerichte sind z. B. *maneštra,* eine dicke Gemüse-Bohnensuppe vergleichbar der Minestrone; *fuži,* von Hand gerollte Pasta, die oft mit *tartufi* (Trüffeln) oder *divljač* (Wild) serviert wird; und *fritaja* (Omelett, meist mit saisonalem Gemüse wie wildem Spargel). Als Vorspeise gibt es oft dünne Scheiben von geräuchertem *pršut* (Prosciutto) aus Istrien – auch in Dalmatien ausgezeichnet. Der luftgetrocknete Schinken benötigt bei seiner Herstellung viel Zuwendung und ist daher

DER OLIVENÖLBOOM VON ISTRIEN

Auf Veli Brijun (Brijuni-Inseln) steht ein Ölbaum, der nachweislich 1600 Jahre alt ist. Schon antike griechische und römische Quellen preisen die Qualität des istrischen Olivenöls. Heute erlebt das uralte Erzeugnis eine Renaissance: Auf der Halbinsel Istrien gibt es 94 offizielle Produzenten und ausgeschilderte Olivenölstraßen. In Istrien werden die Pflanzen mit besonderer Hingabe kultiviert, jeder Ölbaum gehegt und gepflegt. Mehrere Produzenten haben internationale Auszeichnungen und Spitzennoten für ihr fruchtiges Öl erhalten. Das ist bei dem starken Wettbewerb auf dem weltweiten Olivenölmarkt etwas Besonderes.

Duilio Belić ist ein relativer Neuling in der Szene. Er wuchs als Sohn eines Bergmanns in Raša auf und wurde zunächst erfolgreicher Geschäftsmann in Zagreb, bevor er mit der Herstellung von Olivenöl begann. Mit seiner Frau Bosiljka, einer Landwirtschaftsspezialistin, kaufte er vor rund zehn Jahren einen alten Olivenhain in der Nähe von Fažana und begann, was unter Gourmets zu einem echten Hit geworden ist. Inzwischen besitzt Belić fünf Haine in Istrien, insgesamt 5500 Ölbäume. Unter der Marke Oleum Viride werden elf Native Ölivenöle extra produziert. Vier davon werden aus einheimischen Sorten gepresst – Buža, Istarska Bjelica, Rosulja und Vodnjanska Crnica. Das Vorzeigeöl, Selekcija Belić, ist eine Mischung aus sechs Sorten mit dezentem Vanille-Chicoree-Aroma.

Bei einem Kaffee in Fažana erinnert mich Duilio an eine Tatsache, die viele vergessen: Oliven sind eine Frucht, Olivenöl ein Fruchtsaft. Wie beim Wein lassen sich bestimmte Öle mit bestimmten Gerichten kombinieren, um den Geschmack zu verstärken. Selekcija Belić etwa passt wunderbar zu Lamm und Kalb unter der *peka* oder zu einem Omelett mit wildem Spargel. Das hochgeschätzte Buža-Öl wiederum passt hervorragend zu rohem Fisch und Fleisch sowie zu Pilzen und gegrilltem Gemüse. Das goldgrüne Istarska Bjelica mit seinem Duft nach gemähtem Gras und einem Hauch Radicchio ist die ideale Ergänzung zu Schokoladeneis oder dunklem Haselnuss-Schokoladenkuchen.

Da mir das alles zu abstrakt ist, wechseln wir ins Vodnjanka, ein Restaurant in Vodnjan. Hier zieht Duilio einen Kasten mit einer Auswahl seiner Öle hervor und bestellt eine Vorspeisenplatte. Nun lerne ich, wie man Olivenöl kostet. Eine kleine Menge wird in ein Weinglas geschüttet und mit der Hand erwärmt, bis das Öl Körpertemperatur erreicht. Dann verschließt man das Glas mit der Hand, damit sich das Aroma entfaltet. Anschließend probiert man eine kleine Menge, hält das Öl zunächst am vorderen Gaumen und schluckt es dann in einem Zug hinunter.

Solche Verkostungen liegen bei kroatischen Feinschmeckern inzwischen voll im Trend. Duilio organisiert sie für einen großen Freundeskreis und für Interessierte, und zwar direkt in seinen Hainen oder in einem Verkostungsraum in Zagreb. Außerdem können seine Öle in folgenden kroatischen Spitzenrestaurants verkostet werden: im Bevanda (S. 154) in Opatija und im Milan (S. 111) in Pula, im Kukuriku (S. 152) in Rijeka, im Foša (S. 197) in Zadar und im Damir & Ornella (S. 129) in Novigrad.

Meine letzten Fragen an Duilio stelle ich, während wir das Öl Vodnjanska Crnica in einer *maneštra* (Gemüse-Bohnensuppe) probieren. Warum bietet Istrien einen so perfekten Boden für den Olivenanbau? „Es liegt an der Mikrolage", sagt Duilio. „Außerdem ernten wir die Oliven, anders als in Dalmatien, früh im Jahr, um die natürlichen Antioxidantien und Nährstoffe zu bewahren. Die Öle schmecken zwar eventuell etwas bitterer, sind aber gesünder."

Bevor wir uns trennen, frage ich ihn noch – fasziniert von seiner Leidenschaft für Olivenöl –, warum er dieses geschäftliche Neuland betreten hat. „Ganz einfach: Ich liebe Essen, ich liebe Wein, ich liebe alle guten Dinge des Lebens", antwortet er. „Und Olivenöl gehört einfach dazu."

Anja Mutić

entsprechend teuer. Istrisches Olivenöl hat einen ausgezeichnet Ruf und ist vielfach prämiert. Der Tourismusverband hat eine Olivenölroute ausgewiesen, an der das Öl direkt bei den Erzeugern gekostet werden kann. Zu den besten saisonalen Zutaten gehören im Herbst weiße Trüffeln und im Frühling wilder Spargel.

Kvarner & Dalmatien

Die Küche der Kvarner Bucht und Dalmatiens ist typisch mediterran: Olivenöl, Knoblauch, frischer Fisch oder Meeresfrüchte und Kräuter werden hier reichlich verwendet. Besonders zu empfehlen ist der leicht panierte und gebratene *lignje* (Tintenfisch) als Hauptgericht. Adriatischer Tintenfisch ist generell etwas teurer, aber auch frischer, als der aus anderen Ländern. Das Essen beginnt oftmals mit einem Nudelgericht wie Spaghetti oder mit *rižoto* (Risotto) mit Meeresfrüchten. Eine besondere Vorspeise ist *paški sir* (Pager Käse), ein würziger Schafshartkäse von der Insel Pag. Dalmatinischer *brodet* (Fischsuppe mit Polenta, auch *brodetto* genannt) ist eine weitere regionale Spezialität; oft wird die Suppe jedoch nur als Portion für zwei Personen angeboten. Dalmatische *pašticada* (Rinderschmorbraten mit Wein und Gewürzen, serviert mit Gnocchi) erscheint auf Speisekarten an der Küste wie auch im Inland. Lamm von den Inseln Cres und Pag gilt als das beste Kroatiens: Die Tiere werden dort mit frischen Kräutern gefüttert, die das Fleisch besonders schmackhaft machen.

Das Geheimnis des würzigen Geschmacks von *paški sir* (Käse von der Insel Pag) liegt im Futter der dortigen Schafe: Sie fressen wilde Kräuter.

Vegetarier & Veganer

Eine nützliche Wendung lautet *Ja ne jedem meso* („ich esse kein Fleisch"), aber dennoch bekommt man unter Umständen eine Suppe mit kleinen Schinken- oder Speckstreifen serviert. Das ändert sich wegen der steigenden Zahl von Vegetariern im Lande zwar allmählich, allerdings aber nur in größeren Städten. In Zagreb, Rijeka, Split und Dubrovnik gibt es mittlerweile vegetarische Restaurants. Selbst „normale" Restaurants haben zumindest in größeren Städten vegetarische Gerichte auf der Speisekarte. Im Norden (Zagorje) und im Osten (Slawonien) haben es Vegetarier dagegen deutlich schwerer, da Fleisch dort einfach die Hauptzutat aller traditionellen Gerichte bildet. Zu den fleischlosen Spezialitäten gehört *maneštra od bobića* (Suppe mit Bohnen und frischem Mais) und *juha od krumpira na zagorski način* (Kartoffelsuppe aus dem Zagorje). Andere Optionen sind *štrukli* (mit Käse überbackene Klöße) und *blitva* (Mangoldklöße mit Kartoffeln, Olivenöl und Knoblauch). Entlang der Küste gibt es genügend Nudelgerichte und Risotto mit verschiedenen Gemüsebeilagen und leckerem Käse. Wer Fisch und Meeresfrüchte liebt, kann fast überall fürstlich tafeln.

Getränke

Kroatien ist berühmt für seinen *rakija* (Grappa bzw. Obstbrand), den es in verschiedenen Geschmackssorten gibt. Die beliebtesten sind *loza* (Weinbrand), *šljivovica* (Pflaumenschnaps) und *travarica* (Kräuterschnaps). Der istrische *rakija* ist ausgezeichnet und wird mit vielfältigen Geschmacksnoten von *medica* (Honig) bis *biska* (Mistel) sowie verschiedenen Beeren angeboten. Die Insel Vis ist für ihren leckeren *rogačica* (Johannisbrotschnaps) bekannt. Üblicherweise trinkt man vor dem Essen etwas Hochprozentiges. Andere beliebte Getränke sind *vinjak* (Kognak), *maraschino* (Kirschlikör aus Zadar), *prosecco* (süßer Dessertwein) und *pelinkovac* (Kräuterlikör).

Der Sauerkirschlikör *maraschino* aus Zadar wurde im frühen 16. Jh. von Apothekern ersonnen, die im dortigen Dominikanerkloster tätig waren.

Die beiden beliebtesten Biersorten (*pivo*) sind Ožujsko aus Zagreb und Karlovačko aus Karlovac. Die kleine Brauerei Velebitsko ist bei Kennern geschätzt, ihr Bier aber nur in wenigen Bars und Geschäften erhältlich, und das meistens nur auf dem kroatischen Festland. Am besten schon mal *živjeli!* (Prost!) üben.

Starker *kava* (espressoartiger Kaffee), der in Minitassen serviert wird, ist in ganz Kroatien beliebt. Man kann ihn abgemildert mit Milch (*macchiato*) trinken oder einen Cappuccino bestellen. Mancherorts gibt es auch entkoffeinierte Varianten. Dies wird aber als Sakrileg betrachtet, denn die Kroaten lieben ihren Kaffee. Kräutertees sind überall erhältlich, schwarzer Tee *(čaj)* dürfte echten Teetrinkern meist nicht stark genug sein. Das Leitungswasser ist trinkbar.

Wein

Wein aus Kroatien mag so manchem Weinkenner eher unbekannt sein, aber *vino* gehört seit mehr als zweieinhalb Jahrtausenden zur Lebensart der Region. Heute erlebt die Tradition unter einer neuen Generation von Winzern eine Renaissance: Junge Experten konzentrieren sich auf einheimische Weinsorten und erwecken alte Weinberge wieder zu neuem Leben. Die Qualität wird immer besser, was auch daran ersichtlich ist, dass die Weine sogar internationale Preise einheimsen und die Gunst von Weinkennern aus aller Welt erobern.

Kroatien ist grob in vier Weinregionen unterteilt: mit einem kühleren Klima Slawonien und das kroatische Hochland im kontinentalen Norden sowie Istrien/Kvarner und Dalmatien an der Adria mit einem mediterranen Klima. Auf die Regionen verteilen sich mehrere *vinogorje* (Unterregionen) mit mehr als 300 Herkunftsbezeichnungen.

Der Abschnitt über den Wein wurde von Cliff Rames verfasst, einem kroatisch-amerikanischen Sommelier und Gründer von Wines of Croatia (www.winesofcroatia.com).

Slawonien & Kontinentale Zone

Weißweinsorten wie *graševina*, *traminac*, Pinot Blanc, Chardonnay und Sauvignon Blanc herrschen in den beiden Weinregionen des Nordens vor. Die Geschmacksrichtungen reichen von „fruchtig", „mild-aromatisch" oder „erfrischend" in den kühleren Regionen des Nordens bis zu den reicheren Aromen im wärmeren Slawonien und den köstlichen *predikatno* (Dessertweinen). Kutjevo ist ein besonders „süßes" Fleckchen für den Weinanbau; im Dorf gibt es viele Weinkellereien. Besonders gut sind die Tropfen von Enjingi, Krauthaker, Kutjevo dd und Mihalj.

In den idyllischen Hügeln der Unterregionen Zagorje-Međimurje und Plešivica im kroatischen Hochland gibt es spritzige Weißweine, die gut zum Essen passen (der hiesige Pinot Noir tut es stellenweise auch). Außer *graševina* und dem heimischen *škrlet* boomen auch internationale Sorten wie Chardonnay, Pinot Blanc, Pinot Gris und Sauvignon Blanc. Hier sollte man Weine der Güter Bolfan, Korak und Tomac probieren. Als Souvenir eignet sich eine Flasche mit köstlichem *ledeno vino* (Eiswein) von Bodren.

Weine von der Küste

Ein Highlight der nördlichen Adria ist Istrien mit der Weißweinsorte *malvazija istarska*. Diese bietet eine Bandbreite guter Weine mit verschiedenen Profilen, die durchaus Preise gewinnen könnten: schlank und leicht oder süß, spritzig und ohne Eiche oder akazienholzgereift mit Orangenaroma. Benvenuti, Clai, Degrassi, Kozlović, Matošević, Piquentum und Trapan sind gute Weingüter. Istrien kann sich aber auch mit einem feurigen Rotwein brüsten: dem *teran*. Hier sollte man nach den Etiketten von Arman, Coronica, Geržinić, Roxanich und Terzolo Ausschau halten.

Knapp unterhalb von Istrien liegt Kvarner, Heimat des *žlahtina*, eines Weißweins, der gut zu Meeresfrüchtegerichten passt und auf Krk überall zu finden ist. Katunar, PZ Vrbnik, Šipun und Toljanić sind die führenden Produzenten.

Richtung Süden wartet die zerklüftete Schönheit von Dalmatien mit vielen Inselweinregionen (Hvar, Vis, Brač, Korčula). Diese bringen eine faszinierende Fülle heimischer Traubensorten hervor, die in diesem mediterranen Klima besonders gut gedeihen und qualitativ hochwertige, vollmundige Weine ergeben. Hier sind *plavac mali*, Abkömmling des *crljenik kaštelјanski* (Zinfandel), und der dunkle *dobričić* die Könige unter den Rotweine. Empfehlenswerte Marken sind Korta Katarina, Miloš, Stina, Tomić und Zlatan Otok. Zur Information: Weine, deren Etikett die Bezeichnung *Dingač* enthält, sind *plavac mali* von einem ganz bestimmten Weingut auf Pelješac, das hoch über dem Meer an einem Berghang liegt. Hier wird nur wenig Wein erzeugt, was zusammen mit der Qualität den Preis diktiert. Zu den maßgebenden Abfüllern gehören Bura, Kiridžija und Saints Hills. Weitere heimische Sorten heißen *babić* (rot) und *pošip* (weiß). Für ein entspanntes Schlückchen bietet sich der liebliche Rosé Dalmatiens an, der mediterranes Lebensgefühl weckt; empfehlenswerte Weingüter sind Sladić, Vuina und Senjković.

Besuche von Weingütern:

Wer einen Besuch plant, sollte bedenken, dass die meisten Weingüter von Familien betrieben werden und daher nicht immer auf Besucher eingestellt sind. Hier eine Auswahl von empfehlenswerten Weingütern, die auch öffentliche Weinproben anbieten.

Es gibt in Kroatien 17 000 eingetragene Winzer, 2500 Weine kontrollierter Herkunft und 880 Weingüter.

- **Slawonien** (S. 98)
- **Kroatisches Hochland: Bolfan-Vinski Vrh** (www.bolfanvinskivrh.hr; Hraščina); **Cmrečnjak** (☎040-830-103; Štrigova); **Korak** (www.vino-korak.hr; Plešivica); **Tomac** (www.tomac.hr; Jastrebarsko); **Vuglec Breg** (S. 82).
- **Istrien/Kvarner: Cossetto** (www.cossetto.net; Kaštelir); **Degrassi** (www.degrassi.hr; Savudrija); **Geržinić** (www.gerzinic.com; Vižinada); **Kozlović** (www.kozlovic.hr; Momjan); **Matošević** (www.matosevic.com; Krunčići); **Toljanić-Gospoja** (www.gospoja.hr; Vrbnik, Krk); **Trapan** (www.trapan.hr; Šišan).
- **Dalmatien: BIBICh** (☎022-775 597; Skradin); **Bire** (☎020-712 007; Lumbarda, Korčula); **Boškinac** (S. 190); **Carić** (www.vinohvar.hr; Hvar); **Grgić** (☎020-748 090; Trstenik, Pelješac); **Jako Vino** (www.stina-vino.hr; Bol, Brač); **Korta Katarina** (www.kortakatarinawinery.com; Orebić, Pelješac); **Matuško** (www.matusko-vina.hr; Potomje, Pelješac); **Tomić** (www.bastijana.hr; Jelsa, Hvar).

Feiern auf Kroatisch

Wie in anderen katholischen Ländern auch, essen die meisten Kroaten an *Badnjak* (Heiligabend) kein Fleisch, sondern Fisch. In Dalmatien ist das klassische Gericht an Heiligabend *bakalar* (Stockfisch). Am ersten Weihnachtstag werden dann gebratenes Spanferkel, Truthahn mit *mlinci* oder andere Fleischgerichte aufgetischt. Ebenfalls als Weihnachtsessen beliebt sind *sarma,* mit Hackfleisch gefüllte Krautwickel. Im Mittelpunkt des Festessens steht frisches Heiligabendbrot, *badnji kruh* genannt, das mit Honig, Nüssen und getrockneten Früchten gebacken wird. Eine weitere Tradition ist der Weihnachtszopf aus glasiertem Teig mit Muskatnuss, Rosinen und Mandeln. Oft wird er mit Weizen und Kerzen verziert, bis Dreikönigstag am 6. Januar auf dem Tisch stehen gelassen und erst dann angeschnitten und gegessen. *Orahnjača* (Walnusskuchen), *fritule* (Krapfen) und *makovnjača* (Mohnkuchen) sind bei Feierlichkeiten beliebte Nachspeisen.

Das typischste Ostergericht ist Schinken mit gekochten Eiern und frischem Gemüse. *Pinca,* ein süßes Hefebrot, ist eine weitere Ostertradition, vor allem in Dalmatien.

Wohin zum Essen?

Ein *restauracija* oder *restoran* (Restaurant) steht an der Spitze der gastronomischen Skala. Hier findet das Essen in einer etwas formelleren Atmosphäre statt, neben einer Speisekarte gibt es auch eine umfassende Weinkarte. Eine *gostionica* oder *konoba* ist meist ein einfaches Lokal im

DAS KULINARISCHE JAHR

Während die lokalen Spezialitäten- und Weinfestivals im Herbst so richtig in Schwung kommen, gibt es in Kroatien eigentlich keine Jahreszeit, in der man nicht gut essen kann.

Frühling (März–Mai) Wilder Spargel und frische Beere sowie einige Events wie das Festival der traditionellen Kuchen im Zagorje (April) und Istriens Tag der offenen Weinkeller am Internationalen Tag des Weins (Ende Mai).

Sommer (Juni–August) Zeit für frischen Fisch aus dem Meer und Meeresfrüchte. Gelato und Cocktails helfen gegen die Hitze; und beim Festival des traditionellen Essens in der Stadt Vrbovec gleich nordöstlich von Zagreb kann man probieren, was die alten Kroaten aßen.

Herbst (September–November) Zahlreiche Spezialitätenfestivals widmen sich dem Wein, Trüffeln und Kastanien. Trüffel- und Grappa-Liebhaber sollten sich nach Istrien aufmachen; Weinkenner können in der Region ihrer Wahl die Weinlese erleben. Das Kvarner Esskastanien-Festival im Oktober sollte man nicht verpassen.

Winter (Dezember–Februar) Jetzt kommen die Leckereien der Weihnachtszeit und des Karnevals auf den Tisch; außerdem steht ein Höhepunkt der maritimen Küche an: die Muscheltage, die jeden Februar im Nordwesten Istriens gefeiert werden.

Familienbesitz, die verwendeten Zutaten kommen häufig sogar aus dem eigenen Garten. Eine *pivnica* ist eher eine Kneipe, die meist mehrere Biersorten im Ausschank hat; manchmal gibt es dort auch warme Gerichte oder Sandwiches. Eine *kavana* ist ein Café, in dem man sich stundenlang an seinem Kaffee festhalten und dazu Kuchen und Eis genießen kann. Eine *slastičarna* (Bäckerei) serviert Eiscreme, Kuchen, Strudel und manchmal Kaffee. Man muss die Leckereien aber meistens im Stehen essen oder für unterwegs mitnehmen. Eine *samoposluživanje* (Cafeteria mit Selbstbedienung) eignet sich für eine schnelle Mahlzeit. Hier kann der Standard zwar sehr unterschiedlich sein, dafür reicht es aber aus, auf das gewünschte Gericht zu zeigen.

Im ganzen ehemaligen Jugoslawien war *burek* (eine Pastete mit Käse oder Fleisch gefüllt) das übliche *doručak* (Frühstück). Heutzutage bevorzugen moderne Kroaten meist einen leichteren Start in den Tag: in der Regel Kaffee und Plundergebäck mit Joghurt und frischem Obst. In Hostels oder Privatunterkünften wird oft kein Frühstück serviert. Problemlos bekommt man allerdings einen Kaffee und Backwaren in einem Café oder einer Bäckerei. Alternativ kann man sich mit Brot, Käse und Milch in einem Supermarkt eindecken und dann picknicken. Hotelgäste bekommen in der Regel ein Frühstücksbuffet mit Cornflakes, Brot, Joghurt, Aufschnitt, Obstsaft (aus Konzentrat) und Käse. In gehobenen Hotels gibt es auch Eier, Würstchen und selbst gebackenes Plundergebäck.

Am 1. April eines jeden Jahres sprudelt aus dem Stadtbrunnen von Ludbreg im Norden des Landes Wein statt Wasser.

Restaurants öffnen um 12 Uhr zum *ručak* (Mittagessen) und servieren dann in der Regel durchgehend bis Mitternacht Essen. Das kann ungemein praktisch sein, wenn man zu einer ungewöhnlichen Stunde in einer Stadt ankommt oder einfach mehr Zeit am Strand verbringen möchte. Kroaten nehmen meist entweder früh eine deftige *marenda* oder ein *gablec* (preiswertes sättigendes Mittagessen) oder ein spätes, ausgedehntes Mittagessen ein. Obst und Gemüse vom Markt und eine Auswahl an Brot, Käse und Schinken vom Supermarkt sind die Basis eines gesunde wie schmackhaften Imbiss. Am Feinkosttresen in den Supermärkten oder Lebensmittelläden wird einem – wenn man nett darum bittet – ein Sandwich (*sendvič*) mit Käse (*sir*) oder Prosciutto (*pršut*) belegt, in der Regel bezahlt man nichts für den Service

Umfangreich geschlemmt wird beim Abendessen (*večera*), wenn Fleisch- und Fischgerichte gern üppig auf den Tisch kommen .

Architektur

Nachdem sie kamen, sahen und siegten, blieben die meisten der Eroberer Kroatiens lange genug, um auch ein paar Bauwerke zu schaffen. Von den mit mächtigen Stadtmauern geschützten Ortschaften an der Küste, über römische Ruinen, gotische Kathedralen, Renaissance-Paläste und Wiener Villen bis hin zur barocken Pracht von Varaždin im Norden – Kroatien hat ein vielseitiges und sehr beeindruckendes architektonisches Erbe zu bieten.

Römisches Erbe

Aus der Zeit vor der Ankunft der Römer sind keine nennenswerten Bauten erhalten geblieben. Überbleibsel aus der 650 Jahre währenden Herrschaft der Römer finden sich aber überall im Land: im Zentrum von Rijeka der intakte Torbogen, im Nationalpark Krka das mit Gras bedeckte Amphitheater oder in Zadar die Säulen des antiken Forums.

Doch all diese verblassen im Vergleich zu einem der weltweit am besten erhaltenen Zeugnisse römischer Architektur: dem Diokletianspalast in Split. Den gewaltigen Komplex ließ Kaiser Diokletian im 3. Jh. n. Chr. kurz vor seinem Rückzug ins Privatleben erbauen. Obwohl später eine ummauerte Siedlung daraus wurde und die Anlage fast ununterbrochen bewohnt war, künden Teile immer noch ausdrucksvoll von der Ära, aus der sie stammen. Anders als bei verfallenen Ruinen anderer römischer Bauwerke sind hier am ehemaligen Mausoleum und am Jupitertempel sogar noch die Dächer intakt.

Die Kathedrale des hl. Domnius (3. & 4. Jh. n. Chr.) in Split ist das älteste Kathedralengebäude der Welt, da dieses bereits als Mausoleum Diokletians diente.

Zwei weitere Highlights aus der Römerzeit finden sich in Istrien: Das bemerkenswerte Amphitheater in Pula ist das kroatische Äquivalent zum Kolosseum in Rom. Die imposante Arena aus dem 1. Jh. n. Chr., noch immer ein intakter ovaler Bau mit fast 30 m hohen Mauern, wird inzwischen wieder für Brot und Spiele genutzt – allerdings nicht in so blutrünstiger Form wie früher. Der zweite Schatz in Istrien ist die Euphrasius-Basilika in Poreč. In der im 6. Jh. erbauten frühchristlichen Kirche wurden gar Teile ihres Vorgängerbaus des 3./4. Jhs. einbezogen; ihre Apsis ziert ein wertvolles Mosaik.

Vorromanische Kirchen

Mit der Ankunft der Slawen im frühen 7. Jh. begann die sogenannte altkroatische oder vorromanische Architekturepoche. Nur wenige Zeugnisse haben die Jahrhunderte überdauert, vieles wurde im 13. Jh. während der Mongolenstürme zerstört. Die am besten erhaltenen Beispiele finden sich an der dalmatischen Küste, angefangen mit der eindrucksvollen Kirche St. Donatus in Zadar, die im 9. Jh. auf den Ruinen des römischen Forums errichtet wurde. Sie ist ein – für die Spätantike ungewöhnlicher – runder Zentralbau mit drei halbkreisförmigen Apsiden.

Die Kathedrale St. Jakob in Šibenik (1431–1535) ist das einzige Bauwerk seiner Zeit, das aus vorgefertigten Steinelementen errichtet wurde.

Zwei weitere, ebenfalls kurvenreiche, aber beträchtlich kleinere Kirchen aus jener Zeit finden sich gleich in der Nähe. Die Heiligkreuzkirche aus dem 11. Jh. in Nin hat einen kreuzförmigen Grundriss, zwei Apsiden und eine Zentralkuppel. Gleich außerhalb von Nin findet sich die winzige steinerne Kirche des hl. Nikolaus, die wie eine Festung postkartenreif auf einem kleinen Hügel thront.

Kroatien wird gotisch

Während die Gotik mit ihren Spitzbögen den Rest Europas im Sturm erobert, hielt sich an der Küste Kroatiens hartnäckig die romanische Tradition des Mittelalters mit ihren Rundbögen und symmetrischen Formen. Im 13. Jh. waren die ersten Bauwerke der Gotik noch immer mit romanischen Elementen durchsetzt. Das schönste Beispiel dieser Zeit ist das Portal der St.-Laurentius- Kathedrale in Trogir, das 1240 vom Künstler Radovan geschaffen wurde. Die Kathedrale Mariä Himmelfahrt in Zagreb war der erste Vorstoß zum gotischen Stil in Nordkroatien. Obwohl sie mehrfach umgebaut wurde, sieht man in der Sakristei noch immer die Überreste der Wandbilder aus dem 13. Jh.

Die beherrschende Gestalt der Spätgotik war der Baumeister und Steinmetz Juraj Dalmatinac, der im 15. Jh. in Zadar zur Welt kam. Sein bedeutendstes Werk ist die Kathedrale St. Jakob in Šibenik, die bereits den Übergang von der Gotik zur Renaissance markiert. Dalmatinac erbaute die Kirche ganz aus Stein und verschönerte die Fassade mit einem Kranz von Porträts seiner Zeitgenossen. Eine weiteres schönes Zeugnis dieser Zeit ist die aus dem 15. Jh. stammende Markuskathedrale in Korčula.

Die Renaissance breitete sich in Kroatien rasch aus, vor allem in der unabhängigen Republik Ragusa (Dubrovnik). In der zweiten Hälfte des 15. Jhs. tauchten erstmals Einflüsse der Renaissance an spätgotischen Bauwerken auf. Der Sponza-Palast ist ein schönes Beispiel dieses Übergangsstils. In der Mitte des 16. Jhs. begannen Elemente der Renaissance den gotischen Stil in den Palästen und Sommerresidenzen, die sich wohlhabende Patrizier in und rund um Ragusa errichten ließen, zu ersetzen. Leider fielen viele dieser Gebäude dem Erdbeben von 1667 zum Opfer.

Das erste unverwechselbar kroatische Muster heißt *pleter* (ein Flechtwerk). Es kam gegen 800 n. Chr. auf und ähnelt den ineinander verschlungenen Schnörkeln auf keltischen Kreuzen und in mittelalterlichen Handschriften. Das *pleter*-Muster sieht man häufig an Kircheneingängen und Einrichtungsgegenständen aus dem frühen (altkroatischen) Mittelalter.

Vom Barock bis zum Brutalismus

Nordkroatien ist berühmt für seinen Barock, den Jesuitenpriester im 17. Jh. hier einführten. Varaždin, 1756–1776 Hauptstadt des Königreichs Kroatien und Slawonien, profitierte dank seiner Lage von einem steten Austausch von Künstlern, Kunsthandwerkern und Architekten mit Mitteleuropa. Die Kombination aus Wohlstand und Kreativität machte Varaždin schließlich zur führenden Stadt des Barocks in Kroatien. Unverkennbar ist der übertriebene, manchmal überladene Stil an den kunstvoll restaurierten Häusern, Kirchen und insbesondere an der eindrucksvollen Burg.

In Zagreb finden sich in der Oberstadt schöne Barockbauten. Dazu zählen die Jesuitenkirche St. Katharina und die restaurierte Villa, in der heute das Kroatische Museum für naive Kunst untergebracht ist. Wohlhabende Familien erbauten sich ihre Barockvillen in der Landschaft rund um Zagreb, u. a. in Brezovica, Miljana, Lobor und Bistra.

Der Einfluss der k. u. k. Donaumonarchie ist in der Hauptstadt ebenfalls sichtbar, vor allem an den prächtigen klassizistischen öffentlichen Gebäuden, aber auch an kleineren Jugendstil-Apartments und Stadthäusern. Weitere Vertreter dieser Epoche sind der frühere Gouverneurspalast in Rijeka und die Ferienhäuser der Wiener Elite im benachbarten Opatija und auf einigen Inseln in der Nähe.

In der modernistischen Periode schloss sich die kroatische Architektur dem Internationalen Stil an. In der sozialistischen Ära entstanden viele elegante, ästhetisch gelungene Beispiele von Wohnbauten und öffentlicher Architektur, besonders in auf dem Reißbrett entstandenen Vororten wie Novi Zagreb. Andererseits sind die brutalistischen Betonbauten, die einst als zukunftsverheißend angesehen wurden, nicht nach jedermanns Geschmack; viele sind dem Verfall preisgegeben. Leider erstreckt sich die verklärende Nostalgie, mit der das Jugoslawien der 1970er-Jahre heute betrachtet wird, nicht auf die eindrucksvollen Hotelbauten jener Epoche.

Heute ist Kroatien von einer lebendigen Architekturszene geprägt. In der Zeit des Wiederaufbaus nach dem Kroatienkrieg in den 1990er-Jahren wurden zahlreiche Wettbewerbe ausgeschrieben, bei denen junge Architekten ihr Talent unter Beweis stellen konnten. Einige der bedeutenderen Beispiele ihres Schaffens sind das Gymnasium in Koprivnica und das Hotel Lone in Rovinj.

Natur &Umwelt

Kroatiens Form erinnert an einen Bumerang: Das Land erstreckt sich von dem fruchtbaren Ackerland Slawoniens im Norden über das bergige Mittelkroatien bis zur istrischen Halbinsel und von dort südwärts durch Dalmatien entlang der Adriaküste. Die meisten Besucher beschränken sich auf den schmalen Küstenstreifen am Fuß des Dinarischen Gebirges und die vielen schönen Inseln davor, aber auch die Mitte des Bumerangs hat unzählige Naturschönheiten zu bieten.

Karst, Höhlen, Schluchten & Wasserfälle

Kroatiens auffälligstes geologisches Merkmal ist der weit verbreitete hochporöse Kalk- und Dolomitgestein, das auch unter dem Namen Karst bekannt ist. Der Karst erstreckt sich entlang der Küste und bedeckt große Teile des Landesinneren. Karst entsteht durch säurehaltiges Wasser, das die Kalksteinoberfläche erodiert, woraufhin dann Wasser in die darunter liegenden, härteren Schichten sickern kann. Schließlich bildet das Wasser unterirdische Bäche, die Spalten und Höhlen auswaschen, bevor sie an die Oberfläche zurückkehren, erneut in einer weiteren Höhle verschwinden und schließlich ins Meer fließen.

Vor der Adriaküste Kroatiens liegen 1244 Inseln und Inselchen, aber nur knapp 50 von ihnen sind bewohnt. Die größten sind Cres, Krk, Pag und Rab im Norden, Brač, Hvar, Dugi Otok und Vis in der Mitte sowie Korčula und Mljet im Süden.

Höhlen und Quellen sind die üblichen Formationen in einer Karstlandschaft, wie sie etwa in der Schlucht von Pazin, an den Plitvicer Seen, den Wasserfällen im Nationalpark Krka oder in der Höhle Manita Peć im Nationalpark Paklenica zu bewundern sind. Wenn der Kalkstein in sich zusammenfällt, bildet sich eine Art Becken (*polje*). Diese Becken werden dann landwirtschaftlich genutzt, wenngleich sie schlecht austrocknen und sich kurzerhand auch in Seen verwandeln können.

Nationalparks

Als Jugoslawien zusammenbrach, verblieben acht der schönsten Nationalparks bei Kroatien. Sie bedecken 1,3 % des Staatsgebiets und erstrecken sich über ein Territorium von insgesamt 961 km^2; davon sind 742 km^2 Land und 219 km^2 Meer. Etwa 8 % der Fläche Kroatiens stehen u. a. als Naturparks unter Naturschutz.

Nationalparks auf dem Festland

Der bei weitem beliebteste der acht kroatischen Nationalparks ist der von der UNESCO zum Weltnaturerbe erklärte Nationalpark Plitvicer Seen unweit der Grenze zu Bosnien auf halber Strecke zwischen Zagreb und Zadar. Die Aneinanderreihung von außerordentlich pittoresken Seen entstand durch die Ablagerung von Travertin, einem kalkreichen schlammigen Sediment, das sich aus Moosen und erodiertem, in Wasser gelöstem Kalkstein zusammensetzt. Im Frühjahr sind die Wasserfälle am beeindruckendsten. Die Beliebtheit des Parks hat aber ihren Preis: Die Hauptwege sind in der Hauptsaison meistens extrem überlaufen.

Der Nationalpark Krka entlang des Flusses Krka, nördlich von Šibenik, bietet eine noch ausgedehntere Kette von Seen und Wasserfällen. Der Hauptzugang zum Park ist am Skradinski Buk, dem mit

Kaskaden auf einer Länge von 800 m größten Wasserfall. Wie auch der Nationalpark Plitvicer Seen kann es in diesem Teil des Parks im Juli und August ungemütlich voll werden, aber es gibt auch viele Abschnitte, in denen es ruhiger ist. Im Park befinden sich außerdem bedeutende kulturelle Relikte eines serbisch-orthodoxen und eines römisch-katholischen Klosters.

Dank seiner dramatisch geformten Karstklippen und Schluchten ist der Nationalpark Paklenica, der sich entlang der Adriaküste in der Nähe von Zadar erstreckt, ein Paradies für Sportkletterer. Große Höhlen und Grotten voller Stalaktiten und Stalagmiten machen den Park auch für Höhlenforscher interessant, während die vielen langen Wanderwege Wanderfreunde begeistern werden. Es gibt gute touristische Einrichtungen, aber auch viel Wildnis im Park.

Am anderen Ende dieser Bergkette befindet sich der raue Nationalpark Nördlicher Velebit mit einer Landschaft aus Wäldern, Bergspitzen, Schluchten und Kämmen, der die Festlandkulisse für die gegenüberliegende Insel Rab bildet.

Der bewaldete Nationalpark Risnjak, nordöstlich von Rijeka, ist der unberührteste Park. Das liegt zum Teil daran, dass das Klima der höher gelegenen Gebiete mit einer Durchschnittstemperatur von 12,6 °C im Juli recht unwirtlich ist. Die Winter sind lang und schneereich, doch wenn Ende Mai oder Anfang Juni der Frühling beginnt, blüht alles gleichzeitig. In dem Park wurde bewusst auf touristische Einrichtungen verzichtet. Dahinter steckt der Gedanke, dass nur wirklich echte Naturliebhaber den abseits gelegenen Park besuchen sollen. Der Haupteingang ist beim Motel und Informationsbüro in Crni Lug.

Die Temperaturen des Adriatischen Meeres variieren stark: Sie steigen von durchschnittlich 7 °C im Dezember auf angenehme 23 °C im September.

Nationalparks auf den Inseln

Die Kornaten bestehen aus 140 spärlich bewachsenen, unbewohnten Inseln, Inselchen und Riffen, die sich über eine Fläche von 300 km² verteilen. 89 dieser Inseln gehören zum Nationalpark Kornaten. Die ungewöhnliche Form und die außergewöhnlichen Felsformationen machen die Inselgruppe zu einem Highlight der Adria. Ohne eigenes Boot muss man sich in Zadar, Dugi Otok oder auf Murter einer organisierten Tour anschließen.

Im Nationalpark Mljet auf der Nordwesthälfte der gleichnamigen Insel befinden sich inmitten dichter Vegetation zwei tiefe Salzwasserseen. Die Macchia ist fast nirgendwo im Mittelmeerraum so undurchdringlich und hoch wie auf Mljet, was sie zu einem idealen Rückzugsgebiet für Tiere macht.

Die Brijuni-Inseln bilden den am besten erschlossenen Nationalpark Kroatiens, bereits Ende des 19. Jhs. wurden sie als Touristenziel entdeckt. Einst kam Tito in dieses Paradies, heute treffen sich hier die Hautevolee und Jachtbesitzer. Die meisten Tiere und Pflanzen wurden eingeführt. Dennoch sind die Inseln zauberhaft und nur für eine begrenzte Besucherzahl und ausschließlich im Rahmen geführter Touren zugänglich.

Auf der Website des Umwelt- und Naturschutzministeriums (www.mzoip.hr) stehen die neuesten Infos über Entwicklungen im kroatischen Umweltschutz.

REFUGIUM FÜR JUNGBÄREN

In dem Dorf Kuterevo im nördlich gelegenen Gebirgszug Velebit befindet sich das **Kuterevo-Refugium** (www.kuterevo-medvjedi.org) für Jungbären. Es wurde 2002 von der Organisation Velebitska Udruga Kuterevo (VUK) gegründet und arbeitet mit den Dorfbewohnern zusammen, um verwaiste Bären zu schützen, die sonst leicht dem Autoverkehr, Jägern oder Wilderern zum Opfer fallen würden. Vom Frühjahr bis in den Spätherbst kann man im Refugium Babybären besuchen. Jährlich kommen etwa 10 000 Besucher. Die Website ist zwar auf Kroatisch, E-Mails werden aber auf Englisch beantwortet.

VÖGEL BEOBACHTEN

Auf den Insel Cres, Krk und Prvić sind dauerhaft Kolonien von Gänsegeiern beheimatet. Sie haben eine Flügelspannweite von bis zu 2,6 m. Im Nationalpark Paklenica leben viele Wanderfalken, Habichte, Sperber, Bussarde und Eulen. Der Nationalpark Krka ist ein wichtiges Winterquartier für Sumpfvögel wie Reiher, Wildenten, Gänse und Kraniche sowie für die seltenen Königs- und Schlangenadler. Auch der Naturpark Kopački Rit in der Nähe von Osijek in Ostkroatien gilt als bedeutendes Vogelschutzgebiet.

Tiere & Pflanzen

Tiere

Von den 59 in Kroatien lebenden Säugetierspezies stehen sieben auf der Liste der bedrohten Arten: Der Gartenschläfer und sechs Fledermausarten. In dem dicht bewaldeten Nationalpark Risnjak tummeln sich viele Hirsche und Rehe ebenso wie Gämse, Braunbären, Wildkatzen und Eurasische Luchse (*ris*), die dem Park seinen Namen gaben. Wölfe und Wildschweine sind seltener anzutreffen. Weitaus mehr Wölfe gibt es im Nationalpark Plitvicer Seen. Dort und im Nationalpark Krka lebt auch der seltene, unter Schutz stehende Eurasische Fischotter.

Mit bis zu 95 cm ist die Hornotter die längste und giftigste Schlange in Europa. Ihr Biss kann bei ausbleibender Behandlung mit Antiserum lebensbedrohlich sein. Sie liebt steinigen Boden, hat ein Zickzackband auf dem Rücken und ein markantes schuppiges „Horn" auf der Nase. Wenn man dieses genau erkennen kann, ist man aber wahrscheinlich etwas zu dicht an dem Tierchen dran.

Zwei Giftschlangenarten sind im Nationalpark Paklenica beheimatet: Die Hornotter und die Kreuzotter. Außerdem leben dort und im Nationalpark Krka die nicht giftige Leopardnatter, die Vierstreifennatter, die Grasnatter und die Panzerschleiche.

In den Gewässern rund um die Inseln Lošinj und Cres ist die einzige in der Adria bekannte Schule Großer Tümmler beheimatet. Gelegentlich lassen sich auch Streifendelfine und Riesenhaie blicken. In Mali Lošinj wurde ein Pflegezentrum für verletzte Unechte Karettschildkröten, Lederrückenschildkröten und Grüne Meeresschildkröten eingerichtet.

Pflanzen

Die facettenreichste Flora des Landes findet man im Velebit, einem Gebirgszug der Dinarischen Alpen, der als spektakuläre Kulisse hinter der zentraldalmatischen Küste aufragt. Botaniker haben hier etwa 2700 Spezies und 78 endemische Pflanzen gezählt, darunter das zunehmend bedrohte Edelweiß. Dieses findet man auch im Nationalpark Risnjak, ebenso wie Schwarze Kohlröschen, Lilien und Bewimperte Alpenrosen. Das trockene mediterrane Küstenklima bietet beste Bedingungen für die Macchie, einen niedrigen Buschwald, der an der gesamten Küste und besonders dicht auf der Insel Mljet wächst. Auch Oleander, Jasmin und Wacholder fühlen sich an der Küste wohl. Auf der Insel Hvar wird Lavendel angebaut und Oliven- sowie Feigenbäume gedeihen vielerorts in Hülle und Fülle.

Umweltprobleme

Da in Kroatien kaum Schwerindustrie vorhanden ist, blieben Wälder, Küsten, Flüsse und Luft glücklicherweise von Verschmutzung verschont. Zunehmende Investitionen in die Erschließung des Landes ziehen jedoch die üblichen Umweltprobleme nach sich.

Mit dem Touristenboom ist die Nachfrage nach frischem Fisch und Meeresfrüchten sprunghaft gestiegen. Zackenbarsche, Meerbrassen und Thunfisch (für den Export) werden in immer größeren Mengen gezüchtet, was die Ökosysteme entlang der Küsten schädigt. So werden beispielsweise junge Thunfische zum Mästen gefangen, bevor sie die Geschlechtsreife erreichen und sich fortpflanzen können, was den Bestand der in Freiheit lebenden Thunfische gefährdet.

Auch die Waldgebiete entlang der Küsten und auf den Inseln sind bedroht. Zunächst von den Venezianern für den Schiffsbau, dann von

Einheimischen als Brennstoff abgeholzt, wurde den Wäldern jahrhundertelang keine große Bedeutung beigemessen. Als Folge entstand auf vielen Bergen auf den Inseln und an der Küste Ödland. Heiße Sommer und der starke *maestral* (beständiger Westwind) sorgen zudem an den Küsten für eine erhebliche Brandgefahr. In den vergangenen 20 Jahren wurden 7 % der kroatischen Wälder durch Brände vernichtet

2014 leitete die kroatische Regierung ein Ausschreibungsverfahren für die Exploration von Erdöl- und Erdgasfeldern in der Adria ein. Die Umweltgruppe Zelena Akcija (Grüne Aktion) protestierte dagegen und befürchtet, dass eine Ölpest in den relativ umschlossenen Gewässern unter Umständen verheerende Auswirkungen haben könnte.

Kunst & Kultur

Kroatien sieht sich selbst als kulturell bedeutsames mitteleuropäisches Land, verankert in den besten künstlerischen Traditionen des Kontinents und erfüllt von ganz eigenen Folklorestilen, aber ohne Scheu vor der Avantgarde. Kroatische Künstler genießen in ihrer Heimat hohes Ansehen, selbst wenn sie im Ausland praktisch unbekannt sind.

Literatur

Dichter & Dramatiker

Ivan Gundulić (1589–1638) aus Ragusa (Dubrovnik) gilt weithin als der größte kroatische Dichter. Ein Konkurrent um diesen Titel aus jüngerer Zeit ist Tin Ujević (1891–1955), dessen Werke bis heute sehr populär sind.

Die erste Blütezeit erlebte die kroatische Literatur in Dalmatien. Sie war stark von der italienischen Renaissance beeinflusst. Die Werke des Gelehrten und Dichters Marko Marulić (1450–1524) aus Split werden im Land noch heute verehrt. Sein Stück *Judita* war das erste Werk, das von einem kroatischen Schriftsteller in seiner Muttersprache verfasst wurde. Die Stücke von Marin Držić (1508–1567), allen voran *Dundo Maroje,* sind ein Ausdruck der humanistischen Ideale der Renaissance und werden bis heute aufgeführt, besonders in Dubrovnik. Das Versepos *Osman* von Ivan Gundulić (1589–1638) feiert den polnischen Sieg über die Türken im Jahr 1621, den der Autor als Vorzeichen des Endes der osmanischen Herrschaft sah.

Die wichtigste literarische Persönlichkeit der postsozialistischen Zeit war die Lyrikerin Vesna Parun (1922–2010), die auch satirische Werke veröffentlichte. Parun wurde von der Regierung zwar wegen ihrer „dekadenten und bourgeoisen" Lyrik oft schikaniert, doch ihre veröffentlichten Gedichtsammlungen haben eine neue Generation erreicht, die aus ihrer Vision von der Absurdität des Krieges Trost schöpft.

Romanciers

Die bekannte Schriftstellerin Dubravka Ugrešić und vier weitere Autorinnen wurden in einer kroatischen Zeitschrift als „Hexen" verunglimpft, weil sie den kroatischen Unabhängigkeitskrieg nicht mit Inbrunst unterstützt hatten.

Kroatiens zweifellos herausragender Schriftsteller ist der Romancier und Dramatiker Miroslav Krleža (1893–1981). Er war zeit seines Lebens politisch aktiv und überwarf sich 1967 im Zuge einer Schriftstellerkampagne zur Gleichberechtigung der serbischen und kroatischen Sprache mit Tito. In seinen Werken beschäftigt sich der Autor mit den Problemen des gesellschaftlichen Wandels in seiner Heimat. Zu seinen bekanntesten Romanen zählen *Die Rückkehr des Philio Latinowicz* (1932) und *Zastave* (1963–1965; „Die Fahnen"), eine mehrbändige Saga über das Leben einer kroatischen Mittelschichtfamilie um das Jahr 1900.

Auch Ivo Andrić (1892–1975) darf bei einer Auflistung der bedeutendsten Literaten Kroatien keinesfalls fehlen. Er gewann 1961 den Literatur-Nobelpreis für seine historische „bosnische Trilogie", bestehend aus *Die Brücke über die Drina*, *Wesire und Konsuln* und *Das Fräulein*. Der als katholischer Kroate in Bosnien geborene Schriftsteller schrieb auf Serbisch und lebte in Belgrad, sah sich jedoch selbst als Jugoslawe.

Mirisi, zlato i tamjan („Gold, Weihrauch und Myrrhe") von Slobodan Novak (* 1924) wurde erstmals 1968 in Jugoslawien veröffentlicht. Der Roman spielt auf der Insel Rab, wo eine uralte Dame im Sterben liegt. Ihr Pfleger, der Erzähler, sinniert über Leben, Liebe, Staat, Religion und Erinnerung.

Einige Schriftsteller der Gegenwart wurden stark von den Auswirkungen der kroatischen Unabhängigkeit geprägt. Goran Tribuson (* 1948) nutzt die Form des Thrillers, um Veränderungen in der kroatischen Gesellschaft nach dem Krieg zu untersuchen. Pavao Pavličić (* 1946) widmet sich in seinem Detektivroman *Zaborav* den Problemen des kollektiven historischen Gedächtnisses. Die Arbeiten des in Kanada lebenden Schriftstellers Josip Novakovich (* 1956) entspringen der nostalgischen Sehnsucht nach seiner kroatischen Heimat. Sein berühmtester Roman *Die schwierige Sache mit dem Glück* aus dem Jahr 2004 ist eine absurde und düstere Abrechnung mit den Jugoslawienkriegen. Slavenka Drakulić (* 1949) schreibt Romane und Essays, die oft politisch und soziologisch provokant sind und zudem immer witzig und intelligent. Besonders empfehlenswert: *Wie wir den Kommunismus überstanden - und dennoch lachten* (1992) und *Cafe Europa* (1999).

Die in den Niederlanden im selbst gewählten Exil lebende Schriftstellerin Dubravka Ugrešić (* 1949) wird in Kroatien kontrovers gesehen, im Ausland sind ihre Werke allerdings geschätzt. Ihre bekanntesten Romane sind *Die Kultur der Lüge* von 1996 und *Das Ministerium der Schmerzen* aus dem Jahr 2004.

Der in Serbien geborene, aber in Kroatien lebende Miljenko Jergović (* 1966) ist ein witziger, scharfzüngiger Schriftsteller, dessen Kurzgeschichtensammlungen *Sarajevo Marlboro* (1994) und *Mama Leone* (1999) auf eindrucksvolle Weise die gesellschaftliche Atmosphäre im Jugoslawien der Vorkriegsjahre einfangen.

Vedrana Rudans Roman Uho, grlo, nož („Ohr, Hals, Messer") aus dem Jahr 2004 ist ein hervorragendes Beispiel für die Kraftausdrücke und kontroversen antipatriarchalischen Themen, die in der kroatischen Literaturszene oft Staub aufwirbeln.

Kino

Die mit Abstand wichtigste Persönlichkeit des kroatischen Kinos ist Branko Lustig, der Produzent der mit mehreren Oscars prämierten Filme *Schindlers Liste* und *Gladiator*. Er wurde 1932 in Osijek als Sohn kroatischer Juden geboren, überlebte als Kind Auschwitz und begann, neben Persönlichkeiten wie dem Regisseur Branko Bauer (1921–2001) für die staatseigene Filmgesellschaft Jadran Film zu arbeiten.

Ebenfalls sehr bekannt ist der Autor und Regisseur Veljko Bulajić (geb. 1928), dessen Spielfilmdebüt *Vlak bez voznog reda* („Zug ohne Fahrplan") 1959 in Cannes für die Goldene Palme nominiert war. *Die Schlacht an der Neretva* wurde zehn Jahre später für einen Oscar nominiert.

In jüngerer Zeit waren Vinko Brešans (geb. 1964) Filme *Kako je počeo rat na mom otoku* („Wie der Krieg auf meiner Insel begann"; 1996) und *Marschall Titos Geist* (1999) in Kroatien äußerst erfolgreich. Der sehr stilvolle Film *Mondo Bobo* (1997) von Goran Rušinović (geb. 1969), der erste wirklich unabhängig produzierte Film, der in Kroatien entstand, gewann Preise bei den Filmfestivals in Pula und Sarajevo.

Die weltweit bekanntesten kroatischen Schauspieler sind Mira Furlan (*Babylon 5, Lost*) und Goran Višnjić (*Emergency Room – Die Notaufnahme, Verblendung*). Kroatische Wurzeln besitzen auch John Malkovich und Eric Bana (geb. Banadinović).

Musik

Volksmusik

Kroatien hat viele gute klassische Musiker und Komponisten hervorgebracht; sein originellster Beitrag zur Welt der Musik ist aber zweifelsohne die reiche Tradition der Volksmusik. In ihr spiegeln sich zahlreiche Einflüsse wider, die teilweise bis ins Mittelalter zurückreichen, als Ungarn und Venezianer um die Vorherrschaft über das Land kämpften. Der bekannte Komponist Joseph Haydn (1732–1809) wurde in Österreich in der Nähe einer kroatischen Enklave geboren, seine Kompositionen war stark von kroatischen Volksliedern beeinflusst.

Das in der kroatischen Volksmusik am häufigsten vorkommende Instrument ist die *tamburica*, ein Zupfinstrument mit drei oder fünf Seiten, das gezupft oder geschlagen wird. Sie kam im 17. Jh. mit den Türken ins Land, verbreitete sich rasch in Ostslawonien und wurde später zu einem

EMPFOHLENE FOLKLOREAUFNAHMEN

- *Croatie: Music of Long Ago* ist ein guter Einstieg, umfasst der Sampler doch die ganze Bandbreite kroatischer Musik.
- *Lijepa naša tamburaša* ist eine Sammlung slawonischer Gesänge, die normalerweise von der *tamburica* begleitet werden.
- *Omiš 1967–75* bietet einen Überblick über die *klapa*-Musik.
- *Pripovid O Dalmaciji* In dieser hervorragenden Sammlung von *klapa*-Stücken wird der Einfluss des Kirchengesangs besonders deutlich.

Symbol des kroatischen Nationalbewusstseins. Auch in der jugoslawischen Ära wurde die *tamburica* weiter auf Hochzeiten und bei regionalen Festivals gespielt.

Die Vokalmusik wird von der Tradition der *klapa* (wörtlich: „Gruppe von Leuten") geprägt, deren Wurzeln im kirchlichen Chorgesang liegen. Beliebt ist die Musik in Dalmatien, vor allem in Split. Bis zu zehn Sänger singen gemeinsam mehrstimmige Lieder über Liebe, Leid und Verlust. Die Chöre sind traditionell reine Männerchöre, inzwischen singen aber immer öfter Frauen mit; gemischte Chöre sind selten.

Eine andere beliebte Richtung der Volksmusik, die stark vom benachbarten Ungarn beeinflusst ist, stammt aus der Region Međimurje im Nordosten Kroatiens. Das dominierende Instrument ist dabei die *citura* (Zither). Die Lieder sind langsam und melancholisch und handeln häufig von Liebeskummer. Neue Künstler wie Lidija Bajuk und Dunja Knebl hauchten diesem traditionellen Genre frisches Leben ein. Beide Sängerinnen haben viel für die Erneuerung dieser Musik getan und sich dabei eine große Fangemeinde aufgebaut.

Pop, Rock & alles andere

In der kroatischen Pop- und Rockszene wimmelt es von einheimischen Talenten. Eine der beliebtesten Bands ist Hladno Pivo („Kaltes Bier"), die energiegeladenen Punk mit witzigen, politisch aufgeladenen Texten spielt. Die Indie-Rock-Band Pips, Chips & Videoclips hatte ihren Durchbruch mit der Single „Dinamo ja te volim" („Dinamo, ich liebe dich"), die auf Tuđmans Versuch anspielt, das Zagreber Fußballteam umzubenennen. Seitdem blieb ihre Musik aber relativ unpolitisch.

Mehr Infos über die kroatische Volksmusik inklusive der angesagtesten Namen der Musikszene findet man unter www.croatianrootsmusic.com.

Die Gruppe Gustafi singt im istrischen Dialekt und kombiniert dabei gekonnt amerikanischen Folkrock mit kroatischer Folklore. Die wunderbar verrückten Let 3 aus Rijeka sind berühmt-berüchtigt für ihre schräge Musik und ihre Liveauftritte, bei denen die Musiker öfter mal nackt auftauchen, nur mit einem Korken im Hinterteil bekleidet (doch, wirklich!). TBF (The Beat Fleet) ist Splits Antwort auf den Hip-Hop. Im hiesigen Slang singt die Band über aktuelle Alltagsthemen, Familienprobleme, Liebeskummer und Glück. Ein anderer origineller Musiker ist der Hip-Hop-Sänger Edo Maajka, der in Bosnien geboren wurde, aber heute in Kroatien lebt.

Die Kombination von Jazz und Pop mit Volksmusik ist in Kroatien seit geraumer Zeit beliebt. Zu den populärsten Künstlern dieser Szene zählt die talentierte Tamara Obrovac aus Istrien, die in einem heute nicht mehr gesprochenen altistrischen Dialekt singt.

Kroatiens umstrittene Popkönigin ist Severina. Bekannt ist sie nicht nur wegen ihrer Musik, sondern auch wegen ihres tollen Aussehens und ihres ereignisreichen Privatlebens – ein gefundenes Fressen für die Klatschspalten der Boulevardpresse. Ein anderer im Land verehrter Sänger ist Gibonni, der in der Tradition des legendären Schnulzensängers Oliver Dragojević steht. Severina, Gibonni und Dragojević stammen übrigens alle drei aus Split.

Malerei & Bildhauerei

Im 15. Jh. schuf der Maler Vincent aus Kastav in Istrien schöne Kirchenfresken. In der kleinen Kirche Maria im Fels bei Beram sind seine Arbeiten zu sehen, am bemerkenswertesten ist der *Totentanz*. Ein weiterer bedeutsamer istrischer Maler des 15. Jhs. war Johannes aus Kastav, der Fresken in ganz Istrien, die meisten aber im slowenischen Teil, hinterließ.

Viele in Dalmatien geborene Künstler waren vom italienischen Renaissancestil geprägt, den sie wiederum ihrerseits beeinflussten. Die Bildhauer Lucijan Vranjanin (1420–1479) und Frano Laurana (1420–1502), der Miniaturenmaler Julije Klović (1510–1563) und der Maler Andrija Medulić verließen Dalmatien, als die Region im 15. Jh. von den Osmanen bedroht wurde, und arbeiteten in Italien. Ihre Werke sind in Museen in London, Paris und Florenz ausgestellt, während in Kroatien leider nur noch ein kleiner Teil zu sehen ist.

Krist Novoselic, der Bassist von Nirvana, wurde als Sohn kroatischer Eltern in Kalifornien geboren und verbrachte Teile seiner Jugend in Zadar.

Vlaho Bukovac (1855–1922) war der bemerkenswerteste kroatische Maler des späten 19. Jhs. Nach Aufenthalten in London und Paris kam er 1892 nach Zagreb und schuf dort Porträts und historische Gemälde, die sich durch einen lebendigen Stil auszeichnen. Zu den wichtigen Malern des frühen 20. Jhs. gehören Miroslav Kraljević (1885–1913) und Josip Račić (1885–1908). Die größte internationale Anerkennung fand jedoch der Bildhauer Ivan Meštrović (1883–1962), der viele Meisterstücke zu kroatischen Themen schuf. Auch Antun Augustinčić (1900–1979) war ein weltweit geachteter Bildhauer, sein Reiterstandbild *Frieden* steht vor dem Eingang des UN-Gebäudes in New York. Ein kleines Museum in Klanjec nördlich von Zagreb zeigt einige seiner Werke.

Naive Kunst

Nach dem Zweiten Weltkrieg experimentierten viele Künstler mit dem abstrakten Expressionismus. Die größte Bekanntheit erlangte in dieser Periode jedoch die naive Kunst, die 1931 mit einer Ausstellung des Künstlervereins Zemlja („Erde") in Zagreb ihren Anfang nahm. Sie präsentierte der Öffentlichkeit erstmals Arbeiten von Ivan Generalić (1914–1992) und anderen malenden Bauern. Generalić hatte sich der Idee einer Kunst verschrieben, die leicht verständlich war und von den einfachen Menschen geschätzt wurde. Die Maler Franjo Mraz (1910–1981) und Mirko Virius (1889–1943) sowie der Bildhauer Petar Smajić (1910–1985) schlossen sich ihm an und kämpften gemeinsam für die Akzeptanz und Anerkennung naiver Kunst.

Einen umfassenden Überblick über Kulturevents in Kroatien liefert die Seite www.culturenet.hr.

Abstrakte Kunst

Nach dem Zweiten Weltkrieg fand die abstrakte Kunst Eingang in die Kunstszene. Der gefeiertste moderne Maler Kroatiens ist Edo Murtić (1921–2005), der sich von den Landschaften Dalmatiens und Istriens ins-

FOLKLORETÄNZE

Ein typischer Folkloretanz ist der *drmeš*, eine Art schnelle Polka, die von Paaren in kleinen Gruppen getanzt wird. Beim lebhaften slawischen Kreistanz *kolo* wechseln sich Männer und Frauen ab, begleitet wird er von Geigenmusik im Stil der Roma. In Dalmatien tanzt man auch die *poskočica*, bei der die Paare unterschiedliche Figuren bilden.

Die traditionellen kroatischen Tänze bleiben ebenso wie die Volksmusik durch regionale und nationale Festivals lebendig. Das beste ist das Internationale Folklorefestival in Zagreb, das im Juli stattfindet. Wer es verpasst, sollte sich nicht ärgern – Musik- und Tanzgruppen gehen im Sommer auf Tournee und treten in vielen Städten an der Küste und im Landesinneren auf. Die Touristeninformationen vor Ort können Auskunft über die Termine geben.

pirieren ließ. 1959 gründeten Marijan Jevšovar (1922–1988), Ivan Kožarić (* 1921) und Julije Knifer (1921–2004) die Gruppe Gorgona, die die Grenzen der abstrakten Kunst erweiterte. Namhafte und hoch angesehene Künstler waren die Dubrovniker Maler Đuro Pulitika (1922–2006), der für seine farbenfrohen Landschaftsbilder bekannt ist, Antun Masle (1919–1967) und Ivo Dulčić (1916–1975).

Zeitgenössische Kunst

Aus dem avantgardistischen Trend der Nachkriegszeit entwickelten sich die Installationskunst, der Minimalismus und die Konzept- und Videokunst. Zu den interessantesten kroatischen Künstlern der Gegenwart zählen Lovro Artuković (* 1959), dessen äußerst realistischer Stil mit seinen surrealen Sujets kontrastiert, sowie die Videokünstler Sanja Iveković (geb. 1949) und Dalibor Martinis (* 1947). Die Multimediaarbeiten von Andreja Kulunčić (* 1968), die Installationen von Sandra Sterle (* 1965) und die Videokunst der in Paris lebenden Renata Poljak (* 1974) erregen ebenfalls internationale Aufmerksamkeit. Die Performances, Installationen und Videoarbeiten des aus Dubrovnik stammenden Künstlers Slaven Tolj (geb. 1964) fanden internationale Anerkennung. Die Fotografin Lana Šlezić (geb. 1973) lebt in Toronto, doch viele ihrer hervorragenden Bilder sind in Kroatien entstanden.

Praktische Informationen

Allgemeine Informationen

Aktivitäten

Abenteuersport

Cro Challenge (www.crochallenge.com) Verband für Extremsport.

Croatian Aeronautical Federation (www.caf.hr) Fallschirmspringerclub.

Huck Finn (www.huckfinncroatia.com) Hat sich auf Abenteuerreisen spezialisiert und veranstaltet die gesamte Bandbreite spannendster Touren in ganz Kroatien: Kajaktrips auf Meer und Fluss, Rafting, Kanuausflüge, Höhlenklettern, Radfahren, Angeln, Wandern und Segeln.

Outdoor (www.outdoor.hr) Abenteuerreisen.

Klettern

Croatian Mountaineering Association (www.hps.hr) Infos zum Klettern an Felsen und in Höhlen sowie zum Wandern.

Radfahren

NGO Bicikl (www.mojbicikl.hr) Infos zu Radtouren.

Segeln

Adriatic Croatia International Club (www.aci.hr) Verwaltet 21 Adria-Jachthäfen.

Association of Nautical Tourism (Udruženje Nautičkog Turizma; www.croatiacharter.com) Vertritt alle kroatischen Jachthäfen.

Tauchen

Croatian Diving Association (www.diving-hrs.hr)

Botschaften & Konsulate

Deutsche Botschaft (☎01-63 00 100; www.zagreb.diplo.de; Grada Vukovara 64, Zagreb)

Österreichische Botschaft (☎01-48 81 050; www.aussenministerium.at/zagreb; Radnicka Cesta 80, 9. Stock, Zagreb)

Schweizerische Botschaft (☎01-48 78 800; www.eda.admin.ch/zagreb; Bogoviceva 3, Zagreb)

Ermäßigungen

➡ In den meisten Museen, Galerien und Theatern sowie bei Festivals gibt es für Studenten Ermäßigungen von bis zu 50 %. Informationen zu Jugendreisen erteilt die Reiseabteilung des **Kroatisches Jugendherbergswerk** (☎01-48 29 294; www.hfhs.hr; Savska 5, Zagreb).

➡ Um die genannten Rabatte auch zu erhalten, sollte man am besten den Internationalen Studentenausweis (ISIC) dabeihaben. Ausgabestellen erfährt man unter www.isic.de, www.isic.at und www.isic.ch.

➡ Nichtstudierende unter 26 Jahren können eine Internationale Jugendreisekarte (IYTC) bekommen.

➡ Kroatien ist Mitglied der **European Youth Card Association** (www.eyca.org), auf

PRAKTISCH & KONKRET

Zeitungen & Zeitschriften Weithin verbreitete Tageszeitungen sind u. a. *Večernji List*, *Jutarnji List* und *Slobodna Dalmacija*.

Radio Der beliebteste Radiosender ist Narodni Radio, auf dem ausschließlich kroatische Musik läuft, gefolgt von Antena Zagreb und Otvoreni Radio. Der kroatische Rundfunk sendet englischsprachige Nachrichten täglich um 8 und 12 Uhr auf dem Sender HR2 (98,5 MHz) und um 20 Uhr auf dem Sender HR1 (92,1 MHz) .

Strom Stromversorgung: 220 V, 50 Hz. Adapter sind nicht nötig; verwendet werden die Europa gebräuchlichen runden Konturenstecker und flachen Eurostecker.

Maße & Gewichte In Kroatien gilt das metrische System.

Fernsehen & Video Das Videosystem ist PAL.

deren Karten Preisnachlässe in Geschäften, Restaurants und Bibliotheken gewährt werden. Die Karte kann an ca. 1400 Sehenswürdigkeiten in Kroatien eingesetzt werden.

Feiertage & Ferien

Kroaten nehmen ihre Feiertage sehr ernst. Kaufhäuser und Museen sind geschlossen, Fähren verkehren eingeschränkt. An religiösen Feiertagen sind die Kirchen gut besucht, was eine gute Gelegenheit bietet, die Kunstwerke innerhalb der sonst meist geschlossenen Gotteshäuser zu würdigen.

Neujahrstag 1. Januar

Dreikönigstag 6. Januar

Ostermontag März/April

Tag der Arbeit 1. Mai

Fronleichnam Mai/Juni

Tag des antifaschistischen Widerstands 22. Juni

Tag der Staatsgründung 25. Juni

Erntedankfest 5. August

Mariä Himmelfahrt 15. August

Tag der Unabhängigkeit 8. Oktober

Allerheiligen 1. November

Weihnachten 25. & 26. Dezember

Fotos & Video

➡ In Zagreb und anderen großen Städten kann man von Speicherkarten Digitalbilder ausdrucken, nur wenige Läden entwickeln aber noch Filme oder machen Abzüge davon.

➡ Das Fotografieren von Militäranlagen ist verboten. Man kann sich auch viel Ärger einhandeln, wenn man heimlich an FKK-Stränden fotografiert.

Frauen unterwegs

➡ Für Frauen ist Kroatien ein vergleichsweise ungefährliches Reiseland. Zwar kommt es in großen Küstenstädten gelegentlich vor, dass allein reisende Frauen belästigt werden, doch ist das eher die Ausnahme.

➡ Anzeigen von sexuellen Übergriffen seitens Bekannter nimmt die Polizei nicht immer ernst. Vorsicht bei Verabredungen mit fremden Männern.

➡ Sonnenbaden „oben ohne" wird zwar geduldet, aber am besten sucht man sich dafür einen der vielen FKK-Strände aus.

Freiwilligenarbeit

Wer eine kurze Zeit Freiwilligenarbeit leisten will, kann sich an folgende Einrichtungen wenden: das **Bärenrefugium Kuterevo** (www.kuterevo-medvjedi.org) im Velebit, das **Sokolarski-Center** (☎091 50 67 610; www.sokolarskicentar.com) in der Nähe von Šibenik oder an das **Meereszentrum Lošinj** (☎051-604 666; www.blue-world.org) auf der Insel Lošinj.

Gefahren & Ärgernisse

Landminen

An der Front zwischen den kroatischen und serbischen Kampfverbänden wurden Anfang der 1990er-Jahre jede Menge Minen verlegt; allein über 1 Mio. Minen wurden in Ostslawonien rund um Osijek und im Hinterland nördlich von Zadar ausgelegt. Die Regierung steckt zwar viel Mühe in die Minenaufräumung, aber die Arbeit geht nur sehr langsam voran. Generell sind die verminten Gebiete gut mit einem Totenkopf-Schild und gelbem Absperrband gekennzeichnet, trotzdem sollte man in heiklen Gegenden nicht auf eigene Faust losziehen, ohne die Einheimischen zu fragen. Unter keinen Umständen verlassene und verfallene Häuser betreten!

Geld

Kroatien verwendet als Zahlungsmittel die Kuna (Kn). Im Umlauf sind Banknoten im Wert von 500, 200, 100, 50, 20, 10 und 5 Kn, auf denen Bilder kroatischer Nationalhelden wie Stjepan Radić und Ban Josip Jelačić prangen. Eine Kuna entspricht 100 Lipa. Es gibt silberfarbene Münzen zu 50 und 20 Lipa sowie bronzefarbene Münzen zu 10 Lipa.

Die Kuna folgt einem festen Wechselkurs, der an den Euro gekoppelt ist. Um die Devisenreserven zu steigern, erhöht die kroatische Regierung den Kurs im Sommer, wenn die Touristen ins Land strömen. Am günstigsten ist der Tausch zwischen Mitte September und Mitte Juni.

➡ In Restaurants kann man in Euro bezahlen, in den meisten Fällen jedoch zu einem ungünstigen Wechselkurs.

➡ Preise für internationale Fähren werden in Euro angegeben, obwohl man in Kuna bezahlt.

Geldautomaten

➡ Geldautomaten findet man fast überall in Kroatien vor. Akzeptiert werden die gängigen Bankkarten mit dem Maestro-Logo.

➡ Viele Automaten nehmen zwar auch Kreditkarten an, es können jedoch hohe Gebühren anfallen.

➡ In Postfilialen kann man mit MasterCard oder Cirrus Bargeld, vereinzelt auch mit Diners Club Geld abheben.

Geldwechsel

➡ Geld wechseln kann man in Kroatien an zahlreichen Stellen und zu relativ ähnlichen Kursen. Einfach in irgendeinem Reisebüro nach der nächsten Wechselstube fragen. Postämter wechseln ebenfalls Geld und haben längere Öffnungszeiten.

➡ Die meisten Wechselstuben erheben eine Gebühr von 1–1,5% für den Umtausch von Bargeld, manche Banken verzichten darauf.

- Reiseschecks können nur in Banken eingelöst werden.
- Kuna kann man nur in Banken und nur gegen Vorlage eines Belegs in westliche Währungen zurücktauschen.

Kreditkarten

Kreditkarten (Visa, MasterCard, Diners Club, American Express) werden in Hotels weitgehend angenommen, selten jedoch in Privatunterkünften. Viele kleinere Restaurants und Läden akzeptieren ebenfalls nur Bargeld.

Inhaber von American-Express-Karten können sich an die Atlas-Reisebüros in Dubrovnik, Opatija, Poreč, Pula, Split, Zadar und Zagreb wenden und dort den vollen Amex-Service in Anspruch nehmen. Dazu zählen die Einlösung persönlicher Schecks und der Postlagerservice. Die Filialen der Privredna Banka übernimmt ebenfalls viele Serviceleistungen für Kunden von American Express.

Hier die Websites der wichtigsten Kreditkartenanbieter in Kroatien:

American Express www.americanexpress.hr

Diners Club www.diners.com.hr

MasterCard/Eurocard www.zaba.hr

Visa www.splitskabanka.hr

Bei **Verlust** von Kredit- oder Bankkarten kann man die Karten telefonisch sperren lassen: **Sperrnotruf** ☎0049 116 116.

Steuern & Erstattungen

Reisende aus Nicht-EU-Ländern, die in einem Geschäft mehr als 740 Kn ausgeben, haben Anspruch auf Rückerstattung der Mehrwertsteuer, die 22 % des Kaufpreises beträgt. Dafür muss der Geschäftsinhaber ein Steuerscheck-Formular ausfüllen, das man bei der Ausreise dem Zoll vorlegt. Von Zuhause schickt man innerhalb von sechs Monaten eine abgestempelte Kopie an das betreffende Geschäft in Kroatien, das den entsprechenden Betrag anschließend der Kreditkarte gutschreiben lässt.

Ein weiterer Service ist das sogenannte Global Refund System, bei dem der Betrag am Flughafen oder in ausgewählten Postämtern bar ausgezahlt wird. Postämter in Zagreb, Osijek, Dubrovnik, Split, Rijeka, Pula und einigen anderen Ortschaften gehören dazu. Eine vollständige Liste findet man unter www.posta.hr.

Trinkgeld

In Restaurants enthalten die Rechnungen auch eine Servicegebühr, aber es ist üblich, dass man aufrundet.

Gesundheit

Die medizinische Versorgung in Kroatien ist gut. Apotheker können gute Tipps geben und bei kleineren Erkrankungen nicht rezeptpflichtige Medikamente verkaufen.

Die zahnmedizinische Versorgung in Kroatien ist normalerweise gut; trotzdem ist es ratsam, vor einer längeren Reise nochmals zum Zahnarzt gehen.

Infektionskrankheiten

Die durch Zeckenbisse übertragene Enzephalitis (Hirnhautentzündung) ist eine nicht zu unterschätzende Erkrankung. Bei Reisen in Risikogebiete, in denen man sich nicht vor Zeckenbissen schützen kann (z. B. beim Campen oder Wandern), empfiehlt sich unbedingt eine Impfung. Zwei Impfungen gewährleisten den Schutz für ein Jahr, drei Impfungen schützen bis zu drei Jahre lang.

Umweltgefahren

- Dehydrierung: Man ist schon dehydriert, wenn man Durst verspürt – daher sollte man immer genügend Wasser trinken, allein schon aus Gründen der Vorbeugung. Um Hitzeerschöpfung zu behandeln, muss der Flüssigkeitsverlust durch Trinken von Wasser oder Fruchtsaft ausgeglichen werden, außerdem sollte der Körper mit kaltem Wasser und Frischluft gekühlt werden. Gegen den Mineralienverlust helfen salzhaltige Suppen oder die Zugabe von etwas Speisesalz in das Getränk.
- Hitzeerschöpfung entsteht durch zu großen Flüssigkeitsverlust und ungenügende Zufuhr von Flüssigkeit und Salzen. Zu den Symptomen zählen Kopfschmerzen, Schwindel und Müdigkeit.
- Ein Hitzschlag ist wesentlich gefährlicher und kann im Extremfall tödlich enden. Kennzeichen sind Verwirrtheit, hyperaktives Verhalten und schließlich Bewusstlosigkeit. Man sollte den Körper des Betroffenen schnell kühlen, indem man ihn mit Wasser befeuchtet und Luft zufächelt. Ein medizinische Betreuung mit intravenöser Zufuhr von Flüssigkeit und Elektrolyten ist dringend zu empfehlen.
- An felsigen Stränden sollte man auf Seeigel achten. Olivenöl hilft, ihre Nadeln aus der Haut zu lösen. Wenn man sie nicht entfernt, besteht Infektionsgefahr. Unser Tipp: Gummischuhe tragen, wenn man beim Baden über Felsen klettert.
- Schlangenbisse vermeidet man, indem man nicht barfuß geht und nicht in kleine Höhlen oder Löcher greift. Nur in der Hälfte der Fälle wird bei Schlangenbissen tatsächlich Gift injiziert. Wichtig: Bei einem Biss nicht gleich in Panik geraten. Das verletzte Körperteil stellt man wie bei einer Verstauchung mit einem Stab (ggf. einer Stange) und einer festen Bandage ruhig. Allerdings sollte man keinen Druckverband anlegen und die Bisswunde auch nicht durch Einschnitte vergrößern

oder aussaugen. Am besten so schnell wie möglich einen Arzt benachrichtigen, damit nötigenfalls ein Gegengift verabreicht werden kann.

Karten & Stadtpläne

Von MARCO POLO ist der *Slowenien – Kroatien – Bosnien und Herzegowina* im Maßstab 1:300 000 erhältlich. Ferner gibt es noch die MARCO-POLO-Karten *Kroatische Küste – Slowenien* (1:300 000) sowie *Kroatische Küste Mitte und Süd* (1:200 000).

Außer für Zagreb, Split, Zadar, Rijeka und Dubrovnik gibt es leider nur wenige nützliche Stadtpläne.

Hilfreich sind die von den örtlichen Touristenbüros herausgegebenen Karten. Regionale Touristeninformationen bieten häufig gute regionale Autokarten mit dem aktuellen Straßenverlauf an.

Internetzugang

- Die meisten Cafés, Restaurants und Bars in ganz Kroatien haben kostenloses WLAN; einfach nach dem Passwort fragen.
- In Internetcafés kann man für rund 30 Kn pro Stunde surfen.
- In den Touristeninformationen vor Ort erhält man aktuelle Infos über Internetzugänge in der Gegend.
- Hotels und die meisten privaten Pensionen sind mit WLAN ausgerüstet.

Öffnungszeiten

Die Kroaten sind Frühaufsteher: Schon um 7 Uhr sind viele Menschen unterwegs und viele Läden geöffnet. An der Küste geht's allerdings etwas entspannter zu – dort schließen die Läden und Büros um die Mittagszeit und öffnen oft erst gegen 16 Uhr wieder.

Reisebüros an der Küste sind in der Hauptsaison täglich von 8 oder 9 Uhr bis 21 oder 22 Uhr geöffnet; zum Ende der Saison hin verkürzen sich auch die Öffnungszeiten. Auf dem kroatischen Festland halten sich die meisten Reisebüros an die Bürostunden.

Banken werktags 8/9–20 Uhr, Sa 7–13 oder 8–14 Uhr

Bars & Cafés normalerweise 8/9–24 Uhr

Nachtleben In Zagreb und Split sind Discos und Nachtclubs ganzjährig geöffnet, wohingegen viele Schuppen an der Küste im Winter ihre Pforten schließen.

Büros Mo–Fr 8–16 oder 8.30–16.30 Uhr

Postämter werktags 7–20, Sa 7–13 Uhr (in Küstenorten im Sommer länger)

Restaurants lange Öffnungszeiten, oft 12–23 oder 24 Uhr, außerhalb der Hauptsaison So oft geschl.

Geschäfte werktags 8–20, Sa bis 14 oder 15 Uhr (Einkaufszentren länger)

Supermärkte Mo–Fr 8–20, Sa bis 14, manchmal bis 20 Uhr. Sonntags sind nur ein paar Supermärkte im Sommer geöffnet.

Rechtsfragen

Obwohl Ärger mit der Polizei recht unwahrscheinlich ist, sollte man sicherheitshalber stets den Reisepass oder Personalausweis bei sich tragen.

Im Fall einer Verhaftung besteht Anspruch darauf, die eigene Botschaft oder ein zuständiges Konsulat zu kontaktieren. Das Konsulat kann auch kroatische Anwälte vermitteln, zahlen muss man dafür aber selbst.

Reisen mit Behinderung

Wegen der vielen Kriegsversehrten wird inzwischen in Kroatien den Bedürfnissen von behinderten Menschen mehr Aufmerksamkeit geschenkt. Weitere Infos erteilt

STRASSENNAMEN

Vor allem in Zagreb und Split fällt einem vielleicht auf, dass die Namen der Straßen auf den Stadtplänen nicht immer mit denen auf den Straßenschildern übereinstimmen.

Im Kroatischen können Straßennamen sowohl im Nominativ als auch im Possessiv verwendet werden, was sich in der unterschiedlichen Endung ausdrückt. So wird aus der Ulica Ljudevita Gaja (Ljudevita-Gaja-Straße) die Gajeva ulica (Straße der Gaja). Die letztere Version ist auf den Straßenschildern und im alltäglichen Sprachgebrauch am üblichsten. Dasselbe Prinzip gilt für *trg* (Platz), sodass der Trg Petra Preradovića auch Preradovićev trg genannt wird.

Hier ein paar Beispiele häufig vorkommender Namen: Trg Svetog Marka (Markov trg), Trg Josipa Jurja Strossmayera (Strossmayerov trg), Ulica Andrije Hebranga (Hebrangova), Ulica Pavla Radića (Radićeva), Ulica Augusta Šenoe (Šenoina), Ulica Nikole Tesle (Teslina) und Ulica Ivana Tkalčića (Tkalčićeva). Achtung: Der Trg Nikole Šubića Zrinskog wird fast immer einfach nur Zrinjevac genannt.

In Adressenangaben steht das „bb" nach einem Straßennamen (z. B. Placa bb) für *bez broja* (ohne Nummer), was also bedeutet, das Gebäude hat keine Hausnummer.

der **Kroatische Verband für körperlich behinderte Menschen** (Hrvatski Savez Udruga Tjelesnih Invalida; ☎01-48 12 004; www.hsuti.hr; Šoštarićeva 8, Zagreb).

➡ Die öffentlichen Toiletten in Busbahnhöfen, Bahnhöfen, Flughäfen und großen öffentlichen Einrichtungen sind in der Regel rollstuhlgerecht. Gleiches gilt für die WCs in großen Hotels, nicht aber in Privatunterkünften.

➡ Die Busbahnhöfe und Bahnhöfe in Zagreb, Zadar, Rijeka, Split und Dubrovnik sind für Rollstuhlfahrer geeignet, nicht aber die örtlichen Jadrolinija-Fähren.

Schwule & Lesben

Homosexualität ist in Kroatien seit 1977 von der strafrechtlichen Verfolgung befreit und geduldet. Das bedeutet aber noch lange nicht, dass Homosexuelle deshalb mit offenen Armen empfangen werden. Öffentliche Liebesbekundungen zwischen gleichgeschlechtlichen Partnern können besonders außerhalb von großen Städten feindselige Reaktionen hervorrufen.

Schwulenclubs sind außerhalb von Zagreb nur selten zu finden, aber in vielen größeren Diskotheken und bei Raves trifft man zumindest ein bunt gemischtes Publikum. An der Küste sind Rovinj, Hvar, Split und Dubrovnik beliebte Ziele schwuler Touristen, die gern Nudistenstrände besuchen.

➡ In Zagreb findet am letzten Samstag im Juni der Gay-Pride-Zagreb-Tag statt.

➡ Die meisten kroatischen Websites, die sich der Schwulenszene widmen, sind ausschließlich auf Kroatisch gehalten. Einen guten ersten Überblick bietet www.croatio-gay.com und www.friendlycroatio.com.

➡ **LORI** (www.lori.hr) ist ein Organisation für Lesben; sie ist in Rijeka ansässig.

Strom

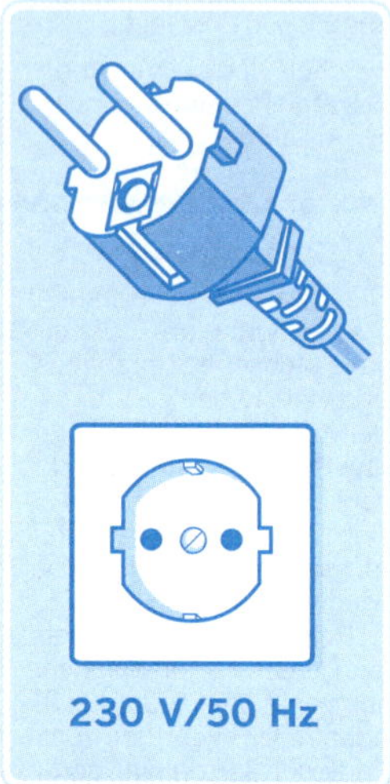

Telefon

Vorwahl

➡ Wer vom Ausland aus einen Anschluss in Kroatien anrufen will, wählt die internationale Vorwahl ☎00385, dann die Ortsvorwahl (ohne die 0) und die Teilnehmernummer. Von Kroatien aus wählt man für Gespräche nach Deutschland ☎0049, nach Österreich ☎0043 und in die Schweiz ☎0041.

➡ Bei Telefonaten im Land beginnt man mit der Ortsvorwahl (mit der 0),bei Ortsgesprächen entfällt diese.

➡ Anrufe mit der Vorwahl ☎060 sind entweder gebührenfrei oder recht teuer, also aufs Kleingedruckte achten.

➡ Handynummern beginnen mit ☎09, die Gespräche sind wesentlich kostspieliger.

Mobiltelefone

➡ Wer ein gängiges Handy ohne SIM-Karten-Lock besitzt, kann sich in Kroatien eine SIM-Karte für rund 20 bis 50 Kn kaufen, mit der man dann 15 bis 30 Minuten telefonieren kann. Zur Wahl stehen drei Netzwerkbetreiber: **VIP** (www.vip.hr), **Hrvatski Telekom** (www.hrvatskitelekom.hr) und **Tele2** (www.tele2.hr).

➡ Für Touristen gibt es auch spezielle Prepaid-SIM-Starter-Packs mit Freiminuten oder -datenmenge, die in der Hauptsaison (Juni–Sept.) für rund 50 Kn zu haben sind.

➡ In jedem Telefonladen sind Komplettpakete mit Handy und Telefonkarte inklusive Freiminuten ab 150 Kn erhältlich.

➡ Einen Handyverleih gibt es nicht in Kroatien.

Telefonkarten

➡ Für öffentliche Telefone benötigt man eine Telefonkarte. An vielen öffentlichen Fernsprechern befindet sich oben links ein Knopf mit Flaggensymbol. Wenn man diesen drückt, erhält man Infos in anderen Sprachen.

➡ Telefonkarten gibt es mit verschiedenen *impulsi* (Einheiten): zu 25 (15 Kn), 50 (30 Kn), 100 (50 Kn) und 200 (100 Kn) Einheiten. Man bekommt sie bei allen Postämtern und bei den meisten Tabak- und Zeitungsläden.

➡ Ein Anruf aus Kroatien kostet mit Telefonkarte etwa 3 bis 10 Kn pro Minute. Ortsgespräche kosten 0,80 Kn pro Minute, Anrufe in Handynetze 2 Kn pro Minute.

➡ Für Orts- und Inlandsgespräche ist in kleineren Hotels der Zuschlag oft gering, während Vier-Sterne-Hotels ordentlich zulangen. In Privatunterkünften steht kein Telefon zur Verfügung, eventuell aber darf man für Ortsgespräche das Telefon des Vermieters nutzen.

➡ In Postämtern kann man ohne Telefonkarte telefonieren.

Touristeninformation

Die regionalen Touristeninformationen überwachen die

touristischen Einrichtungen. In den örtlichen Touristeninformationen erhält man kostenlose Broschüren und gute Infos zu Veranstaltungen vor Ort. Auch kommerzielle Reisebüros erteilen Infos an Touristen.

Kroatische Zentrale für Tourismus (www.croatia.hr) Der beste Startpunkt für die Reiseplanung.

Region Dubrovnik-Neretva (www.visitdubrovnik.hr)

Region Istrien (www.istra.hr)

Region Krapina-Zagorje (www.tzkzz.hr)

Region Osijek-Baranja (www.tzosbarzup.hr)

Region Primorje-Gorski Kotar (Kvarner) (www.kvarner.hr)

Region Šibenik-Knin (www.sibenikregion.com)

Region Split/Dalmatien County (www.dalmatia.hr)

Region Zadar (www.zadar.hr)

Region Zagreb (www.tzzz.hr)

Unterkunft

Sollen die Unterkünfte das Budget nicht allzu sehr belasten, empfehlen sich Campingplätze, Hostels und ein paar Pensionen. Privatunterkünfte sind in Kroatien viel preiswerter und bieten oft ein tolles Preis-Leistungs-Verhältnis. Wer auf die Annehmlichkeiten eines Hotels verzichten kann, für den sind sie eine wunderbare Sache.

Den Vorgaben der kroatischen Behörden entsprechend, müssen die Anbieter von Unterkünften jeden Reisenden bei der Polizei anmelden. Zu diesem Zweck wird für eine Nacht der Ausweis der Urlauber benötigt.

An der Küste richten sich die Unterkunftspreise nach den Jahreszeiten und variieren von Ort zu Ort:

Nov.–März Die preiswertesten Monate. In Ferienorten an der Küste sind vielleicht nur ein, zwei Hotels geöffnet, dafür aber bekommt man echte Schnäppchen.

April, Mai & Okt. Auch diese Monate sind in der Regel recht preiswert.

Juni & Sept. In der Zwischensaison halten sich die Preise im mittleren Segment.

Juli & Aug. In der Hauptsaison von Ende Juli bis Mitte oder Ende August zahlt man Höchstpreise. In dieser Zeit vorab buchen.

Viele Unterkünfte schlagen bei weniger als drei Übernachtungen 30 % auf. Vielerorts wird eine Kurtaxe von ca. 7 Kn pro Person und Tag fällig.

In Dalmatien (außer in Dubrovnik und Hvar) sind die Unterkünfte in der Regel preiswerter als an der Kvarner Bucht oder in Istrien.

Unterkünfte buchen

Sobald die Reiseroute feststeht, sollte man herumtelefonieren, um sich nach Preisen und freien Zimmern zu erkundigen. An den meisten Rezeptionen wird auch Deutsch und Englisch gesprochen.

In der Hochsaison kann es schwierig werden, eine Reservierungsbestätigung ohne Anzahlung zu bekommen. Dazu reicht allerdings in Hotels meist die Angabe der Kreditkartennummer.

Einige Gästehäuser verlangen Auslandsüberweisungen auf ein Bankkonto; diese sind ggf. gebührenpflichtig und alles andere als preiswert. Um solche Umstände zu vermeiden, empfiehlt sich eine Online-Buchung über eine Agentur oder ein Reisebüro.

Camping

An der kroatischen Küste gibt es über 500 Campingplätze, von Vier-Sterne-Anlagen bis hin zu kleinen, familienbetriebenen Plätzen.

Die meisten sind nur von Mitte April bis Mitte September geöffnet, einige auch zwischen März und Oktober.

Im Frühjahr und Herbst vergewissert man sich am besten vorab telefonisch, ob der gewünschte Campingplatz geöffnet ist. Auf die Angaben der örtlichen Touristeninformationen, in Reisebroschüren und auch in diesem Reiseführer sollte man sich nicht verlassen, weil es häufig zu kurzfristigen Änderungen kommt.

CAMPINGPLÄTZE

- Viele Campingplätze in Istrien sind riesige „Autocamps“ mit Restaurants, Shops und reihenweise Wohnmobilen. In Dalmatien sind aber auch häufig kleinere und von Familien betriebene Anlagen anzutreffen.
- Wer es etwas einsamer mag, kann sich in Touristeninformationen kleinere Campingplätze empfehlen lassen (manchmal muss man aber hartnäckig darauf bestehen).
- Wegen ihrer abgeschiedenen Lage, die Ruhe und Frieden garantiert, zählen FKK-Campingplätze zu den besten.
- Wildes Campen ist offiziell verboten.
- Infos zu Campingplätzen und Links findet man unter www.camping.hr.

PREISE

- Die hier aufgeführten Preise verstehen sich pro Erwachsener und Stellplatz. Auf manchen größeren Cam-

UNTERKÜNFTE ONLINE BUCHEN

Unter http://lonelyplanet.com/hotels gibt's weitere Unterkunftsbewertungen und unabhängig recherchierte Infos von Lonely Planet Autoren – inklusive Empfehlungen zu den besten Adressen. Außerdem kann online gebucht werden.

pingplätzen zahlt man bis zu 100 Kn für einen Stellplatz. Die meisten Campingplätze verlangen 40–60 Kn pro Person und Nacht.

- Manchmal ist der Preis für das Zelt inbegriffen, manchmal werden aber zusätzlich 10–15 Kn fällig. Der Preis für das Abstellen des Autos ist manchmal inbegriffen, manchmal kostet es zusätzlich 10 bis 50 Kn.
- Wohnmobil-Stellplätze kosten rund 30 % mehr. Strom ist oft nicht inbegriffen und kostet ca. 15 Kn zusätzlich pro Nacht.
- Je nach Saison und Region wird eine zusätzliche Kurtaxe von ca. 7 Kn pro Person und Nacht fällig.

Hostels

Der **Kroatische Jugendherbergsverband** (Karte S. 46; ☎01-48 29 294; www.hfhs.hr; Savska 5, Zagreb) unterhält Jugendherbergen in Rijeka, Dubrovnik, Pula, Veli Lošinj, Zadar und Zagreb. Nichtmitglieder zahlen eine zusätzliche Gebühr von 10 Kn pro Person und Tag, die durch einen Stempel auf der Willkommenskarte bestätigt wird; mit sechs Stempeln wird man automatisch Mitglied. Der Verband erteilt auch Auskünfte über privat betriebene Jugendherbergen in Poreč, Hvar, Zadar und Zagreb.

Die meisten Hostels sind inzwischen auch im Winter geöffnet, deren Rezeptionen aber möglicherweise nicht den ganzen Tag über besetzt. Am besten ruft man vorher an.

Die in diesem Reiseführer angegebenen Preise beziehen sich auf die Hauptsaison im Juli und August; im Rest des Jahres sinken die Preise.

Hotels

Der Großteil der Hotels in Kroatien liegen in der Mittelklasse: Ein Doppelzimmer an der Küste kostet in der Hauptsaison rund 800 Kn, im späten Frühjahr oder zu Herbstbeginn rund 450 Kn. Für diesen Preis bekommt man ein Zimmer mit Bad, Telefon und manchmal Satelliten-TV. Hotel-Doppelzimmer haben eine gute Größe und selbst fast alle Hotelzimmer der Budgetkategorie sind in Kroatien mit einem eigenen Bad ausgestattet. Die ehemals staatlichen Hotelkomplexe aus den 1970er-und 1980er-Jahren unterscheiden sich oft kaum.

Die meisten Hotels bieten Halbpension. In abgelegenen Touristensiedlungen ist das oft die einzige Möglichkeit, etwas zu essen zu bekommen. Meist werden preiswerte Fleischgerichte serviert; neuerdings werden immer öfter auch vegetarische Gerichte angeboten.

Für Kurzaufenthalte (bei weniger als 3 oder 4 Übernachtungen) wird im Sommer an der Küste und auf den Inseln normalerweise ein Aufpreis fällig.

Das Sternesystem der kroatischen Hotellandschaft ist widersprüchlich und nicht sehr hilfreich.

Eine familienbetriebene *pansion* (Pension) bietet meist ein hervorragendes Preis-Leistungs-Verhältnis und eine persönlichere Atmosphäre. Die Touristeninformation vor Ort kann weiterhelfen, schießen doch in jeder Saison neue Häuser wie Pilze aus dem Boden.

Apartments sind in sich abgeschlossene Wohneinheiten mit voll ausgestatteter Küche, einem oder mehreren Betten und Bad.

Privatunterkünfte

Die Hotels in Kroatien sind meistens überteuert, vor allem an der Küste und in der Hauptsaison im Sommer. Mit einer Privatunterkunft kann man erheblich sparen und hautnah die kroatische Gastfreundschaft kennenlernen, zumal viele der Inhaber ihre Gäste wie alte Freunde bewirten. Manche servieren gar gemeinsame Abendessen – ein toller Weg, um die Kultur kennenzulernen.

Es bedarf jedoch etwas Mühe, das richtige Privatzimmer oder -Apartment zu finden. Am besten erkundet man sich vorher online oder telefonisch. Wer sich lieber spontan entscheidet, lässt sich nach der Ankunft am Reiseziel von der örtlichen Agentur oder der Touristeninformation ein paar Unterkünfte empfehlen und schaut sie sich vor der Buchung persönlich an. Man kann auch direkt mit den Eigentümern verhandeln, die am Bus- oder Fährhafen ihre Zimmer anbieten. Oder man klopft direkt an die Tür der Häuser mit einem Schild *sobe, zimmer* oder *apartmani*.

Achtung: In der Hauptsaison erheben viele Anbieter von Privatunterkünften bei einem Aufenthalt von weniger als drei oder vier Nächten einen Aufpreis.

PREISE

- Die Preise werden normalerweise vom örtlichen Tourismusamt festgelegt und unterscheiden sich nicht von Agentur zu Agentur. Allerdings vermitteln manche Agenturen keine Zimmer im unteren Preissegment und manche nur Apartments.

PREISKATEGORIEN SCHLAFEN

Folgende Preiskategorien beziehen sich im gesamten Reiseführer auf ein Doppelzimmer mit Bad in der Hauptsaison. Soweit nicht anders aufgeführt, ist in allen Hotels das Frühstück im Zimmerpreis inbegriffen.

€ unter 450 Kn

€€ 450–800 Kn

€€€ über 800 Kn

➡ Bei ordnungsgemäß vermieteten Unterkünften wird oft eine „Registrierungsgebühr" für die Anmeldung der Gäste bei der Polizei erhoben.

➡ Alle in diesem Führer angegebenen Preise gelten für die Hauptsaison und setzen voraus, dass man sich für mindestens vier Nächte in der jeweiligen Unterkunft einquartiert. Außerhalb vom Juli und August fallen die Preise deutlich.

KATEGORIEN BEI PRIVATUNTERKÜNFTEN

➡ Die Agenturen teilen die Privatunterkünfte nach folgendem Sternesystem ein:

Drei Sterne Die teuerste Kategorie. Die Zimmer haben ein eigenes Bad.

Zwei Sterne Zwei Zimmer teilen sich ein Bad.

Ein Stern Man teilt sich das Bad mit zwei anderen Zimmern oder mit dem Besitzer.

➡ Wohnstudios mit Kochgelegenheit kosten mehr als ein Doppelzimmer. Allerdings ist Selbstverpflegung in Kroatien nicht unbedingt billig. Für kleine Reisegruppen kann es sich lohnen, ein Apartment zu mieten.

➡ Privatzimmer haben niemals ein Telefon, dafür aber wird die Ausstattung mit Satelliten-TV immer häufiger.

➡ Einzelzimmer sind selten.

ÜBER EINE AGENTUR BUCHEN

➡ Über Agenturen und Reisebüros vermittelte Unterkünfte werden professionell überprüft.

➡ Bei Problemen oder Beschwerden kann man sich an die jeweilige Agentur wenden (oft wird hier Deutsch oder Englisch gesprochen).

➡ Bei Aufenthalten von weniger als vier Nächten erheben Agenturen einen Aufpreis von mindestens 30 %; einige bestehen in der Hauptsaison auf einen Mindestaufenthalt von sieben Nächten.

TIPPS FÜR PRIVATUNTERKÜNFTE

➡ Wer sich am Busbahnhof oder am Fährhafen dafür entscheidet, mit einem der Privatzimmer-Anbieter (meistens sind das Frauen) mitzugehen, sollte sich erst die genaue Adresse angeben lassen, um sicherzugehen, dass man nicht weit außerhalb der Stadt landet.

➡ Klarstellen, ob sich der Preis pro Person oder pro Zimmer versteht. Keine Angst vorm Feilschen, vor allem wenn man eine Woche bleiben will.

➡ Man vermeidet einen Aufpreis, wenn man von vornherein deutlich macht, wie viele Tage genau man zu bleiben gedenkt und wann man auschecken will. In der Hauptsaison, vor allem an der Küste, wird man vielleicht niemanden finden, der einem ein Zimmer nur für eine Nacht vermietet.

➡ Wer in einem Zimmer oder Apartment landet, das kein blaues *sobe-*, *zimmer-* oder *apartmani*-Schild am Haus trägt, hat einen illegalen Vermieter erwischt (d. h. er führt die Kurtaxe nicht ab). Solche Vermieter sind oft zögerlich bei der Herausgabe ihres vollen Namens oder ihrer Telefonnummer. Außerdem hat man im Falle eines Problems absolut keine Regressansprüche.

VOR ORT ÜBER DIE BESITZER BUCHEN

➡ In Häusern mit einem Schild *sobe, zimmer* oder *apartmani* werden Privatzimmer angeboten.

➡ Am besten vormittags vorbeikommen, da die Vermieter nachmittags möglicherweise unterwegs sind.

➡ Bevor man sich auf die Suche nach einem Zimmer macht, das Gepäck in einer *garderoba* (Gepäckaufbewahrung) abgeben. Das ist bequemer und ein Vorteil bei Preisverhandlungen.

HALBPENSION BUCHEN

Soweit möglich, lohnt es sich für den Aufenthalt bei einer Gastfamilie Halbpension zu buchen. An der Küste haben die meisten Familien einen Garten, einen Weinberg und Zugang zum Meer. Wer Glück hat, beginnt den Abend dann mit einem selbst gebrannten Aperitif, bevor gartenfrisches Gemüse und fangfrischer Fisch vom Grill auf den Tisch kommen – vielleicht begleitet von Wein aus eigener Herstellung.

Versicherung

Weltweiten Versicherungsschutz erhält man u. a. bei www.lonelyplanet.com/bookings. Dort können alle Vorfälle auch online abgewickelt werden.

Visa

Es gelten die grundsätzlichen Aufenthaltsbestimmungen der EU. Kroatien ist kein Mitglied des Schengener Abkommens, an der slowenisch-kroatischen Grenze werden daher strikte Kontrollen durchgeführt.

Reisende aus Deutschland, Österreich und der Schweiz benötigen zur Einreise nach Kroatien einen gültigen Personalausweis; seit Mitte 2012 gilt dies auch für Kinder: Sie benötigen einen Ausweis mit Lichtbild. Allein reisende Minderjährige sollten eine formlose Einverständniserklärung der Sorgeberechtigten mitführen. An der Grenze kann im Einzelfall ein Nachweis über ausreichende Mittel verlangt werden (100 €/Tag, bei nachgewiesener Buchung 50 €/Tag); es werden Bargeld, Bankkarten oder Schecks akzeptiert.

Die vorgeschriebene Anmeldung bei der örtlichen Polizeibehörde oder dem Tourismusbüro erfolgt in der Regel über Hotels, Vermieter oder Campingplätze. Wer länger als 90 Tage pro Halbjahr im Land bleiben möchte, braucht eine Aufenthaltsgenehmigung.

Zeit

➡ In Kroatien gilt die Mitteleuropäische Zeit (MEZ), von Ende März bis Ende Oktober die Mitteleuropäische Sommerzeit (MEZ +1 Std.).

Zoll

➡ Traveller aus EU-Ländern können bei der Einreise 10 l Spirituosen, 90 l Wein, 800 Zigaretten und 110 l Bier mitführen.

➡ Reisende aus Nicht-EU-Ländern dürfen 4 l Wein, 200 Zigaretten und 16 l Bier ins Land einführen.

➡ Es gibt keine Quarantänebestimmungen für mitgeführte Haustiere. Trotzdem sollte man einen aktuellen Impfausweis dabeihaben. Andernfalls kann es passieren, dass das Tier von einem ortsansässigen Tierarzt untersucht werden muss (der nicht immer sofort zur Verfügung steht).

Verkehrsmittel & -wege

AN- & WEITERREISE

Die Anreise nach Kroatien gestaltet sich besonders in den Sommermonaten meist frei von Komplikationen. Man kann mittlerweile auch mit Billigfluglinien nach Dubrovnik, Split, Zadar, Rijeka, Pula und Zagreb fliegen. Unzählige Bus- und Fährverbindungen machen die Wege zur Küste leicht. Flüge, Touren und Bahntickets können online unter www.lonelyplanet.com/bookings gebucht werden.

Einreise

Die kroatische Wirtschaft ist stark vom Tourismus abhängig – das weiß auch die kroatische Regierung und ermöglicht Urlaubern eine einfache Einreise, die ähnlich problemlos wie innerhalb des Schengen-Raums vonstatten geht.

Flugzeug

Mehrere Airlines bieten Direktflüge zu mehrere Destinationen in Kroatien an.

Dubrovnik (DBV; www.airport-dubrovnik.hr) Nonstop-Flüge u. a. ab Köln, Frankfurt, Hannover, München, Wien und Zürich.

Pula (PUY; www.airport-pula.com) Nonstop-Flüge u. a. ab Frankfurt.

Rijeka (RJK; www.rijeka-airport.hr) Nonstop-Flüge u. a. ab Köln, Stuttgart und Frankfurt.

Split (SPU; www.split-airport.hr) Nonstop-Flüge u. a. ab Berlin, Köln, Frankfurt, Stuttgart, München, Wien und Zürich.

Zadar (ZAD; www.zadar-airport.hr) Nonstop-Flüge u. a. ab München.

REISEN & KLIMAWANDEL

Der Klimawandel stellt eine ernste Bedrohung für unsere Ökosysteme dar. Zu diesem Problem tragen Flugreisen immer stärker bei. Lonely Planet sieht im Reisen grundsätzlich einen Gewinn, ist sich aber der Tatsache bewusst, dass jeder seinen Teil dazu beitragen muss, die globale Erwärmung zu verringern.

Fast jede Art der motorisierten Fortbewegung erzeugt CO_2 (die Hauptursache für die globale Erwärmung), doch Flugzeuge sind mit Abstand die schlimmsten Klimakiller – nicht nur wegen der großen Entfernungen und der entsprechend großen CO_2-Mengen, sondern auch, weil sie diese Treibhausgase direkt in hohen Schichten der Atmosphäre freisetzen. Die Zahlen sind erschreckend: Zwei Personen, die von Europa in die USA und wieder zurück fliegen, erhöhen den Treibhauseffekt in demselben Maße wie ein durchschnittlicher Haushalt in einem ganzen Jahr.

Die englische Website www.climatecare.org und die deutsche Internetseite www.atmosfair.de bieten sogenannte CO_2-Rechner. Damit kann jeder ermitteln, wie viele Treibhausgase seine Reise produziert. Das Programm errechnet den zum Ausgleich erforderlichen Betrag, mit dem der Reisende nachhaltige Projekte zur Reduzierung der globalen Erwärmung unterstützen kann, beispielsweise Projekte in Indien, Honduras, Kasachstan und Uganda.

Lonely Planet unterstützt gemeinsam mit Rough Guides und anderen Partnern aus der Reisebranche das CO_2-Ausgleichs-Programm von climatecare.org. Alle Reisen von Mitarbeitern und Autoren von Lonely Planet werden ausgeglichen. Weitere Informationen gibt's auf www.lonelyplanet.com.

BUSSE AB BOSNIEN & HERZEGOWINA

VON	NACH	CA.-PREIS (€)	DAUER (STD.)	HÄUFIGKEIT
Međugorje	Dubrovnik	20	3	1-mal tgl.
Mostar	Dubrovnik	19	3	4-mal tgl.
Sarajevo	Dubrovnik	24	5–7	4-mal tgl.
Sarajevo	Rijeka	41	10	1-mal tgl.
Sarajevo	Split (über Mostar)	28	7	3-mal tgl.
Sarajevo	Zagreb	26	7–8	4-mal tgl.

Zagreb (ZAG; www.zagreb-airport.hr) Nonstop-Flüge u. a. ab Hamburg, Köln, Frankfurt, München, Wien und Zürich.

Auf dem Landweg

Kroatien grenzt an Ungarn, Slowenien, Bosnien und Herzegowina, Serbien und Montenegro.

Bosnien & Herzegowina

Zwischen Bosnien und Herzegowina und Kroatien gibt es Dutzende Grenzübergänge. Größere Ziele wie Sarajevo, Mostar und Međugorje erreicht man gut von Zagreb, Split und Dubrovnik aus.

BUS

Busse fahren von mehreren Städten in Bosnien und Herzegowina nach Kroatien.

ZUG

Züge von Sarajevo steuern folgende Ziele an:

Ploče (über Capljina) 15 €, 4 Std., 2-mal tgl.

Zagreb 30 €, 10 Std., 1-mal tgl.

Deutschland

AUTO

Die schnellste, dafür allerdings auch stauanfälligste Route von Deutschland nach Kroatien führt über München–Salzburg–Tauerntunnel–Villach–Karawankentunnel–Ljubljana. Von dort geht es dann über Zagreb Richtung Dalmatien, Slawonien und ins Zagorje (nach Dalmatien führt der Weg auch über Rijeka ans Ziel) bzw. über Postojna Richtung Istrien. Alternative kann von West- oder Norddeutschland aus die Route durch die Schweiz und Italien gewählt werden. Für Reisende aus Sachsen bietet sich die Strecke über Prag–Brünn–Graz–Zagreb an.

BUS

Die Busverbindungen zwischen Deutschland und Kroatien, angeboten von der **Deutschen Touring GmbH** (www.deutsche-touring.de), sind gut und günstiger als eine Bahnfahrt. In Kroatien, verkaufen zahlreiche Reisebüros und Busbahnhöfe Tickets. U. a. gibt es folgende Verbindungen:

Istrien: von/nach Frankfurt a. M. wöchentl.; von München 2-mal wöchentl.

Rijeka: von/nach Berlin 2-mal wöchentl.

Split: von/nach Köln, Dortmund, Frankfurt a. M., Mannheim, München, Nürnberg und Stuttgart tgl.; von Berlin (über Rijeka) 2-mal wöchentl.

Zagreb: von/nach Köln, Dortmund, Frankfurt a. M., Mannheim, München, Nürnberg und Stuttgart tgl.; von Berlin 2-mal wöchentl.

ZUG

Von München fahren täglich zwei Züge über Salzburg und Ljubljana nach Zagreb (45–100 €, 8½–9 Std.). Richtung Süden ist eine Reservierung notwendig, nach Norden dagegen nicht.

Italien

BUS

Triest ist gut an die istrische Küste angebunden. Sonntags fahren weniger Busse.

Dubrovnik 470 Kn, 15 Std., 1-mal tgl.

Poreč 87 Kn, 2 Std., 4–6-mal tgl.

Pula 120 Kn, 2½–3¾ Std., 4–8-mal tgl.

Rijeka 70 Kn, 2 Std., 5-mal tgl.

Rovinj 110 Kn, 3 Std., 2-mal tgl.

Split 325 Kn, 10½ Std., 2-mal tgl.

Zadar 221 Kn, 7½ Std., 1-mal tgl.

Es gibt auch einen Bus aus Padua über Venedig, Triest und Rovinj nach Pula (245 Kn, 6 Std., Mo–Sa).

ZUG

Es fahren mehrere Züge von Venedig nach Zagreb (45–66 €, 7½ Std.) über Ljubljana und Villach.

Montenegro

2-mal am Tag fährt ein Bus von Kotor nach Dubrovnik (105–150 Kn, 2½ Std.); er startet in Bar und stoppt unterwegs in Herceg Novi.

Österreich

AUTO

Aus West- und Mittelösterreich verläuft die kürzeste Route nach Kroatien über Salzburg–Villach–Karawankentunnel–Ljubljana. Aus dem Osten bietet sich die Trasse Wien–Graz–Zagreb an.

BUS

Eurolines (www.eurolines.com) fährt von Wien aus mehrere Ziele in Kroatien an.

Rijeka 42 €, 8 Std., Juni–Sept. 2-mal wöchentl.

Split 44 €, 12 Std., Sommer 2-mal wöchentl., Winter 1-mal wöchentl.

Zadar 37 €, 9 Std., 2-mal wöchentl.

Zagreb 28 €, 5–7 Std., 3-mal tgl. (ein Bus fährt direkt, die anderen über Varaždin).

ZUG

Von Wien fahren tagsüber und nachts je zwei Züge über Slowenien und Ungarn nach Zagreb. Die Fahrt kostet zwischen 70 und 80 € und dauert zwischen 5¾ und 6½ Stunden. Von Zagreb gibt es Verbindungen in weitere Städte Kroatiens.

Serbien

Grenzübergänge en masse, viele davon abseits der Autobahn Zagreb–Belgrad.

BUS

Es fahren täglich sieben Busse von Zagreb nach Belgrad (220 Kn, 6 Std.).

ZUG

Pro Tag verkehrt ein Zug zwischen Zagreb und Belgrad (188 Kn, 6½ Std.).

Slowenien

Es gibt 26 Grenzübergänge zwischen Slowenien und Kroatien.

BUS

Slowenien ist gut an die istrische Küste angebunden. Die folgenden Orte werden von Bussen aus Ljubljana angefahren:

Rijeka 200 Kn, 2½ Std., 3-mal tgl.

Rovinj 200 Kn, 4 Std., 3-mal tgl.

Split 400 Kn, 10 Std., 1-mal tgl.

An den Wochentagen fährt auch ein Bus von Rovinj nach Koper (105 Kn, 2¾ Std.) mit Zwischenstopp in Poreč, Portorož und Piran.

ZUG

Züge von Ljubljana nach Kroatien:

Rijeka 120 Kn, 2½ Std., 2-mal tgl.

Zagreb 120 Kn, 2½ Std., 4-mal tgl.

Ungarn

Die wichtigsten Auf- und Abfahrten an der Autobahn zwischen Ungarn und Kroatien sind:

Donji Miholjac 7 km südlich von Harkány.

Gola 23 km östlich von Koprivnica.

Goričan Zwischen Nagykanizsa und Varaždin.

Terezino Polje Gegenüber von Barcs.

Am wichtigsten sind Donji Miholjac und Goričan.

ZUG

Es fahren täglich drei Züge von Zagreb nach Budapest (35 € hin & zurück, 6–7 Std.).

Schiff/Fähre

Zwischen Kroatien und Italien verkehren regelmäßig Fähren von folgenden Fährunternehmen.

Blue Line (www.blueline-ferries.com)

Commodore Cruises (www.commodore-cruises.hr)

Jadrolinija (www.jadrolinija.hr)

SNAV (www.snav.com)

Ustica Lines (www.usticalines.it)

Venezia Lines (www.venezialines.com)

UNTERWEGS VOR ORT

Auto & Motorrad

Die Autobahn zwischen Zagreb und Split ist erst einige Jahre alt und ermöglicht es, viele Ziele schneller zu erreichen. Auch Zagreb und Rijeka sind durch eine Autobahn miteinander verbunden, während eine weitere Autobahn durch Istrien die Fahrtzeit nach Slowenien erheblich verkürzt.

Obwohl die neuen Straßen in hervorragendem Zustand sind, gibt es Abschnitte mit nur wenigen Tankstellen und Raststätten.

Führerschein

Ein gültiger Führerschein genügt, um ein Auto fahren und mieten zu dürfen; ein internationaler Führerschein ist nicht nötig.

Der **Hrvatski Autoklub** (HAK, Croatian Auto Club; ☎01-46 40 800; www.hak.hr; Avenija Dubrovnik 44) bietet Hilfe und Rat. Wer eine Panne oder sonstige Probleme auf der Straße hat, meldet sich bei der **Pannenhilfe des HAK** (Vučna Služba; ☎1987).

Mietwagen

Voraussetzungen, um ein Auto zu mieten:

- Mindestalter: 21 Jahre
- Gültiger Führerschein
- Kreditkarte

Lokale Mietwagenfirmen sind zwar meistens billiger, haben aber den Nachteil, dass der Wagen wieder vor Ort abgegeben werden muss. Mitunter kann es preiswerter sein, den Mietwagen vorab im Heimatland zu mieten oder ein Pauschalangebot mit Flug und Mietwagen zu buchen.

Unterwegs

- Die Tankstellen sind im Allgemeinen von 7 bis 19 Uhr geöffnet, im Sommer häufig bis 22 Uhr. Zur Auswahl stehen Eurosuper 95, Super 98, Normalbenzin und Diesel. Benzinpreise erfährt man unter www.ina.hr; zum Zeitpunkt der Recherche kostete 1 l Benzin Super rund 9,60 Kn.
- Auf allen Autobahnen, im Učka-Tunnel zwischen Rijeka und Istrien, auf der Brücke zur Insel Krk und auf der Straße von Rijeka nach Delnice wird eine Maut fällig.
- Informationen zur Straßenlage und zu Mautgebühren gibt's unter www.hac.hr.
- Der Rundfunksender HR2 sendet von Juli bis Mitte September stündlich Verkehrsinformationen in Englisch.

Verkehrsregeln

- In Kroatien ist Rechtsverkehr, es herrscht Anschnallpflicht.

ENTFERNUNGEN (KM)

	Dubrovnik	Osijek	Rijeka	Split	Zadar	Zagreb
Dubrovnik	---					
Osijek	495	---				
Rijeka	601	459	---			
Split	216	494	345	---		
Zadar	340	566	224	139	---	
Zagreb	572	280	182	365	288	---

➡ Sofern nicht anders ausgeschildert, gelten für Autos und Motorräder die folgenden Geschwindigkeitsbegrenzungen: 50 km/h in geschlossenen Ortschaften, 100 km/h auf Landstraßen, 130 km/h auf Autobahnen.

➡ Auf zweispurigen Landstraßen dürfen lange Militärkonvois oder Autoschlangen hinter einem langsam fahrenden Lkw nicht überholt werden.

➡ Die Promillegrenze liegt bei 0,5.

➡ Auch tagsüber muss mit Licht gefahren werden (in Dalmatien allerdings nur von Oktober bis Juni).

➡ Alle ausländischen Fahrzeuge müssen am Heck ein Länderkennzeichen haben, auch dann, wenn ein Nummernschild mit Euro-Kennzeichen vorhanden ist.

Versicherung

Eine Haftpflichtversicherung ist auch bei Mietwagen gesetzlich vorgeschrieben; jeder Fahrer sollte sich persönlich vergewissern, ob seine Versicherungspolice auch wirklich einen vollen Versicherungsschutz im Schadensfall beinhaltet oder ob es einen Selbstbehalt gibt.

Bus

Das Busnetz ist gut ausgebaut, die Fahrpreise erschwinglich. Jede Busgesellschaft hat ihr eigenes Preissystem, weshalb die Preise auf einer Strecke variieren können.

Um Gepäck im Gepäckraum unter dem Bus zu verstauen, zahlt man extra (ca. 7–10 Kn/Gepäckstück, inkl. Versicherung).

Busgesellschaften

Autotrans (☎051-660 660; www.autotrans.hr) Hauptsitz in Rijeka. Verbindungen nach Istrien, Zagreb, Varaždin und Kvarner.

Brioni Pula (☎052-535 155; www.brioni.hr) Hauptsitz in Pula. Verbindungen nach Istrien, Padua, Split, Triest und Zagreb.

Clissa (☎021-262 090; www.clissa-bus.hr) Verkehrt nur auf der Strecke Zagreb–Split; bietet den Fahrgästen Steckdosen, WLAN, Zeitungen und Wasser.

Contus (☎023-317 062) Hauptsitz in Zadar. Verbindungen nach Split und Zagreb.

Croatiabus (☎01-61 13 073; www.croatiabus.hr) Verbindet Zagreb mit Städten im Zagorje und in Istrien.

Samoborček (☎01-63 21 190; www.samoborcek.hr) Verbindet Zagreb mit Städten in Dalmatien.

Tickets & Fahrpläne

➡ An großen Busbahnhöfen werden die Tickets an einem Fahrkartenschalter und nicht im Bus selbst verkauft.

➡ Vor allem im Sommer ist es sehr ratsam, einen Sitzplatz im Voraus zu reservieren.

➡ Fahrpläne über den verschiedenen Schaltern am Busbahnhof zeigen an, welcher Schalter welche Tickets verkauft.

➡ Auf Busfahrplänen bedeutet *vozi svaki dan* „täglich" und *ne vozi nedjeljom i blagdanom* „nicht an Sonn- und Feiertagen".

➡ Wer eine Verbindung in einem Nachtbus wählt, spart zwar eine Übernachtung, bringt sich aber um einen erholsamen Schlaf, da während der Fahrt das Licht brennt und oft ständig Musik läuft.

➡ Etwa alle zwei Stunden wird eine kurze oder längere Pause eingelegt. Hinterher sollte man rechtzeitig wieder beim Bus sein, damit er nicht ohne einen weiterfährt.

Fähre/Schiff

Inselfähren

Die Inselfähren verbinden die größeren Inseln untereinander und mit dem Festland. Vom Festland zu den Inseln verkehren mehr Fähren als zwischen den einzelnen Inseln.

Häufigkeit Zwischen Oktober und April fahren die meisten Linien seltener. Im Sommer werden zusätzlich Passagierfähren eingesetzt; sie sind in der Regel schneller, komfortabler und teurer.

Reservierungen Auf einigen kürzeren Strecken wie von Jablanac nach Mišnjak oder von Drvenik nach Sućuraj fahren die Fähren nonstop, dort ist keine Reservierung nötig.

Tickets Diese kauft man in einem Jadrolinija-Büro oder an einem Stand in der Nähe der Fähre (öffnet normalerweise 30 Minuten vor Abfahrt). An Bord werden keine Tickets verkauft. Im Sommer sollte man ein bis zwei Stunden vor Abfahrt da sein, auch wenn man schon ein Ticket hat.

Autos Der Preis hängt von der Größe des Autos ab und ist oft recht hoch. So früh wie möglich reservieren. Mehrere Stunden im Voraus einchecken.

Fahrräder Kosten eine kleine Gebühr.

Essen Mahlzeiten werden nicht serviert; man kann an Bord Snacks und Getränke kaufen. Die meisten Kroaten haben Proviant dabei.

Jadrolinija-Fähren

Jadrolinija (www.jadrolinija.hr) betreibt ein umfassendes Netz an Autofähren und Katamaranen entlang der Adria-Küste. Fähren sind deutlich komfortabler als Busse, allerdings etwas teurer.

Häufigkeit Ganzjährig. Im Winter verkehren weniger Fähren.

Reservierungen Kabinen sollten eine Woche vor Reiseantritt reserviert werden. Plätze an Deck sind immer verfügbar.

Tickets Die Tickets muss man im Voraus in einem Reisebüro oder einem Jadrolinija-Büro kaufen. An Bord werden keine verkauft. Tickets für spezielle Katamaran-Linien kann man inzwischen auch online kaufen.

Autos Im Sommer sollte man zwei Stunden vor Abfahrt der Fähre einchecken.

Essen Im Bordrestaurant zahlt man für ein mittelmäßiges Menü 100 Kn; in der Cafeteria gibt es nur Schinken-Käse-Sandwichs (30 Kn). Am besten macht man es wie die Kroaten: Die bringen ihr Essen und ihre Getränke mit.

Fahrrad

Es ist kein Problem, sich an der Küste und auf den Inseln ein Fahrrad zu leihen. Die Inseln per Rad zu erkunden, kann eine tolle Erfahrung sein. Auf den relativ flachen Inseln Pag und Mali Lošinj fällt das Radeln leicht. Alle anderen Inseln sind hügeliger und kurvenreicher und erfordern folglich mehr Kondition; unterwegs wird man dafür aber mit spektakulären Aussichten belohnt. An der Küste und im Landesinneren ist Vorsicht geboten: Die meisten Straßen sind stark befahren; auf den zweispurigen Landstraßen gibt es keine Radwege.

Einige Touristeninformationen, vor allem an der Kvarner Bucht und in Istrien, haben Radkarten und können lokale Fahrradverleiher empfehlen.

Wer etwas Kroatisch kann, für den ist die Website www.pedala.hr eine gute Informationsquelle für Radtouren durch Kroatien.

Flugzeug

Croatia Airlines (☎01-66 76 555; www.croatiaairlines.hr) ist die nationale Fluggesellschaft. Sie verkehrt täglich zwischen Zagreb und Dubrovnik, Osijek, Pula, Rijeka, Split und Zadar.

Die neue **Trade Air** (www.trade-air.com) bietet Inlandsflüge nach Split, Rijeka, Osijek, Dubrovnik und Zagreb. Die ebenfalls neue **European Coastal Airlines** (www.ec-air.eu) verkehrt mit Wasserflugzeugen zwischen dem Festland und den Inseln.

Achtung: Auf kroatischen Flughäfen ist es nicht erlaubt, Batterien im Handgepäck zu haben.

Geführte Touren

Atlas Travel Agency (www.atlas-croatia.com) Hat ein breites Spektrum an Bustouren, Pauschalangeboten mit Flug und Mietwagen und Ausflügen in ganz Kroatien.

Huck Finn (www.huckfinncroatia.com) Ist auf Abenteuerreisen spezialisiert und bietet adrenalinreiche Ausflüge in ganz Kroatien an: Kajakfahrten auf Flüssen und im Meer, Raftings, Kanutouren, Höhlenklettern, Radfahren, Fischen, Wandern und Segeln.

Inselhüpfen (www.islandhopping.com) Diese deutsche Agentur kombiniert Rad- und Schiffsreisen (teilweise auch Wander- und Radreisen) durch Süddalmatien, Istrien und zu den Inseln der Kvarner Bucht. Die Gäste schlafen dabei auf den Schiffen (eine Vorstellung davon vermittelt die Bildergalerie auf der Homepage des Veranstalters); jeden Tag wird woanders gewandert oder geradelt.

Katarina Line (www.katarina-line.hr) Veranstaltet unterhaltsame Wochentörns auf einem Holzschiff von Opatija nach Split, Mljet, Dubrovnik, Hvar, Brač, Korčula, Zadar und zu den Kornaten.

Southern Sea Ventures (www.southernseaventures.com) Dieser Veranstalter mit Sitz in Australien bietet 10- bis 14-tägige Kajaktouren vor der kroatischen Küste an, darunter eine für Feinschmecker.

Nahverkehr

Der öffentliche Nahverkehr wird größtenteils von Bussen bestritten. Zagreb und Osijek haben darüber hinaus ein gut ausgebautes Straßenbahnnetz.

In größeren Städten wie Dubrovnik, Rijeka, Split und Zadar fahren die Busse meist im 20-Minuten-Takt, sonntags in größeren Abständen. Ein Fahrschein kostet etwa 10–15 Kn; am *tisak* (Zeitungskiosk) sind sie etwas günstiger.

Die kleinen mittelalterlichen Küstenstädte sind oft autofrei. Von den Altstädten fahren die Busse unregelmäßig in die Außenbezirke.

Auf den Inseln verkehren die Busse meist nur unregelmäßig, da fast alle Inselbewohner ein eigenes Fahrzeug besitzen.

Zug

Züge fahren weniger häufig als Busse, sind aber bequemer. Allerdings sind Verspätungen an der Tagesordnung, manchmal sogar stundenlange. Informationen zu Fahrplänen, Verbindungen und Preisen gibt es bei der **Kroatischen Bahn** (Hrvatske Željeznice; ☎060 333 444; www.hznet.hr).

Zagreb ist die Drehscheibe des nur schwach entwickelten kroatischen Eisenbahnnetzes. Entlang der Küste fehlen Zugstrecken komplett, nur wenige Küstenstädte haben Verbindungen nach

NÜTZLICHE BEGRIFFE FÜR BAHNFAHRER

Einige Begriffe wird man auf Fahrplänen an Bahnhöfen immer wieder finden. Dazu gehören u. a.:

- **brzi** –Schnellzug
- **dolazak** – Ankunft
- **polazak** – Abfahrt
- **ne vozi nedjeljom i blagdanom** – nicht an Sonn- und Feiertagen
- **poslovni** – Zug mit Businessklasse
- **presjedanje** – Umsteigen
- **putnički** – Economyklasse/Regionalzug
- **rezerviranje mjesta obvezatno** – Sitzreservierung erforderlich
- **vozi svaki dan** – täglich

Zagreb. Für Touristen von Interesse sind vor allem folgende Verbindungen:

- Zagreb–Osijek
- Zagreb–Rijeka–Pula (über Lupoglava, wo man für die Weiterfahrt in einen Bus umsteigen muss)
- Zagreb–Varaždin–Koprivnica
- Zagreb–Zadar–Šibenik–Split

Klassen Im Inland verkehren „Express-" und „Personenzüge" (Nahverkehrszüge). Alle in diesem Reiseführer angegebenen Preise beziehen sich auf nicht reservierte Plätze in der 2. Klasse. In den Expresszügen gibt es eine 1. und eine 2. Klasse; sie sind teurer als Personenzüge, eine Reservierung ist sehr zu empfehlen.

Schlafwagen Liegewagen gibt es in Inlandszügen nicht. Die Nachtzüge von Zagreb nach Split haben Schlafwagen.

Gepäck Der Transport von Gepäck ist in Zügen kostenlos. Auf den meisten Bahnhöfen gibt es eine Gepäckaufbewahrung (ca. 15 Kn pro Gespäckstück & Tag).

Pässe EU-Bürger mit InterRail-Pass können in Kroatien kostenlos die Bahn benutzen. Wer allerdings nur in Kroatien umherfahren will, für den rechnet sich der relativ teure Pass angesichts des sehr überschaubaren Eisenbahnnetzes nicht.

Sprache

Kroatisch gehört ebenso wie Serbisch, Bosnisch und Montenegrinisch zum westlichen Zweig der südslawischen Sprachfamilie. Die Sprachen ähneln sich sehr.

Das Kroatische wird phonetisch geschrieben, d. h. jeder Buchstabe steht für einen bestimmten Laut. Im Folgenden wird das n wie „ny" im englischen Wort „canyon" ausgesprochen, und das zh klingt wie das „dsch" in „Journalist". Ansonsten ähnelt die Aussprache der Buchstaben der Aussprache im Deutschen.

In den meisten Fällen liegt der Akzent auf der ersten Silbe (die letzte Silbe wird niemals betont). Betonte Silben werden in der Aussprachehilfe kursiv dargestellt.

Einige kroatische Wörter haben maskuline (m.) und feminine (f.) Formen. Außerdem werden gelegentlich höfliche (höfl.) und informelle (inf.) Anreden unterschieden.

KONVERSATION & NÜTZLICHES

Hallo.	*Bog.*	bog
Tschüss.	*Zbogom.*	*sbo*·gom
Ja./Nein.	*Da./Ne.*	da/ne
Bitte.	*Molim.*	*mo*·lim
Danke.	*Hvala.*	*hwa*·la
Gern geschehen.	*Nema na čemu.*	*ne*·ma na *tsche*·mu
Entschuldigung.	*Oprostite.*	o·*pro*·ßti·te
Es tut mir leid.	*Žao mi je.*	*scha*·o mi je

Wie geht es Ihnen/dir?
Kako ste/si? — *ka*·ko ßte/ßi (höfl./inf.)

Gut. Und Ihnen/dir?
Dobro. — *do*·bro
A vi/ti? — a wi/ti (höfl./inf.)

Ich heiße ...
Zovem se ... — *so*·wem ße ...

Wie heißen Sie/du?
Kako se zovete/ zoveš? — *ka*·ko ße *so*·we·te/ *so*·wesch (höfl./inf.)

Sprechen Sie/Sprichst du (Englisch)?
Govorite/Govoriš li (engleski)? — *go*·wo·ri·te/*go*·wo·risch li (*en*·gle·ßki) (höfl./inf.)

Ich verstehe (nicht).
Ja (ne) razumijem. — ja (ne) ra·*su*·mi·jem

ESSEN & TRINKEN

Was würden Sie empfehlen?
Što biste nam preporučili? — schto *bi*·ßte nam pre·po·*ru*·tschi·li

Was ist in diesem Gericht enthalten?
Od čega se sastoji ovo jelo? — od *tsche*·ga ße *ßa*·sto·ji *o*·wo je·lo

Das war lecker!
To je bilo izvrsno! — to je *bi*·lo *is*·wr·ßno

Die Rechnung bitte.
Molim vas donesite račun. — *mo*·lim waß do·*ne*·ßi·te *ra*·tschun

Ich möchte einen Tisch reservieren für ...
Želim rezervirati stol za ... — *sche*·lim re·ser·*wi*·ra·ti ßtol sa ...

(acht) Uhr	*(osam) sati*	(*o*·ßam) *ßa*·ti
(zwei) Personen	*(dvoje) ljudi*	(*dwo*·je) *lju*·di

Ich esse kein/e/en ...	*Ja ne jedem ...*	ja ne *je*·dem ...
Fisch	*ribu*	*ri*·bu
Nüsse	*razne orahe*	raz·ne o·ra·he
Geflügel	*meso od peradi*	*me*·ßo od *pe*·ra·di
rotes Fleisch	*crveno meso*	*tsr*·we·no *me*·ßo

Wichtige Begriffe

Abendessen	*večera*	*we*·tsche·ra
Babynahrung	*hrana za bebe*	*hra*·na sa *be*·be
Bar	*bar*	bar
Café	*kafić/ kavana*	*ka*·fitsch/*ka*·*wa*·na
Flasche	*boca*	*bo*·tsa
Frühstück	*doručak*	*do*·ru·tschak
Gabel	*viljuška*	*wi*·ljusch·ka
Gericht	*jelo*	*je*·lo
Glas	*čaša*	*tscha*·scha
Hauptgericht	*glavno jelo*	*glav*·no *je*·lo
Schüssel	*zdjela*	*sdje*·la
(zu) kalt	*(pre) hladno*	(pre·) *hlad*·no
Lebensmittel	*hrana*	*hra*·na
Löffel	*žlica*	*schli*·tza
Markt	*tržnica*	*trsch*·ni·tsa
Messer	*nož*	nosch
mit/ohne	*sa/bez*	ßa/bes
Mittagessen	*ručak*	*ru*·tschak
Menü	*jelovnik*	je·*low*·nik
Restaurant	*restoran*	re·*ßto*·ran
Teller	*tanjur*	*ta*·njur
würzig	*pikantno*	pi·*kant*·no
vegetarisch	*vegetarijanski*	we·ge·ta·*ri*·jan·ski
Vorspeise	*predjelo*	*pre*·dje·lo

Fleisch & Fisch

Fisch	*riba*	*ri*·ba
Huhn	*piletina*	*pi*·le·ti·na
Kalb	*teletina*	*te*·le·ti·na
Lamm	*janjetina*	*ja*·nje·ti·na
Rind	*govedina*	*go*·we·di·na
Schwein	*svinjetina*	*ßwi*·nje·ti·na

Obst & Gemüse

Apfel	*jabuka*	*ja*·bu·ka
Aprikose	*marelica*	ma·*re*·li·tsa
Birne	*kruška*	*krusch*·ka
(grüne) Bohnen	*mahuna*	*ma*·hu·na
Erbsen	*grašak*	*gra*·schak
Erdbeere	*jagoda*	*ja*·go·da
Gemüse	*povrće*	*po*·wr·tsche
Gurke	*krastavac*	*kra*·ßta·wats
Karotte	*mrkva*	*mrk*·wa
Kartoffel	*krumpir*	*krum*·pir
Kirsche	*trešnja*	*tresch*·nja
Kohl	*kupus*	*ku*·puß
Kürbis	*bundeva*	*bun*·de·wa
Linsen	*leća*	*le*·tscha
Mais	*kukuruz*	ku·*ku*·rus
Nuss	*orah*	o·ra·h
Obst	*voće*	*wo*·tsche
Orange	*naranča*	*na*·ran·tscha
Pilz	*gljiva*	*glji*·wa
Pfirsich	*breskva*	*breß*·kwa
Pflaume	*šljiva*	*schlji*·wa

SATZMUSTER

Mit den folgenden Sätzen sollte man sich verständigen können, wenn man sie mit den richtigen Wörtern kombiniert:

Wann ist (der nächste Tagesausflug)?
Kada je (idući dnevni izlet)? — ka·da je (i·du·tschi dnew·ni is·let)?

Wo ist (der Markt)?
Gdje je (tržnica)? — gdje je (trsch·ni·tsa)?

Wo kann ich (ein Ticket kaufen)?
Gdje mogu (kupiti kartu)? — gdje mo·gu (ku·pi·ti kar·tu)?

Haben Sie (andere)?
Imate li (kakve druge)? — i·ma·te li (kak·we dru·ge)?

Gibt es (eine Decke)?
Imate li (deku)? — i·ma·te li (de·ku)?

Ich möchte (dieses Gericht).
Želim (ono jelo). — sche·lim (o·no je·lo).

Ich würde gern (ein Auto mieten).
Želio/Željela bih (iznajmiti automobil). — sche·li·o/sche·lje·la bih (is·naj·mi·ti a·u·to·mo·bil) (m./f.)

Kann ich (ein Foto von Ihnen/dir machen)?
Mogu li (vas/te slikati)?(pol/inf) — mo·gu li (vas/te ßli·ka·ti)?

Können Sie bitte (helfen)?
Molim vas, možete li (mi pomoći)? — mo·lim was mo·sche·te li (mi po·mo·chi)?

Muss ich (zahlen)?
Trebam li (platiti)? — tre·bam li (pla·ti·ti)?

Salat	*zelena salata*	se·le·na ßa·la·ta
Tomate	*rajčica*	rai·tschi·tza
Traube	*grožđe*	grosch·tsche
Wassermelone	*lubenica*	lu·be·ni·tsa
Zwiebel	*luk*	luk

Weitere Lebensmittel

Brot	*kruh*	kruh
Butter	*maslac*	ma·ßlats
Ei	*jaje*	ja·je
Essig	*ocat*	o·tsat
Honig	*med*	med
Käse	*sir*	ßir
Marmelade	*džem*	dschem
Öl	*ulje*	u·lje
Pasta	*tjestenina*	tje·ßte·ni·na
Pfeffer	*papar*	pa·par
Reis	*riža*	ri·scha
Salz	*sol*	ßol
Zucker	*šećer*	sche·tscher

Getränke

Bier	*pivo*	pi·wo
Kaffee	*kava*	ka·wa
Milch	*mlijeko*	mli·je·ko
(Mineral-) Wasser	*(mineralna) voda*	(mi·ne·ral·na) wo·da
Saft	*sok*	ßok
Rotwein	*crno vino*	tsr·no wino
Tee	*čaj*	tschai
Weißwein	*bijelo vino*	bje·lo wi·no

NOTFÄLLE

Hilfe!
Upomoć! u·po·motsch

Ich habe mich verlaufen.
Izgubio/ Izgubila sam se. is·gu·bi·o/ is gu·bi·la ßam ße (m./f.)

Lassen Sie mich in Ruhe!
Ostavite me na miru! o·ßta·wi·te me na mi·ru

Es ist ein Unfall geschehen!
Desila se nezgoda! de·ßi·la ße nes·go·da

Rufen Sie einen Arzt!
Zovite liječnika! so·wi·te li·jetsch·ni·ka

Rufen Sie die Polizei!
Zovite policiju! so·wi·te po·li·tzi·ju

Ich bin krank.
Ja sam bolestan/ bolesna. ja ßam bo·le·ßtan/ bo·le·ßna (m/f)

Es tut hier weh.
Boli me ovdje. bo·li me ow·dje

Ich bin allergisch gegen …
Ja sam alergičan/ alergična na … ja ßam a·ler·gi·tschan/ a·ler·gitsch·na na … (m./f.)

SHOPPEN & SERVICE

Ich möchte … kaufen
Želim kupiti … sche·lim ku·pi·ti …

Ich sehe mich nur um.
Ja samo razgledam. ja ßa·mo ras·gle·dam

Darf ich es mir ansehen?
Mogu li to pogledati? mo·gu li to po·gle·da·ti

Wie viel kostet es?
Koliko stoji? ko·li·ko ßto·ji

Das ist zu teuer.
To je preskupo. to je pre·ßku·po

Haben Sie etwas Billigeres?
Imate li nešto jeftinije? i·ma·te li nesch·to jef·ti·ni·je

In der Rechnung ist ein Fehler.
Ima jedna greška na računu. i·ma jed·na gresch·ka na ra·tschu·nu

Geldautomat	*bankovni automat*	ban·kow·ni a·u·to·mat
Internetcafé	*internet kafić*	in·ter·net ka·fitsch
Kreditkarte	*kreditna kartica*	kre·dit·na kar·ti·tsa
Post	*poštanski ured*	posch·tan·ßki u·red
Touristeninformation	*turistička agencija*	tu·ri·stitsch·ka a·gen·tsi·ja

UHRZEIT & DATUM

Wie spät ist es?
Koliko je sati? ko·li·ko je ßa·ti

Es ist (zehn) Uhr.
(Deset) je sati. (de·ßet) je ßa·ti

Es ist halb (elf).
(Deset) i po. (de·ßet) i po

Morgen	*jutro*	ju·tro
Nachmittag	*poslijepodne*	po·ßli·je·pod·ne
Abend	*večer*	we·tscher
gestern	*jučer*	ju·tscher
heute	*danas*	da·naß
morgen	*sutra*	ßu·tra

Montag	*ponedjeljak*	po·ne·dje·ljak
Dienstag	*utorak*	u·to·rak
Mittwoch	*srijeda*	ßri·je·da
Donnerstag	*četvrtak*	tschet·wr·tak

Freitag	*petak*	pe·tak
Samstag	*subota*	ßu·bo·ta
Sonntag	*nedjelja*	ne·dje·lja

Januar	*siječanj*	ßi·je·tschanj
Februar	*veljača*	we·lja·tscha
März	*ožujak*	o·schu·jak
April	*travanj*	tra·wanj
Mai	*svibanj*	ßwi·banj
Juni	*lipanj*	li·panj
Juli	*srpanj*	ßr·panj
August	*kolovoz*	ko·lo·wos
September	*rujanj*	ru·janj
Oktober	*listopad*	li·ßto·pad
November	*studeni*	ßtu·de·ni
Dezember	*prosinac*	pro·ßi·natz

UNTERKUNFT

Haben Sie ein freies Zimmer?
Imate li slobodnih soba? i·ma·te li ßlo·bod·nih ßo·ba

Ist das Frühstück inbegriffen?
Da li je doručak uključen? da li je do·ru·tschak uk·lju·tschen

Wie viel kostet es (pro Nacht/pro Person)?
Koliko stoji (za noć/po osobi)? ko·li·ko ßto·ji (sa notsch/po o·ßo·bi)

Haben Sie ein …? …-zimmer?	*Imate li … sobu?*	i·ma·te li … ßo·bu
Einzel-	*jednokrevetnu*	jed·no·kre·wet·nu
Doppel-	*dvokrevetnu*	dwo·kre·wet·nu

Campingplatz	*kamp*	kamp
Privatzimmer	*privatni smještaj*	pri·wat·ni ßmjesch·taj
Hotel	*hotel*	ho·tel
Zimmer	*soba*	ßo·ba
Jugendherberge	*prenoćište za mladež*	pre·no·tschisch·te sa mla·desch
Badezimmer	*kupaonica*	ku·pa·o·ni·tza

Fragewörter

Wann?	*Kada?*	ka·da
Warum?	*Zašto?*	sa·schto
Was?	*Što?*	schto
Wer?	*Tko?*	tko
Wie?	*Kako?*	ka·ko
Wo?	*Gdje?*	gdje

Schilder

Izlaz	Ausgang
Muškarci	Mann
Otvoreno	Geöffnet
Ulaz	Eingang
Zabranjeno	Verboten
Zahodi	Toiletten
Zatvoreno	Geschlossen
Žene	Damen

Bett	*krevet*	kre·wet
Kinderbett	*dječji krevet*	djetsch·ji kre·wet
Klimaanlage	*klima-uređaj*	kli·ma u·re·jai
Fenster	*prozor*	pro·sor
WLAN	*bežični internet*	be·schitsch·ni in·ter·net

VERKEHRSMITTEL & -WEGE

Auto- & Radfahren

Ich möchte ein/einen … mieten.	*Želim iznajmiti …*	sche·lim is·nai·mi·ti …
Auto	*automobil*	a·u·to·mo·bil
Fahrrad	*bicikl*	bi·tsi·kl
Geländewagen	*džip*	dschip
Motorrad	*motocikl*	mo·to·tzi·kl

Automechaniker	*automehaničar*	a·u·to·me·ha·ni·tschar
Benzin	*benzin*	ben·sin
Diesel	*dizel gorivo*	di·sel go·riwo
Fahrradpumpe	*pumpa za bicikl*	pum·pa sa bi·tsi·kl
Helm	*kaciga*	ka·tsi·ga
Kindersitz	*sjedalo za dijete*	ßje·da·lo sa di·je·te
Tankstelle	*benzinska stanica*	ben·sin·ßka ßta·ni·tza

Ist das die Straße nach …?
Je li ovo cesta za …? je li o·wo tze·ßta sa …

(Wie lange) Kann ich hier parken?
(Koliko dugo) mogu ovdje parkirati? (ko·li·ko du·go) mo·gu ow·dje par·ki·ra·ti

Das Auto/Motorrad hat (in Knin) eine Panne gehabt.
Automobil/Motocikl se pokvario (u Kninu). a·u·to·mo·bil/mo·to·tsi·kl ße po kwa·ri·o (u kni·nu)

Ich habe einen Platten.
Imam probušenu gumu. — i·mam *pro*·bu·sche·nu *gu*·mu

Mir ist das Benzin ausgegangen.
Nestalo mi je benzina. — *ne*·ßta·lo mi jeben·si·na

Ich habe die Schlüssel verloren.
Izgubio/ Izgubila sam ključeve. — is·*gu*·bi·o/is·*gu*·bi·la ßam *klju*·tsche·we (m./f.)

Öffentliche Verkehrsmittel

Bus	*autobus*	au·*to*·buß
Flugzeug	*avion*	a·*wi*·on
Schiff	*brod*	brod
Straßenbahn	*tramvaj*	*tram*·waj
Zug	*vlak*	wlak

Ich möchte gern nach ...
Želim da idem u ... — *sche*·lim da *i*·dem u ...

Hält er/sie/es in (Split)?
Da li staje u (Splitu)? — da li *ßta*·je u (*spli*·tu)

Um wie viel Uhr fährt der/die/das ... ab?
U koliko sati kreće? — u ko·*li*·ko *ßa*·ti *kre*·tsche

Wie lange dauert es nach (Zagreb) zu kommen?
U koliko sati stiže u (Zagreb)? — u ko·*li*·ko *ßa*·ti *sti*·sche u (*sag*·reb)

Können Sie mir sagen, wann wir in (der Arena) ankommen?
Možete li mi reći kada stignemo kod (Arene)? — *mo*·sche·te li mi *re*·tschi ka·da *ßtig*·ne·mo kod (a·*re*·ne)

Ich möchte in (Dubrovnik) aussteigen.
Želim izaći u (Dubrovniku). — *sche*·lim i·*sa*·tschi u (*dub*·row·ni·ku)

Ein Ticket für ...	*Jednu kartu ...*	*jed*·nu *kar*·tu ...
1. Klasse	*prvo-razrednu*	pr·wo·*ras*·red·nu
2. Klasse	*drugo-razrednu*	*dru*·go·*ras*·red·nu
einfache Fahrt	*jedno smjernu*	*jed*·no·ßmjer·nu
hin und zurück	*povratnu*	*po*·wrat·nu

der erste	*prvi*	*pr*·wi
der letzte	*posljednji*	*po* ßljed·nji
der nächste	*sljedeći*	*ßlje*·de·tschi

Bahnhof	*željeznička postaja*	*sche*·ljes·nitsch·ka *poß*·ta·ja
Fahrplan	*red vožnje*	red *wosch*·nje
Fensterplatz	*sjedište do prozora*	*ßje*·disch·te do *pro*·so·ra
Gangplatz	*sjedište do prolaza*	*ßje*·disch·te do *pro*·la·sa

Zahlen

1	*jedan*	*je*·dan
2	*dva*	dwa
3	*tri*	tri
4	*četiri*	*tsche*·ti·ri
5	*pet*	*pet*
6	*šest*	*scheßt*
7	*sedam*	*ße*·dam
8	*osam*	o·ßam
9	*devet*	*de*·wet
10	*deset*	*de*·ßet
20	*dvadeset*	*dwa*·de·ßet
30	*trideset*	*tri*·de·ßet
40	*četrdeset*	tsche·tr·*de*·ßet
50	*pedeset*	pe·*de*·ßet
60	*šezdeset*	sches·*de*·ßet
70	*sedamdeset*	ße·dam·*de*·ßet
80	*osamdeset*	o·ßam·*de*·ßet
90	*devedeset*	de·we·*de*·ßet
100	*sto*	*ßto*
1000	*tisuću*	*ti*·su·tschu

gestrichen	*poništeno*	*po*·nisch·te·no
Gleis	*peron*	*pe*·ron
Ticketschalter	*blagajna*	*bla*·gaj·na
verspätet	*u zakašnjenju*	u sa·kasch·*nje*·nju

WEGWEISER

Wo ist ...?
Gdje je ...? — gdje je ...

Wie ist die Adresse?
Koja je adresa? — *ko*·ja je a·*dre*·ßa

Können Sie mir das (auf der Karte) zeigen?
Možete li mi to pokazati (na karti)? — *mo*·sche·te li mi to po·*ka*·sa·ti (na *kar*·ti)

an der Ecke	*na uglu*	na *u*·glu
an der Ampel	*na semaforu*	na ße·ma·fo·ru
hinter	*iza*	*i*·sa
vor	*ispred*	*i* ßpred
weit entfernt	*daleko*	*da*·le·ko
(von)	*(od)*	(od)
links	*lijevo*	li·*je*·wo
in der Nähe von	*blizu*	*bli*·su
neben	*pored*	*po*·red
gegenüber	*nasuprot*	*na*·ßu·prot
rechts	*desno*	*deß* no
geradeaus	*ravno naprijed*	*raw*·no *na*·pri·jed

GLOSSAR

(m.) bedeutet Maskulinum, (f.) Femininum, (Pl.) steht für Plural

Amphore, Amphoren – ein antiker Krug mit zwei Henkeln zur Aufbewahrung und zum Transport von Flüssigkeiten

Apsis – ausgebaute Nische am Ende eines Kirchenschiffs, in der meist ein Altar steht

Autocamps – große Campingplätze mit Restaurants, Läden und vielen Stellplätzen für Wohnwagen

Awaren – zentralasiatisches Reitervolk, das sich im 6. Jh. im heutigen Ungarn ansiedelte und bis zum 9. Jh. die Byzantiner vom westlichen Balkan verdrängte

ban – Vizekönig

bb – in einer Adresse nach dem Straßennamen die Abkürzung für *bez broja* (ohne Hausnummer)

bura – kalter Nordostwind an der Adriaküste

cesta – Landstraße

crkva – Kirche

fortica – Festung

galerija – Galerie

garderoba – Gepäckaufbewahrung, Garderobe

Glagolitic – von den griechischen Missionaren Konstantinos (Kyrillos) und Methodis entwickelte Schrift für die Sprache der Slawen

gora – Berg

HDZ – Hrvatska Demokratska Zajednica; Kroatische Demokratische Gemeinschaft

Illyrer – Bewohner der westlichen Balkanhalbinsel in der Antike; von den Römern ab dem 2. Jh. v. Chr. nach und nach unterworfen

Karst –trockener, poröser Kalkstein- und Dolomitfelsboden mit unterirdischer Entwässerung

klapa – Volksmusikgruppe mit Wurzeln im liturgischen Gesang

konoba – bis zu zehnstimmiger dalmatinischer Chorgesang ohne Instrumentalbegleitung

knez – Fürst

maestral – frischer, kühler Meerwind aus westlichen Richtungen

mali – klein

Maquis – Gestrüpp aus dichtem immergrünen Buschwerk und kleinen Bäumen

muzej – Museum

Mittelschiff – zentraler Teil einer Kirche, flankiert von zwei Gängen

NDH – Nezavisna Država Hrvatska; Unabhängiger Staat Kroatien

obala – Ufer, Küste

otok, otoci (Pl.) – Insel bzw. Inseln

pansion – Pension

plaža – Strand

polje – ein durch Bodenabsenkung entstandenes wannenartiges Becken in Karstgebieten; wird oft für den Ackerbau genutzt

put – Weg, Straße, Pfad

restoran – Restaurant

rijeka – Fluss

sabor – Parlament

šetalište – Fußweg, Promenade

sobe – Zimmer frei

sveti – die heilige ...

svetog – des heiligen ... (Genitiv)

tamburica – Mandoline mit drei oder fünf Saiten

tisak – Zeitungsstand

toplice – Thermalbad

trg – Platz, Marktplatz

Turbofolk – die Technoversion serbischer Folkmusik

ulica – Straße

uvala – Bucht, Talsenke

velik – groß

vrh – Gipfel, Spitze

Hinter den Kulissen

WIR FREUEN UNS ÜBER EIN FEEDBACK

Post von Travellern zu bekommen, ist für uns ungemein hilfreich – Kritik und Anregungen halten uns auf dem Laufenden und helfen, unsere Bücher zu verbessern. Unser reiseerfahrenes Team liest alle Zuschriften ganz genau durch, um zu erfahren, was an unseren Reiseführern gut und was schlecht ist. Wir können solche Post zwar nicht individuell beantworten, aber jedes Feedback wird garantiert schnurstracks an die jeweiligen Autoren weitergeleitet, rechtzeitig vor der nächsten Auflage.

Wer uns schreiben will, erreicht uns über **www.lonelyplanet.de/kontakt**.

Hinweis: Da wir Beiträge möglicherweise in Lonely Planet Produkten (z. B. Reiseführer, Websites, digitale Medien) veröffentlichen, gegebenenfalls auch in gekürzter Form, bitten wir um Mitteilung, falls ein Kommentar nicht veröffentlicht oder ein Name nicht genannt werden soll. Wer Näheres über unsere Datenschutzpolitik wissen will, erfährt das unter www.lonelyplanet.com/privacy.

DANK VON LONELY PLANET

Vielen Dank den Reisenden, die uns nach der letzten Auflage des Reiseführers zahlreiche hilfreiche Hinweise, nützliche Ratschläge und interessante Anekdoten schickten:
Aidan Kennedy, Alan Addison, Anto Vukovic, Andreas Vilic, Beata Åhall, Calum Munro, Carlo Iossa, Cristiana Constantinescu, Dale Hattey, David Carrizo, David Grimwood, Dudley McFadden, Elaine Crowe, Emily Durham, Gayle Galletta, George Moss, Gill Ludkiewicz, Gregoire Labbe, Jack Downton, Jane Ramsell, Kate Sandey, Lynn Hopchet, Marcel Albornoz, Maria Carmona, Mike Gerber, Nuria Zantman, Patrick Reid, Paul Dekleva, Samantha Kent, Teresa Oldham

DANK DER AUTOREN

Anja Mutić

Hvala mama, für dein ansteckendes Lachen! Obrigada, Hoji, du warst vorher, währenddessen und auch nachher immer für mich da. Ein großes *hvala* an meine Freunde in Kroatien für ihre unzähligen Tipps – ohne euch wäre das Buch so nicht möglich gewesen. Ein spezieller Dank geht auch an Mila in Split. Schließlich widme ich dieses Buch auch dem inspirierenden Andenken an meinen Vater, der mich auf allen Reisen begleitet.

Peter Dragicevich

Unterwegs jemanden an seiner Seite zu haben, ist immer etwas Besonderes. Danke, Len und Anne Erceg, Manda Wilson und Tim Moyes! Ein ganz besonderes Dankeschön geht auch an die Großfamilie Dragičević in Split und Vrgorac, vor allem an Vojko und Marija Dragičević, die mich alle mit großer Herzlichkeit und ganz außergewöhnlicher Gastfreundschaft empfangen haben.

QUELLENNACHWEIS

Die Klimakartendaten stammen von Peel MC, Finlayson BL & McMahon TA (2007) *Updated World Map of the Köppen-Geiger Climate Classification*, erschienen in der Zeitschrift *Hydrology and Earth System Sciences*, Ausgabe 11, 1633–44.

Titelfoto: Rovinj, Istrien, Alan Copson/Getty Images

ÜBER DIESES BUCH

Dies ist die 5. deutschsprachige Auflage von *Kroatien*, basierend auf der 8. englischsprachigen Auflage, die von Anja Mutić und Peter Dragicevich recherchiert und geschrieben wurde. Anja Mutić und Vesna Maric haben die Vorauflage geschrieben.

Redakteurin
Anna Tyler
Projekt-Redakteurin
Alison Ridgway
Leitender Kartograf
Anthony Phelan
Layoutdesign
Katherine Marsh
Redaktionsassistenz
Michelle Bennett, Melanie Dankel, Ali Lemer, Kate Mathews, Rosie Nicholson, Charlotte Orr, Erin Richards, Gabrielle Stefanos
Kartografieassistenz
Alison Lyall
Assistenz Layoutdesign
Virginia Moreno, Jennifer Mullins
Umschlagrecherche
Naomi Parker
Dank an Justin Flynn, Luna Soo, Saralinda Turner, Amanda Williamson

Register

Verweise auf Karten **000**
Verweise auf Fotos **000**

N

O

P

R

S

Angehoben 300, 400, 500

Pro Pers

Boot: (130) 65 p.p.

Eintritte: • Festung Scibenek: 35

• Nationalpark Krka: ~~18~~ 90

NOTIZEN

Fahrten: p.p.

Biograd - Scibenik ~~Return~~ 30

Scibenik - NP Krka Return 48

Scibenek - Biograd 29

Kartenlegende

Sehenswertes
- Strand
- Vogelschutzgebiet
- buddhistisch
- Schloss/Palast
- christlich
- konfuzianisch
- hinduistisch
- islamisch
- jainistisch
- jüdisch
- Denkmal
- Museum/Galerie/historisches Gebäude
- Ruine
- Sento-Bad/Onsen
- schintoistisch
- sikhistisch
- taoistisch
- Weingut/Weinberg
- Zoo/Tierschutzgebiet
- andere Sehenswürdigkeit

Aktivitäten, Kurse & Touren
- bodysurfen
- tauchen
- Kanu/Kajak fahren
- Kurs/Tour
- Ski fahren
- schnorcheln
- surfen
- Schwimmbecken
- wandern
- windsurfen
- andere Aktivität

Schlafen
- Unterkunft
- Camping

Essen
- Lokal

Ausgehen & Nachtleben
- Bar/Kneipe
- Café

Unterhaltung
- Unterhaltung

Shoppen
- Shoppen

Praktisches
- Bank
- Botschaft/Konsulat
- Krankenhaus/Arzt
- Internetzugang
- Polizei
- Post
- Telefon
- Toilette
- Touristeninformation
- andere Einrichtung

Geografisches
- Strand
- Hütte/Unterstand
- Leuchtturm
- Aussichtspunkt
- Berg/Vulkan
- Oase
- Park
- Pass
- Picknickplatz
- Wasserfall

Städte
- Hauptstadt (Staat)
- Hauptstadt (Bundesland/Provinz)
- Großstadt
- Kleinstadt/Ort

Verkehrsmittel
- Flughafen
- BART-Station
- Grenzübergang
- T-Station (Boston)
- Bus
- Seilbahn/Gondelbahn
- Fahrrad
- Fähre
- Metro/Muni-Station
- Einschienenbahn
- Parkplatz
- Tankstelle
- U-Bahn/SkyTrain-Station
- Taxi
- Bahnhof/Zug
- Straßenbahn
- U-Bahnhof
- anderes Verkehrsmittel

Achtung: Nicht alle der abgebildeten Symbole werden auf den Karten im Buch verwendet

Verkehrswege
- Mautstraße
- Autobahn
- Hauptstraße
- Landstraße
- Verbindungsstraße
- sonstige Straße
- unbefestigte Straße
- Straße im Bau
- Platz/Promenade
- Treppe
- Tunnel
- Fußgänger-Überführung
- Stadtspaziergang
- Abstecher (Stadtspaziergang)
- Pfad/Wanderweg

Grenzen
- Internationale Grenze
- Bundesstaat/Provinz
- umstrittene Grenze
- Region/Vorort
- Meerespark
- Klippen
- Mauer

Gewässer
- Fluss/Bach
- periodischer Fluss
- Kanal
- Wasser
- Trocken-/Salz-/periodischer See
- Riff

Gebietsformen
- Flughafen/Startbahn
- Strand/Wüste
- Friedhof (christlich)
- Friedhof
- Gletscher
- Watt
- Park/Wald
- Sehenswürdigkeit (Gebäude)
- Sportgelände
- Sumpf/Mangrove

DIE AUTOREN

Anja Mutić

Hauptautorin, Zagreb, Zargoje, Slawonien, Istrien, Split & Mitteldalmatien Anja hat ihre Heimat Kroatien vor mehr als 20 Jahren verlassen. Ihr Weg führte sie in mehrere Länder, bevor sie sich vor 15 Jahren schließlich in New York City niederließ. Ihre Wurzeln kann sie aber nicht verleugnen: Immer wieder kehrt sie nach Kroatien zurück, um dort zu arbeiten und Urlaub zu machen, und immer entdeckt sie Neues: einen Naturpark, eine abgelegene Stadt oder eine einsame Insel. Natürlich freut es sie, dass die Welt die Schönheiten Kroatiens zu schätzen weiß, aber insgeheim sehnt sie sich doch nach den Zeiten zurück, als auf Hvar nur der Klang von Kricketschlägern und keine lärmende Musik zu hören war. Anja ist online unter www.everthenomad.com.

Mehr über Anja gibt's hier:
lonelyplanet.com/members/anjamutic

Peter Dragicevich

Kvarner Bucht, Norddalmatien, Dubrovnik & Süddalmatien Nachdem Peter zwölf Jahre lang sowohl in seinem Heimatland Neuseeland als auch in Australien für Zeitungen und Zeitschriften gearbeitet hatte, hat er dem Schreibtisch den Rücken zugekehrt und ist in die Welt gezogen. Seither hat er an buchstäblich Dutzenden von Lonely-Planet-Bänden mitgearbeitet und verfasste u. a. unseren ersten Montenegro-Führer. Es war für ihn etwas ganz Besonderes in diesem Jahr nach Kroatien zurückzukehren, denn vor genau 100 Jahren verließ sein Großvater sein Dorf in Dalmatien in der Hoffnung auf ein besseres Leben am anderen Ende der Welt. Von Peter stammen auch die Kapitel „Willkommen in Kroatien", „Mit Kindern reisen", „Kroatiens Küste", Kroatien aktuell", „Geschichte", „Mentalität", „Architektur", „Natur & Umwelt" und „Kunst & Kultur".

Mehr über Peter gibt's hier:
lonelyplanet.com/members/peterdragicevich

So: Biograd Altstadt, Wanderwege ablaufen,
Sonnenuntergangs Cruise

Mo: Wellnesstag

Di: Sibenik, Krka Nationalpark

Mi: Zadar, Orgi Orgel

Do: Plitvicer Seen

Do Paklenica NP

DIE LONELY PLANET STORY

Ein ziemlich mitgenommenes, altes Auto, ein paar Dollar in der Tasche und eine Vorliebe für Abenteuer – 1972 war das alles, was Tony und Maureen Wheeler für die Reise ihres Lebens brauchten, die sie durch Europa und Asien bis nach Australien führte. Die Tour dauerte einige Monate, und am Ende saßen die beiden – pleite, aber voller Inspiration – an ihrem Küchentisch und schrieben ihren ersten Reiseführer *Across Asia on the Cheap*. Innerhalb einer Woche hatten sie 1500 Exemplare verkauft. Lonely Planet war geboren.

Heute hat der Verlag Büros in Melbourne, London und Oakland und mehr als 600 Mitarbeiter und Autoren. Und alle teilen Tonys Überzeugung: „Ein guter Reiseführer sollte drei Dinge tun: informieren, bilden und unterhalten."

Lonely Planet Publications,

Locked Bag 1, Footscray,
Melbourne, Victoria 3011,
Australia

Verlag der deutschen Ausgabe:
MAIRDUMONT, Marco-Polo-Str. 1, 73760 Ostfildern,
www.lonelyplanet.de, www.mairdumont.com
info@lonelyplanet.de

Chefredakteurin deutsche Ausgabe: Birgit Borowski

Übersetzung: Berna Ercan, Britt Maaß, Marion Matthäus

An früheren Auflagen haben außerdem mitgewirkt: Julie Bacher, Dr. Birgit Beile-Meister, Matthias Eickhoff, Mayela Gerhardt, Marion Gieseke, Christiane Gsänger, Waltraud Horbas, Dr. Ulrike Jamin, Robert Kutschera, Guido Meister, Uli Nickel, Dr. Annegret Pago, Dr. Thomas Pago, Jutta Ressel M. A., Claudia Riefert, Daniela Schetar, Jürgen Scheunemann, Manuela Schomann, Cristoforo Schweeger, Petra Sparrer, Beatrix Thunich, Dr. Heinz Vestner, Katja Weber, Sigrid Weber-Krafft, Karin Weidlich, Linde Wiesner

Redaktion: Frank J. Müller, Olaf Rappold, Julia Wilhelm (red.sign, Stuttgart)

Redaktionsassistenz: Adriana Popescu, Sylvia Scheider-Schopf

Satz: Sylvia Scheider-Schopf (red.sign, Stuttgart)

FSC
www.fsc.org
MIX
Papier aus verantwortungsvollen Quellen
FSC® C018236

Kroatien

5. deutsche Auflage August 2015, übersetzt von *Croatia, 8th edition*, April 2015,
Lonely Planet Publications Pty

Printed in Poland